GANZ EINFACH ...

Computer, Laptop & Co.

– sehen wie es geht

Sabine Drasnin

Reader's Digest

Autorin
Sabine Drasnin

Einbandgestaltung
Reader's Digest, Susanne Hauser
Einbandabbildung: iStock

Produktion
Arvato Supply Chain Solutions SE: Thomas Kurz

Druck und Binden
Neografia, Martin

Printed in Slovakia

ISBN 978-3-95619-499-3

Besuchen Sie uns im Internet
readersdigest-verlag.de | readersdigest-verlag.ch | readersdigest-verlag.at

Vorwort

Buch aufschlagen, Computer einschalten und los geht's – Sie benötigen kein Vorwissen, um das Beste aus Ihrem Rechner herauszuholen: im Internet unterwegs sein (das berühmte „Surfen"), E-Mails an Freunde und Verwandte schicken, Fotos von der Digitalkamera laden und bearbeiten, Briefe schreiben (mit dem Programm „Word") und vieles mehr. Natürlich kommt auch das Thema Sicherheit und Betriebssystem („Windows") nicht zu kurz.

Dabei werden Sie von der ausgewiesenen Expertin an die Hand genommen, und sie erklärt Schritt für Schritt und Bild für Bild, was Sie tun müssen, um erfolgreich vom Anfänger zum sicheren Nutzer zu werden. Durch ihre jahrelange Schulungspraxis kennt die Autorin die Bedürfnisse und Nöte von Einsteigern genau, da gibt es keine „dummen Fragen". Deshalb erfahren Sie auch zuerst, welches Gerät für Sie überhaupt am besten geeignet ist – klassischer PC, Notebook, Laptop oder kleines Netbook? Dann geht es weiter: Gerät einschalten, Tastatur und Maus bedienen, die berühmten „Fenster" und Ordner nutzen usw.

Machen Sie den ersten Schritt, danach geht es fast wie von selbst!

Die Redaktion

Inhalt

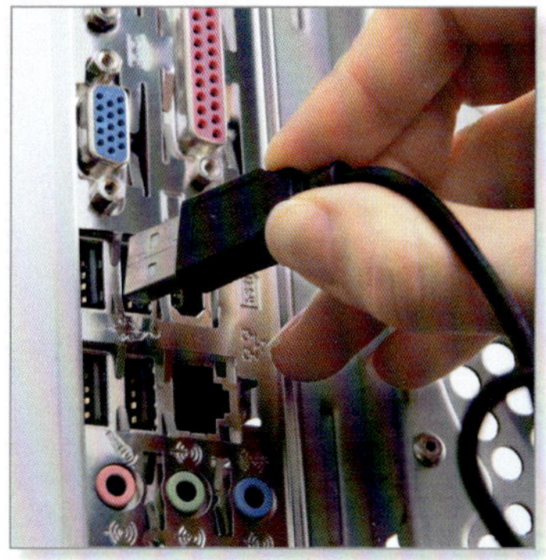

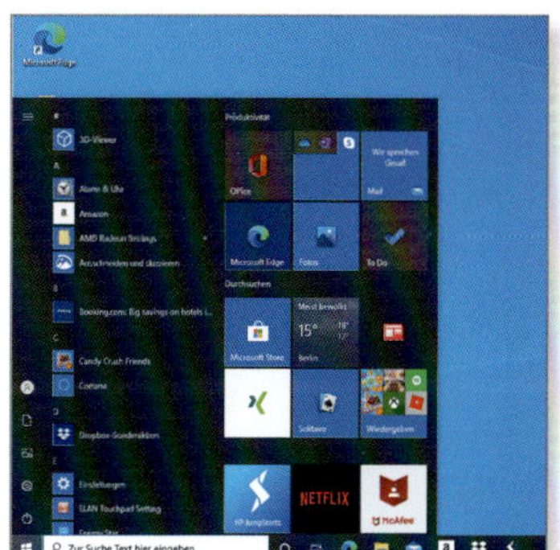

Inhalt

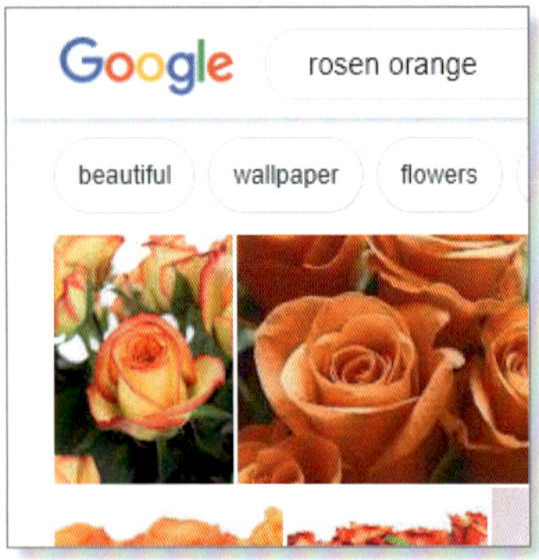
Google
rosen orange
beautiful
wallpaper
flowers

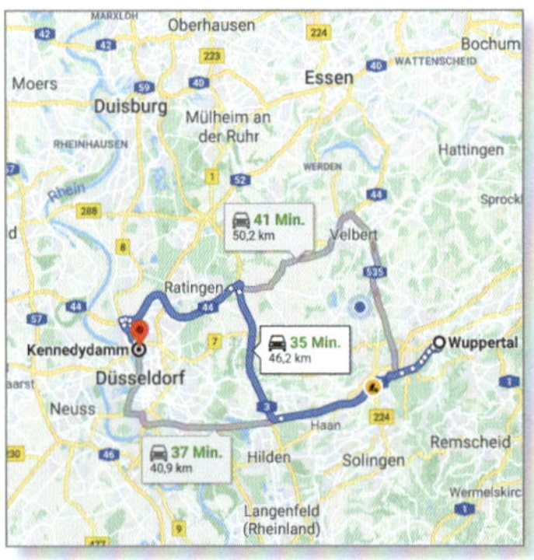
Oberhausen
Bochum
Moers
Essen
Duisburg
Mülheim an der Ruhr
Hattingen
41 Min.
50,2 km
Velbert
Ratingen
35 Min.
46,2 km
Wuppertal
Kennedydamm
Düsseldorf
Neuss
37 Min.
40,9 km
Hilden
Solingen
Remscheid
Haan
Langenfeld (Rheinland)

Senden
Anfügen
Verwerfen
An
KB
Klaus Becher
Gruß aus Wuppertal
Hallo Klaus,
schön, von dir zu hören! Ja, ein Treffen wäre prima
Anbei ein Bild aus unserem Garten - etwas mehr
alles schön hier.
Herzliche Grüße
Sabine

Einfügen
Entwurf
Layout
Referenzen
Sendungen
Überprüfen
Ansicht
Einladung

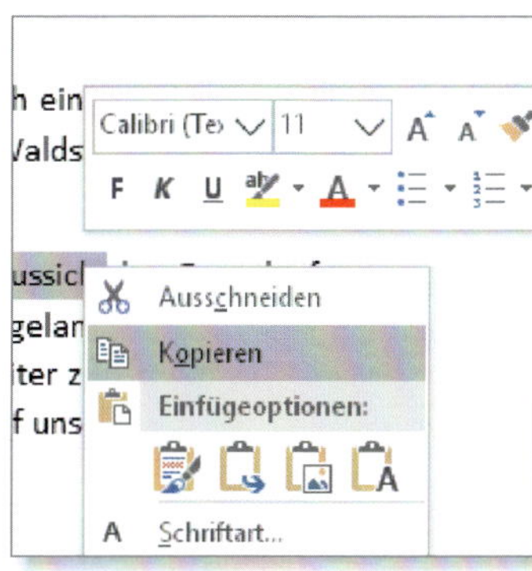
Calibri (Te
11
F K U
Ausschneiden
Kopieren
Einfügeoptionen:
Schriftart...

Inhalt

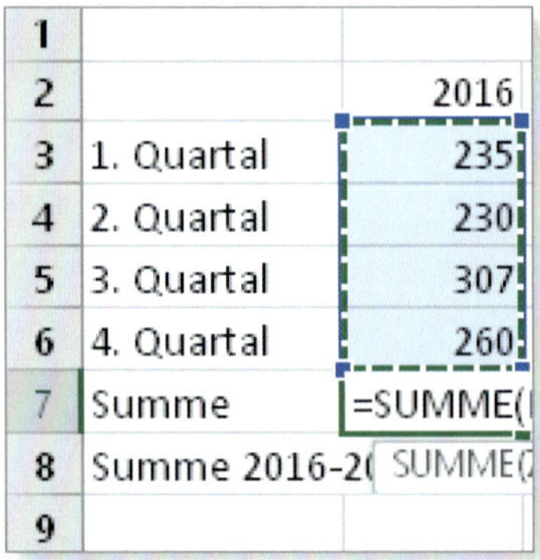
1
2
2016
3
1. Quartal
235
4
2. Quartal
230
5
3. Quartal
307
6
4. Quartal
260
7
Summe
=SUMME(
8
Summe 2016-2
SUMME(
9

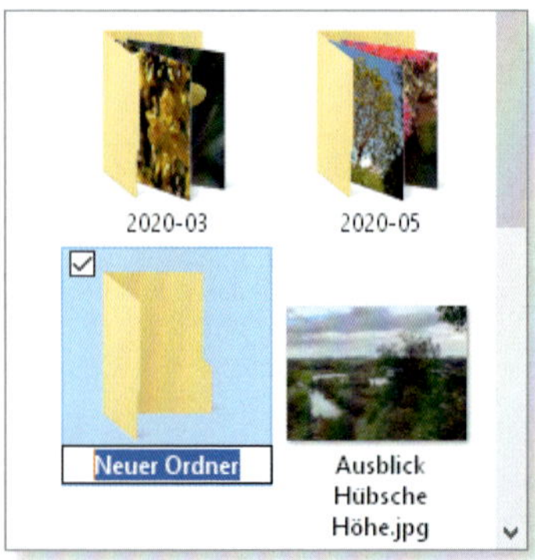
2020-03
2020-05
Neuer Ordner
Ausblick
Hübsche
Höhe.jpg

Farben
Ein
Akzentfarbe auswählen
Automatisch eine Akzentfarbe aus meinem Hintergrund auswählen
Zuletzt verwendete Farben
Windows-Farben

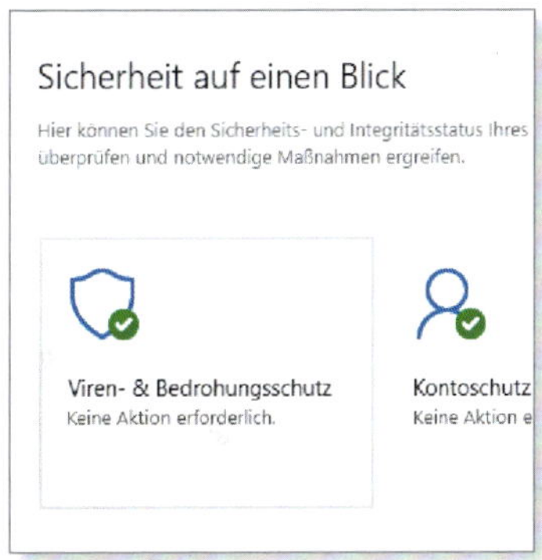

Sicherheit auf einen Blick
Hier können Sie den Sicherheits- und Integritätsstatus Ihres
überprüfen und notwendige Maßnahmen ergreifen.
Viren- & Bedrohungsschutz
Keine Aktion erforderlich.
Kontoschutz

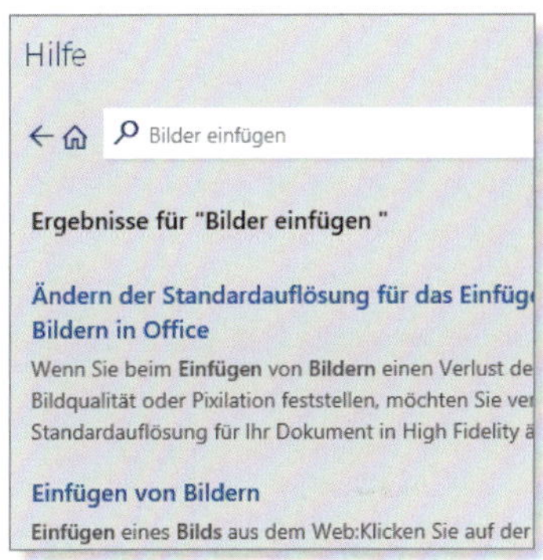

Hilfe
Bilder einfügen
Ergebnisse für "Bilder einfügen "
Bildern in Office
Einfügen von Bildern

Kapitel 1
PC oder Notebook?

Notebooks sind tragbare Computer, die sich zum Surfen im Internet, Schreiben von Texten und E-Mails oder zum Musikhören eignen. Der Vorteil aller Notebooks ist ihre Handlichkeit und der Akkubetrieb: Ob im Zug, im Hotel oder auf dem Balkon – Sie können überall mit einem Notebook arbeiten oder spielen. Je nach gewünschter Anwendung können Sie weitere Geräte anschließen. Ein PC bietet mehr Anschlussmöglichkeiten; hier können Sie sich Tastatur, Maus und Bildschirm selbst aussuchen.

Den passenden Computer auswählen
Klein, mittel oder groß, zum Spielen, Internetsurfen oder Bearbeiten von Fotos: Für jeden Zweck gibt es den passenden Computer. Lernen Sie die verschiedenen Computertypen kennen.

Maus, Drucker & Co. richtig anschließen
Ein Computer hat viele Anschlussplätze (Buchsen), um verschiedene Kabel einzustecken. Dabei sind je nach Gerät unterschiedliche Kabel und Stecker zu benutzen.

Den Computer schlafen legen
Wenn Sie nicht am Computer arbeiten, können Sie ihn ausschalten oder in den Energiesparmodus versetzen, sozusagen schlafen legen.

❶ Gewicht und Größe bestimmen die Wahl des Computers mit.

❷ Damit alle Geräte funktionieren, müssen die Stecker in die richtigen Buchsen.

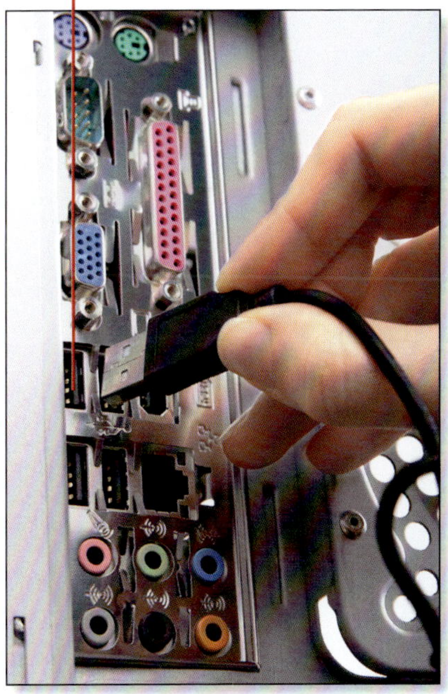

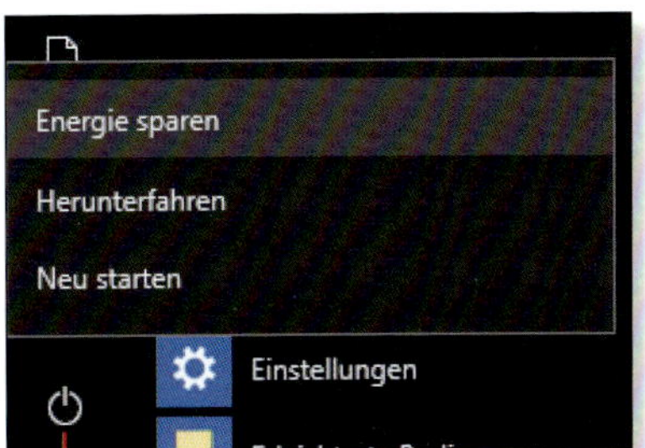

❸ Der Computer macht auch mal Pause: Versetzen Sie ihn in den Energiesparzustand, oder fahren Sie ihn ganz herunter.

Welches Gerät für welchen Zweck?

1

2

3

Sie haben die Qual der Wahl. Orientieren können Sie sich an den Kriterien Mobilität, Größe, Bildschirmgröße, Gewicht und Leistung.

Schritt 1

Netbooks sind ideal für unterwegs: Leicht, flach und klein (Bildschirmgröße 11 bis 13 Zoll; 1 Zoll = 2,54 cm) sind sie auf Balkon oder Sofa schnell einsatzbereit. Nachteile: Weil sie so klein sind, ist kein DVD-Laufwerk eingebaut; sie sind nicht sehr leistungsstark und haben wenig Speicherplatz.

Schritt 2

Leistungsfähig bei kleinem, flachem Gehäuse sind *Subnotebooks* oder *Ultrabooks*. Das geringe Gewicht erleichtert das Mitnehmen. Nachteile sind ein fehlendes DVD-Laufwerk und der kleine Bildschirm (10,6 bis 13,4 Zoll).

Schritt 3

Notebooks mit einer Bildschirmgröße von 14 bis 16 Zoll haben eine Tastatur in angenehmer Größe, auf der man auch längere Texte tippen kann. Sie verfügen meist über ein DVD-Laufwerk und sind zum ausgiebigen Surfen im Internet sehr gut geeignet.

Schritt 4

Größere Notebooks, auch *Laptops* genannt, bieten einen großen Bildschirm und einen Zahlenblock rechts auf der Tastatur. Sie eignen sich gut zum Surfen im Internet, für Multimediaanwendungen – z. B. zum Filmeschauen – und natürlich zum Schreiben von Texten.

4

Schritt 5

Ein *PC* kommt erst einmal als Kiste daher, auch wenn die »Kisten« immer kleiner werden. In sie lässt sich viel einbauen, z. B. mehrere Festplatten oder ein großer Lüfter. An die »Kiste« müssen Bildschirm, Tastatur und Maus angeschlossen werden, sie sind also »extern« mit dem Computer verbunden.

5

Schritt 6

Wollen Sie Ihren Computer unterwegs dabeihaben, greifen Sie zu einem Netbook oder kleineren Notebook. Möchten Sie zu Hause einen Computer nutzen, ihn aber auch mitnehmen können, kaufen Sie ein Mittelklasse-Notebook. Benötigen Sie einen großen Bildschirm, aber kein mobiles Gerät, ist ein PC für Sie das Richtige.

6

Notebook und PC

In den weiteren Kapiteln dieses Buchs verwende ich den Begriff *Notebook* als Oberbegriff für alle gerade vorgestellten tragbaren Computer und *PC* für die Desktop-Computer, also die in Schritt 5 beschriebenen »Kisten«.

Welche Anschlüsse hat ein PC?

1

Ein PC bringt sehr viele Möglichkeiten mit, Geräte anzuschließen.

Schritt 1

Ohne Strom geht nichts – der Stromstecker muss beim PC immer eingesteckt und mit Strom verbunden sein, da PCs keinen Akku haben. Der Anschluss befindet sich hinten am PC. Der Stecker ist ziemlich groß und passt nur in die dafür vorgesehene Anschlussbuchse.

2

Schritt 2

Jeder Computer hat mehrere *USB-Anschlüsse*. PCs haben in der Regel viel mehr USB-Buchsen 1 als Notebooks, und zwar vorn und hinten. Hier können viele sog. *Peripheriegeräte* durch Einstecken angeschlossen werden (*Plug & Play*): Bildschirm, Tastatur, Maus, Drucker, externe Festplatte und vieles mehr (siehe dazu ab Seite 278).

3

Schritt 3

USB-Sticks kommen ebenfalls in die USB-Buchsen; auf ihnen können Sie Daten speichern und sie an Dritte weitergeben. Achten Sie beim Einstecken darauf, dass die richtige Steckerseite oben ist, nur dann passt der Stecker genau in die Buchse.

Schritt 4

Über *USB-Anschlüsse* werden Daten übertragen. PCs haben mehrere USB-3.0- oder -3.1-Anschlüsse, die einen schnellen Datenaustausch ermöglichen. Die USB-3-Schnittstellen und die Innenseite der Stecker an den USB-Kabeln sind oft farbig, meist blau. Das **SS** steht für *Super Speed* (»superschnell«).

4

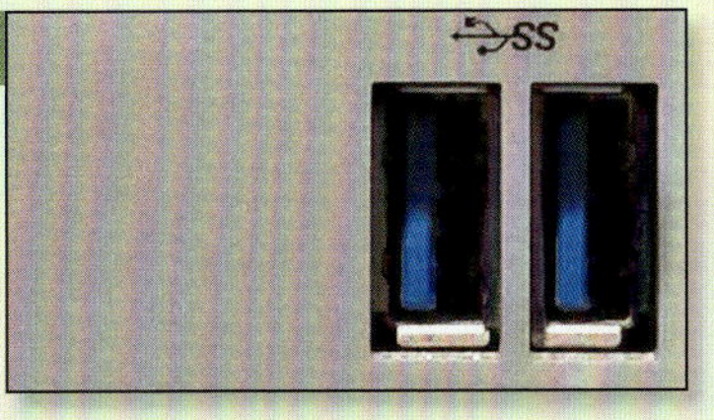

Schritt 5

Um einen Bildschirm (Monitor) anzuschließen, nutzen Sie einen *HDMI-*, einen *VGA-* oder einen *DVI-Anschluss* ❷. Schrauben Sie den Bildschirmstecker am PC-Anschluss fest, damit es nicht zu Wackelkontakten kommt.

5

❷

Schritt 6

Mit dem *HDMI-Anschluss* ❸ können sowohl Ton- als auch Bilddaten in hoher Qualität übertragen werden. So kann nicht nur der Monitor, sondern auch ein Fernseher an den PC angeschlossen werden. Neuere *Beamer* (Projektoren) verwenden ebenfalls die HDMI-Schnittstelle.

6

❸

> **VGA, DVI, HDMI oder DisplayPort?**
> Diese Monitoranschlüsse unterscheiden sich in der Auflösung: Die schlechteste Bildauflösung bietet der VGA-Anschluss, die beste der DisplayPort. VGA überträgt keinen Ton mit, HDMI und DisplayPort dagegen schon.

Welche Anschlüsse hat ein PC? (Forts.)

7

8

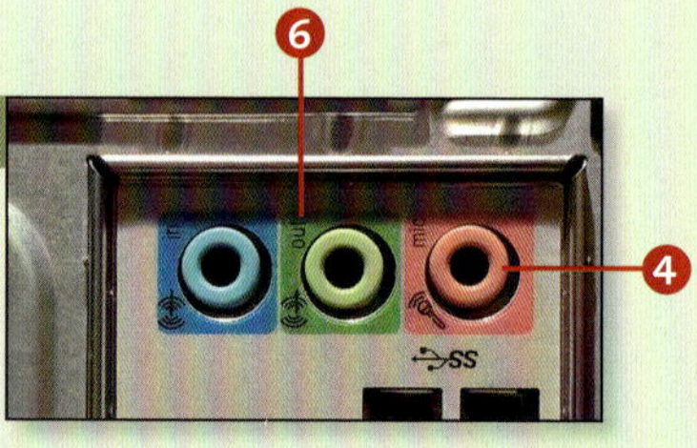

9

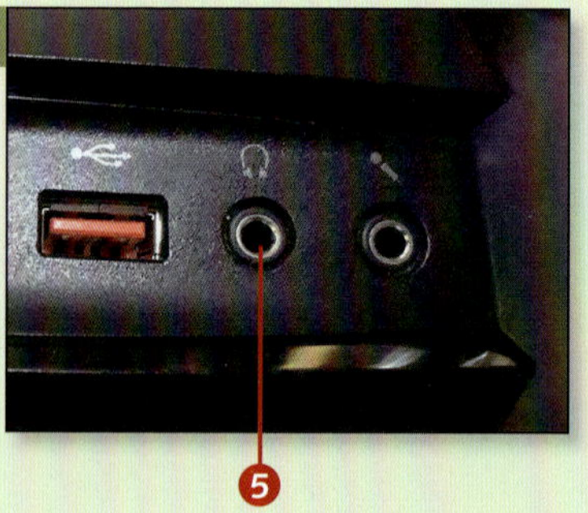

Schritt 7

Router und PC verbinden Sie mit einem speziellen Netzwerkkabel und stellen so eine lokale Internetverbindung her. Diese kabelgebundene Verbindung wird auch *LAN-Verbindung* genannt (siehe den Abschnitt »Den Computer per Kabel mit dem Internet verbinden« ab Seite 74). Beim drahtlosen Internet (*WLAN*) benötigen Sie entsprechend kein Kabel.

Schritt 8

Ein *Mikrofon* bringen die PCs nicht mit. Wenn Sie an einer Telefon- oder Videokonferenz teilnehmen oder die Sprachassistentin *Cortana* nutzen möchten, müssen Sie ein externes Mikrofon anschließen. Viele PCs haben sowohl vorn als auch hinten am Gehäuse passende Anschlüsse ❹.

Schritt 9

Kopfhörer mit Kabel schließen Sie über die Kopfhörer-Schnittstelle ❺ an Ihren Computer an. Wie beim Mikrofon ist die Anschlussbuchse klein und rund. Sie trägt ein **Kopfhörersymbol** oder die Bezeichnung **Out** ❻. Sie finden Sie vorn und hinten am PC-Gehäuse. Hier lassen sich auch Lautsprecher anschließen.

Wie verwendet man kabellose Kopfhörer?
Kabellose Kopfhörer schließen Sie per *Bluetooth* mit wenigen Klicks an. Lesen Sie dazu den Abschnitt »Geräte per Bluetooth verbinden« auf Seite 288.

Schritt 10

Wenn Sie *digital fotografieren*, können Sie Ihre Bilder ganz einfach auf den PC übertragen. Dazu verwenden Sie das mit der Kamera mitgelieferte USB-Kabel oder stecken die *SD-Karte* aus der Kamera in den entsprechenden Schlitz 7 am PC (siehe dazu den Abschnitt »Fotos auf den Computer kopieren« auf Seite 146).

10

Schritt 11

Die meisten PCs haben ein *DVD-* oder *Blu-ray-Laufwerk*. Es spielt die qualitativ besseren Blu-ray-Discs ab, aber auch CDs und DVDs. Mit dem DVD- und Blu-ray-Laufwerk können Sie Ihre Daten auf CD- oder DVD-Rohlingen speichern.

11

Schritt 12

Ihr PC hat an den Seiten und hinten Lüftungsgitter. Der Computer erwärmt sich beim Arbeiten. Durch das geräumige Gehäuse hat ein PC normalerweise genug Luft. Hat er aber viel Arbeit, setzt der Lüfter ein und kühlt den Computer. Die Lüftungsgitter setzen sich mit der Zeit mit Staub zu. Achten Sie daher darauf, dass die Lüftungsgitter nicht so verstopfen wie auf diesem Bild.

12

Welche Anschlüsse hat ein Notebook?

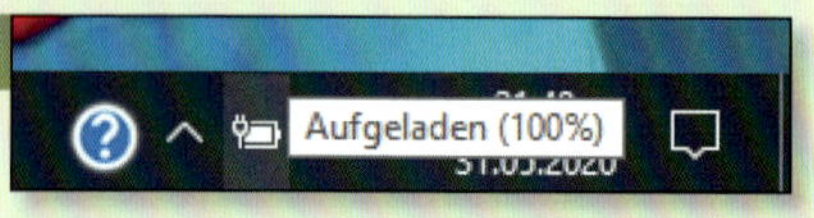

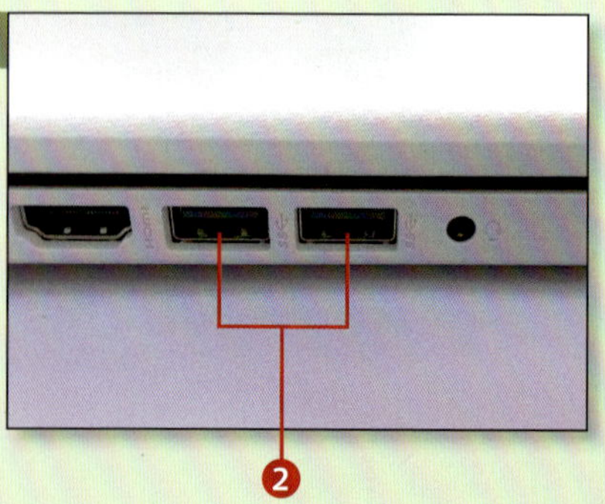

Lernen Sie alle Anschlüsse am Beispiel eines Notebooks kennen.

Schritt 1

Wichtigster Anschluss ist der für das *Netzteil*, also für den Stromanschluss ❶. Er befindet sich seitlich oder an der Rückseite des Notebooks. Der Stecker ist meist rund und passt nur in diese Anschlussbuchse.

Schritt 2

Ist das Netzteil an das Notebook und an den Strom angeschlossen, wird der Notebook-Akku geladen. Eine Anzeige unten rechts auf dem Bildschirm zeigt Ihnen den Akku-Stand an (siehe Kapitel 3, »Am Bildschirm zurechtfinden«, ab Seite 44). Sie können das Stromkabel abziehen, wenn der Akku aufgeladen ist.

Schritt 3

Jedes Notebook hat mehrere *USB-Anschlüsse* ❷: Hier können viele Geräte durch einfaches Einstecken angeschlossen werden (*Plug & Play*): eine Maus, ein Drucker und vieles mehr (siehe Kapitel 11, »Zusätzliche Geräte verwenden«, ab Seite 278).

Akku immer voll aufladen?

Neuere Notebook-Akkus können Sie nicht überladen. Nur eine völlige Entladung mögen die Akkus nicht – spätestens bei 10 % sollte das Notebook wieder an den Strom.

Schritt 4

Achten Sie beim Einstecken des USB-Steckers darauf, dass die richtige Seite oben ist ❸. Der Stecker passt dann genau in die Buchse. Achten Sie darauf, die richtige Buchse zu verwenden, damit weder Stecker noch Buchse beschädigt werden und das angeschlossene Gerät funktioniert.

4

Schritt 5

Über die USB-Anschlüsse werden Daten übertragen. Neuere Notebooks haben mindestens einen USB-3.0-Anschluss, der einen schnellen Datenaustausch ermöglicht. Die USB-3-Schnittstellen ❹ und die Steckerinnenseite haben in der Regel eine sog. SS-Kennzeichnung (*Super Speed*) und sind oft blau.

5

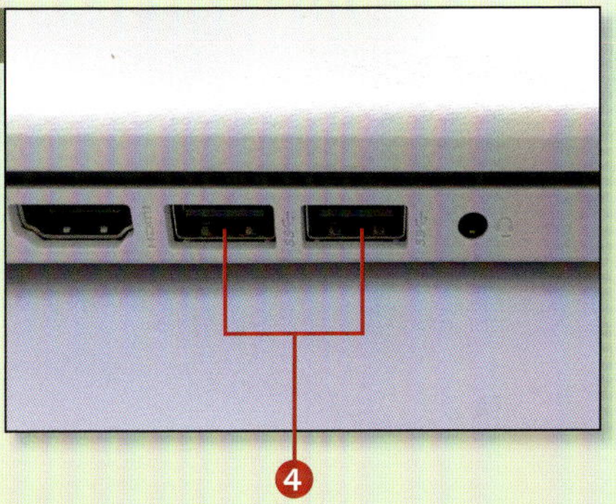

Schritt 6

Um einen *Beamer* (den Nachfolger der Overhead-Projektoren) oder einen externen Monitor anzuschließen, nutzen Sie den *HDMI-Anschluss* ❺.

6

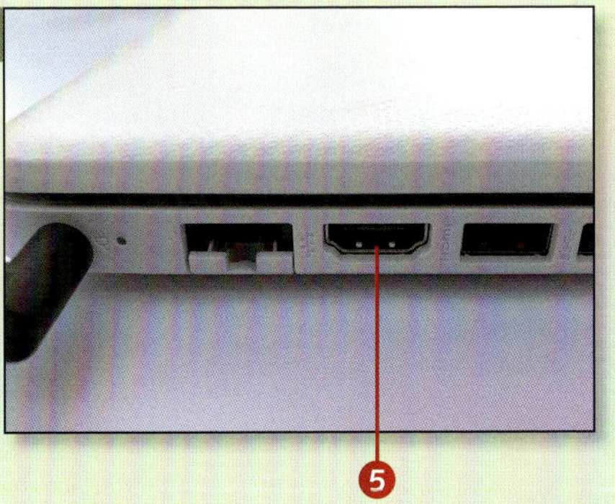

Welche Anschlüsse hat ein Notebook? (Forts.)

7

6

Schritt 7

Per HDMI können Ton- und Bilddaten in hoher Qualität übertragen werden. Schließen Sie einen Fernseher per HDMI-Kabel an das Notebook an 6, wenn Sie z. B. einen *Streaming-Dienst* übers Internet nutzen möchten. Damit können Sie Kinofilme und Fernsehserien schauen, wann Sie wollen.

8

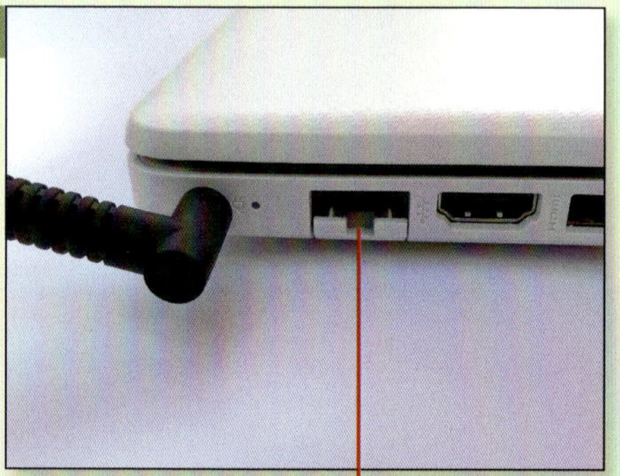

7

Schritt 8

Notebooks haben eine Netzwerkbuchse 7, in die nur Kabel mit speziellen Steckern passen. Die Abdeckung im unteren Teil drücken Sie mit dem Stecker nach unten. Mit dem Anschluss kann eine Verbindung zu einem *Router* und somit eine lokale Internetverbindung (*LAN*) hergestellt werden (siehe Kapitel 4, »Internet zu Hause und unterwegs«, ab Seite 70).

9

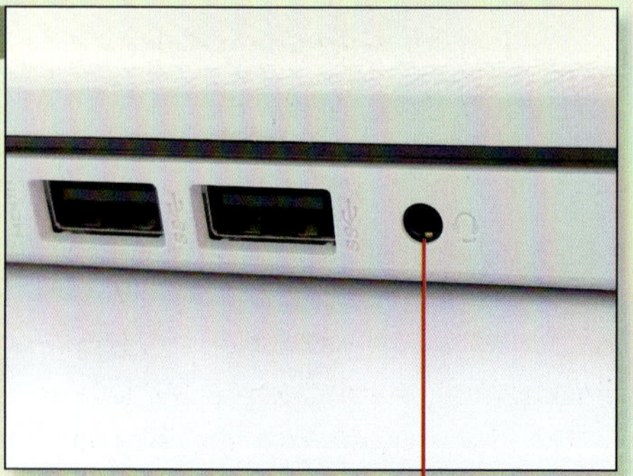

8

Schritt 9

Auch ein *Mikrofon* kann an das Notebook angeschlossen werden. Die meisten Notebooks haben zwar ein eingebautes Mikrofon, manchmal ist aber ein Mikrofon vor dem Mund vorteilhaft. Viele Notebooks haben einen Kombianschluss 8 für ein *Headset*, bei dem ein Mikrofon direkt am Kopfhörer befestigt ist.

Schritt 10

Einen Kopfhörer schließen Sie auch über die Kopfhörer-Schnittstelle 9 an Ihr Notebook an. So können Sie in Ruhe Musik oder Ihre Gesprächspartner im *Video-Chat* hören. Die Anschlussbuchse ist klein, rund und trägt ein Kopfhörersymbol.

10

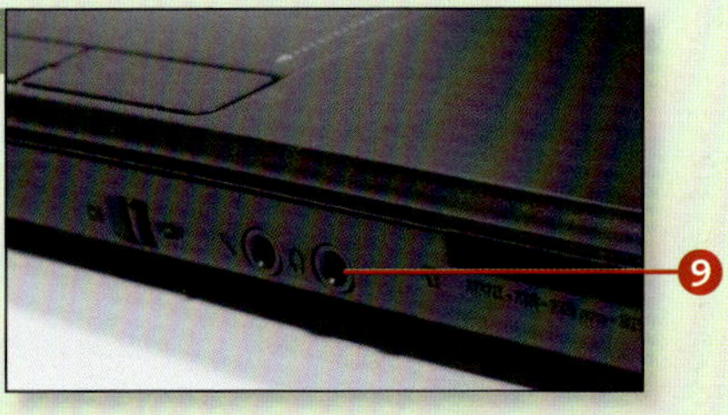

Schritt 11

Die Bilder Ihrer *Digitalkamera* übertragen Sie ganz einfach auf das Notebook. Dazu verwenden Sie das mit der Kamera mitgelieferte USB-Kabel oder stecken die SD-Karte aus der Kamera in den entsprechenden Schlitz am Notebook (siehe dazu auch Seite 146).

11

Schritt 12

Die großen Notebooks haben ein CD-/DVD- bzw. ein Blu-ray-Laufwerk. Es spielt sowohl die qualitativ besseren Blu-ray-Discs ab als auch CDs und DVDs. Mit diesem Laufwerk können Sie Ihre Daten auf CD- oder DVD-Rohlingen speichern.

12

Datenübertragung mit Bluetooth

Bluetooth ist eine drahtlose Möglichkeit, Daten auf Ihren Computer bzw. von Ihrem Computer auf ein anderes Gerät (z. B. Kopfhörer) zu übertragen. Bluetooth arbeitet nur auf kurzen Distanzen. Ihr Notebook hat in der Regel schon einen Bluetooth-Empfänger eingebaut; bei PCs ist eventuell ein Adapter nötig. Sobald über die Windows-Einstellungen das Gerät »virtuell« hinzugefügt wurde, können Sie Daten zwischen den Geräten austauschen. Weitere Stecker sind dann nicht nötig.

Den Computer ein- und ausschalten oder in den Energiesparmodus versetzen

1

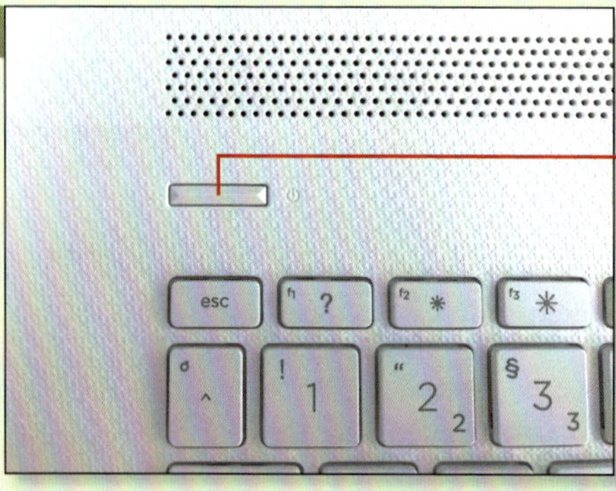

2

3

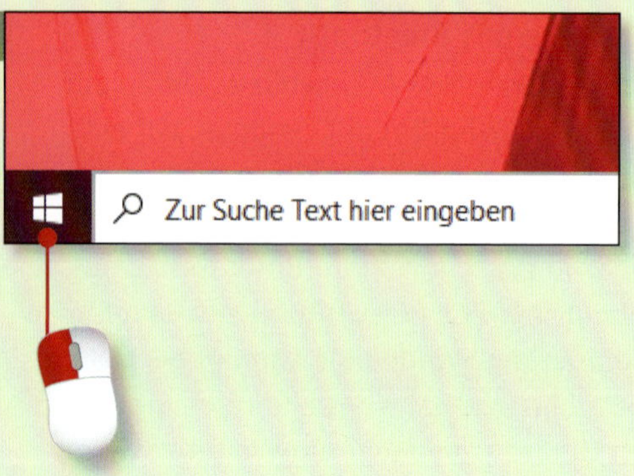

Sie schalten den Computer am Einschaltknopf ein, aber nicht aus: Computer werden heruntergefahren oder auf Stand-by gesetzt.

Schritt 1

Zum Einschalten drücken Sie die Betriebstaste ❶. Bei den meisten Notebooks ist sie über der Tastatur zu finden; bei einigen Modellen sitzt sie rechts. Bei PCs befindet sich der Einschaltknopf vorn oben.

Schritt 2

Zum »Aufwecken« des Computers aus dem Energiesparmodus drücken Sie eine beliebige Taste oder bewegen die Maus. Der Computer zeigt zunächst den *Sperrbildschirm*. Zum Entsperren drücken Sie irgendeine Taste und geben – falls vergeben – Ihr Passwort oder Ihre PIN ein. Die Anwendungen, mit denen Sie vor dem »Schlaf« gearbeitet haben, sind direkt geöffnet.

Schritt 3

Das Ausschalten wird beim Computer *Herunterfahren* genannt. Rufen Sie dazu das Startmenü auf: Klicken Sie unten links auf das Windows-Logo, oder drücken Sie die Taste ⊞ (links unten auf Ihrer Tastatur).

Schritt 4

Das Startmenü erscheint. Klicken Sie hier in der linken Spalte auf **Ein/Aus** und dann auf **Herunterfahren** ❷. Der Computer schaltet sich ganz aus. Sie brauchen und sollten *nicht* den Netzschalter drücken!

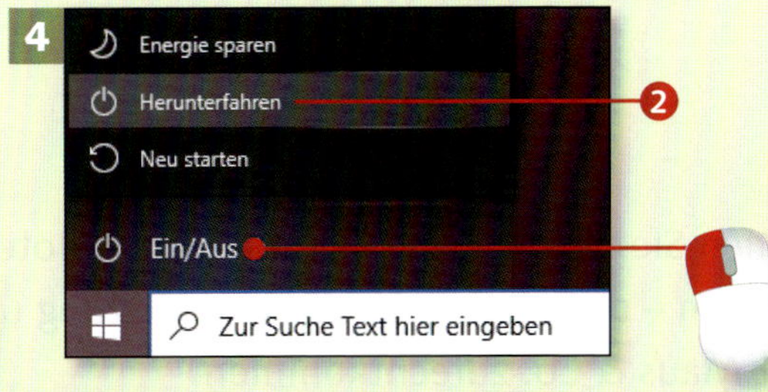

Schritt 5

Verwenden Sie die Einstellung **Energie sparen**, wenn Sie bei der nächsten Nutzung schnell weiterarbeiten möchten. Die zuletzt geöffneten Dateien und Programme stehen Ihnen direkt zur Verfügung. Bei PCs können Sie diese Einstellung immer verwenden. Ausnahme: Es gab ein sog. *Update*, das einen Neustart erfordert. Dann fährt der Computer erst herunter und startet dann neu.

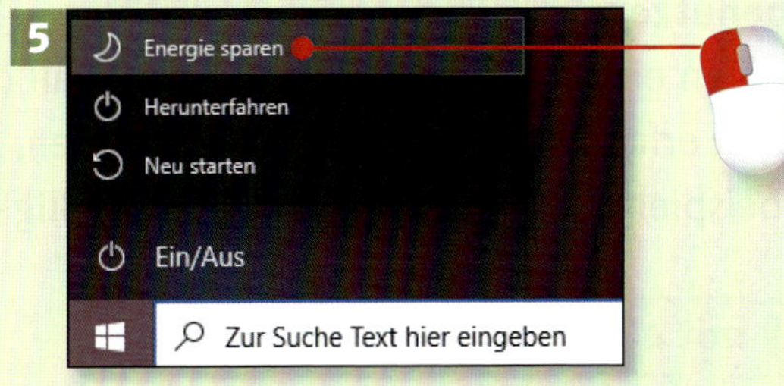

Schritt 6

Je nach gewählter Einstellung reicht es bei einem Notebook aus, es einfach zuzuklappen. Es schaltet sich dann selbst aus und versetzt sich in den Energiesparmodus ❸.

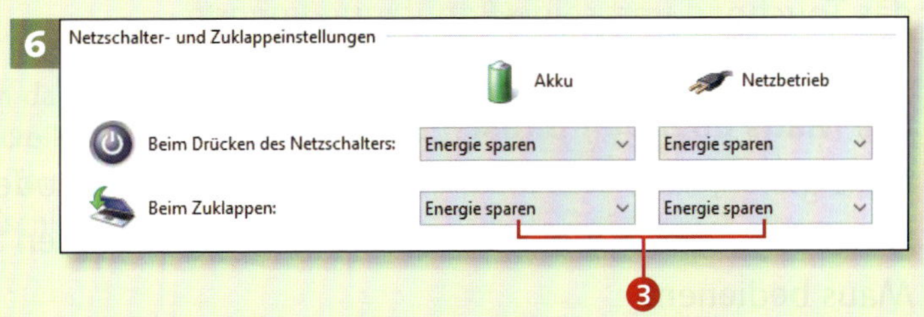

Stand-by (Energiesparmodus) ist kein Tiefschlaf

Wenn Sie Ihren Computer in den Energiesparmodus versetzt haben, reicht schon eine Mausbewegung, um ihn wieder aufzuwecken. Bei PCs ist das kein Problem. Ein Notebook sollten Sie aber stets herunterfahren, wenn Sie es in einer Tasche transportieren wollen, damit die Transportsicherung es schützt und das Gerät nicht durch die Bewegung angeht.

Die Tastatur benutzen

1

2

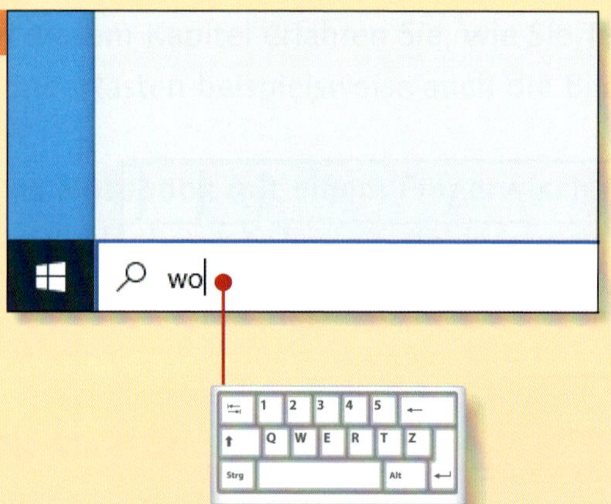

3

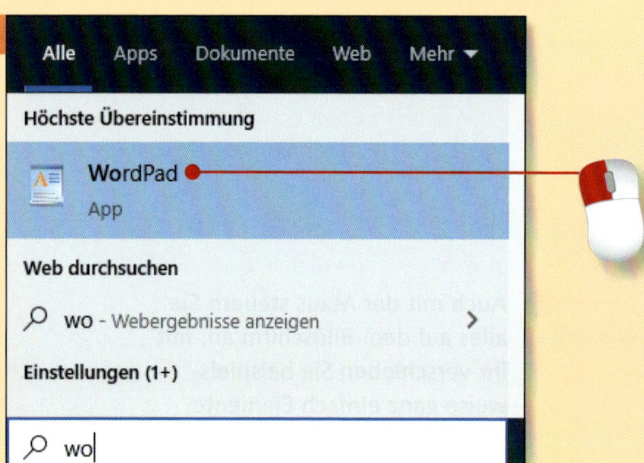

Mit der Tastatur schreiben Sie E-Mails oder Texte und teilen dem Computer mit, wonach Sie im Internet suchen möchten.

Schritt 1

Bei Windows erleichtert Ihnen eine einzelne Taste die Arbeit besonders: die *Windows-Taste* [Windows-Taste] ❶. Sie finden sie links unten auf Ihrer Tastatur. Drücken Sie [Windows-Taste]. Sie gelangen zum *Startmenü*. Drücken Sie die Taste erneut, dann verschwindet das Startmenü wieder.

Schritt 2

Machen Sie sich mit der Tastatur vertraut, indem Sie etwas schreiben (tippen). Dazu öffnen Sie *WordPad*: Rufen Sie wieder das Startmenü auf, indem Sie [Windows-Taste] drücken. Tippen Sie dann einfach »wo«. Sie brauchen vorher nicht an eine bestimmte Stelle zu klicken.

Schritt 3

Das Startmenü verwandelt sich in eine Liste mit Suchergebnissen. Zuoberst sehen Sie die Programme (*Apps* genannt), die mit *wo* beginnen. Im Beispiel ist dies nur WordPad. Klicken Sie auf **WordPad**.

Schritt 4

Das Schreibprogramm wird geöffnet; Sie sehen ein leeres »Blatt«. Hier können Sie Text und Zahlen eintippen; der Computer setzt den Text da auf das »Blatt«, wo ein senkrechter Strich – der Cursor (*Schreibmarke*) – blinkt. Durch *kurzes* Drücken z. B. der Taste [T] erscheint auf dem Bildschirm ein kleines t. Tippen Sie ein Wort ein.

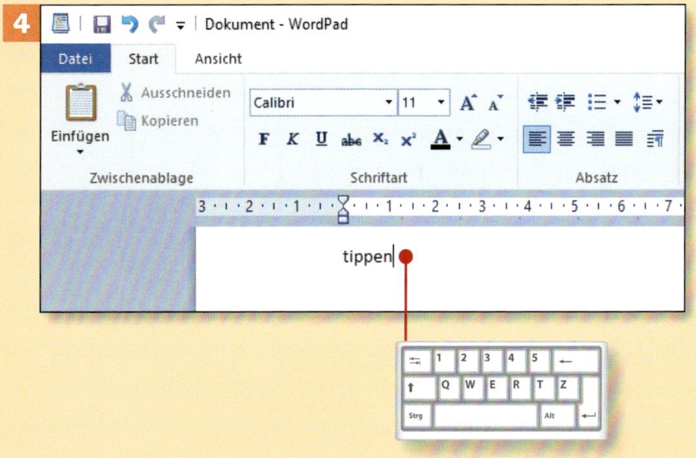

Schritt 5

Ein Leerzeichen fügen Sie ein, indem Sie die große Taste am unteren Rand der Tastatur drücken: die *Leertaste*. Achten Sie immer auf den Cursor ❷. Wo der Cursor blinkt, schreiben Sie.

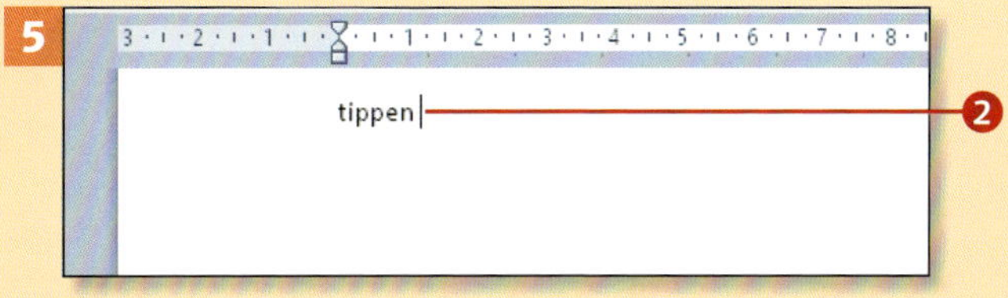

Schritt 6

Um einen Buchstaben großzuschreiben, halten Sie die Umschalt-Taste [⇧] gedrückt und tippen den Buchstaben. Lassen Sie [⇧] los, und tippen Sie den Rest des Wortes ein. Die *Umschalt-Taste* (auch *Shift-Taste* genannt) finden Sie jeweils links und rechts am Rand des Buchstabenblocks.

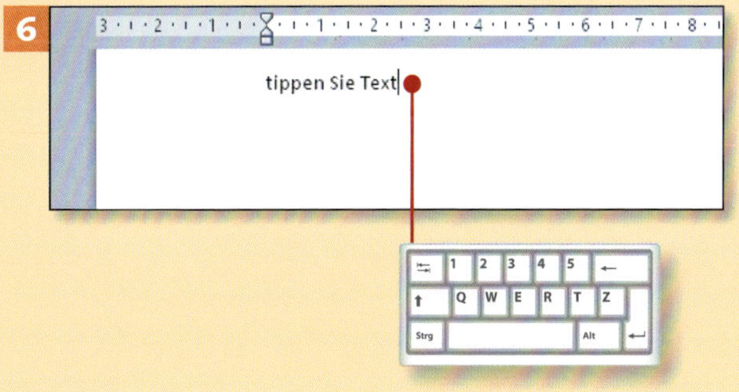

Der Cursor

Cursor ist das englische Wort für *Schreibmarke*; es hat sich auch im deutschen Sprachraum durchgesetzt. Der Cursor zeigt immer die Stelle an, an der Sie aktuell auf dem Bildschirm arbeiten. Damit man ihn gut sieht, blinkt der Cursor.

Die Tastatur benutzen (Forts.)

7

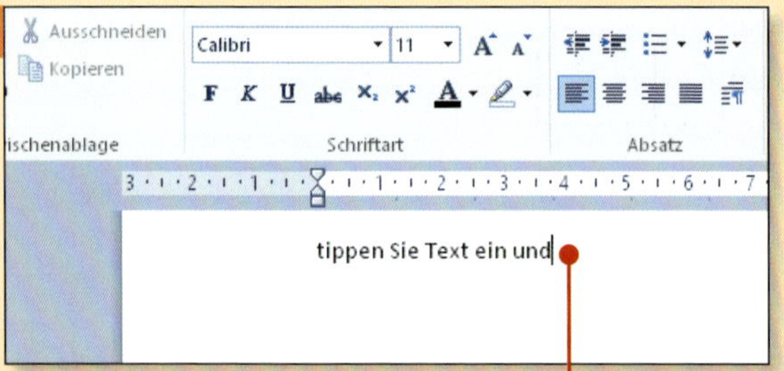

8

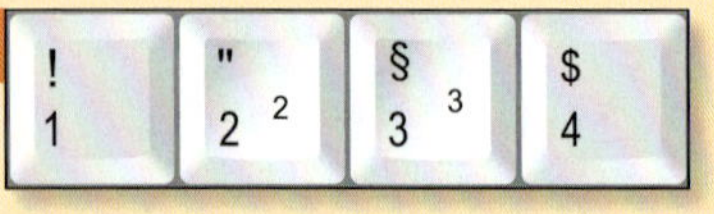

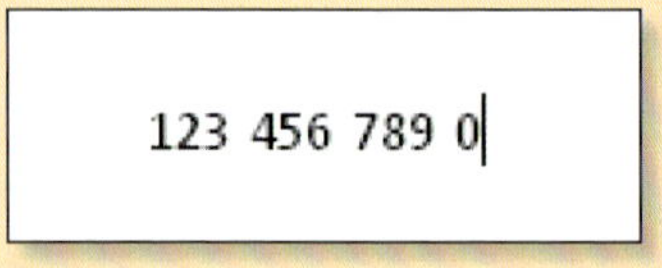

9

Schritt 7

Der Cursor »wandert« mit Ihrem Text mit. Tippen Sie weitere Wörter und Leerzeichen ein – Sie sehen, der Cursor befindet sich stets hinter dem zuletzt geschriebenen Wort und »wartet« blinkend auf weitere Eingaben von Ihnen.

Schritt 8

Punkt und Komma finden Sie unten rechts auf Ihrer Tastatur. Die Ziffern 0 bis 9 sind je nach Computer an zwei Stellen vorhanden: bei kleineren Notebooks nur über dem Buchstabenblock in einer Reihe, bei PC-Tastaturen und größeren Notebooks auch rechts daneben im Nummernblock.

Schritt 9

Den Nummernblock rechts müssen Sie eventuell erst einschalten: Drücken Sie die Taste Num ❸. Je nach Computer leuchtet über oder unter Ihrer Tastatur ein kleines Schlosszeichen oder ein Punkt, wenn der Nummernblock eingeschaltet ist. Im Zweifel tippen Sie in WordPad eine Zahl im Nummernblock: Passiert nichts, drücken Sie einmal Num.

Der Cursor hüpft einfach weg!
Bei Notebooks mit Touchpad (siehe den Abschnitt »Das Touchpad bedienen« auf Seite 32) kommt es vor, dass Sie aus Versehen die Fläche des Touchpads berühren. Für den Computer reicht das schon als Befehl, und er versetzt den Cursor an eine andere Stelle. Führen Sie dann den Cursor wieder mit Maus oder Touchpad an die richtige Stelle, und klicken Sie hier.

Schritt 10

Die Tasten über dem Buchstabenblock tragen über den Ziffern auch noch andere Zeichen: Ausrufezeichen, Anführungsstriche, Klammern usw. Um diese Zeichen zu tippen, drücken Sie gleichzeitig [⇧] und die entsprechende Taste über dem Buchstabenblock.

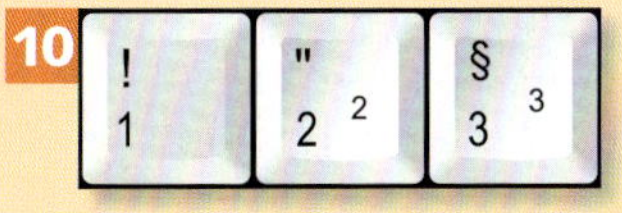

Schritt 11

Die *Enter-Taste* [↵] am rechten Rand des Buchstabenblocks und rechts unten am Nummernblock hat mehrere Aufgaben: Erstens erzeugen Sie mit ihr beim Schreiben von Text neue Absätze (siehe Kapitel 7, »Texte schreiben«, ab Seite 166). Zweitens bestätigen Sie damit Eingaben (*Befehle*), z. B. im Internet (siehe Kapitel 4, »Internet zu Hause und unterwegs«, ab Seite 70).

Schritt 12

Ein Wort, eine Zahl oder eine ganze Datei können Sie natürlich auch wieder löschen. Dazu bietet Ihr Computer zwei Tasten: [Entf] (»Entf« steht für »Entfernen«) und [←]. Bei Text gibt es eine Löschrichtung (siehe dazu den Abschnitt »Den Text selbst korrigieren« auf Seite 180).

Die Spezialtasten am Notebook verwenden

1

2

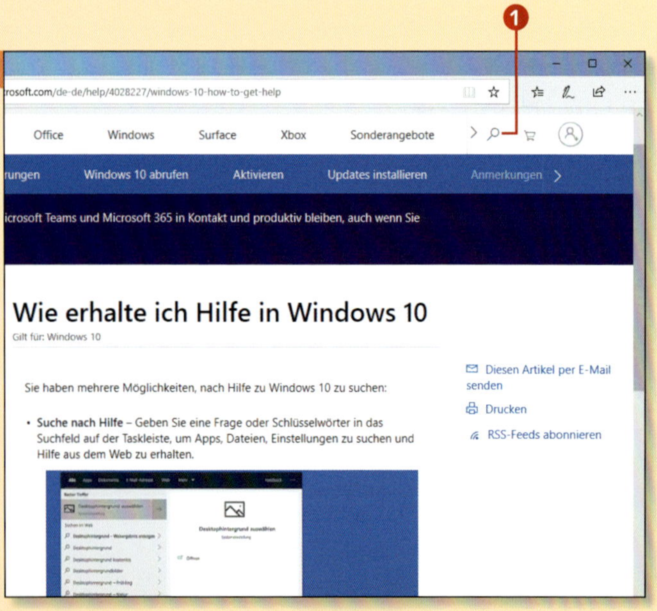

3

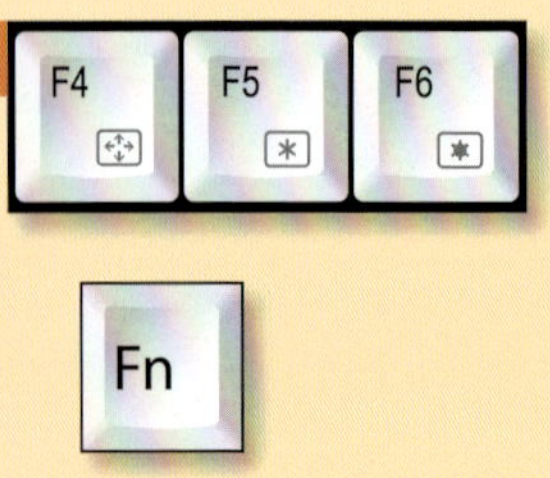

Bildschirmhelligkeit regeln, WLAN ein- und ausschalten: Bei Notebooks und vielen PCs gibt es für diese Einstellungen eigene Tasten.

Schritt 1

Am oberen Rand der Tastatur sehen Sie eine Reihe von Funktionstasten, auf denen F1 bis F12 steht. Sie sind häufig doppelt belegt und haben verschiedene Funktionen, abhängig vom Programm, in dem Sie gerade arbeiten.

Schritt 2

Eine Ausnahme bildet die Taste F1, die in der Regel zu einer passenden Hilfeseite führt. Hier können Sie eines der angebotenen Themen anklicken oder nach einem Klick auf die Lupe ❶ einen Suchbegriff eingeben (siehe dazu den Abschnitt »Die Windows-Hilfe nutzen« auf Seite 320).

Schritt 3

Die Zeichen auf den Funktionstasten unterscheiden sich je nach Notebook. Bei vielen Notebooks lassen sich diese Spezialfunktionen nur gemeinsam mit der Fn-Taste nutzen. Die beiden Tasten mit der kleinen Sonne regeln z. B. die Bildschirmhelligkeit.

Schritt 4

Drücken Sie Fn und die kleinere Sonne (hier auf der Taste F5). Der Bildschirm wird dunkler. Um den Bildschirm jetzt wieder heller werden zu lassen, drücken Sie Fn und die Taste mit der größeren Sonne (im Beispiel ist das die Taste F6).

4
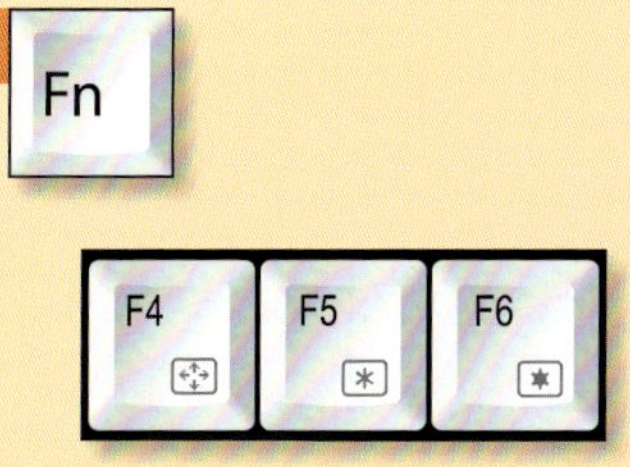

Schritt 5

Zur Lautstärkeregelung nutzen Sie die Tasten mit den Lautsprechern: Der Lautsprecher mit Minuszeichen oder kleinen Schallwellen macht den Ton leiser, die Taste mit Pluszeichen oder größeren Schallwellen erhöht die Lautstärke. Eine dritte Taste mit durchgestrichenem Lautsprecher schaltet den Ton aus.

5
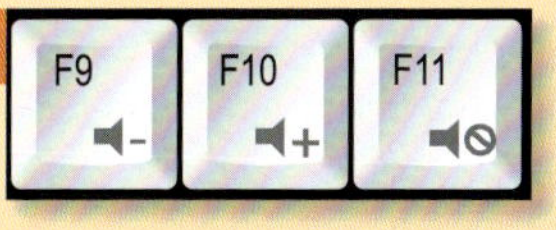

Schritt 6

Die weiteren Tasten können bei Ihrem Notebook folgende Aufgaben haben: das Notebook in den Schlafmodus versetzen ❷, WLAN ein- und ausschalten ❸, das Touchpad ein- und ausschalten ❹.

6
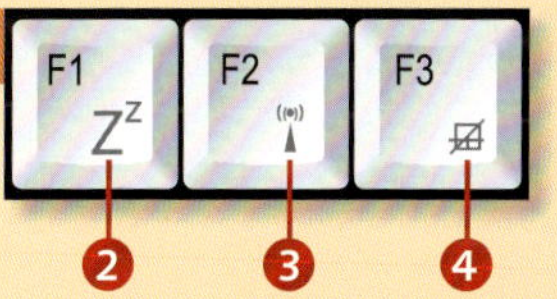

Spezialfunktionen aufrufen

Probieren Sie aus, ob an Ihrem Notebook die Tasten F1 bis F12 direkt ihre Spezialfunktion ausführen oder ob Sie dafür gleichzeitig Fn drücken müssen. In diesem Fall drücken Sie auch bei der Hilfetaste F1 zusätzlich Fn (siehe Schritt 2).

Das Touchpad bedienen

Um Ihr Notebook bequem nutzen zu können, haben Sie neben der Tastatur auch noch das Touchpad.

1

2

3

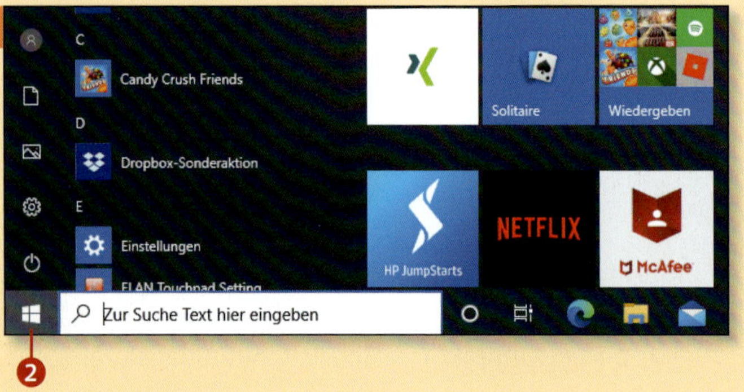

Schritt 1

Unterhalb der Tastatur befindet sich das *Touchpad*. Es besteht aus einer größeren abgegrenzten Fläche, über die Sie mit dem Finger streichen, und zwei Tasten. Je nach Modell sind die beiden Tasten deutlich erkennbar wie hier zu sehen, bilden eine Fläche oder sind als »Wippe« in das Touchpad integriert.

Schritt 2

Setzen Sie den Zeigefinger auf das Touchpad, und bewegen Sie ihn über die ganze Fläche. Der Zeiger ❶ auf dem Bildschirm folgt dabei der Bewegung Ihres Fingers.

Schritt 3

Führen Sie den Zeiger über den Desktop und hier auf das Windows-Logo ❷. Drücken Sie die linke Taste auf dem Touchpad einmal, während der Zeiger weiter auf das Symbol zeigt: So *klicken* Sie etwas auf dem Bildschirm *an*. Hier wird das Startmenü geöffnet. Klicken Sie das Logo erneut an. Das Startmenü wird geschlossen.

Schritt 4

Sie können auch direkt auf dem Touchpad »klicken«, müssen also nicht unbedingt die Tasten des Touchpads drücken. Führen Sie den Zeiger über das blau-grüne Symbol ❸ des Programms *Microsoft Edge* am unteren Rand Ihres Bildschirms. Tippen Sie jetzt mit dem Zeigefinger mittig oder links auf das Touchpad. Drücken Sie nicht, sondern tippen Sie mit der Fingerspitze einmal schnell und kräftig auf das Touchpad.

4

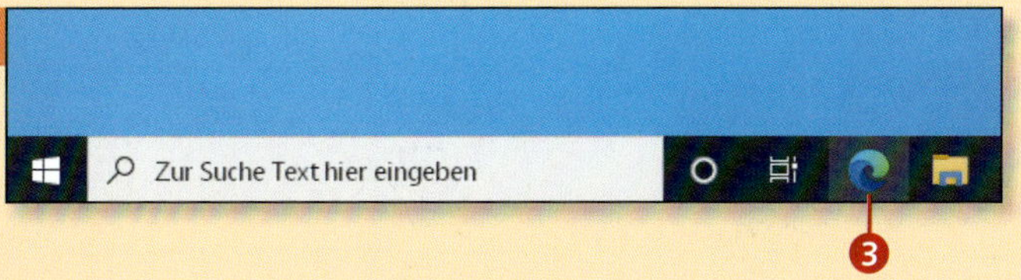

Schritt 5

Das mit dem Zeiger ausgewählte (markierte) Programm öffnet sich: der Internetbrowser Edge.

5

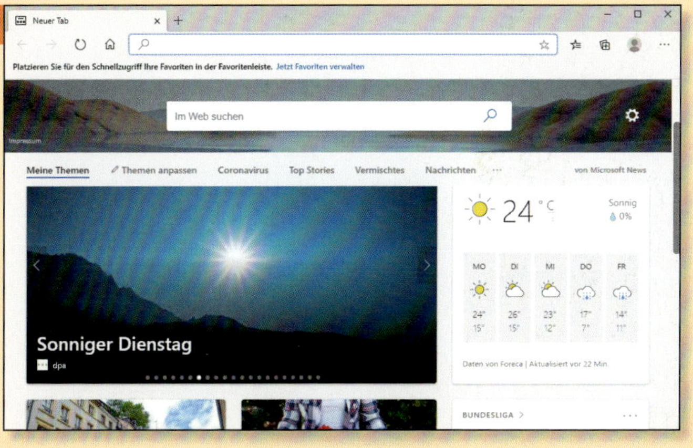

Schritt 6

Führen Sie den Zeiger jetzt in die obere rechte Ecke des Internetfensters. Klicken Sie das *Schließkreuz* ❹ an – entweder mit der linken Touchpad-Taste oder durch Tippen auf das Touchpad. Edge wird wieder geschlossen. Klappt es nicht direkt beim ersten Mal, probieren Sie es einfach noch einmal.

6

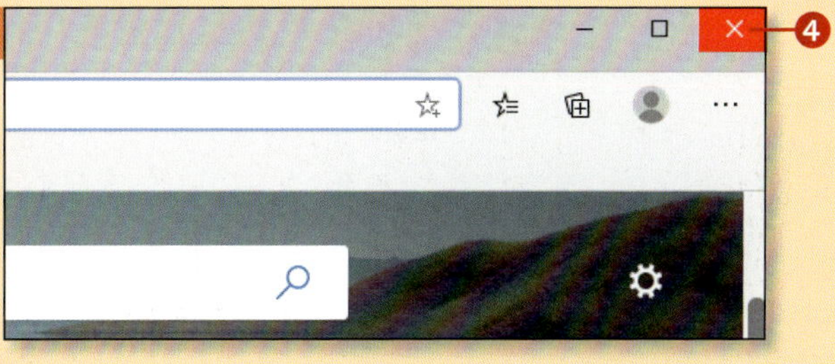

Wo genau tippen?

Achten Sie darauf, die Mitte oder die linke Seite des Touchpads zu benutzen; nicht jedes Touchpad reagiert auf der rechten Seite auf Tippen.

Das Touchpad bedienen (Forts.)

7

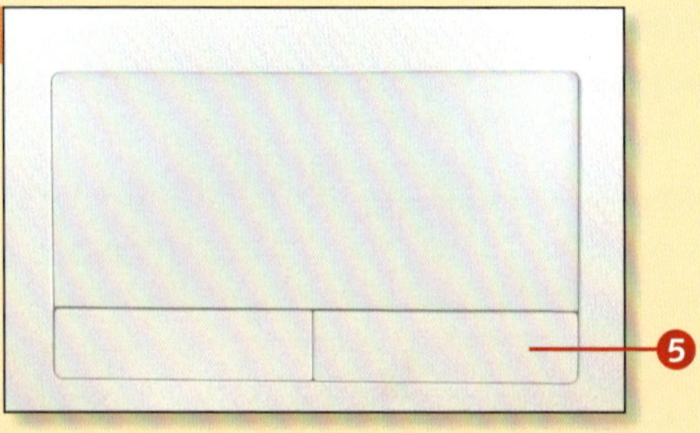

8

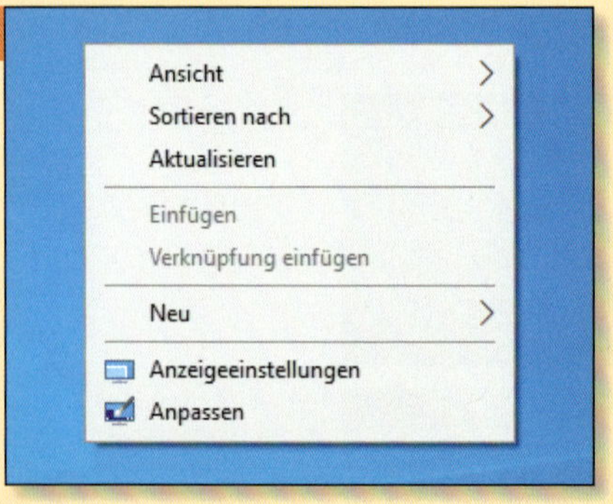

9

Schritt 7

Die *rechte* Taste ❺ des Touchpads öffnet ein *Kontextmenü*: Je nachdem, wo Sie sich gerade befinden (*Desktop*, Startbildschirm, im Internet, in WordPad usw.), wird ein anderes Menü geöffnet, wenn Sie die rechte Taste drücken. Führen Sie den Zeiger über den Desktop, und drücken Sie die rechte Taste auf dem Touchpad.

Schritt 8

Das Kontextmenü wird geöffnet. Es hält für die aktuelle Situation (hier den Desktop) passende Befehle bereit. Sie können jetzt z. B. den Desktop-Hintergrund ändern, wenn Sie auf **Anpassen** klicken. Achtung: Im Kontextmenü wählen Sie die gewünschte Aktion durch Klicken mit der *linken* Taste aus.

Schritt 9

Wollen Sie keine Aktion aus dem Kontextmenü ausführen, schließen Sie es einfach, indem Sie [Esc] ❻ oben links auf Ihrer Tastatur drücken. Alternativ klicken Sie mit der linken Taste an irgendeine Stelle auf dem Desktop.

Noch mehr Fläche zum Tippen: der Touchscreen
Bei Computern mit *Touchscreen* (berührungsempfindlichem Bildschirm) können Sie direkt auf dem Bildschirm durch Fingerspreizen oder -zusammenziehen die Ansicht vergrößern oder verkleinern. Mit zwei Fingern parallel »schieben« Sie die aktuelle Ansicht nach oben oder unten.

Schritt 10

Viele Touchpads können noch mehr: Wenn Sie zwei Finger in der Mitte des Touchpads aufsetzen und dann spreizen, wird die Bildschirmansicht vergrößert. Probieren Sie es im Internetbrowser Edge aus. Zum Verkleinern der Ansicht ziehen Sie die beiden Finger wieder zusammen.

Schritt 11

Mit dem Touchpad können Sie sich auch durch lange Texte oder Internetseiten mit viel Inhalt bewegen (*scrollen*). Dazu setzen Sie Zeigefinger und Mittelfinger an den unteren Rand des Touchpads und »schieben« die Finger zum oberen Rand. So sehen Sie auf dem Bildschirm die Inhalte, die weiter unten stehen. Ziehen Sie die Finger in die umgekehrte Richtung, um wieder an den Seitenanfang zu gelangen.

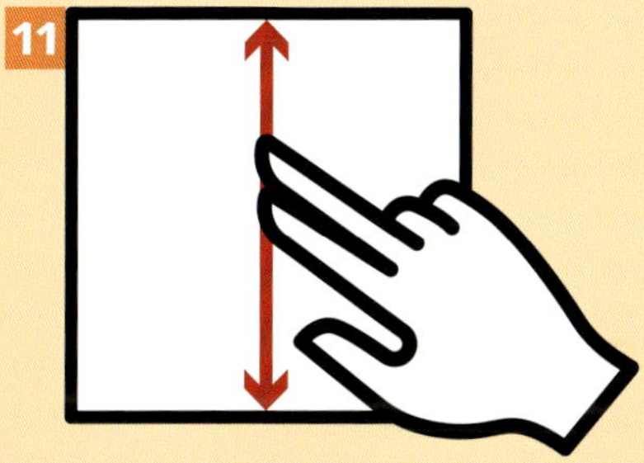

Schritt 12

Für manche Aktionen, z. B. um Bilder anzeigen zu lassen, müssen Sie doppelt klicken: Zweimal auf das Touchpad tippen, und das Bild öffnet sich.

Eine Maus anschließen

1

2

3

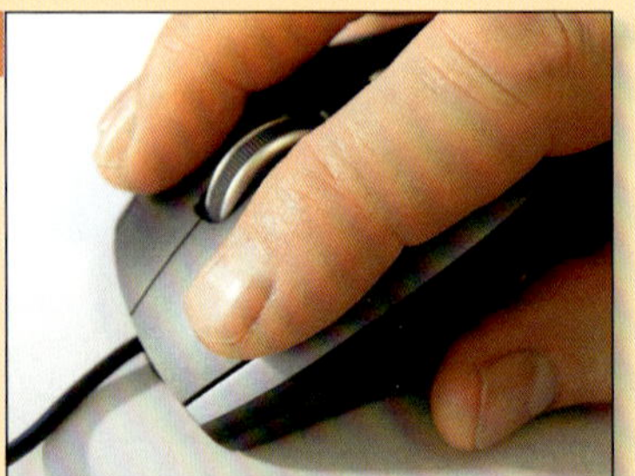

Mauspad verwenden
Wenn Sie Ihre Maus auf einem Glastisch oder einer anderen glatten Oberfläche verwenden, sollten Sie ein *Mauspad* verwenden. Diese meist aus Kunststoff bestehenden Unterlagen sorgen für fehlerfreies Arbeiten mit der Maus.

Alles, was Sie mit dem Touchpad machen können, lässt sich auch mit einer Maus erledigen. Die Maus lässt sich aber genauer steuern.

Schritt 1

Haben Sie eine Maus mit Kabel, dann stecken Sie den USB-Stecker in einen freien USB-Anschluss an Ihrem Computer.

Schritt 2

Sobald Sie den USB-Stecker angeschlossen haben, ertönt ein Signalton. Windows öffnet unten rechts auf Ihrem Bildschirm ein kleines Fenster, in dem Sie lesen können, dass das Gerät installiert wird 1. Der Name des Geräts lautet bei Ihnen natürlich entsprechend der Maus, die Sie anschließen, anders.

Schritt 3

Nach einer kurzen Zeit teilt Ihnen Windows mit, dass die Maus installiert ist, und Sie können sie verwenden. Halten Sie die Maus so, dass Ihr Zeigefinger möglichst weit vorn auf der linken Maustaste locker aufliegt.

Schritt 4

Eine kabellose Maus bezieht ihre Energie aus Batterien. Daher müssen Sie bei einer neuen Maus zuerst die Batterien einlegen. An der Unterseite der Maus ist entweder ein Schiebeschalter, mit dem Sie das Batteriefach öffnen können, oder Sie schieben einen Teil der Abdeckung nach außen. Legen Sie die Batterien ein, und schließen Sie das Fach wieder sorgfältig.

4

Schritt 5

Achten Sie darauf, dass die Maus eingeschaltet ist: An der Unterseite ist ein Schieber ❷, der auf **On** oder **An** stehen muss.

5

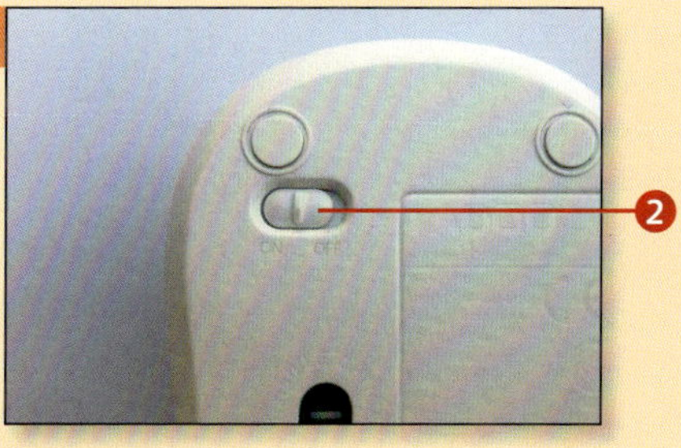

Schritt 6

Stecken Sie nun den USB-Stecker ❸, der die Maussignale an das Notebook überträgt, in eine USB-Buchse am Notebook. Windows lässt wieder einen Signalton hören und zeigt eventuell ganz kurz das Installationsfenster. Nach wenigen Augenblicken können Sie die Maus verwenden. Der Stecker bleibt im Computer.

6

Welche Maus ist die richtige?

Eine Maus sollte weder zu groß noch zu klein für Ihre Hand sein. Sie sollten die Fingerkuppe des Zeigefingers möglichst weit vorn auf der linken Maustaste platzieren können. Gleichzeitig sollte Ihr Handballen auf dem Mauspad oder Tisch aufliegen. Müssen Sie die Hand stark krümmen, ist die Maus zu groß. Eine Handgelenkablage kann hier Abhilfe schaffen.

Mit der Maus arbeiten

1

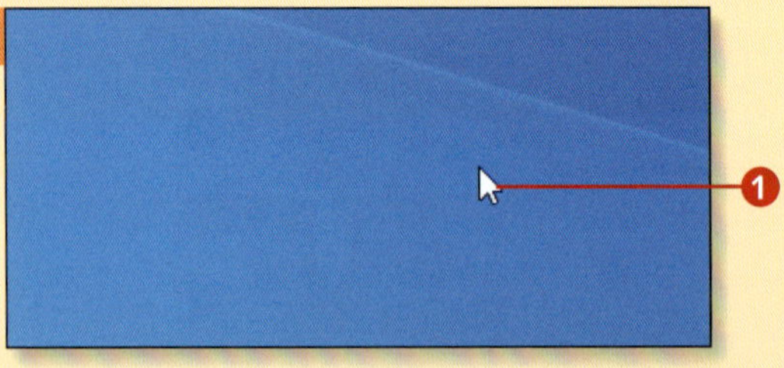

2

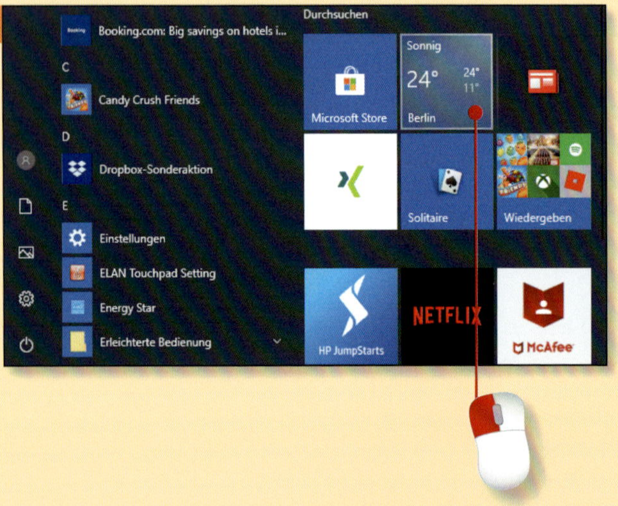

3

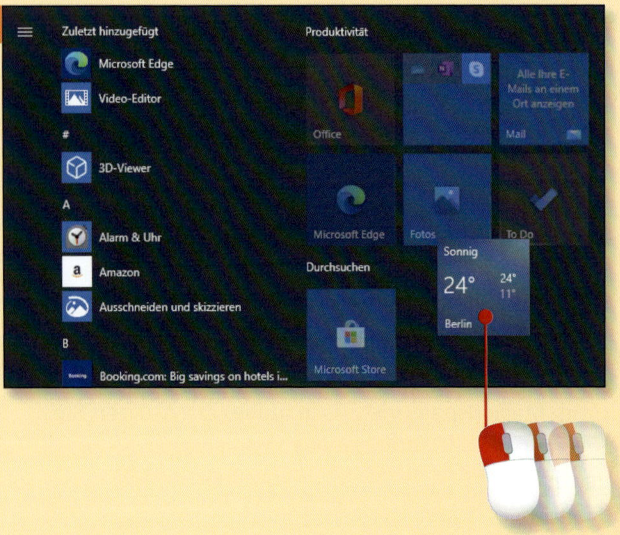

Mit der Maus bewegen Sie den Mauszeiger; mit den Maustasten klicken Sie etwas an oder öffnen ein Kontextmenü; mit dem Mausrad scrollen Sie.

Schritt 1

Bewegen Sie die Maus. Sie sehen, wie sich der *Mauszeiger* ❶ entsprechend auf dem Bildschirm bewegt.

Schritt 2

Rufen Sie das Startmenü durch Drücken von [Windows-Taste] auf. Klicken Sie eine Kachel an; halten Sie die Maustaste gedrückt.

Schritt 3

Ziehen Sie die Kachel mit gedrückter Maustaste an einen anderen Platz; lassen Sie die Maustaste dann los. Dieses Ziehen mit der Maus (*Drag & Drop*) benötigen Sie auch beim Verschieben von Text oder Dateien.

Klicken = einmal links klicken

Wenn von Klicken die Rede ist, ist immer das Klicken mit der *linken* Maus- bzw. Touchpad-Taste gemeint, und zwar einmal. Wenn zweimal schnell geklickt werden soll, heißt das *Doppelklick*. Um ein Kontextmenü zu öffnen, machen Sie einen *Rechtsklick*.

Schritt 4

Klicken Sie auf den Desktop neben dem Startmenü; es wird geschlossen. Links oben auf dem Desktop sehen Sie den *Papierkorb*; klicken Sie ihn mit der *rechten* Maustaste an.

4

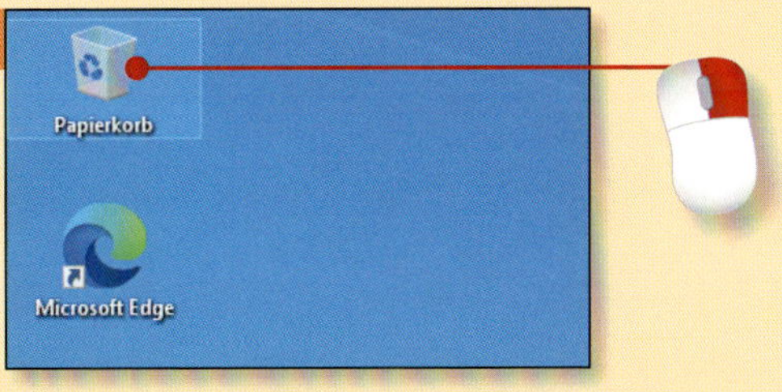

Schritt 5

Aus dem Kontextmenü wählen Sie **Papierkorb leeren**. Wenn Windows Sie fragt, ob Sie wirklich alles löschen wollen, klicken Sie auf **Ja**. Das Kontextmenü wird wieder geschlossen. Wenn die Möglichkeit **Papierkorb leeren** *ausgegraut* (= nicht anklickbar) ist, war der Papierkorb noch leer.

5

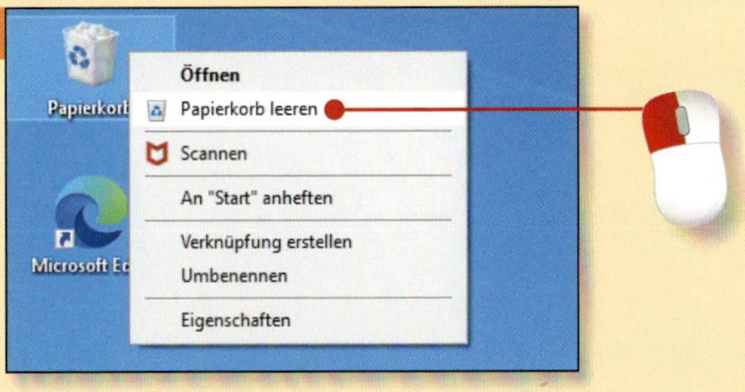

Schritt 6

Der Papierkorb lässt sich mit einem Doppelklick auch öffnen. So können Sie sehen, was darin ist. Zum Leeren klicken Sie oben links auf **Papierkorb leeren**, zum Schließen auf das Schließkreuz oben rechts.

6

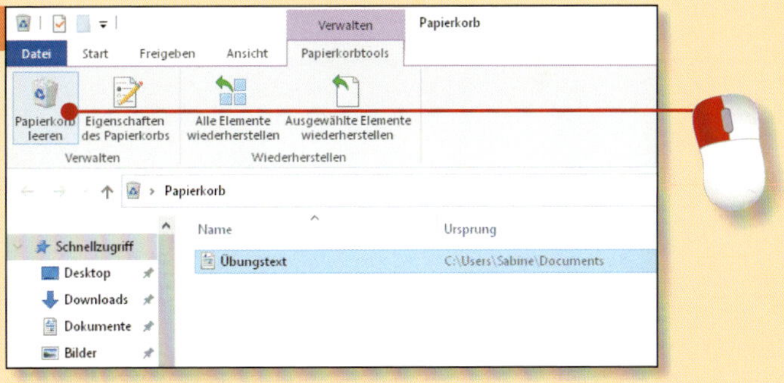

Wo steht denn »Papierkorb leeren«?

Beim ersten Öffnen des Papierkorbs sehen Sie die Schaltfläche **Papierkorb leeren** eventuell gar nicht. Dann ist das Menüband nicht eingeblendet. Klicken Sie oben rechts auf den kleinen Pfeil neben dem Fragezeichen, um es sichtbar zu machen.

Mauszeiger und Cursor sichtbarer machen

1

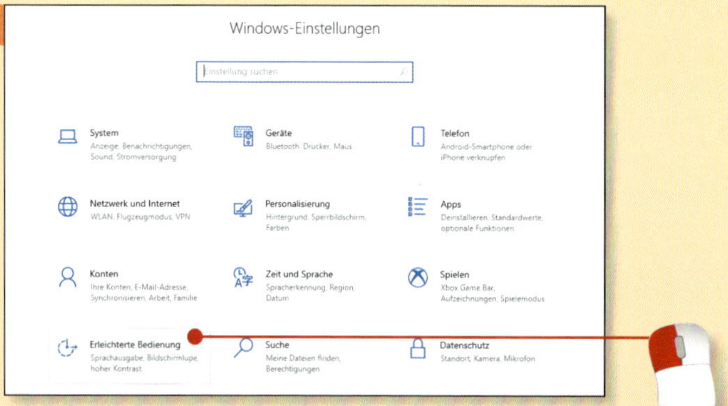

2

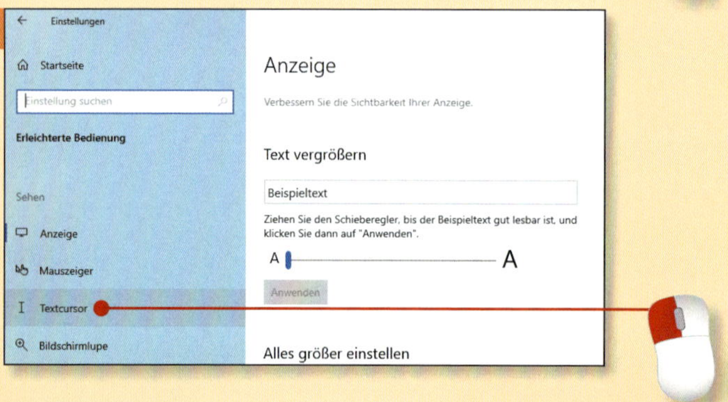

3

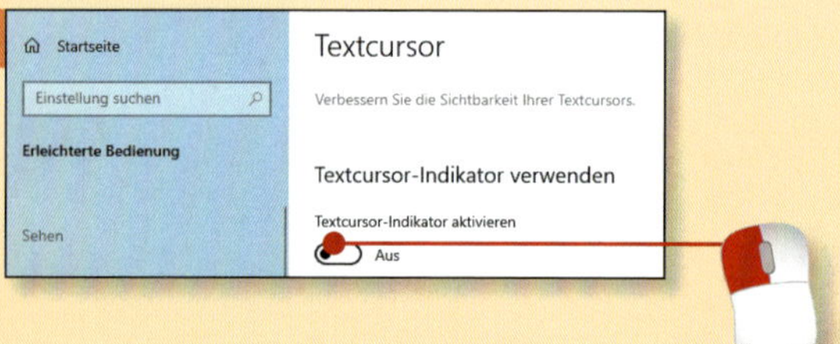

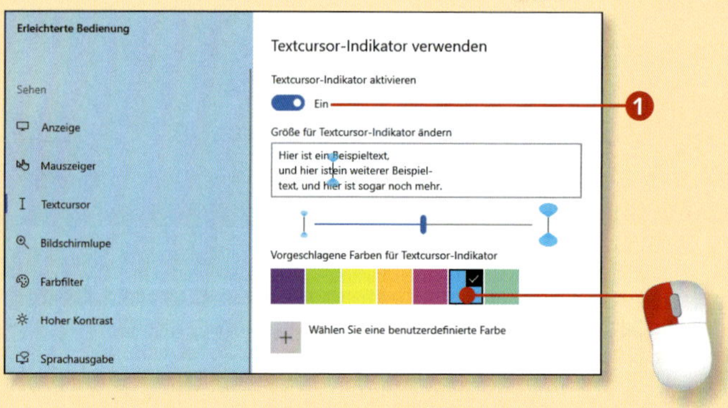

Der Textcursor ist nur ein dünner schwarzer Strich, der Mauszeiger ist zu klein? Kein Problem! Ändern Sie die Cursor-Farbe und Mauszeiger-Größe einfach mit folgender Anleitung.

Schritt 1

Öffnen Sie die **Windows-Einstellungen**, indem Sie gleichzeitig die Tasten [Windows] und [I] drücken. Klicken Sie dort auf **Erleichterte Bedienung**. Je nach Ihrer Bildschirmgröße kann diese Schaltfläche an einer anderen Stelle als hier im Bild stehen.

Schritt 2

Lassen Sie sich nicht von der folgenden Auflistung der Einstellungskategorien irritieren; klicken Sie in der Leiste links auf **Textcursor**.

Schritt 3

Klicken Sie auf die Schaltfläche unter dem Text **Textcursor-Indikator aktivieren**. Sie wird blau, und daneben erscheint das Wort **Ein** ❶. Wählen Sie durch Klicken eine Farbe aus der Leiste der vorgeschlagenen Farben aus. Ihr Computer übernimmt die Einstellung automatisch.

Schritt 4

Ab sofort wird der Textcursor überall deutlich hervorgehoben, z. B. im Suchfeld ganz unten auf Ihrem Bildschirm ❷ oder beim Textschreiben in WordPad ❸.

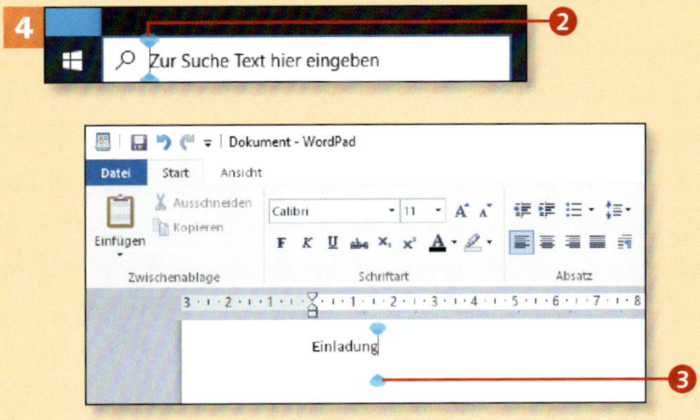

Schritt 5

Um den Mauszeiger zu vergrößern, klicken Sie im Einstellungsfenster links auf **Mauszeiger**. Im rechten Fensterteil sehen Sie eine Linie zwischen einem kleinen und einem großen Mauszeiger ❹.

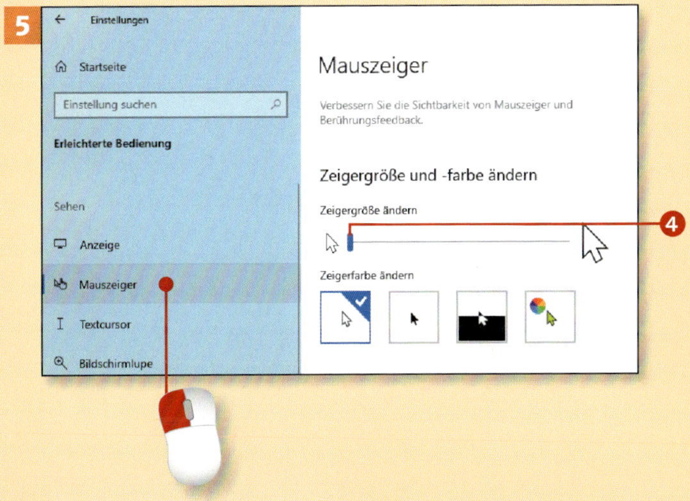

Schritt 6

Klicken Sie rechts neben den kleineren Pfeil. Ihr Mauszeiger ändert sofort seine Größe. Die Farbe ändern Sie, indem Sie erst auf die Farb-Schaltfläche klicken ❺ und dann eine Farbe auswählen ❻. Schließen Sie die Einstellungen mit einem Klick auf das Schließkreuz oben rechts.

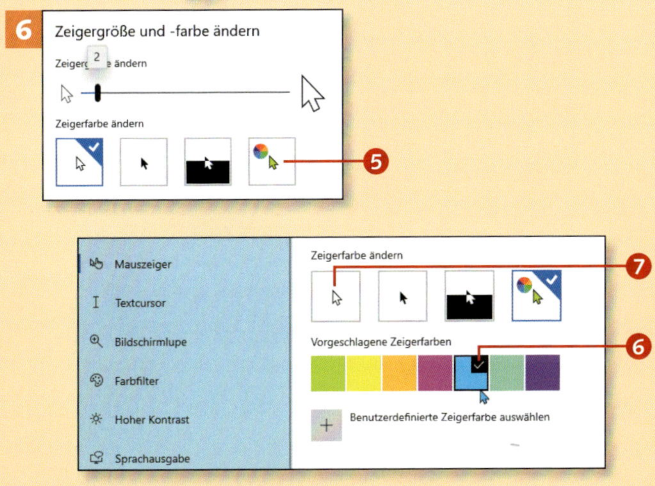

Das ist mir doch zu bunt!
Wenn Sie wieder den einfachen Textcursor haben möchten, klicken Sie in den Textcursor-Einstellungen auf **Ein** (siehe Schritt 3). Der Mauszeiger wird wieder weiß, wenn Sie bei den Mauszeiger-Einstellungen auf das weiße Feld mit dem nun weißen Cursor ❼ klicken.

Energieoptionen einstellen

1

2
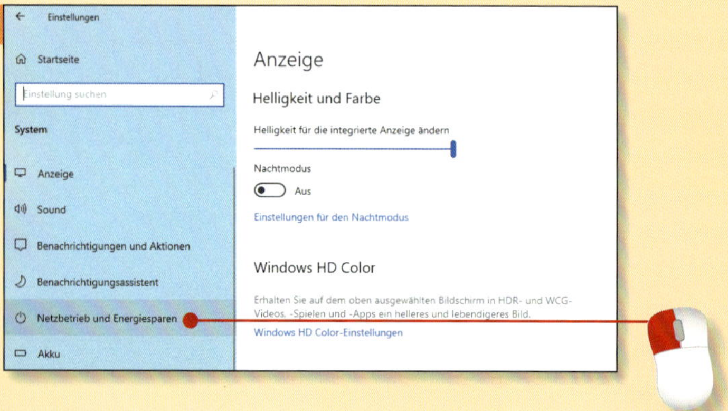

3
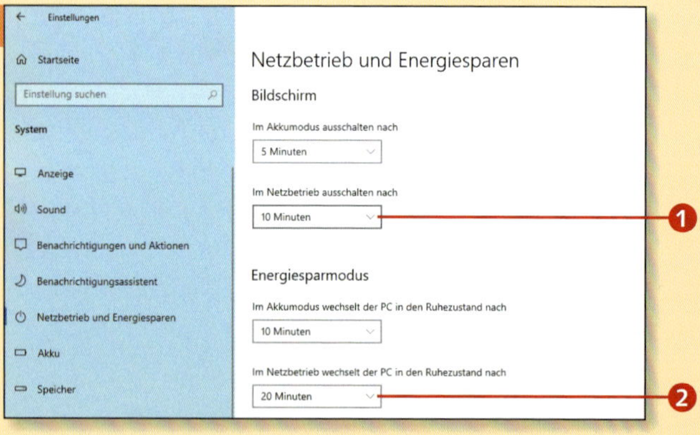

Die Einstellungen über das Startmenü aufrufen

Statt der Tastenkombination ⊞ + I können Sie die Windows-Einstellungen auch über das Startmenü aufrufen. Klicken Sie links unten auf das Windows-Symbol und dann im Startmenü links auf das Zahnrad.

Computer arbeiten mit Energiesparoptionen, um nicht unnötig Energie zu verbrauchen. Lesen Sie hier, wie Sie die Einstellungen Ihren Bedürfnissen anpassen.

Schritt 1

Öffnen Sie wieder die **Windows-Einstellungen**, indem Sie gleichzeitig die Tasten ⊞ und I drücken. Klicken Sie hier diesmal auf **System**.

Schritt 2

Suchen Sie in der Liste links den Eintrag **Netzbetrieb und Energiesparen**, und klicken Sie darauf.

Schritt 3

Schauen Sie sich die Einstellungen für den Betrieb am Stromnetz (**Netzbetrieb**) an: Wenn Sie 10 Minuten ❶ am Computer nichts gemacht haben, schaltet sich der Bildschirm aus, aber der Computer läuft noch. Hat sich insgesamt 20 Minuten lang nichts getan ❷, versetzt sich der Computer selbst in den Energiesparmodus.

Schritt 4

Für Notebooks gibt es zusätzliche Einstellungen, da sie auch mit Akku-Energie laufen: Hier wird im **Akkumodus** der Bildschirm nach 5 Minuten ❸ ausgeschaltet, und der Computer wird nach 15 Minuten in den Energiesparmodus versetzt (siehe Schritt 6).

4

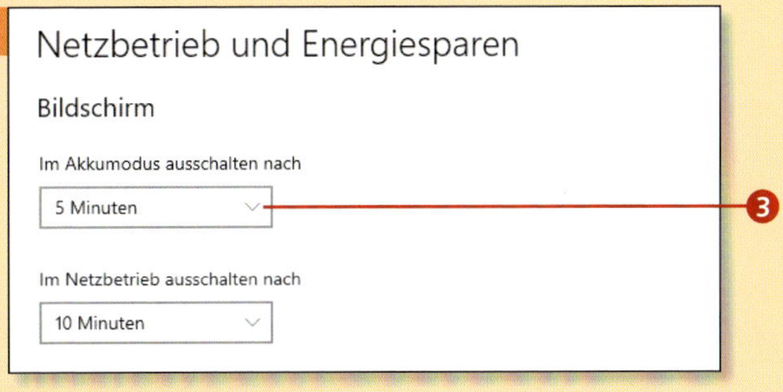

Schritt 5

Fünf Minuten sind schnell vergangen; vielleicht möchten Sie nicht, dass der Bildschirm dann schon ausgeschaltet wird? Ändern Sie diese Einstellung: Klicken Sie auf den kleinen Pfeil ❸ neben **5 Minuten**, und wählen Sie aus der Liste durch Klicken einen anderen Zeitraum aus.

5

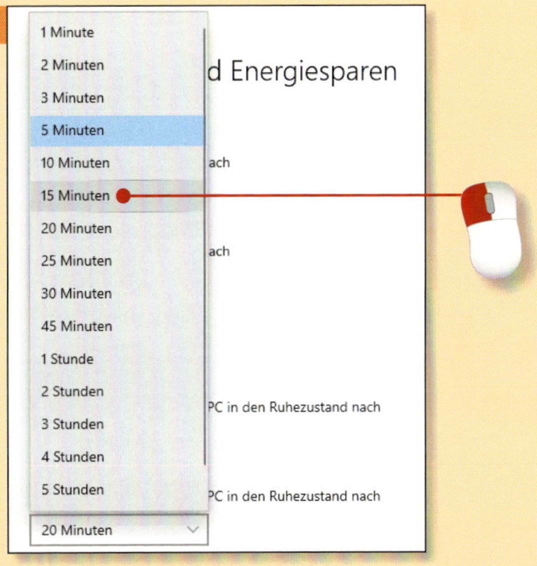

Schritt 6

Ändern Sie auch die beiden Energiesparmodus-Einstellungen, wenn Ihnen ein längerer Betrieb lieber ist. Die Änderungen werden sofort übernommen. Schließen Sie die Einstellungen mit einem Klick auf das Schließkreuz oben rechts.

6

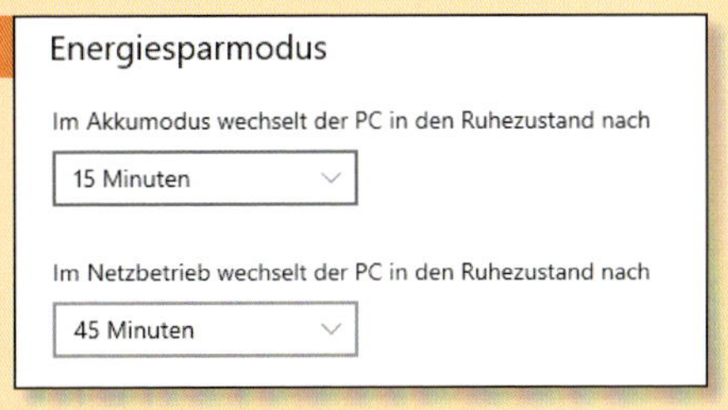

Kapitel 3
Am Bildschirm zurechtfinden

Ihr Computer ist flexibel und vielseitig, daher können Sie verschiedene Anwendungen gleichzeitig geöffnet haben. In diesem Kapitel lernen Sie, wie Sie Programme und die Apps genannten Anwendungen öffnen und zwischen ihnen wechseln.

Desktop und Startmenü einsetzen

Windows bringt eine leistungsfähige Steuerzentrale mit: das Startmenü. Von hier aus können Sie Apps und Programme öffnen, Einstellungen vornehmen und vor allem den Computer ausschalten.

Apps effizient nutzen

Die Apps (Anwendungen aus dem Microsoft Store) bringen nicht nur Farbe auf den Bildschirm. Sie sind auch leicht zu nutzen und können nach Wunsch personalisiert werden, sodass Sie schon beim Start sehen, was in Ihrem Kalender steht und wie das Wetter heute wird.

Apps und Programme öffnen und wechseln

Texte schreiben, Fotos auf dem Notebook sortieren oder im Internet surfen: Für all das öffnen Sie Apps oder Programme. Windows verwendet die Bezeichnung *App* meistens als Oberbegriff für Programme und Apps. Sie können mehrere Apps gleichzeitig geöffnet lassen, z. B. um beim Briefeschreiben etwas im Internet nachzuschauen oder einen Termin in den Kalender einzutragen.

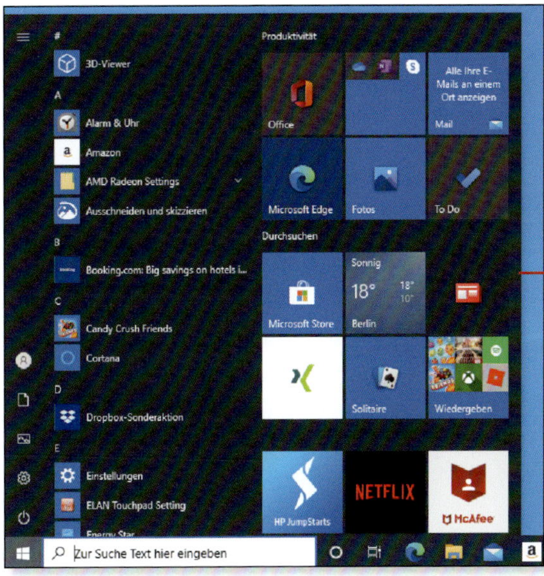

1 Das Startmenü ist Ihre Steuerzentrale auf dem Computer.

2 Apps werden mit einem Klick geöffnet und bieten, thematisch sortiert, übersichtliche Inhalte.

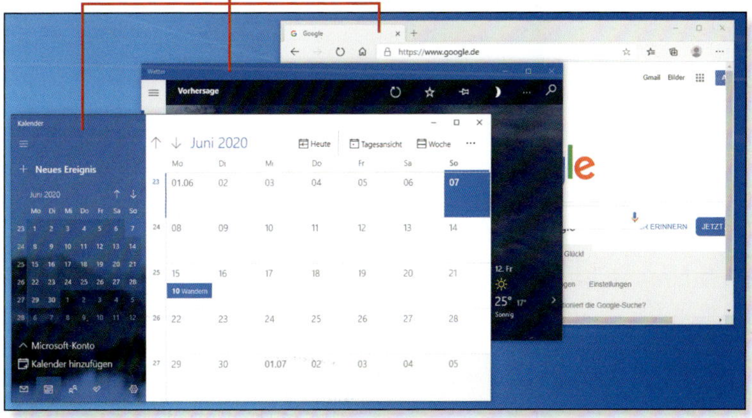

Programme sind vielseitiger als Apps, lassen sich aber genauso zügig starten. Über die Taskleiste wechseln Sie schnell zwischen den geöffneten Apps und Programmen.

3

Bei Windows anmelden

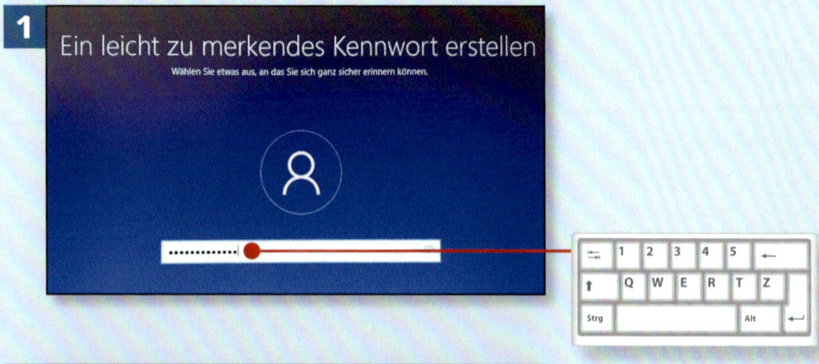

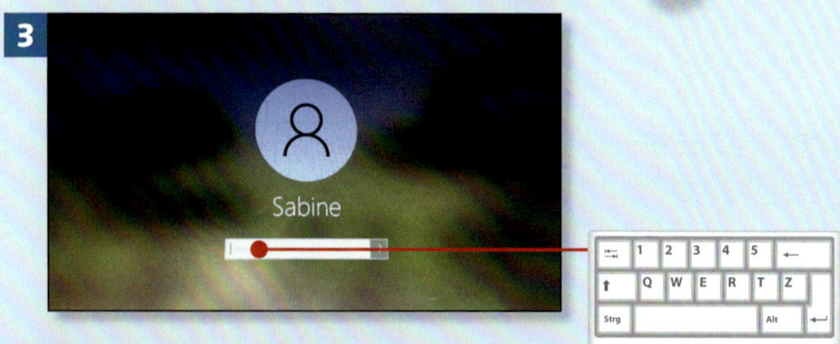

Microsoft-Konto?
Windows hat Ihnen beim Einrichten des Computers angeboten, sich bei Microsoft anzumelden und ein E-Mail-Konto einzurichten, um möglichst viele Windows-Funktionen nutzen zu können. Dieses Microsoft-Konto hat aber nichts mit einer Bank zu tun und ist auch kostenlos. Bei der Einrichtung haben Sie Ihren Namen und Ihr Geburtsdatum eingegeben; die E-Mail-Adresse konnten Sie auswählen (siehe auch den Abschnitt »Eine E-Mail-Adresse einrichten« auf Seite 118).

Windows merkt sich die Einstellungen, die Sie beim ersten Start vorgenommen haben. Lesen Sie hier, wie Sie sich nun anmelden können.

Schritt 1

Haben Sie beim ersten Start von Windows ein Passwort vergeben, werden Sie jedes Mal beim Start Ihres Computers aufgefordert, das Passwort, auch *Kennwort* genannt, einzugeben.

Schritt 2

Schalten Sie Ihren Computer ein. Er fährt hoch. Windows zeigt zuerst den *Sperrbildschirm* mit Datum und Uhrzeit und nutzt dabei wechselnde Hintergrundbilder. Klicken Sie an eine Stelle auf dem Bildschirm, oder drücken Sie eine beliebige Taste.

Schritt 3

Jetzt erscheint Ihr Benutzername oder die E-Mail-Adresse Ihres Microsoft-Kontos mit einem weißen Eingabefeld darunter. Hier ist die Eingabe Ihres Passworts erforderlich, und zwar exakt so, wie Sie es beim Einrichten festgelegt haben. Falls hier **Gesperrt** steht, drücken Sie ↵.

Schritt 4

Bestätigen Sie die Eingabe mit einem Klick auf den Pfeil rechts neben dem Eingabefeld. Dann wird der Startbildschirm angezeigt. Alternativ können Sie nach der Eingabe des Passwortes auch einfach [↵] drücken.

4

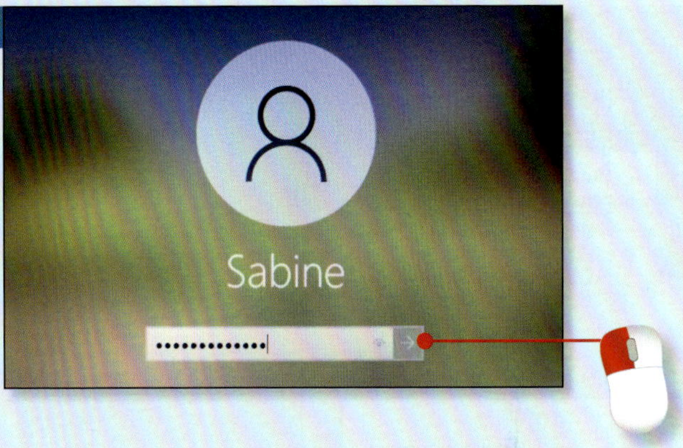

Schritt 5

Haben Sie beim Einrichten des Computers statt des Passworts eine PIN (Zahl) vergeben, erhalten Sie das entsprechende Anmeldefeld. Geben Sie hier Ihre PIN ein. Direkt nach Tippen der letzten Ziffer werden Sie angemeldet, Sie drücken hier also **nicht** [↵].

5

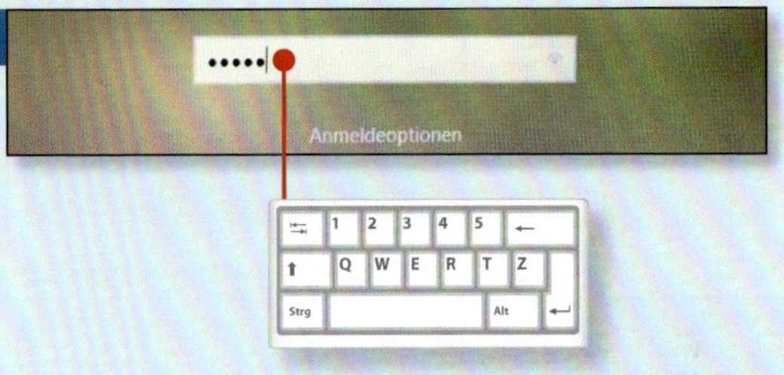

Schritt 6

In beiden Fällen zeigt Windows nach der Anmeldung den *Desktop* und ggf. auch gleich das Startmenü. Wenn Sie bei der Computereinrichtung kein Passwort vergeben haben, zeigt Ihr Computer nach dem Hochfahren beides direkt.

6

Windows kennenlernen – das Startmenü

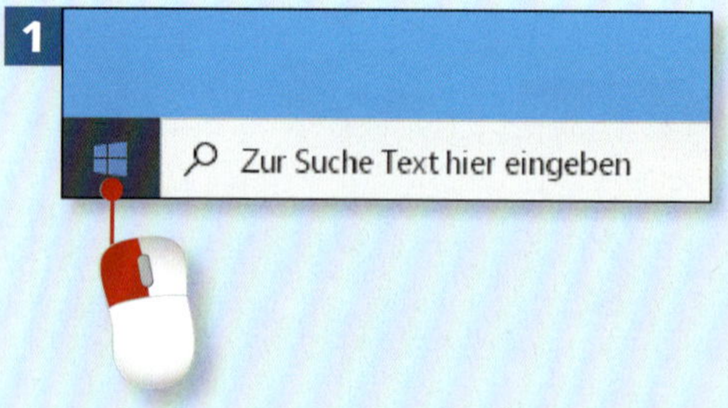

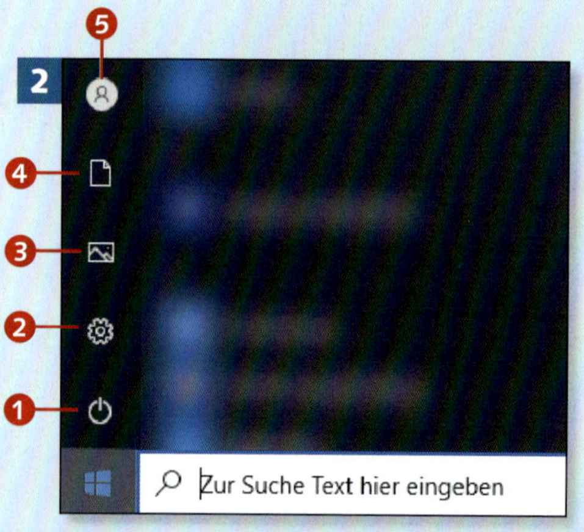

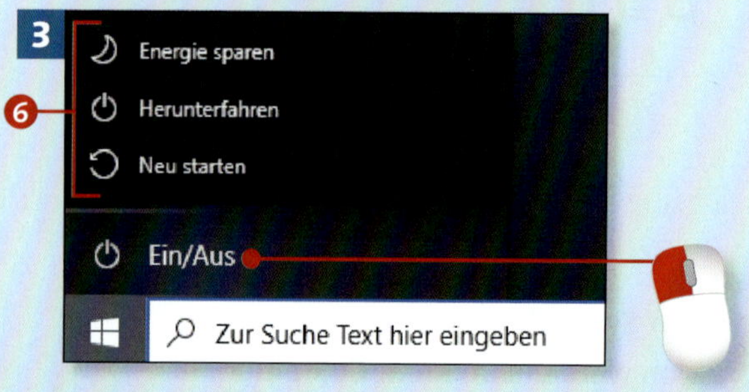

Auch über das Startmenü lassen sich Programme und Apps öffnen. Außerdem finden Sie hier alle Apps und damit viel mehr als auf dem Desktop.

Schritt 1

Je nach Einstellung sehen Sie beim Start des Computers direkt das *Startmenü*. Wenn nicht, rufen Sie es über einen Klick auf das Windows-Logo auf. Sie können alternativ auch die Taste ⊞ auf Ihrer Tastatur drücken.

Schritt 2

Das Startmenü ist eine kleine Steuerzentrale. Achten Sie zunächst auf den linken unteren Teil: Hier schalten Sie den Computer aus ❶, öffnen die Einstellungen ❷, finden einen schnellen Weg zu Ihren Bildern ❸ und Dokumenten ❹ sowie zu Ihrem Benutzerkonto ❺. Klicken Sie auf **Ein/Aus**.

Schritt 3

Sie haben nun drei Möglichkeiten ❻: den Computer in den Energiesparmodus zu versetzen, ihn herunterzufahren – also auszuschalten –, oder ihn neu zu starten. Im Moment soll der Computer angeschaltet bleiben, also klicken Sie an eine »leere« Stelle im Startmenü.

Schritt 4

Schauen Sie jetzt auf die Spalte neben den kleinen Symbolen: Hier finden Sie alle Anwendungen, also die Apps und Programme. Um weitere Apps zu sehen, führen Sie den Mauszeiger über die Liste der Apps und drehen dann das Mausrad zu sich hin (so *scrollen* Sie). Zum Scrollen können Sie auch die *Bildlaufleiste* ⑦ direkt rechts neben der App-Liste verwenden: Klicken Sie darauf, und ziehen Sie sie nach unten.

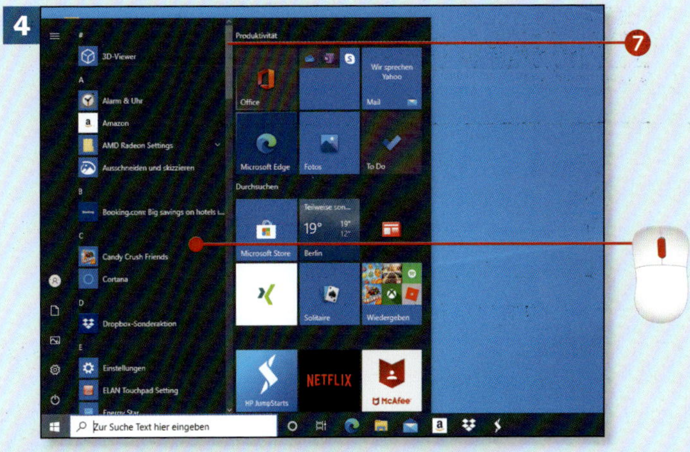

Schritt 5

Ein Klick auf den Namen einer Anwendung öffnet sie sofort, hier den *Kalender*.

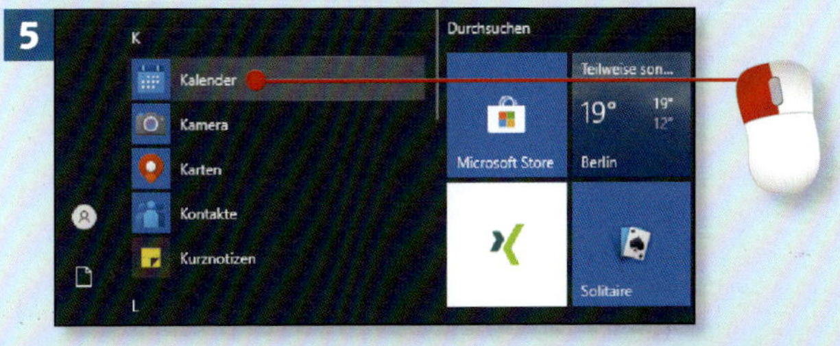

Schritt 6

Das Startmenü schließt sich, sobald Sie von hier aus eine App oder ein Programm gestartet haben. Öffnen Sie es wieder mit ⊞. In der App-Liste oben sehen Sie die mit **Zahlen** und dann die mit **A** beginnenden Apps ⑧. Im Laufe der Zeit steht hier der Abschnitt **Meistverwendet** mit den Apps, die Sie häufig benutzen. Sie rufen Sie dort mit einem Klick schnell auf.

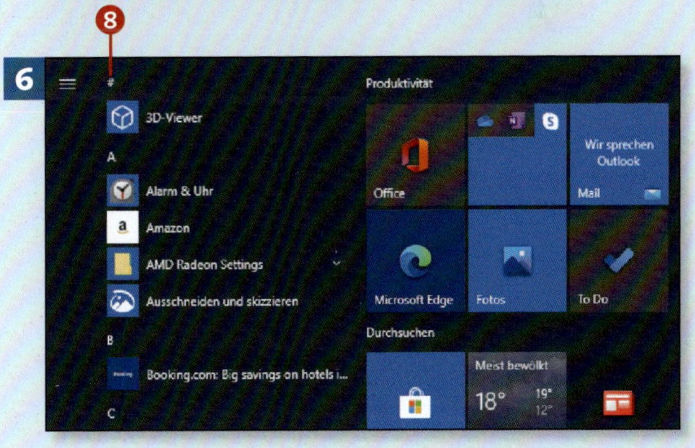

App = Programm?

App ist die Kurzform für *Application*, das bedeutet *Anwendung* und steht also für *Programm*. Windows benutzt im Startmenü für alles den Begriff *App*.

Windows kennenlernen – das Startmenü (Forts.)

Schritt 7

Im rechten Teil des Startmenüs sehen Sie viele bunte *Kacheln*, die in Gruppen angeordnet sind. Jede Kachel steht für eine Anwendung, und jede Anwendung öffnen Sie mit einem Klick auf die entsprechende Kachel. Wenn Sie selbst Anwendungen hinzufügen, werden für sie ebenfalls kleine Kacheln angelegt.

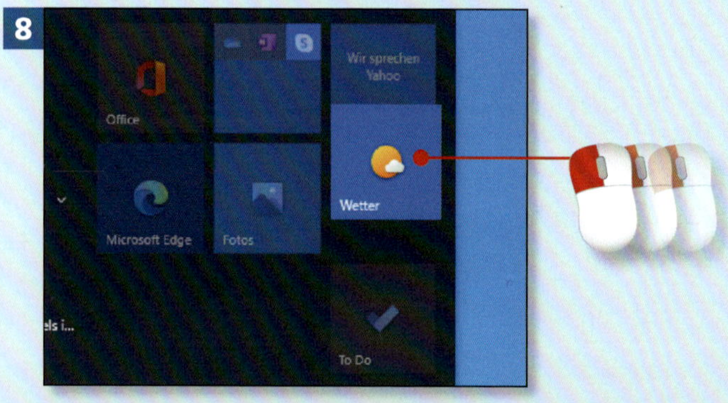

Schritt 8

Möchten Sie die Kacheln anders sortieren, dann ziehen Sie mit gedrückter Maustaste eine Kachel an den neuen Ort (siehe den Abschnitt »Mit der Maus arbeiten« auf Seite 38). Die anderen Kacheln machen dabei automatisch Platz. Die so entstehenden Lücken können Sie wieder füllen, indem Sie andere Kacheln dorthin ziehen.

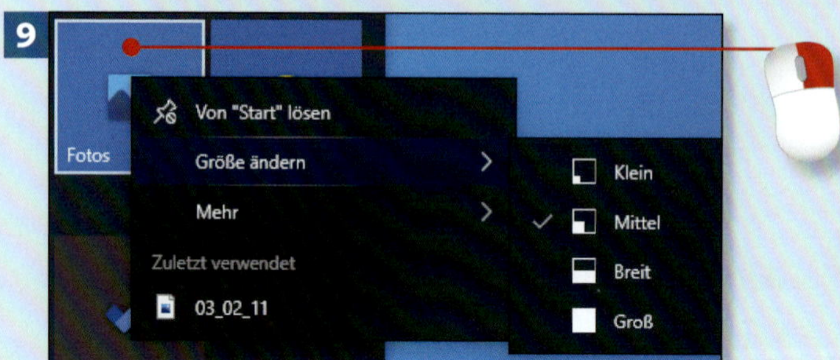

Schritt 9

Die Größe der Kacheln ändern Sie so: Klicken Sie mit der rechten Maustaste auf die Kachel. Vor der Kachel erscheint ein kleines Menü. Hier klicken Sie auf **Größe ändern**. Klicken Sie z. B. auf **Breit**, wenn die Kachel die Breite zweier »normaler« Kacheln haben soll.

Schritt 10

Apps, die Sie nie brauchen, löschen Sie einfach. Klicken Sie die App mit rechts an, und wählen Sie **Deinstallieren**. Bestätigen Sie die erscheinende Information mit Klick auf **Deinstallieren**. Die Kachel verschwindet, ebenso wie der Eintrag in der Liste links neben den Kacheln.

Schritt 11

Mit der Zeit können sich unübersichtlich viele Kacheln ansammeln. Blenden Sie dann die Apps, die Sie »vielleicht später einmal« benötigen, aus: Klicken Sie die App mit rechts an, und wählen Sie **Von "Start" lösen**. Die App ist dann in der App-Liste links immer noch zu finden.

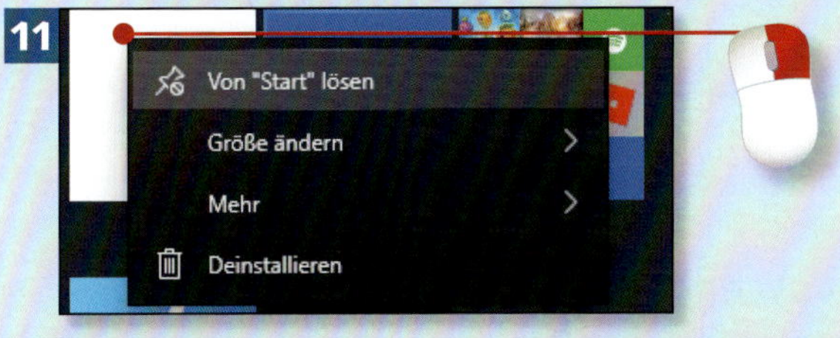

Schritt 12

Windows verpackt bestimmte Apps in eine einzige Kachel, im Beispiel **Wiedergeben**. Um den Inhalt, also die einzelnen Apps, zu sehen, klicken Sie die Kachel an. Der Inhalt wird ausgepackt, und Sie können die Apps nun einzeln öffnen. Beim Schließen des Startmenüs werden die Kacheln wieder verpackt.

Links oder rechts?

Apps starten Sie im Startmenü mit einem Linksklick. Soll eine App aber deinstalliert, verkleinert oder vergrößert werden, drücken Sie die rechte Maustaste.

Die Suchfunktion nutzen

Schnell mal was auf dem Computer suchen – mit Windows kein Problem. Lesen Sie hier, wie Sie die Suchfunktion nutzen.

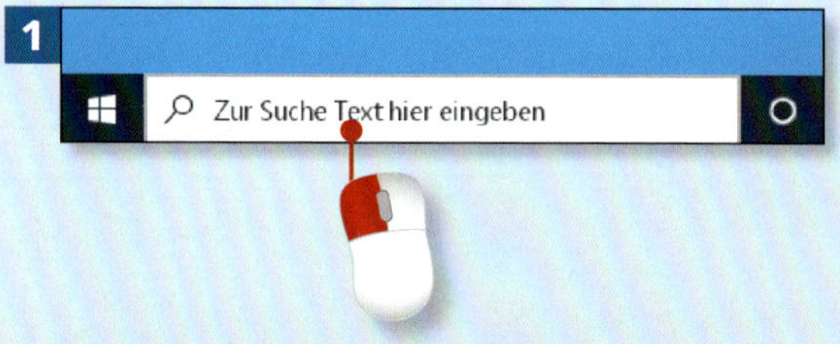

Schritt 1

Direkt neben dem Windows-Logo, mit dem Sie das Startmenü öffnen, finden Sie die **Suchleiste** von Windows. Klicken Sie an einer beliebigen Stelle in die Leiste.

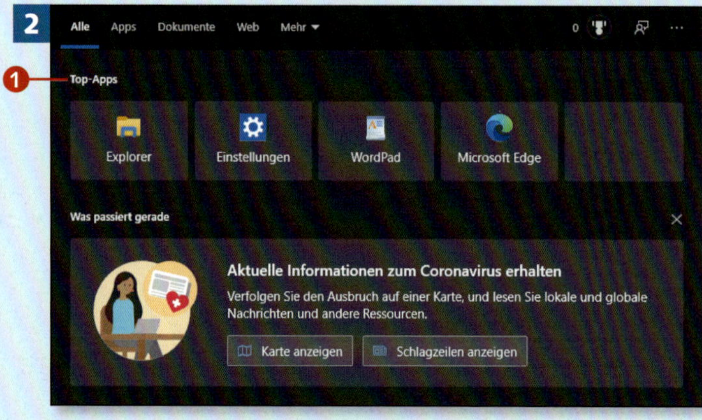

Schritt 2

Der Cursor blinkt nun in der Leiste; gleichzeitig hat sich ein Suchfenster geöffnet. Unter **Top-Apps** ❶ sehen Sie die Apps, die Sie am häufigsten verwenden. Mit einem Klick öffnen Sie sie.

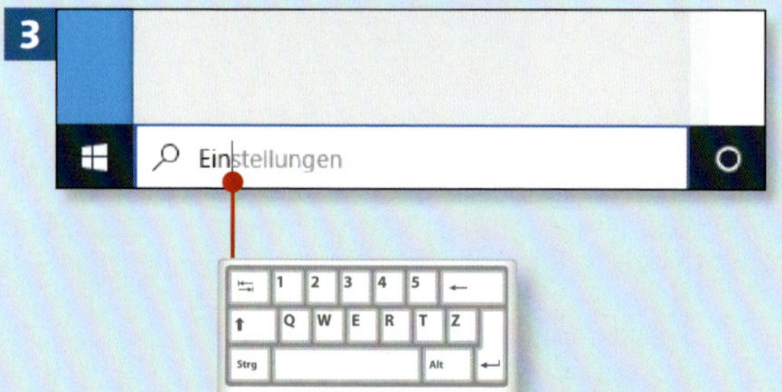

Schritt 3

Suchen Sie etwas Bestimmtes, tippen Sie den Suchbegriff in die Suchleiste ein. Im Beispiel wird ein Text namens »Einladung« gesucht. Während der Eingabe schlägt Windows Suchbegriffe vor. Lassen Sie sich davon nicht irritieren, und schreiben Sie Ihren Begriff zu Ende, wenn er anders lautet als der Vorschlag.

Auf Groß- und Kleinschreibung achten?
In der Suchfunktion ist es egal, ob Sie Ihren Suchbegriff groß- oder kleinschreiben. Auch über Tippfehler sieht Windows hinweg, solange es erkennen kann, was gemeint ist.

Schritt 4

Sehen Sie sich die Suchergebnisse an: Neben dem gesuchten Text ❷ hat Windows auch Quellen im Internet zum Thema »Einladung« gefunden ❸. Klicken Sie das gewünschte Ergebnis an.

Schritt 5

Auch wenn Sie sich im Startmenü befinden, können Sie die Suche nutzen: Schreiben Sie einfach Ihren Suchbegriff auf der Tastatur – *ohne* vorher irgendwohin zu klicken. Auch dadurch öffnet sich das Suchfenster und zeigt links oben den Treffer mit der höchsten Übereinstimmung ❹.

Schritt 6

Bei den Suchergebnissen finden Sie meist auch Einträge im Abschnitt **Web durchsuchen** ❺. Wenn Sie darauf klicken, wird das Internet im Browser Edge geöffnet.

Cortana hilft ein bisschen mit

Der Kreis ohne Füllung neben dem Suchfeld ❻ öffnet die digitale Assistentin Cortana. Sie gibt Ihnen Antworten auf einfache Fragen, z. B. nach dem Wetter. Meistens empfiehlt sie aber einfach, im Internet zu suchen.

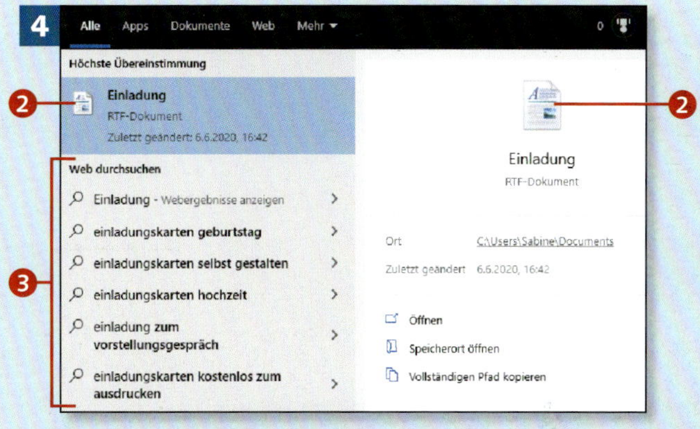

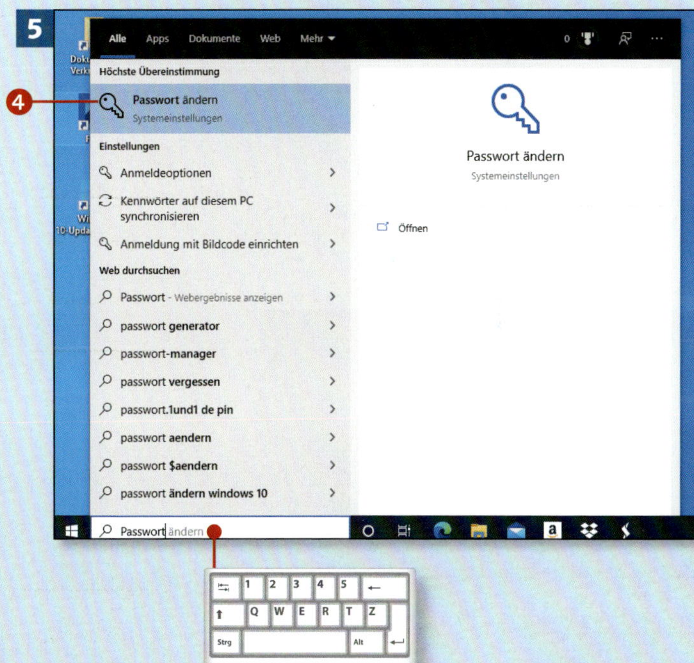

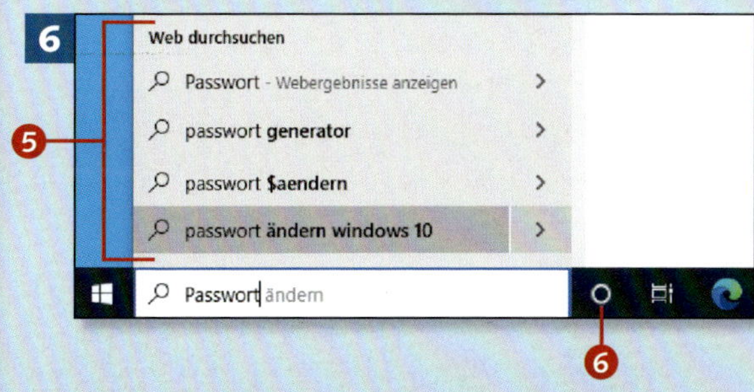

Apps starten, nutzen und beenden

1

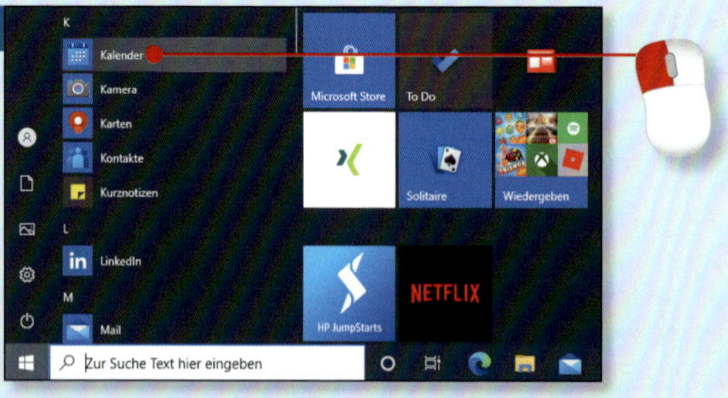

2

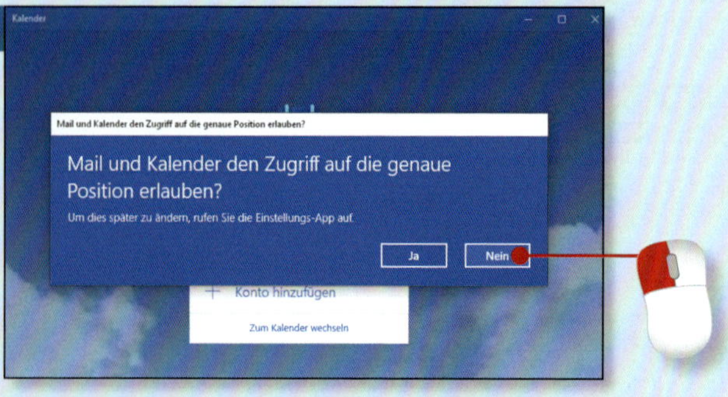

3

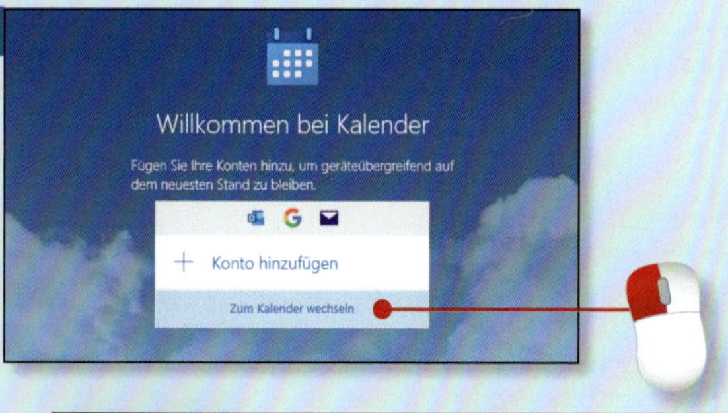

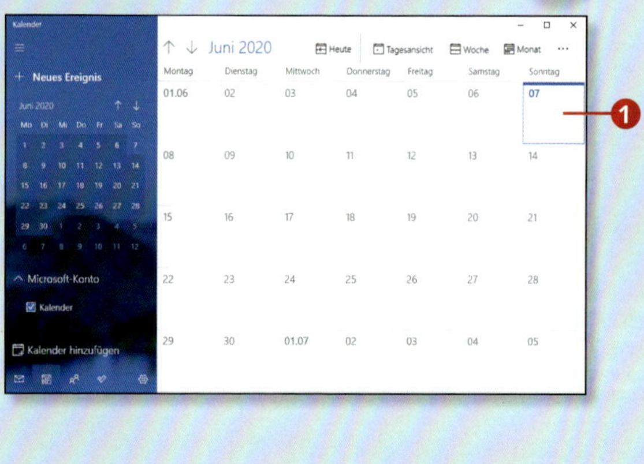

Jede App hat eine bestimmte Aufgabe. Die Handhabung beim Starten und Schließen ist jedoch bei allen gleich.

Schritt 1

Rufen Sie das Startmenü auf. Alle Apps starten und beenden Sie auf dieselbe Weise. Wie Sie sich innerhalb einer App bewegen, erfahren Sie am Beispiel der *Kalender*-App. Klicken Sie also auf die Kachel *Kalender* im Startmenü rechts bzw. auf den Eintrag **Kalender** in der App-Liste.

Schritt 2

Beim allerersten Start müssen Sie entscheiden, ob Sie den beiden Apps *Kalender* und *Mail* Zugriff auf Ihren Standort erlauben. Sagen Sie ruhig **Nein**, und gehen Sie grundsätzlich mit der Preisgabe Ihrer Daten sparsam um. Denn anders als etwa bei der *Wetter*-App braucht Microsoft Ihren Standort für Termine oder Mails nicht zu kennen.

Schritt 3

Klicken Sie dann auf **Zum Kalender wechseln**. Der Kalender öffnet sich in der Monatsansicht; der aktuelle Tag ist hervorgehoben **1**.

Schritt 4

Einen neuen Termin tragen Sie ein, indem Sie auf das Feld mit dem entsprechenden Datum klicken. Sofort öffnet sich ein kleines Formular. Geben Sie den Namen des Termins ein, z. B. »Wandern mit Inge«. Entfernen Sie das Häkchen bei **Ganztägig** ❷, wenn der Termin zu einer bestimmten Uhrzeit beginnt. Dazu klicken Sie einfach auf das Häkchen.

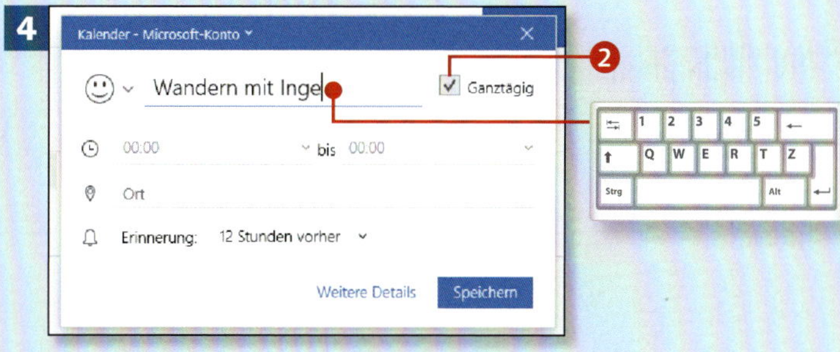

Schritt 5

Legen Sie die Uhrzeit fest: Klicken Sie auf den kleinen Pfeil neben dem linken Uhrzeitfeld, der Startzeit. Eine Liste mit Uhrzeiten klappt auf. Führen Sie den Mauszeiger über die Liste, und drehen Sie das Mausrad zu sich hin, bis die richtige Zeit erreicht ist. Alternativ schieben Sie zwei Finger auf dem Touchpad nach oben. (Dabei müssen Sie je nach Uhrzeit mehrmals neu ansetzen.) Klicken Sie die gewünschte Uhrzeit an.

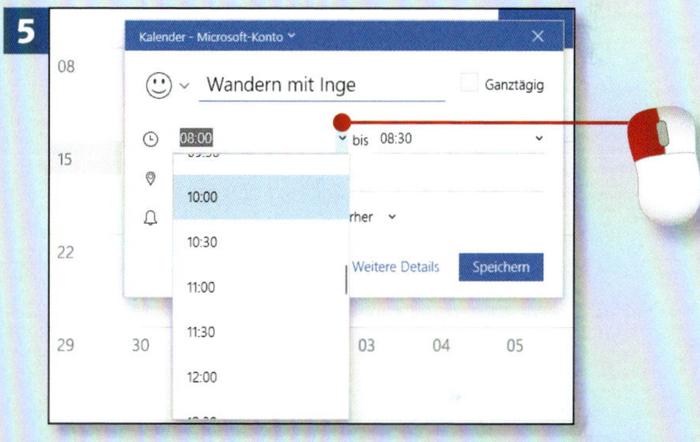

Schritt 6

Jetzt klicken Sie auf den kleinen Pfeil rechts neben dem zweiten Uhrzeitfeld und stellen die (voraussichtliche) Endzeit ein.

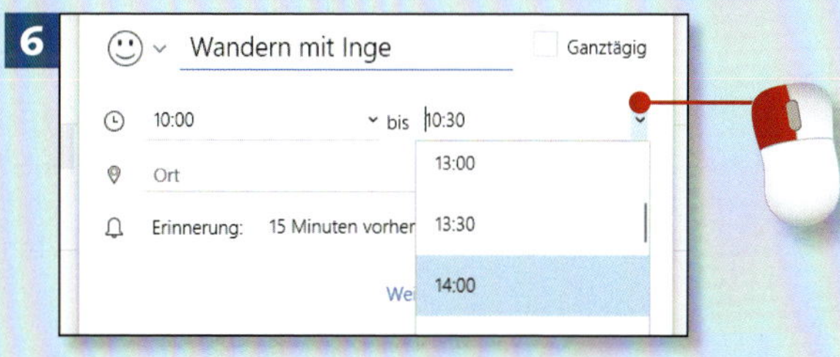

Den nächsten Monat aufrufen

Links neben dem aktuellen Monat sehen Sie zwei Pfeile. Mit dem Pfeil nach oben wechseln Sie zum vorigen Monat, mit dem Pfeil nach unten zum nächsten Monat.

Apps starten, nutzen und beenden (Forts.)

7

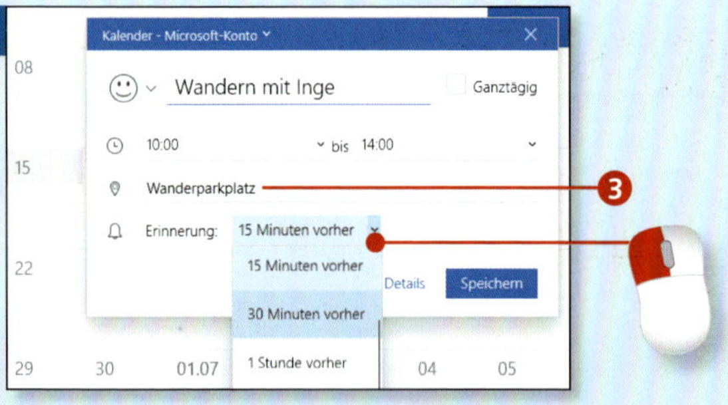

8

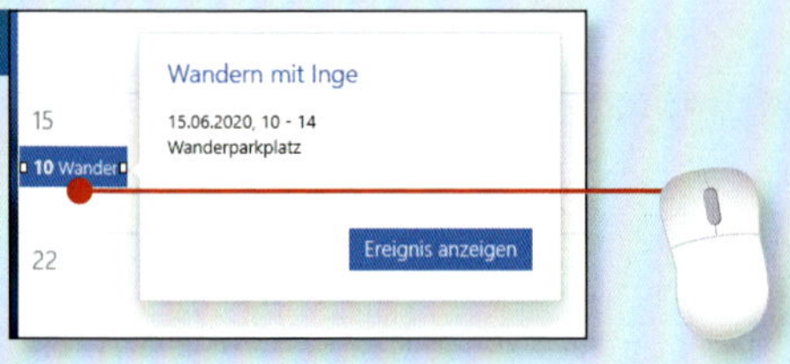

9

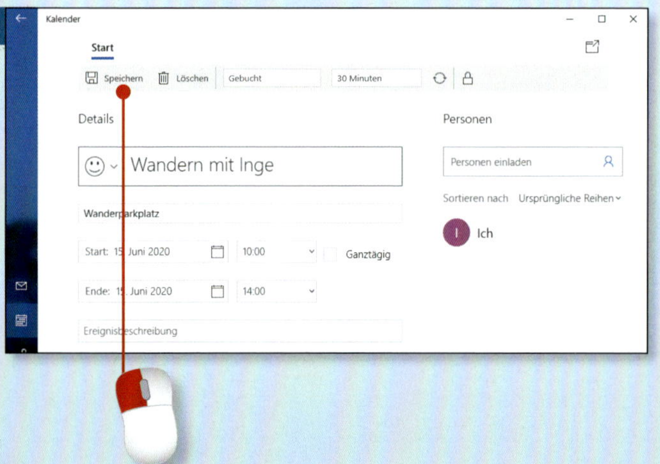

Schritt 7

Wenn Sie möchten, tragen Sie noch den Ort zu Ihrem Termin ein ❸. Eine **Erinnerung** ist voreingestellt; nach einem Klick auf den Pfeil neben **15 Minuten vorher** können Sie eine andere oder gar keine Erinnerungsfrist einstellen. Klicken Sie schließlich auf **Speichern**.

Schritt 8

Sie sehen Ihren Termin jetzt in der Monatsübersicht. Setzen Sie den Mauszeiger darauf, ohne zu klicken: Die Detailansicht wird eingeblendet.

Schritt 9

Wenn Sie den Termin anklicken, können Sie weitere Details eintragen, z. B. **Personen einladen**. Die Person muss in Ihren Kontakten gespeichert sein (siehe den Abschnitt »Ein Adressbuch pflegen« auf Seite 138). Klicken Sie nach Ihren Änderungen oben links auf **Speichern**. Der Kalender erscheint wieder in der Monatsansicht.

Und die drei Striche links?

Viele Apps haben links oben unter dem App-Namen eine Schaltfläche mit drei waagerechten Strichen. Wenn Sie darauf klicken, wird die Seitenleiste aus- bzw. eingeblendet. Diese Leiste enthält weitere Funktionen der jeweiligen App. Bei ausgeblendeter Leiste sind nur die Symbole der Funktionen, nicht aber ihre Bezeichnungen sichtbar.

Schritt 10

Um die Ansicht zu ändern, klicken Sie oben auf **Heute**, **Tagesansicht**, **Woche**, **Monat** oder **Jahr**. (Je nach Bildschirmgröße verbirgt sich **Jahr** hinter den drei Punkten rechts ❹.)

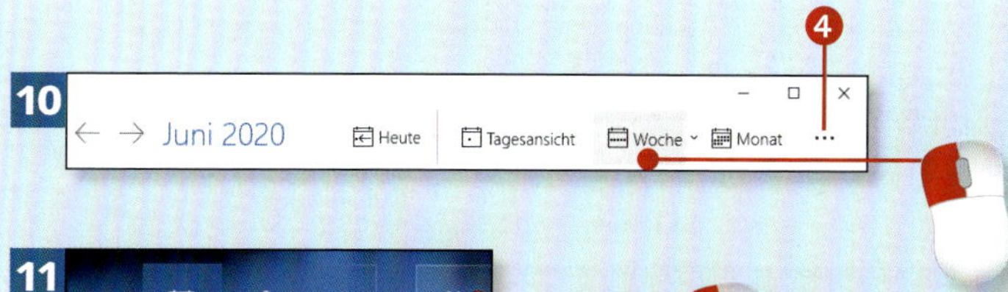

Schritt 11

Klicken Sie unten links im Kalender auf das Zahnrad-Symbol. Rechts öffnet sich eine Liste möglicher **Einstellungen**. Bei **Personalisierung** ❺ z. B. können Sie die Kalenderfarbe ändern. Rufen Sie die **Kalendereinstellungen** auf.

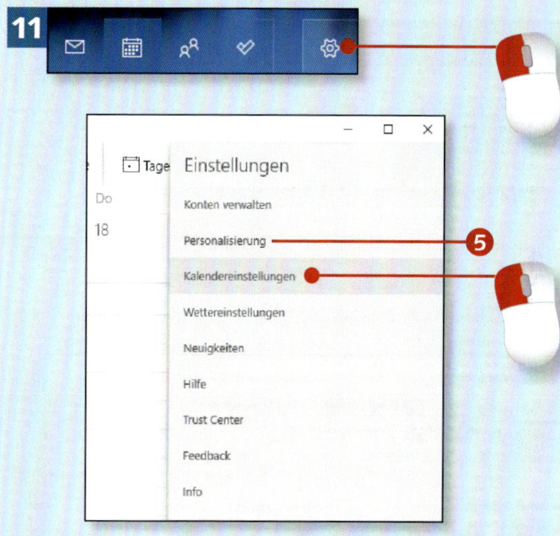

Schritt 12

Hier können Sie etwa per Klick festlegen, ob der erste Tag Ihrer Woche der Montag oder ein anderer Tag sein soll. Wenn Sie etwas nach unten scrollen, also das Mausrad zu sich hin bewegen, können Sie die Anzeige der **Wochennummern** einschalten oder die **Arbeitszeiten** ändern. Schließen Sie den Kalender mit dem Schließkreuz.

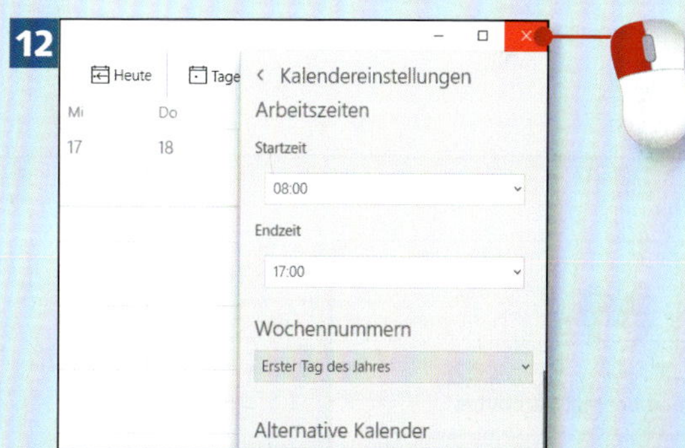

Der erste Start der Wetter-App

Rufen Sie über das Startmenü die *Wetter*-App auf. Wenn Sie möchten, klicken Sie in den Kreis vor **Standort erkennen**. Im nächsten Schritt erlauben Sie – wenn Sie möchten – *MSN Wetter* den Zugriff auf Ihre Position, damit auch das Wetter bei Ihnen im Ort angezeigt wird. Alternativ geben Sie einen Ort in das Suchfeld ein und drücken dann ↵.

Mit mehreren geöffneten Programmen umgehen

1

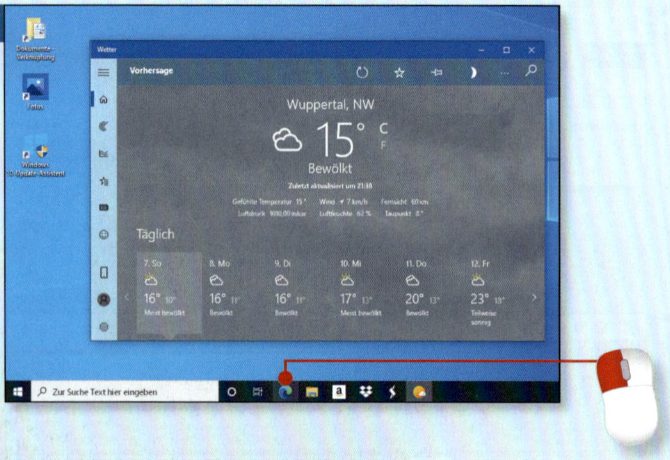

2

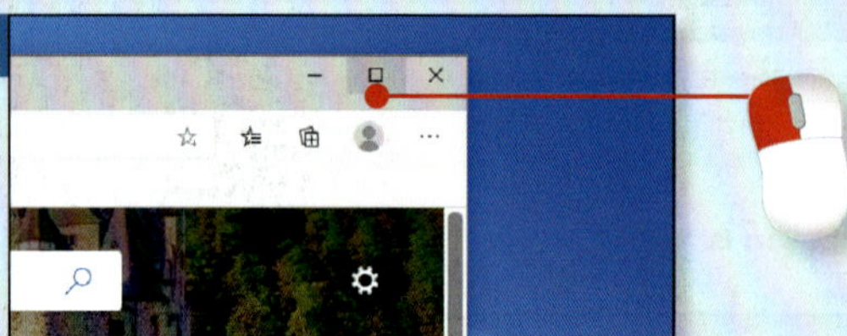

3

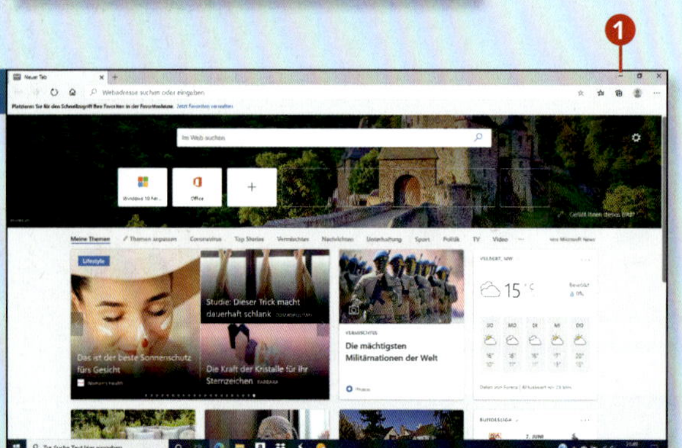

Sie können leicht von einer App zur anderen wechseln, von Apps zu Programmen oder auch von Apps und Programmen zum Desktop.

Schritt 1

Öffnen Sie eine App aus dem Startmenü, z. B. die *Wetter*-App. Lassen Sie sie geöffnet. Öffnen Sie eine zweite App, z. B. *Microsoft Edge*, mit einem Klick auf die entsprechende Schaltfläche in der Taskleiste.

Schritt 2

Die zweite App, Edge, verdeckt die erste App, zeigt aber auch noch ein Stück Desktop. Vergrößern Sie die Ansicht des vorderen *Fensters*, damit Sie seinen Inhalt auch gut erkennen können. Klicken Sie dazu auf das Rechteck oben rechts in diesem Fenster (siehe auch den Abschnitt »Mit Fenstern umgehen« auf Seite 68).

Schritt 3

Die vordere App – hier also Microsoft Edge – nimmt nun den ganzen Bildschirm ein. Außer ihr ist nur noch die Taskleiste zu sehen.

Schließen nicht nötig!

Wenn Sie im Internet »surfen« und mal eben nach einer E-Mail schauen wollen, müssen Sie das Internetfenster nicht schließen. Verkleinern Sie es einfach durch einen Klick auf das Minus (1) oben rechts. Es steht für *Minimieren*.

Schritt 4

In der Taskleiste sehen Sie auch das Symbol der zuerst geöffneten App (Wetter), da diese noch geöffnet ist. Sie ist sozusagen in den Hintergrund gewandert. Um die App wieder in den Vordergrund zu holen, klicken Sie in der Taskleiste auf das App-Symbol.

4

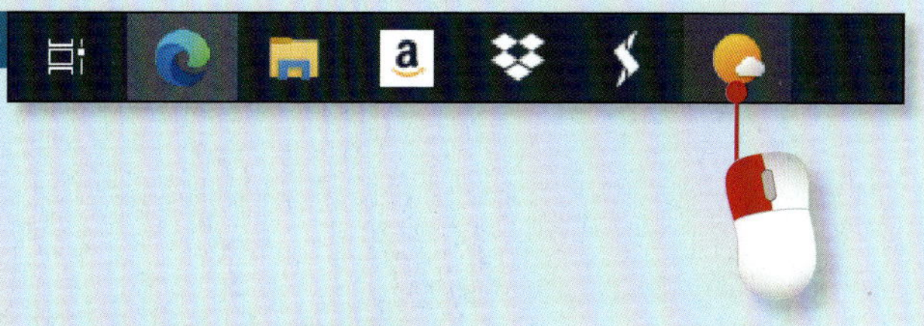

Schritt 5

Wollen Sie den Desktop sehen, die Apps aber geöffnet lassen, drücken Sie [Win] + [M]. Alternativ klicken Sie auf den schmalen Balken ganz rechts. Auch so sind die Symbole der geöffneten Apps weiterhin zu sehen. Dass sie im Hintergrund geöffnet sind, erkennen Sie an dem hellen Strich unter den Symbolen ❷.

5

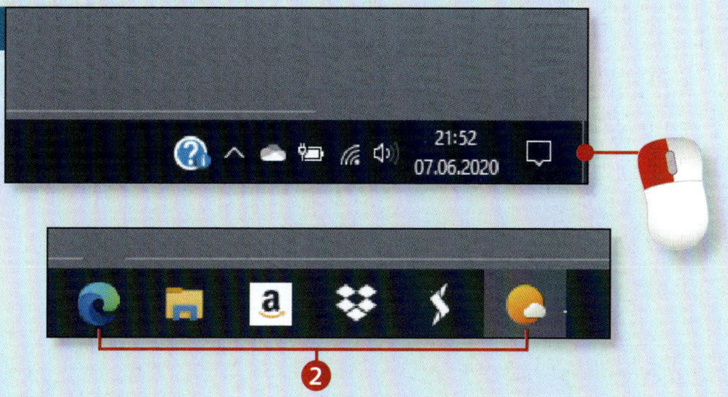

Schritt 6

Um eine App wieder in den Vordergrund zu holen, klicken Sie auf das Symbol in der Taskleiste. Sobald Sie eine App geschlossen haben, verschwindet das Symbol aus der Taskleiste. Nur bei dort angehefteten Apps bleibt das Symbol stehen ❸, nun aber ohne den Strich darunter.

6

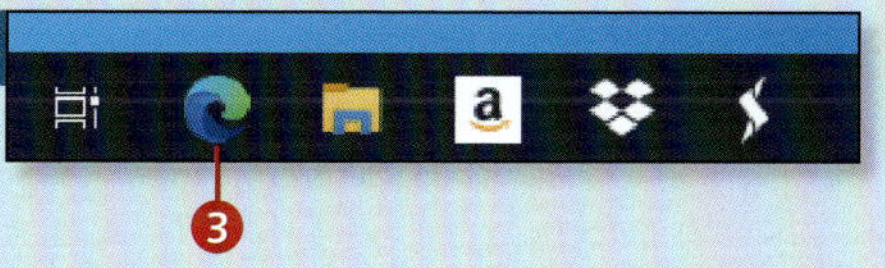

Zwischen Apps mit der Tastatur wechseln

Drücken Sie die [Alt]-Taste, und halten Sie sie gedrückt. Drücken Sie zusätzlich einmal [Tab]: Windows zeigt alle geöffneten Apps verkleinert in der Bildschirmmitte an. Mit jedem Drücken der [Tab]-Taste wird zwischen den aktuell geöffneten Apps hin- und hergewechselt. Ist Windows bei der gewünschten App angelangt – sie ist von einem weißen Rahmen umgeben –, lassen Sie [Alt] los.

Programme in Startmenü und Taskleiste anzeigen

1

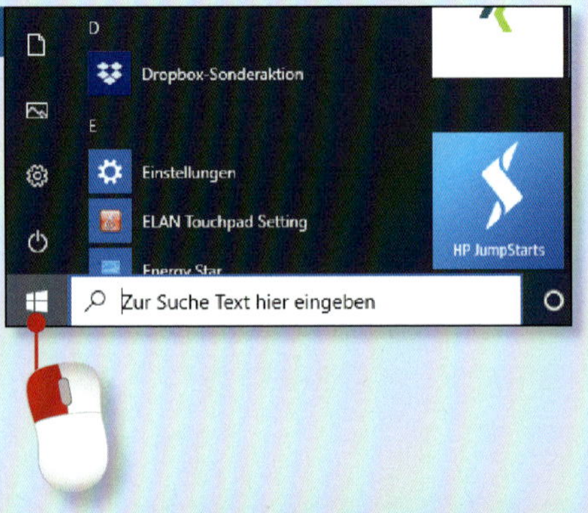

2

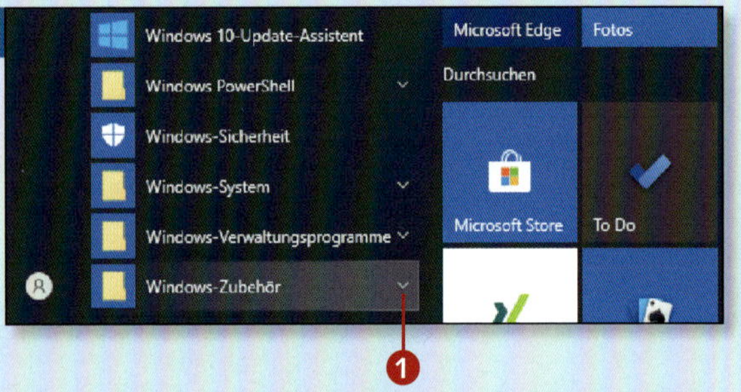

3

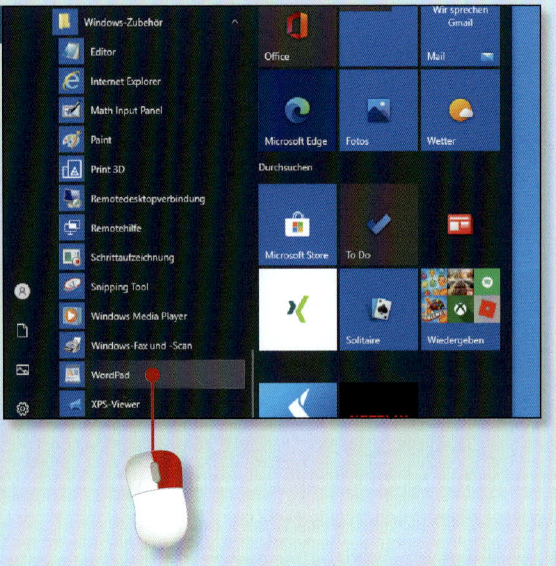

Windows wird auf Ihrem Notebook bzw. PC mit einer Auswahl an Apps und Programmen installiert. Einige davon sehen Sie in der Taskleiste und im Startmenü, aber es gibt noch mehr Anwendungen.

Schritt 1

Um alle installierten Anwendungen zu sehen, rufen Sie das Startmenü auf. Klicken Sie dazu auf das Windows-Logo, oder drücken Sie die Taste [Windows-Taste]. In der zweiten Spalte von links sehen Sie die Liste der installierten Apps und Programme in alphabetischer Reihenfolge.

Schritt 2

Scrollen Sie nach unten, um alle Apps zu sehen. Ist ein kleiner Pfeil (1) neben einem Eintrag zu sehen, gibt es unter dem Oberbegriff mehrere Apps oder Programmteile.

Schritt 3

Um eine Anwendung als Kachel an den rechten Teil des Startmenüs anzuheften, klicken Sie mit der *rechten* Maustaste auf den Namen. Im Beispiel sehen Sie das Schreibprogramm *WordPad* in der geöffneten Gruppe **Windows-Zubehör**.

Schritt 4

Nach dem Rechtsklick darauf erscheint das Kontextmenü. Klicken Sie hier auf **An "Start" anheften**.

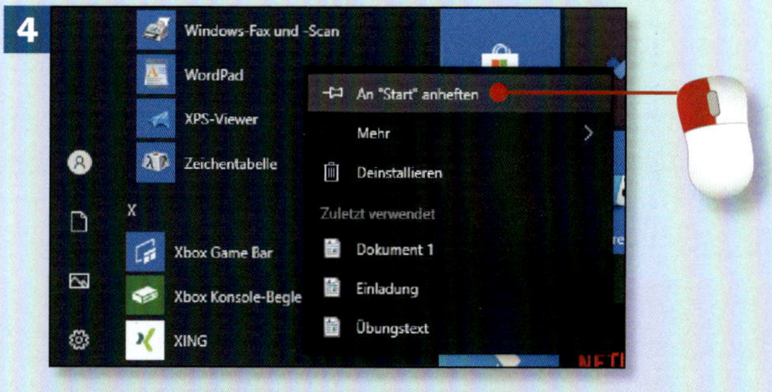

Schritt 5

Windows erstellt eine Kachel und sortiert sie rechts unten im Startmenü ein **2**. Möchten Sie die Kachel an einer anderen Stelle platzieren, ziehen Sie sie mit gedrückter Maustaste an diese Stelle. Die anderen Kacheln machen Platz (siehe auch den Abschnitt »Mit der Maus arbeiten« auf Seite 38).

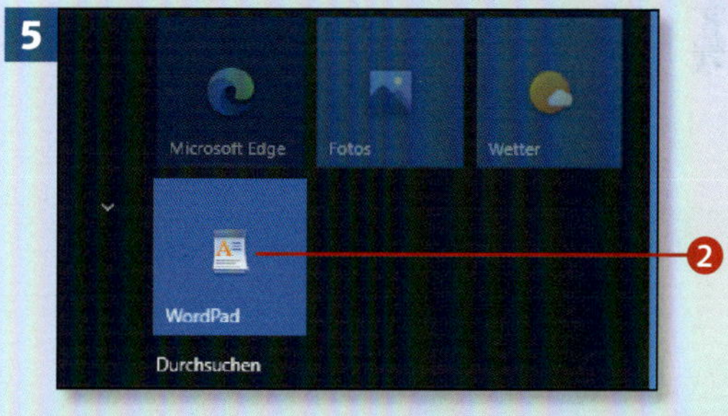

Schritt 6

Auch an die Taskleiste lassen sich Apps und Programme heften. Klicken Sie in der App-Liste wieder mit der rechten Maustaste auf den App- oder Programmnamen. Im Kontextmenü klicken Sie diesmal auf **Mehr ▸ An Taskleiste anheften**.

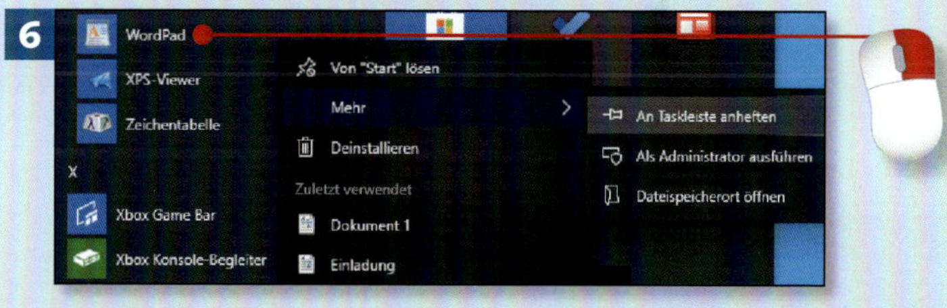

Symbole auf den Desktop legen

Auch über den Desktop haben Sie schnellen Zugriff auf Ihre Programme und Apps. Rufen Sie den Desktop auf (⊞ + M). Öffnen Sie das Startmenü. Um ein Symbol auf den Desktop zu legen, ziehen Sie es aus der App-Liste mit gedrückter Maustaste auf den Desktop. Lassen Sie die Maustaste los, wenn sich das Symbol außerhalb des Startmenüs befindet.

Mit Fenstern umgehen

1

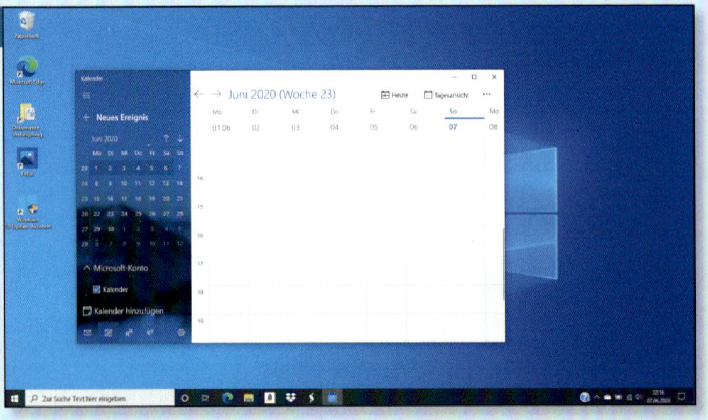

Apps und Programme werden in Fenstern geöffnet. Daher kommt der Name Windows (engl. »Fenster«). Sie können mehrere Fenster gleichzeitig geöffnet haben.

Schritt 1

Wenn Sie ein Programm oder eine App öffnen, wird sie meist nicht bildschirmfüllend angezeigt. Sie sehen das Programmfenster, die Taskleiste am unteren Bildschirmrand und ein Stück vom Desktop. So sehen Sie aber nicht so viel, wie möglich wäre.

2

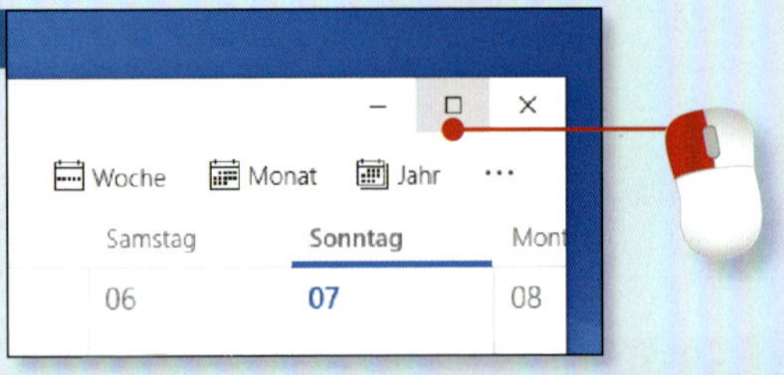

Schritt 2

Um die beste Übersicht zu haben, vergrößern Sie das Fenster. Klicken Sie dazu auf das Quadrat rechts oben. Diese Schaltfläche heißt **Maximieren** und ist in allen Apps und Programmen in der rechten oberen Ecke zu finden.

3

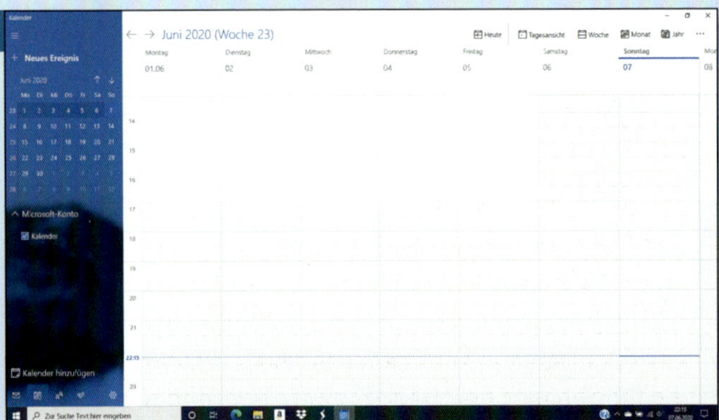

Schritt 3

Das Programm- oder App-Fenster füllt nun bis auf die Taskleiste den ganzen Bildschirm aus. Die Taskleiste ist immer zu sehen.

Schritt 4

Um zum Desktop zu wechseln, ohne die App zu schließen, klicken Sie auf den **Minimieren**-Strich. Das Fenster wird ausgeblendet und erscheint als Symbol ❶ in der Taskleiste.

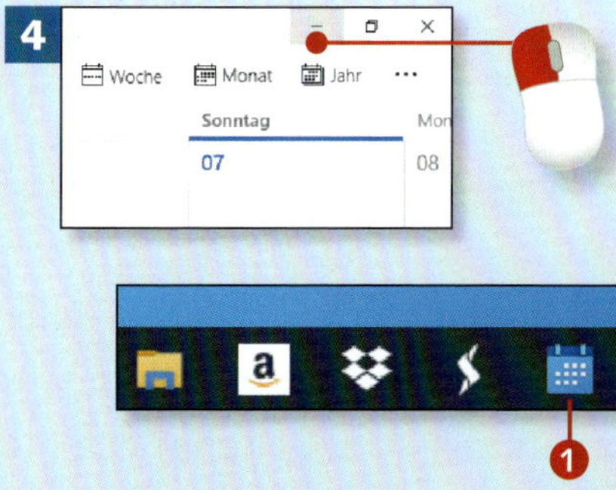

Schritt 5

Je nach Einstellung ist in der Taskleiste nicht nur das Symbol zu sehen, sondern auch der Name ❷ der App oder der darin geöffneten Datei bzw. Internetseite. Auch hier zeigt der schmale Strich darunter an, dass die App geöffnet ist.

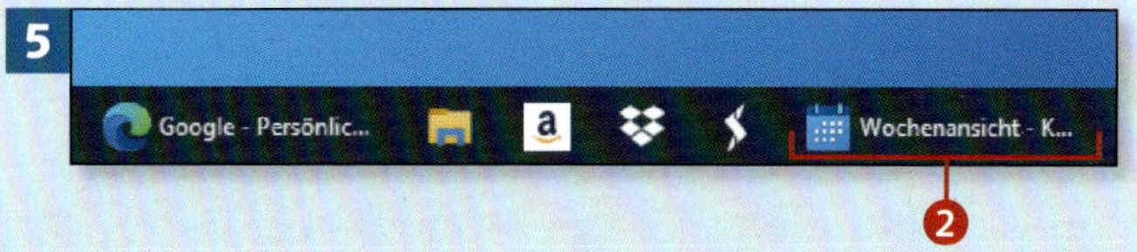

Schritt 6

Sind mehrere Anwendungen (Apps oder Programme) geöffnet und ist eine im Vordergrund maximiert, sehen Sie von den anderen nur das Symbol in der Taskleiste. Wenn Sie den Mauszeiger über einem Symbol (hier Microsoft Edge) schweben lassen, wird eine Miniaturansicht des Fensters eingeblendet. Um zu der Anwendung selbst zu wechseln, klicken Sie auf ihr Symbol in der Taskleiste.

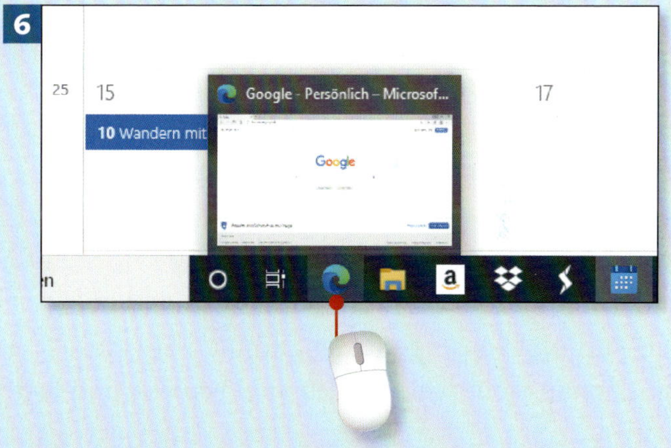

Fenstergröße ist nicht gleich größere Ansicht
Der Klick auf das Quadrat oben rechts in einem Fenster bewirkt, dass dieses Programmfenster den ganzen Bildschirm ausfüllt. Das bedeutet aber nicht, dass der Fensterinhalt größer dargestellt wird – Sie sehen also mehr, aber nicht vergrößert. Zum Vergrößern nutzen Sie den *Zoom*: `Strg` drücken und mit dem Mausrad nach oben scrollen. Alternativ drücken Sie gleichzeitig `Strg` und `+`.

Kapitel 4
Internet zu Hause und unterwegs

Notebooks und PCs sind so ausgestattet, dass sie sich schnell mit dem Internet verbinden können. In diesem Kapitel erfahren Sie, was Sie außerdem benötigen und wie Sie das Internet nutzen können. Die Sicherheit ist dabei genauso ein Thema wie die vielen Möglichkeiten, das »Surfen« im Internet so angenehm wie möglich zu machen.

Mit dem Internet verbinden
Der Computer kann sich mit oder ohne Kabel mit dem Internet verbinden. Richten Sie die geeignete Verbindung für Ihren Computer ein.

Regeln beachten
Das Internet bietet viele Informationen, eine Menge Unterhaltung und unendlich viele Möglichkeiten zum Zeitvertreib. Damit Ihre Daten und Ihr Computer geschützt sind, sollten Sie ein paar grundlegende Regeln beachten.

Das Internet umfangreich nutzen
Im Internet finden Sie Informationen zu den unterschiedlichsten Themen. Mit einer gehörigen Portion Skepsis genossen, können Sie dieses riesige Angebot für sich nutzen. Außerdem können Sie im Internet auch einkaufen und weitere Programme herunterladen.

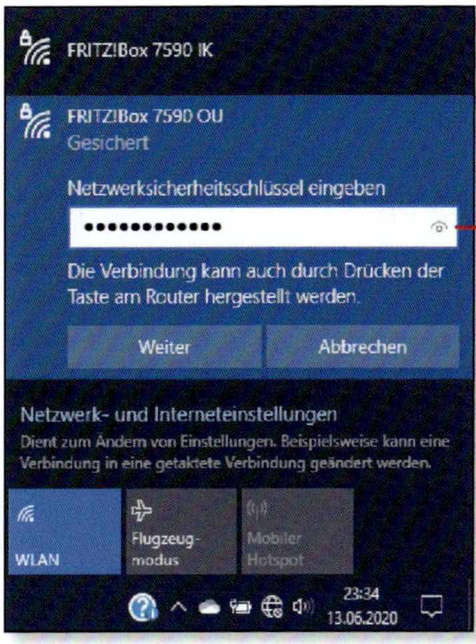

❶ Der Computer und Ihre Zugangsdaten ermöglichen Ihnen die Verbindung mit dem Internet.

❷ Ihre Daten schützen Sie mit verantwortungsbewusstem Verhalten im Internet und einer Sicherheits-App.

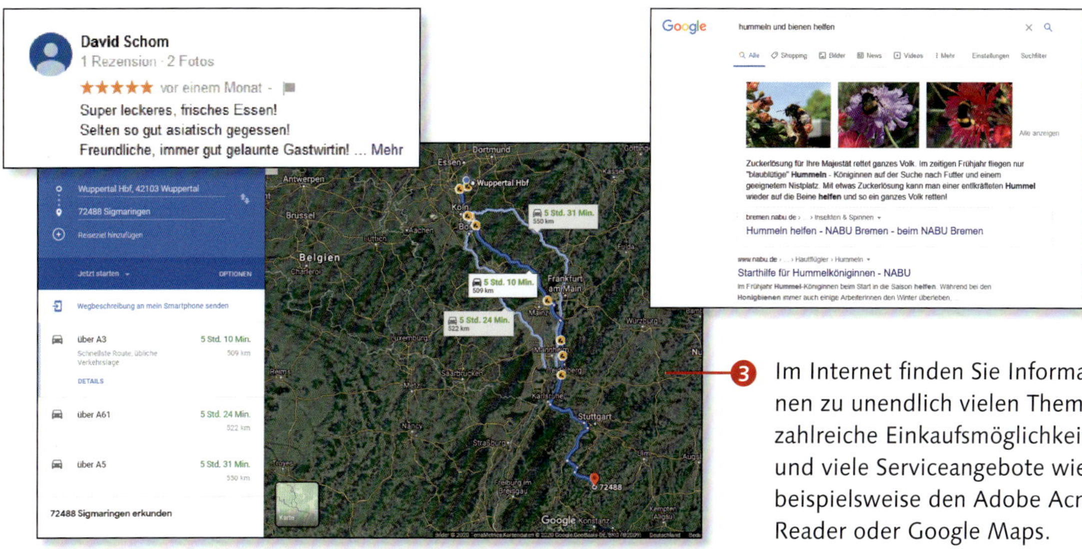

❸ Im Internet finden Sie Informationen zu unendlich vielen Themen, zahlreiche Einkaufsmöglichkeiten und viele Serviceangebote wie beispielsweise den Adobe Acrobat Reader oder Google Maps.

Den Computer mit dem WLAN verbinden

1

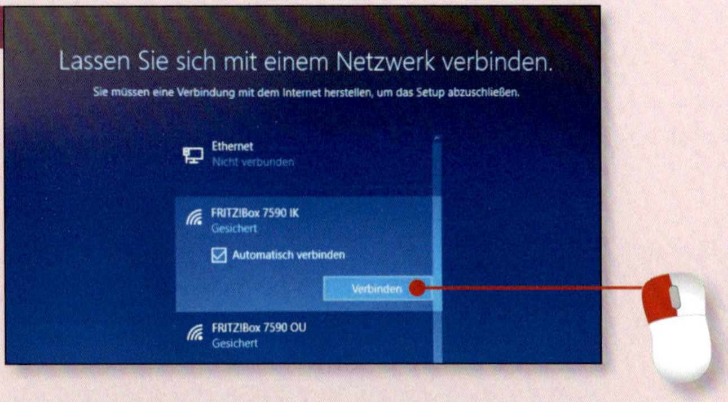

2

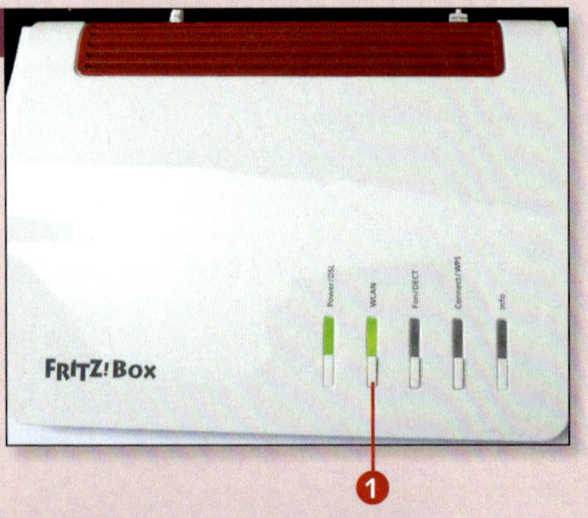

3

Notebooks und die meisten PCs sind so gebaut, dass sie selbst versuchen, eine WLAN-Verbindung herzustellen. Lesen Sie hier, worauf Sie achten sollten.

Schritt 1

Beim ersten Start von Windows wurden Sie gefragt, ob Sie jetzt eine Internetverbindung einrichten möchten. Haben Sie das bereits getan, lesen Sie bitte ab Seite 76 weiter.

Schritt 2

Stellen Sie sicher, dass Sie einen Router haben, der mit dem Internet verbunden und WLAN-fähig ist. Sie erkennen dies an der Option **WLAN** ❶ auf dem Router.

Schritt 3

Rufen Sie den Desktop auf. Am unteren rechten Bildschirmrand befindet sich ein Viertelkreis-Symbol ❷. Zeigt der Viertelkreis keine zusätzlichen Symbole, ist eine funktionierende Verbindung hergestellt.

WLAN-Empfänger einschalten

Windows versucht, sich schnell mit dem Internet zu verbinden. Wenn aber am Computer WLAN ausgeschaltet ist, kann das nicht klappen. Klicken Sie also auf den dort dann sichtbaren Globus unten rechts in der Taskleiste (siehe ❹ auf Seite 73) und dann auf die WLAN-Verbindung. Sie muss farbig hinterlegt sein.

Schritt 4

Sehen Sie anstelle des Viertelkreises ein Flugzeug ❸, haben Sie den *Flugzeugmodus* aktiviert. Damit werden alle Funkverbindungen Ihres Computers deaktiviert. Klicken Sie auf das Symbol und dann auf die Kachel **Flugzeugmodus**.

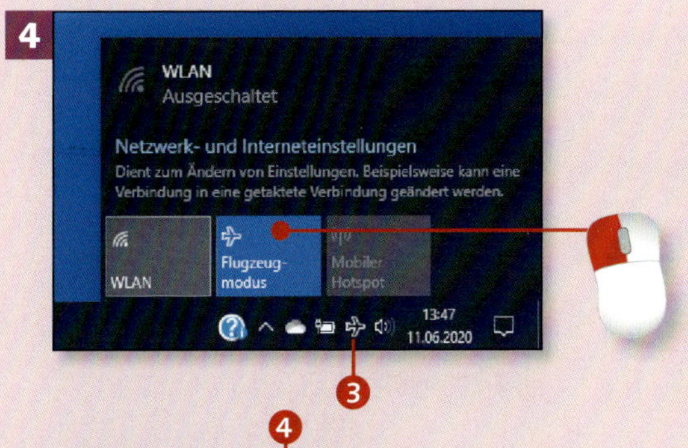

Schritt 5

Ist statt des Viertelkreises ein kleiner Globus ❹ zu sehen, ist der Computer nicht mit dem WLAN verbunden. Entweder ist der Router, die WLAN-Verbindung oder der WLAN-Empfänger am Computer ausgeschaltet (siehe dazu den Kasten auf der linken Seite). Klicken Sie auf den Globus. Windows zeigt Ihnen die möglichen Verbindungen (Netzwerke) an. Wenn mehrere Netzwerke angezeigt werden, suchen Sie Ihres. Der Name steht auch auf Ihrem Router.

Schritt 6

Klicken Sie den Namen an und dann in das Kästchen vor **Automatisch verbinden**; das Häkchen ❺ ist dann sichtbar. Klicken Sie auf **Verbinden**. Geben Sie in das weiße Textfeld das WLAN-Kennwort ein; es steht in der Regel unter dem Router. Klicken Sie dann auf **Weiter**; die Verbindung wird nun hergestellt.

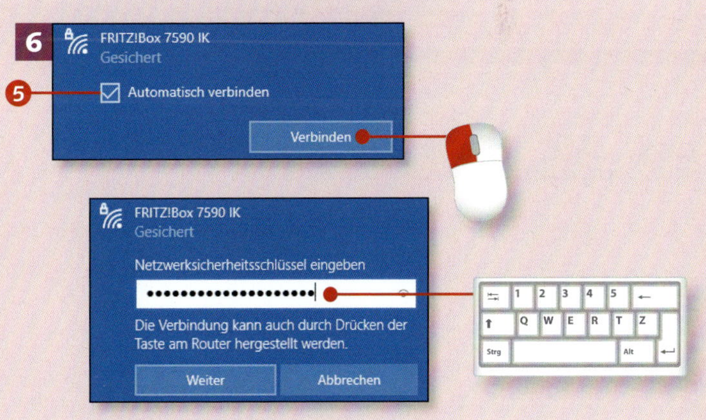

Auf dem Router steht nicht »WLAN-Name«?
Viele Router bezeichnen den WLAN-Namen nicht so, sondern nennen ihn *SSID* (*Service Set Identifier*).

Den Computer per Kabel mit dem Internet verbinden

1

2

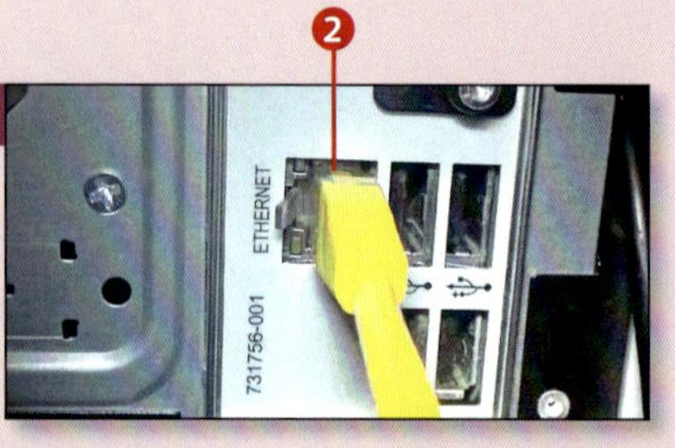

3

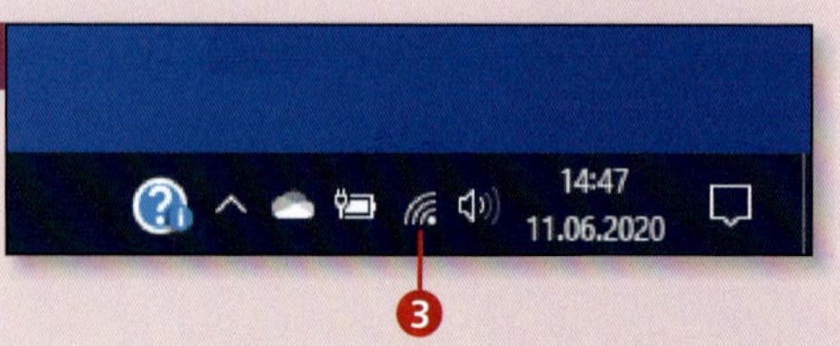

Steht Ihr Computer in der Nähe des Routers und legen Sie Wert auf eine schnellere und verlässlichere Verbindung als beim WLAN, nutzen Sie ein Kabel, um Computer und Router zu verbinden.

Schritt 1

Stehen Router und Computer nicht weit auseinander, verbinden Sie die Geräte mit einem LAN-Kabel. Schließen Sie das Kabel an den Router an ❶. Das Kabel hat an beiden Seiten typische Stecker, die nur in bestimmte Buchsen am Router und am Computer passen.

Schritt 2

Stecken Sie das andere Ende des Kabels in die Netzwerkbuchse des Notebooks (siehe dazu Schritt 5) oder des PCs ❷.

Schritt 3

Im Regelfall müssen Sie dann nichts weiter tun; der PC verbindet sich automatisch. Dass Sie mit dem Router verbunden sind und über ihn mit dem Internet, erkennen Sie am Verbindungssymbol ❸ in der Taskleiste.

WLAN oder LAN: mehr als Buchstabensalat?
WLAN steht ins Deutsche übersetzt für »kabelloses lokales Netzwerk«, LAN für »lokales Netzwerk«. Letzteres ist kabelgebunden. WLAN macht Sie räumlich flexibler, LAN bietet eine verlässlichere und schnellere Verbindung zum Router.

Schritt 4

Sollten Sie doch ein Passwort eingeben müssen, finden Sie es auf der Rückseite des Routers 4.

Schritt 5

Bei PCs passt der LAN-Kabel-Stecker 5 direkt in die Buchse (siehe Schritt 2), bei vielen Notebooks ist die Buchse unten mit einer beweglichen Klappe 6 versehen, die Sie erst vorsichtig nach unten ziehen, um Platz für den Stecker zu schaffen.

Schritt 6

Die sehr dünnen Ultrabooks (siehe den Abschnitt »Welches Gerät für welchen Zweck?« auf Seite 12) haben aus Platzgründen keine Buchse für das Netzwerkkabel. Hier benötigen Sie einen LAN-Adapter 7, um Computer und Router per Kabel zu verbinden. Der Adapter-Stecker kommt am Computer in eine USB-Buchse.

Kein Internet?

Router haben manchmal Aussetzer. Dann bricht die Internetverbindung ab. Schalten Sie den Router in diesem Fall aus, warten Sie 30 Sekunden, und schalten Sie ihn wieder ein.

4

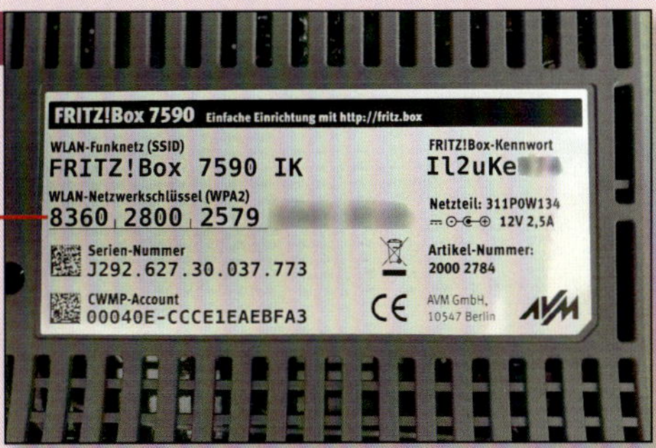

5

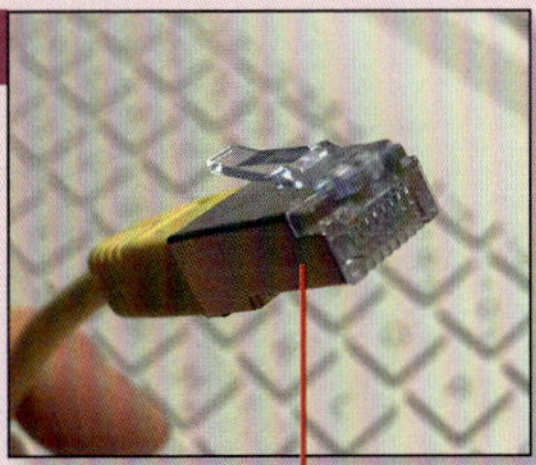

6

Sicherheit im Internet – das sollten Sie unbedingt beachten

1

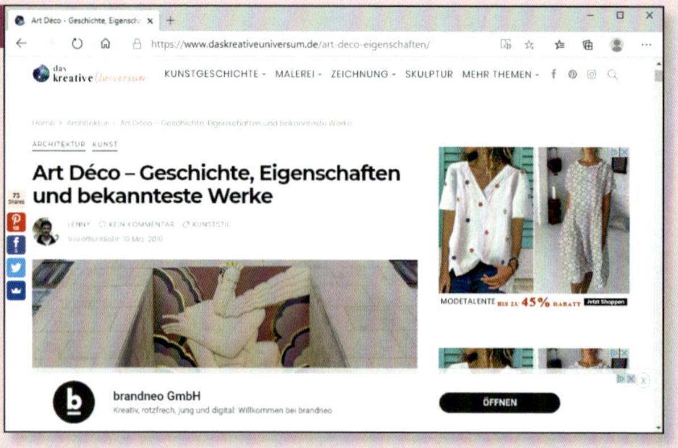

2

3

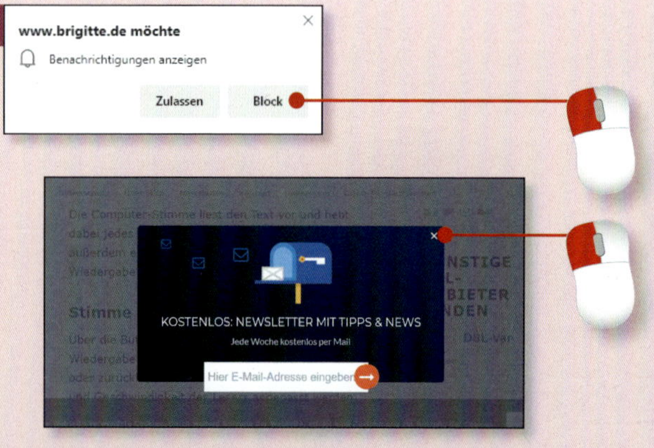

Sicherheit im Internet ist extrem wichtig. Damit Ihre Daten und Ihr Computer geschützt sind, sollten Sie einige Regeln beachten.

Tipp 1

Das Internet ist bunt und manchmal auch laut. Konzentrieren Sie sich auf die Inhalte, die Sie eigentlich finden wollen. Ignorieren Sie die Werbung.

Tipp 2

Kleine Fenster, die vor der Internetseite erscheinen, heißen *Pop-ups*. Neben Werbung und *Newslettern* (Informationsbriefe per E-Mail) enthalten sie den rechtlich vorgeschriebenen Hinweis auf *Cookies*. Bestätigen Sie deren Verwendung, oder lehnen Sie sie ab – dann könnte es aber sein, dass Sie die Internetseite nicht benutzen können.

Tipp 3

Werbefenster dagegen sind rechtlich nicht nötig; klicken Sie sie weg. Mal gibt es ein Schließkreuz, mal einen Pfeil, mal steht dort **Ablehnen** oder **Jetzt nicht** oder **Nein danke**. Lehnen Sie auch Fenster ab, die Ihnen Benachrichtigungen anbieten.

»Ich habe doch nichts zu verbergen«

Den »bösen Buben« des Internets geht es meist auch gar nicht um genau *Ihre* Daten, sondern darum, Ihren Computer zu missbrauchen, z. B. als Virenschleuder.

Tipp 4

Dank der Datenschutz-Grundverordnung (DSGVO) müssen Internetnutzer seit Mai 2018 deutlich weniger Daten angeben, wenn sie z. B. einen Newsletter abonnieren möchten. Seien Sie grundsätzlich sparsam mit der Angabe Ihres Namens, Ihrer Adresse und E-Mail-Adresse.

4

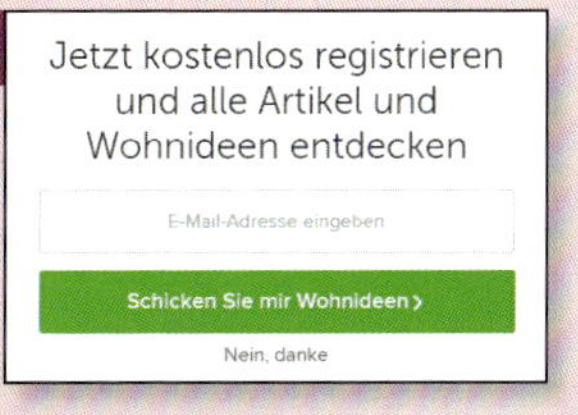

Tipp 5

Achten Sie bei Suchergebnissen immer darauf, ob Sie auch auf der richtigen Internetseite landen werden. Manche führen zu unsicheren Seiten; »hören« Sie dann auf Ihren Computer, und nutzen Sie die blockierte Seite nicht. Klicken Sie oben links auf den Zurück-Pfeil, oder schließen Sie die Seite.

5

Tipp 6

Leider nutzen auch Kriminelle Warnfenster. Der Unterschied zu echten Warnungen: Sie sollen eine Telefonnummer anrufen oder auf eine bestimmte Stelle klicken, um den Computer zu »schützen«. Rufen Sie nicht an, klicken Sie nicht auf die Links: Dahinter verstecken sich unseriöse »Angebote«, die Sie teuer zu stehen kommen.

6

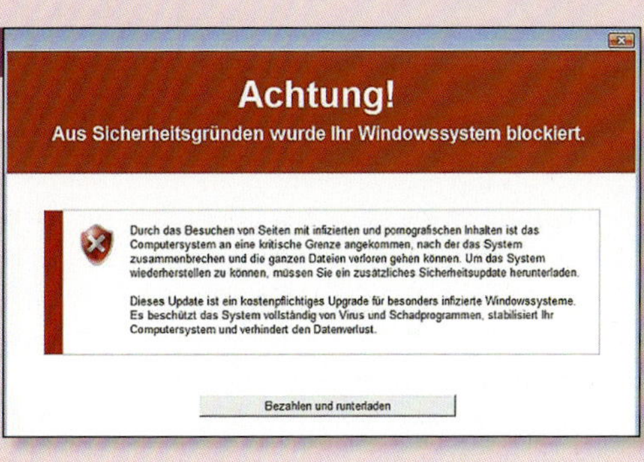

Pop-up-Blocker

Einige Browser haben einen eingebauten Pop-up- und Anzeigenblocker. Sie zeigen unerwünschte Pop-ups erst gar nicht an.

Sicherheit im Internet – das sollten Sie unbedingt beachten (Forts.)

7

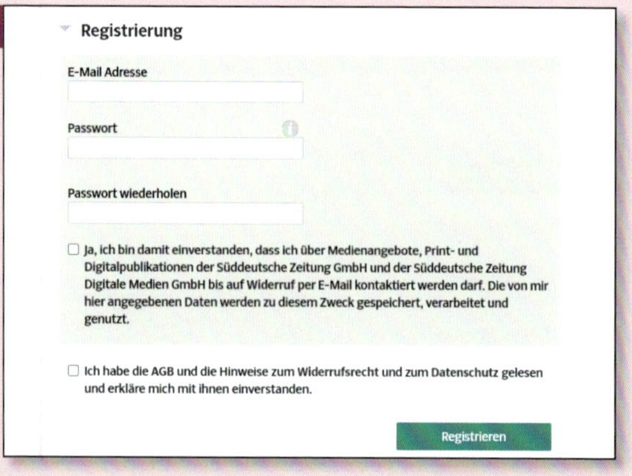

Tipp 7

Im Internet gibt es viele Foren zum Austausch von Erfahrungen und Informationen. Meist müssen Sie sich mit Nutzernamen und E-Mail-Adresse registrieren. Richten Sie sich eine zweite E-Mail-Adresse nur für Foren und Newsletter ein (siehe dazu ab Seite 118).

8

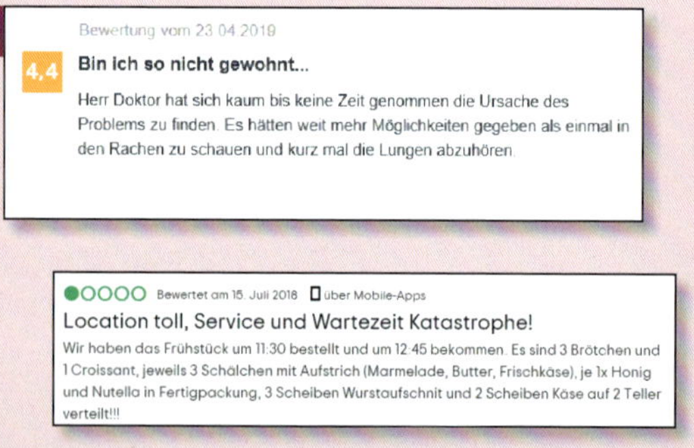

Tipp 8

Glauben Sie nicht jede Bewertung und jede Geschichte, die im Internet steht. Besonders bei Restaurant- und Arztbewertungen schreiben oft nur diejenigen, die schlechte Erfahrungen gemacht haben. Aber auch umgekehrt finden sich übertrieben positive Produktbewertungen, die gar nicht von einem Konsumenten stammen.

9

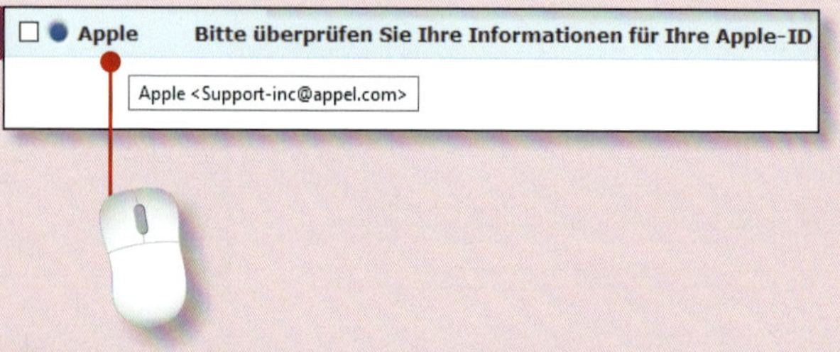

Tipp 9

Seien Sie misstrauisch bei angeblichen Mails von Großunternehmen. Bei vielen Mailprogrammen können Sie sich die Absenderadresse anzeigen lassen: Gehen Sie – ohne zu klicken! – mit dem Mauszeiger über den Absendernamen; jetzt wird die Adresse angezeigt. Im Beispiel ist sie schlecht gefälscht: *appel.com* statt *apple.com*.

Nicht ohne Virenschutz!

Schon bevor Sie die erste Internetverbindung herstellen, haben Sie ein Schutzpaket an Bord: die *Windows-Sicherheit*. Stellen Sie nie ohne Schutz eine Internetverbindung her (siehe Kapitel 12, »Für Sicherheit sorgen«, ab Seite 296)!

Tipp 10

Klicken Sie in verdächtigen E-Mails nie auf den *Link*! Meist sollen Sie dann auf einer gefälschten Internetseite Ihre persönlichen Daten eingeben. Mails, die Ihre Daten ausspionieren wollen, nennt man *Phishing-Mails*. Wenn Sie mit dem Mauszeiger über einen Link gehen (nicht klicken!), sehen Sie am unteren Bildschirmrand das tatsächliche Ziel.

10

Tipp 11

Benutzen Sie für Ihr E-Mail-Konto und für Seiten wie Amazon sichere Passwörter. Diese haben mehr als zehn Zeichen, enthalten Groß- und Kleinbuchstaben, Zahlen und Sonderzeichen wie ! oder #, aber kein Wort, das mit Ihnen in Verbindung steht (z. B. Name des Haustiers). Ihr Name und Geburtsdatum sind auch dann *nicht* sicher, wenn Sie Buchstaben und Zahlen abwechselnd kombinieren!

11

Unsicher:	Purzel345	K1a2r0i8n56
	123456	eee444ppp
	qwertzui	passwort
Sicherer:	kO98#FremF3i	
	bortL%sTd28Nm	

Tipp 12

Verwenden Sie ein Passwort nur für *eine* Website bzw. ein Konto (E-Mail, eBay etc.). Wenn ein Hacker ein Passwort herausbekommt, sind die anderen Konten noch geschützt.

12

E-Mail:	froMz8wer#q
eBay:	Zjh2n5=eriAp
Newsletter:	bLap6?wGd1a

Das kann ich mir nie merken!
Sie können ein Passwort auch so gestalten: Nehmen Sie dafür einen Satz, den Sie sich gut merken können, und verwenden Sie nur den zweiten Buchstaben jedes Wortes. »Ein« ersetzen Sie durch die Ziffer »1« usw. Schreiben Sie sich das Passwort auf, aber legen Sie den Zettel nicht offen neben den Computer.

Im Internet surfen mit Microsoft Edge

1
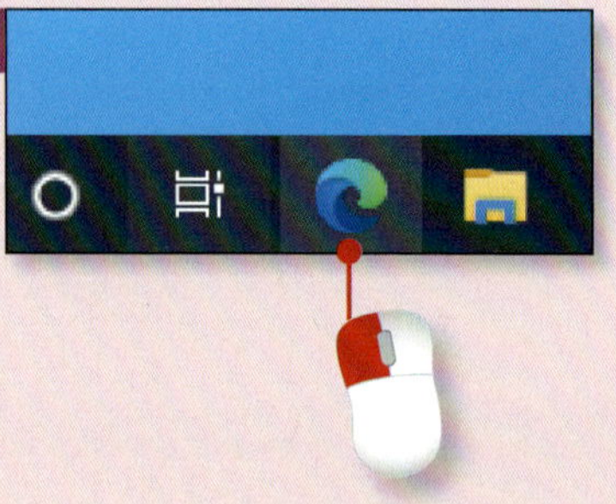

2
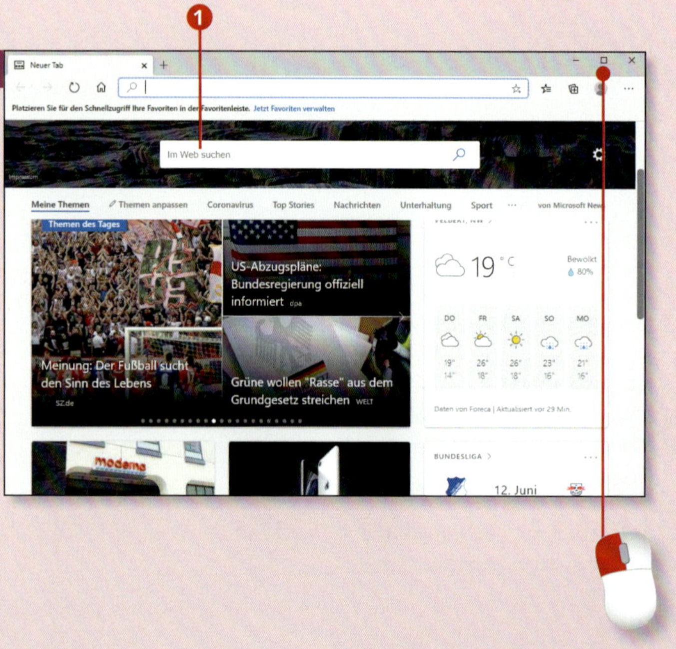

3
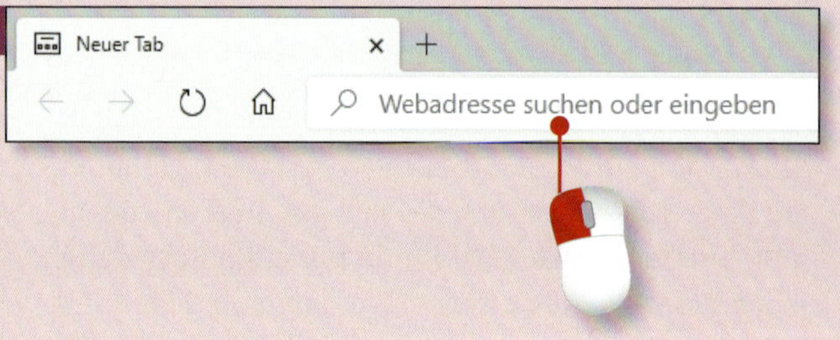

Windows hat den »Browser« Microsoft Edge an Bord. Lesen Sie hier, wie Sie damit im Internet »surfen«.

Schritt 1

Öffnen Sie vom Desktop aus *Microsoft Edge*, indem Sie in der Taskleiste unten auf das entsprechende Programmsymbol klicken.

Schritt 2

Edge bietet eine Menge Fotos und Meldungen verschiedener Herkunft an, aber jetzt wollen Sie ja selbst aktiv werden. Dazu stehen Ihnen ein Eingabe- und Suchfeld ❶ sowie die *Adressleiste* zur Verfügung. Maximieren Sie das Fenster, falls es nicht sowieso schon bildschirmfüllend angezeigt wird. Klicken Sie dazu ganz oben rechts auf das Quadrat.

Schritt 3

Zum Suchen geben Sie oben in die Adressleiste – ein kombiniertes *Such- und Adressfeld* – einen Suchbegriff ein. Klicken Sie dazu einmal in die Adressleiste auf den Text **Webadresse suchen oder eingeben**. Sobald Sie tippen, verschwindet dieser Text. Beim Starten von Edge blinkt in der Adressleiste schon der Cursor.

Schritt 4

Beim Tippen erhalten Sie gleichzeitig erste *Suchvorschläge* (siehe dazu den Kasten auf dieser Seite). Ist Ihr Suchbegriff nicht zu sehen, tippen Sie den ganzen Suchbegriff ein, auch wenn er aus mehreren Wörtern besteht. Drücken Sie dann [↵]. Wenn Ihr Suchbegriff schon zu sehen ist, klicken Sie darauf.

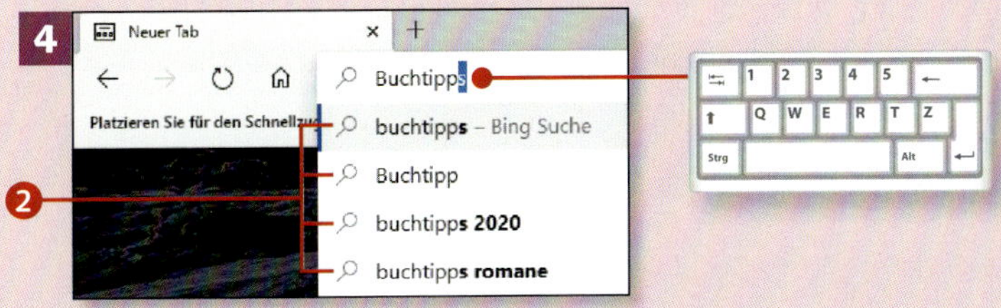

Schritt 5

Jetzt erhalten Sie die *Suchergebnisse* in einer langen Liste, je nach Begriff auch noch mit Bildern oder Videos am Anfang. Die Suchergebnisse sind noch *nicht* die eigentlichen Internetseiten, sondern eine Art Vorschau darauf; Sie sind also noch nicht am Ziel Ihrer Suche. Das erkennen Sie auch schon anhand der Lupe vor den Suchvorschlägen (siehe ❷ in Schritt 4).

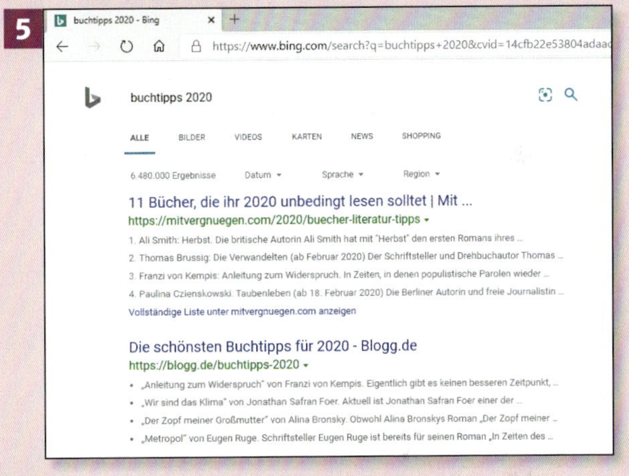

Schritt 6

Zur Internetseite (Ihrer Zielseite) kommen Sie durch einen Klick auf den blauen Text – den *Link* – in den Suchergebnissen. Jede Internetseite hat eine genaue Adresse, und der Link führt zu ihr. Einen Link erkennen Sie daran, dass er sich in eine Hand ❸ verwandelt, wenn Sie mit dem Mauszeiger darauf zeigen.

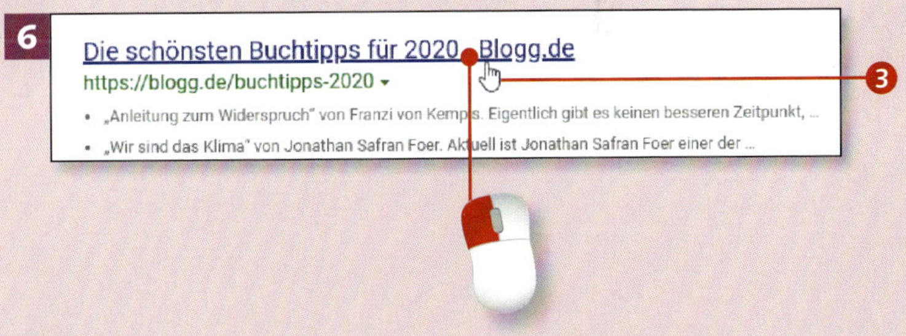

Selbst tippen oder Suchvorschlag anklicken?
Entweder geben Sie ein paar Buchstaben des Suchbegriffs ein und klicken dann auf einen der Suchvorschläge, oder Sie tippen den ganzen Suchbegriff ein und drücken dann [↵]. In beiden Fällen kommen Sie zu den Suchergebnissen. Suchvorschläge können aber auch von Ihrer eigentlichen Suche ablenken; daher hat das Eintippen des ganzen Suchbegriffs Vorteile.

Im Internet surfen mit Microsoft Edge (Forts.)

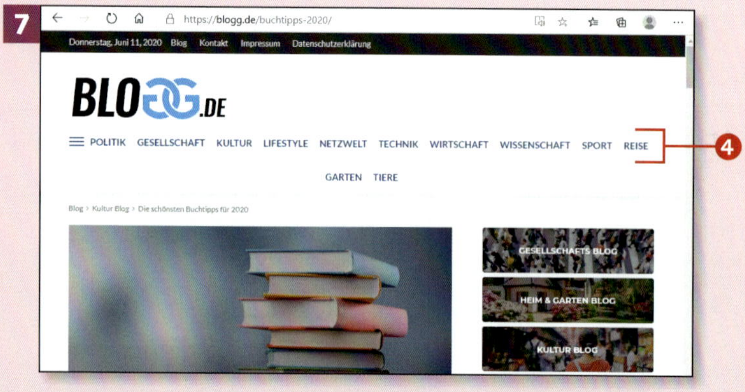

Schritt 7

Microsoft Edge öffnet die Internetseite. Im Beispiel ist es ein Artikel über Buchneuerscheinungen. Innerhalb von Internetseiten gibt es zahlreiche Möglichkeiten, weiter zu klicken, um zu weiteren dazugehörigen oder auch anderen Internetseiten zu gelangen. Im Beispiel steht Ihnen oben ein Menü mit Oberbegriffen ❹ zur Verfügung.

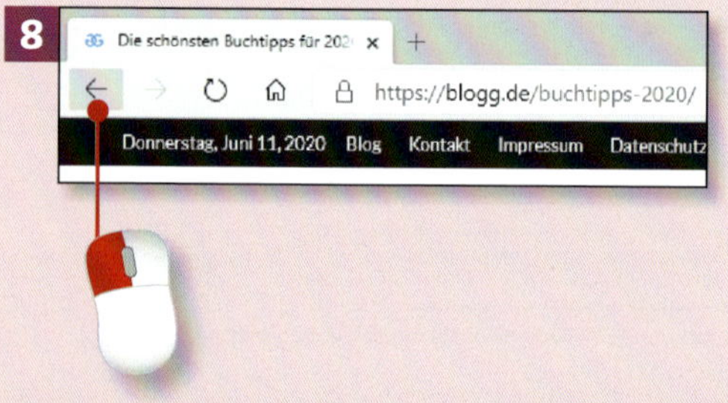

Schritt 8

Möchten Sie zurück zur vorherigen Seite, klicken Sie oben links auf den nach links zeigenden Pfeil.

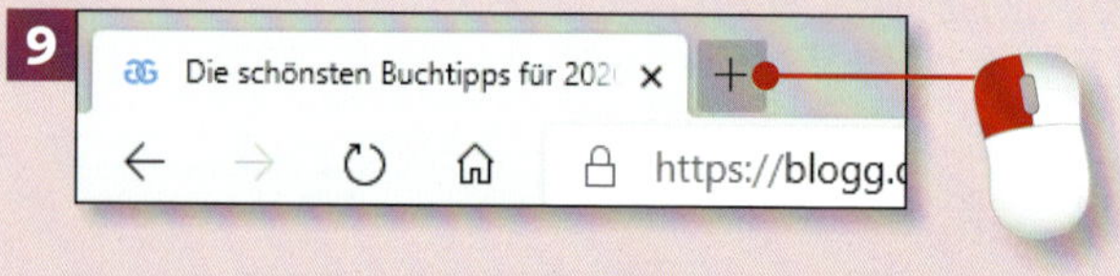

Schritt 9

Sie wollen noch etwas anderes anschauen, aber die gerade geöffnete Internetseite dafür nicht schließen? Kein Problem, öffnen Sie einfach noch einen *Tab* (eine *Registerkarte*). Klicken Sie dazu auf das Plus neben dem ersten Tab. Auch die Tastenkombination [Strg] + [T] öffnet einen neuen Tab.

Homepage, Website, Internetseite?
Eine *Internetseite* ist Teil einer Website. Jede Internetseite hat eine Internetadresse (*URL*). Eine *Website* (nicht Webseite!) ist der gesamte Internetauftritt. Die Website besteht aus mehreren (Internet-)Seiten. Die *Homepage* ist eigentlich nur die Startseite eines Internetauftritts, wird aber oft als Oberbegriff für die gesamte Website verwendet.

Schritt 10

Auch hier sehen Sie die Adressleiste. Wenn Sie die Adresse einer Website kennen, die Sie aufrufen möchten, tippen Sie die Adresse dort ein. Im Beispiel wird »www.rheinwerk-verlag.de« eingegeben. Das Symbol vor der Adresse ist jetzt eine Weltkugel 5; d.h., nach einem Klick auf den Link landen Sie direkt auf der Internetseite und nicht erst bei den Suchergebnissen.

Schritt 11

Zum Aufrufen der Seite klicken Sie also auf den blau dargestellten Websitenamen oder drücken ↵.

Schritt 12

Zum Beenden von Microsoft Edge klicken Sie oben rechts auf das Schließkreuz; das Programm wird geschlossen. Haben Sie mehrere Tabs geöffnet, fragt Edge je nach Einstellung nach, ob alle geschlossen werden sollen. Bestätigen Sie das mit einem Klick auf **Alle schließen**.

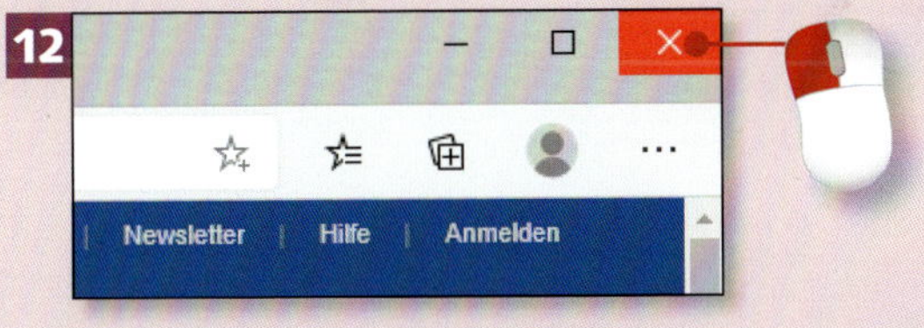

Suchbegriff
Ein Suchbegriff kann aus einem oder mehreren Wörtern, einer Frage oder einem Satz bestehen. Je genauer der Suchbegriff ist, desto mehr passende Ergebnisse werden Ihnen angezeigt.

Einen anderen Browser nutzen: Firefox

Falls Microsoft Edge mal hakt, ist es gut, einen anderen Browser auf dem Computer zu haben. Hier stelle ich Ihnen Mozilla Firefox vor.

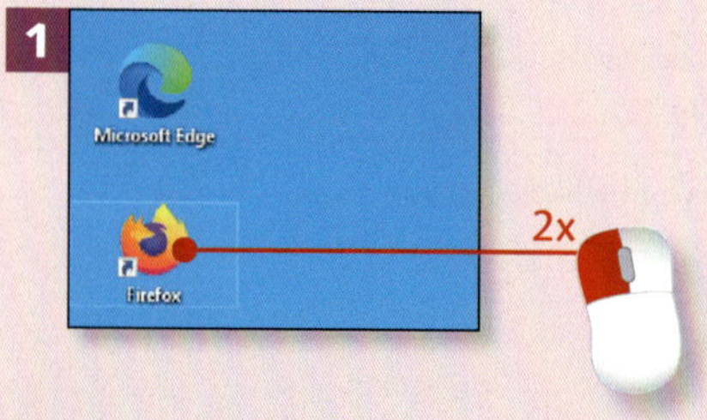

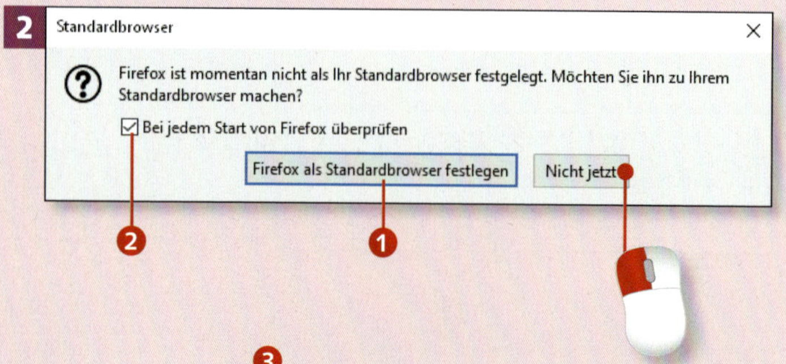

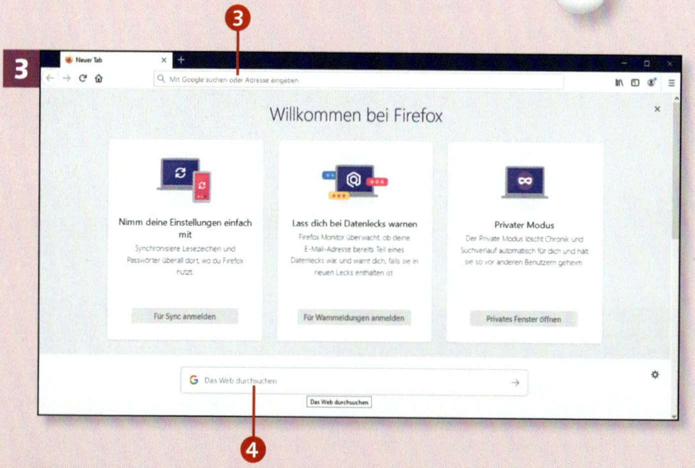

Schritt 1

Installieren Sie Firefox, wie im Kasten »Firefox herunterladen« auf Seite 99 beschrieben. Klicken Sie anschließend doppelt auf die orange-blaue Verknüpfung von Firefox auf Ihrem Desktop.

Schritt 2

Firefox fragt nach, ob Sie künftig immer mit Firefox im Internet surfen möchten. Wenn ja, klicken Sie auf **Firefox als Standardbrowser festlegen** 1. Soll Microsoft Edge weiter Ihr Browser sein, entfernen Sie das Häkchen neben **Bei jedem Start von Firefox überprüfen** 2 mit einem Klick und wählen dann **Nicht jetzt**.

Schritt 3

In Firefox können Sie Ihren Suchbegriff an zwei Stellen eingeben: oben in der Adressleiste 3 oder im Suchfeld weiter unten 4. Tippen Sie einen Begriff ein, z. B. »Wikipedia« (das große Online-Lexikon).

Standard-Apps?

Haben Sie sich in Schritt 2 für Firefox als Ihren Standardbrowser entschieden, dann öffnet Windows die *Einstellungen* mit der Rubrik *Standard-Apps*. Klicken Sie unter **Webbrowser** auf den Eintrag **Microsoft Edge** und in der aufklappenden Liste auf **Firefox**. Schließen Sie die Einstellungen mit einem Klick auf das Schließkreuz oben rechts.

Schritt 4

Auch bei Firefox erhalten Sie bereits während der Eingabe Suchvorschläge. Klicken Sie entweder auf einen Suchvorschlag, oder geben Sie Ihren Suchbegriff selbst ein. Drücken Sie dann [↵], oder klicken Sie auf den Pfeil 5 rechts am Suchfeld.

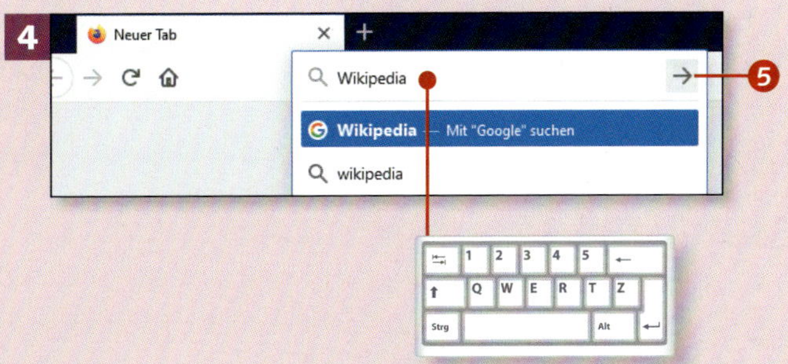

Schritt 5

Möchten Sie direkt eine Internetseite aufrufen und kennen die genaue Adresse, tippen Sie sie oben in die Adressleiste ein. Das funktioniert auch, wenn Sie noch eine andere Seite geöffnet haben. Firefox bietet Ihnen bereits während der Eingabe an, die Internetseite zu öffnen 6.

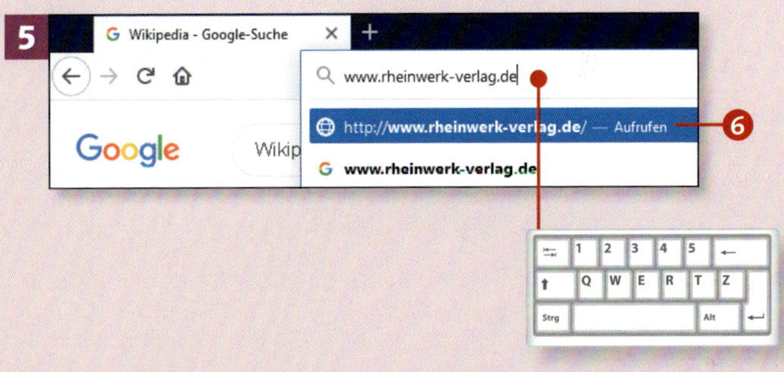

Schritt 6

Einen neuen Tab öffnen Sie wie in Edge: Klicken Sie auf das Pluszeichen 7 neben dem aktiven Tab. Firefox zeigt Ihnen »wichtige Seiten« 8 als Kacheln an. Ein Klick auf die entsprechende Kachel öffnet die Internetseite. Zum Schließen eines Tabs klicken Sie auf dessen Schließkreuz.

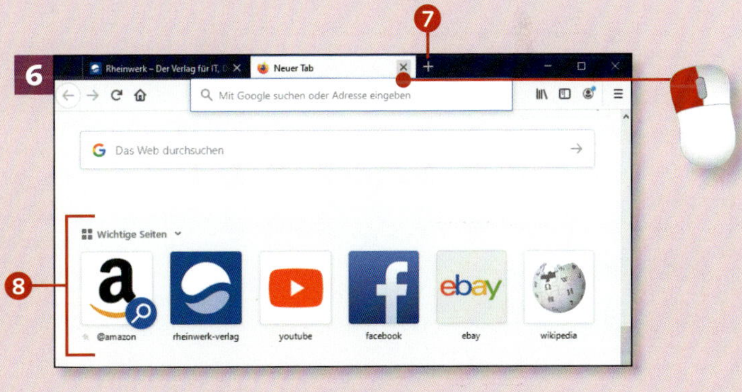

Groß oder klein?

Bei der Suche im Internet ist es egal, ob Sie den Suchbegriff groß- oder kleinschreiben. Wenn es Ihnen lieber ist, können Sie also ruhig alle Suchbegriffe in Kleinbuchstaben eintippen.

Die Internet-Startseite ändern

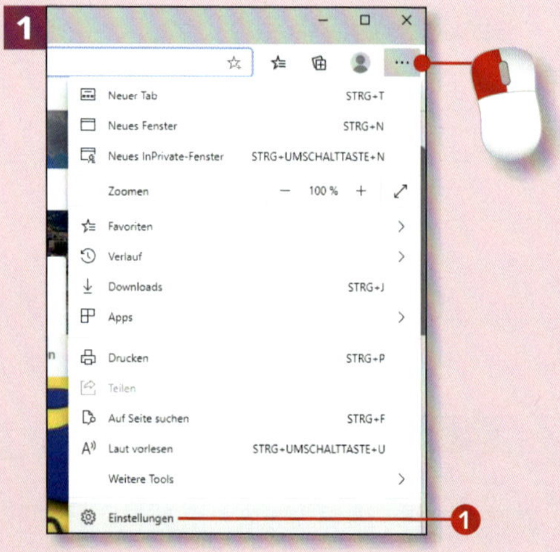

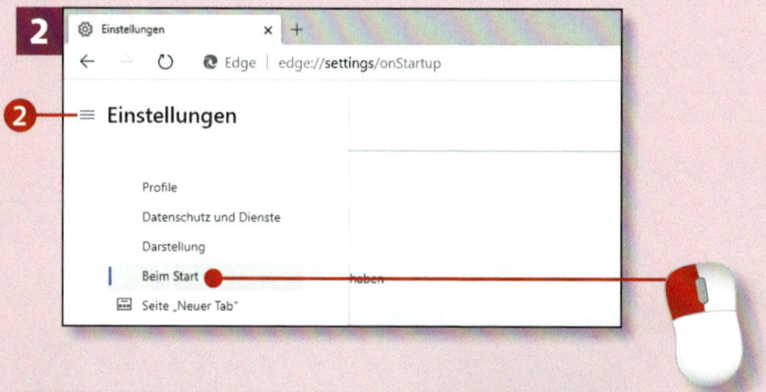

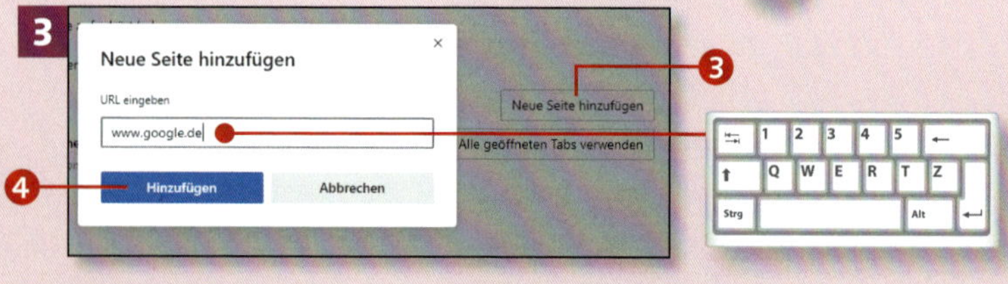

Zurück zu Microsoft Edge: Der Browser öffnet nach dem Start die Microsoft-Seite. Sie können aber auch eine andere Seite als Startseite festlegen, z. B. den Suchanbieter Google.

Schritt 1

Ersetzen Sie die wuselige Internet-Startseite in Microsoft Edge. Damit Ihnen künftig immer als Erstes die Google-Startseite mit dem großen Suchfeld angezeigt wird, klicken Sie oben rechts auf die drei Punkte; sie stehen für das Menü **Einstellungen und mehr**. Klicken Sie unten auf **Einstellungen** ❶.

Schritt 2

Klicken Sie in der Liste links auf **Beim Start**. Sehen Sie die Liste der Einstellungskategorien nicht, sondern die Kategorie **Profile**, klicken Sie zunächst auf die drei waagerechten Striche links oben ❷ und in der Liste dann auf **Beim Start**.

Schritt 3

Jetzt klicken Sie auf **Bestimmte Seite oder Seiten öffnen** und rechts auf **Neue Seite hinzufügen** ❸. Tippen Sie in das Textfeld die Adresse »www.google.de« ein.

Gibt es auch andere Suchmaschinen?
Google ist eine Suchmaschine: Sie durchkämmt das Internet nach Ihren Suchbegriffen. Das machen auch andere Suchmaschinen, z. B. *DuckDuckGo*, *Ecosia* oder *Qwandt*. Sie sammeln alle weniger persönliche Daten als Google. Den größten Suchkomfort bietet dennoch Google.

Schritt 4

Klicken Sie nun auf **Hinzufügen** (4 in Schritt 3). Die Google-Adresse ist jetzt bei **Seiten** eingetragen. Schließen Sie Edge, indem Sie oben rechts auf das Schließkreuz klicken.

Schritt 5

Öffnen Sie Edge wieder, z. B. durch einen Klick auf das Symbol in der Taskleiste. Die Google-Startseite wird geöffnet. Beim ersten Start können Sie die Datenschutzbestimmungen annehmen: Klicken Sie auf **Jetzt ansehen** und unten auf **Ich stimme zu**.

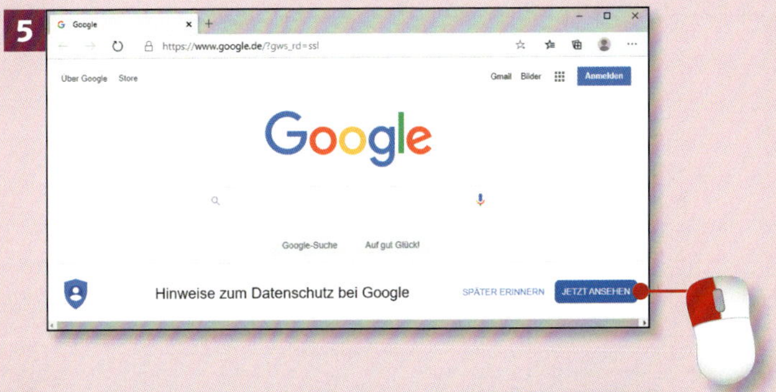

Schritt 6

Das große Suchfeld unter dem bunten Google-Schriftzug steht nun für Ihre Suchbegriff-Eingabe bereit. **Wichtig**: Auch wenn rechts immer **Anmelden** 5 steht – Sie müssen sich *nicht* bei Google anmelden! Damit Edge wirklich immer mit Google sucht, führen Sie die im Kasten auf dieser Seite beschriebenen Schritte aus.

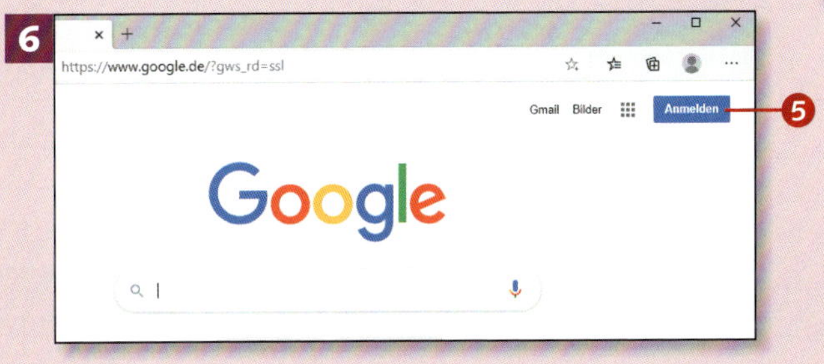

Lieber Google als Standard

Damit Microsoft Edge nach der Eingabe eines Begriffs in der Adressleiste nicht immer auf die Suchmaschine *Bing* umspringt, legen Sie Google – oder Ihre gewünschte Suchmaschine – als Standard fest. Klicken Sie auf das Menü **Einstellungen und mehr** (siehe Schritt 1). Aus der Liste wählen Sie **Datenschutz und Dienste**. Scrollen Sie dann nach ganz unten zu **Adressleiste**, und klicken Sie auf den Pfeil rechts. Im nächsten Schritt klicken Sie bei **In Adressleiste verwendete Suchmaschine** auf den Eintrag **Bing** und in der aufklappenden Liste auf **Google**. Schließen Sie Edge.

Richtig suchen im Internet

Damit Sie im Internet finden, was Sie suchen, und nicht auf unpassenden Seiten landen, finden Sie hier einige Tipps für die Suche.

1

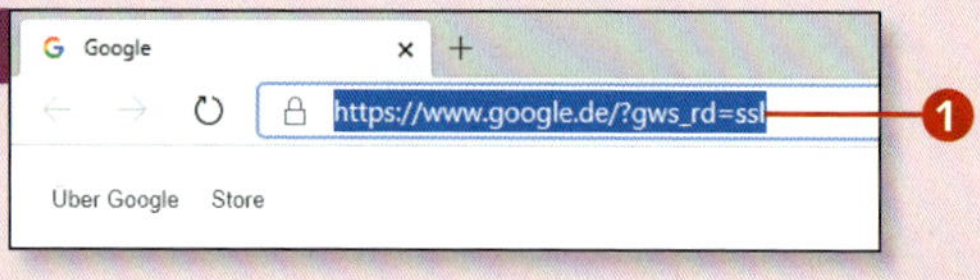

2

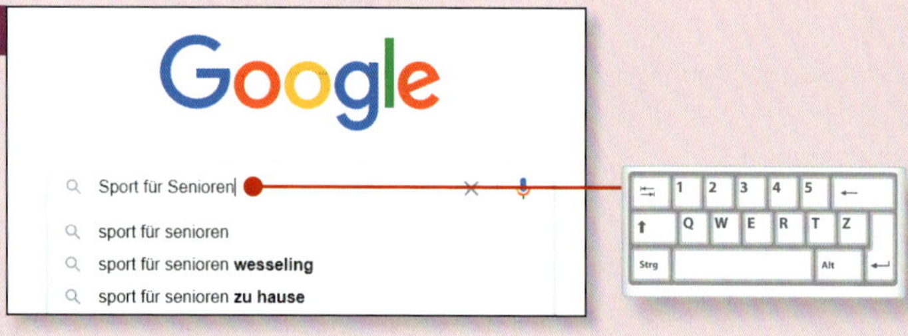

3

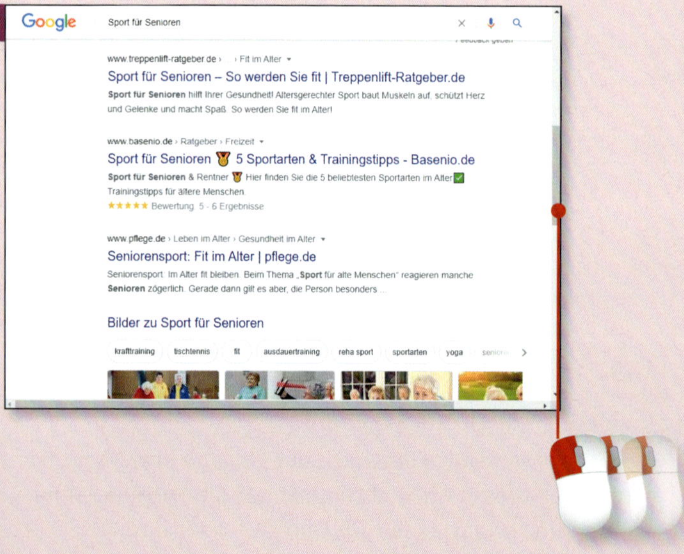

Schritt 1

Suchbegriffe geben Sie in Google entweder in das große Suchfeld oder oben in die Such- und Adressleiste **1** ein. Klicken Sie also in die Leiste oder das Suchfeld, und tippen Sie Ihren Suchbegriff. Sobald Sie in die Such- und Adressleiste etwas eintippen, verschwindet der Eintrag *https://www.google.de/...*

Schritt 2

Findet sich Ihr Suchbegriff nicht unter den ersten Vorschlägen, tippen Sie ihn ganz ein. Er kann auch aus mehreren Wörtern bestehen. Drücken Sie zum Start der Suche [↵].

Schritt 3

Gab es zu Ihrem Suchbegriff viele Treffer, werden jeweils ca. elf untereinander angezeigt. Je nach Thema sehen Sie zuerst Textergebnisse, Videos oder Bilder. Scrollen Sie, um auch die Ergebnisse weiter unten zu sehen. Alternativ ziehen Sie den *Scrollbalken* auf der *Bildlaufleiste* nach unten.

Auf gut Glück?

Google bietet die Möglichkeit an, **Auf gut Glück!** zu suchen. Wenn Sie nach der Eingabe Ihres Suchbegriffs rechts unterhalb der Suchvorschläge auf diese Option klicken, öffnet Google nicht erst die Liste der Suchergebnisse, sondern direkt eine (eventuell) passende Internetseite.

Schritt 4

Alle Treffer, die über die ersten hinausgehen, werden auf den folgenden Ergebnisseiten angezeigt. Klicken Sie unten auf die nächste Seitenzahl oder auf **Weiter** ❷.

4

Schritt 5

Schauen Sie sich nun die Suchergebnisse genauer an: Den blauen *Link* kennen Sie schon; damit gelangen Sie zur gewünschten Internetseite. Wenn Sie einen Link schon einmal angeklickt haben (siehe dazu auch ab Schritt 8), wird er in Lila angezeigt ❸.

5

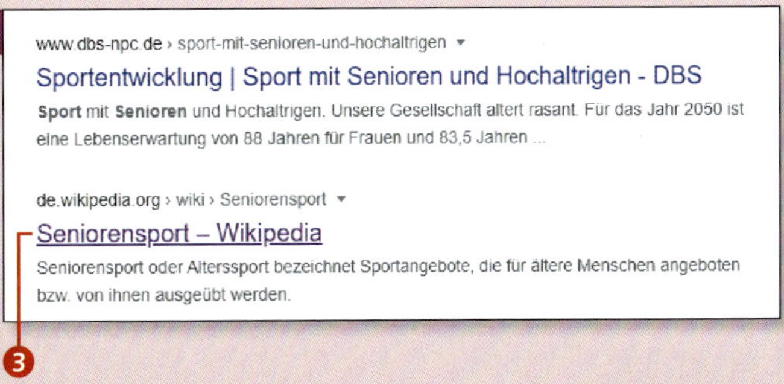

Schritt 6

Über dem blauen Text steht jeweils eine kleiner geschriebene Zeile Text ❹; sie gibt die genaue Internetadresse an, auf der Sie landen werden. Dabei ist es egal, ob Sie den blauen Link oder den kleineren Text darüber anklicken. Lesen Sie immer, was dort steht, und klicken Sie nur darauf oder auf den blauen Link, wenn Ihnen die Adresse seriös und passend erscheint.

6

7

Schritt 7

Der schwarz geschriebene Teil unter dem blauen Link ist der *Vorschautext* ❺. Er zeigt eine kurze Beschreibung der Internetseite, die Ihnen auch bei der Auswahl hilft. Lesen Sie ihn durch, um unpassende Seiten gar nicht erst anzuklicken.

8

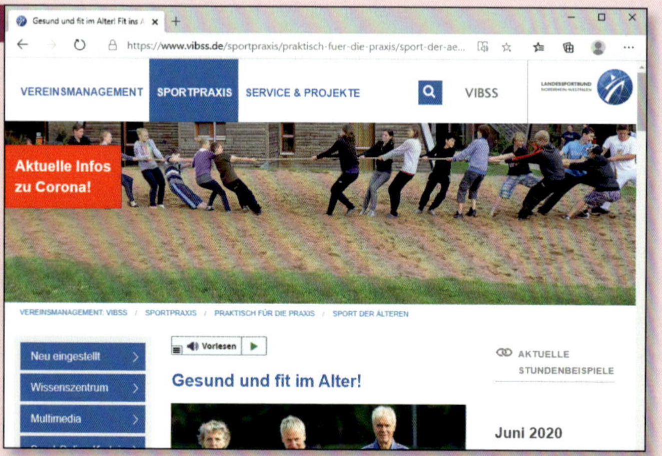

Schritt 8

Klicken Sie auf das Suchergebnis, das Ihnen am passendsten erscheint. Der Inhalt der Internetseite ändert sich: Sie sehen die eigentliche Internetseite und nicht mehr die Ergebnisliste Ihrer Suche.

9

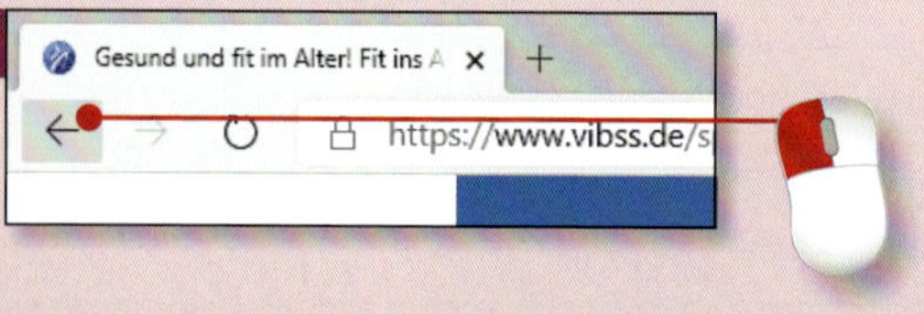

Schritt 9

Um zu den Suchergebnissen zurückzukehren, klicken Sie links oben auf den Pfeil zum Zurückblättern. Je nachdem, wie viele Seiten Sie in der Zwischenzeit angeklickt haben, müssen Sie mehrmals klicken.

Ich habe mich vertippt!
Suchmaschinen wie Google oder Bing sind in der Lage, Suchbegriffe auch mit Tippfehlern richtig zu erkennen und Ihnen passende Suchergebnisse zu präsentieren. Genau auf Ihre Eingabe achten sollten Sie aber bei Internetadressen: Es besteht ein deutlicher Unterschied z. B. zwischen *www.google.de* und *www.gogel.de*!

Schritt 10

Zum Start einer neuen Suche klicken Sie oben in die Adressleiste. Der Text dort wird blau hinterlegt (markiert), Sie können ihn einfach mit Ihrem Suchbegriff überschreiben; der erste Buchstabe lässt den »alten« Text verschwinden. Sie brauchen also *nicht* Microsoft Edge bzw. Firefox zu schließen und neu zu öffnen, wenn Sie etwas anderes suchen möchten.

10

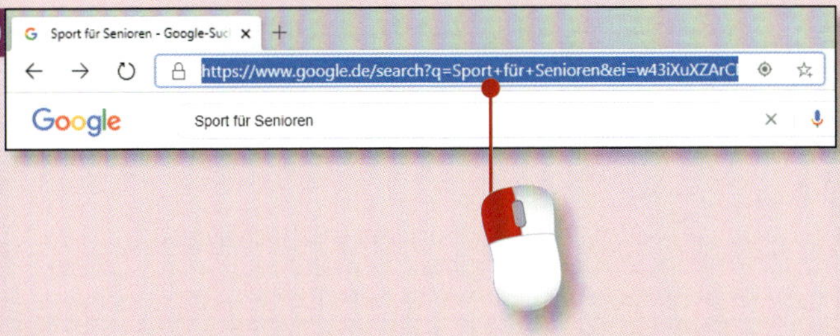

Schritt 11

Damit nur Bilder zu einem bestimmten Begriff angezeigt werden, geben Sie erst Ihren Suchbegriff ein ❻. Wenn Google Bilder findet, blendet es diese direkt ein. Klicken Sie auf **Weitere Bilder** ❼ oder **Mehr Bilder**. Andernfalls klicken Sie auf das Wort **Bilder** direkt unter dem Suchfeld; schon werden die Textergebnisse durch Bilder ersetzt. Auch sie führen zu Internetseiten: erst auf das kleine Bild, dann auf seine Vergrößerung rechts klicken.

11

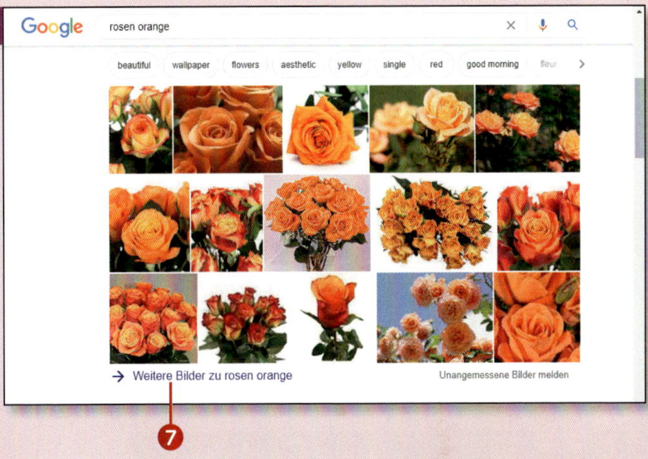

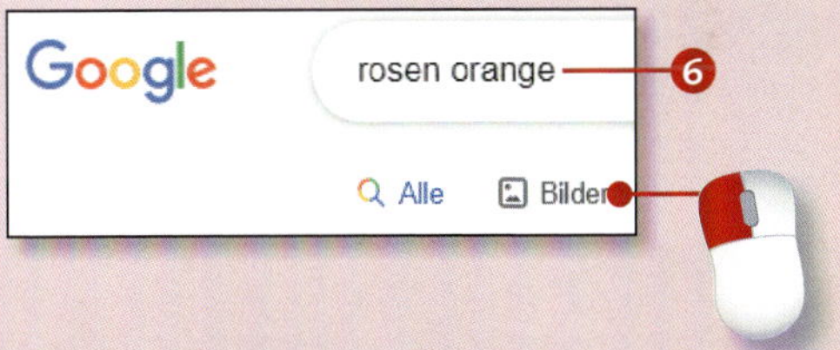

Schritt 12

Das Google-Logo kann sich übrigens ändern: Zu besonderen Anlässen wird es angepasst, z. B. an Feiertagen oder Geburtstagen berühmter Personen.

12

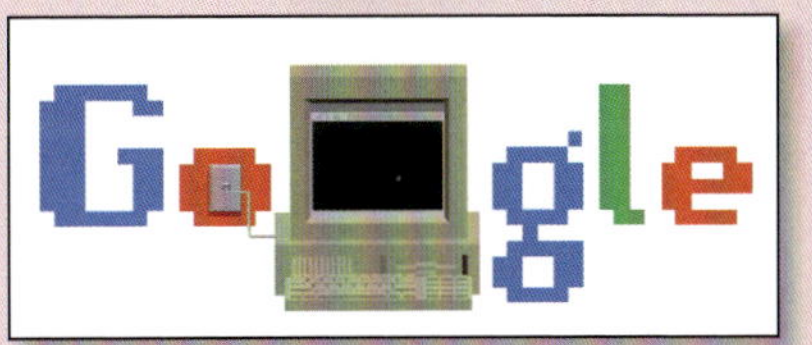

Nachrichten im Internet lesen oder anschauen

1

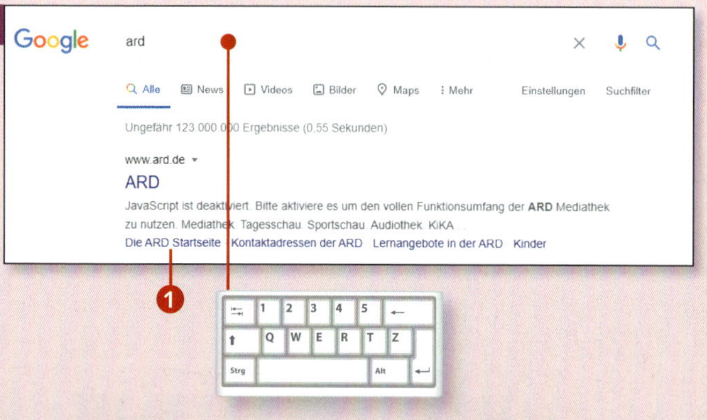

2

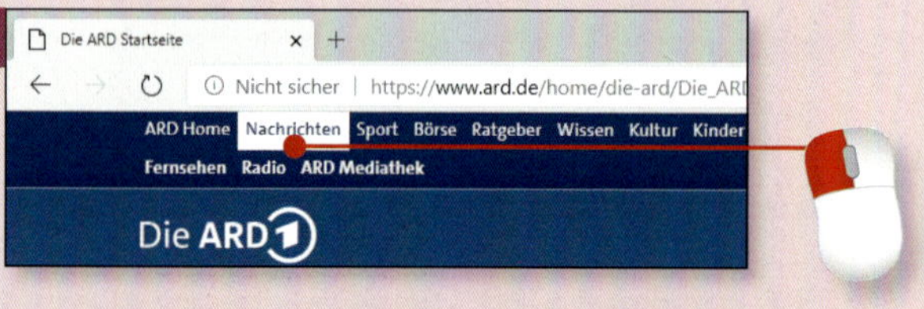

3

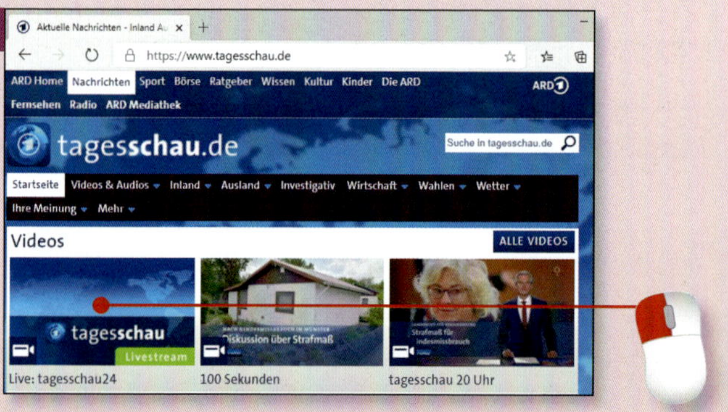

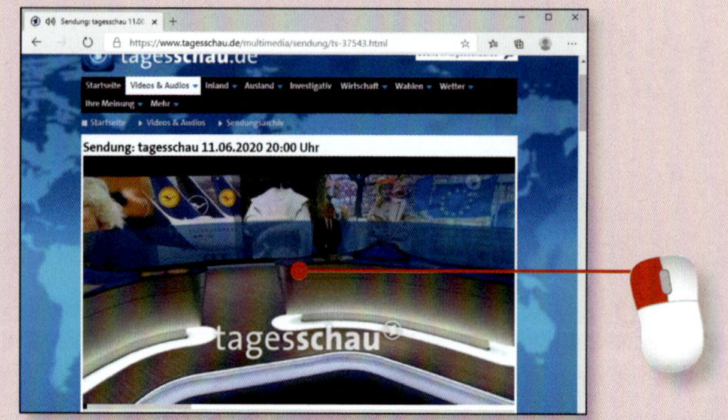

Das Internet bietet Unmengen an Informationen, darunter natürlich auch von Nachrichtenseiten und Nachrichtensendungen.

Schritt 1

Nachrichten, z. B. von *FAZ.NET* oder *ARD.de*, rufen Sie über das Internet auf. Starten Sie Edge mit einem Klick auf das Symbol in der Taskleiste. Geben Sie als Suchbegriff z. B. »ard« ein, und drücken Sie [↵] – Sie können natürlich auch die Lokalzeitung, Illustrierte, Magazine usw. suchen.

Schritt 2

Klicken Sie auf **Die ARD Startseite** ❶. Die ARD-Hauptseite wird geöffnet. Möchten Sie die Nachrichten sehen, klicken Sie oben in der Menüleiste auf **Nachrichten**.

Schritt 3

Hier können Sie eine Nachrichtensendung anklicken; sie wird sofort abgespielt. Sie können das Video anhalten, indem Sie einfach auf das Videobild klicken.

Schritt 4

Zum Fortsetzen des Videos klicken Sie wieder auf das Videobild. Je nach Internetverbindung laufen Videos ohne oder mit Ruckeln und kleinen Aussetzern. Zur Übersichtsseite der Nachrichten kommen Sie zurück, wenn Sie oben links auf den Pfeil nach links klicken.

4

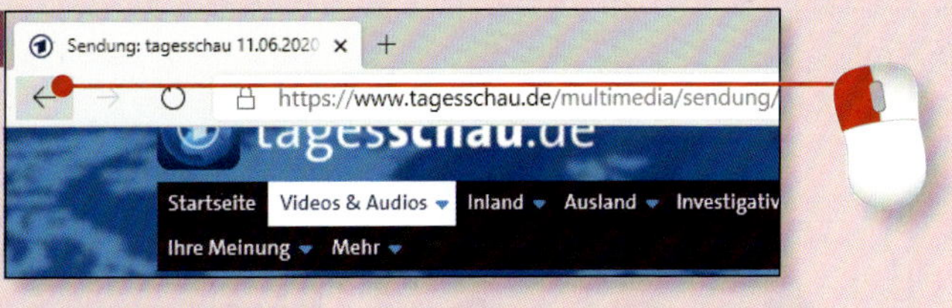

Schritt 5

Weiter unten auf der Nachrichtenseite finden Sie auch Artikel zu aktuellen Themen. Bei allen Artikeln steht **mehr** ②. Klicken Sie darauf, dann wird der ausführliche Text geöffnet.

5

Schritt 6

Eine Zeitung rufen Sie ähnlich wie die ARD auf. Im Beispiel geben Sie »sz.de« in das Such- und Adressfeld ein und drücken [↵]. Die Startseite der Zeitung wird geöffnet. Scrollen Sie nach unten, um weitere aktuelle Artikel zu lesen, oder klicken Sie eine Kategorie in der Menüleiste an.

6

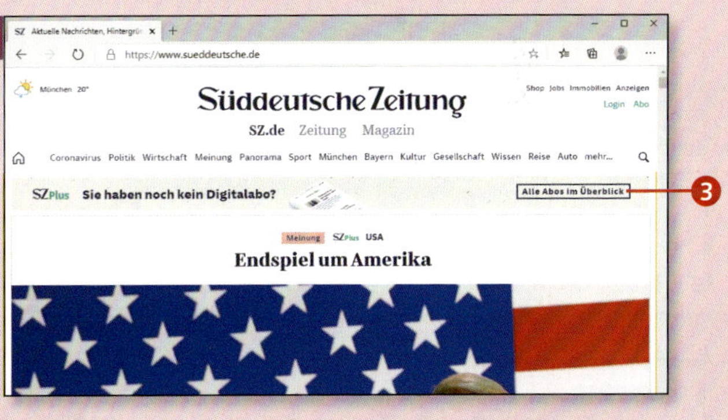

Alles kostenlos?

Die meisten Tageszeitungen bieten einen Teil ihrer Artikel kostenlos im Internet an. Wer aber die ganze Zeitung online lesen möchte, muss ein kostenpflichtiges Abonnement abschließen ③, denn Journalisten müssen auch von etwas leben.

Lesezeichen setzen

Mit Edge und Firefox können Sie Lesezeichen (Favoriten) setzen. Sie sparen sich so die erneute Google-Suche bei Seiten, die Sie oft besuchen.

Schritt 1

Öffnen Sie *Edge*, und rufen Sie die Internetseite auf, die Sie häufiger nutzen möchten. Im Beispiel wird Wikipedia, das große Online-Lexikon, aufgerufen.

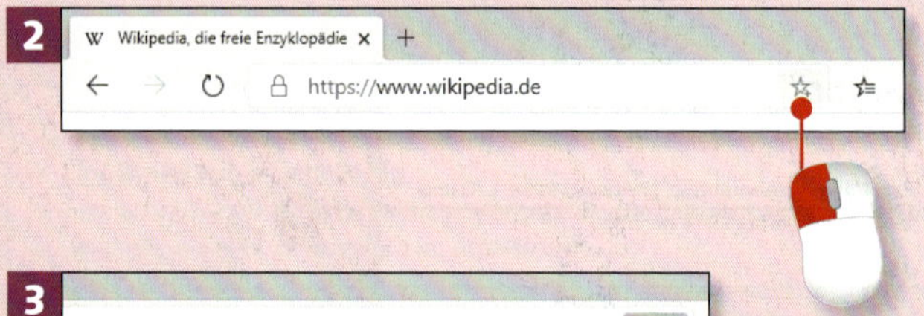

Schritt 2

Klicken Sie auf den kleinen Stern mit dem winzigen Pluszeichen rechts in der Such- und Adressleiste. Diese Stern-Schaltfläche heißt **Zu Favoriten oder Leseliste hinzufügen**.

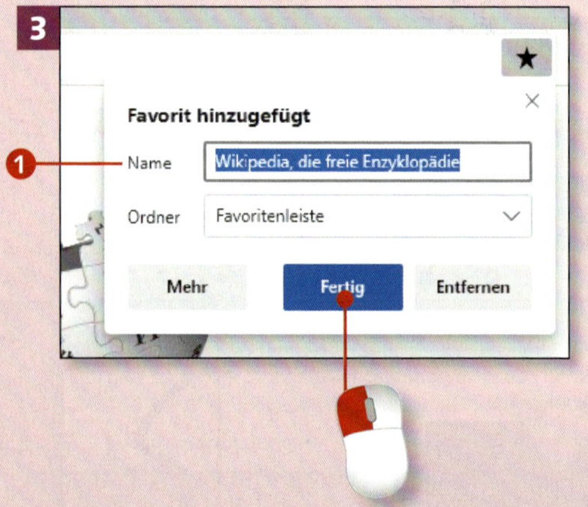

Schritt 3

Im nächsten kleinen Fenster sehen Sie den Namen 1, unter dem diese Seite gespeichert wird. Die **Favoritenleiste** wird von Edge schon vorgeschlagen. Klicken Sie auf **Fertig**.

Lesezeichen in Firefox setzen

Öffnen Sie Firefox, und rufen Sie die gewünschte Internetseite auf. Klicken Sie rechts in der Such- und Adressleiste auf den Stern. Dann klicken Sie neben **Weitere Lesezeichen** auf den äußeren Pfeil rechts, in der Liste auf **Lesezeichen-Symbolleiste** und unten auf **Fertig**. Auch hier stehen Ihnen die Lesezeichen jederzeit zur Verfügung.

Schritt 4

Jetzt blenden Sie noch die Favoritenleiste ein, damit Sie die Favoriten jederzeit aufrufen können. Klicken Sie dazu rechts oben auf die drei Punkte und dann auf **Einstellungen**.

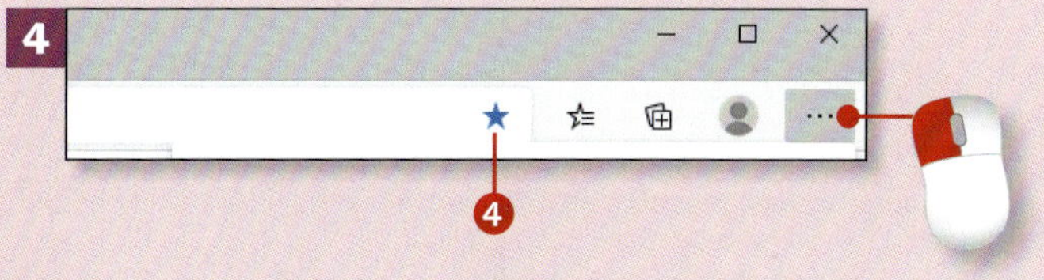

Schritt 5

Klicken Sie in der Liste links auf **Darstellung**. Im rechten Fensterteil klicken Sie neben **Favoritenleiste anzeigen** auf die Schaltfläche ❷ und in der Liste auf **Immer**.

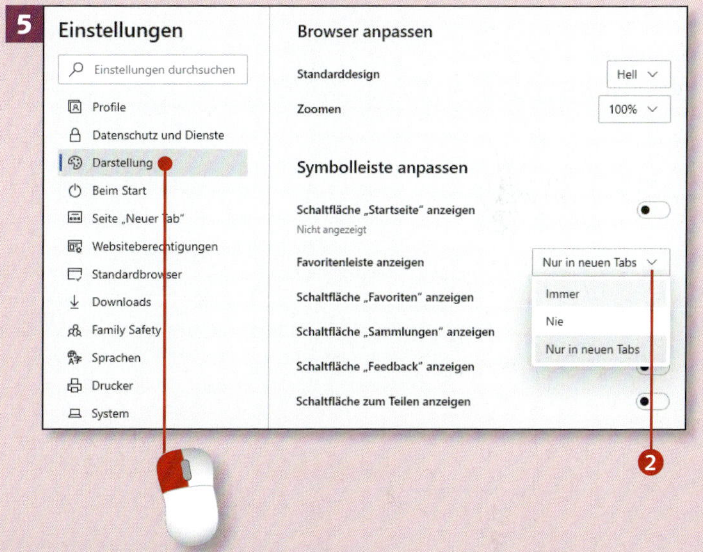

Schritt 6

Schließen Sie die Edge-Einstellungen mit einem Klick auf das **×** am Tab. Unter der Such- und Adresszeile sehen Sie jetzt die Favoritenleiste und die gerade hinzugefügte Internetadresse ❸. Egal, wo im Internet Sie künftig sind, per Klick auf einen Favoriten in der Leiste wird die Seite sofort geöffnet. Der blaue Stern (❹ in Schritt 4) zeigt an, dass die Seite als Favorit gespeichert ist.

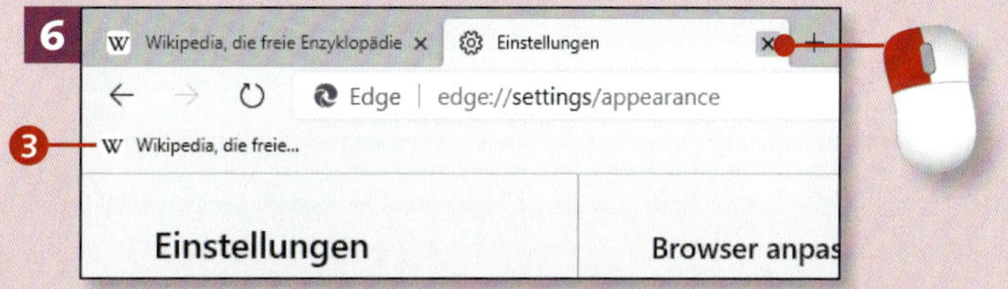

Wie finde ich Lesezeichen?
Haben Sie ein Lesezeichen nicht auf der Favoritenleiste, sondern unter **Favoriten** gespeichert, rufen Sie es so auf: Klicken Sie ganz rechts in der Favoritenleiste auf **Weitere Favoriten**. Ein Klick auf den gewünschten Favoriten in der Liste öffnet die dazugehörende Internetseite.

Programme aus dem Internet herunterladen

Ihr Computer hat zwar schon einige Programme an Bord, aber viele nützliche Programme können Sie auch aus dem Internet herunterladen.

1

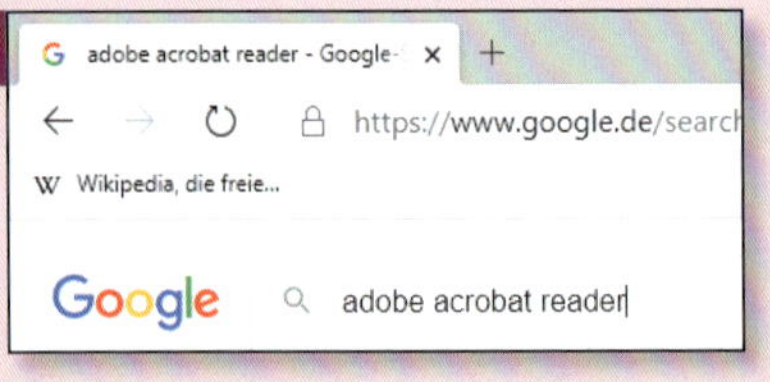

Schritt 1

Ein nützliches Programm ist *Adobe Acrobat Reader*, mit dem Sie PDF-Dateien öffnen können. Erhalten Sie z. B. Ihre Telefonrechnung per E-Mail oder ein Online-Ticket, sind sie im PDF-Format. Geben Sie in Microsoft Edge als Suchbegriff »Adobe Acrobat Reader« ein.

2

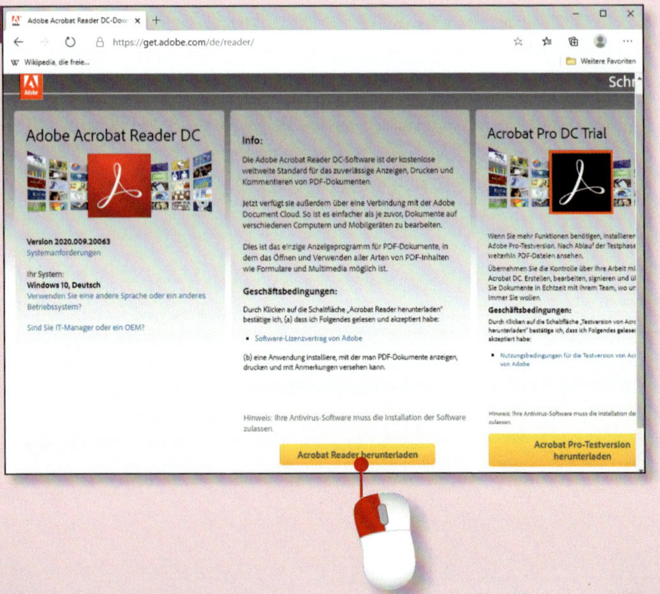

Schritt 2

Klicken Sie *nur* auf das Suchergebnis mit der offiziellen Adresse *get.adobe.com/de/reader*. Wenn sich die Seite öffnet, akzeptieren Sie die Cookies. Klicken Sie dann unten auf **Acrobat Reader herunterladen**.

3

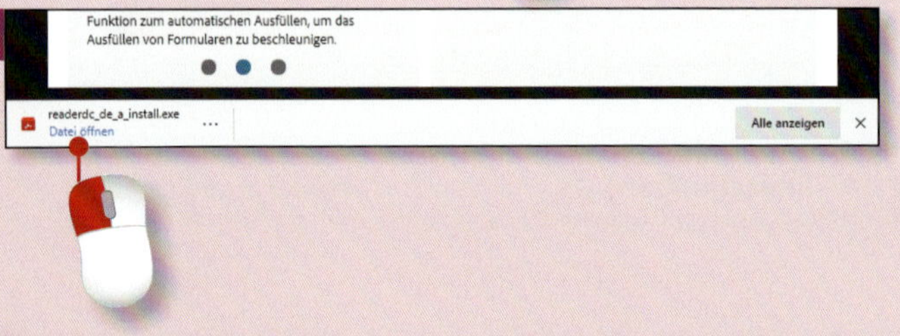

Schritt 3

Links unten in Edge klicken Sie auf **Datei öffnen**. Die Sicherheitsabfrage »Möchten Sie zulassen, dass durch diese App Änderungen an Ihrem Gerät vorgenommen werden?« beantworten Sie mit **Ja**.

Was ist ein PDF?
In einem PDF (engl. Abkürzung für *Portable Document Format*, wörtlich übersetzt »tragbares Dokumentformat«) können Tabellen, Texte, Formulare, Bilder usw. weitergegeben und vom Empfänger z. B. mit dem Adobe Reader betrachtet werden, ohne dass ein weiteres Programm zum Öffnen nötig ist.

Schritt 4

Edge informiert Sie über den Download-Fortschritt und über die Installation. Klicken Sie auf **Beenden**, wenn die Installation abgeschlossen ist.

Schritt 5

Der Acrobat Reader wird gestartet. Bestätigen Sie beim ersten Start, dass er Ihre standardmäßige PDF-Anwendung ist. Klicken Sie dazu auf **Ja** 1 und dann auf **Adobe Acrobat Reader DC**. Bestätigen Sie mit OK 2.

Schritt 6

Ab sofort können Sie alle PDF-Dokumente bequem öffnen und ansehen. Im Beispiel kam ein Kino-Gutschein per E-Mail an (siehe den Abschnitt »E-Mail-Anlagen öffnen und speichern« auf Seite 136). Klicken Sie doppelt darauf; Windows öffnet automatisch den Adobe Reader.

Firefox herunterladen

Installieren Sie als zweiten Internetbrowser Mozilla Firefox. Dazu geben Sie in Microsoft Edge in die Adressleiste »www.mozilla.org/de/firefox/new« ein. Klicken Sie auf **Jetzt herunterladen** und ggf. noch auf **Laden Sie einfach den Browser herunter**. Klicken Sie auf Datei öffnen, und bestätigen Sie die Installation.

4

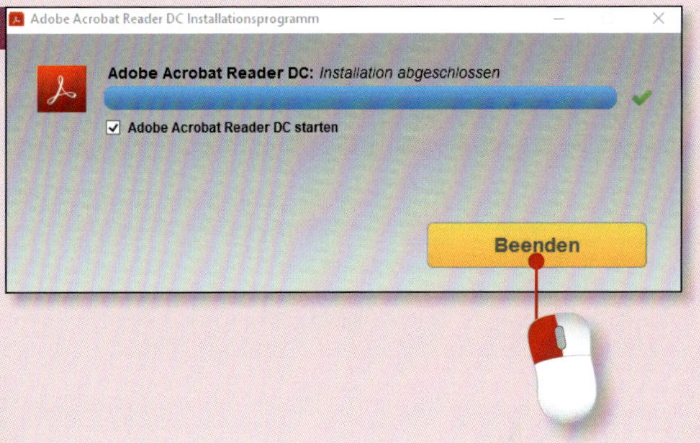

5

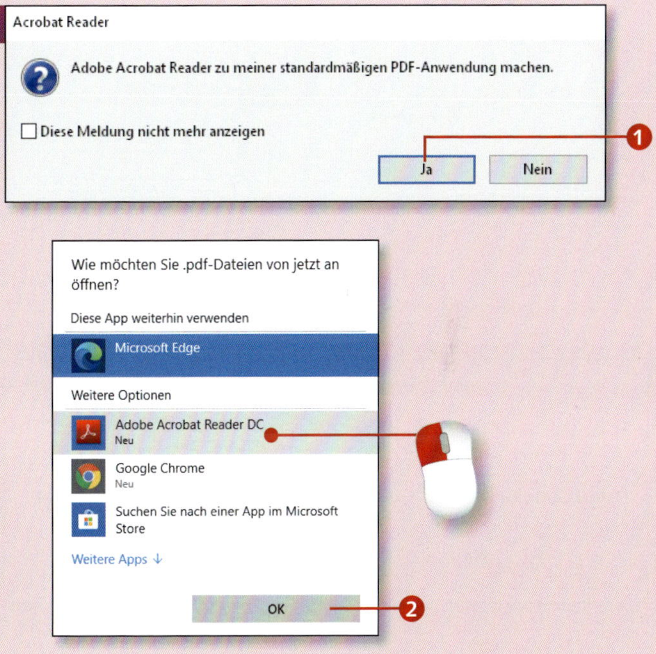

6

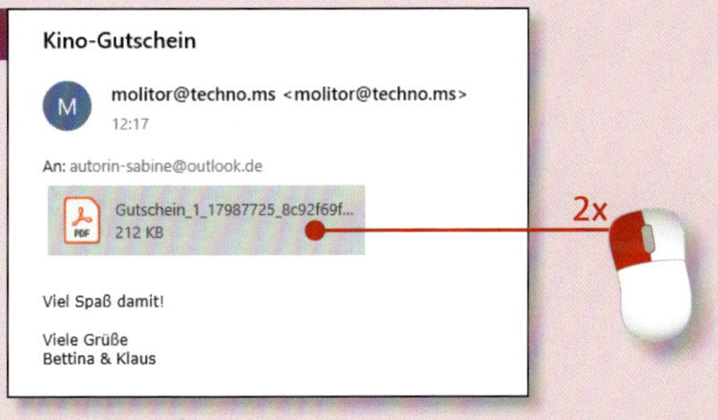

Den Adobe Acrobat Reader effektiv nutzen

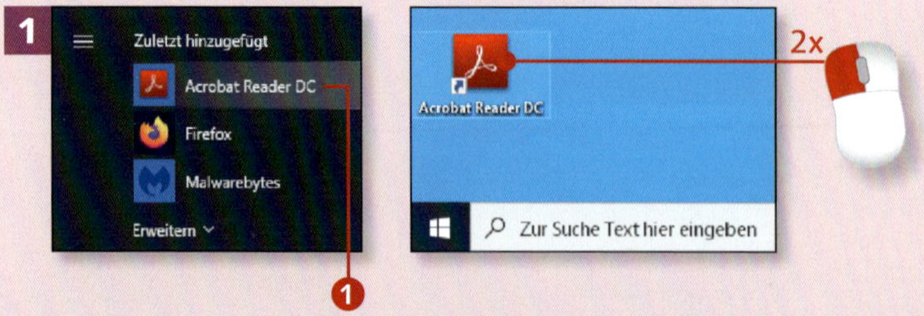

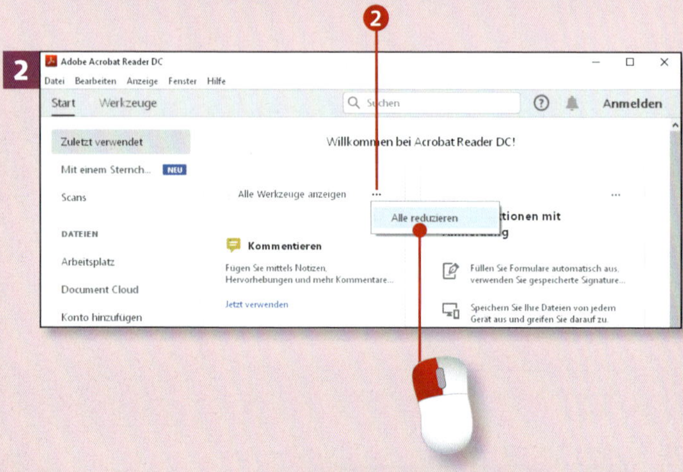

Mit dem Reader (»Leser«) können Sie sich Dokumente anzeigen lassen, aber auch speichern, drucken und weitergeben.

Schritt 1

Öffnen Sie *Adobe Acrobat Reader* über das Startmenü. Sie finden die App links oben unter **Zuletzt hinzugefügt** ❶. Auch ein Doppelklick auf das neue Symbol auf dem Desktop öffnet den Reader. Maximieren Sie das Fenster.

Schritt 2

Die erste Ansicht ist etwas unübersichtlich; außerdem legt Ihnen Adobe die Kaufversion des Acrobat Reader nahe, die Sie vermutlich gar nicht benötigen. Räumen Sie auf: Klicken Sie auf die drei Punkte ❷ und im aufklappenden Menü auf **Alle reduzieren**.

Schritt 3

Die Zeile mit dem Titel **Zuletzt verwendet** springt nach oben. Sie sehen in der Liste noch nicht viele Dokumente, schließlich ist das Programm ja neu installiert. Klicken Sie doppelt auf den Dokumentnamen **Willkommen**.

Schon wieder anmelden?

Auch im Acrobat Reader sehen Sie eine Schaltfläche mit der Aufforderung **Anmelden**. Ignorieren Sie sie; Sie können die App auch ohne Anmeldung nutzen.

Schritt 4

Der zuvor sichtbare Inhalt macht Platz für das Dokument, hier die Willkommensinformation von Adobe. Wie viele Seiten das Dokument hat, sehen Sie oben in der *Symbolleiste*: Es sind in diesem Fall 5 ❸. Angezeigt wird Seite 1 dieser 5 Seiten.

Schritt 5

Ist Ihnen die Ansicht zu klein, klicken Sie auf das Pluszeichen: Das Dokument wird vergrößert dargestellt. Mit dem Minuszeichen ❹ verkleinern Sie die Ansicht wieder. Das Programmfenster selbst bleibt dabei gleich groß.

Schritt 6

Machen Sie auch auf der rechten Seite Platz für Ihr Dokument: Klicken Sie auf den Pfeil in der senkrechten Leiste; der Bereich rechts wird ausgeblendet. Diesen Schritt merkt sich der Reader leider nicht; wiederholen Sie ihn daher bei jedem neuen Dokument, wenn Sie den zusätzlichen Platz nutzen möchten.

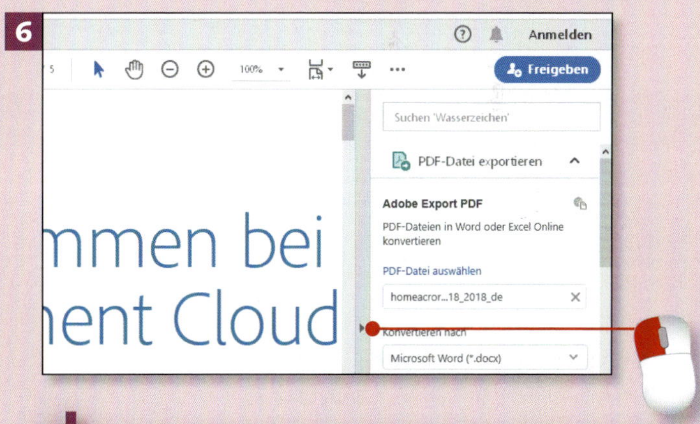

Zoomen geht auch mit der Maus

Um die Ansicht auf dem Bildschirm zu vergrößern, drücken Sie mit der einen Hand die `Strg`-Taste und mit der anderen drehen Sie das Mausrad von sich weg. So können Sie in kleinen Schritten zoomen, d. h. die Ansicht – und auch den Text – vergrößern oder verkleinern.

Den Adobe Acrobat Reader effektiv nutzen (Forts.)

7

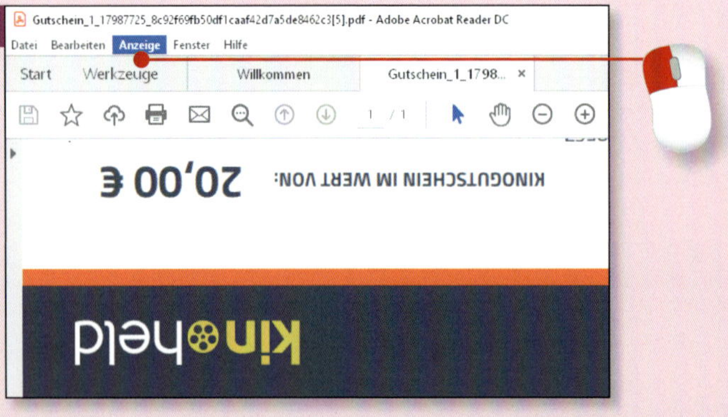

Schritt 7

Kehren wir zum Kinogutschein aus dem vorherigen Abschnitt zurück; er dient als Beispiel für ein weiteres geöffnetes PDF-Dokument – das auf dem Kopf steht. Sie müssen sich nun nicht den Kopf verrenken oder den Bildschirm drehen: Drehen Sie das Dokument. Klicken Sie dazu in der *Menüleiste* auf **Anzeige**.

8

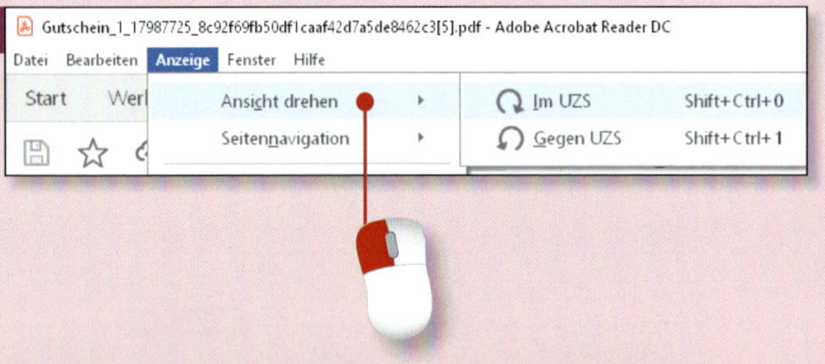

Schritt 8

Ein kleines Menü klappt auf. Hier klicken Sie auf **Ansicht drehen** und wählen dann eine der beiden Optionen (UZS steht für *Uhrzeigersinn*). Wiederholen Sie den Schritt ein weiteres Mal, denn sonst liegt das Dokument auf der Seite. Drehen Sie dabei in die gleiche Richtung wie eben.

9

Schritt 9

Das Dokument ist nun wieder richtig zu lesen. Dieser Gutschein hat zwar nur eine Seite, aber Sie sehen nur den oberen Teil. Um den Rest zu sehen oder bei längeren Dokumenten die weiteren Seiten, lassen Sie den Mauszeiger über dem Dokument schweben und scrollen nach unten (Mausrad zu sich hin drehen). Sie können auch weiter unten auf die Bildlaufleiste klicken ❺.

Schritt 10

Um wieder zum Anfang des Dokuments zu kommen, drehen Sie entweder das Mausrad von sich weg und scrollen so nach oben, oder Sie klicken in den oberen Bereich der Bildlaufleiste. Ein Klick entspricht ungefähr einer Drittel- bis zu einer halben Seite. Wenn Sie auf den kleinen Pfeil oben oder unten ❻ klicken, sehen Sie nur eine weitere Zeile des Dokuments.

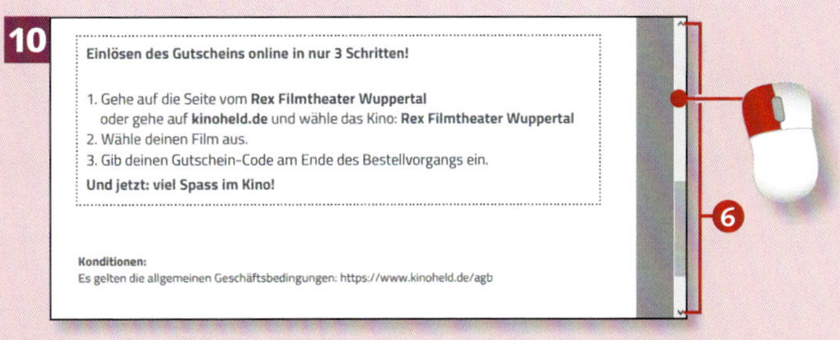

Schritt 11

Haben Sie einen Drucker angeschlossen (siehe den Abschnitt »Einen Drucker installieren« auf Seite 290), können Sie das Dokument auch ausdrucken. Klicken Sie dazu auf das Drucker-Symbol. Beim ersten Drucken wählen Sie oben links Ihren Drucker aus ❼. Starten Sie den Druck unten rechts mit **Drucken**.

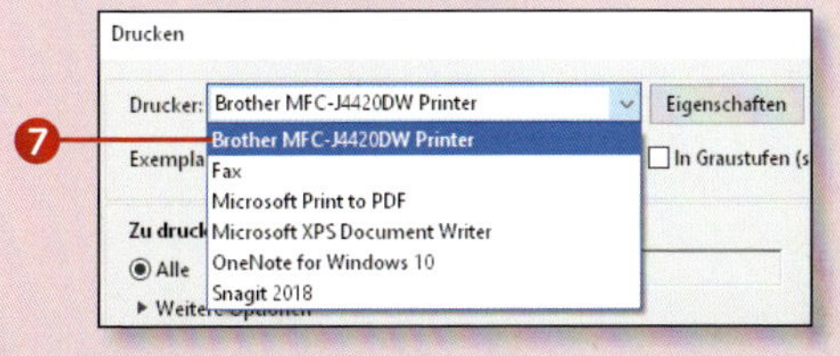

Schritt 12

Zum Schließen des Programms klicken Sie auf das Kreuz oben rechts. Sind mehrere Dokumente geöffnet, fragt der Reader nach, ob Sie alle auf einmal oder nur das im Vordergrund angezeigte schließen wollen. Im Beispiel soll alles geschlossen werden. Klicken Sie daher auf **Alle Registerkarten schließen** ❽.

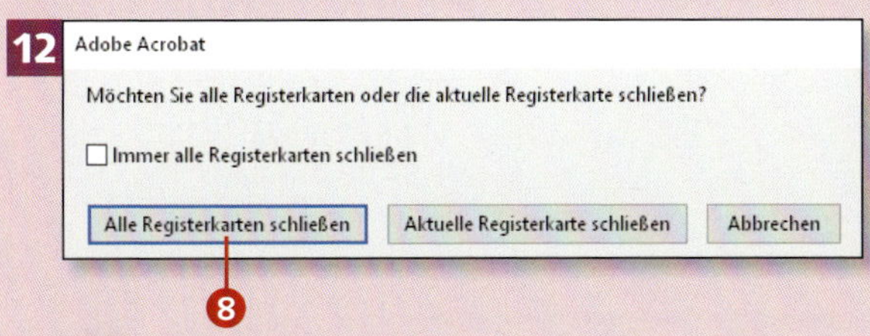

Ein Wort bzw. Ausdruck im Dokument suchen
Sie wollen wissen, ob bestimmte Wörter in Ihrem Dokument vorkommen? Kein Problem, lassen Sie den Reader suchen: Klicken Sie in der Symbolleiste auf die **Lupe**, und geben Sie in das kleine Fenster den Suchbegriff ein. Drücken Sie [↵]. Im Suchfenster steht die Anzahl der gefundenen Stellen. Klicken Sie auf **Weiter**, um zum nächsten Treffer zu gelangen.

Das Surfen noch komfortabler machen

1

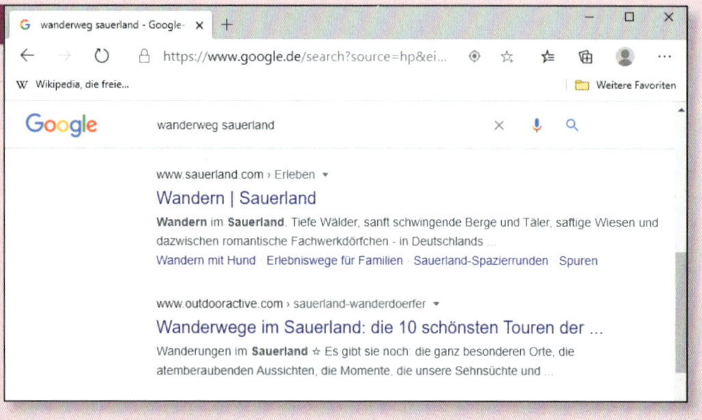

2

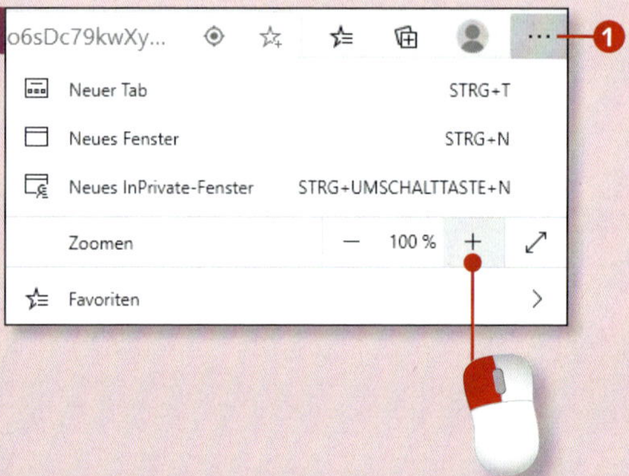

3

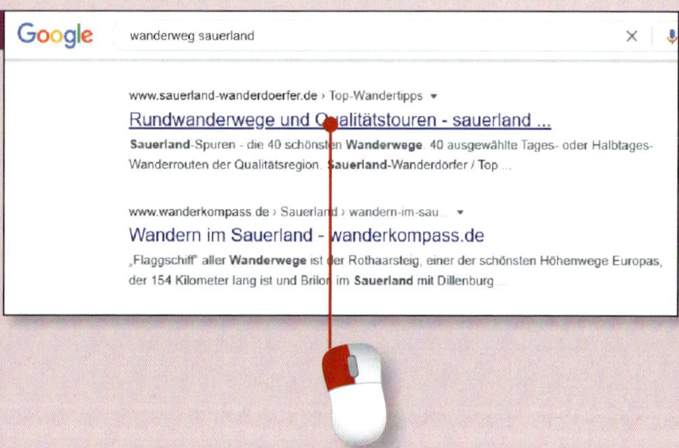

Das Internet ist voller Inhalte und nützlicher Informationen. Passen Sie die Schriftgröße so an, dass Sie alles gut lesen können, oder lassen Sie sich den Text vorlesen.

Schritt 1

Rufen Sie *Microsoft Edge* auf. Geben Sie einen Suchbegriff ein, z. B. das aktuelle Fernsehprogramm oder ein Rezept. Im Beispiel suchen wir einen Wanderweg im Sauerland. Drücken Sie [↵].

Schritt 2

Schauen Sie sich die Kurzbeschreibungen bei den Suchergebnissen an (siehe den Abschnitt »Richtig suchen im Internet« auf Seite 88). Ist Ihnen der Text zu klein? Das ist schnell geändert: Klicken Sie rechts oben auf die drei Punkte ❶; bei **Zoomen** klicken Sie einmal auf das Pluszeichen. Der Text wird jetzt deutlich größer dargestellt.

Schritt 3

Wählen Sie nun die Internetseite aus, die Sie öffnen möchten. Klicken Sie dazu auf den blauen Link. Edge öffnet die Seite. Der Text wird hier ebenfalls vergrößert angezeigt.

Schritt 4

Scrollen Sie nach unten. Egal, ob Rezept-, Wanderrouten- oder Fotoseite: Von dieser Startseite aus klicken Sie weiter und blättern in der *Website*. Klicken Sie auf ein Unterthema. Was anklickbar ist, erkennen Sie an der Hand, die beim Darüberfahren mit der Maus erscheint. Auch der Text **Mehr** oder **Weiterlesen** ❷ führt zu mehr Informationen.

Schritt 5

Je nach Gestaltung (Design) der Internetseite müssen Sie jetzt wieder nach unten scrollen. Sehr bequem geht das mit dem Mausrad: Achten Sie darauf, dass der Mauszeiger über dem Teil der Seite liegt, den Sie herunterscrollen möchten. Drehen Sie dann das Mausrad zu sich hin – Sie sehen jetzt die Inhalte weiter unten. Auf einem Touchpad schieben Sie zwei Finger parallel von unten nach oben.

Schritt 6

Um wieder nach oben zu kommen, gibt es oft einen Button (entweder als Pfeil oder mit **nach oben** bezeichnet). Sie können natürlich auch mit der Maus scrollen; jetzt drehen Sie das Mausrad von sich weg.

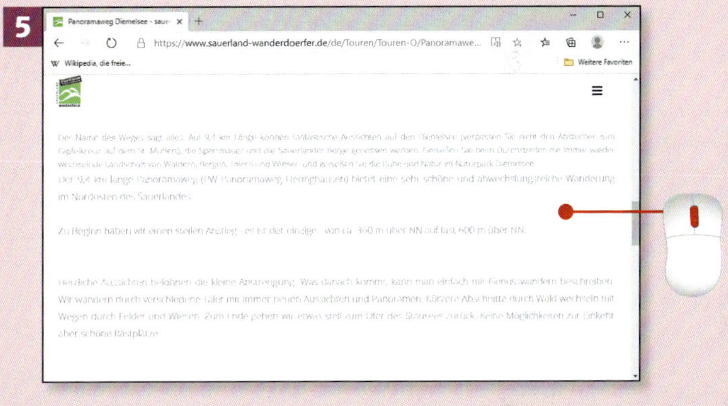

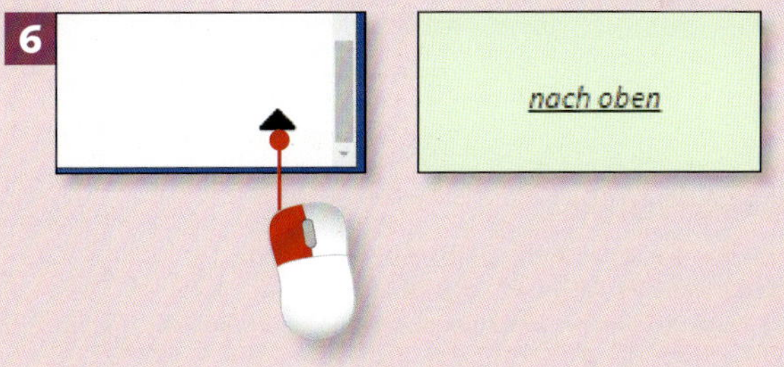

Ich scrolle, aber es tut sich nichts!
Eventuell ist der Mauszeiger nicht richtig platziert. Führen Sie also den Mauszeiger über den Teil der Internetseite, auf dem Sie nach unten oder oben scrollen wollen. Achten Sie außerdem beim Scrollen auf die richtige Richtung: Wenn Sie schon ganz unten sind, nützt das Scrollen nach unten nichts.

Das Surfen noch komfortabler machen (Forts.)

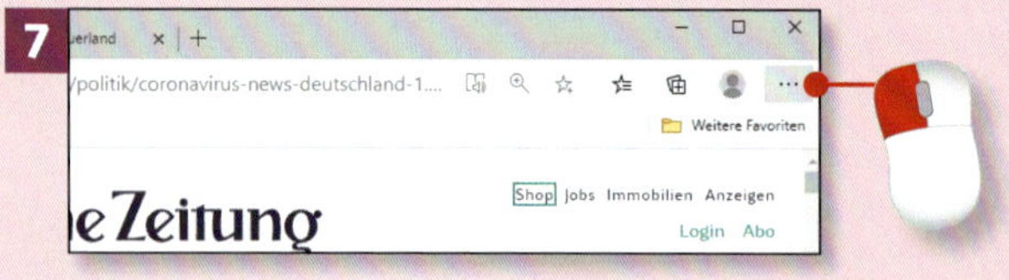

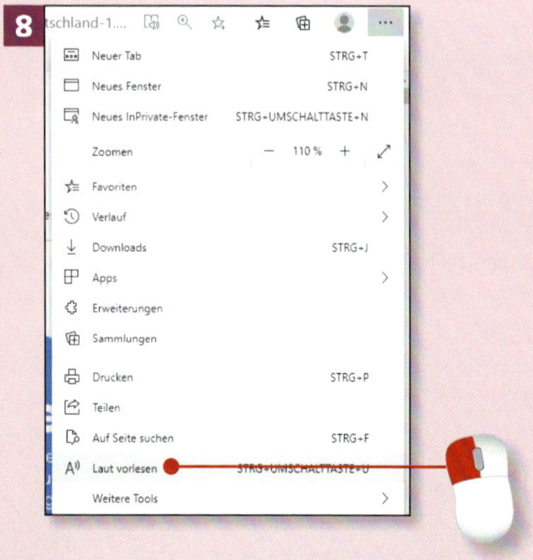

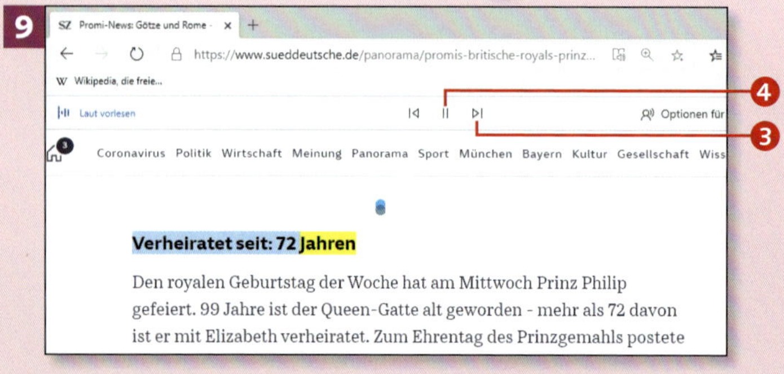

Schritt 7

Ist es Ihnen zu mühsam, eine größere Menge Text auf dem Bildschirm zu lesen? Dann lassen Sie sich den Text vorlesen. Rufen Sie die gewünschte Internetseite auf. Im Beispiel gehen wir zu einer Zeitungsseite. Klicken Sie oben rechts auf die drei Punkte, die Sie zu den Einstellungen führen.

Schritt 8

In der Liste der Einstellungen wählen Sie weiter unten **Laut vorlesen**. Eine neue Leiste erscheint, und gleichzeitig beginnt die Vorlesestimme, den Inhalt der Seite zu Gehör zu bringen. Soll der Text ab einer bestimmten Stelle vorgelesen werden, klicken Sie doppelt auf das erste Wort dieses Textes.

Schritt 9

Springen Sie zum nächsten Absatz mit der Vorspulen-Schaltfläche ❸. Die Wiedergabe pausieren Sie mit einem Klick auf die Start/Pause-Schaltfläche ❹. Solange es etwas zu lesen gibt, liest Windows es auch vor. Sie können das gerade Vorgelesene auch lesend verfolgen: Was Sie hören, wird gelb hervorgehoben.

Ich höre nichts!

Wenn Sie nichts hören, ist Ihr Lautsprecher ausgeschaltet oder zu leise. Erhöhen Sie die Lautstärke mit den Funktionstasten an Ihrer Tastatur, bzw. prüfen Sie, ob unten rechts in der Taskleiste ein × auf dem Lautsprechersymbol sitzt. Klicken Sie es an und in dem kleinen Fenster wieder auf das Lautsprechersymbol.

Schritt 10

Ist Ihnen das Tempo zu langsam oder zu schnell, klicken Sie in der Vorlesen-Leiste auf **Optionen für „Laut vorlesen"** 5. »Greifen« Sie den Punkt auf der Tempo-Leiste mit der linken Maustaste, und schieben Sie ihn vorsichtig bei gedrückter Maustaste nach links (langsamer) oder rechts (schneller).

Schritt 11

Auch die Vorlesestimme können Sie ändern: Klicken Sie in den **Optionen für „Laut vorlesen"** auf das Feld unter **Stimme auswählen**. Drei weitere deutsche Stimmen stehen zur Auswahl. Klicken Sie auf die gewünschte. Sind Sie mit den Änderungen zufrieden, klicken Sie wieder auf **Optionen für „Laut vorlesen"**.

Schritt 12

Auch auf vielen Seiten in *Firefox* können Sie sich Text vorlesen lassen. Rufen Sie die gewünschte Seite auf, und achten Sie auf die Such- und Adressleiste. Sie muss am Ende ein **Blatt-Symbol** haben. Klicken Sie darauf; links wird untereinander eine Reihe von Symbolen eingeblendet. Klicken Sie auf die senkrechten Striche 6 und dann auf die **Start-/Pause-Schaltfläche**.

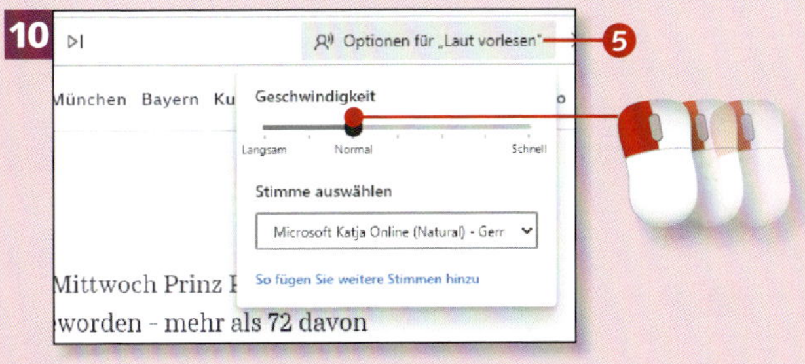

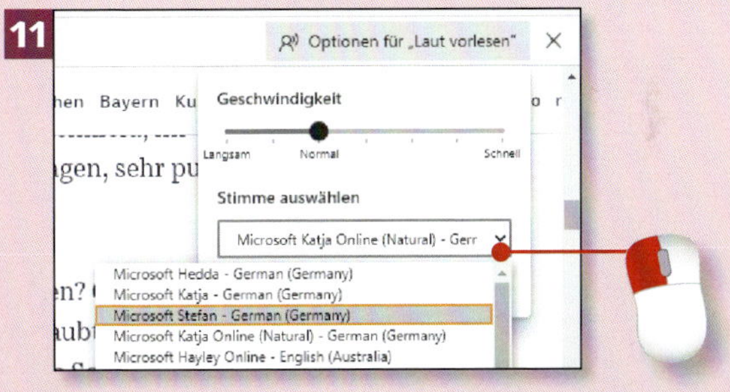

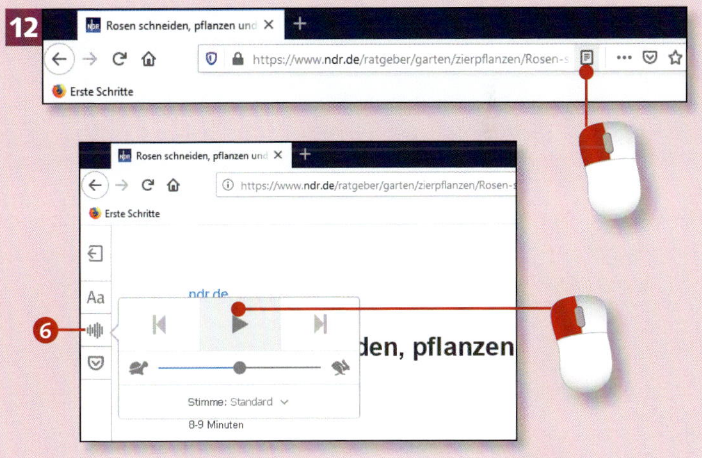

Etwas umständlich ...

So praktisch das Vorlesen ist, der Komfort geht nicht sehr weit: Sobald Sie eine weitere Internetseite öffnen, müssen Sie dort die Vorlesen-Leiste neu aufrufen.Die erste »Vorlesung« wird automatisch angehalten.

Im Internet einkaufen

1

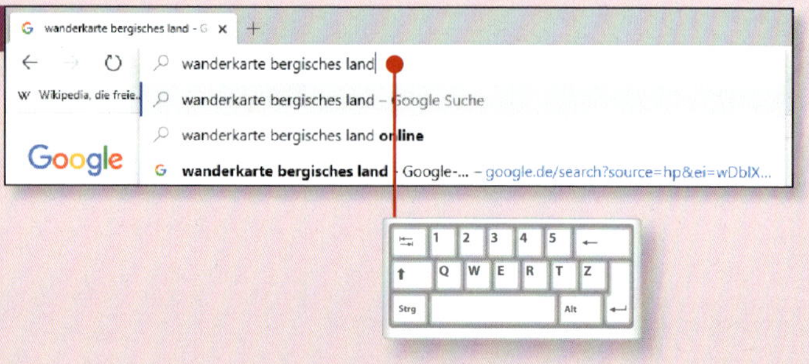

2

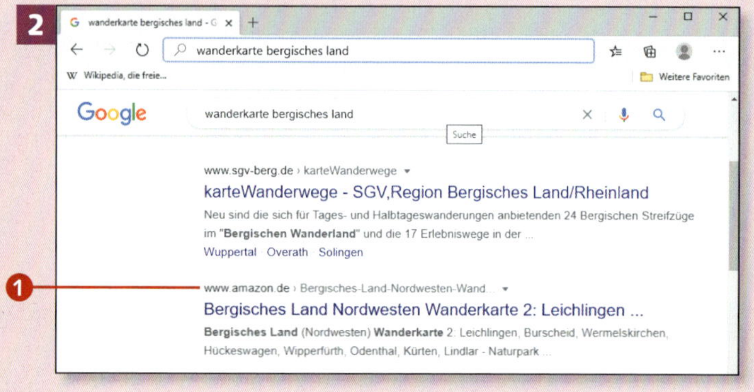

3

Das Internet wimmelt nur so von Seiten, auf denen Sie etwas kaufen können. Bei allen Einkäufen sind ein paar Grundregeln zu beachten.

Schritt 1

Rufen Sie *Microsoft Edge* auf, und suchen Sie nach dem gewünschten Produkt. Sie können die genaue Bezeichnung eingeben oder eine Beschreibung. Drücken Sie [↵].

Schritt 2

Bei vielen Artikeln wird Ihnen als eine der ersten Quellen der große Online-Händler *Amazon* angezeigt. Das erkennen Sie oft nur an der grau geschriebenen Adresse **1** (siehe auch den Abschnitt »Richtig suchen im Internet« auf Seite 88). Achten Sie auch auf die anderen Ergebnisse.

Schritt 3

Klicken Sie auf ein Ergebnis. Akzeptieren Sie die *Cookies*. Bevor Sie Produkte in den virtuellen Einkaufswagen oder Warenkorb legen, schauen Sie nach den Siegeln: Hat der *Online-Shop* (Internetladen) das *Trusted Shops*-Siegel **2**, vertrauen ihm also viele Käufer? Gibt es andere Siegel? Meist sind sie oben oder unten rechts zu finden.

Preisvergleich im Internet, Einkauf vor Ort

Wenn Sie lieber bei Ihrem Händler vor Ort oder in der nächstgrößeren Stadt einkaufen, können Sie das Internet nutzen, um sich über Preise und Produktdetails zu informieren und schon einmal eine Vorauswahl zu treffen. Bei Büchern können Sie sich z. B. die ISBN herausschreiben. Einige Händler bieten auch eine Filialabholung an.

Schritt 4

Schauen Sie außerdem nach den Zahlungsmöglichkeiten. Akzeptiert der Shop das Zahlen auf Rechnung, erhalten Sie also erst die Ware und begleichen dann den offenen Betrag? Oder müssen Sie vorab mit Kreditkarte zahlen, was unsicherer ist? Auch das sollte direkt auf der ersten Seite stehen (meist unten) oder unter **Zahlungsarten**.

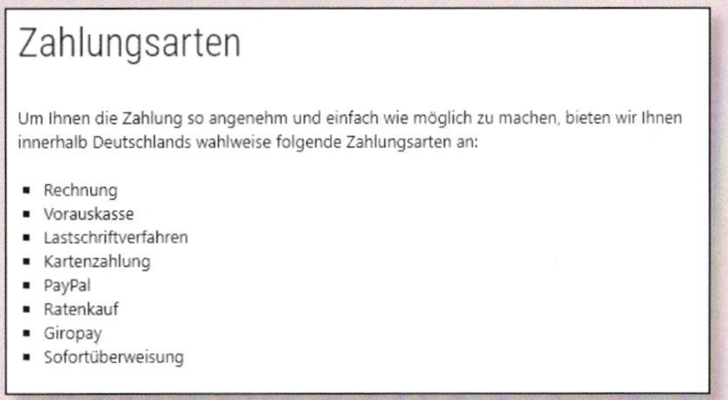

Schritt 5

Wenn Ihnen ein Artikel zusagt, achten Sie auf zwei weitere Punkte: Gibt es Kundenbewertungen? Und kennen Sie die **Versandkosten**? Manche Anbieter haben scheinbar günstige Produkte, verlangen dann aber hohe Versandkosten. Klicken Sie auf **In den Einkaufswagen** bzw. **In den Warenkorb** ❸, wenn Sie den Artikel kaufen möchten.

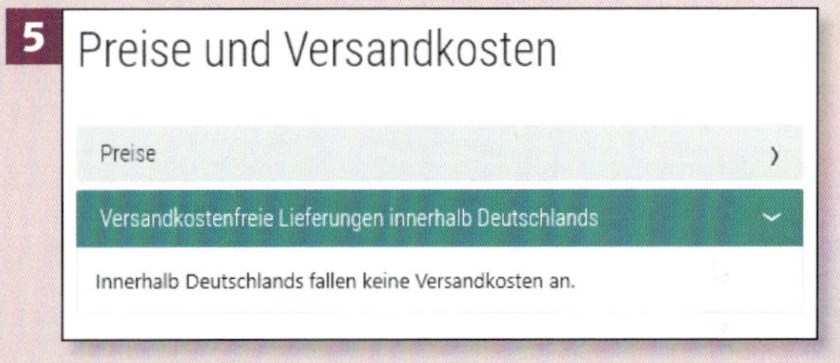

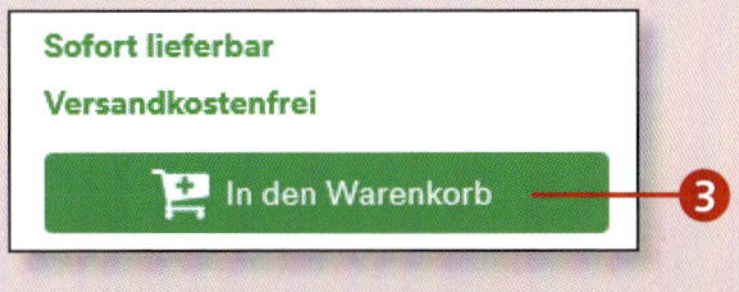

Schritt 6

Sie können weiter einkaufen. Klicken Sie schließlich oben auf **Warenkorb** und dann auf **Zur Kasse gehen** ❹ oder direkt auf **Kasse**. Bei vielen Anbietern können Sie als Gast bestellen ❺, d.h. ohne Registrierung. Aber eine E-Mail-Adresse und die Lieferadresse müssen Sie angeben. Bestätigen Sie Ihren Kauf.

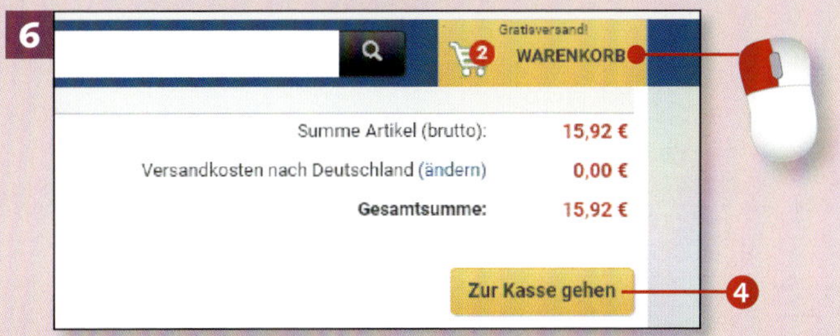

Mit Skype übers Internet telefonieren

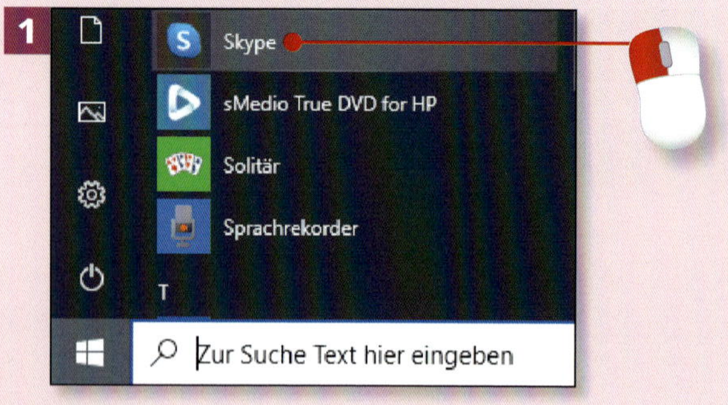

Ihr Notebook hat eine Kamera, ein Mikrofon und eine Internetverbindung – somit ist alles vorhanden, um per Skype ein Videogespräch mit Freunden oder den Kindern zu führen.

Schritt 1

Öffnen Sie das Startmenü, und scrollen Sie bis zum Buchstaben **S**. Dort finden Sie die vorinstallierte App **Skype**. Klicken Sie auf den Namen.

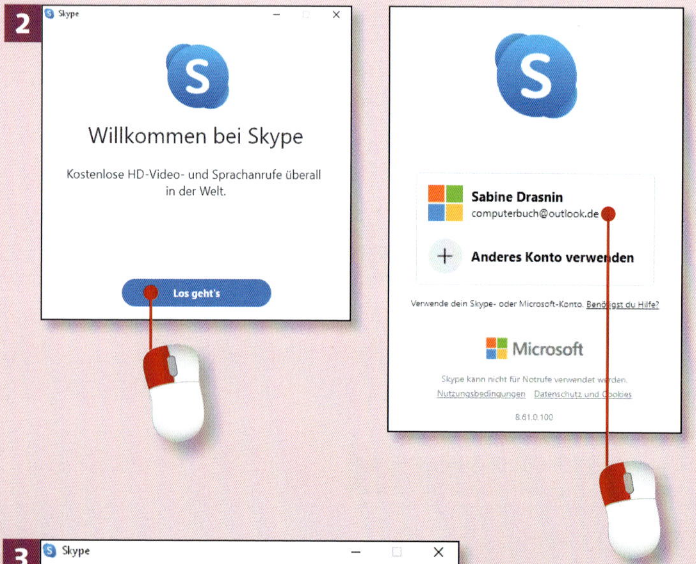

Schritt 2

Klicken Sie im Begrüßungsfenster auf **Los geht's** und im nächsten Fenster auf Ihr Microsoft-Konto, also auf die angegebene E-Mail-Adresse.

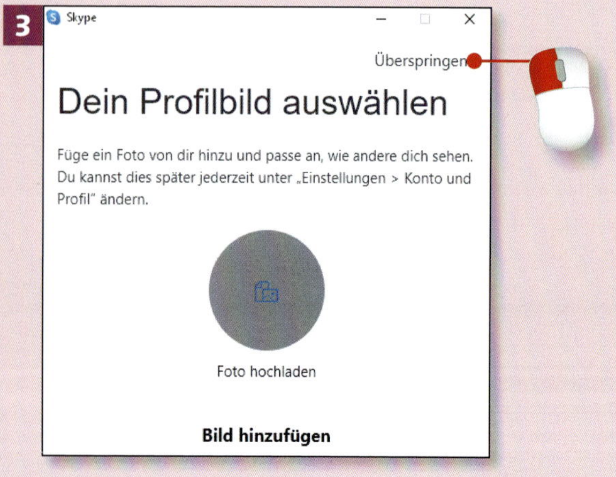

Schritt 3

Skype bietet Ihnen nun an, ein kleines Bild von sich auszuwählen, das künftig neben Ihrem Namen steht. Dieses Profilbild sehen später Ihre Kontakte. Diesen Schritt können Sie auch später nachholen; klicken Sie jetzt auf **Überspringen**.

Schritt 4

Nun können Sie testen, ob Ihre Lautsprecher und das Mikrofon funktionieren. Klicken Sie auf **Kostenlosen Testanruf tätigen**. Eine Frauenstimme erklärt Ihnen, wie es geht. Sind der Klang und Ihre Stimme, die Sie hören, zu laut, ziehen Sie den Regler an der Lautstärkeleiste ❶ mit gedrückter Maustaste nach links. Passt alles, klicken Sie auf **Weiter**.

4

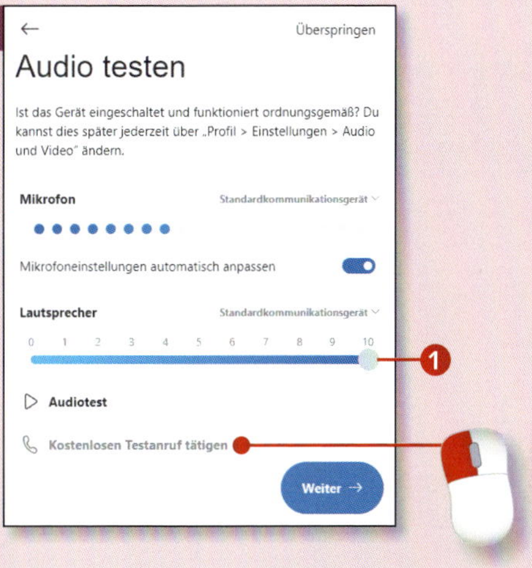

Schritt 5

Erschrecken Sie jetzt nicht: Sie sehen sich nun selbst. Voraussetzung ist, dass die Kamera eingeschaltet und nicht verdeckt oder zugeklebt ist. Die Kamera sitzt mittig oben über dem Bildschirm. Aber der Hintergrund muss nun wirklich nicht zu sehen sein? Dann wählen Sie ein Foto aus. Klicken Sie auf das **+**, um ein Hintergrundbild hinzuzufügen.

5

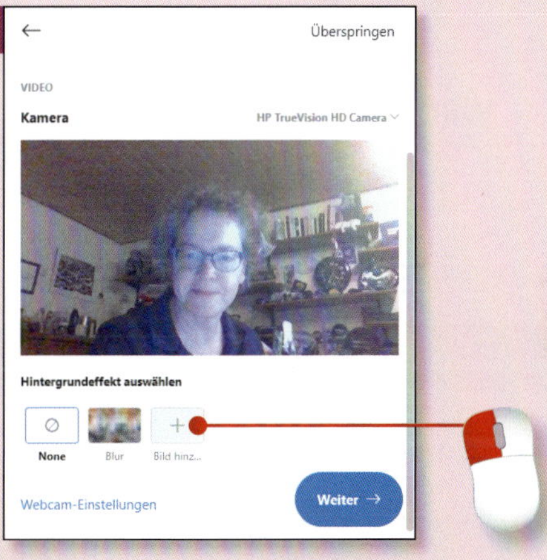

Schritt 6

Der Ordner mit Ihren Bildern wird geöffnet. Klicken Sie ein Foto an und dann unten rechts auf **Öffnen**. Skype platziert Sie nun vor diesem Hintergrund und lässt die »Luft« um Ihren Kopf etwas flattern. Klicken Sie auf **Weiter**.

6

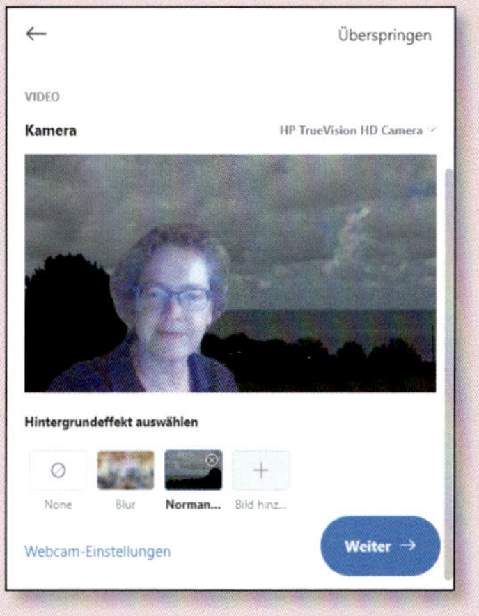

Mit Skype übers Internet telefonieren (Forts.)

7

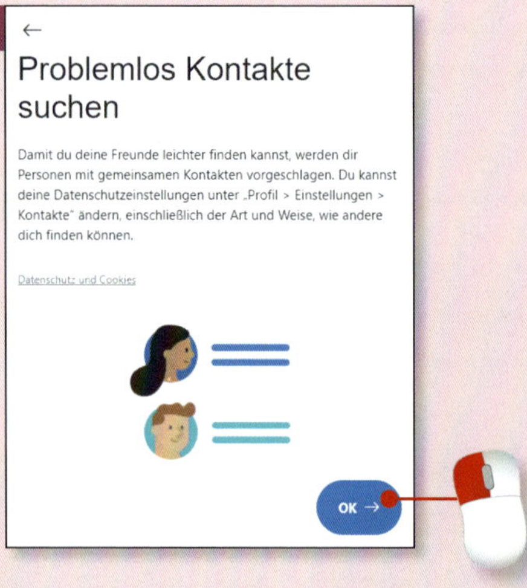

Schritt 7

Im nächsten Fenster klicken Sie auf **OK**; mehr ist hier momentan nicht zu tun. Die Datenschutz-Einstellungen und die Regelung, wer Sie wie kontaktieren darf, nehmen Sie gleich noch vor.

8

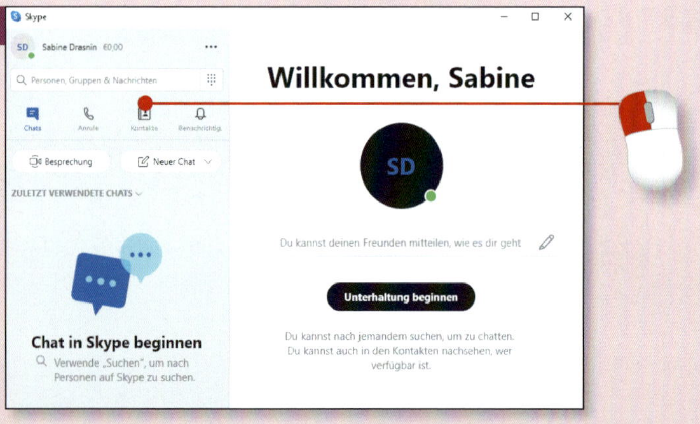

Schritt 8

Skype wird geöffnet. Links sehen Sie den Navigationsbereich und rechts den Bereich für Ihre Unterhaltungen. Klicken Sie auf **Kontakte** – ohne können Sie sich schließlich mit niemandem per Skype unterhalten.

9

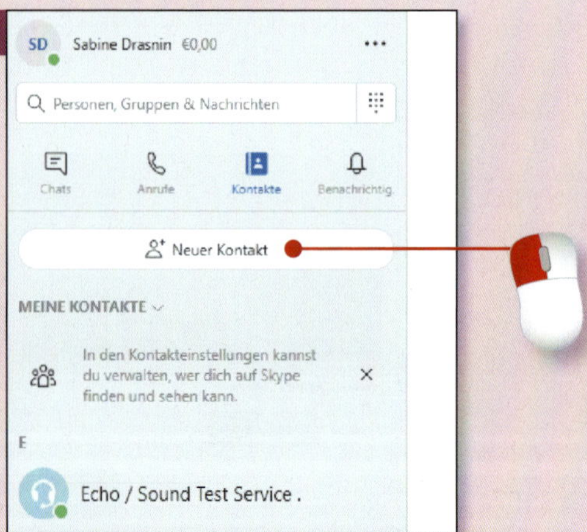

Schritt 9

Skype zeigt Ihre Kontakte in der Liste links unter **Meine Kontakte** an. Hier steht bisher nur der Klangtest **Echo / Sound Test Service**. Diesen Service können Sie jederzeit kostenlos anrufen, um Mikrofon und Lautsprecher zu testen. Klicken Sie auf **Neuer Kontakt**.

Ich höre nichts!

Wenn Sie beim Sound-Test (siehe Schritt 4) gar nichts hören, schauen Sie unten rechts auf Ihrem Bildschirm nach, ob auch das Lautsprechersymbol angeschaltet ist.

Schritt 10

Geben Sie den Namen der Person ein, die Sie als Kontakt hinzufügen möchten. Skype schlägt Ihnen je nach Name verschiedene mögliche Kontakte vor ❷ – alles Personen, die bei Skype angemeldet sind. Schlägt Skype sehr viele Personen mit demselben Namen vor, orientieren Sie sich zusätzlich am Ort ❸.

10

Schritt 11

Wenn Sie Ihren Kontakt gefunden haben, klicken Sie dahinter auf **Hinzufügen**. Eine Kontaktanfrage wird an diese Person geschickt. Skype lässt Sie zwar einen Winke-Gruß schicken ❹, aber für weitere Unterhaltungen – per Video, Audio oder Text – müssen Sie die Annahme Ihrer Anfrage abwarten.

11

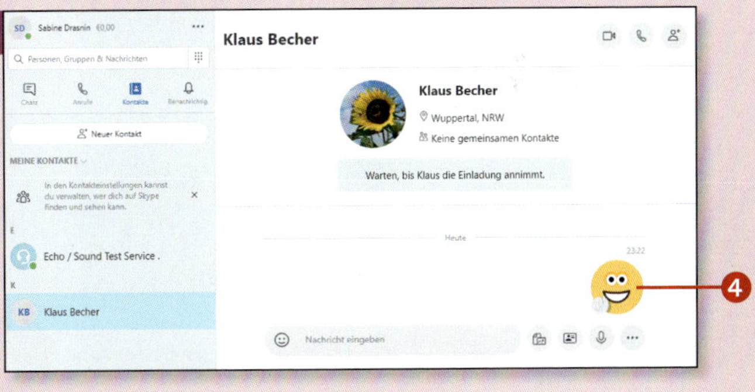

Schritt 12

Sobald die Person Ihre Anfrage angenommen hat, erhalten Sie die entsprechende Meldung ❺. Jetzt können Sie eine Unterhaltung nur mit Ton oder auch mit Bild beginnen. Achten Sie dabei darauf, ob Ihr neuer Kontakt auch online ist, also ebenfalls bei Skype angemeldet ist. Ein grüner Kreis am Namen ❻ heißt: **Jetzt aktiv**, also erreichbar.

12

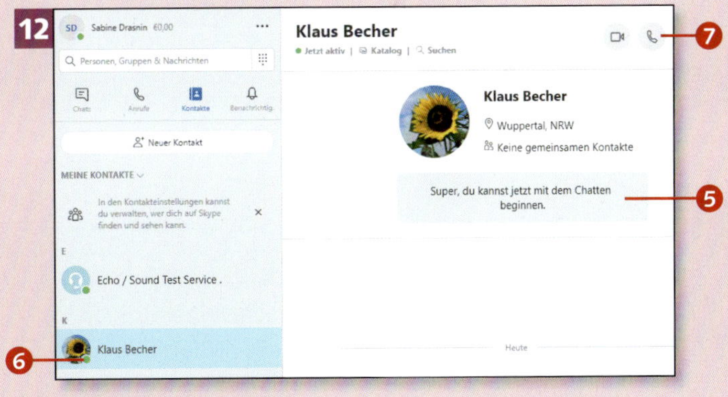

Rot, orange, grau?

Das rot-weiße Symbol steht für **Beschäftigt** (der Kontakt will nicht gestört werden). Das orange Symbol schaltet sich automatisch ein, wenn der Kontakt eine Stunde oder länger inaktiv war. Grau bedeutet: Der Kontakt hat sich ausgeloggt und ist nicht erreichbar.

Mit Skype übers Internet telefonieren (Forts.)

13

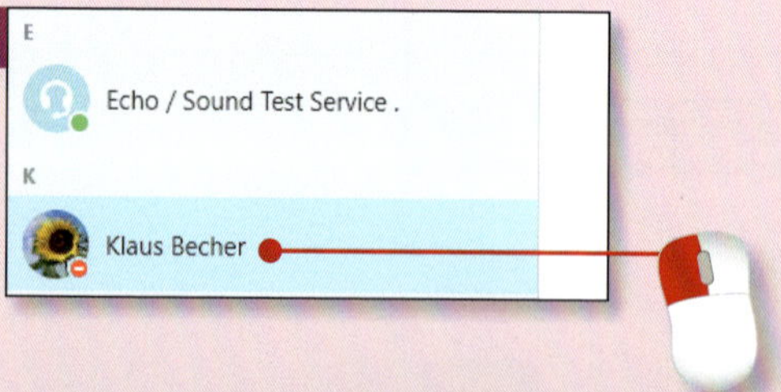

14

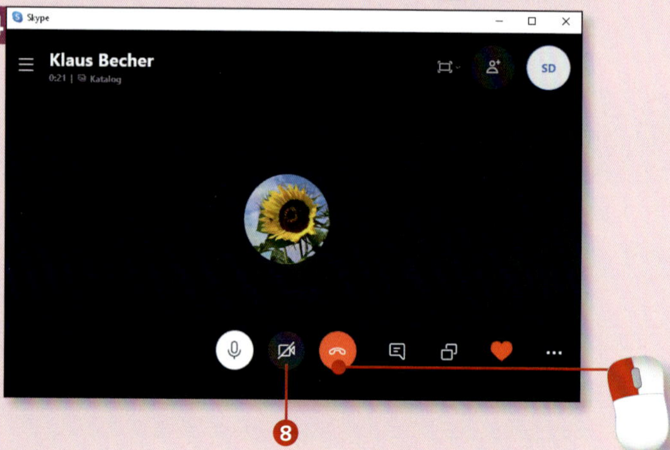

15

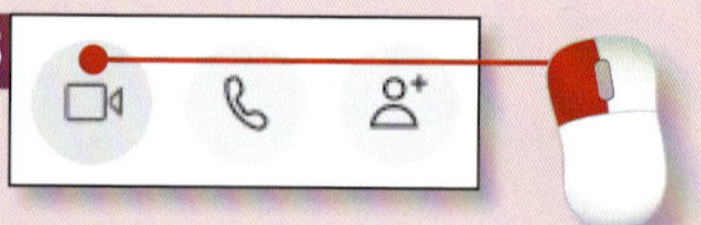

Schritt 13

Um einen Kontakt nur mit Ton anzurufen, klicken Sie den Namen links bei Ihren Kontakten an und dann rechts oben auf das Symbol **Audioanruf**, das durch einen Telefonhörer dargestellt ist (7 in Schritt 12). Sie hören die typische Skype-Melodie, bis Ihr Kontakt den Anruf annimmt.

Schritt 14

Die durchgestrichene Kamera unten 8 zeigt an, dass Sie eine Unterhaltung ohne Kamera, also ohne Bild führen. Zum Beenden des Gesprächs klicken Sie auf den roten Hörer. Wie beim »echten« Telefon können Sie jederzeit das Gespräch durch »Auflegen« (roten Hörer anklicken) beenden, egal ob Sie angerufen haben oder Ihr Kontakt.

Schritt 15

Einen Videoanruf starten Sie nach Auswahl Ihres Kontakts rechts oben mit dem Kamera-Symbol. Sie sehen wieder sich selbst auf dem Bildschirm, und wenn Ihr Gesprächspartner ebenfalls eine Kamera nutzt, sehen Sie auch ihn.

Ich sehe mich nicht!

Falls Sie bei Videoanrufen nur einen schwarzen Bildschirm mit den Skype-Symbolen sehen, prüfen Sie, ob Skype Ihre Kamera überhaupt nutzen darf. Tippen Sie »Kamera« in das Suchfeld unten links, und klicken Sie auf den Eintrag *Kamera App*. Ihre Zustimmung wird benötigt; klicken Sie dazu auf **Datenschutzeinstellungen**. Die Windows-Einstellungen erscheinen mit der Kategorie **Datenschutz ▸ Kamera**. Klicken Sie auf den Schieberegler im Abschnitt **Zulassen, dass Apps …**, sodass er auf **Ein** steht. Schließen Sie dieses Fenster und das schwarze Kamera-Fenster.

Schritt 16

Werden Sie selbst angerufen, schiebt sich ein kleines Fenster auf Ihrem Bildschirm in den Vordergrund, auch wenn Sie z. B. gerade im Internet surfen oder einen Text schreiben – sofern Skype im Hintergrund aktiv ist. Sie nehmen Anrufe mit einem Klick auf den Hörer (nur Audio) oder die Kamera (mit Video) 9 an.

16

Schritt 17

Schauen Sie sich auch die Einstellungen an. Sie öffnen sie mit einem Klick auf die drei Punkte im Navigationsbereich und anschließend auf **Einstellungen**. Ihren **Skype-Namen** (eine Buchstaben- und Zahlenfolge) 10 können Sie nicht ändern, aber Ihr Skype-Konto mit einem Profilbild persönlicher gestalten.

17

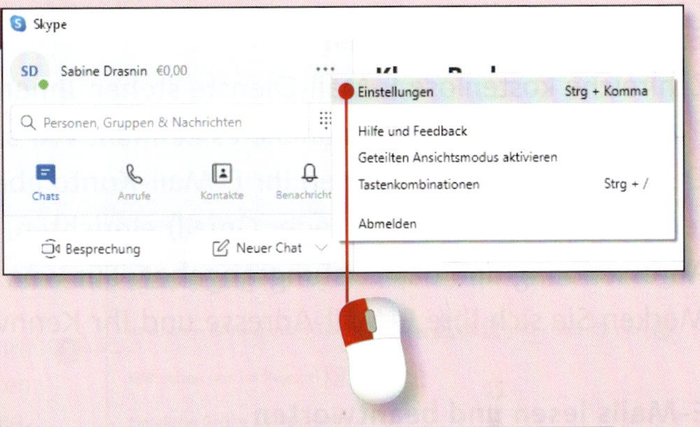

Schritt 18

Klicken Sie auf **Foto hinzufügen**, wählen Sie in Ihrem *Bilder*-Ordner ein Bild aus, und klicken Sie auf **Öffnen**. Das Bild wird in Skype in den Kreis eingepasst. Darunter stellen Sie ein, wer Ihr Profilbild sehen darf: **Öffentlich** (auch für Personen, die nach Ihnen suchen) oder **Nur Kontakte**.

18

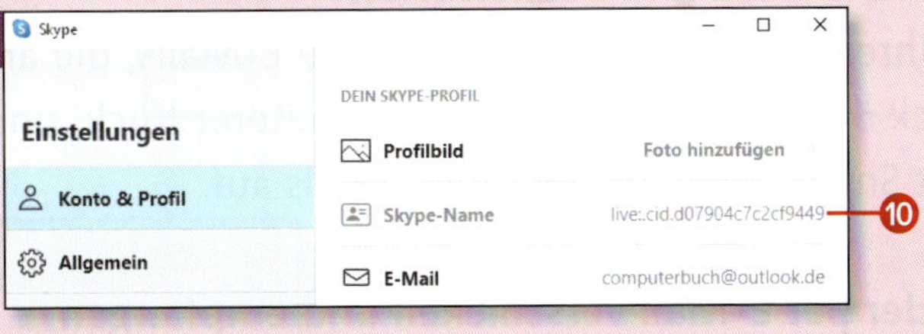

Skype beenden

Mit dem Kreuz oben rechts schließen Sie zwar das Fenster von Skype, aber die App ist noch aktiv. So können Sie weiter angerufen werden. Um Skype wirklich zu beenden, öffnen Sie die Skype-Einstellungen (siehe Schritt 17) und klicken links auf **Allgemein**. Im rechten Fensterteil klicken Sie auf den Schieberegler bei **Skype nach Schließen weiter ausführen**. Schließen Sie die Einstellungen.

Eine E-Mail-Adresse einrichten

1

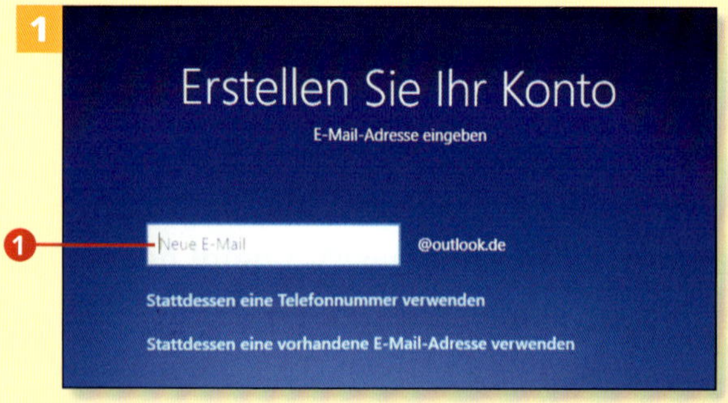

2

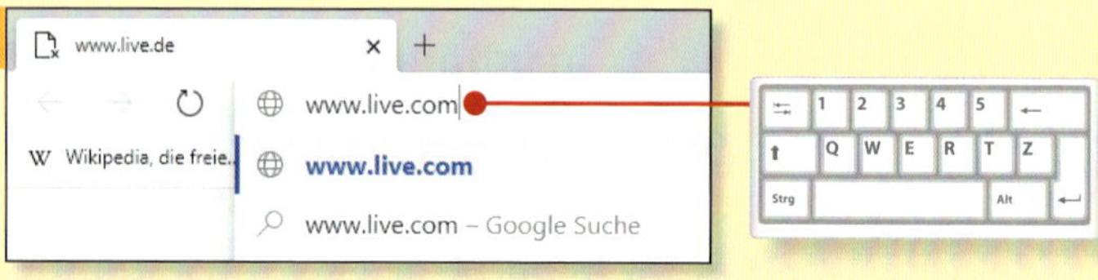

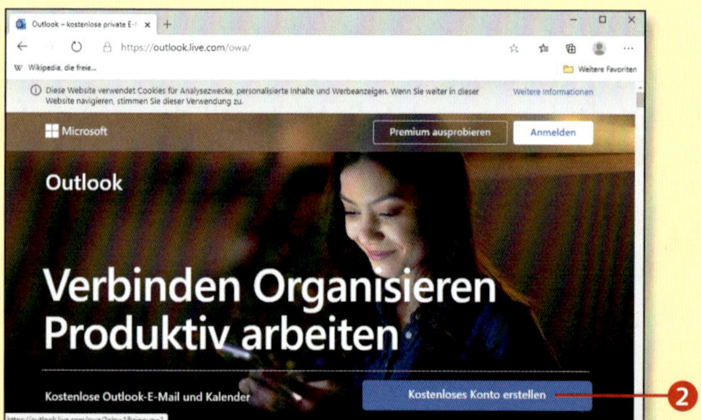

3

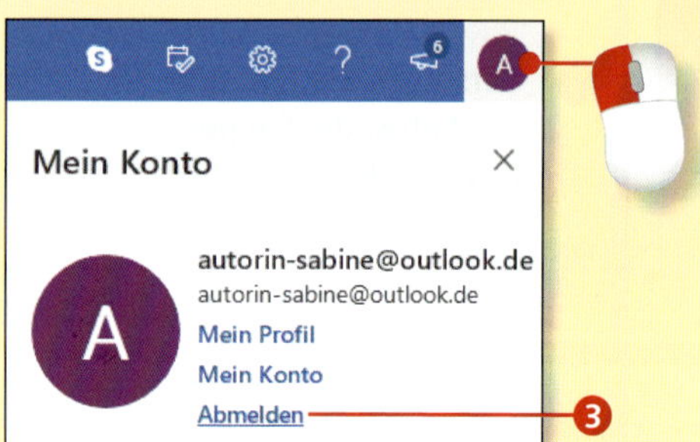

Eine E-Mail-Adresse benötigen Sie zum E-Mail-Schreiben. Für Bestellungen, Newsletter usw. können Sie eine zweite E-Mail-Adresse anlegen.

Schritt 1

Beim Einrichten des Computers haben Sie ein Microsoft-Konto mit E-Mail-Adresse angelegt ❶. Sie benötigen es für viele Apps, Microsoft-Dienste und die Anmeldung am PC. Für Newsletter usw. können Sie ein anderes E-Mail-Konto verwenden.

Schritt 2

Legen Sie also eine neue E-Mail-Adresse an, z. B. beim Microsoft-Dienst Outlook.com: Öffnen Sie *Edge*, und geben Sie »www.live.com« in die Adresszeile ein. Die Startseite von Outlook.com öffnet sich. Klicken Sie auf **Kostenloses Konto erstellen** ❷.

Schritt 3

Falls Edge Sie zu dem E-Mail-Konto leitet, das Sie beim Einrichten des Computers angelegt haben, melden Sie sich dort ab. (*Abmelden* heißt nur: Sie sind in Edge nicht mehr in dieses Konto eingeloggt, es steht aber noch zur Verfügung.) Klicken Sie rechts oben auf den Buchstaben und dann auf **Abmelden** ❸.

Schritt 4

Geben Sie wieder »www.live.com« ein, und klicken Sie auf **Kostenloses Konto erstellen**. Im nächsten Fenster geben Sie ein, was in der E-Mail-Adresse vor dem @-Zeichen stehen soll. Das muss nicht Ihr Name sein! Die restliche Adresse lautet automatisch *@outlook.de* ❹. Klicken Sie auf **Weiter**.

Schritt 5

Wenn sich schon jemand mit dieser Adresse angemeldet hat, müssen Sie sich einen anderen Namen überlegen. Ist die Adresse verfügbar, werden Sie zur nächsten Seite geleitet. Tippen Sie dann ein sicheres **Kennwort** ein.

Schritt 6

Nach einem Klick auf **Weiter** gelangen Sie zur nächsten Seite. Edge bietet Ihnen an, das Passwort zu Ihrer neuen E-Mail-Adresse zu speichern ❺. Sie müssen es dann nicht mehr eintippen, wenn Sie in Edge Ihre Mails lesen wollen. Klicken Sie auf **Speichern** oder **Nie**. Geben Sie nun Ihren Vor- und Nachnamen ein, und klicken Sie erneut auf **Weiter**.

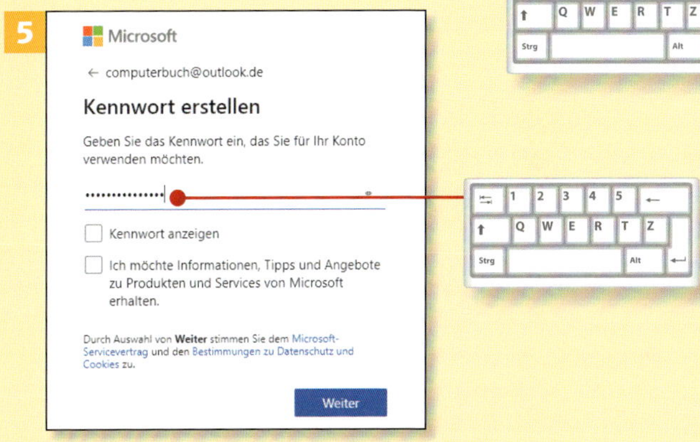

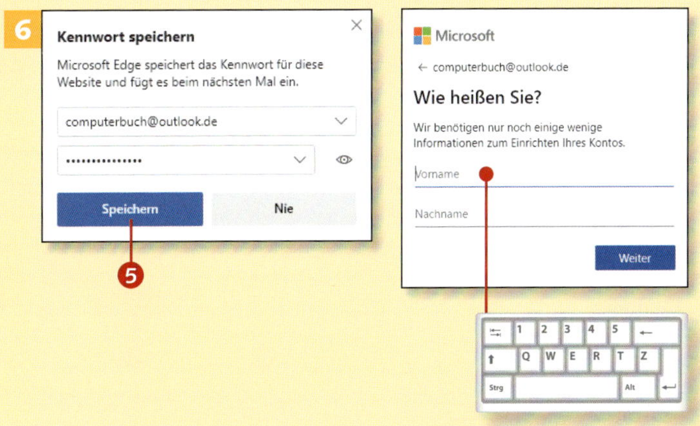

Wieso heißt es eigentlich E-Mail-*Konto*?

Ein E-Mail-Konto hat *nichts* mit dem Geldkonto zu tun; es ist aber eine Voraussetzung dafür, dass Ihnen eine E-Mail-Adresse zugeordnet werden kann.

Eine E-Mail-Adresse einrichten (Forts.)

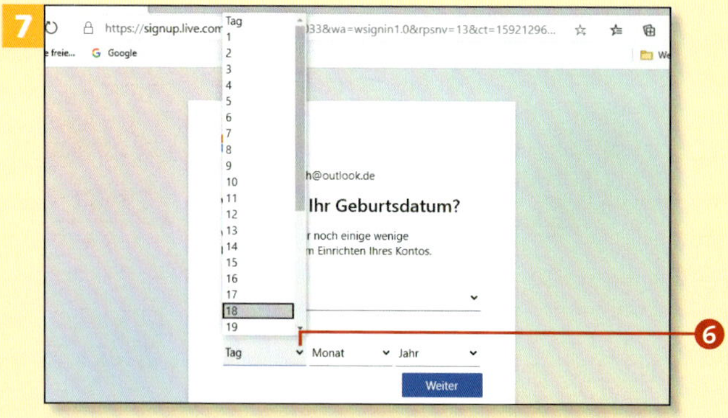

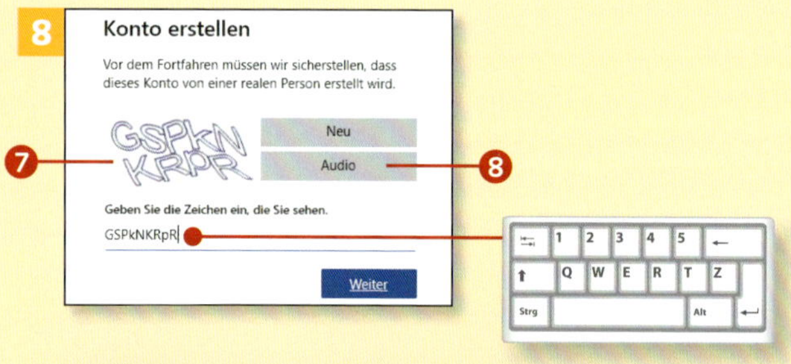

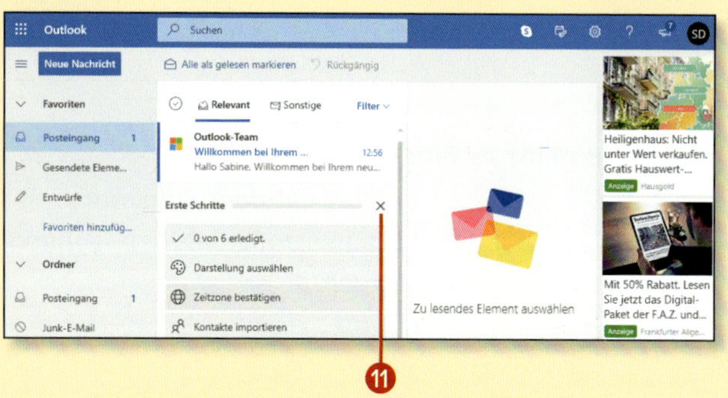

Schritt 7

Geben Sie nun ein Geburtsdatum ein. Dazu klicken Sie jeweils auf den Pfeil ❻ rechts neben den Feldern und wählen aus der Liste Tag, Monat und Jahr durch Klicken aus. Und noch einmal klicken Sie auf **Weiter**.

Schritt 8

Jetzt müssen Sie genau hinsehen: Tippen Sie ein, was Ihnen angezeigt wird ❼. Achten Sie auf Groß- und Kleinschreibung. Mit diesem *Captcha* soll sichergestellt werden, dass sich kein Programm automatisch anmeldet, sondern ein echter Mensch. Können Sie die Zeichen nicht erkennen, lassen Sie sie sich mit einem Klick auf **Audio** ❽ vorlesen. Klicken Sie erneut auf **Weiter**.

Schritt 9

Ihr neues E-Mail-Konto wird geöffnet. Bestätigen Sie die Datenschutzbestimmungen ❾, oder ändern Sie die Einstellungen ❿. Klicken Sie auf das **×** bei **Erste Schritte** ⓫: Sie benötigen sie jetzt nicht. Sie sehen Ihren **Posteingang**.

Schritt 10

Sie können natürlich auch bei einem anderen Anbieter ein E-Mail-Konto anlegen, z. B. bei *WEB.de*, *GMX*, *T-Online* usw. Geben Sie »web.de« in die Such- und Adressleiste ein, und klicken Sie auf **Registrieren** ⓬ oder **Kostenlos registrieren** ⓭. Um wirklich die kostenlose (dafür mit Werbung versehene) Variante zu nutzen, klicken Sie im nächsten Schritt unter **FreeMail** auf **Jetzt registrieren**.

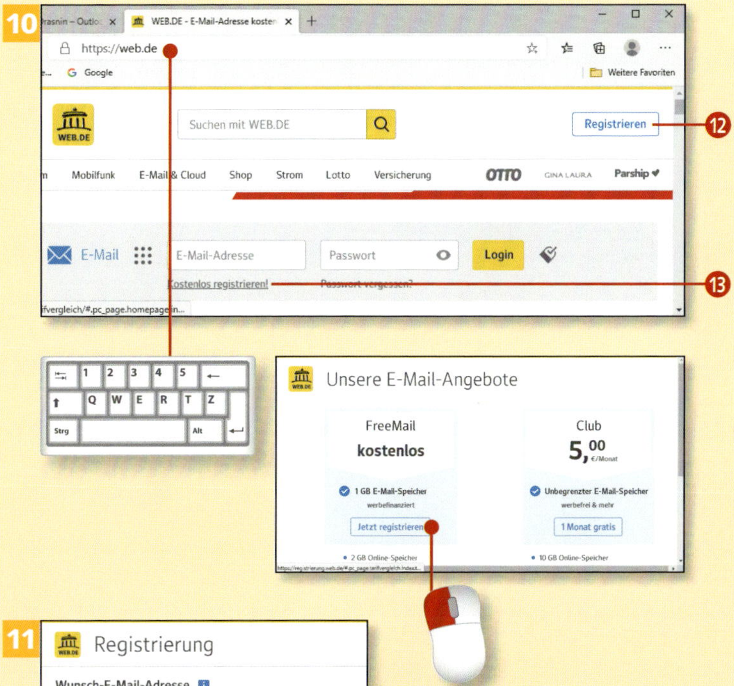

Schritt 11

Im nächsten Fenster geben Sie Ihre **Wunsch-E-Mail-Adresse** ein und klicken auf **Prüfen**. Wenn die Adresse verfügbar ist, geben Sie alle weiteren nötigen Daten ein.

Schritt 12

Tippen Sie ein (neues!) **Passwort** ein, und bestätigen Sie es in der Zeile darunter. Sollten Sie einmal Ihr Passwort vergessen haben, benötigen Sie einen Weg, trotzdem an Ihr Konto zu kommen. Dafür geben Sie Ihre Handy-Nummer ein ⓮. Auch bei WEB.de ist ein *Captcha* (siehe Schritt 8) notwendig. Klicken Sie ganz unten auf **Ich stimme zu ...**. und schließlich auf **Zum Postfach**. Sie gelangen zum Posteingang

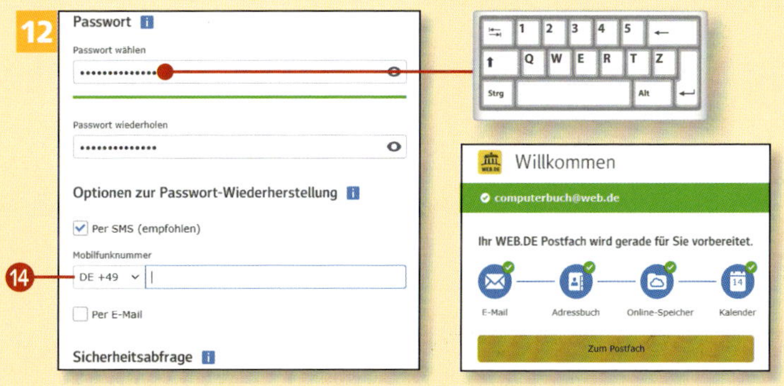

Ihr E-Mail-Konto öffnen und schließen

Mit Ihren Anmeldedaten loggen Sie sich von jedem Computer mit Internetanschluss in Ihr E-Mail-Konto ein.

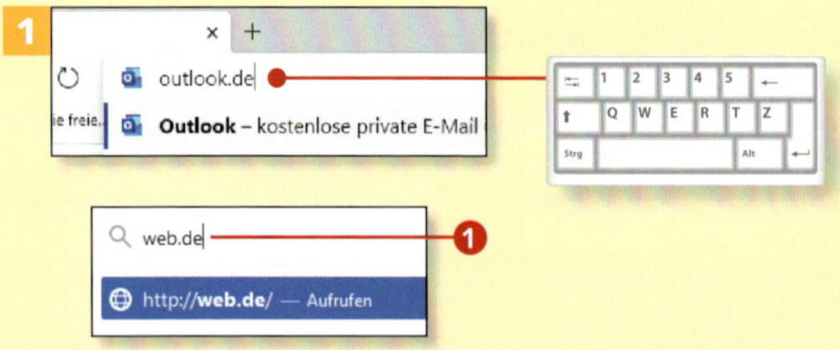

Schritt 1

Geben Sie in den Browser die Adresse Ihres Anbieters ein, z. B. »outlook.de«, und drücken Sie [↵]. Um zum WEB.de-Konto zu gelangen, geben Sie »web.de« ein ❶. Ihren Anbieter erkennen Sie an der Endung nach dem @-Zeichen in Ihrer E-Mail-Adresse.

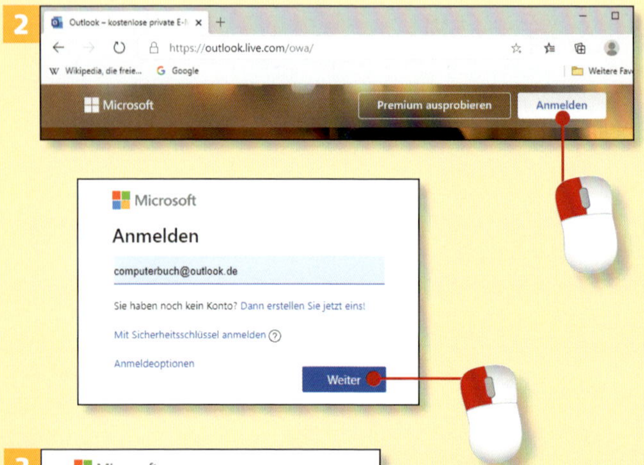

Schritt 2

Bei Outlook.de klicken Sie auf **Anmelden** und geben Ihre E-Mail-Adresse ein. Haben Sie in Schritt 6 auf Seite 119 **Speichern** gewählt, ist diese bereits eingetragen. Klicken Sie auf **Weiter**, und tippen Sie Ihr Kennwort ein.

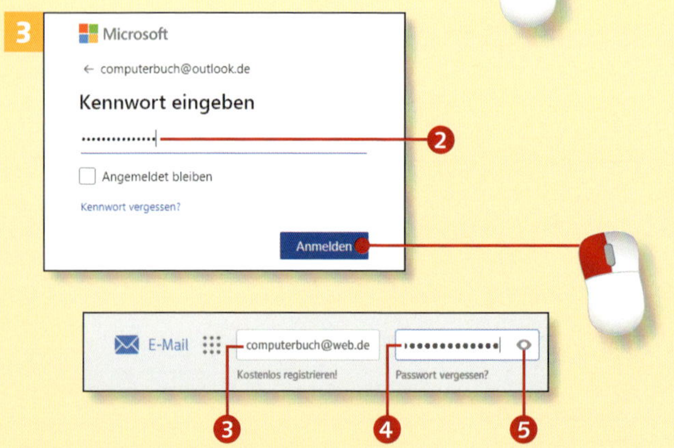

Schritt 3

Ihre Eingabe wird zum Schutz vor Mitlesern als Punkte ❷ dargestellt. Klicken Sie anschließend auf **Anmelden**. Manchmal müssen Sie auch noch den *Captcha-Code* eingeben. Bei WEB.de tippen Sie die E-Mail-Adresse ❸ und das Passwort ❹ direkt nebeneinander ein.

Wie sehe ich, welches Kennwort ich eingebe?
Bei Outlook und vielen anderen Anbietern sehen Sie rechts neben dem Passwort-Feld ein Augensymbol ❺. Klicken Sie darauf, wird das Kennwort eingeblendet.

Schritt 4

Klicken Sie auf *Anmelden* bzw. auf **Login**. Bei manchen Anbietern finden Sie zunächst eine Gesamtübersicht; klicken Sie hier auf **E-Mail** ❻. Ob neue Mails angekommen sind, sehen Sie aber auch schon in der Übersicht ❼. Bei den kostenlosen E-Mail-Konten wird Werbung eingeblendet; sie hat nichts mit Ihren E-Mails zu tun!

Schritt 5

Zum Beenden von *Outlook.com* klicken Sie auf den Kreis mit Ihren Initialen oben rechts und im Menü auf **Abmelden** ❽.

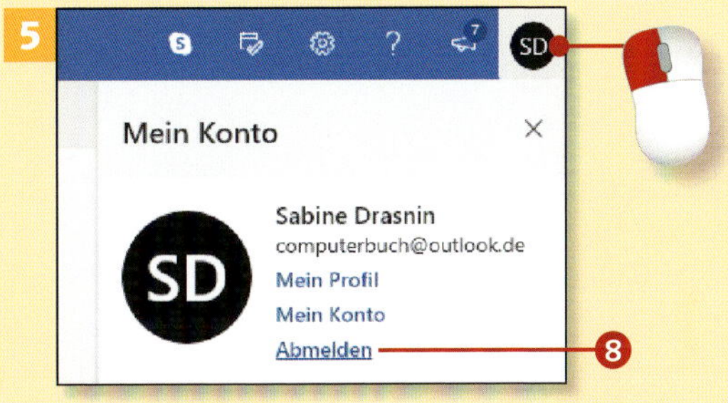

Schritt 6

Bei anderen E-Mail-Diensten heißt die *Schaltfläche* zum Schließen auch **Logout**. Klicken Sie auf die Schaltfläche. Alle Anbieter bestätigen kurz, dass Sie ausgeloggt sind, und bieten an, sich erneut anzumelden ❾.

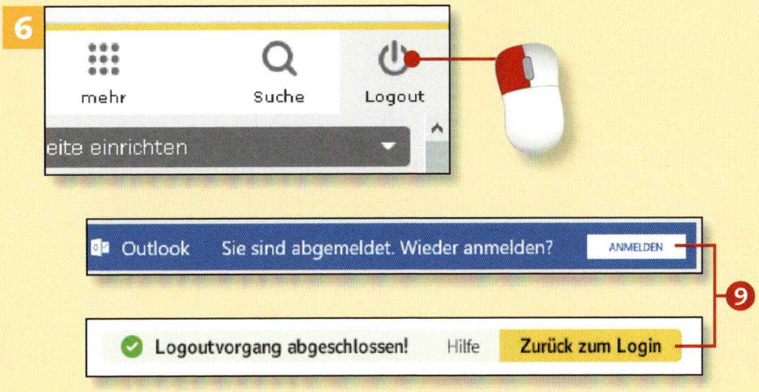

@xyz.de oder @xyz.com?
Viele Anbieter von E-Mail-Diensten haben eine internationale Version mit der Endung *.com* und eine deutsche mit der Endung *.de*. Damit es nicht zu Irrläufern kommt, achten Sie darauf, ob Ihre Adresse mit *.com* oder mit *.de* endet.

E-Mails empfangen und beantworten

1

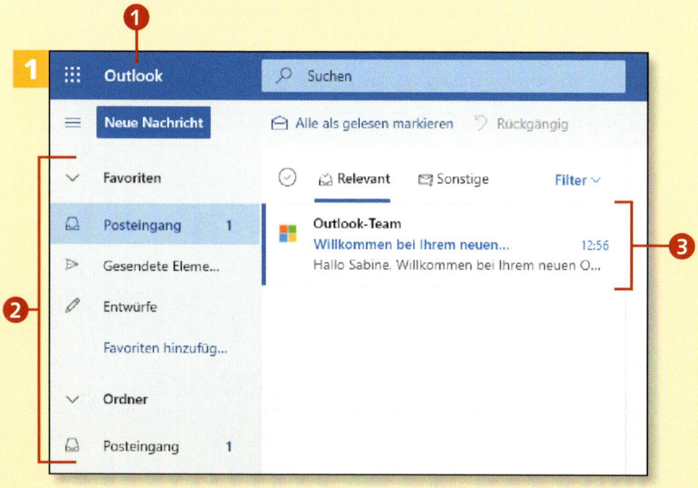

2

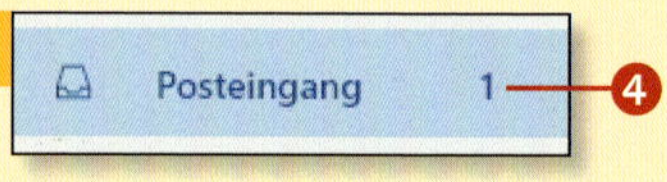

3

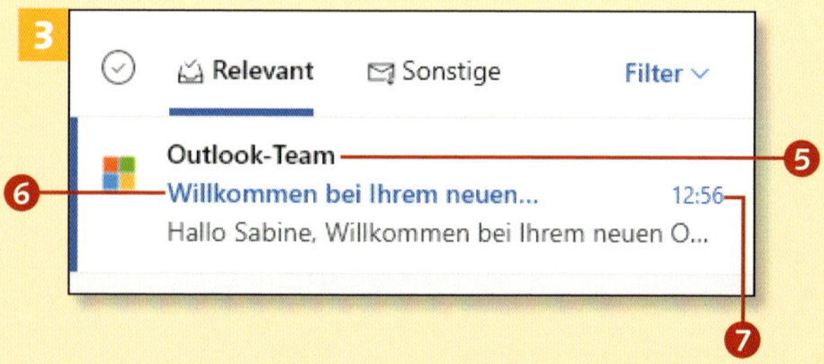

Ihr Posteingang ist das Zentrum in Ihrem E-Mail-Dienst, und mit einem Klick öffnen oder beantworten Sie eine E-Mail.

Schritt 1

Öffnen Sie Ihr E-Mail-Konto, hier *www.outlook.de*. Melden Sie sich mit Ihrer E-Mail-Adresse und dem Passwort an. Links oben steht **Outlook** ❶. Darunter sehen Sie – wenn genug Platz auf dem Bildschirm ist – die Ordnerliste ❷. Rechts daneben ist der Inhalt des Ordners **Posteingang** zu sehen ❸.

Schritt 2

Sie haben schon eine E-Mail erhalten: eine automatisierte Begrüßung von Ihrem Anbieter. Links in der Liste ist das Wort **Posteingang** fett geschrieben; d.h., es gibt ungelesene E-Mails. Daneben steht die Zahl der ungelesenen E-Mails ❹.

Schritt 3

Rechts sehen Sie eine Übersicht. Hier steht, von wem die E-Mail stammt ❺, der Betreff ❻ und wann sie geschickt wurde ❼. Zum Lesen der E-Mail klicken Sie auf eine dieser Informationen.

i

Die E-Mail-Adresse

Jede E-Mail-Adresse besteht aus dem Teil vor dem @-Zeichen (gesprochen »ät«, Sie schreiben es mit `AltGr` + `Q`). Dieser Teil vor dem @ kann Ihr Name sein oder ein anderes Wort. Das @-Zeichen macht klar, dass es sich um eine E-Mail-Adresse handelt. Nach dem @-Zeichen steht der Anbieter Ihres E-Mail-Kontos, z.B. *outlook*, gefolgt von einem Punkt und der Länderkennung: *de* steht für Deutschland.

Schritt 4

Die E-Mail wird im Ansichtsbereich rechts geöffnet. Sie sehen am oberen Rand links die Details ❽: den Absender (hier Outlook-Team) und das Versanddatum. Auch wenn hier von Ihrem *Outlook.com-Konto* ❾ die Rede ist: Hat Ihr E-Mail-Konto die Endung *.de*, geben Sie auch immer ».de« ein.

4

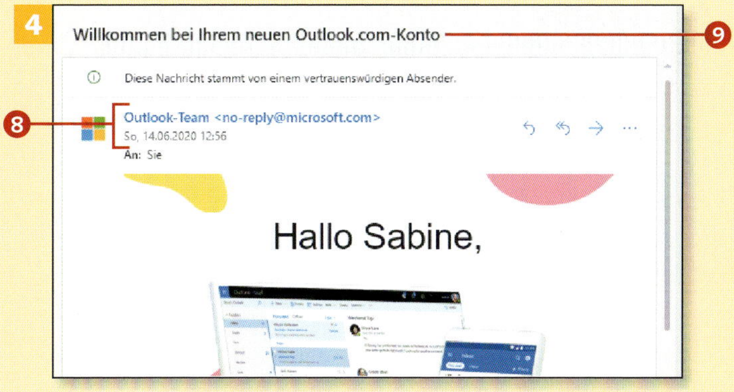

Schritt 5

Der Nachrichtentext steht unter den Details. Wenn Sie eine längere E-Mail erhalten haben, scrollen Sie nach unten, um alles lesen zu können.

5

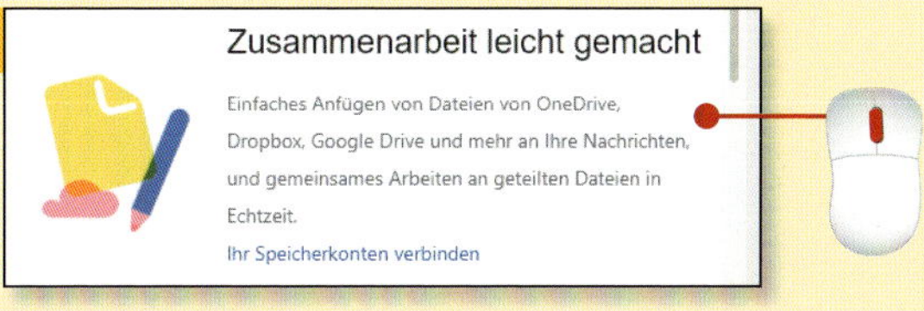

Schritt 6

Zur Posteingangsübersicht gelangen Sie mit einem Klick auf das Wort **Posteingang** links. Dort steht keine Zahl mehr. Das bedeutet: Es sind keine ungelesenen Nachrichten mehr vorhanden. In der Ordnerliste ist immer der Ordner hervorgehoben, der gerade angeklickt ist.

6

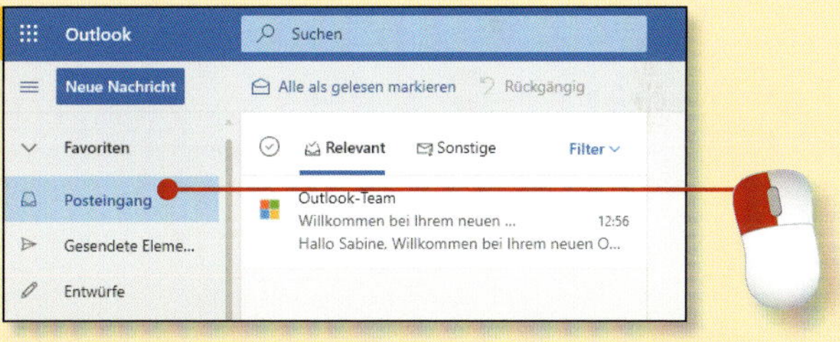

!

Bei mir steht zweimal Posteingang!

Schauen Sie sich die Ordnerliste genau an: Im oberen Teil sind die **Favoriten** zu sehen; das sind die Ordner, die Sie erfahrungsgemäß häufig brauchen werden. Die Favoriten-Ordner sind sozusagen eine Kopie Ihrer wichtigsten Ordner. Die eigentliche Ordnerliste unter **Ordner** (❿ in Schritt 7) enthält weitere Ordner wie **Gesendete Elemente** oder **Junk-Mail** (weitere Infos in den folgenden Abschnitten).

E-Mails empfangen und beantworten (Forts.)

7

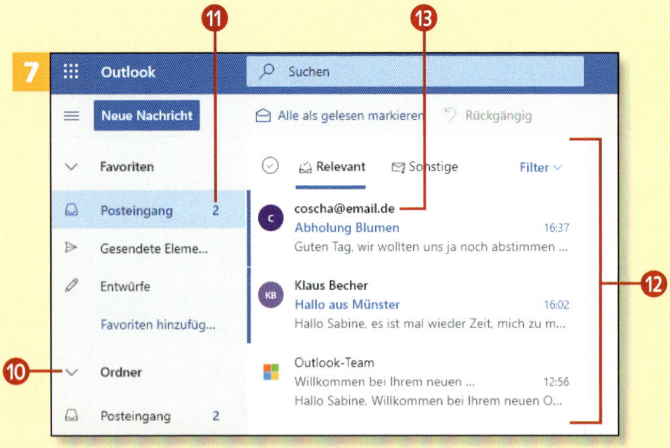

Schritt 7

Sobald eine neue Nachricht ankommt, steht hinter **Posteingang** eine Zahl ⑪. Sie sagt Ihnen, wie viele ungelesene Nachrichten sich im Posteingang befinden. Im mittleren Bereich sehen Sie wieder Ihre empfangenen E-Mails ⑫.

8

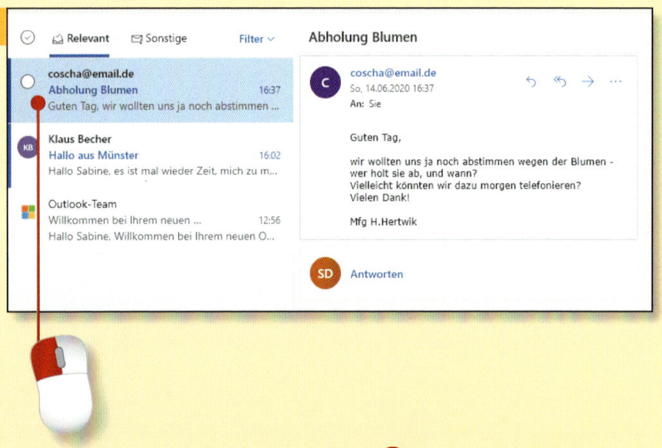

Schritt 8

Ungelesene Nachrichten sind durch Fettschrift hervorgehoben ⑬. Klicken Sie die Nachricht an, die Sie lesen möchten. Sie wird im Anzeigebereich rechts geöffnet.

Schritt 9

Zum Beantworten der E-Mail klicken Sie auf den einfachen Pfeil, der nach links zeigt, oder unter der Mail auf **Antworten** ⑭.

9

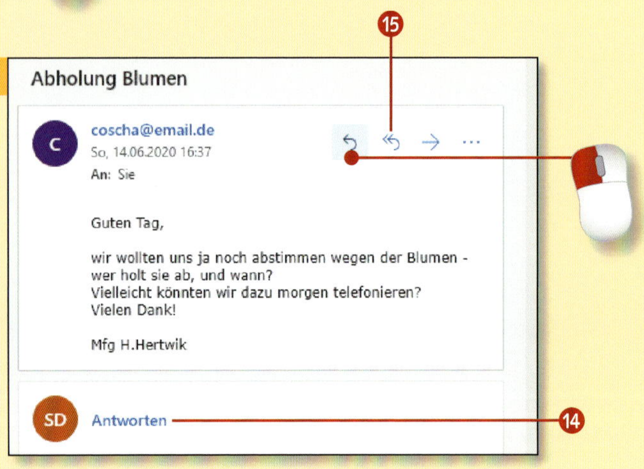

»Allen antworten«?

Ging die Mail nicht nur an Sie, sondern auch an andere Empfänger, die Ihre Antwort ebenfalls erhalten sollen, klicken Sie auf den doppelten Pfeil ⑮. Unten steht dann **Allen antworten**.

Schritt 10

Unter dem Text der empfangenen Mail sehen Sie Ihre Initialen und nach **An:** den Empfänger ⑯. Seine Adresse wird automatisch eingetragen, und Sie sehen entweder den Namen oder die E-Mail-Adresse. In der Zeile darunter steht schon der *Cursor*, der senkrechte Strich. Hier schreiben Sie Ihre Nachricht.

10

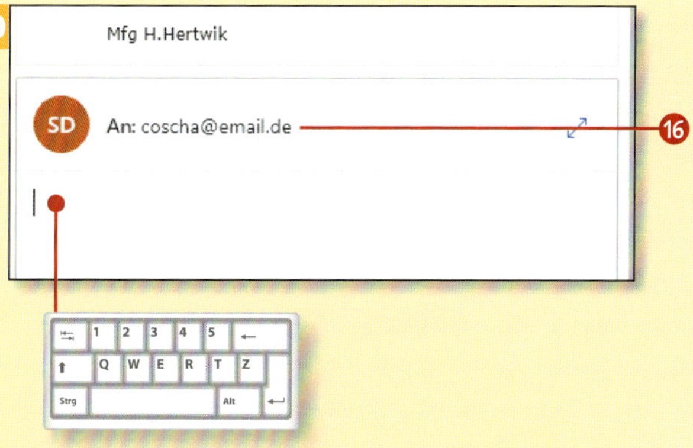

Schritt 11

Tippen Sie also Ihren Text ein. Klicken Sie ganz unten auf **Senden** bzw. – bei kleineren Bildschirmen – auf das **Senden**-Symbol ⑰. Ab und an werden Sie aufgefordert, noch einen *Captcha-Code* (siehe Schritt 8 auf Seite 120) vor der Sendebestätigung einzugeben. Anschließend sehen Sie wieder die E-Mail-Übersicht.

11

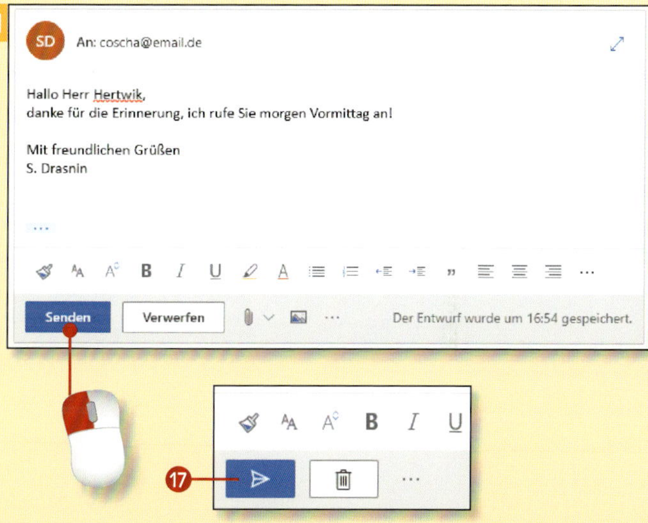

Schritt 12

Outlook.com sortiert Mails nach *Unterhaltungen*, d.h., Ihre Antwort steht jetzt auch im Posteingang unter der Mail, auf die Sie geantwortet haben. Antwortet Ihr E-Mail-Kontakt wieder, reiht sich diese Antwort ein. Klicken Sie auf den kleinen Pfeil am Betreff, werden alle zu dieser Unterhaltung gehörenden Mails geöffnet. So sind sie auch im Nachrichtenfenster rechts zu sehen.

12

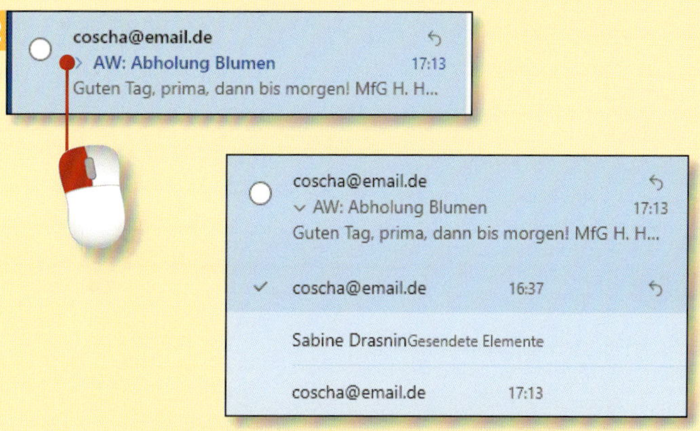

E-Mails vorlesen lassen und den Text vergrößern

Outlook.com bietet verschiedene Einstellungen, mit denen Sie Ihre E-Mails besser lesen können. Oder Sie lassen sich gleich alles vorlesen!

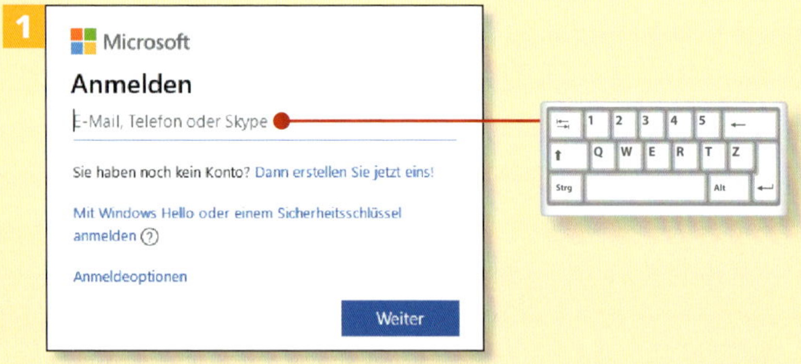

Schritt 1

Melden Sie sich über Ihren Internet-Browser mit Ihrer E-Mail-Adresse und dem zugehörigen Kennwort bei »www.outlook.de« an.

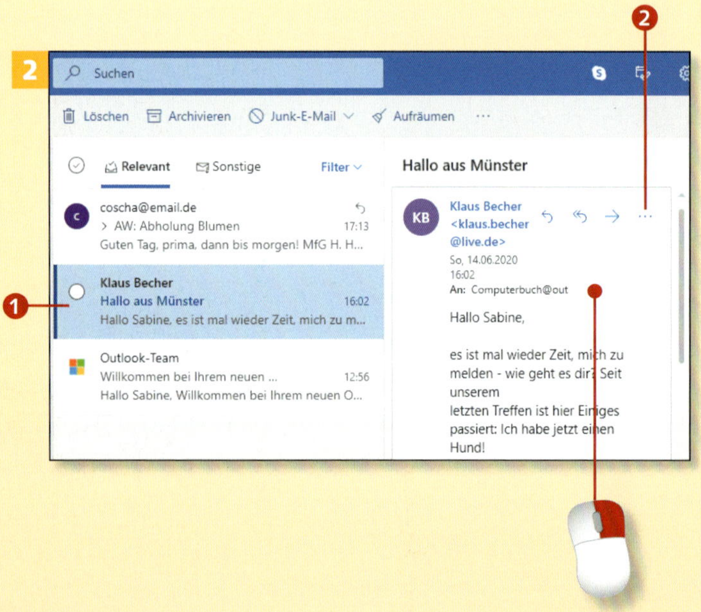

Schritt 2

Klicken Sie eine neue Mail ❶ an, die Sie sich vorlesen lassen möchten. Neue Mails erkennen Sie an der fetten Schrift.

Schritt 3

Klicken Sie im Nachrichtenfenster mit der rechten Maustaste auf den Text. Im Kontextmenü klicken Sie auf **Laut vorlesen**, jetzt aber wieder mit der linken Maustaste.

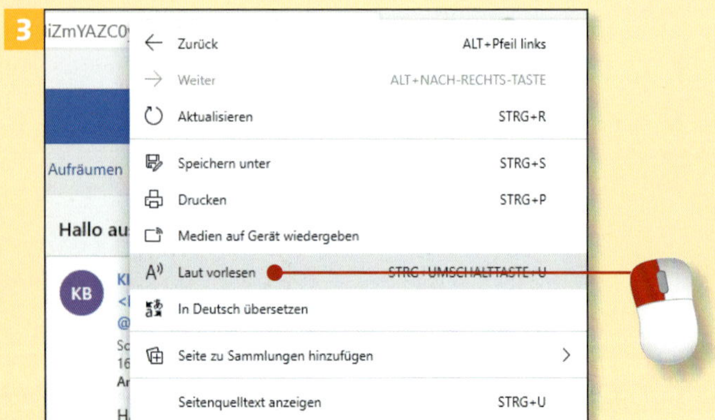

E-Mails ausdrucken

Öffnen Sie die zu druckende E-Mail. Klicken Sie auf die drei Punkte über der E-Mail ❷ und im Menü auf **Drucken**. Ein eigenes Druckerfenster öffnet sich. Klicken Sie hier oben links wieder auf **Drucken**. Sie sehen jetzt eine Druckvorschau der E-Mail. Klicken Sie unten links auf **Drucken**.

Schritt 4

Oberhalb der blauen Outlook-Leiste sehen Sie jetzt die Vorlesen-Leiste, die Sie schon aus dem vorherigen Kapitel kennen. Sollte das Vorlesen nicht sofort starten, klicken Sie auf die Start-/Pause-Schaltfläche.

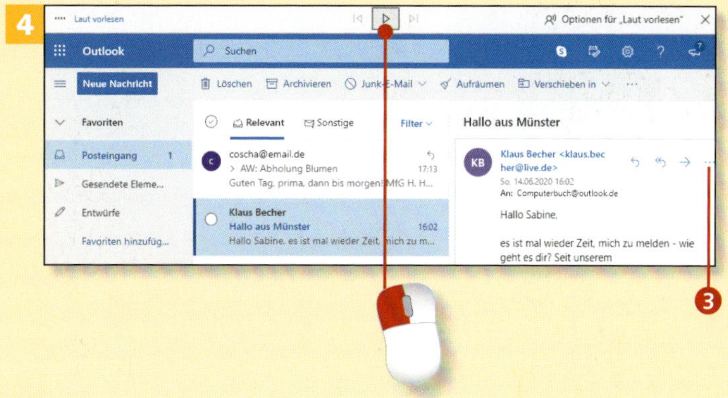

Schritt 5

Barrierefrei angezeigt wird der Text, wenn Sie oberhalb der E-Mail auf die drei Punkte ❸ klicken und im Menü auf **Im plastischen Reader anzeigen**. Ist die Schrift zu groß, klicken Sie oben auf das Text-Symbol **AA** und ziehen den Regler bei **Schriftgrad** nach links. Der Text wird direkt verkleinert.

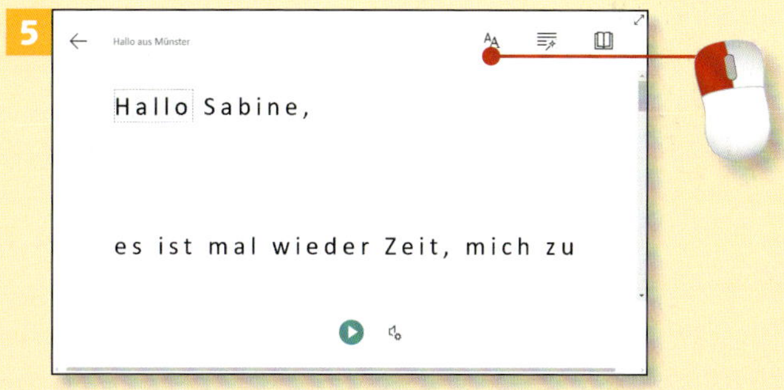

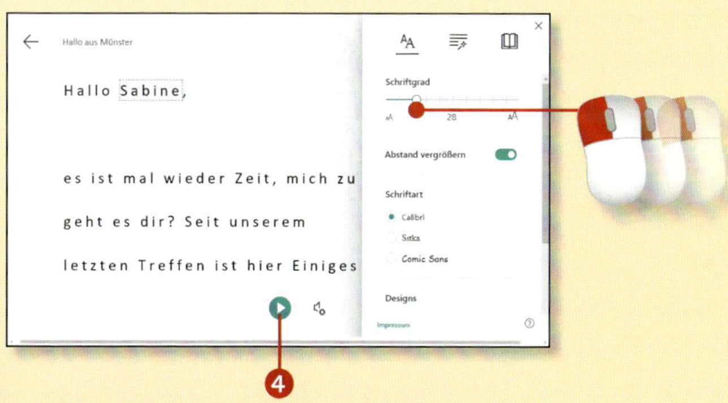

Schritt 6

Wollen Sie den Text auch hören, klicken Sie an den Anfang des Textes und unten auf das Wiedergabe-Symbol ❹. Der Reader markiert den Text, den er gerade vorliest. Die Sprechgeschwindigkeit und die Stimmenauswahl stellen Sie über das Lautsprechersymbol ❺ unten ein. Zurück zum Postfach gelangen Sie jederzeit mit dem Pfeil oben links ❻.

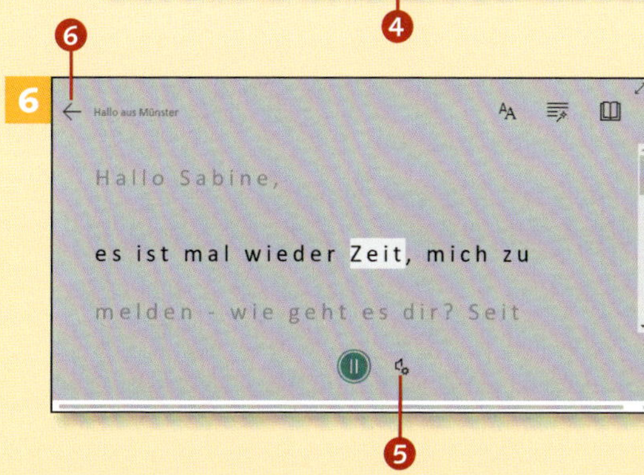

E-Mails schreiben und senden

Eine einfache E-Mail besteht aus Betreff, Empfängerangabe und dem Nachrichtentext.

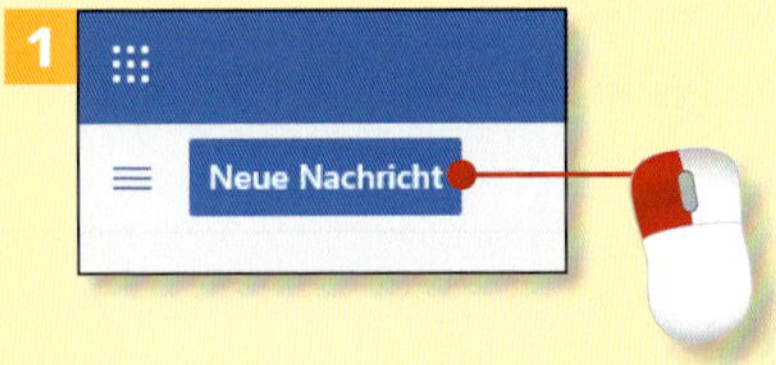

Schritt 1

Klicken Sie in Ihrem Outlook-Postfach in der Menüleiste auf **Neue Nachricht**. Ihre neue E-Mail (Ihr E-Mail-Entwurf) wird im Lesebereich rechts geöffnet.

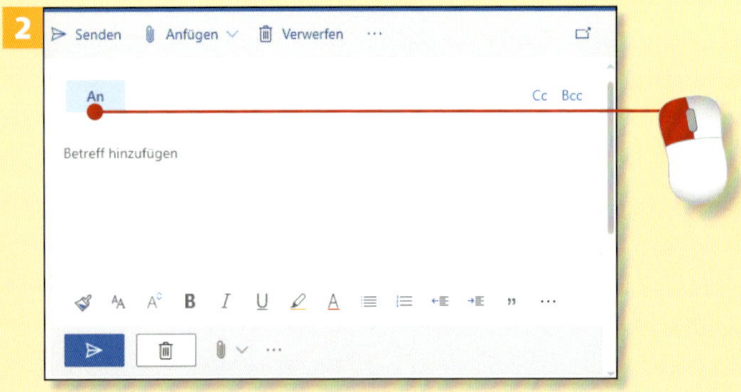

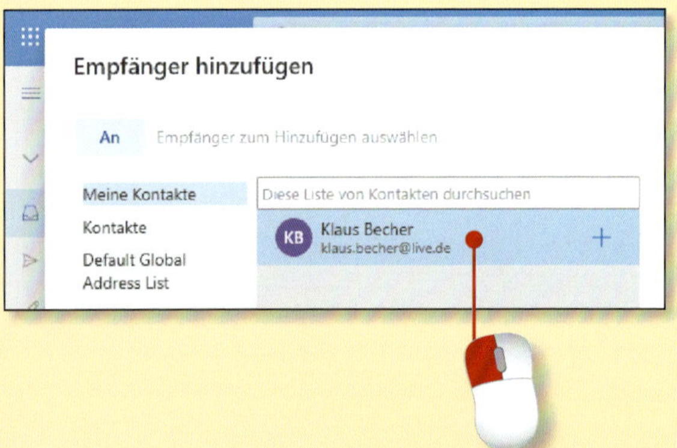

Schritt 2

In die Zeile **An** wird der Empfänger eingetragen. Klicken Sie auf **An**; darunter erscheint die Liste der E-Mail-Adressen, die Sie schon verwendet bzw. von denen Sie bereits eine E-Mail erhalten haben. Möchten Sie eine E-Mail an jemanden aus dieser Liste schicken, klicken Sie einmal auf die Adresse.

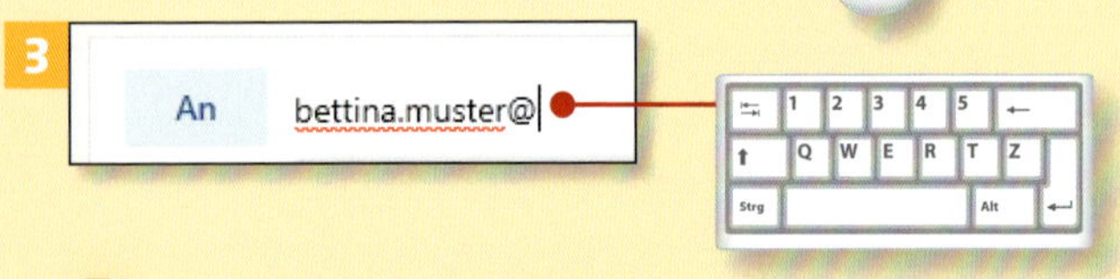

Schritt 3

Geht die E-Mail an einen neuen Empfänger, schreiben Sie in das Feld **An** die E-Mail-Adresse. Achten Sie genau auf die Schreibweise, und vergessen Sie das @ nicht! Sie schreiben das @, indem Sie die Taste `AltGr` rechts neben der Leertaste gedrückt halten und dazu das `Q` drücken. In E-Mail-Adressen gibt es *keine* Leerzeichen!

E-Mail-Adressen schreiben

E-Mail-Adressen müssen immer exakt geschrieben sein. Sie enthalten nie Leerzeichen und meistens auch keine Umlaute, aber immer ein @. Eine Adresse mit *www* ist keine E-Mail-, sondern eine Internetadresse (z. B. *www.ard.de*).

Schritt 4

Klicken Sie auf **Diese Adresse verwenden**. Vor der Adresse erscheint der erste Buchstabe der Adresse noch einmal in einem farbigen Kreis ❶. Geben Sie in der Zeile **Betreff hinzufügen** kurz ein, worum es geht. Outlook erinnert Sie, wenn Sie den Betreff vergessen haben sollten.

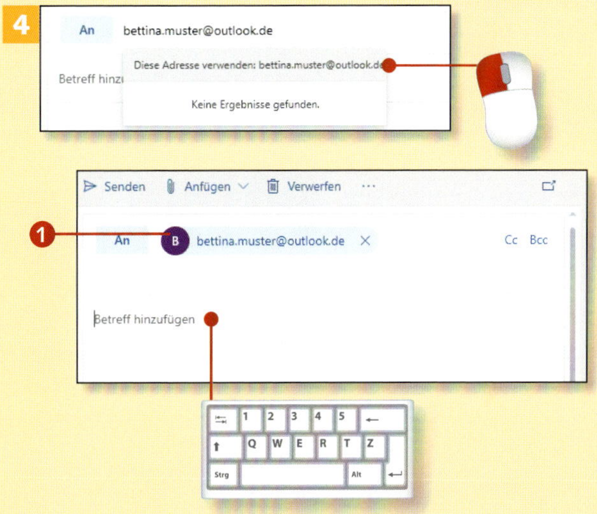

Schritt 5

Klicken Sie in das große leere Textfeld, und tippen Sie hier Ihre Nachricht ein. Geht der Text über eine Zeile hinaus, springt der Cursor automatisch in die nächste Zeile. Bei einem erwünschten Absatz – z. B. vor dem »Viele Grüße« – drücken Sie die Taste [↵], damit der Cursor an den Anfang der nächsten Zeile springt.

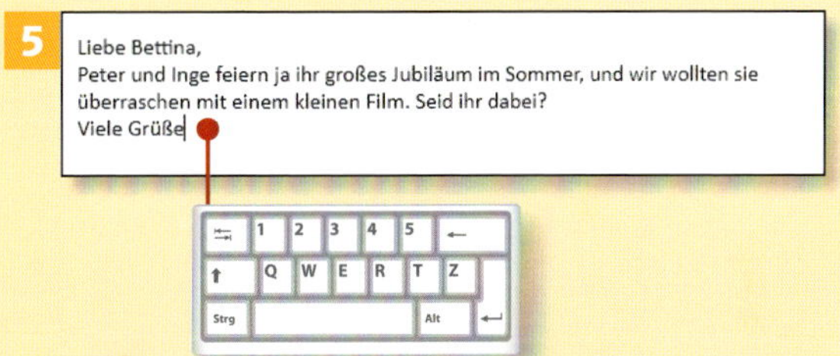

Schritt 6

Klicken Sie schließlich oben ❷ oder unten auf **Senden**, damit die E-Mail verschickt wird. E-Mails, die Sie selbst verschickt haben, finden Sie im Ordner **Gesendete Elemente** ❸.

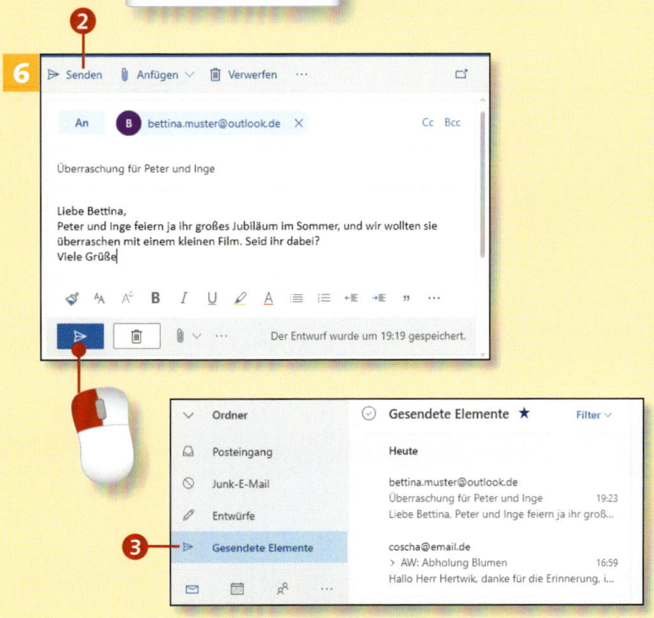

E-Mails löschen

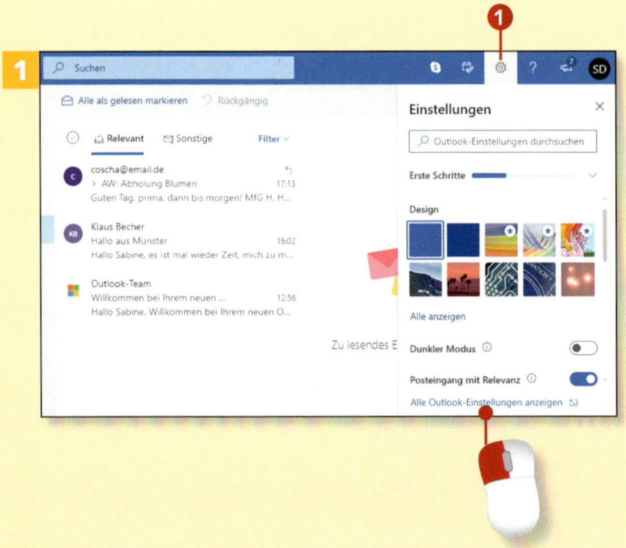

E-Mail-Postfächer bieten nicht unendlich viel Speicherplatz. Daher sollten Sie ab und zu E-Mails löschen.

Schritt 1

In Outlook.com sind Ihre Mails nach *Unterhaltungen* sortiert. Vor dem Löschen ändern Sie die Ansicht, damit nicht alles auf einmal gelöscht wird: Klicken Sie auf das Zahnrad ❶ oben rechts und ganz unten auf **Alle Outlook-Einstellungen anzeigen**.

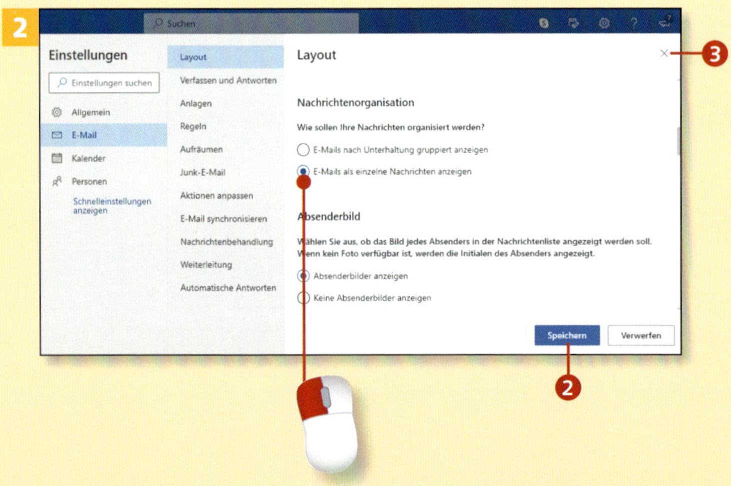

Schritt 2

Scrollen Sie im rechten Fensterteil bis zum Abschnitt **Nachrichtenorganisation**. Klicken Sie in den Kreis bei **E-Mails als einzelne Nachrichten anzeigen**. Bestätigen Sie dies mit einem Klick auf **Speichern** ❷. Schließen Sie die Einstellungen ❸.

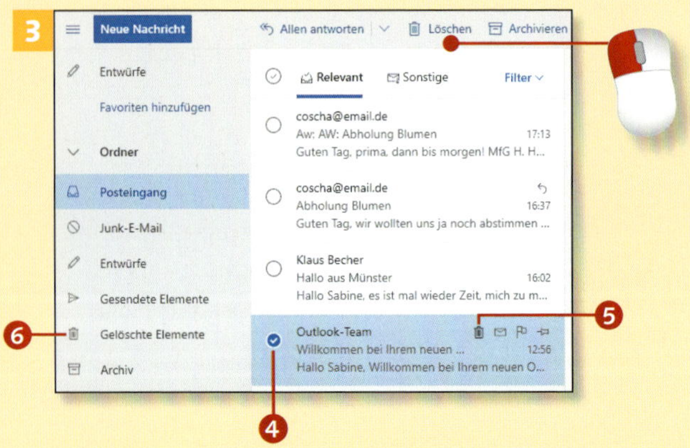

Schritt 3

Im **Posteingang** stehen jetzt nur noch die E-Mails *an* Sie. Klicken Sie in die Kreise vor den E-Mails ❹, die Sie löschen möchten (sie werden erst sichtbar, wenn Sie eine Mail anklicken oder mit dem Mauszeiger darüberfahren). Klicken Sie oben oder rechts ❺ auf **Löschen**: Die E-Mails wandern in den Ordner **Gelöschte Elemente** ❻.

Schritt 4

Klicken Sie links auf den Ordner **Gelöschte Elemente**. Noch sind die E-Mails nicht ganz verschwunden! Soll eine gelöschte E-Mail wieder in den Posteingang zurück, klicken Sie in den Kreis vor der E-Mail ❼ und dann oben auf **Wiederherstellen**. Die E-Mail wird im Ursprungsordner wiederhergestellt.

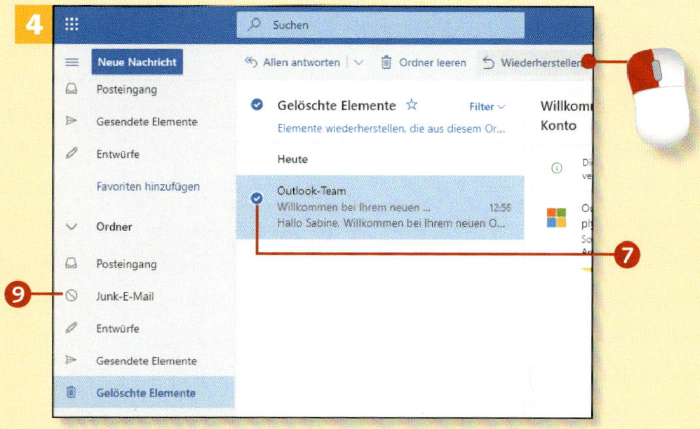

Schritt 5

Den Ordner **Gelöschte Elemente** leeren Sie mit einem Klick auf **Ordner leeren**. Ihr Mailanbieter fragt nach, ob Sie wirklich alles in diesem Ordner endgültig löschen möchten. Wenn Sie sich nicht sicher sind, drücken Sie [Esc]. Ansonsten klicken Sie auf **OK** ❽.

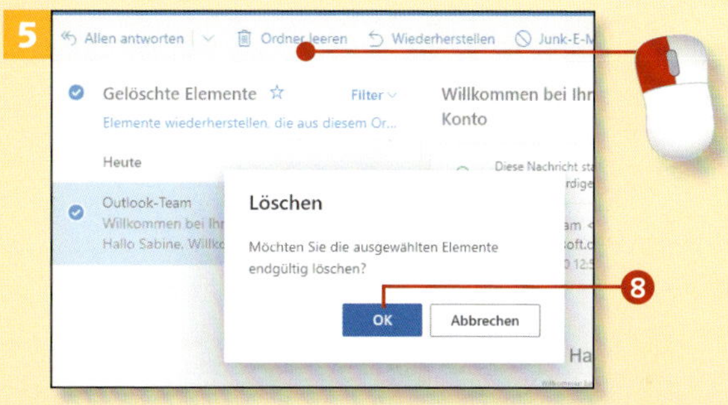

Schritt 6

Manchmal erhalten Sie unerwünschte E-Mails, die vorgeben, unbezahlte Rechnungen zu sein. Andere versprechen Gewinne, Heilung oder Geld – kurz: Das sind *Junk-E-Mails*, also Müll oder *Spam*. Klicken Sie schon im Posteingang in den Kreis vor der E-Mail und dann oben auf **Junk-E-Mail**. Im kleinen Menü klicken Sie erneut auf **Junk-E-Mail**. Die Mail wird in den gleichnamigen Ordner (❾ in Schritt 4) verschoben.

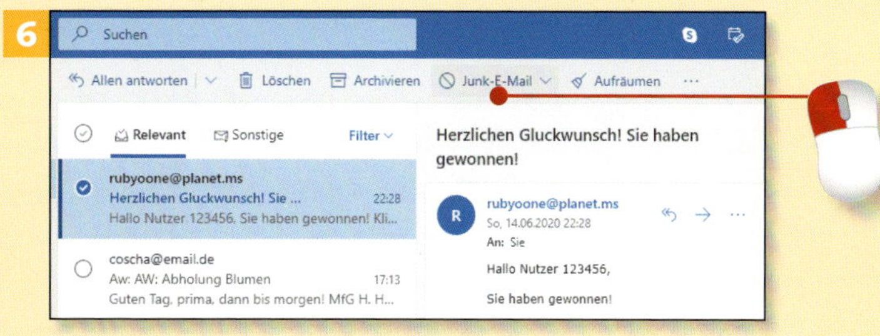

Mir fehlt eine E-Mail!

Wenn Sie eine E-Mail erwarten, sie aber nicht im Posteingang finden, schauen Sie in den Junk-E-Mail-Ordner: Manchmal landen hier auch erwünschte E-Mails. Klicken Sie in so einem Fall in den Kreis vor der E-Mail und über der Mail auf **Keine Junk-E-Mail**. Die Mail wandert in den Posteingang.

E-Mails mit Anlagen versenden

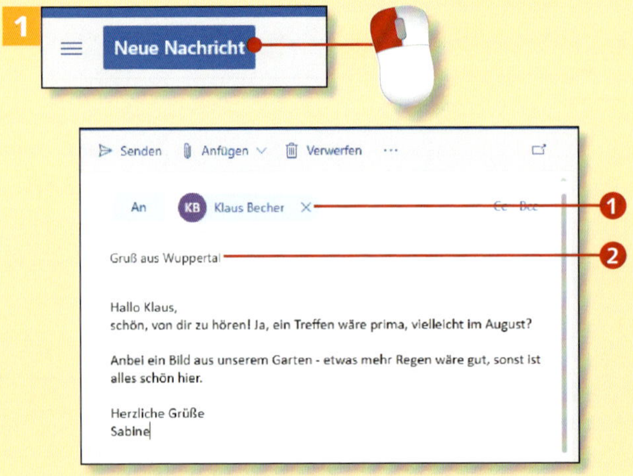

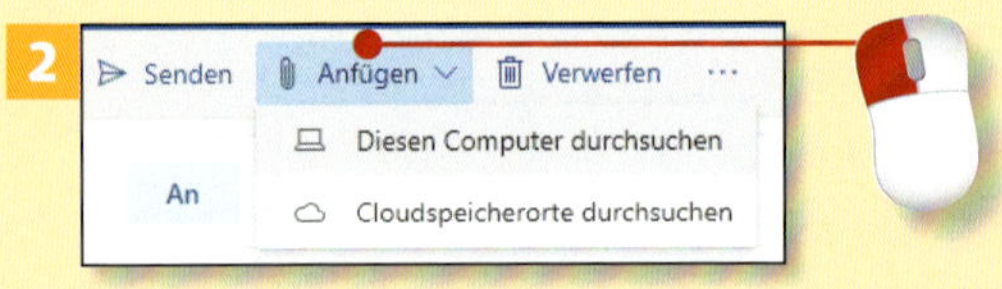

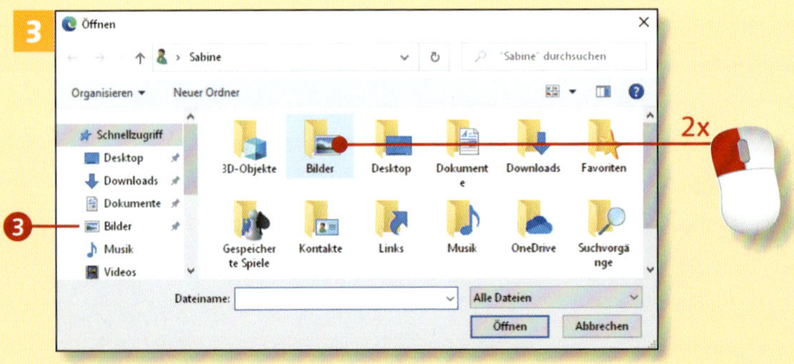

Bilder oder Dokumente lassen sich einfach an E-Mails anhängen. Sie laden sie von Ihrem Computer in die E-Mail.

Schritt 1

Klicken Sie auf **Neue Nachricht**. Schreiben Sie Ihre E-Mail; tragen Sie Empfänger ❶, Betreff ❷ und Ihren Text in die Felder ein.

Schritt 2

Klicken Sie auf **Anfügen**. Die Büroklammer signalisiert bei E-Mails einen *Anhang* (Anlage). Wenn Sie Ihre Bilder und Dokumente auf dem Computer speichern (siehe Kapitel 9, »Dateien und Ordner verwalten«, ab Seite 246), klicken Sie auf **Diesen Computer durchsuchen**. Speichern Sie die Daten in der Cloud, z. B. in *OneDrive*, klicken Sie auf **Cloudspeicherorte durchsuchen**.

Schritt 3

Rufen Sie den Ordner auf, in dem die zu verschickende Datei auf Ihrem Computer gespeichert ist: Klicken Sie entweder im rechten Bereich mit einem Doppelklick auf **Bilder** oder, sollte der Ordner hier nicht angezeigt werden, links in der Leiste einmal auf **Bilder** ❸.

Bilder direkt in die E-Mail packen

Sie können ein Bild auch direkt in Ihren Text einfügen. Klicken Sie dazu an die Stelle, an der das Bild erscheinen soll, und dann auf das Bildsymbol rechts neben der Büroklammer in der Leiste unter Ihrer E-Mail. Die Bilder dürfen dafür nicht zu groß sein.

Schritt 4

Rechts sehen Sie die Fotos, die in diesem Ordner gespeichert sind. Klicken Sie auf ein Bild, das Sie versenden möchten ❹, und dann auf **Öffnen**. Sie können auch mehrere Bilder auf einmal hochladen; markieren Sie sie (siehe Seite 252), und klicken Sie auf **Öffnen**.

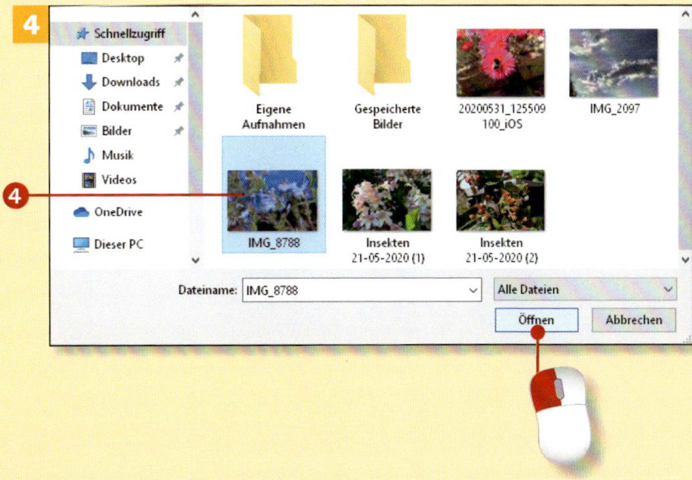

Schritt 5

Ist die Datei sehr groß, fragt Outlook.com, wie Sie sie schicken (»teilen«) möchten. Klicken Sie auf **Als Kopie anfügen**. Ist die Datei nicht so groß, kommt keine Nachfrage. Das Bild bzw. die Bilder werden hochgeladen. Ein dünner Balken ❺ zeigt den Fortschritt beim Hochladen an.

Schritt 6

Unter dem Betreff sehen Sie nun das angefügte Bild als Miniatur. Klicken Sie schließlich auf **Senden**.

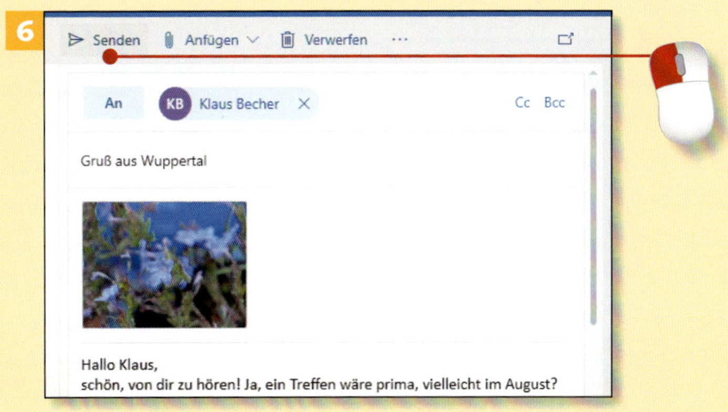

Fotos für den E-Mail-Versand verkleinern

Viele E-Mail-Postfächer bieten nur begrenzten Speicherplatz. Verkleinern Sie daher die Bilder vor dem Verschicken. Die Anleitung dazu finden Sie auf Seite 162.

E-Mail-Anlagen öffnen und speichern

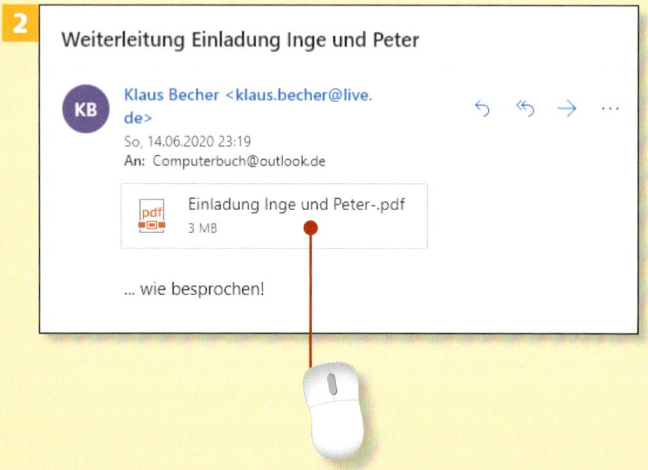

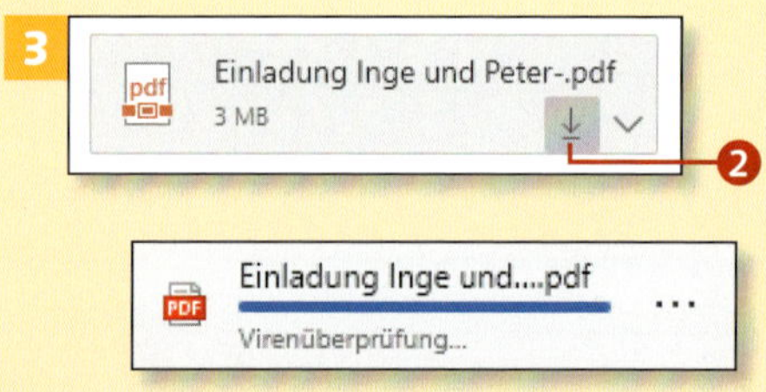

Sie haben eine E-Mail mit Bildern oder mit einem Dokument erhalten. In diesem Abschnitt erfahren Sie, wie Sie mit diesen E-Mail-Anlagen umgehen.

Schritt 1

Wenn eine E-Mail Anlagen mitbringt, sehen Sie das schon an der Büroklammer ❶: Wie bei den E-Mails mit Anlage, die Sie verschicken, signalisiert die Büroklammer auch beim E-Mail-Eingang einen Anhang.

Schritt 2

Öffnen Sie die E-Mail mit einem Klick: Inhalt und Anhang werden angezeigt. Ein Bild wird in Miniaturgröße angezeigt; das PDF-Dokument im Beispiel erscheint mit PDF-Logo und Dokumentname (siehe den Abschnitt »Den Adobe Acrobat Reader effektiv nutzen« auf Seite 100).

Schritt 3

Fahren Sie mit dem Mauszeiger über das Rechteck mit Logo und Dateiname. Jetzt wird das Symbol fürs Herunterladen sichtbar ❷. Klicken Sie darauf. Am linken unteren Rand des Outlook-Fensters sehen Sie den Fortschritt beim Herunterladen.

Wo kommt mein Text her?

Wenn Ihr Kontakt auf Ihre E-Mail antwortet, wird der Text Ihrer eigenen E-Mail unten angehängt. Wenn Sie wieder antworten, stehen Ihr erster und der Antworttext unter dem neuen Text usw. Diese Einstellung ist unabhängig von der Sortierung nach Unterhaltungen (siehe dazu Schritt 12 auf Seite 127 sowie den Abschnitt »E-Mails löschen« auf Seite 132).

Schritt 4

Klicken Sie auf **Datei öffnen**; je nach Einstellung wird die PDF-Datei in *Edge* in einem neuen Tab oder in der App *Adobe Acrobat Reader* geöffnet.

4

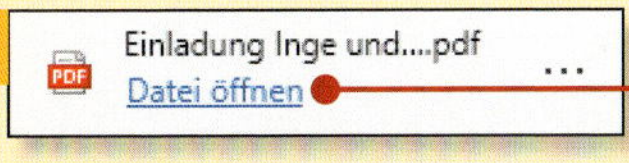

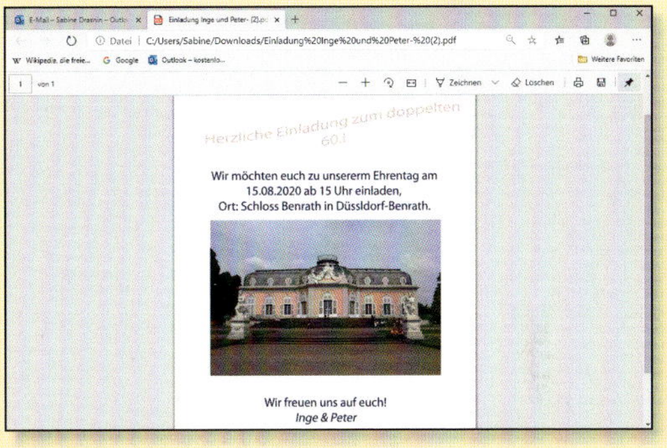

Schritt 5

Auch Mails mit Bildern haben eine Büroklammer. Wenn Sie die Mail anklicken, sehen Sie die Fotominiaturen. Bei mehreren Bildern sehen Sie die Miniaturen je nach Platz nebeneinander. An der Zeile unter den Miniaturen erkennen Sie, wie viele Anlagen Sie erhalten haben, im Beispiel sind es **3 Anlagen** ❸.

5

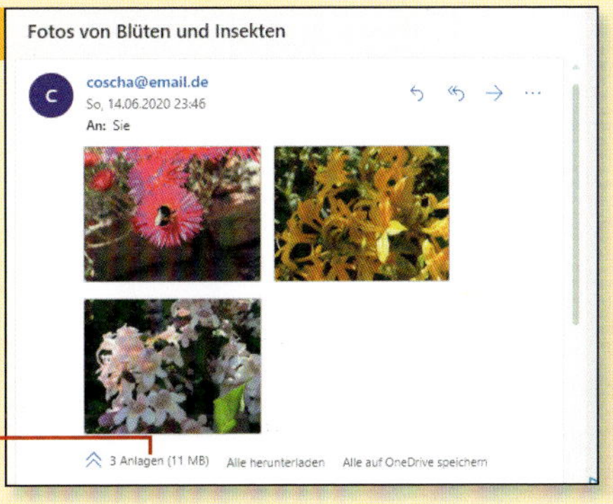

3

Schritt 6

Zum Vergrößern klicken Sie auf ein Bild. Eine *Vorschau* wird geöffnet. Mit dem Pfeil ❹ können Sie das nächste Bild aufrufen. Mit **×** schließen Sie die Vorschau ❺. Um ein Bild auf Ihrem Computer zu speichern, klicken Sie auf das Herunterladen-Symbol, das beim Darüberfahren im Miniaturbild erscheint. Das Bild finden Sie dann auf Ihrem Computer im Ordner **Downloads** (siehe Kapitel 6, »Fotos sortieren und bearbeiten« ab Seite 144).

6

5

4

Ein Adressbuch pflegen

Die Kontaktdaten der Menschen, mit denen Sie öfter E-Mails austauschen, speichern Sie in Ihrem Adressbuch.

1

2

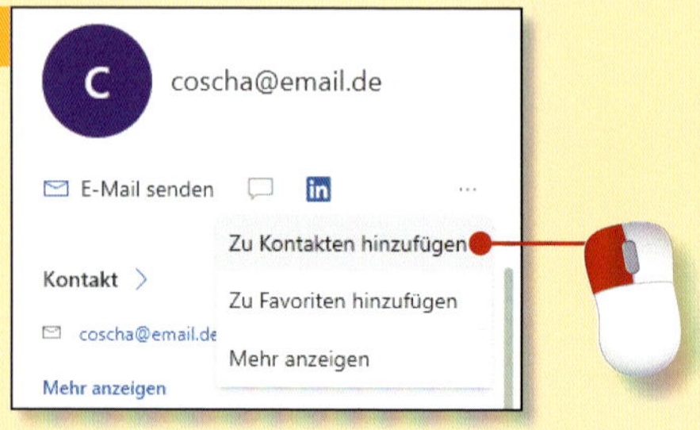

3

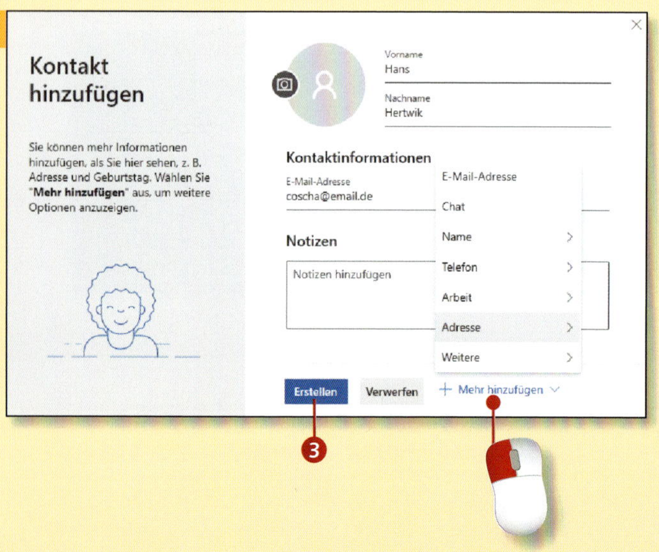

Schritt 1

Öffnen Sie eine E-Mail, und fahren Sie mit dem Mauszeiger über den Namen des Absenders. Ein Fenster schiebt sich vor die E-Mail. Wenn die Liste darin nach einem Augenblick ganz ausgeklappt ist, klicken Sie auf die drei Punkte **1**.

Schritt 2

Im Menü klicken Sie auf **Zu Kontakten hinzufügen**. Prüfen Sie im nächsten Fenster, ob Vor- und Nachname stimmen. Falls nicht, klicken Sie doppelt auf den Namen und tippen den richtigen ein. Die E-Mail-Adresse **2** wird automatisch aus der E-Mail übernommen.

Schritt 3

Weitere Daten können Sie eingeben, wenn Sie auf **Mehr hinzufügen** klicken. Wählen Sie nun aus, was Sie hinzufügen möchten, z. B. die Adresse. Für Outlook.com ist allerdings nur die E-Mail-Adresse obligatorisch – sonst kann Ihr Kontakt ja keine E-Mail von Ihnen erhalten. Klicken Sie dann auf **Erstellen** **3**.

Schritt 4

Wo finden Sie nun Ihre Kontakte? Klicken Sie am linken unteren Bildrand auf das **Personen**-Symbol. Edge öffnet im oder neben dem E-Mail-Fenster das Adressbuch, in Outlook.com einfach **Personen** genannt.

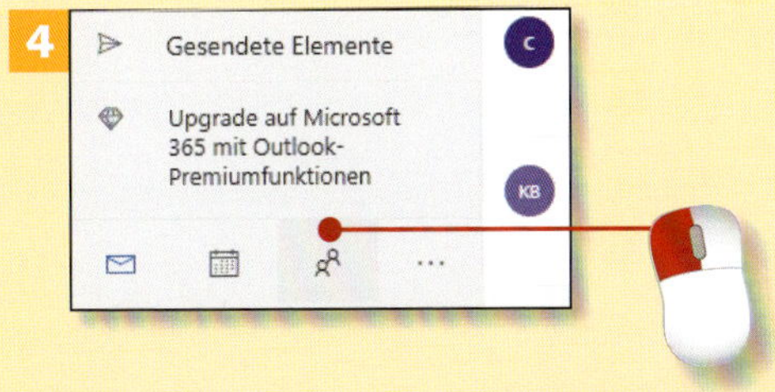

Schritt 5

Um einen Kontakt zu bearbeiten, klicken Sie in der Liste darauf ❹ und rechts auf **Kontakt bearbeiten**. Wollen Sie z. B. eine Telefonnummer hinzufügen, klicken Sie unten auf **Mehr hinzufügen** und in der Liste auf **Telefon**. Wählen Sie die richtige Option, z. B. **Privat** ❺. Tragen Sie die Daten ein, oder korrigieren Sie die vorhandenen Angaben. Klicken Sie dann auf **Speichern** ❻.

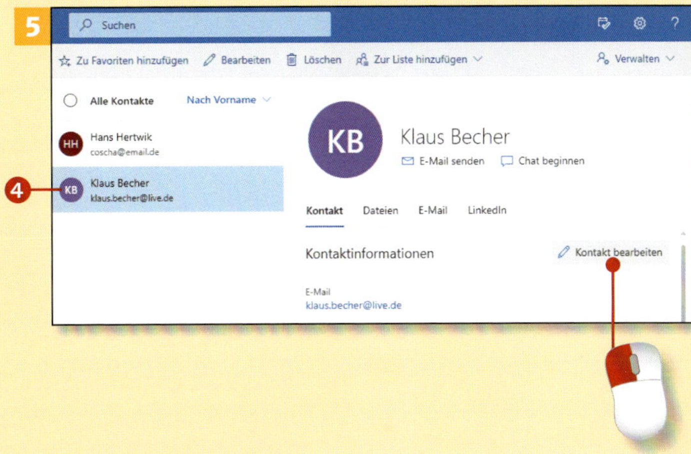

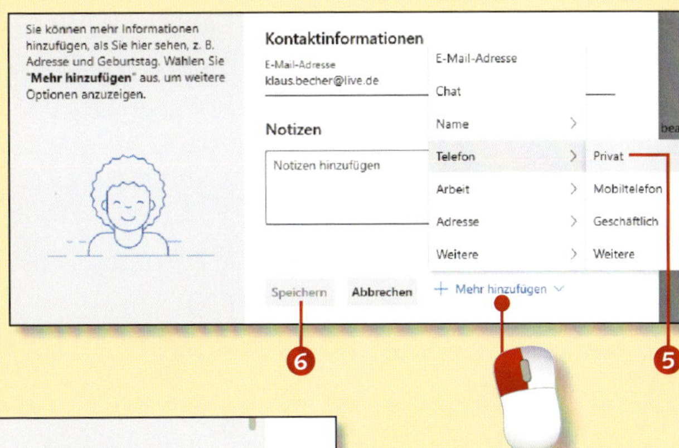

Schritt 6

Um zum Posteingang zurückzukehren, klicken Sie entweder links unten auf das Symbol **E-Mail** ❼ oder schließen den Tab **Personen** mit einem Klick auf das Schließkreuz.

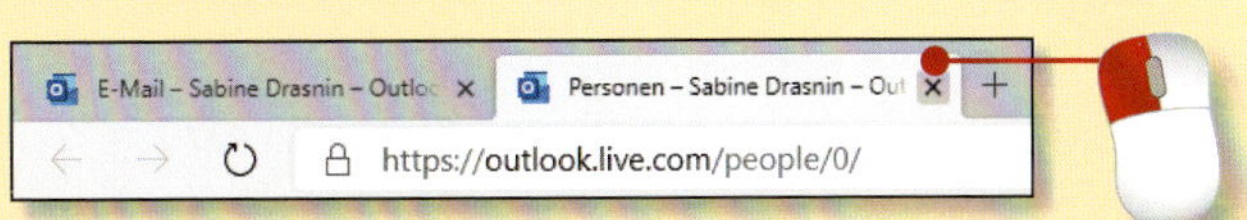

Personen, Kontakte, Adressbuch

Bei anderen E-Mail-Anbietern erreichen Sie das Adressbuch durch einen Klick auf ein Buchsymbol oder auf das Wort *Adressbuch*.

Ein Adressbuch pflegen (Forts.)

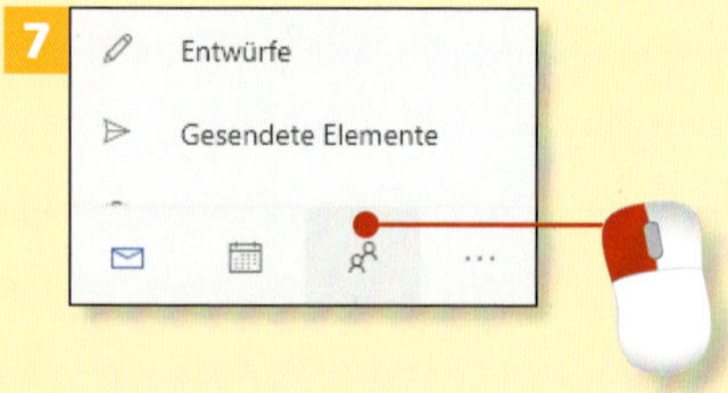

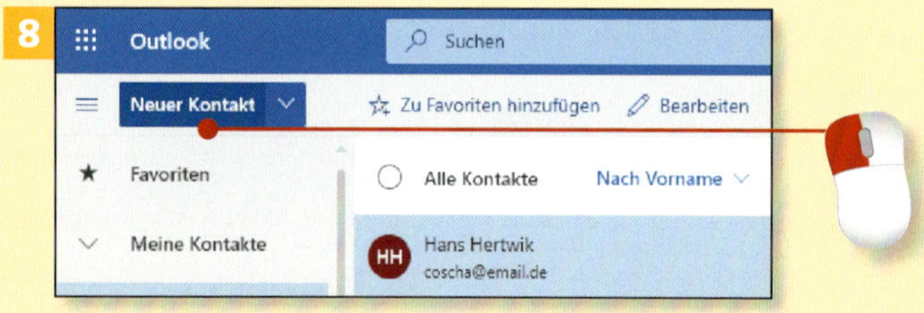

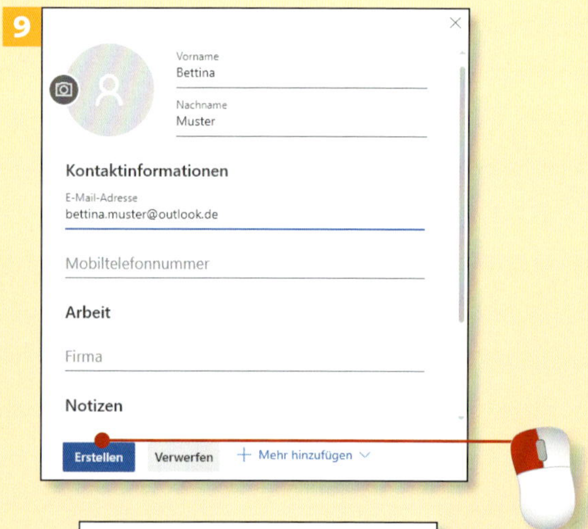

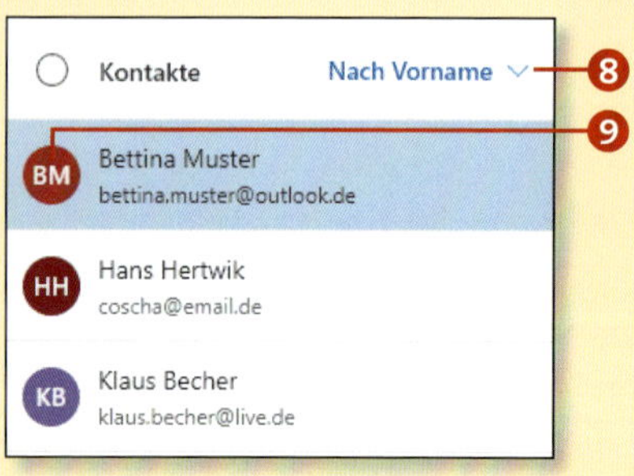

Schritt 7

Wenn Sie einen neuen Kontakt inklusive E-Mail-Adresse hinzufügen möchten, von dem Sie noch keine E-Mail erhalten haben, klicken Sie auf das **Personen**-Symbol links unten.

Schritt 8

Klicken Sie auf **Neuer Kontakt**; eine leere Eingabemaske wird geöffnet. Geben Sie Vorname, Nachname und E-Mail-Adresse ein. Achten Sie auf die korrekte Schreibweise der E-Mail-Adresse!

Schritt 9

Klicken Sie auf **Erstellen**. *Outlook.com* sortiert den neuen Kontakt in die Liste der bestehenden Kontakte ein. Die alphabetische Reihenfolge orientiert sich an den Vornamen.

Lieber erst den Nachnamen?

Um die Liste nach Nachnamen zu sortieren, klicken Sie auf den Pfeil 8 neben **Nach Vorname**. Eine Liste klappt auf. Im Abschnitt **Sortieren nach** klicken Sie auf **Nachname**. Sie sehen immer noch zuerst die Vornamen, aber die Reihenfolge orientiert sich am Nachnamen.

Schritt 10

Zum Löschen von Kontakten klicken Sie auf den Kreis mit den Initialen ⑨ – der Kreis wird mit einem Häkchen versehen ⑩ – und oben auf **Löschen**. Bestätigen Sie das Löschen. Kehren Sie dann wieder zum Posteingang zurück (siehe Schritt 6).

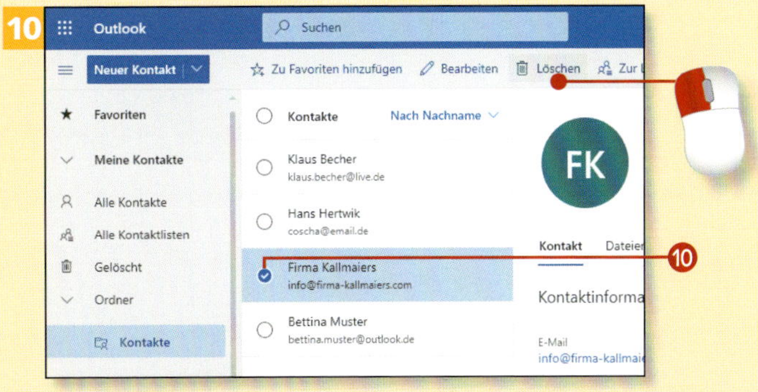

Schritt 11

Einen Adressaten aus Ihren Kontakten wählen Sie wie folgt aus: Klicken Sie auf **Neue Nachricht** ⑪. Klicken Sie in das Feld **An**; ein Fenster mit Ihren Kontakten öffnet sich. Klicken Sie den gewünschten Kontakt an.

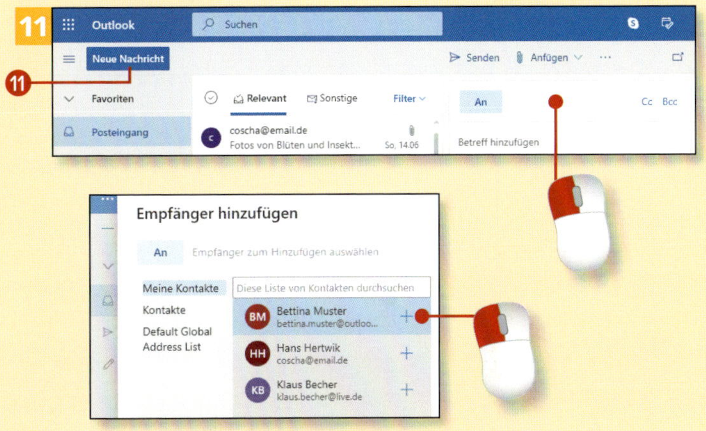

Schritt 12

Alternativ geben Sie den ersten Buchstaben des Vor- oder Nachnamens ein. Wählen Sie aus den Vorschlägen den passenden aus. Soll die E-Mail an mehrere Empfänger gehen, wiederholen Sie diesen Schritt. Und keine Sorge: Selbst, wenn nur der Name im Adressatenfeld erscheint, wird im Hintergrund die E-Mail-Adresse verwendet.

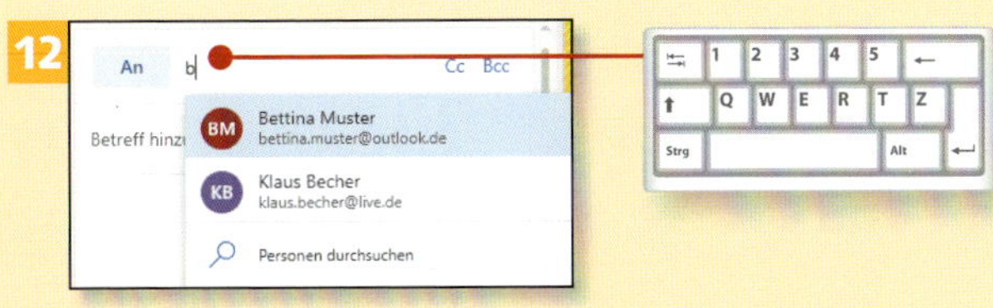

Was ist eine Kontaktliste?

Möchten Sie regelmäßig z. B. einen Rundbrief an Vereinsmitglieder schicken, können Sie eine *Kontaktliste* anlegen. Ihr fügen Sie aus Ihrem Adressbuch alle Kontakte hinzu, die zu dieser Gruppe gehören sollen. Sie wählen dann nicht die einzelnen Empfänger im **An**-Feld aus, sondern die Kontaktliste.

E-Mails gestalten

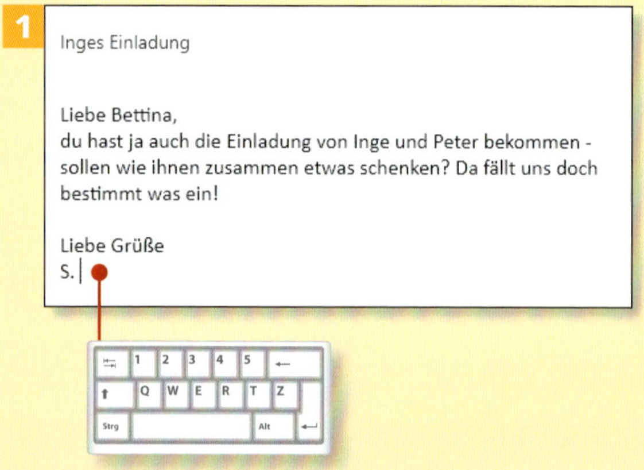

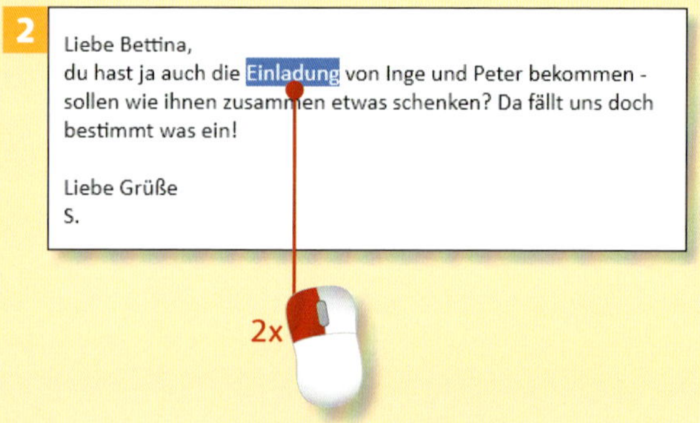

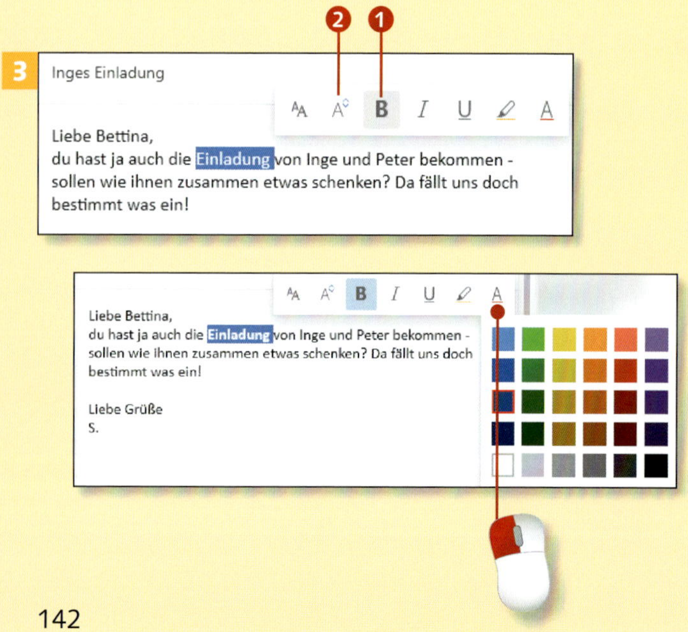

Reiner Text ist bei geschäftlichen E-Mails gut, aber vielleicht wollen Sie auch mal eine andere Schriftfarbe als Schwarz verwenden oder einen Smiley setzen? Nichts einfacher als das.

Schritt 1

Klicken Sie im E-Mail-Bereich auf **Neu**. Tragen Sie Empfänger und Betreff ein. Schreiben Sie Ihren Text.

Schritt 2

Im Beispiel soll das Wort *Einladung* im Nachrichtentext fett und blau geschrieben werden. *Doppelklicken* Sie auf das Wort; es wird markiert (blau hinterlegt).

Schritt 3

Eine schwebende Leiste erscheint; klicken Sie auf das **B** ❶ (für engl. *bold = fett*); es sorgt für die Fettschreibung. Klicken Sie dann auf das rot unterstrichene **A**. Eine kleine Auswahl an Farben wird angezeigt; wählen Sie durch Klicken eine Farbe aus. Klicken Sie an eine leere Stelle unter dem Text, um die Änderungen zu sehen.

Schritt 4

Um den ganzen Text zu vergrößern, klicken Sie in den Text und drücken dann gleichzeitig [Strg] + [A]. So markieren Sie den ganzen Text, erkennbar an der blauen Hintergrundfarbe. Zum Vergrößern der Schrift klicken Sie in der Schwebeleiste auf das zweite Symbol ❷ und wählen aus der Liste eine höhere Zahl aus.

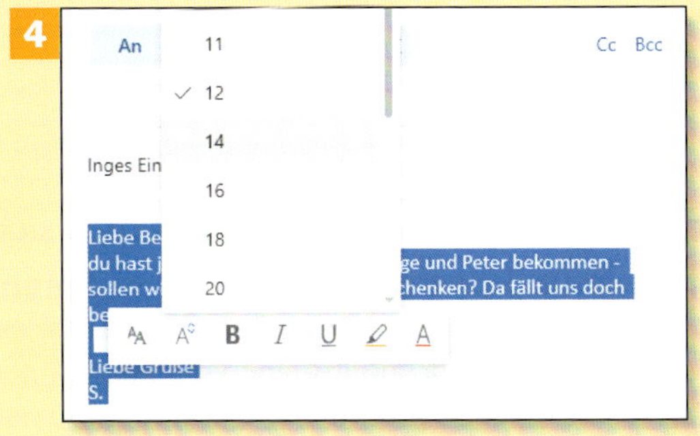

Schritt 5

Klicken Sie wieder an eine leere Stelle (siehe dazu den Kasten auf dieser Seite). Ein Smiley lockert E-Mails auf. Klicken Sie an die Stelle, an der Sie einen Smiley einfügen wollen, und dann auf das **Smiley-Symbol**.

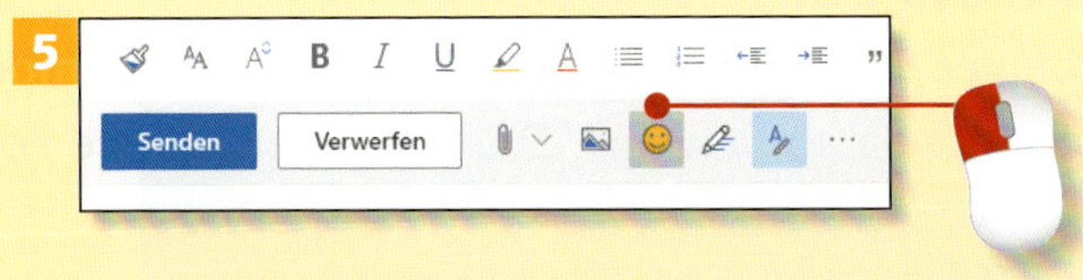

Schritt 6

Wenn es nicht zu sehen ist, klicken Sie auf die drei Punkte unten ❸ und dann auf **Emojis und GIFs einfügen**. Rechts neben der E-Mail öffnet sich ein Katalog mit Smileys. Wählen Sie eins oder mehrere durch Klicken aus. Schließen Sie das Smiley-Fenster mit dem Schließkreuz ❹. Ist Ihre E-Mail fertig, klicken Sie auf **Senden** ❺.

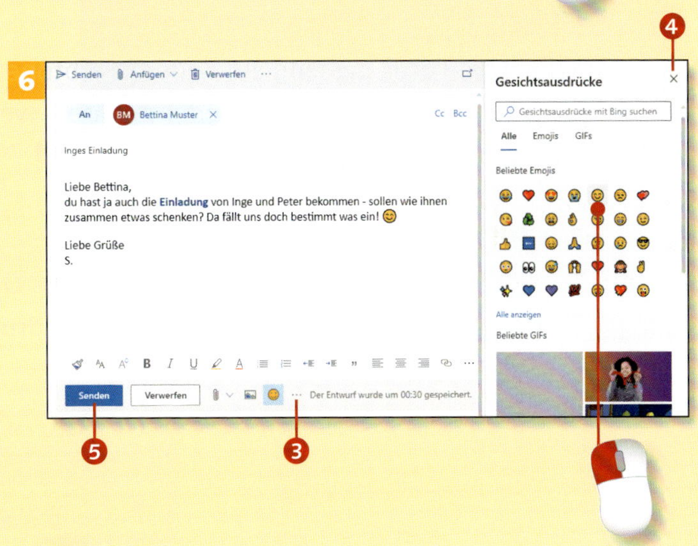

Vorsicht bei markiertem Text!

Wenn Sie Ihren ganzen Text markiert haben (wie in Schritt 4 beschrieben), sollten Sie keine Taste auf Ihrer Tastatur drücken, denn sonst ist der ganze Text weg und wird durch das gedrückte Zeichen ersetzt. Sollte dies doch einmal passieren, drücken Sie kurz [Strg] + [Z]. Das macht die letzte Aktion rückgängig.

Fotos auf den Computer kopieren

Digitale Bilder können Sie mit vielen Geräten knipsen und speichern. Ihr Computer erkennt beim Anschließen, welche Dateien zu übertragen sind.

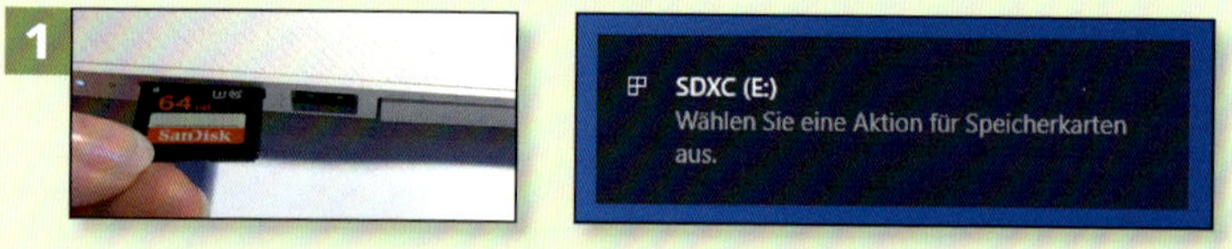

Schritt 1

Fotos, die sich auf einer SD-Karte befinden, übertragen Sie ganz einfach auf Ihren Computer. Entnehmen Sie dazu die SD-Karte Ihrer Kamera, und stecken Sie sie in Ihr Notebook oder Ihren PC. Die kleine Abschrägung muss oben rechts sein. Windows erkennt die neue Hardware und fordert Sie auf, zum Fortfahren auf eine Schaltfläche zu klicken.

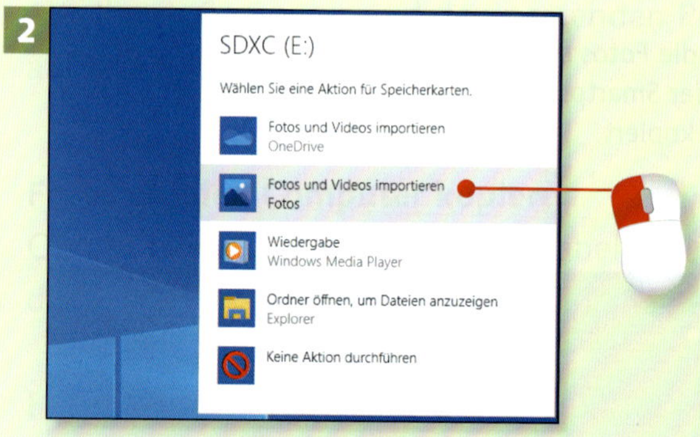

Schritt 2

Im nächsten Fenster klicken Sie auf **Fotos und Videos importieren**.

Schritt 3

Die *Fotos*-App öffnet sich, und die Fotos von der SD-Karte werden, nach Monaten sortiert, angezeigt. Um alle Bilder auszuwählen, klicken Sie auf **Import … von … Elemente**. Einzelne Bilder wählen Sie aus, indem Sie in das Kästchen oben rechts am Bild klicken ❶, sodass es ein blaues Häkchen erhält. Klicken Sie schließlich unten auf **Import … von … Elemente**.

Beim zweiten Mal wird es einfacher

Wenn Sie die SD-Karte das nächste Mal einstecken, erscheint direkt das in Schritt 3 gezeigte Fenster. Sie müssen also vorher keine Aktion auswählen.

Schritt 4

Die *Fotos*-App beginnt mit dem Import, also dem Speichern der Bilder auf Ihrem Computer, und zeigt dabei den Fortschritt an ❷. Die Originale bleiben auf der Kamerakarte.

4
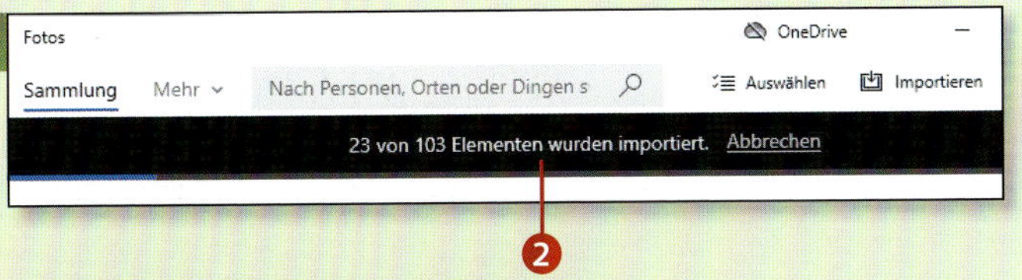

Schritt 5

Der Import wird bestätigt ❸, und die App zeigt Ihnen die Fotos jetzt unter **Sammlung** ❹ an. Auch hier sind die Bilder nach Aufnahmedatum gruppiert.

5
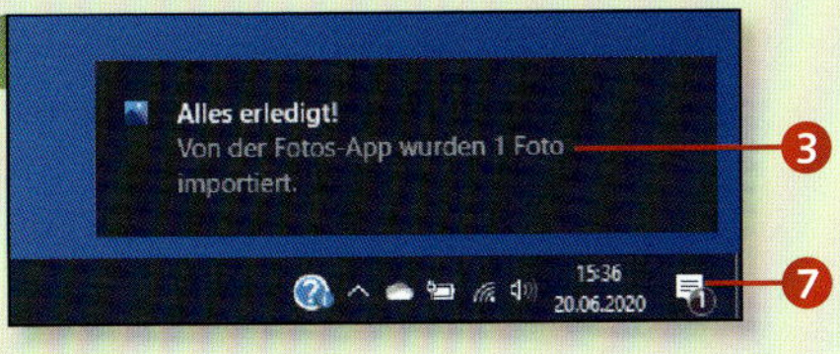

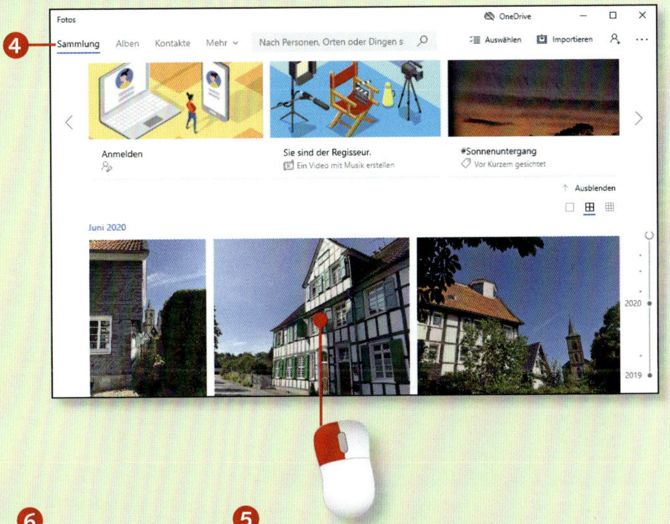

Schritt 6

Wenn Sie ein Bild anklicken, wird es groß angezeigt. Drehen Sie am Mausrad, oder klicken Sie auf die Pfeile rechts und links, um das nächste bzw. das vorherige Bild anzuzeigen. Ein Klick auf das Plus in der Lupe ❺ vergrößert das Bild. Klicken Sie oben links auf den Pfeil ❻, um zur Sammlung zurückzukehren.

6
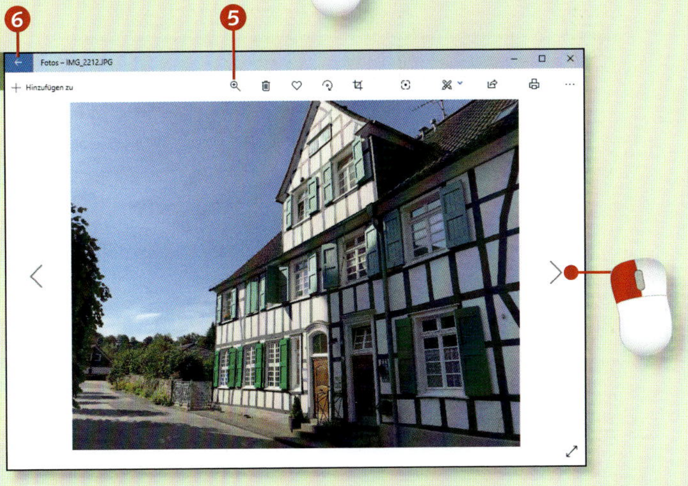

i

Meldung zu schnell weg?

Windows zeigt Ihnen die Benachrichtigung aus Schritt 5 nicht nur als kleines Fenster an, sondern auch im Info-Center. An der Zahl ❼ erkennen Sie, dass es neue Meldungen gibt. Klicken Sie darauf, und die Meldung wird in einer Seitenleiste angezeigt.

Fotos auf den Computer kopieren (Forts.)

7

8

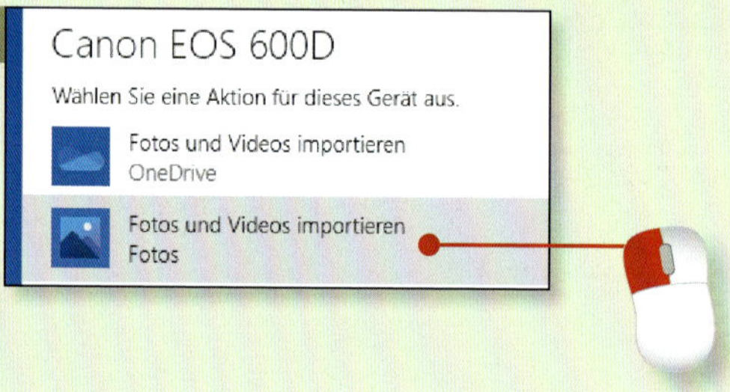

9

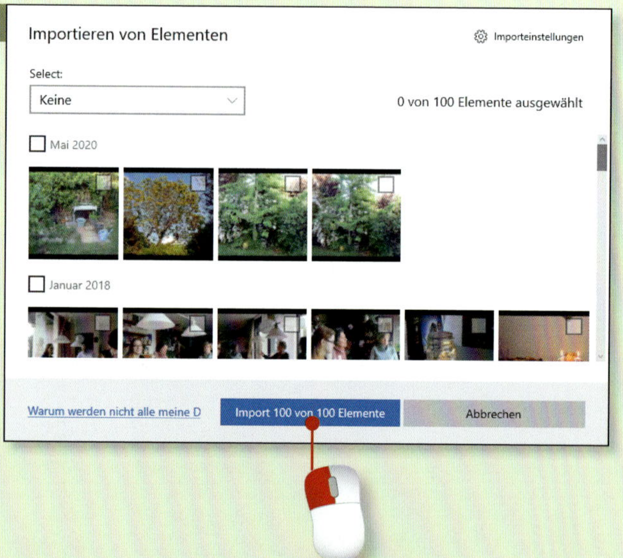

Schritt 7

Kameras lassen sich auch mit einem USB-Kabel mit dem Notebook verbinden. Schalten Sie die Kamera ein.

Schritt 8

Bestätigen Sie ggf. an der Kamera den **USB-Modus ▸ PC** oder eine ähnliche Meldung. Windows erkennt die Kamera und fordert Sie zum Auswählen einer Aktion auf. Klicken Sie auf **Fotos und Videos importieren**. Je nach Einstellung wird aber auch direkt das Importfenster angezeigt (siehe Schritt 9).

Schritt 9

Jetzt geht es weiter, wie in Schritt 3 beschrieben: Die *Fotos*-App öffnet sich und zeigt die auf der Kamera vorhandenen Bilder an. Wählen Sie entweder alle aus, und klicken Sie dazu direkt unten auf die entsprechende Schaltfläche, oder klicken Sie in die Kästchen der Bilder, die Sie auf Ihrem Computer haben möchten. Bestätigen Sie die Meldung **Import … von … Elemente**.

Fotos in Ordner einsortieren

Sie können zwar in der *Fotos*-App Ordner anlegen, leichter ist das Verwalten aber im Explorer (siehe dazu den Abschnitt »Fotos auf dem Computer finden« ab Seite 152).

Schritt 10

Die *Fotos*-App fügt die importierten Fotos in Ihre **Sammlung** ein. Um ein Bild zu löschen, klicken Sie in das Kästchen am Bild. Es erscheint, wenn Sie mit dem Mauszeiger die rechte obere Ecke des Bildes ansteuern. Klicken Sie auf den Mülleimer in der Symbolleiste, und bestätigen Sie das Löschen. Das angeklickte Bild wird in der *Fotos*-App gelöscht (nicht aber auf der Kamera!).

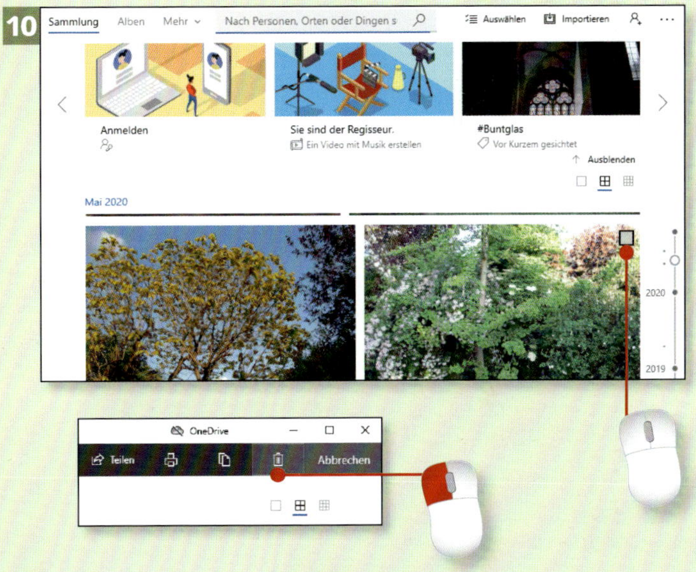

Schritt 11

Wenn Sie die Kamerakarte erneut einstecken oder die Kamera anschließen, erkennt Windows »alte« Fotos. Um nur die neuen Fotos auszuwählen, klicken Sie links oben auf **Keine** und in der Liste auf **Elemente seit dem letzten Import**.

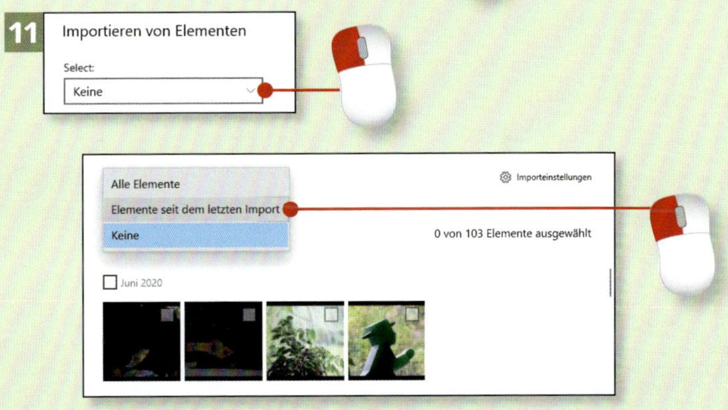

Schritt 12

Kontrollieren Sie, ob auch wirklich nur die neuen Fotos erkannt wurden. Bei Bildern, die nicht importiert werden sollen, klicken Sie jeweils die Häkchen weg. Ganze Monate können Sie durch einen Klick in das Kästchen am Monat abwählen ❽. Starten Sie den Import wieder mit **Import … von … Elemente**. Zum Schließen der *Fotos*-App klicken Sie oben rechts auf das Schließkreuz ❾.

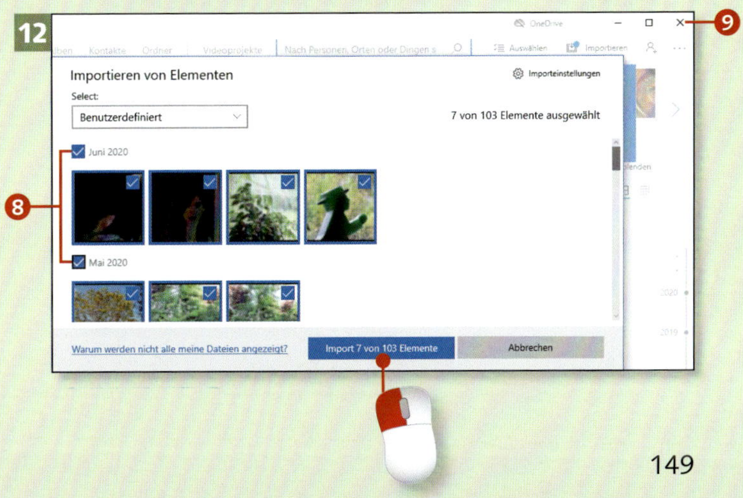

Fotos vom Smartphone importieren

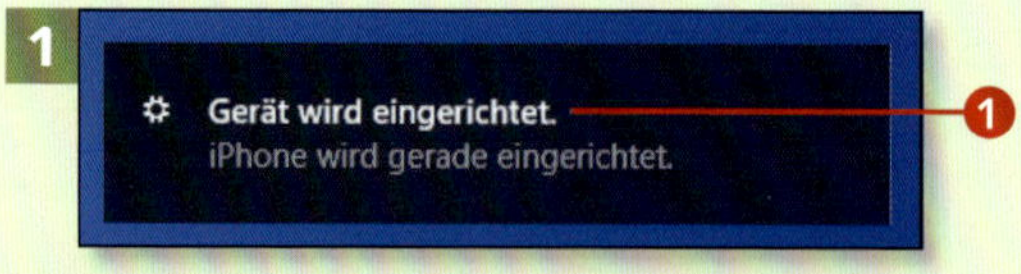

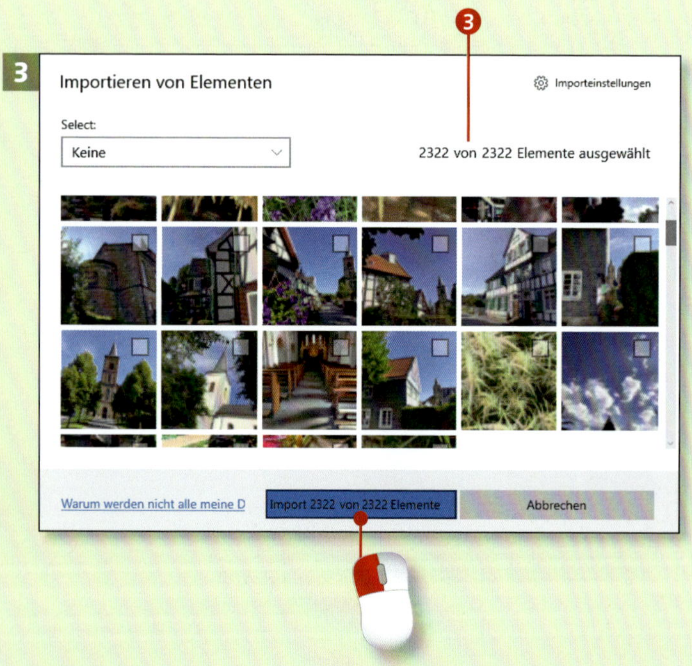

Auch Fotos, die Sie unterwegs mit dem Smartphone aufnehmen, können Sie auf den Computer übertragen.

Schritt 1

Schließen Sie das Smartphone mit dem passenden USB-Kabel an den Computer an. Das Smartphone muss eingeschaltet und entsperrt sein. Erlauben Sie auf dem Smartphone den Zugriff des Computers. Beim allerersten Anschluss wird die Verbindung eingerichtet ❶.

Schritt 2

Klicken Sie auf die Meldung **Wählen Sie eine Aktion für dieses Gerät aus** ❷ und dann auf **Fotos und Videos importieren**.

Schritt 3

Beim ersten Anschluss wird die *Fotos*-App *alle* Ihre Bilder zum Import vorsehen; das können wie im Beispiel sehr viele sein ❸. Dann dauert der Import länger. Sollen alle Fotos importiert, also auf Ihren Computer kopiert werden, klicken Sie direkt unten auf **Import ... von ... Elemente**. In diesem Fall müssen die Fotos nicht mit Häkchen versehen sein.

Schritt 4

Sollen nur bestimmte Fotos importiert werden, klicken Sie in die Kästchen an diesen Fotos. Um z. B. alle Fotos eines Jahres zu kopieren, klicken Sie in die Kästchen bei den betreffenden Monaten 4. Bestätigen Sie schließlich die Auswahl mit einem Klick unten auf **Import … von … Elemente**. Die Fotos werden Ihrer Sammlung hinzugefügt.

4
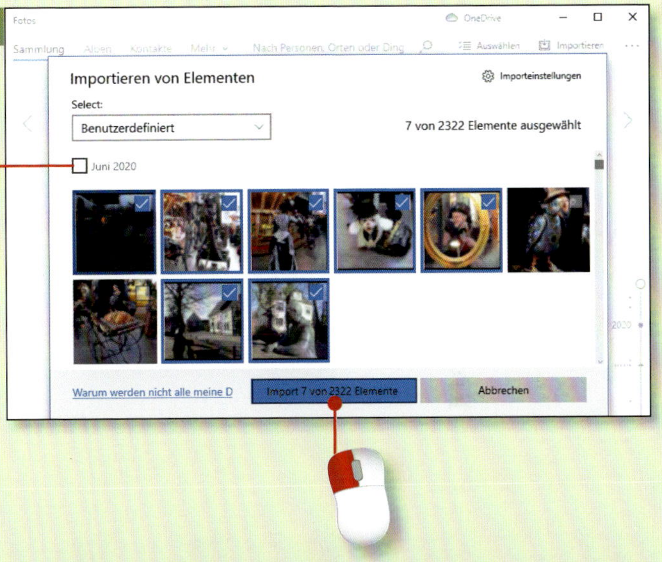

Schritt 5

Sollte nach dem Anschluss des Smartphones die Meldung **Wählen Sie eine Aktion** zu schnell verschwunden sein, rufen Sie den Import selbst auf: Öffnen Sie die *Fotos*-App, indem Sie das Startmenü aufrufen (⊞-Taste drücken) und auf die Kachel **Fotos** klicken.

5
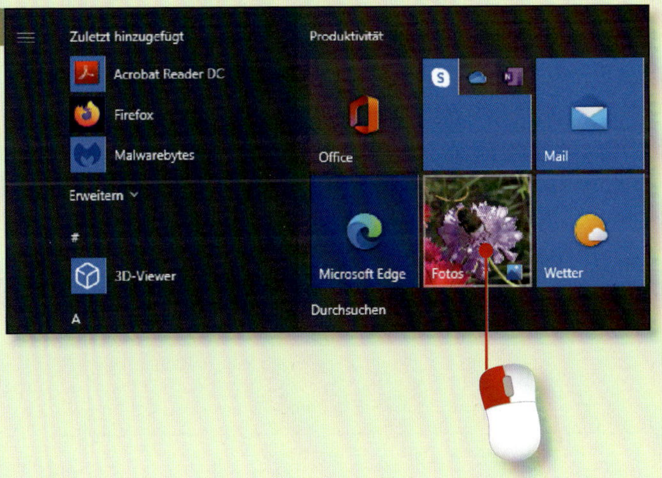

Schritt 6

Klicken Sie in der App oben rechts auf **Importieren** und dann auf **Von USB-Gerät**. Weiter geht es wie ab Schritt 3 beschrieben.

6
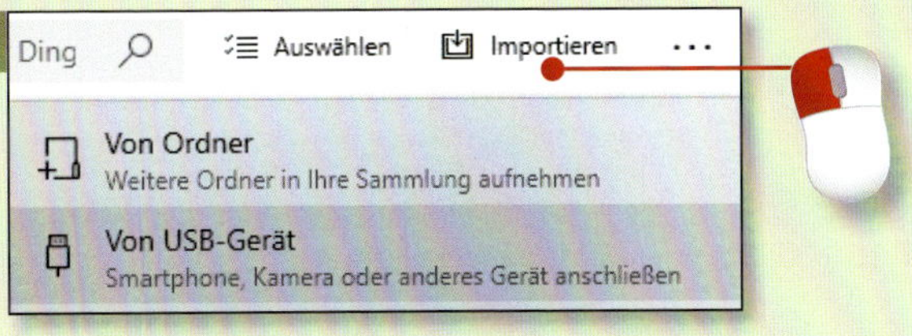

Fotos auf dem Computer finden

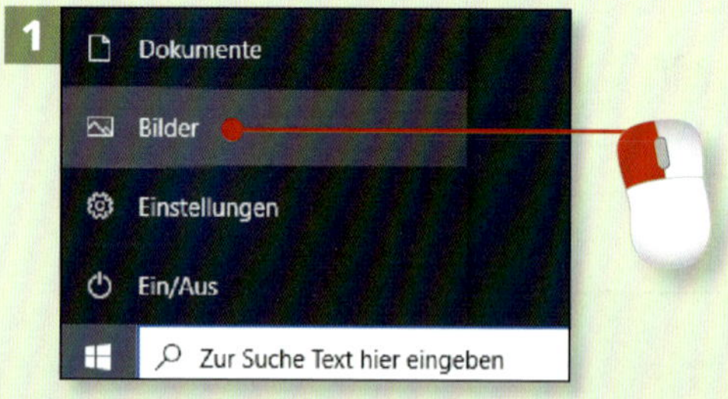

Wenn Sie gern fotografieren, möchten Sie Ihre Bilder auch einfach wiederfinden. Im Explorer stehen Ihnen dazu Haupt- und Unterordner zur Verfügung.

Schritt 1

Öffnen Sie Ihren Bilder-Ordner im Explorer: Klicken Sie im Startmenü (⊞ drücken oder links unten auf das Windows-Logo klicken) links auf das Symbol **Bilder**.

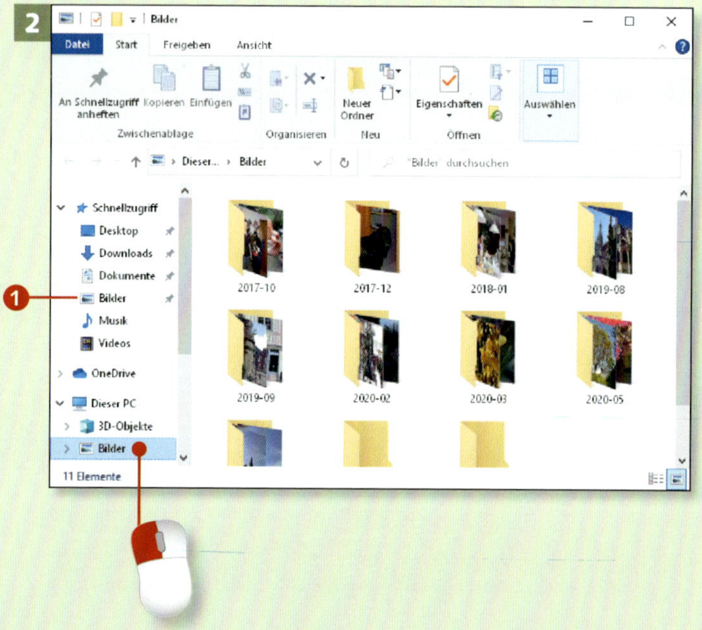

Schritt 2

Der *Explorer*, Ihr Datei-Verwaltungsprogramm, fasst im Hauptordner **Bilder** alle Ihre Fotos zusammen. Sie finden ihn an zwei Stellen: zum einen links im Abschnitt **Schnellzugriff** ❶ und zum anderen unter **Dieser PC** (jeweils einmal anklicken). Egal auf welche der beiden Stellen Sie klicken: Sie gelangen stets zur Übersicht Ihrer Fotos.

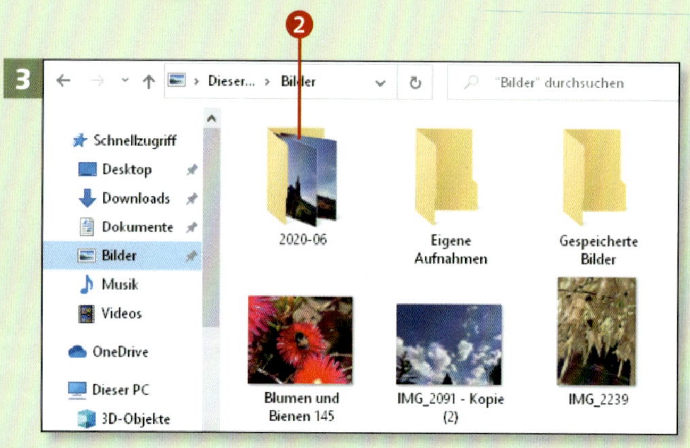

Schritt 3

Der rechte Fensterteil gibt den Inhalt des Hauptordners wieder, der in der Ordnerliste links angeklickt ist. Schauen Sie auf den rechten Fensterteil: Die Fotos liegen teilweise in Unterordnern ❷, teilweise direkt im Hauptordner, wie hier zu sehen.

Schritt 4

Wenn Sie Ihre Fotos der letzten Reise nicht direkt sehen, suchen Sie nach dem richtigen Ordner: Unter der Vorschau eines Bilderordners sehen Sie den *Ordnernamen*. Die Ordner werden standardmäßig nach Zahlen, z. B. Datum, und dann nach Alphabet sortiert und benannt. Öffnen Sie den entsprechenden Ordner durch einen Doppelklick.

Schritt 5

Die Bilder werden neben- und untereinander klein angezeigt. Wenn Ihnen die Miniaturbilder zu klein sind, klicken Sie im *Menüband* – das ist der Bereich oberhalb der Fotos – auf **Ansicht ▸ Extra große Symbole**. Sie müssen nicht nur darauf zeigen, sondern *klicken*.

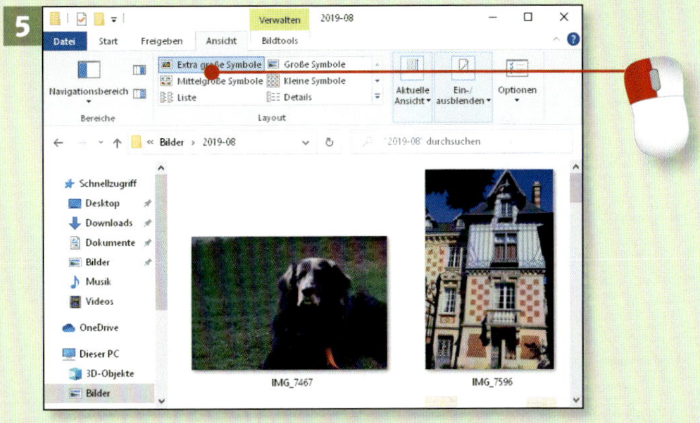

Schritt 6

Ein Bild öffnen Sie mit einem Doppelklick auf die Miniatur ❸. Um im Explorer zur Übersicht aller Ordner im Hauptordner **Bilder** zurückzukehren, klicken Sie auf das Wort **Bilder** in der Navigationsleiste oder links in der Ordnerliste ❹. Sie können im Explorer Fotos auch verschieben, umbenennen oder löschen (siehe Kapitel 9, »Dateien und Ordner verwalten«, ab Seite 246).

Was ist der Schnellzugriff?

Ordner und Dateien, die Sie oft verwenden, finden sich im *Schnellzugriff*. Er steht immer oben links in der langen Liste der Ordner. So sehen Sie diese Dateien und Ordner direkt nach dem Öffnen des Explorers. Auch die Hauptordner **Bilder**, **Dokumente**, **Musik** und **Videos** sind hier angeheftet.

Bilder gerade ausrichten

1

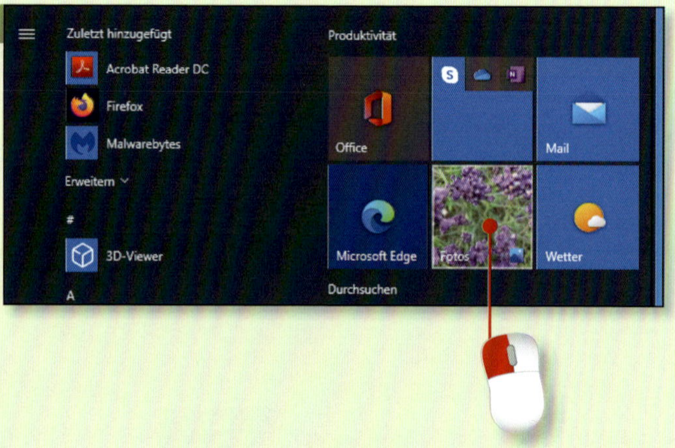

2

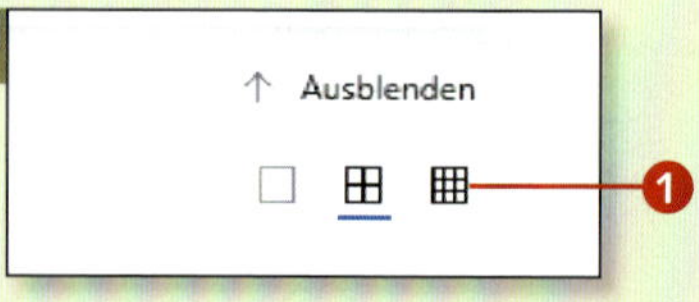

3

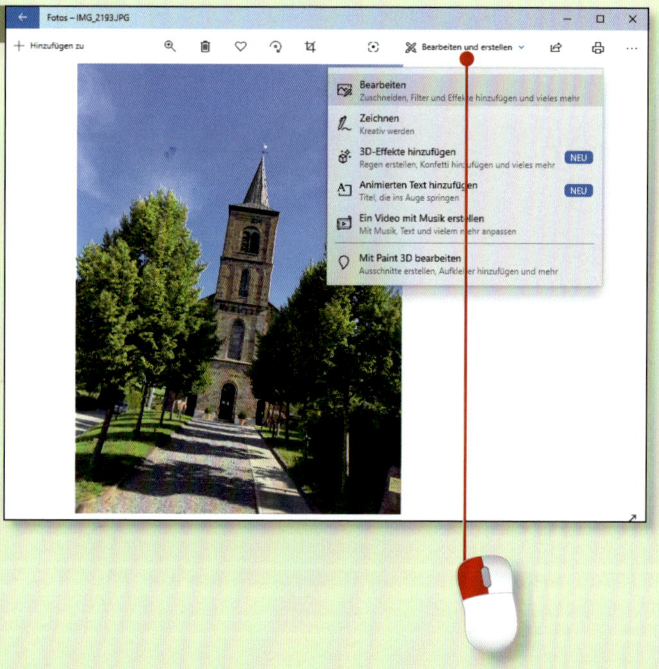

Ein schönes Bild – aber leider schief. Wie Sie es wieder gerade ausrichten, lesen Sie hier.

Schritt 1

Öffnen Sie die *Fotos*-App: Klicken Sie dazu im Startmenü auf die App-Kachel **Fotos**. Übrigens: Bei eingeschalteter Live-Vorschau ändert sich das Vorschaubild hier laufend. Die *Fotos*-App begrüßt Sie manchmal mit Tipps; schließen Sie sie mit dem **×** innerhalb der Tipps-Kästen.

Schritt 2

Um mehr Bilder auf einmal zu sehen, klicken Sie auf das kleine Gitter **1** ganz rechts. Scrollen Sie bis zu dem Bild, das Sie verbessern möchten. Klicken Sie mitten drauf.

Schritt 3

Das Bild wird groß angezeigt. Klicken Sie oben in der Befehlsleiste auf **Bearbeiten und erstellen** und dann auf **Bearbeiten**.

Befehlsleiste verschwunden?
Sehen Sie nach dem Öffnen eines Bildes in der *Fotos*-App nur das Foto in groß, klicken Sie das große Bild einmal an. Jetzt ist die Leiste mit dem **Bearbeiten**-Befehl zu sehen.

Schritt 4

Die Fotos-App wechselt zu einem fast schwarzen Hintergrund und zeigt rechts neben dem Bild verschiedene Werkzeuge zum Verbessern an. Schon ausgewählt, weil an erster Stelle, ist das Werkzeug **Zuschneiden und drehen** ②.

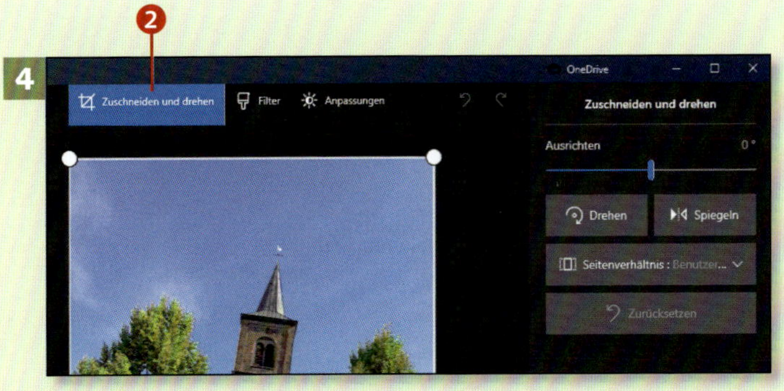

Schritt 5

Zum Gerade-Ausrichten nutzen Sie den großen blauen **Ausrichten**-Schieber: Ziehen Sie ihn mit gedrückter Maustaste langsam nach links oder rechts, je nach zu korrigierendem »Schiefstand«. Ein Gitter hilft Ihnen bei der Ausrichtung. Stimmt die Neigung, lassen Sie die Maustaste los.

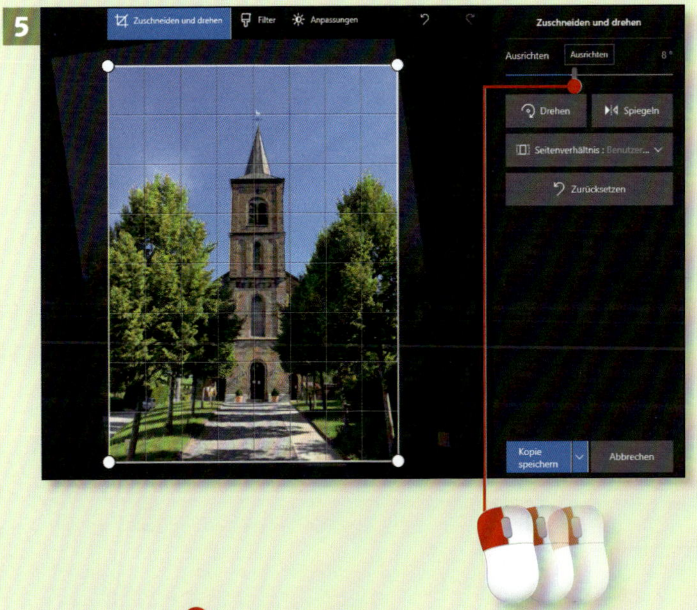

Schritt 6

Um die Änderung zu speichern, klicken Sie rechts unten auf **Kopie speichern** (das Original bleibt erhalten) oder – nach einem Klick auf den Pfeil neben **Kopie speichern** ③ – auf **Speichern** (das Original wird durch die verbesserte Version ersetzt). Der Hintergrund wird wieder hell.

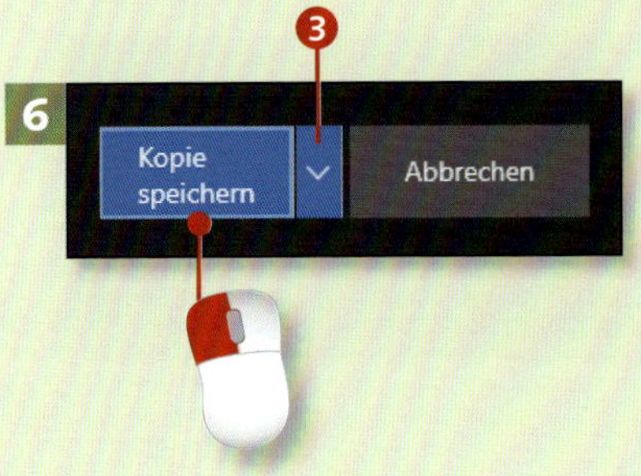

Bilder (automatisch) verbessern

1

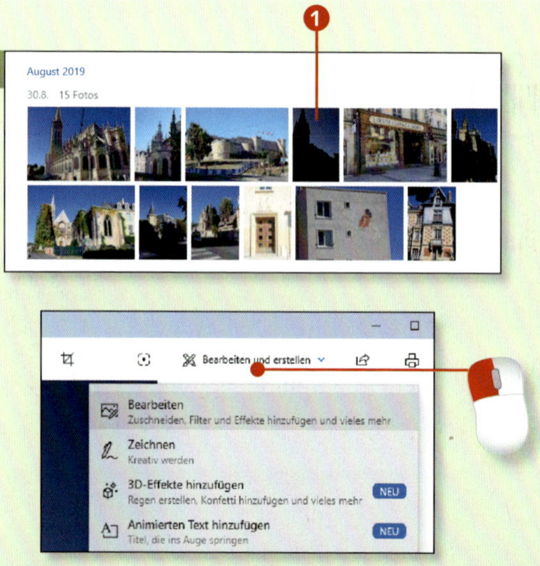

2

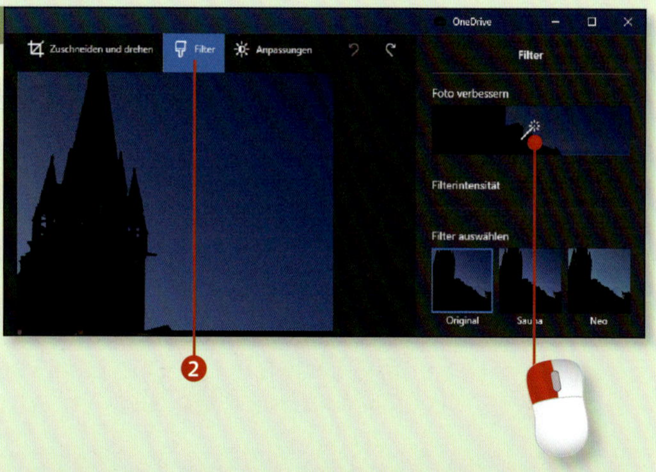

3

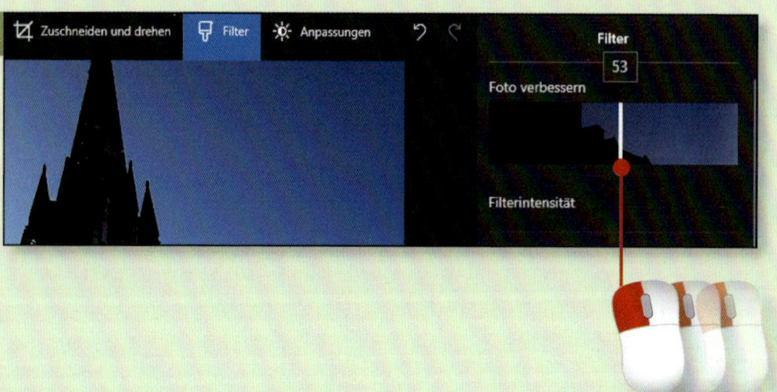

Zu helle Bilder können auch Bildbearbeitungsprogramme nicht wirklich retten, aber zu dunkle Stellen im Bild oder auch das ganze Foto lassen sich gut aufhellen. Auch dabei hilft Ihnen die Fotos-App.

Schritt 1

Öffnen Sie das Bild zum Bearbeiten, indem Sie es in der *Fotos*-App anklicken ❶. Klicken Sie auf **Bearbeiten und erstellen ▸ Bearbeiten**.

Schritt 2

Klicken Sie für eine automatische Verbesserung oberhalb des Bilds auf **Filter** ❷. Die Werkzeuge rechts in der Seitenleiste ändern sich; klicken Sie oben auf das Bild mit dem **Zauberstab** im Abschnitt **Foto verbessern**. Die *Fotos*-App ändert Belichtung und Kontrast.

Schritt 3

Ziehen Sie den weißen Balken im Bereich **Foto verbessern** mit gedrückter Maustaste nach links, um die Änderungen abzuschwächen, bzw. nach rechts zum Verstärken.

Schritt 4

Möchten Sie weitere Verbesserungen selbst vornehmen, klicken Sie oben auf **Anpassungen** 3. Die Werkzeugleiste ändert sich wieder; nutzen Sie die Balken und Schieberegler, um Ihr Bild zu verbessern. Um das Bild aufzuhellen, ziehen Sie z. B. den Balken im Bereich **Licht** mit gedrückter Maustaste nach rechts. Lassen Sie die Maustaste los, wenn das Bild hell genug ist.

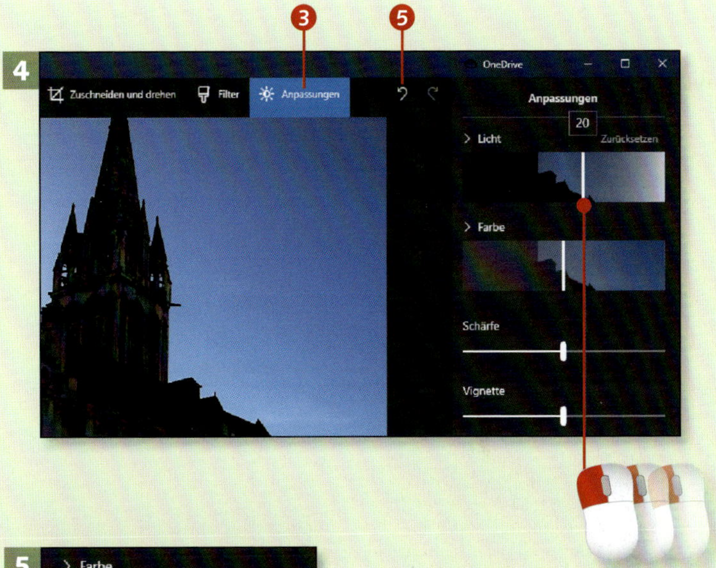

Schritt 5

Bei **Schärfe** können Sie etwas klarere Konturen aus dem Bild herausholen, wenn Sie den Schieberegler nach rechts ziehen. Wollen Sie das Bild mit Weichzeichner versehen, ziehen Sie den Regler nach links.

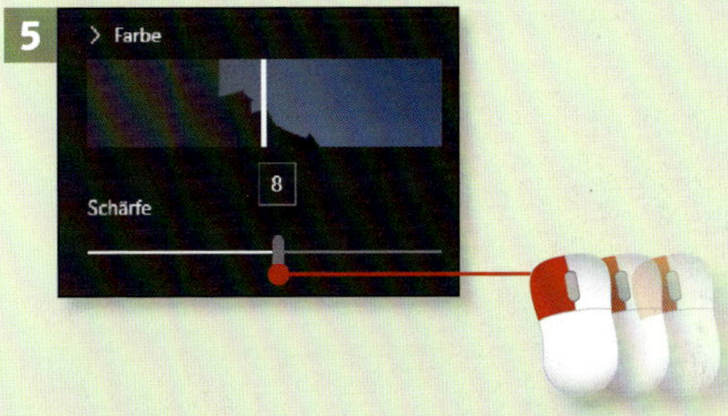

Schritt 6

Passen Sie das Bild nach Bedarf weiter an. Um die Ansicht zu vergrößern, klicken Sie unten auf das **+** 4. Ihre Änderungen machen Sie rückgängig, indem Sie oben rechts auf **Zurücksetzen** (5 in Schritt 4) klicken. Zum Behalten der Änderungen klicken Sie auf **Kopie speichern** bzw. **Speichern**.

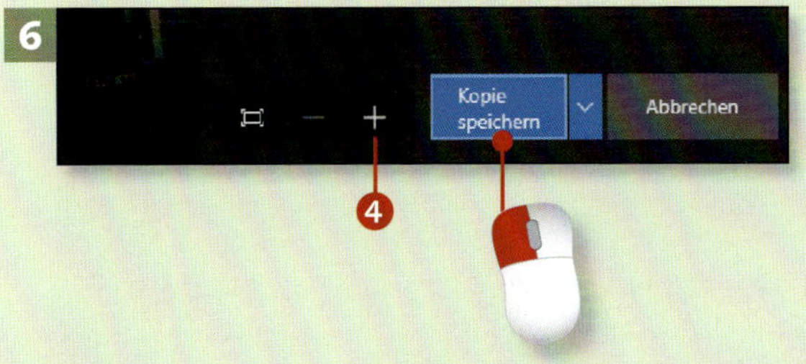

Kontrast, Schatten und mehr

Noch mehr Werkzeuge als die hier erläuterten finden Sie, wenn Sie auf die Begriffe **Licht** und **Farbe** klicken. Hier können Sie das Bild jeweils noch feiner bearbeiten.

Rote Augen entfernen

1

2

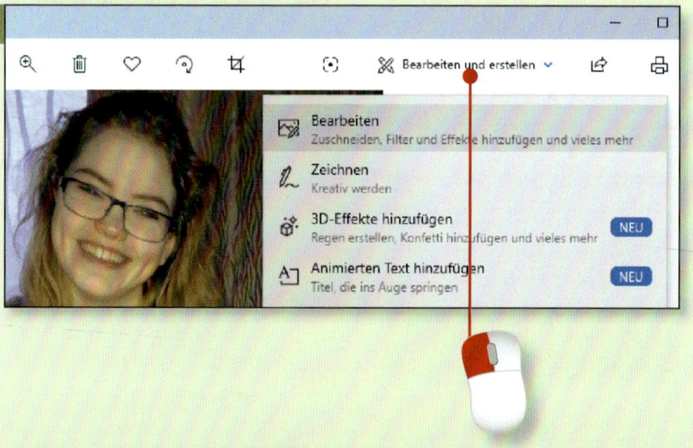

3

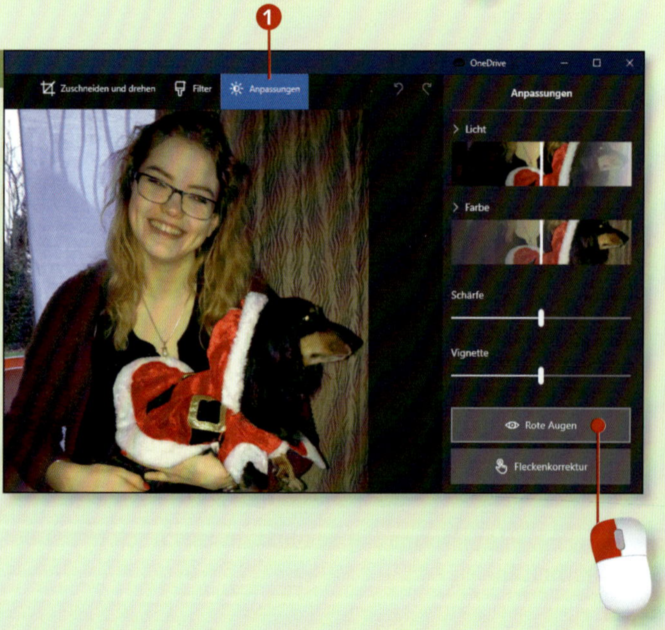

Eine schöne Porträtaufnahme – wenn nur die roten Augen nicht wären! Mit wenigen Klicks ersetzen Sie die roten durch »echte« Augen.

Schritt 1

Öffnen Sie die *Fotos*-App, und scrollen Sie bis zu dem Bild mit den roten Augen. Klicken Sie darauf.

Schritt 2

Klicken Sie oben in der Symbolleiste auf **Bearbeiten und erstellen** und dann auf **Bearbeiten**.

Schritt 3

Klicken Sie auf **Anpassungen** 1 oberhalb des Bildes. Die Werkzeuge in der rechten Leiste passen sich an. Klicken Sie auf das Werkzeug **Rote Augen**.

Zurück zu allen Bildern

Wenn Sie mit Ihren Änderungen am Bild fertig sind und noch ein anderes Bild bearbeiten möchten, klicken Sie ganz oben links neben dem Dateinamen auf den Pfeil nach links. So gelangen Sie wieder zur Übersicht mit allen Fotos.

Schritt 4

Führen Sie den Mauszeiger zum ersten Auge; er hat sich in einen blauen Kreis ❷ verwandelt. Ist das Auge sehr klein, vergrößern Sie erst die Ansicht, indem Sie unten auf das Plus ❸ klicken.

4

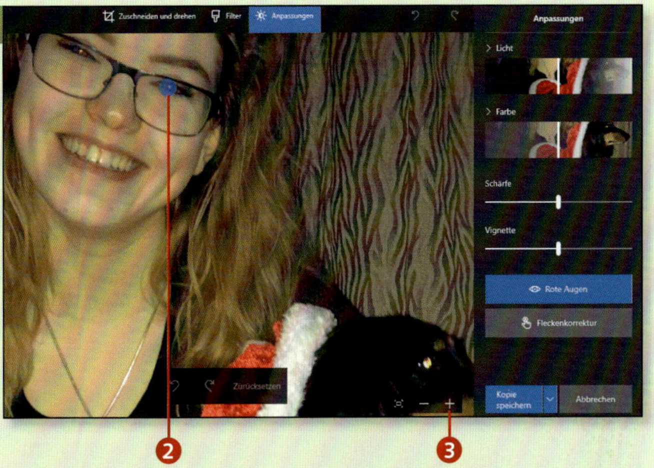

Schritt 5

Klicken Sie mit der Mauszeiger-Kugel auf das erste rote Auge. Die Pupille wird sofort dunkel. Klicken Sie auch auf die zweite Pupille; die Augen sehen nun natürlich aus.

5

Schritt 6

Klicken Sie ein anderes Werkzeug an, wenn Sie das Bild jetzt noch weiterbearbeiten möchten. Speichern Sie es schließlich. Wollen Sie dann die App schließen, klicken Sie oben rechts auf das Schließkreuz.

6

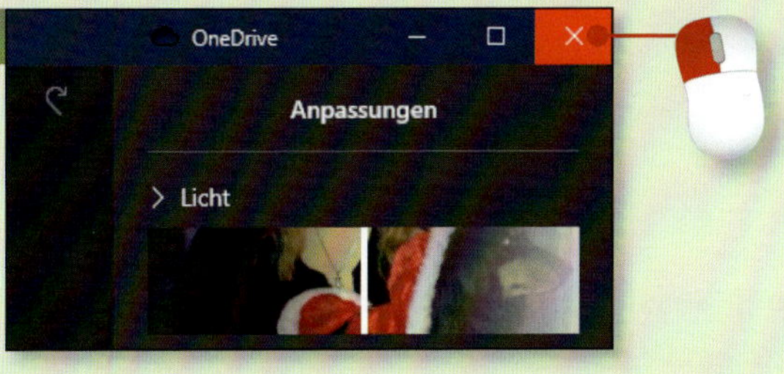

Und der Dackel?

Bei Tieren funktioniert das Werkzeug **Rote Augen** leider nicht. Achten Sie am besten schon beim Fotografieren darauf, Tieraugen nicht anzublitzen.

Bilder zuschneiden

1

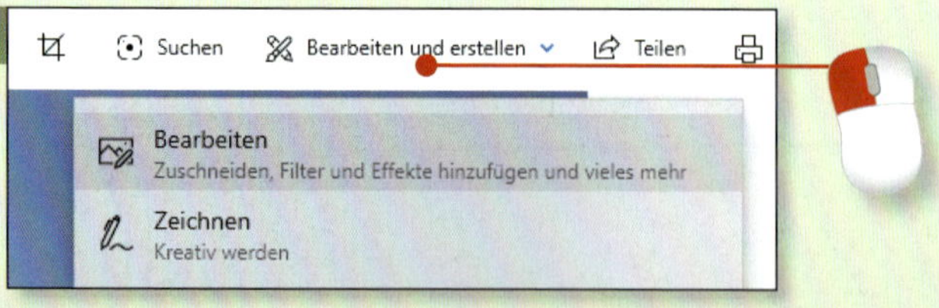

2

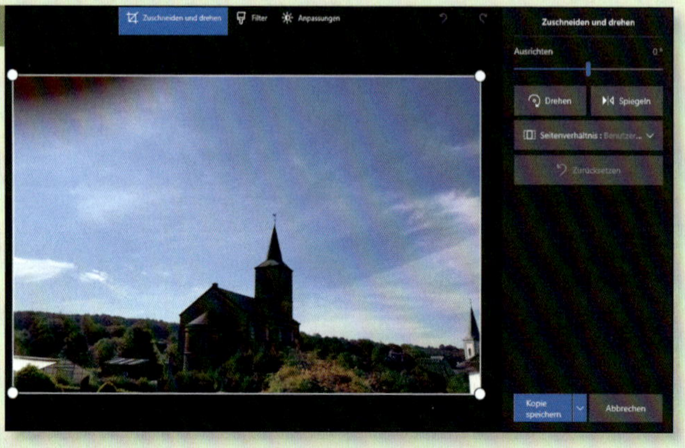

3

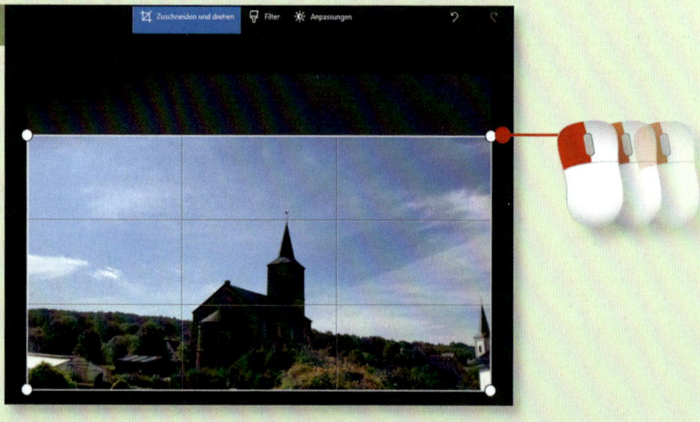

Ihr Bild ist ja ganz gelungen, aber ein Stück vom Finger ist zu sehen? Kein Problem, Ihr Foto ist schnell zugeschnitten.

Schritt 1

Klicken Sie zum Öffnen in der *Fotos*-App auf das Foto, das Sie zuschneiden möchten. Klicken Sie auf **Bearbeiten und erstellen** und dann auf **Bearbeiten**.

Schritt 2

Die Werkzeuge der Kategorie **Zuschneiden und drehen** sind aktiv und direkt zu sehen. Das Bild hat nun an allen Ecken weiße Punkte, mit denen Sie es zuschneiden. Beim Beispielbild soll oben etwas weggeschnitten werden, da ein Finger bei der Aufnahme vor dem Objektiv lag.

Schritt 3

Ziehen Sie einen der oberen Punkte mit gedrückter Maustaste gerade nach unten, ohne ihn diagonal nach innen zu ziehen. Wenn der ganze Bereich, den Sie »wegschneiden« möchten, dunkel überlagert ist, lassen Sie die Maustaste los.

Werkzeug ausschalten

Wenn Sie ein Werkzeug angeklickt haben, es aber doch nicht nutzen möchten, drücken Sie entweder Esc ganz oben links auf Ihrer Tastatur, oder Sie klicken das Werkzeug einfach noch einmal an.

Schritt 4

Wiederholen Sie den Vorgang, bis der gewünschte Bereich übrig ist: Wollen Sie z. B. das Bild zugleich oben und seitlich zuschneiden, ziehen Sie einen der beiden oberen Punkte Richtung Bildmitte. Entsprechend nutzen Sie die unteren Punkte. Solange Sie nicht **Speichern** klicken, können Sie den Zuschnitt korrigieren.

4

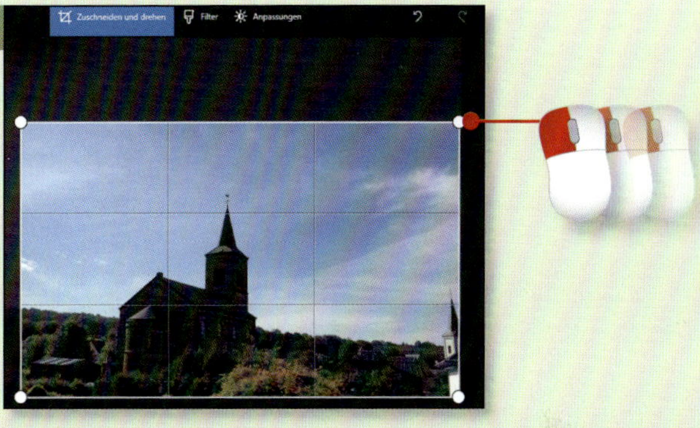

Schritt 5

Haben Sie sowohl die Breite als auch die Höhe geändert, passt die *Fotos*-App die Größe des Bildes an und zeigt den zu erhaltenden Bereich größer an. Mit dem Zuschneiden-Werkzeug können Sie also alle »überflüssigen« Bildteile am Rand entfernen und Ihr Motiv dabei vergrößert in Szene setzen.

5

Schritt 6

Wenn nur noch der gewünschte Bereich hell und groß zu sehen ist, klicken Sie unten rechts auf **Kopie speichern**, wenn Sie Ihr Original behalten möchten. Die Kopie finden Sie in der Sammlung direkt neben dem Original. Wenn das zugeschnittene Bild das Original ersetzen soll, wählen Sie nach einem Klick auf den Pfeil **Speichern** aus.

6

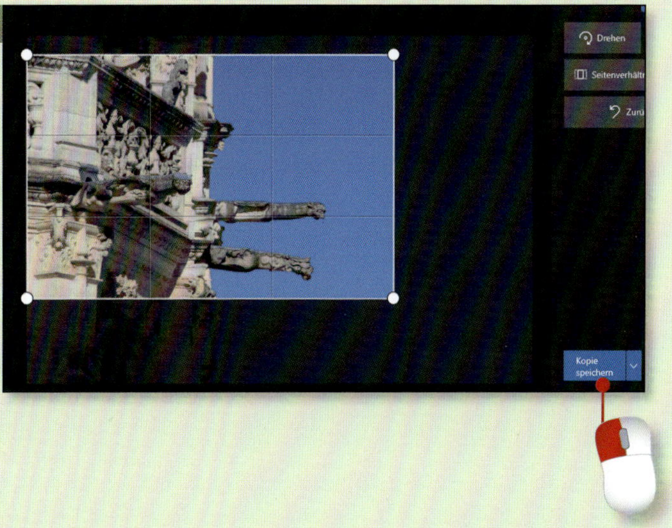

Fotos für den E-Mail-Versand verkleinern

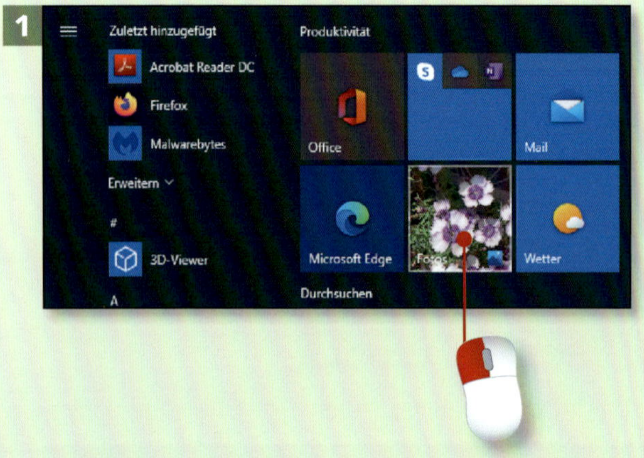

Digitale Bilder können nicht nur Sie, sondern auch andere erfreuen – senden Sie Ihren Freunden Fotos per E-Mail! Mit Rücksicht auf deren Postfach sollten Sie die Bilder allerdings verkleinert verschicken.

Schritt 1

Sie können Bilder mit **Anfügen** an Ihre E-Mail anhängen (Stichwort »Büroklammer«, siehe den Abschnitt »E-Mails mit Anlagen versenden« auf Seite 134). Wichtig ist, dass die Bilder nicht zu groß sind. »Groß« bezieht sich dabei auf die Dateigröße, nicht auf die Ansicht auf Ihrem Bildschirm. Nutzen Sie zum Verkleinern die *Fotos*-App. Öffnen Sie sie im Startmenü.

Schritt 2

Klicken Sie in der Übersicht das Bild an, dessen Dateigröße Sie verkleinern wollen. Die Fotos-App zeigt es groß an.

Schritt 3

Oben rechts in der Menüleiste klicken Sie auf die drei Punkte und in der aufklappenden Liste auf **Größe ändern**.

Schritt 4

Ein neues Fenster wird angezeigt. Hier können Sie die Größe je nach Zweck aussuchen. Für den Versand per E-Mail wird die Option **M** vorgeschlagen. Klicken Sie darauf.

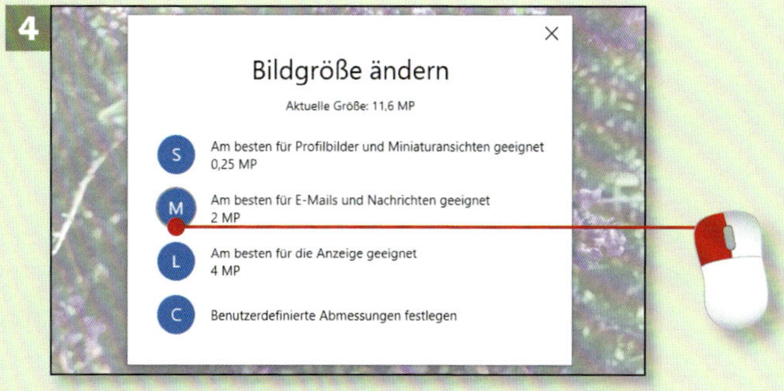

Schritt 5

Nach einem Augenblick öffnet die Fotos-App ein neues Fenster. Hier legen Sie fest, wo die verkleinerte Version des Fotos gespeichert werden soll. Windows schlägt Ihnen den **Bilder**-Ordner vor ❶. Merken Sie sich den Ordner, damit Sie die Datei beim Anhängen an Ihre E-Mail leicht finden.

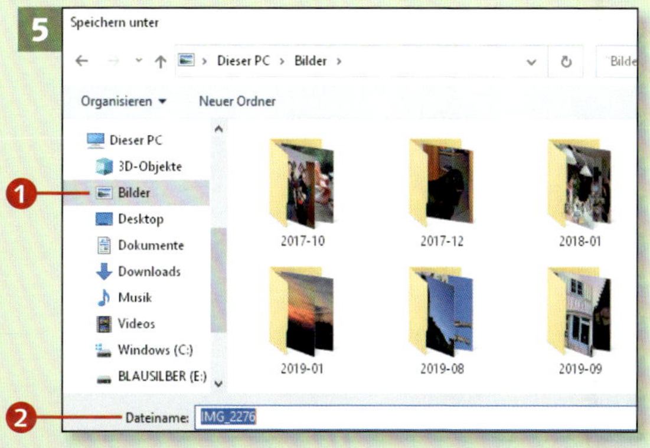

Schritt 6

Geben Sie in der Zeile **Dateiname** ❷ einen anderen Namen ein, z. B. »IMG_2276-klein« (IMG ist die Abkürzung für engl. *Image* = Bild). Klicken Sie schließlich auf **Speichern**. Sie erhalten eine kurze Meldung, dass eine Kopie gespeichert wird. Dann sehen Sie das Bild wieder in der *Fotos*-App. Verkleinern Sie weitere Fotos, oder schließen Sie die App mit einem Klick auf das Schließkreuz oben rechts. Die verkleinerte Kopie hängen Sie nun an Ihre E-Mail an.

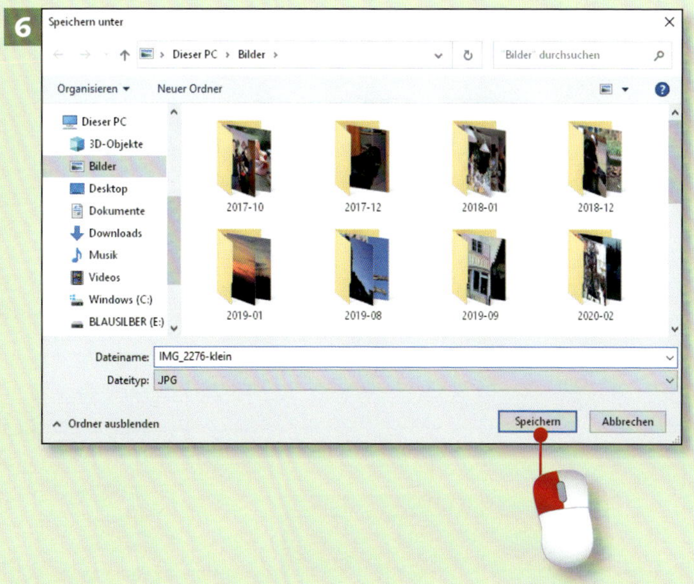

Fotos drucken

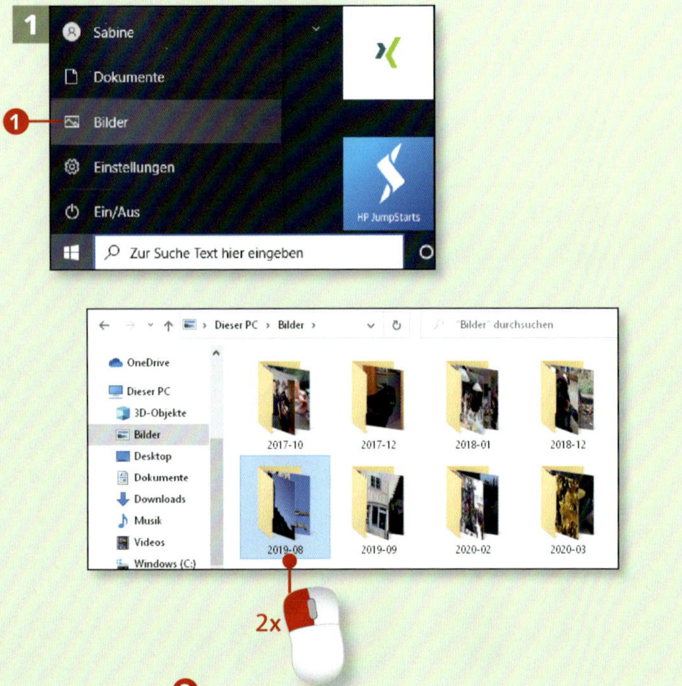

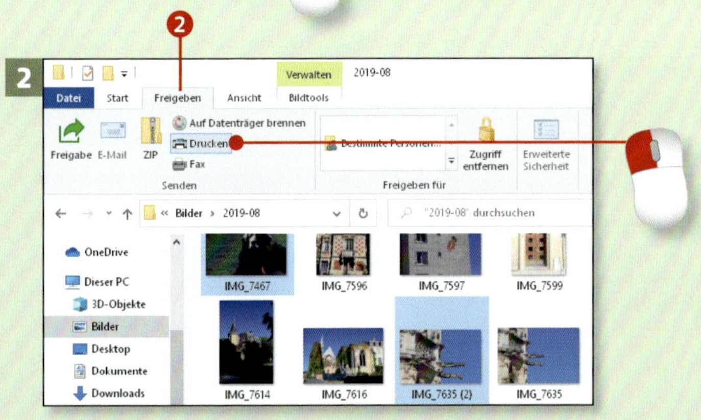

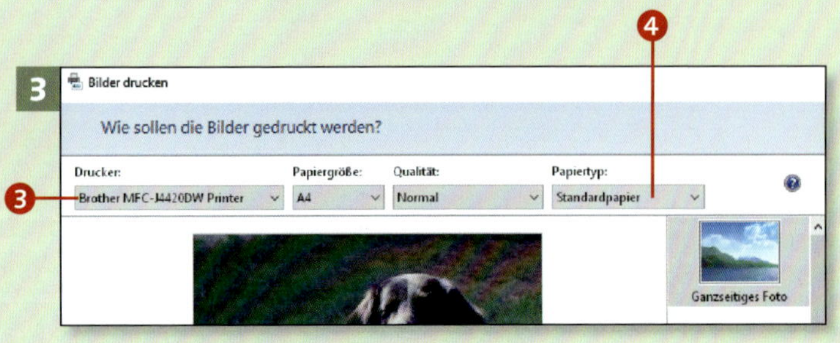

Mal schnell einen Schnappschuss auf Papier zeigen oder eine Auswahl von Fotos auf einem Blatt drucken: Mit dieser Anleitung gelingt Ihnen das Drucken von Fotos spielend.

Schritt 1

Vom *Explorer* aus starten Sie den Fotodruck. Öffnen Sie den **Bilder**-Ordner des Explorers im Startmenü aus der Liste unten links ❶. Befinden sich die Bilder in einem Unterordner, öffnen Sie ihn mit einem Doppelklick.

Schritt 2

Klicken Sie das zu druckende Bild an, oder markieren Sie mehrere Bilder (siehe den linken Kasten auf Seite 165). Sie können ein oder mehrere Bilder auf einmal drucken. Rufen Sie die Registerkarte **Freigeben** ❷ auf, und klicken Sie hier auf **Drucken**.

Schritt 3

Der Explorer öffnet das Fenster **Bilder drucken**. Achten Sie darauf, dass der richtige **Drucker** ❸ ausgewählt ist. Bei **Papiertyp** ❹ klicken Sie die Papiersorte an, die Sie eingelegt haben, z. B. Normal- oder Fotopapier.

Schritt 4

Wählen Sie nun das Layout: Ein Bild oder mehrere Bilder pro Blatt? Klicken Sie auf die Bildlaufleiste rechts, um weitere Layouts anzuzeigen. Im Beispiel drucken Sie alle vier ausgewählten Bilder auf ein Blatt und klicken dafür auf **9 × 13 cm (4)**.

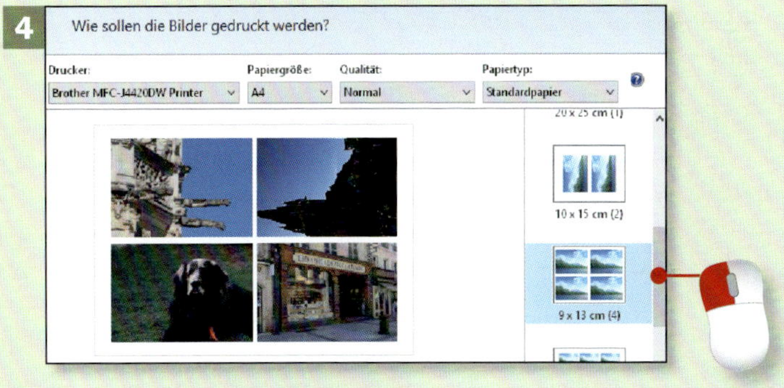

Schritt 5

Achten Sie darauf, dass im Drucker genug und vor allem das richtige Papier eingelegt ist. Klicken Sie dann auf **Drucken**.

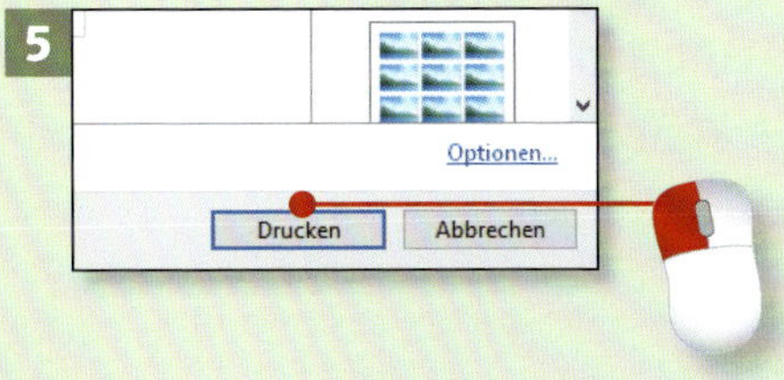

Schritt 6

Jetzt ist Geduld gefragt: Es dauert mitunter eine Weile, bis die Daten an Ihren Drucker geschickt werden und der Druck startet. Ihr Drucker zeigt Ihnen dann ein Fenster mit Fortschrittsbalken (5). Wenn die Bilder gedruckt sind, schließt sich dieses Fenster.

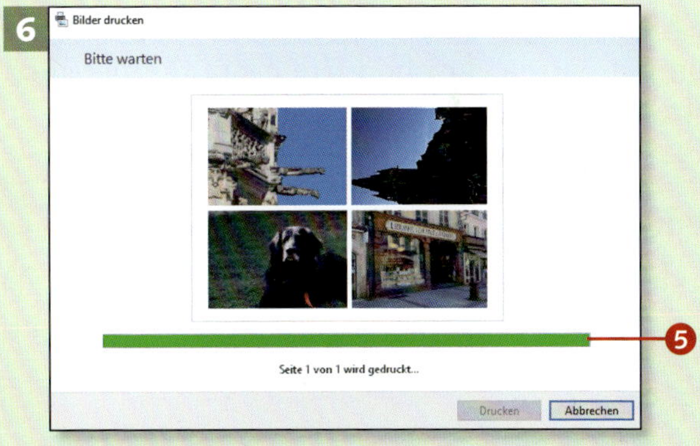

Mehrere Bilder markieren

Klicken Sie das erste Bild an. Halten Sie dann [Strg] gedrückt. Mit der Maus klicken Sie nun auf die anderen zu druckenden Bilder. Die Maustaste zwischen den Klicks unbedingt loslassen! Sonst erstellen Sie Kopien der Bilder.

Ein Foto aus der Fotos-App drucken

Ein einzelnes Foto können Sie auch schnell aus der *Fotos*-App heraus drucken. Klicken Sie dazu auf das **Drucken**-Symbol rechts oben. Sie können hier auch die Fotogröße auswählen und dann auf **Drucken** klicken. Für den Druck von mehr als einem Foto auf einem Blatt hilft Ihnen die App aber nicht weiter; nutzen Sie dann die obige Anleitung für den Explorer.

Kapitel 7
Texte schreiben

Briefe, Verträge, Rezepte, Gedichte, Aufsätze, Einkaufslisten und vieles mehr können Sie mit Word schreiben und so formatieren, dass Ihre Dokumente immer ansprechend aussehen.

Microsoft Office installieren und Word kennenlernen
Sie können Word zusammen mit dem ganzen Office-Paket per Download installieren. Nach der Installation können Sie sofort loslegen und Ihre ersten Texte schreiben. Auch mit Fehlern gehen Sie souverän um.

Den Text gestalten
Sie geben Ihrem Text Form, indem Sie Absätze ausrichten, mit Aufzählungspunkten oder einer Nummerierung versehen. Sie gestalten den Text nach Ihren Vorstellungen, wenn Sie Schriftart und -größe ändern und Bilder einfügen.

Dokumente ausdrucken
Egal, ob eine einzelne Seite oder ein längerer Text: Mit wenigen Klicks starten Sie den Druck Ihrer Dokumente, um z. B. Briefe verschicken und Memoiren weitergeben zu können.

1. Das Office-Paket installieren Sie per Download.

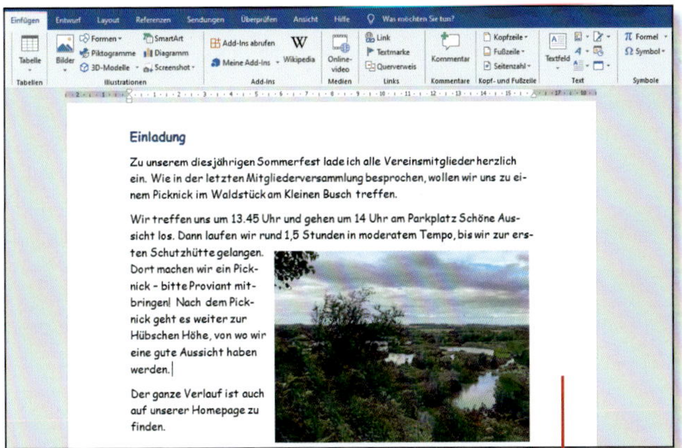

2. Texte lassen sich im Handumdrehen mit Bildern verschönern.

3. Ist der Text erst fertig, geht das Drucken schnell.

Microsoft Office installieren

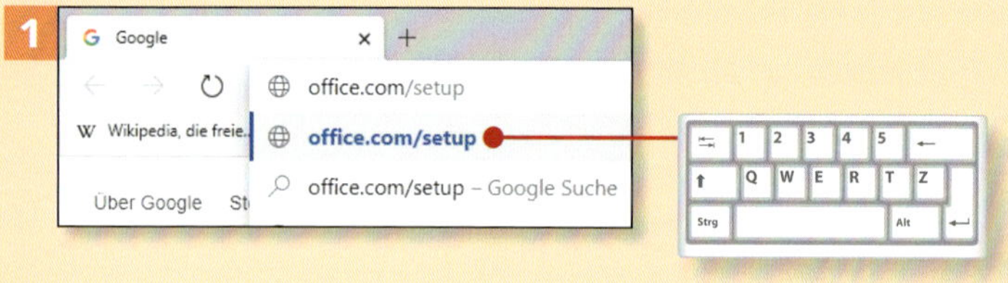

Das Programmpaket Microsoft Office lässt sich nach dem Download der Programmdateien installieren.

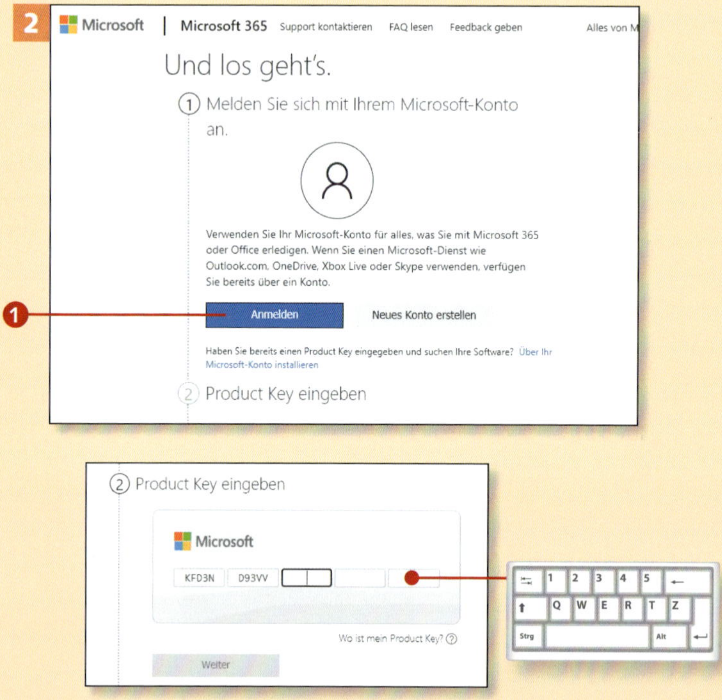

Schritt 1

Sie haben das Office-Paket im Fachhandel oder im Internet gekauft? Dann kann es losgehen: Das Paket selbst wird aus dem Internet heruntergeladen. Öffnen Sie *Edge*, und geben Sie »office.com/setup« in die Adressleiste ein. Drücken Sie [↵].

Schritt 2

Als Erstes müssen Sie das Paket Ihrem *Microsoft-Konto* zuordnen (siehe den Abschnitt »Bei Windows anmelden« auf Seite 46): Melden Sie sich mit dessen E-Mail-Adresse und Passwort an ❶. Geben Sie dann den *Product Key* (die Lizenznummer) ein; er ist auf einer Karte aufgedruckt oder wurde per E-Mail geschickt.

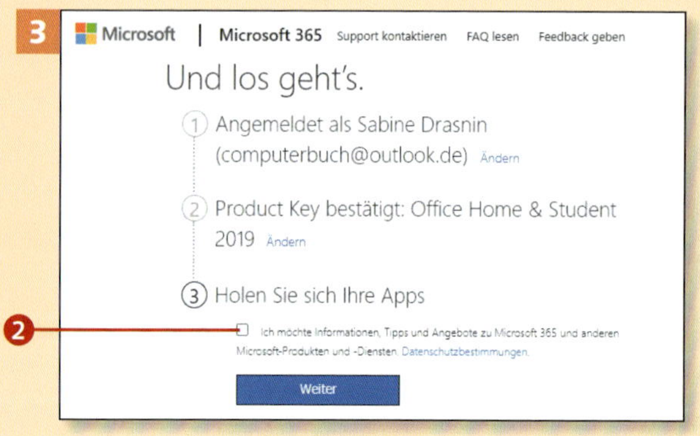

Schritt 3

Wählen Sie Land und Sprache aus, und klicken Sie auf **Weiter**. Wenn Sie keine Werbung möchten, klicken Sie unter **Holen Sie sich Ihre Apps** in das Kästchen, um den Haken zu entfernen ❷. Klicken Sie erneut auf **Weiter**.

Schritt 4

Wenn Sie *Microsoft 365* installieren und es als Abo laufen, also jährlich verlängert werden soll, lassen Sie **Ein** ❸ stehen und klicken auf **Weiter**. Bei der unbefristeten Version *Office 2019* klicken Sie direkt auf **Installieren** ❹. Im nächsten Fenster klicken Sie erneut auf **Installieren**.

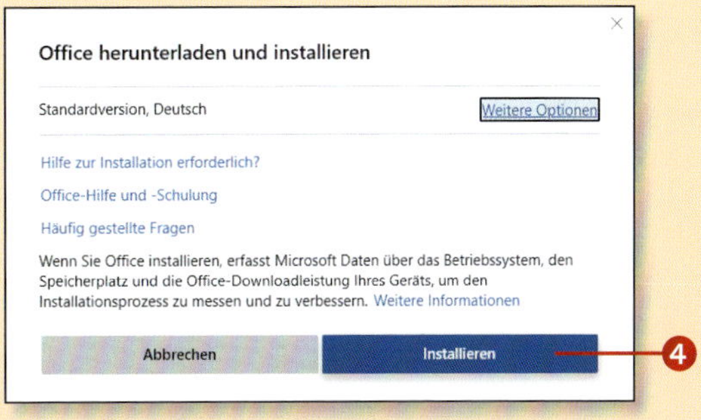

Schritt 5

Die Installationsdatei wird heruntergeladen. Klicken Sie am unteren Bildschirmrand auf **Datei öffnen**. Bestätigen Sie dann, dass durch diese App Änderungen an Ihrem Gerät vorgenommen werden sollen. Das Programmpaket wird installiert; dazu werden weitere Dateien heruntergeladen.

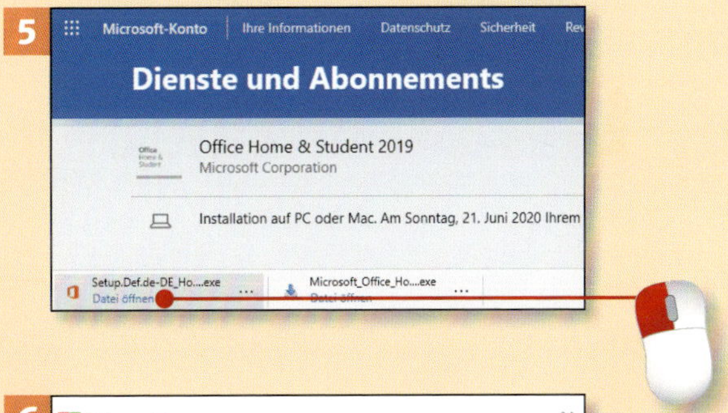

Schritt 6

Microsoft verspricht: **Wir sind gleich fertig**. Trotzdem kann es zehn Minuten oder auch länger dauern, bevor es weitergeht. Bleiben Sie solange online, trennen Sie die Internetverbindung also nicht!

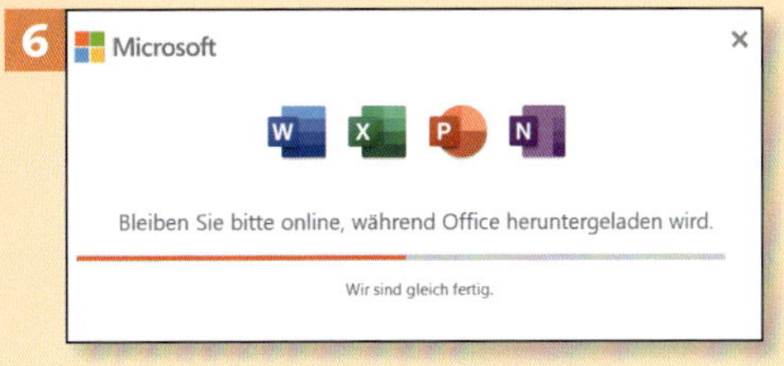

Testversion deinstallieren

Je nach Ausstattung verfügt Ihr Computer über eine Testversion von Office 365 bzw. Microsoft 365. Deinstallieren Sie sie, bevor Sie das komplette Office-Paket installieren: Öffnen Sie das Startmenü. Oben bei den Kacheln finden Sie *Office*. Klicken Sie mit der rechten Maustaste auf diese Kachel, auf **Deinstallieren** und in einem weiteren kleinen Fenster wieder auf **Deinstallieren**. Die App wird entfernt (deinstalliert).

Microsoft Office installieren (Forts.)

7

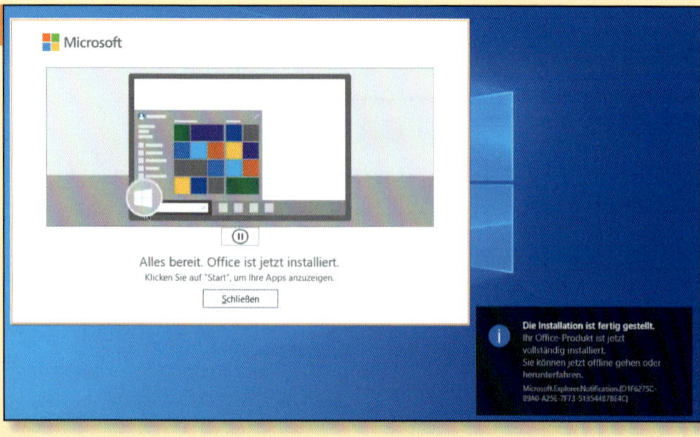

Schritt 7

Sind Download und Installation abgeschlossen, erhalten Sie unten rechts und im Installationsfenster eine entsprechende Meldung.

8

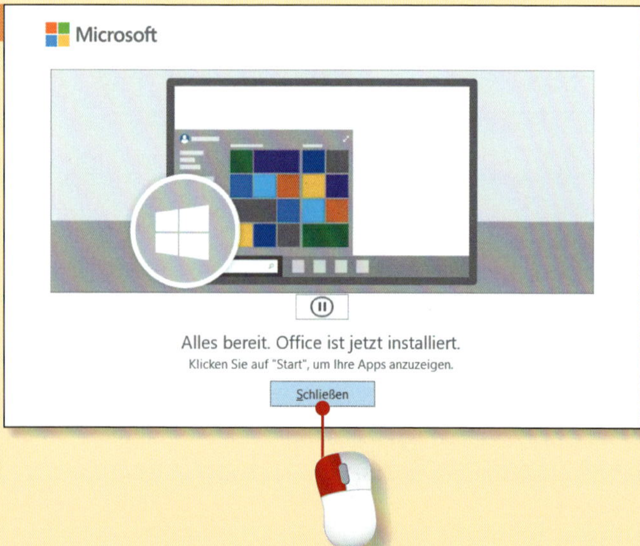

Schritt 8

Klicken Sie im Installationsfenster auf **Schließen**, um die Installation fertigzustellen. Auch das Edge-Fenster können Sie schließen.

9

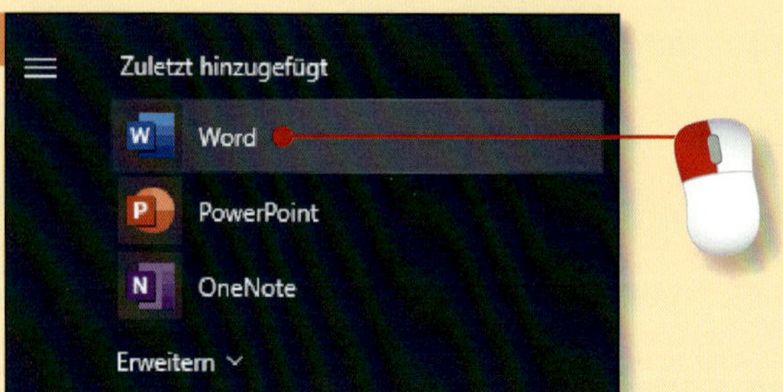

Schritt 9

Rufen Sie das Startmenü auf. Oben links im Startmenü sehen Sie jetzt die zuletzt hinzugefügten Apps. Dazu gehören Word, PowerPoint, Excel und OneNote. Klicken Sie auf **Word**. Word ist das Schreibprogramm des Office-Pakets.

Word, Excel & Co. im Abo: Microsoft 365

Beim Abo *Microsoft 365* zahlen Sie einmal jährlich einen Betrag und haben stets die neueste Version der Programme auf Ihrem Computer. Das Abo gibt es als Version für einen Computer (*Personal*) oder für fünf Geräte (*Home*). Das Office-Paket im Abo enthält mehr Programme als die Kaufversionen *Office Home & Student* bzw. *Office Home & Business*, die man als privater Anwender eigentlich nicht benötigt.

Schritt 10

Beim ersten Start von Word müssen Sie die Verbindung mit Ihrem Microsoft-Konto (siehe Schritt 2) in mehreren Schritten bestätigen, eine Telefonnummer zum Schutz Ihres Kontos angeben, Standard-Apps festlegen, dem Lizenzvertrag zustimmen 5, Datenschutzfragen beantworten und schließlich die **Standarddateitypen** bestätigen. Klicken Sie hier auf **OK**, dann können Sie Word endlich verwenden.

10

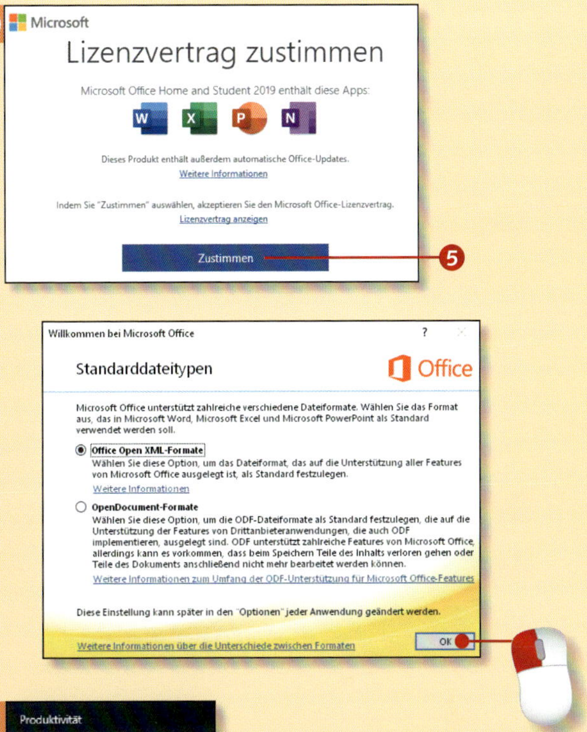

Schritt 11

Öffnen Sie erneut das Startmenü. Oben rechts sehen Sie entweder die einzelnen App-Kacheln oder wie im Beispiel eine Office-Gruppe. Um die Word-Kachel direkt anklicken zu können, ziehen Sie diese aus der Gruppe an die gewünschte Stelle (siehe den Abschnitt »Windows kennenlernen – das Startmenü« auf Seite 52). Wiederholen Sie diesen Schritt für die Excel-Kachel.

11

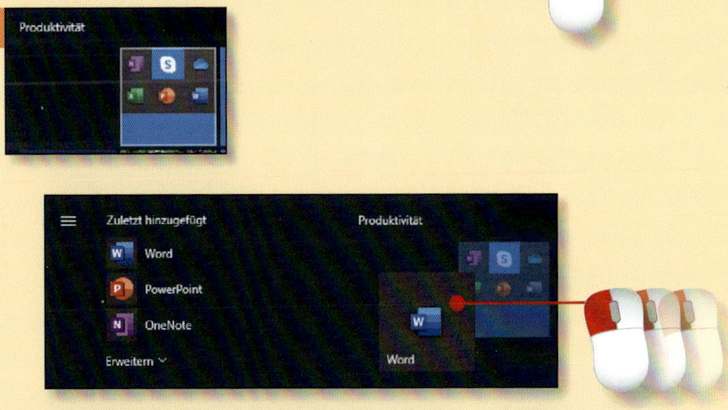

Schritt 12

Ziehen Sie die Programmsymbole zusätzlich auf den Desktop (siehe den Abschnitt »Programme in Startmenü und Taskleiste anzeigen« auf Seite 66). So können Sie Word & Co. immer schnell öffnen.

12

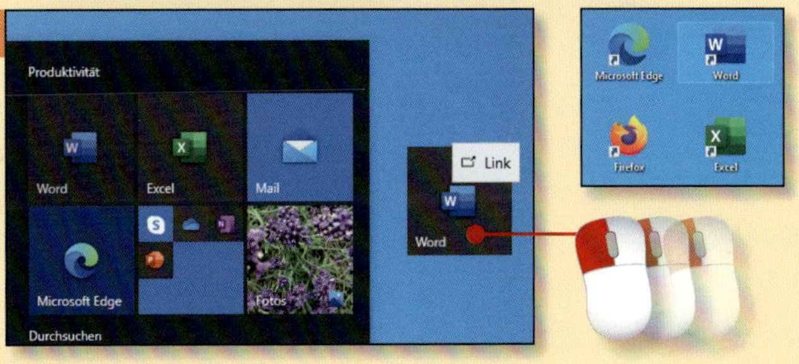

Word kennenlernen

1

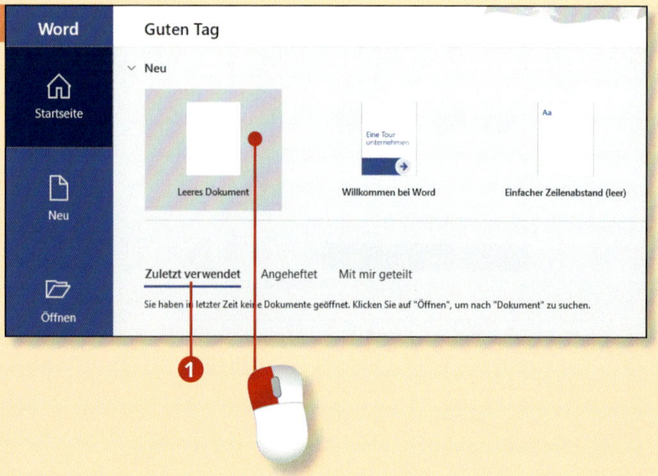

2

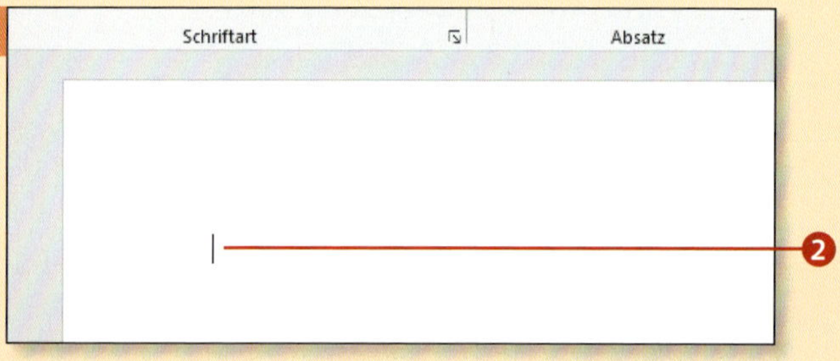

3

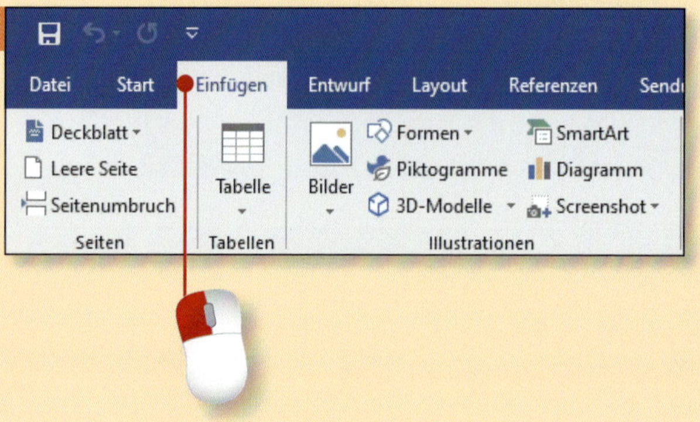

Word bietet viele Funktionen rund um Texte. Verschaffen Sie sich einen ersten Überblick.

Schritt 1

Öffnen Sie *Word* (siehe Seite 170). Auf dem Word-Startbildschirm sehen Sie (später) im mittleren Bereich unter **Zuletzt verwendet** ❶ die von Ihnen zuletzt geöffneten Dateien. Im Bereich darüber finden Sie Vorlagen für Word-Dokumente. Klicken Sie auf das weiße Rechteck. Damit öffnen Sie ein leeres Dokument.

Schritt 2

Links oben auf der weißen Fläche (Ihrem Blatt) sehen Sie einen blinkenden Strich ❷. Das ist der Cursor (gesprochen *Körsor*). Dort, wo dieser Cursor blinkt, können Sie schreiben.

Schritt 3

Über dem leeren Blatt sehen Sie einen breiten Streifen mit Schaltflächen, das *Menüband*. Das Menüband ist in *Registerkarten* unterteilt. Mit einem Klick auf einen *Reiter* rufen Sie die entsprechende Registerkarte auf. Klicken Sie z. B. auf den Reiter **Einfügen**. Sofort ändern sich die Schaltflächen im Menüband.

Schritt 4

Die aktuell angezeigte Registerkarte ist durch den hellen Reiter hervorgehoben. Klicken Sie auf den Reiter **Start**. Hier finden Sie die wichtigsten Befehle, um Ihren Text »schön« zu machen: **Fett** ❸ schreiben, **Größe** ❹ und **Schriftart** ❺ ändern, **Zeilenabstand** ❻ anpassen und vieles mehr.

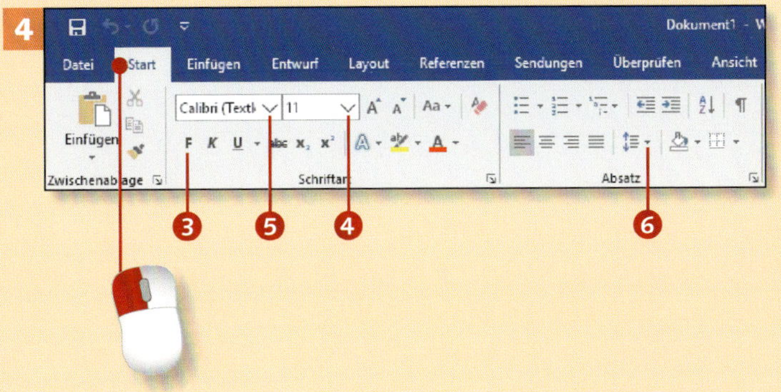

Schritt 5

Sehr hilfreich ist die *Symbolleiste für den Schnellzugriff*: Hier rufen Sie die Befehle mit einem Klick auf, egal auf welcher Registerkarte sie sonst zu finden sind. Das Symbol links (eine Diskette) ❼ speichert Ihr Dokument, der Pfeil nach links ❽ macht die letzte Aktion rückgängig. Das dritte Symbol ❾ nimmt dieses Rückgängigmachen zurück oder wiederholt die letzte Aktion.

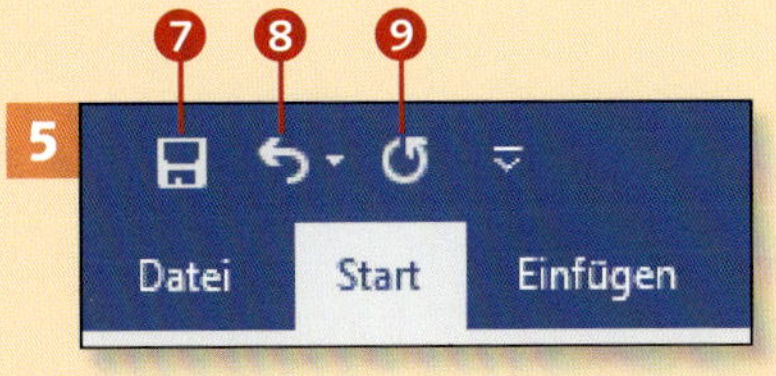

Schritt 6

Sie können der Leiste weitere Symbole hinzufügen. Klicken Sie dazu rechts auf den kleinen Pfeil und in der Liste z. B. auf **Seitenansicht und Drucken**. Klicken Sie erneut auf den Pfeil und nun etwa auf **Neu**. Alle neu hinzugefügten Befehle werden als Symbole angezeigt ❿.

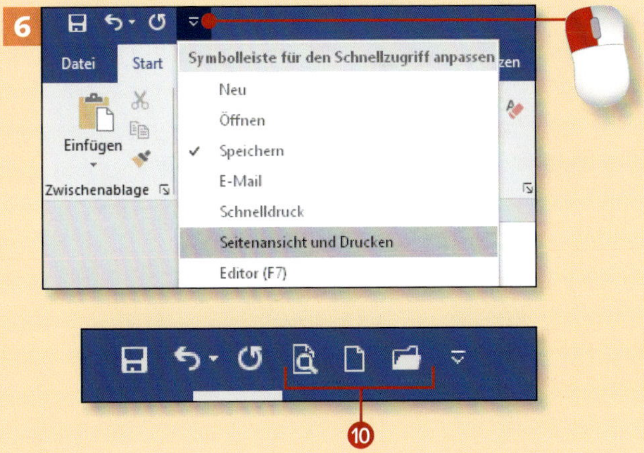

Die kleinen Symbole oben sind nicht anklickbar!
Solange Sie nichts geschrieben haben, kann auch nichts gespeichert oder rückgängig gemacht werden. Daher werden die Zeichen in der Symbolleiste für den Schnellzugriff erst weiß und anklickbar, wenn Sie etwas geschrieben haben.

Dateien neu anlegen und öffnen

1
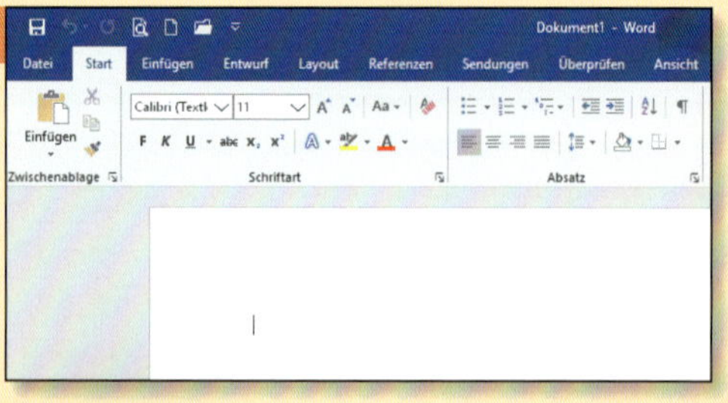

2
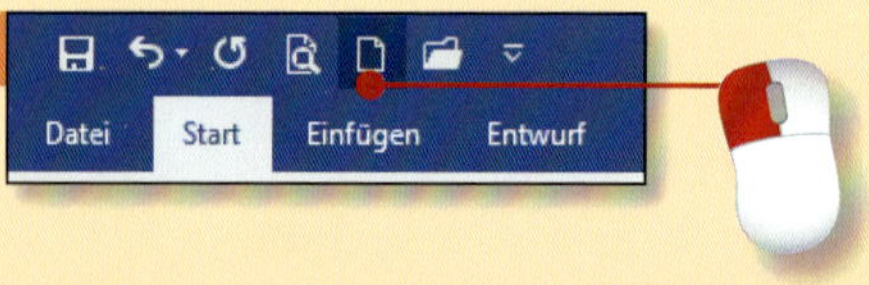

3
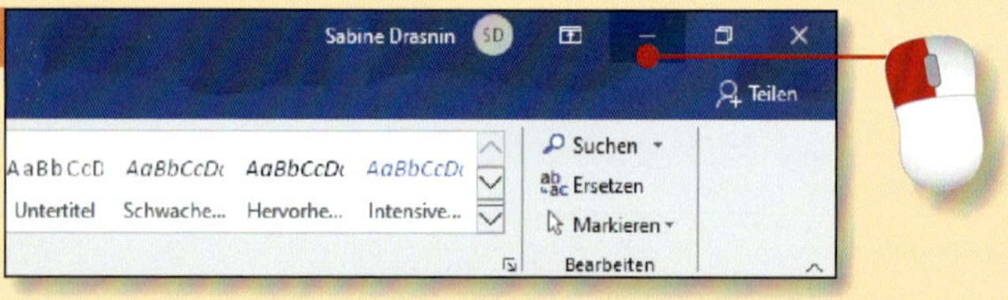

Neue Dokumente sind in Word schnell angelegt. Aber auch Texte, die Sie gespeichert haben oder die Ihnen ein Bekannter geschickt hat, können Sie mit Word einfach wieder öffnen.

Schritt 1

Gleich nachdem Sie Word öffnen, können Sie ein neues Dokument anlegen. Klicken Sie dazu im Startbildschirm auf **Leeres Dokument**.

Schritt 2

Auch wenn Sie bereits an einem Dokument arbeiten, können Sie ein leeres Dokument öffnen. Klicken Sie dazu oben links in der Symbolleiste für den Schnellzugriff auf das Symbol **Neu**. (Sehen Sie es nicht, fügen Sie es wie im vorherigen Abschnitt in Schritt 6 beschrieben hinzu.)

Schritt 3

Das zweite, also das neue Dokument, schiebt sich vor das erste. Haben Sie das Word-Fenster maximiert, sehen Sie das erste Dokument nicht mehr. Um es nach vorn zu holen, klicken Sie im neuen Dokument auf das **Minimieren**-Symbol oben rechts.

Das Menüband ist verschwunden!

Wenn das Menüband »verschwindet« und Sie nur noch die Namen der Registerkarten sehen können, klicken Sie ganz oben rechts auf das Symbol **Menüband-Anzeigeoptionen** (je nach Office-Version rechts neben Ihren Initialen bzw. der Schaltfläche **Anmelden**). In der aufklappenden Liste klicken Sie die unterste Option an: **Registerkarten und Befehle anzeigen**.

Schritt 4

Um ein Dokument zu öffnen, das Sie bereits gespeichert haben (siehe dazu den Abschnitt »Dokumente speichern« auf Seite 176), klicken Sie auf die Registerkarte **Datei** ❶ und dann auf **Öffnen**. Alternativ klicken Sie ganz oben auf das **Öffnen**-Symbol ❷.

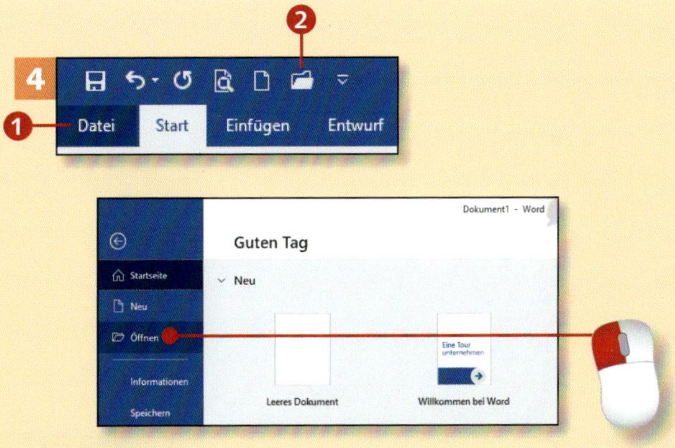

Schritt 5

Im Bereich **Öffnen** sehen Sie verschiedene Speicherorte, die Option **Zuletzt verwendet** ist *markiert* (grau hinterlegt). Rechts daneben sehen Sie die zuletzt verwendeten Dateien. Ist die gewünschte Datei dabei, klicken Sie einmal auf den Dateinamen. Das Dokument erscheint auf dem Bildschirm.

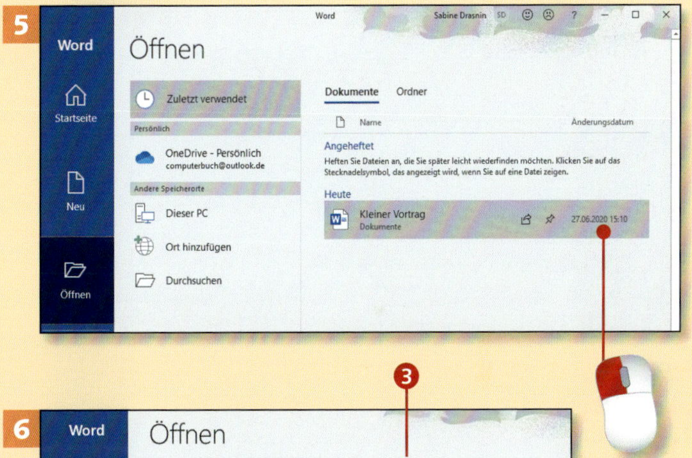

Schritt 6

Wenn die Datei hier nicht zu sehen ist, klicken Sie auf **Dieser PC**. Die Ansicht rechts wechselt: Jetzt sehen Sie den Inhalt des Ordners **Dokumente** ❸ (Word speichert Ihre Texte automatisch in diesem Ordner). Klicken Sie das gewünschte Dokument ❹ einmal an.

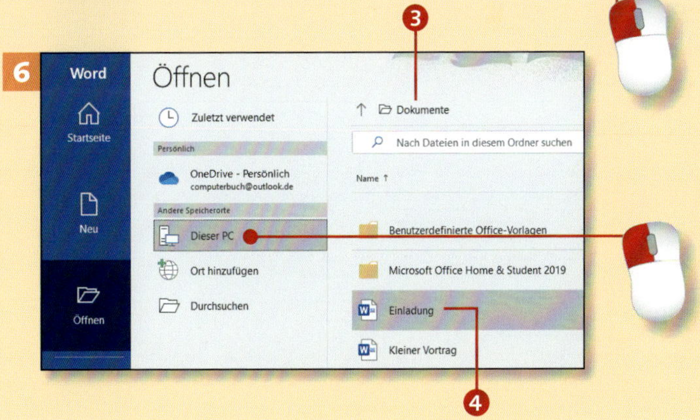

Dateien schneller öffnen

Word sammelt die Dateien, die Sie zuletzt geöffnet haben, unter **Zuletzt verwendet**. Gleich nach dem Start können Sie hier ein Dokument per Klick öffnen.

Dokumente speichern

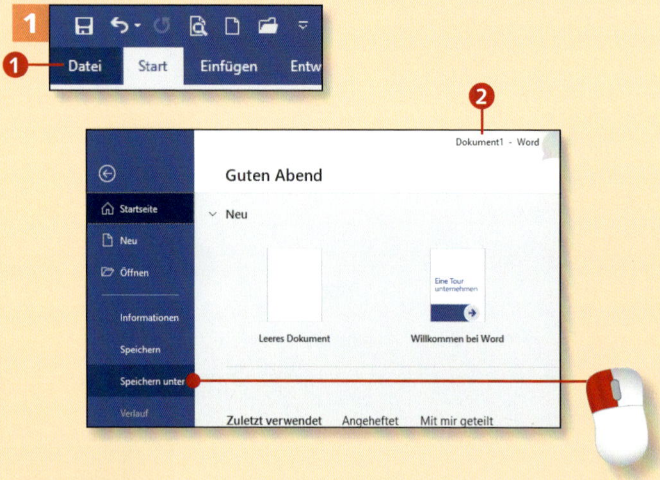

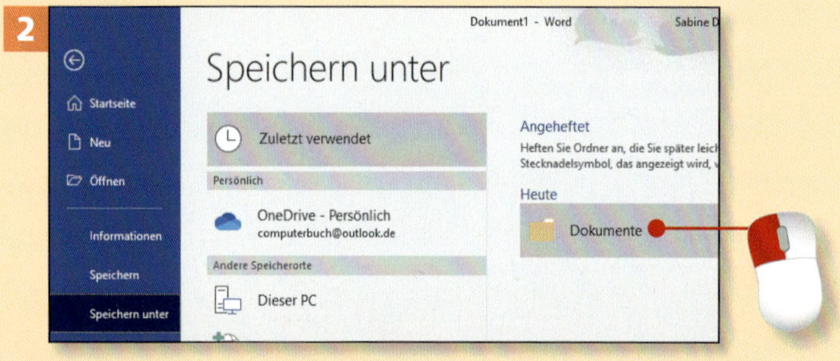

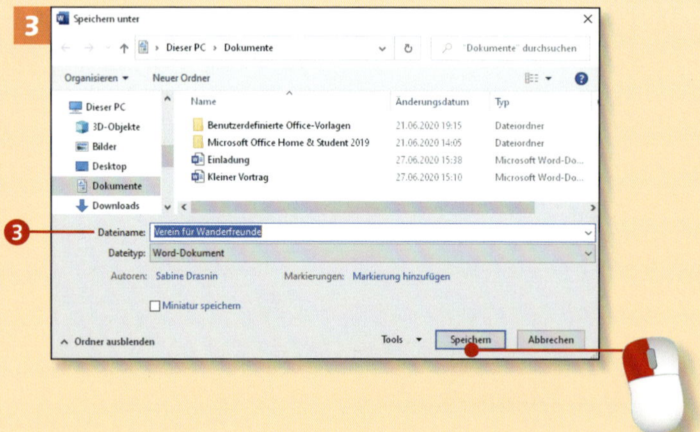

Gespeicherte Dokumente können Sie weiterbearbeiten, ausdrucken oder per E-Mail verschicken.

Schritt 1

Wenn Sie Ihr Dokument nicht speichern, gehen Änderungen verloren, sobald Sie es schließen. Klicken Sie also auf der Registerkarte **Datei** ❶ auf **Speichern unter**. Haben Sie Ihr Dokument bisher noch nicht gespeichert, heißt es einfach **Dokument1** ❷.

Schritt 2

In der rechten Spalte wird in der Regel der Ordner **Dokumente** angeboten. Texte sind für Word Dokumente und werden deshalb standardmäßig im gleichnamigen Ordner gespeichert. Klicken Sie also auf **Dokumente**.

Schritt 3

Word schlägt im **Speichern unter**-Fenster die ersten Wörter des Textes als Dateiname vor. *Dokument1* ist ja kein geeigneter Dateiname. Lassen Sie also in der Zeile **Dateiname** ❸ den Word-Vorschlag stehen, oder tippen Sie (ohne vorher zu klicken!) einen anderen Dateinamen ein. Klicken Sie auf **Speichern**.

Schritt 4

Das Speichern geschieht sehr schnell. Word wechselt danach automatisch zur Dokumentansicht mit der Registerkarte **Start**. Oben sehen Sie nun den neuen Namen ❹ – so erkennen Sie, dass das Speichern geklappt hat.

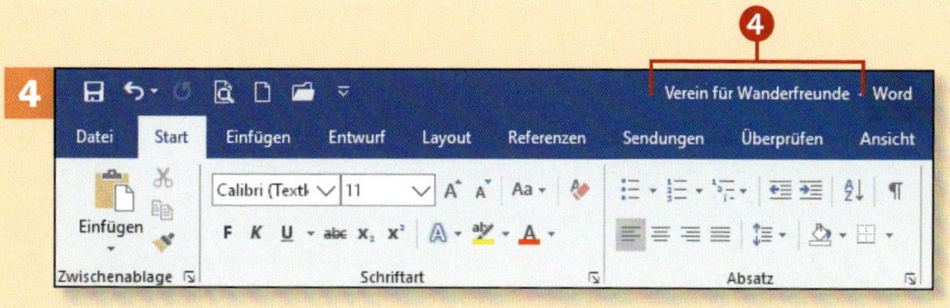

Schritt 5

Im Laufe der Zeit werden Sie weitere Ordner für Ihre Dokumente anlegen (siehe den Abschnitt »Ordner anlegen, verschieben und löschen« auf Seite 258). Um ein Dokument in einem solchen Ordner zu speichern, klicken Sie auf **Datei ▸ Speichern unter ▸ Durchsuchen**. Klicken Sie den gewünschten Ordner an ❺ und unten rechts auf **Öffnen**. Weiter geht es wie in Schritt 3 beschrieben.

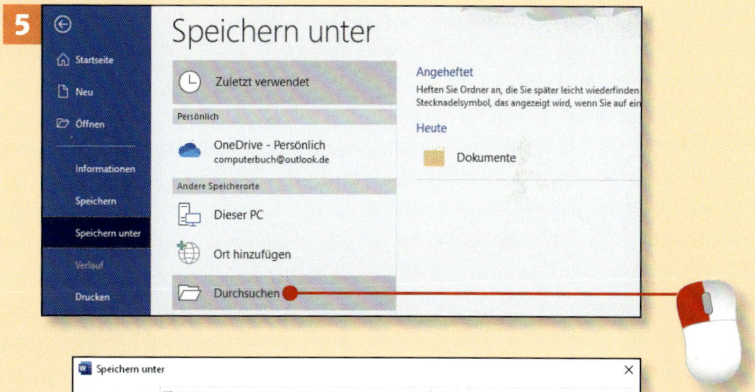

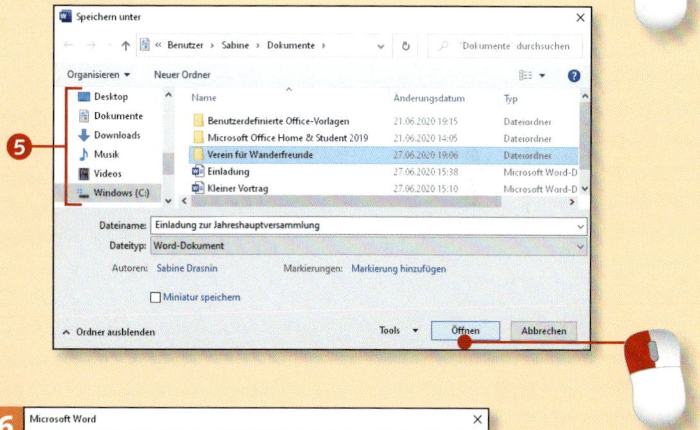

Schritt 6

Wenn Sie nach dem letzten Speichern weiter an einem Dokument gearbeitet haben und später Word per Klick aufs Schließkreuz beenden wollen, fragt Word nach, ob das Dokument gespeichert werden soll. Wenn ja, klicken Sie auf **Speichern**, ansonsten auf **Nicht speichern**. **Abbrechen** sollten Sie nur anklicken, wenn Sie doch noch weiter am Dokument arbeiten möchten.

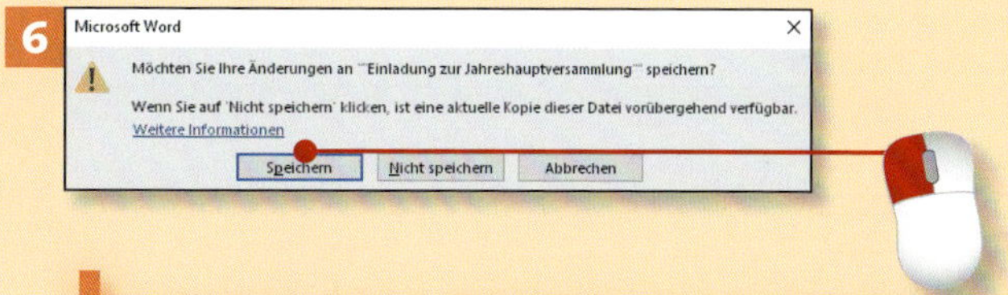

Auf »OneDrive« oder »Dieser PC« speichern?
Im Dialog **Speichern unter** finden Sie als Speicherort auch **OneDrive**. Hier werden Ihre Daten im Internet gespeichert, sodass Sie auch von einem anderen Computer darauf zugreifen können.

Text eingeben

1

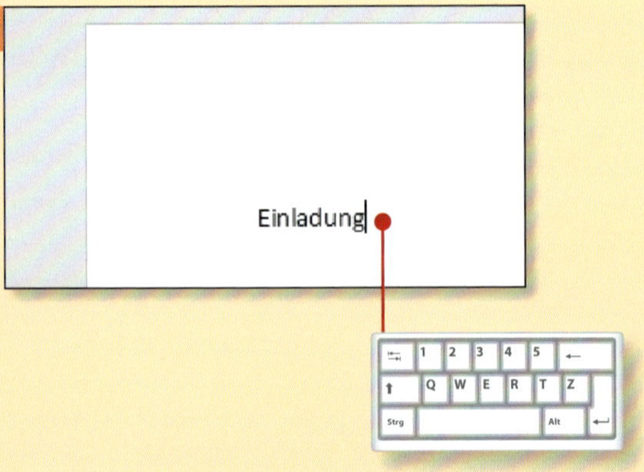

2

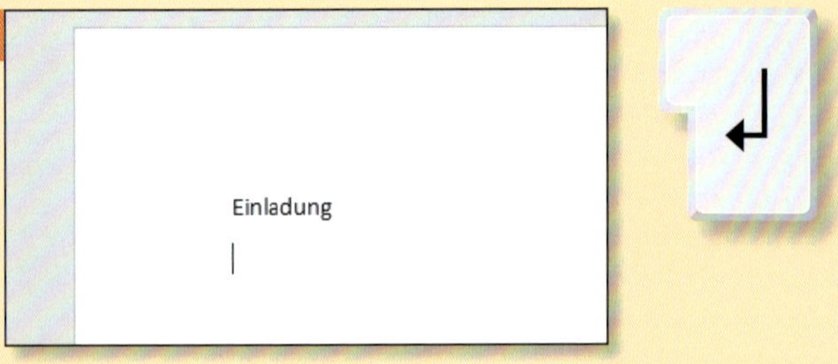

3

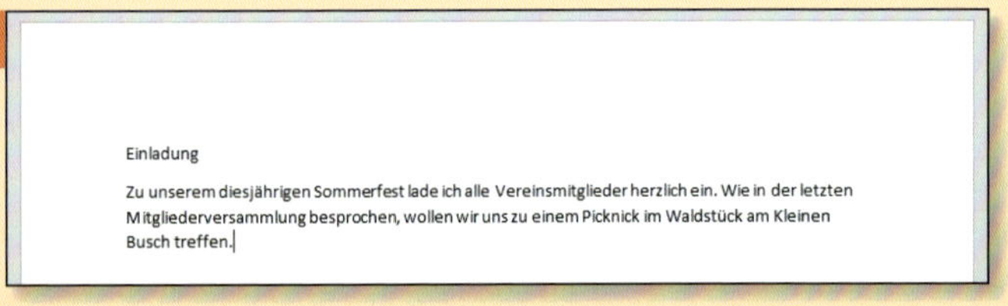

In diesem Abschnitt geht es um die Eingabe (das Tippen) von Text und darum, wie Sie ihn gut lesen können.

Schritt 1

Schreiben Sie Ihren Text – legen Sie einfach los. Die Buchstaben, die Sie eintippen, erscheinen dort, wo der Cursor blinkt. Der Cursor verschiebt sich mit jedem Buchstaben weiter nach rechts.

Schritt 2

Um selbst an den Anfang der nächsten Zeile zu gelangen und so einen Absatz zu erzeugen, drücken Sie [↵]. Der Cursor springt an den Anfang der nächsten Zeile.

Schritt 3

Oft geht eine Textpassage über mehrere Zeilen. Sie brauchen in diesem Fall [↵] *nicht* zu drücken, wenn der Text das Ende einer Zeile erreicht. Word erledigt den Zeilenumbruch für Sie; der Cursor springt am Ende der Zeile von allein in die nächste Zeile. Trennen Sie lange Wörter nicht selbst, überlassen Sie auch das Word. Die Silbentrennung muss dazu aber eingeschaltet werden (siehe den Kasten auf dieser Seite).

Silbentrennung einschalten

Die Silbentrennung schalten Sie über die Registerkarte **Layout** in der Gruppe **Seite einrichten** ein. Klicken Sie auf die Schaltfläche **Silbentrennung** und dann auf **Automatisch**.

Schritt 4

Wenn das Ende einer Seite erreicht ist, wechselt Word automatisch zur nächsten Seite. In der als Standard eingestellten Ansicht **Seitenlayout** – erkennbar am hervorgehobenen mittleren Symbol ganz unten ❶ – sehen Sie zwischen den Seiten einen grauen Balken ❷.

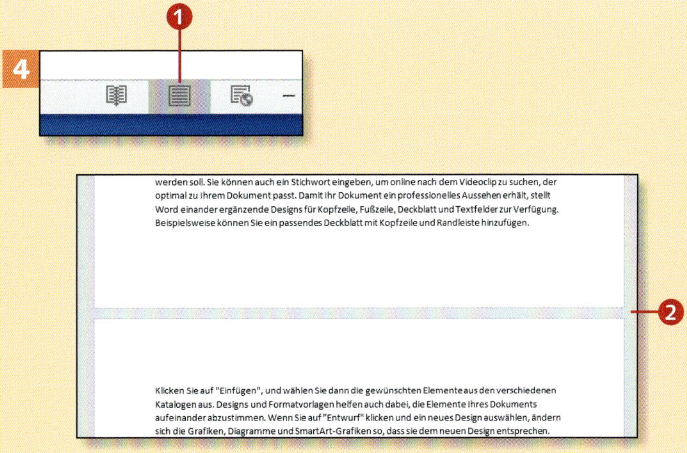

Schritt 5

Im Normalfall sehen Sie nur die Hälfte Ihres Blattes, damit Sie den Text noch gut lesen können. Der Rest ist aber trotzdem immer da, nur ist er gerade nicht eingeblendet. Um den Text weiter unten zu sehen, scrollen Sie mit dem Mausrad nach unten (zu sich hin). Der Mauszeiger sieht in Word übrigens aus wie eine römische Eins ❸. Nur links vom Text wird er zum Pfeil.

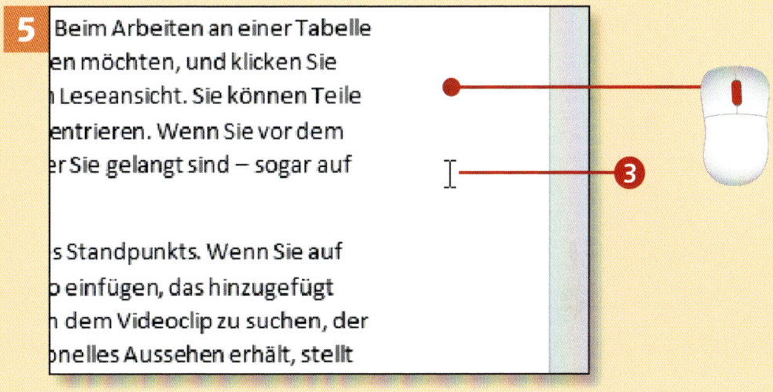

Schritt 6

Wenn der Text zu klein ist, ändern Sie nicht die Schriftgröße (siehe dazu den Abschnitt »Schrift und Layout gestalten« auf Seite 190), sondern nutzen die *Zoomleiste*. Klicken Sie rechts unten auf das Plus, um die Anzeige schrittweise zu vergrößern. Mit dem Minus ❹ verkleinern Sie sie wieder.

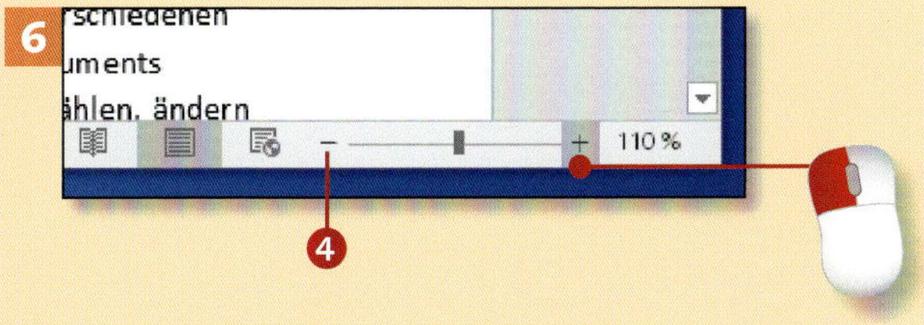

Und wie wird der Text schön?
Ist der Text einmal eingetippt, können Sie ihn nach Belieben gestalten. Wie das geht, lesen Sie im Abschnitt »Schrift und Layout gestalten« auf Seite 190.

Den Text selbst korrigieren

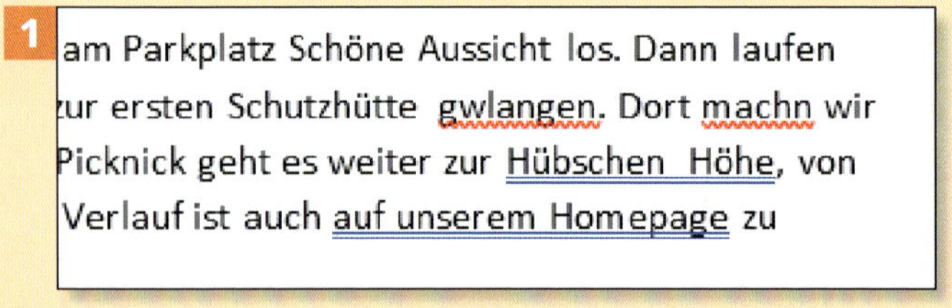

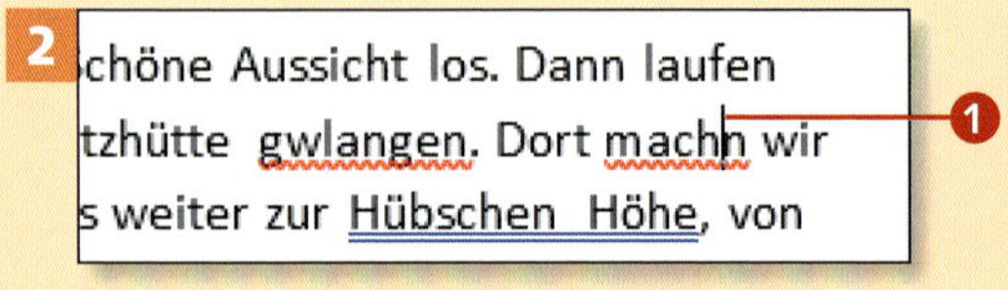

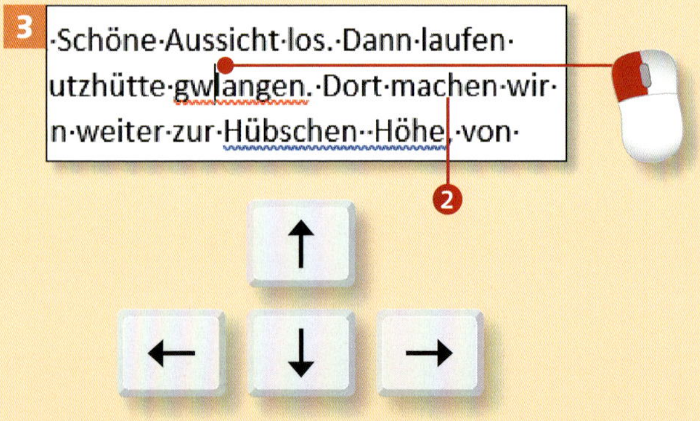

Tippfehler kommen häufiger vor. Zum Glück sind sie leicht zu korrigieren.

Schritt 1

Word arbeitet im Hintergrund mit einer *Rechtschreibprüfung*, während Sie tippen. Wörter, die Word für falsch geschrieben hält oder die es nicht kennt, werden rot unterschlängelt. Grammatikfehler und Fehler wie doppelte Leerzeichen werden blau unterstrichen.

Schritt 2

Nutzen Sie nicht die Rückschritt-Taste [←], um alle Buchstaben bis hin zum Fehler zu löschen. Sie machen sich damit unnötig Arbeit, wenn der Fehler einige Wörter zurückliegt. Klicken Sie stattdessen mit der Maus direkt an die Fehlerstelle, oder nutzen Sie die Pfeiltasten.

Schritt 3

Wenn ein Buchstabe fehlt, klicken Sie an die betreffende Stelle und tippen ihn ein ❶. Die rote Markierung verschwindet ❷. Ist ein Buchstabe falsch oder wurde vertauscht, klicken Sie neben den zu korrigierenden Buchstaben. Falls Sie lieber mit der Tastatur arbeiten, bewegen Sie den Cursor mit den Pfeiltasten.

Formatierungszeichen ¶

Mehr Zeichen, als gedruckt werden, sehen Sie mit eingeschalteten *Formatierungszeichen*. Ich habe sie ab Schritt 3 in den Bildern zur Verdeutlichung aktiviert. Sie können diese Zeichen mit einem Klick auf das Symbol ¶ im Bereich **Absatz** der Registerkarte **Start** anzeigen lassen und auch wieder ausschalten. Doppelte Leerzeichen sehen Sie jetzt als zwei kleine Punkte mittig zwischen zwei Wörtern.

Schritt 4

Mit der Taste [←] löschen Sie den Buchstaben *links* vom Cursor, hier das *w*. Drücken Sie die Taste nur einmal, wenn nur ein Buchstabe zu löschen ist. Kräftiges oder längeres Drücken der Taste bewirkt, dass (sehr schnell) gleich mehrere Buchstaben gelöscht werden. Um diese Aktion ggf. rückgängig zu machen, drücken Sie [Strg] + [Z].

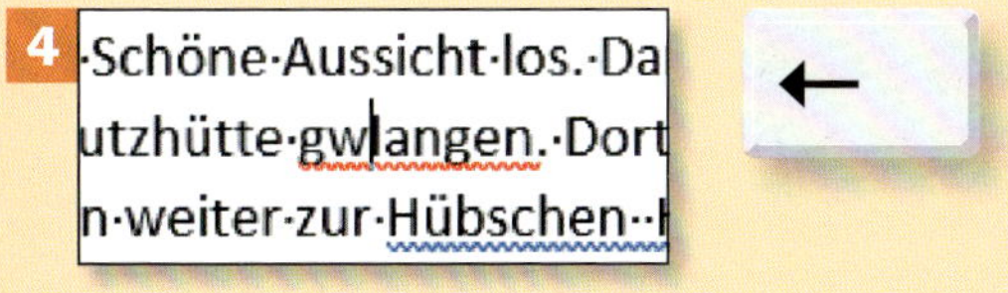

Schritt 5

Wenn Sie den Cursor *vor* den zu löschenden Buchstaben (*w*) setzen, drücken Sie zum Löschen [Entf]. Damit löschen Sie Buchstaben *rechts* von der Schreibmarke. Tippen Sie den richtigen Buchstaben ein.

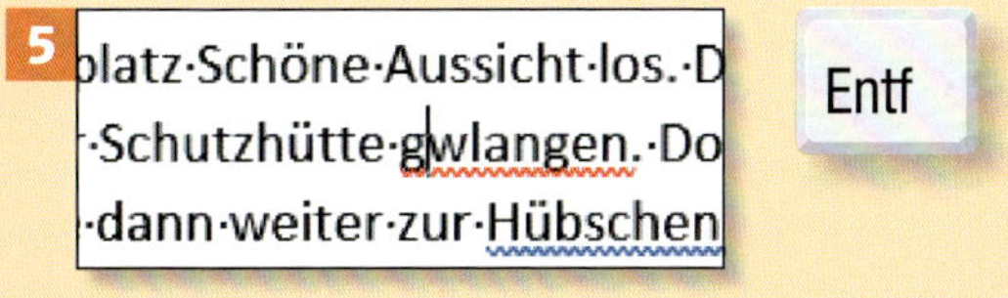

Schritt 6

Eine doppelte blaue Linie (siehe die Abbildung zu Schritt 2) oder – je nach Version – eine geschlängelte Linie deutet auf zu viele Leerzeichen zwischen zwei Wörtern ❸ oder einen Grammatikfehler hin ❹. Bei dem Leerzeichenfehler klicken Sie vor den ersten Buchstaben des zweiten Worts, hier vor das *H* in *Höhe*, und drücken dann einmal [←].

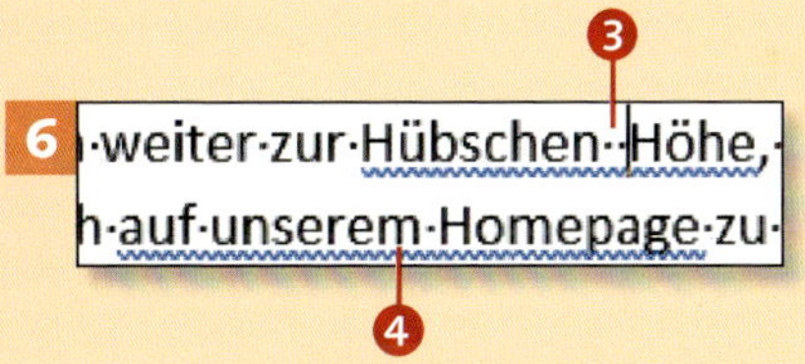

Den Cursor im Text bewegen

Rechts unten auf Ihrer Tastatur finden Sie neben dem großen Buchstabenblock vier Pfeiltasten, mit denen Sie den Cursor im Text bewegen können. Mit [↑] bzw. [↓] springen Sie eine Zeile höher bzw. tiefer. Mit [→] kommen Sie in der Leserichtung buchstabenweise weiter, mit [←] zurück.

Die Rechtschreibkorrektur einsetzen

1

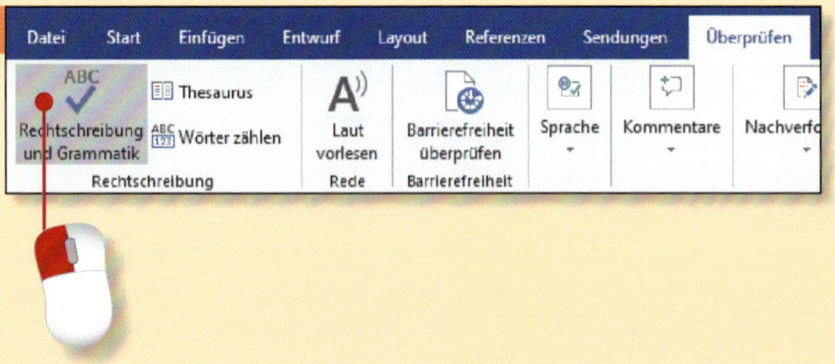

2

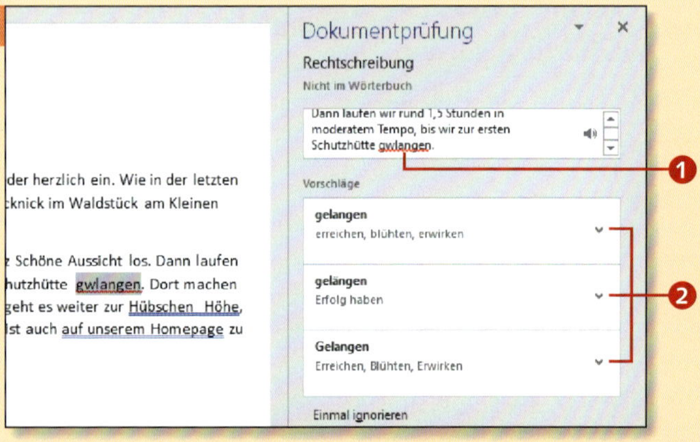

3

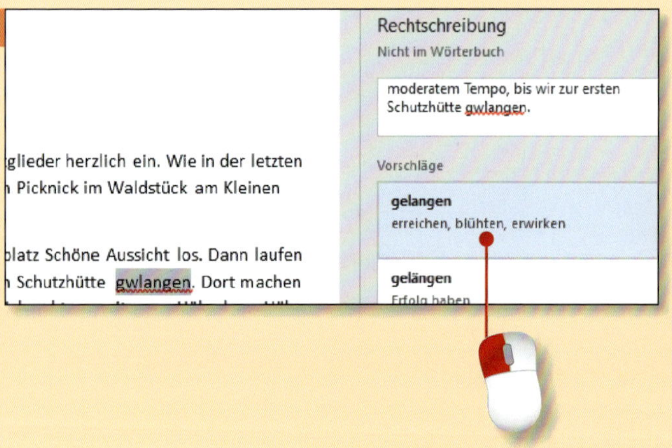

Word erkennt nicht nur Fehler, sondern hilft Ihnen auch bei der Korrektur. Entweder lassen Sie Ihren Text von der Rechtschreibprüfung durchsuchen oder Sie nutzen die Vorschläge zu einzelnen Fehlern.

Schritt 1

Zum Starten der Rechtschreib- und Grammatikprüfung wechseln Sie zur Registerkarte **Überprüfen**. Ganz links im Menüband sehen Sie die Schaltfläche **Rechtschreibung und Grammatik**. Klicken Sie darauf.

Schritt 2

Rechts öffnet sich der Bereich **Dokumentprüfung**. Word durchsucht Ihren Text – beginnend an der Stelle, an der der Cursor gerade blinkt – und blendet zu jedem als fehlerhaft erkannten Wort ❶ einen oder mehrere Korrekturvorschläge ❷ ein. Word versucht, aus dem Zusammenhang passende Wörter zu erkennen.

Schritt 3

Stimmt einer der Vorschläge, klicken Sie ihn an. Das Wort wird im Text automatisch korrigiert, und Word springt zum nächsten Fehler.

Schritt 4

Bei Grammatikfehlern und auch bei zu vielen Leerzeichen ❸ werden gleich mehrere Wörter angezeigt. Klicken Sie auf den Vorschlag, um ihn anzunehmen. Gehen Sie mit Word so den restlichen Text durch. Sobald Word mit der Suche fertig ist, erhalten Sie die Meldung **Die Rechtschreib- und Grammatikprüfung ist abgeschlossen**. Klicken Sie auf **OK**.

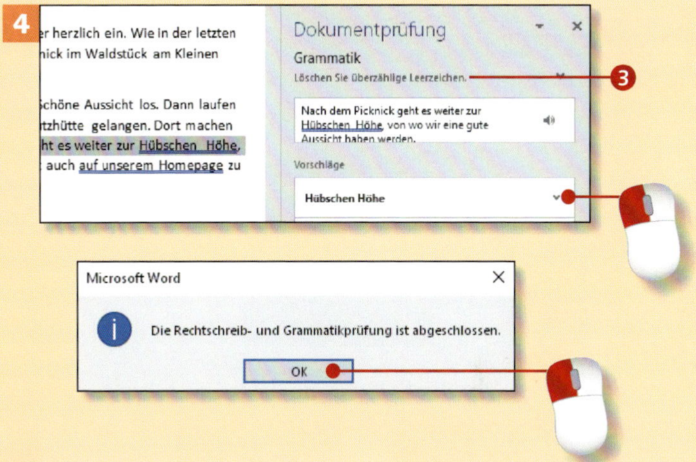

Schritt 5

Möchten Sie nur ein einzelnes Wort korrigieren, klicken Sie mit der *rechten* Maustaste auf das Wort. Im Kontextmenü sehen Sie einen oder mehrere Vorschläge für die korrekte Schreibweise. Klicken Sie mit der linken Maustaste auf den richtigen Vorschlag, und schon wird das Wort korrigiert.

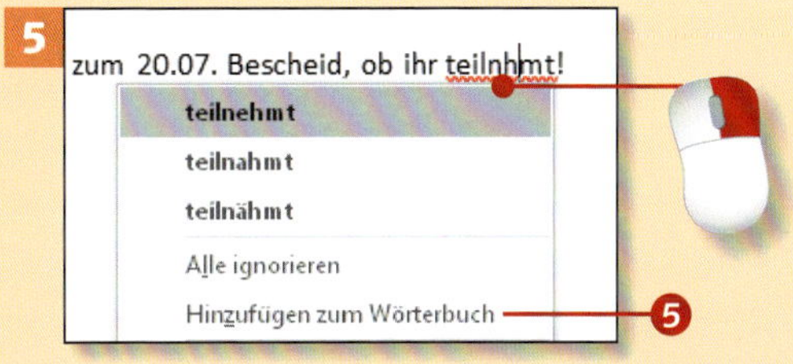

Schritt 6

Bei Grammatikfehlern und zu vielen Leerzeichen ist diese schnelle Korrektur noch wertvoller, denn hier sehen Sie oft gar nicht so leicht, worin der Fehler besteht. Klicken Sie bei solchen Textstellen mit der rechten Maustaste zwischen die Wörter. Im Kontextmenü klicken Sie den Korrekturvorschlag von Word an.

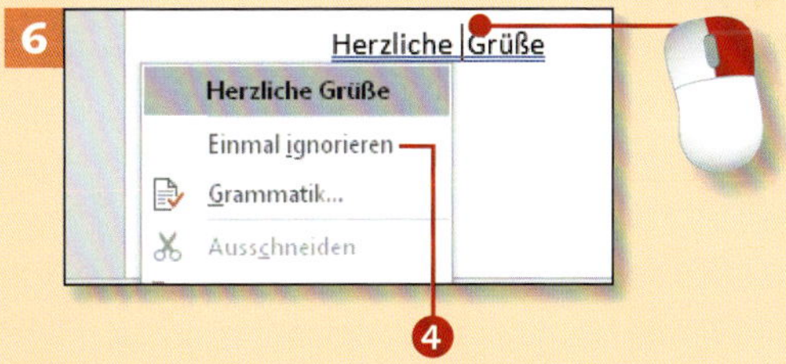

Word will meinen Nachnamen ändern!
Word findet aber nicht alle Fehler. Verlassen Sie sich also nicht hundertprozentig auf Word, wenn Sie einen fehlerfreien Text haben möchten. Zudem markiert die Rechtschreibprüfung auch Eigennamen und unbekannte Wörter als falsch. Klicken Sie dann auf **Einmal ignorieren** ❹ oder **Hinzufügen zum Wörterbuch** ❺, damit der Name auch künftig als richtig erkannt wird.

Die Seite einrichten

1

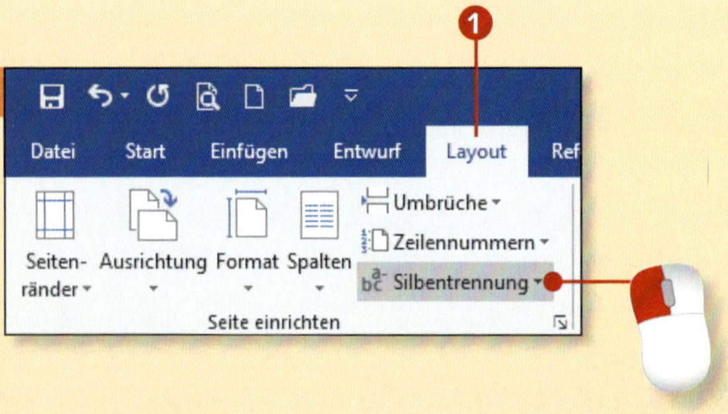

2

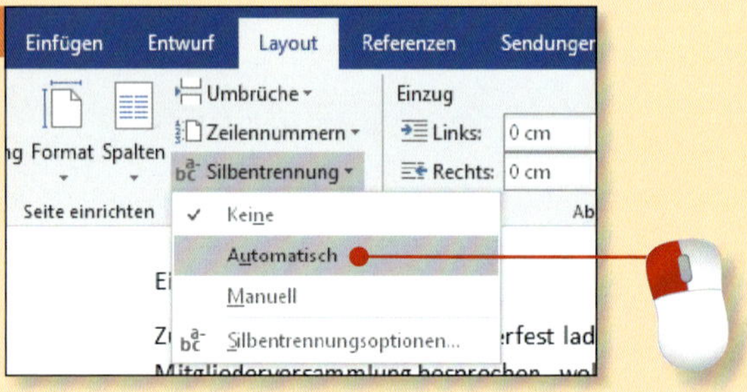

3

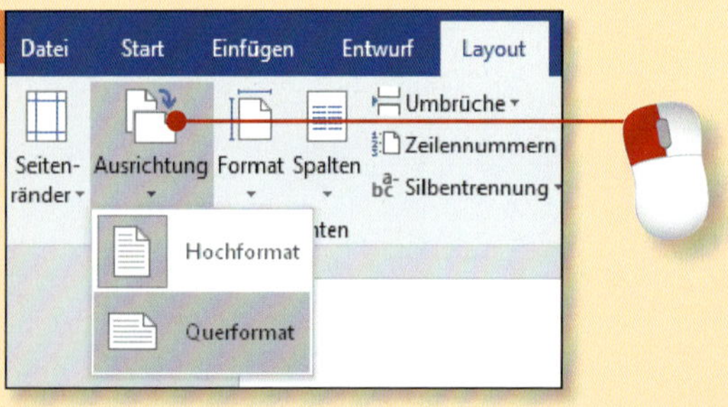

Word ist vielseitig: Sie können Formate (z. B. DIN A5), Ausrichtung, Silbentrennung und vieles mehr einstellen. Lernen Sie hier einige dieser Einstellungen kennen.

Schritt 1

Rufen Sie die Registerkarte **Layout** ❶ auf. Im linken Teil (Gruppe **Seite einrichten**) sehen Sie wesentliche Befehle wie **Seitenränder**, **Ausrichtung**, **Format** und **Silbentrennung**. Klicken Sie auf die Schaltfläche **Silbentrennung**.

Schritt 2

Die Voreinstellung ist **Keine** – die Wörter werden nicht getrennt. Der Text verteilt sich in der Regel schöner auf dem Blatt, wenn die Silbentrennung eingeschaltet ist. Soll Word Wörter trennen, klicken Sie auf **Automatisch**.

Schritt 3

Über die Schaltfläche **Ausrichtung** legen Sie fest, ob Ihr Dokument im Hoch- oder im Querformat angelegt wird. Kleine Plakate beispielsweise mit wenig, aber großem Text wirken im Querformat besser.

Schritt 4

Die Standardseite hat das Format DIN A4, Sie benötigen aber DIN A5? Kein Problem: Klicken Sie auf der Registerkarte **Layout** links auf **Format**. Word öffnet einen Katalog möglicher Formate. Wenn DIN A5 direkt dabei ist, klicken Sie darauf. Ist es in der Liste nicht dabei, liegt ein Problem mit dem Drucker vor.

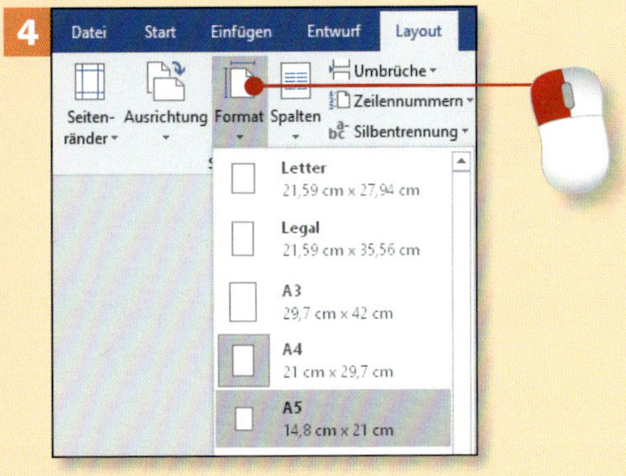

Schritt 5

Seitenränder bestimmen den weißen Bereich zwischen Ihrem Text und dem Blattrand. Um sie zu ändern, klicken Sie auf der Registerkarte **Layout** auf **Seitenränder** und ganz unten auf **Benutzerdefinierte Seitenränder**.

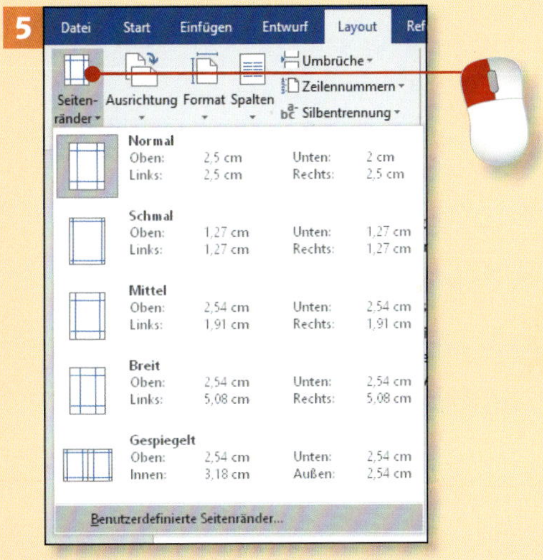

Schritt 6

Passen Sie die Werte nach Ihren Vorstellungen an: Ein Klick auf den oberen Pfeil neben einer cm-Angabe erhöht den Abstand zum Rand. Jede Richtung (**Oben**, **Links** usw.) wird einzeln eingestellt. Im Abschnitt **Ausrichtung** können Sie auch das **Hochformat** bzw. **Querformat** einstellen ❷. Zum Bestätigen klicken Sie schließlich auf **OK**.

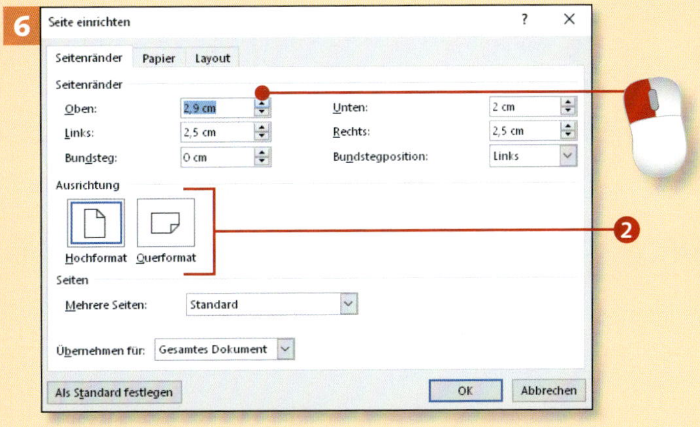

Die Seite einrichten (Forts.)

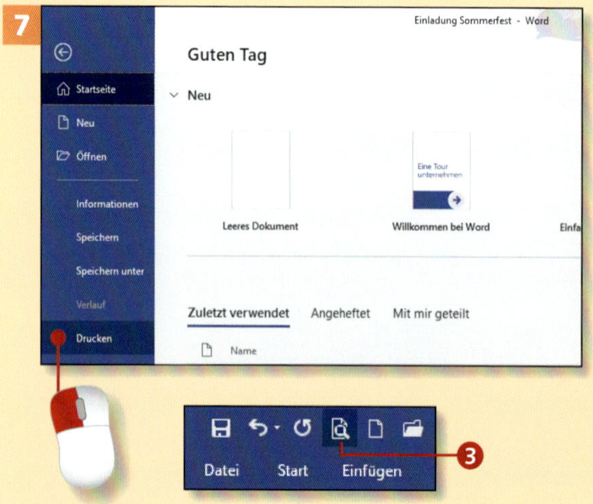

Schritt 7

Alle diese Einstellungen können Sie auch noch an einer anderen Stelle vornehmen: in der *Seitenansicht*. Hier sehen Sie auch, wie die Änderungen auf dem Blatt aussehen. Rufen Sie die Seitenansicht auf, indem Sie auf der Registerkarte **Datei** auf **Drucken** klicken. Alternativ klicken Sie auf das Symbol **Seitenansicht und Drucken** ❸ in der Symbolleiste für den Schnellzugriff.

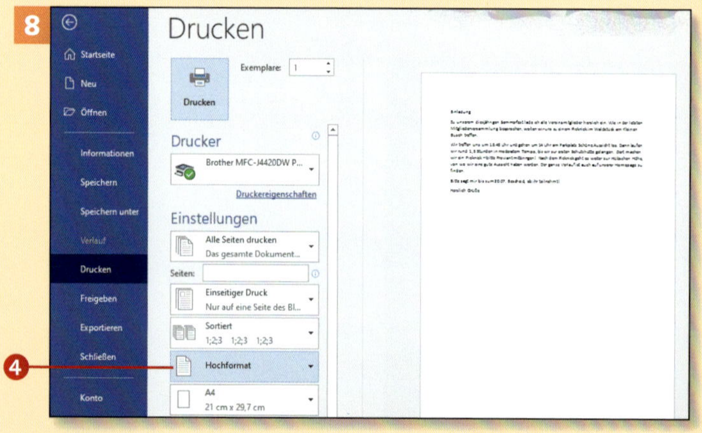

Schritt 8

Sie sehen nun eine verkleinerte Gesamtansicht der aktuellen Textseite Ihres Dokuments. Zugleich öffnet sich das Menü **Drucken** (siehe dazu den Abschnitt »Dokumente ausdrucken« auf Seite 204). Schauen Sie sich die Einstellungen an: Voreingestellt ist **Hochformat** ❹.

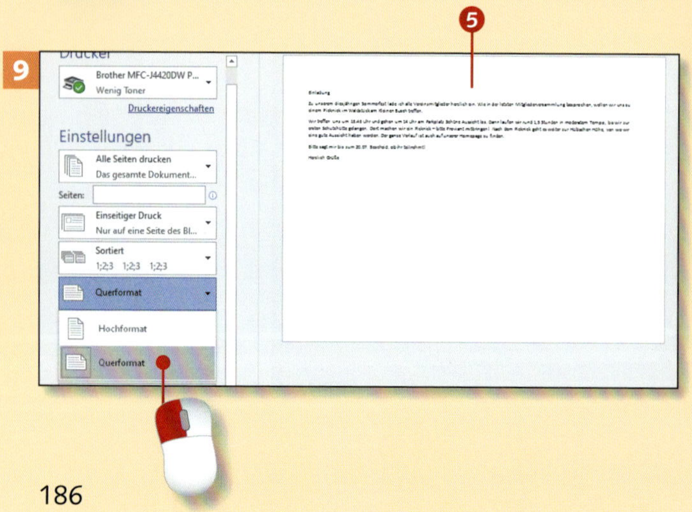

Schritt 9

Klicken Sie auf die Schaltfläche **Hochformat** und im Menü dann auf **Querformat**. Rechts sehen Sie, wie Ihr Dokument jetzt gedruckt aussehen würde ❺. Doch lieber Hochformat? Mit einem Klick auf **Querformat** und dann in der Liste auf **Hochformat** stellen Sie die Ausrichtung wieder um.

Schritt 10

Direkt unter der Schaltfläche für die Ausrichtung können Sie das Papierformat festlegen. Standard ist **A4**. Klicken Sie darauf; Word öffnet die Liste, die Sie schon aus Schritt 4 kennen. Das Papierformat ändern Sie durch Klicken auf die gewünschte Größe.

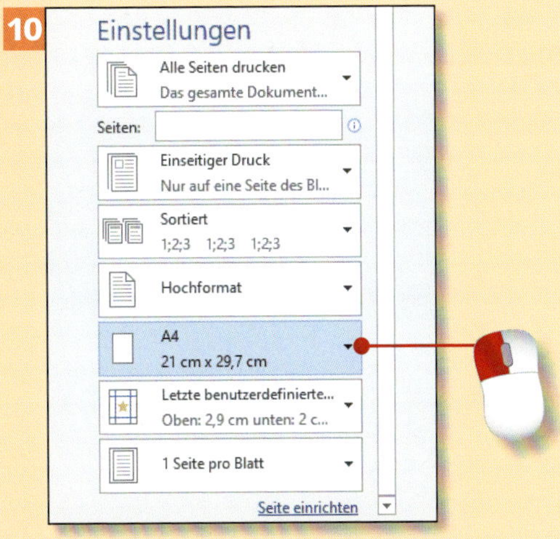

Schritt 11

Werfen Sie einen Blick rechts auf das Druckvorschaubild Ihres Textes. Ist Ihnen die Darstellung zu klein, klicken Sie unten rechts auf die Zoomleiste. Zum Vergrößern klicken Sie auf das Plus. Bei einem Dokument mit mehreren Seiten, erkennbar an den Zahlen links ❻, scrollen Sie nach unten, um auch die anderen Seiten zu sehen.

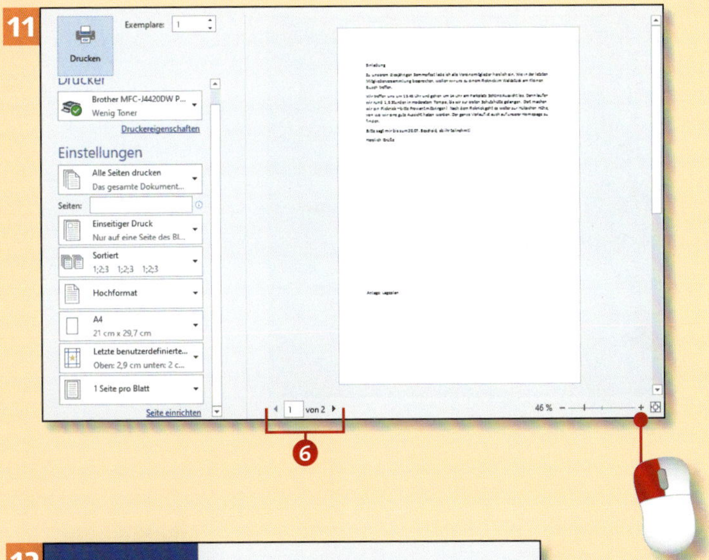

Schritt 12

Um das Dokument weiterzubearbeiten, klicken Sie oben auf den Pfeil nach links – die Seitenansicht wird geschlossen. Die Symbolleiste für den Schnellzugriff können Sie in der Seitenansicht nicht benutzen.

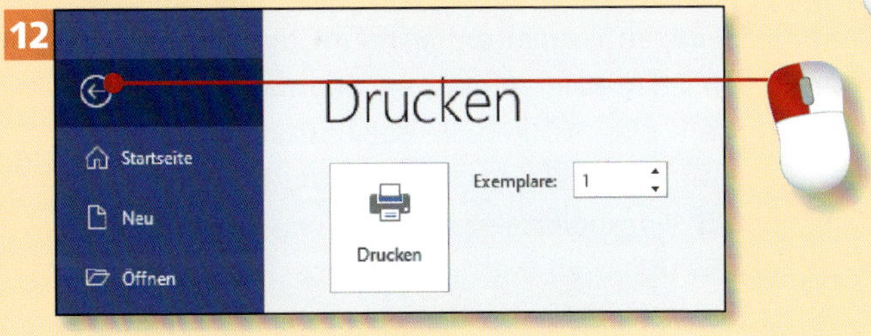

Text markieren, kopieren und einfügen

Word erleichtert Ihnen die Arbeit – auch beim Kopieren und Einfügen von Textabschnitten. So brauchen Sie denselben Text nicht mehrmals zu schreiben. Die wichtigste Technik hierbei ist das Markieren von Text.

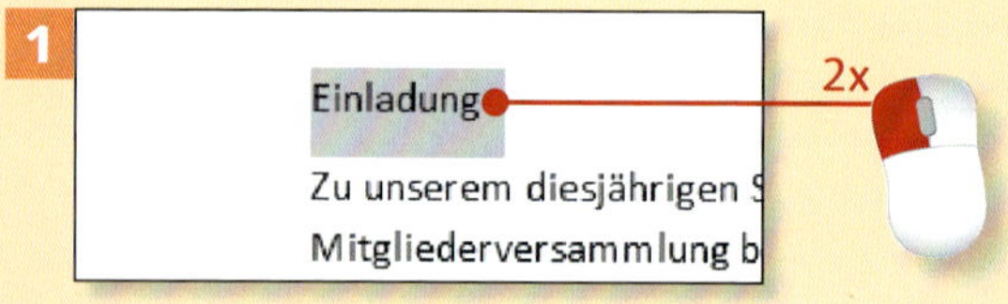

Schritt 1

Mit einer *Markierung* teilen Sie Word mit, welche Textstelle Sie bearbeiten wollen. Nur markierter Text kann formatiert, kopiert oder ausgeschnitten werden. Um ein Wort zu markieren, klicken Sie doppelt darauf. An der grauen Hinterlegung erkennen Sie die Markierung.

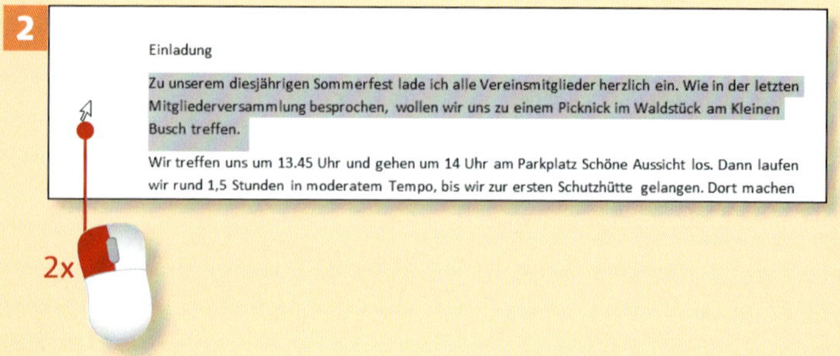

Schritt 2

Jetzt markieren Sie einen ganzen Absatz: Klicken Sie dazu doppelt auf den weißen Bereich links neben dem Absatz (die *Markierungsleiste*). Der Absatz wird grau hinterlegt.

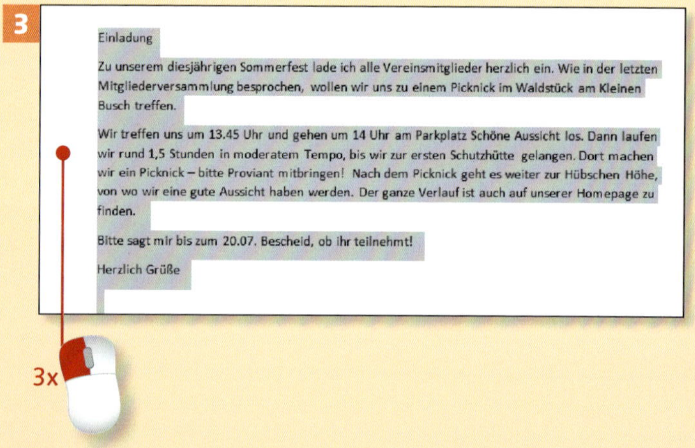

Schritt 3

Um den gesamten Text zu markieren, klicken Sie dreimal schnell hintereinander auf die Markierungsleiste. Alternativ drücken Sie die Tastenkombination [Strg] + [A].

Warum erscheint eine kleine Leiste am Text?
Sobald Sie Text markieren, erscheint eine kleine Leiste mit einigen Formatierungsmöglichkeiten: Sie können den Text fetten, einfärben, Schriftart und -größe ändern usw. Klicken Sie dazu auf das entsprechende Symbol. Leider verschwindet die Leiste mit dem Namen *Minisymbolleiste* schnell wieder. Wenn Ihnen das Formatieren mit dieser Leiste daher zu mühsam ist, nutzen Sie die Möglichkeiten im Menüband (siehe den folgenden Abschnitt).

Schritt 4

Wenn nur ein Teil des Textes markiert werden soll, klicken Sie vor den ersten Buchstaben des zu markierenden Bereichs. Drücken Sie die Umschalttaste ⇧, und halten Sie diese Taste gedrückt, während Sie mit der Maus hinter den letzten zu markierenden Buchstaben klicken. Dann lassen Sie die Umschalttaste wieder los. Die Maustaste nicht gedrückt halten!

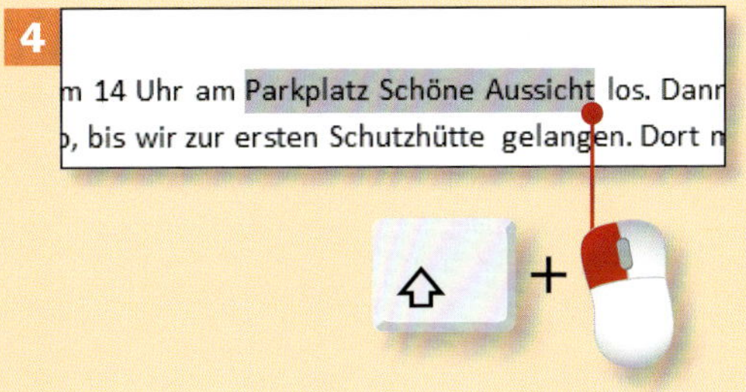

Schritt 5

Zum Kopieren drücken Sie bei markiertem Text Strg + C. Zweite Möglichkeit: Klicken Sie mit der *rechten* Maustaste auf den markierten Text und im Kontextmenü auf **Kopieren**. Welche Variante Sie auch wählen: Der kopierte Bereich wird in der *Zwischenablage* gespeichert.

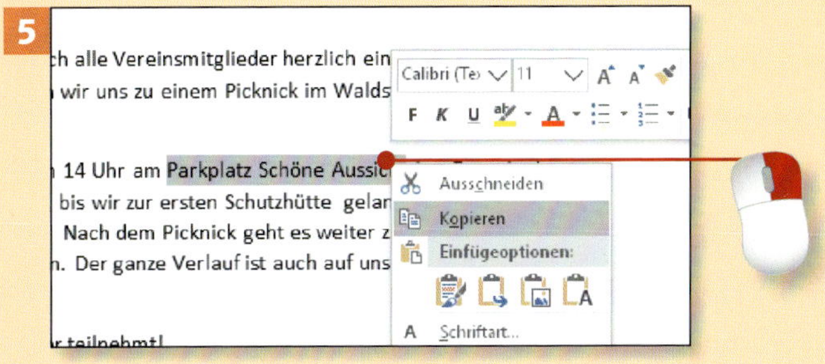

Schritt 6

Jetzt setzen Sie den Cursor an die Stelle, an der Sie den kopierten Text einfügen möchten. Drücken Sie Strg + V – oder klicken Sie mit der *rechten* Maustaste an diese Stelle, und wählen Sie das linke Symbol unter **Einfügeoptionen**.

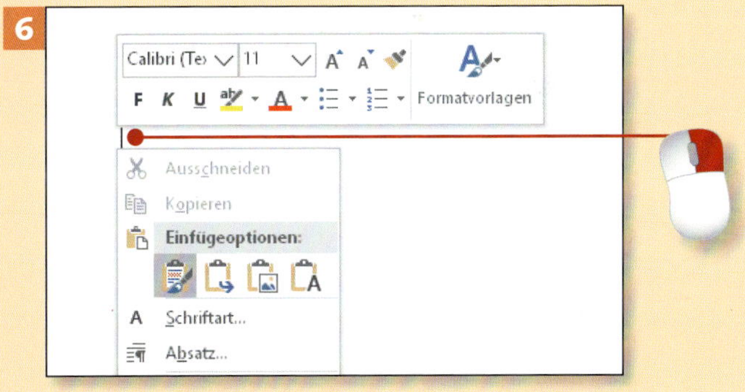

Texte umbauen

Soll ein Textabschnitt an eine andere Stelle im Dokument verschoben werden, können Sie ihn ausschneiden und am neuen Ort einfügen. Markieren Sie den Text, und drücken Sie Strg + X. An der »Zielstelle« drücken Sie Strg + V.

Schrift und Layout gestalten

1

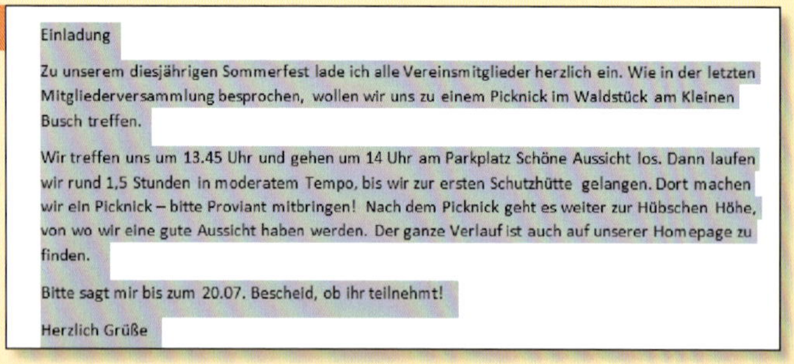

Einladung

Zu unserem diesjährigen Sommerfest lade ich alle Vereinsmitglieder herzlich ein. Wie in der letzten Mitgliederversammlung besprochen, wollen wir uns zu einem Picknick im Waldstück am Kleinen Busch treffen.

Wir treffen uns um 13.45 Uhr und gehen um 14 Uhr am Parkplatz Schöne Aussicht los. Dann laufen wir rund 1,5 Stunden in moderatem Tempo, bis wir zur ersten Schutzhütte gelangen. Dort machen wir ein Picknick – bitte Proviant mitbringen! Nach dem Picknick geht es weiter zur Hübschen Höhe, von wo wir eine gute Aussicht haben werden. Der ganze Verlauf ist auch auf unserer Homepage zu finden.

Bitte sagt mir bis zum 20.07. Bescheid, ob ihr teilnehmt!

Herzlich Grüße

2

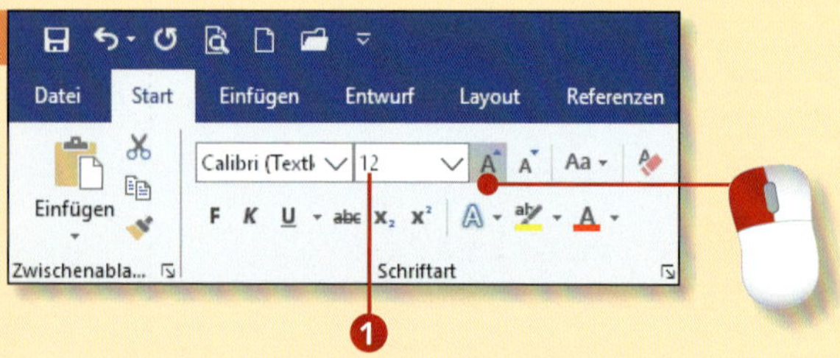

3

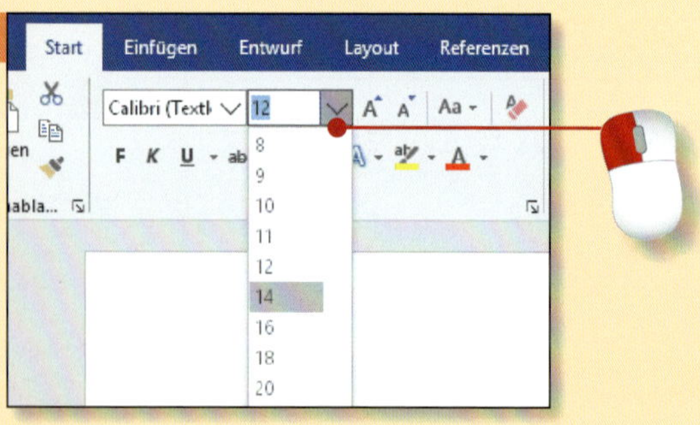

Den Text verschönern – das bedeutet »formatieren«. Ändern Sie Schriftart und -größe, fügen Sie Farbe hinzu, oder heben Sie Wörter hervor.

Schritt 1

Beim Gestalten gilt: **Erst markieren, dann formatieren**. Im Beispiel soll der komplette Text eine größere Schrift erhalten. Markieren Sie zunächst den Text, indem Sie Strg + A drücken.

Schritt 2

Klicken Sie auf der Registerkarte **Start** in der Gruppe **Schriftart** auf die Schaltfläche mit dem größeren **A**. Der Schriftgrad wird um eine Stufe vergrößert. Je höher die Zahl im Feld ❶ daneben, desto größer die Schrift.

Schritt 3

Klicken Sie auf den kleinen Pfeil am Feld **Schriftgrad**, wenn Sie einen Schriftgrad genau einstellen möchten. Word öffnet eine Liste mit Zahlen; fahren Sie mit dem Mauszeiger über die Werte. Der markierte Text wird in der *Vorschau* in der entsprechenden Größe angezeigt. Um eine Größe tatsächlich auszuwählen, klicken Sie darauf.

!

Eingabe ersetzt Markierung

Wenn Text markiert ist, müssen Sie aufpassen: Ein Tastendruck ersetzt die gesamte Markierung! Sind Sie mit der Bearbeitung des markierten Textes fertig, klicken Sie an eine Stelle außerhalb der Markierung, um sie aufzuheben.

Schritt 4

Die Schriftart ändern Sie so: Markieren Sie den Text, und klicken Sie auf den Pfeil am Feld **Schriftart**. Fahren Sie mit dem Mauszeiger über die Liste; im Hintergrund sehen Sie Ihren Text in einer Vorschau jeweils in der Schriftart, über der der Mauszeiger gerade schwebt. Klicken Sie auf einen Eintrag, um die Schrift auch auszuwählen.

4

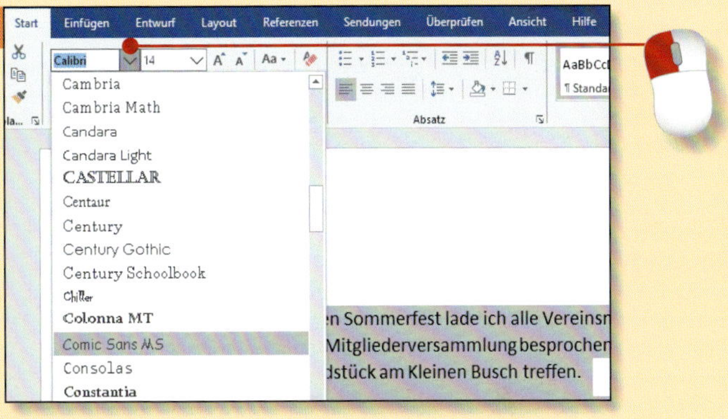

Schritt 5

Die Standardschriftfarbe ist Schwarz, Sie können natürlich auch eine andere Farbe wählen. Markieren Sie dazu den Text, im Beispiel das Wort *Einladung*, und klicken Sie auf den kleinen Pfeil neben der Schaltfläche **Schriftfarbe** (dem **A** mit dem farbigen Strich darunter). Wählen Sie durch Klicken eine Farbe aus.

5

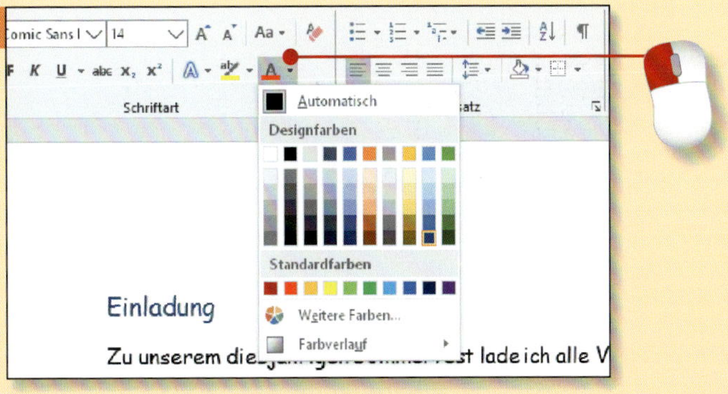

Schritt 6

Einzelne Wörter heben Sie hervor, indem Sie sie fett oder kursiv formatieren. Markieren Sie das Wort, und klicken Sie in der Registerkarte **Start** auf die Schaltfläche **F** (für *Fett*). *Kursiv* wird der markierte Text, wenn Sie auf das **K** ❷ daneben klicken. Denken Sie daran, die Markierung durch Klicken wieder aufzuheben, bevor Sie weitertippen.

6

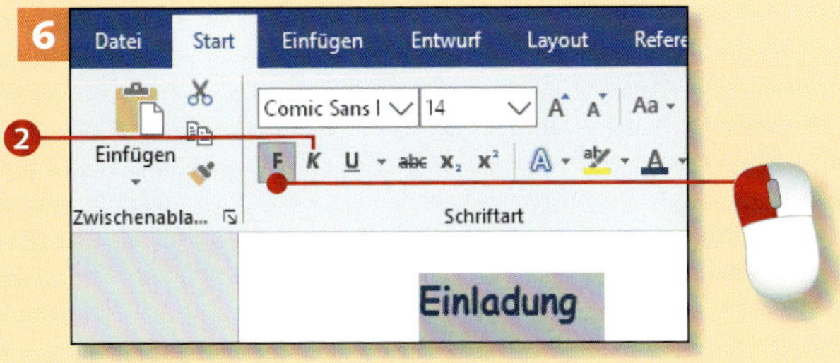

Keine Riesenschrift!

Übertreiben Sie es nicht mit der Schriftgröße: Ein Brief lässt sich mit Schriftgröße 12, maximal 14 gut lesen. Größere Schriften sind eher für Plakate und Ähnliches geeignet.

Absätze und Aufzählungen formatieren

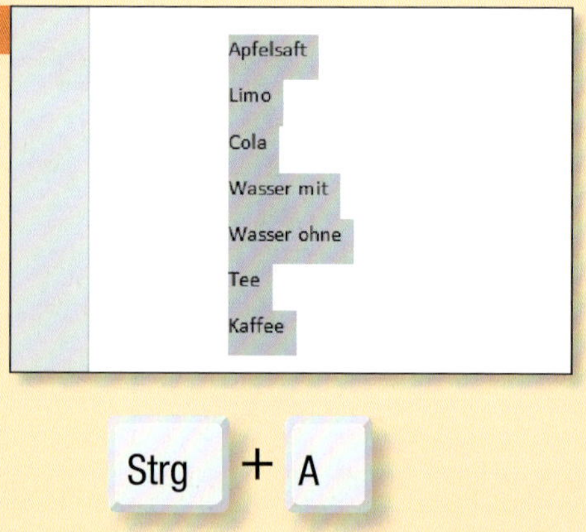

Listen sind leichter zu lesen, wenn Sie sie mithilfe von Aufzählungspunkten gliedern.

Schritt 1

Schreiben Sie Ihre Liste, und drücken Sie am Ende jedes Aufzählungspunktes die Taste [↵]. Markieren Sie die ganze Liste, indem Sie die Tasten [Strg] + [A] gleichzeitig drücken.

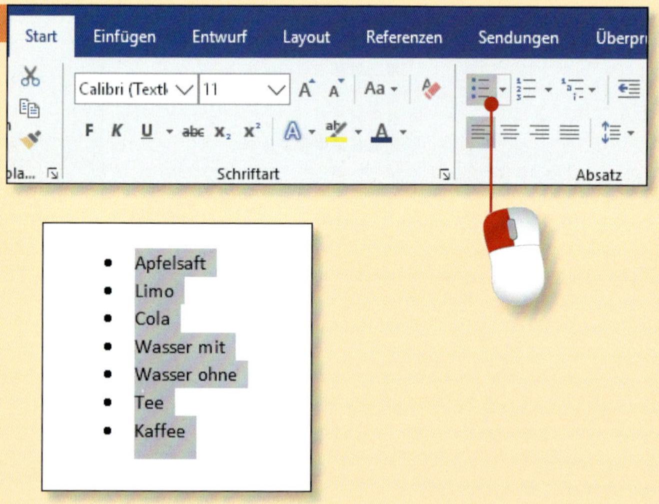

Schritt 2

Klicken Sie auf der Registerkarte **Start** auf die Schaltfläche **Aufzählungszeichen**. Wenn Sie auf den linken Teil der Schaltfläche klicken, wird Ihre Liste sofort mit den Standardaufzählungszeichen versehen.

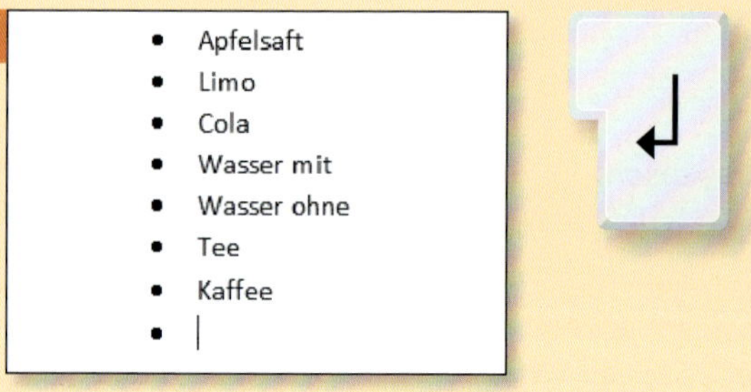

Schritt 3

Um die Liste fortzusetzen, klicken Sie hinter das letzte Wort, im Beispiel *Kaffee*. So heben Sie die Markierung auf und sagen Word gleichzeitig, wo Sie weiterarbeiten möchten. Drücken Sie [↵]. Der Cursor springt in die nächste Zeile, die wieder mit einem Aufzählungspunkt beginnt.

Schritt 4

Anstelle der neutralen Aufzählungspunkte können Sie auch eine Nummerierung verwenden. Markieren Sie dazu die Liste, wie in Schritt 1 gezeigt. Die Schaltfläche **Aufzählungszeichen** ❶ ist hervorgehoben, weil Ihre Liste momentan mit Aufzählungszeichen versehen ist. Nun klicken Sie aber auf die Schaltfläche **Nummerierung** rechts daneben.

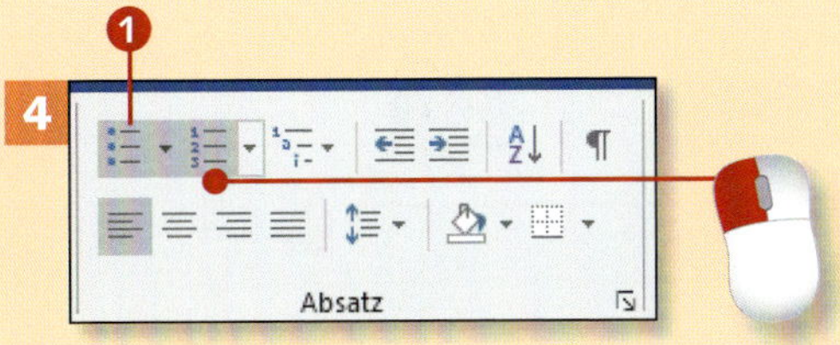

Schritt 5

Word nummeriert Ihre Liste. Auch hier gilt: Wenn Sie noch weitere Listenpunkte hinzufügen möchten, klicken Sie *erst* hinter einen der vorhandenen Einträge. Drücken Sie dann [↵], um einen neuen Listenpunkt zu erzeugen.

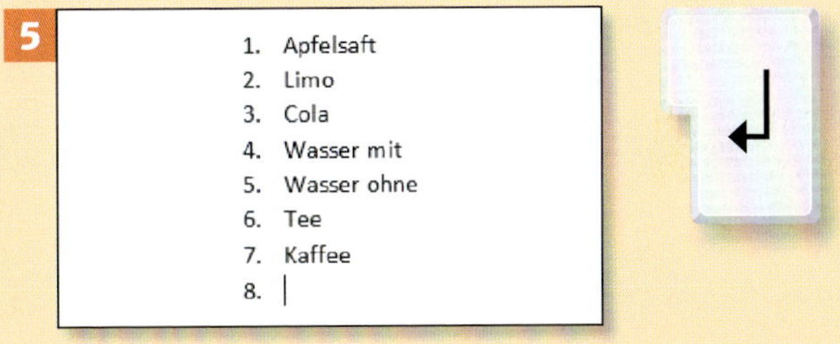

Schritt 6

Word setzt die Liste mit der passenden Zahl fort. Ergänzen Sie sie. Die Liste ist etwas eingerückt, d.h., sie steht auf dem Blatt weiter rechts als ein Standardabsatz. Um wieder »normal« weiterzuschreiben, die Liste also zu beenden, klicken Sie hinter den letzten Eintrag und drücken zweimal [↵]. Der Cursor springt wieder an den linken Rand.

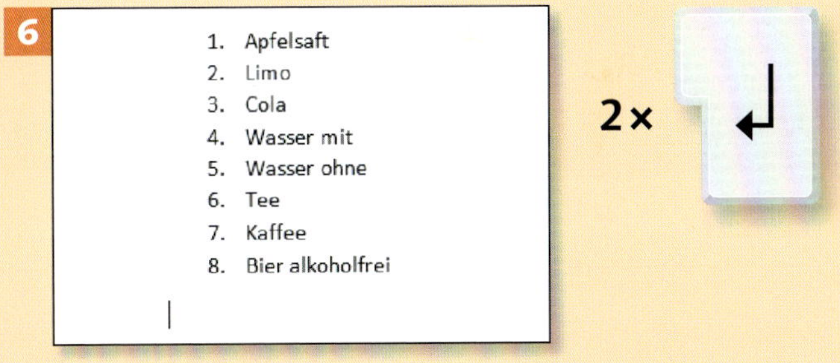

Listen »zwischendrin« ergänzen

Nicht nur am Ende der Liste können Sie weitere Einträge eintippen. Auch zwischen zwei Einträgen lässt sich die Liste ergänzen, wenn Sie mittendrin einen Eintrag vergessen haben. Klicken Sie hinter den Eintrag, nach dem der fehlende Text stehen soll, und drücken Sie [↵]. Schreiben Sie nun Ihren Text. Die Nummerierung wird automatisch angepasst.

Einen Brief schreiben

1

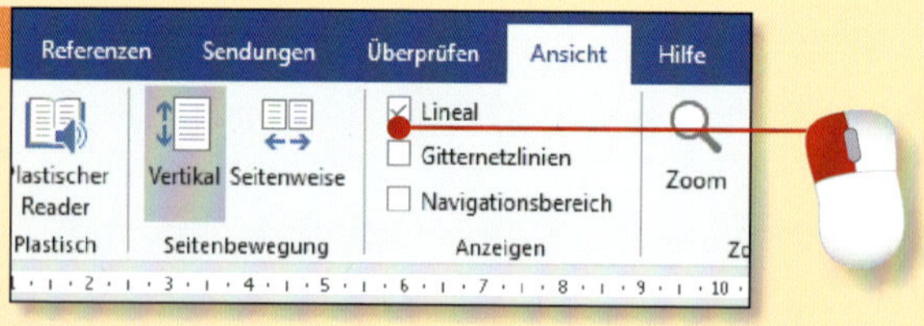

2

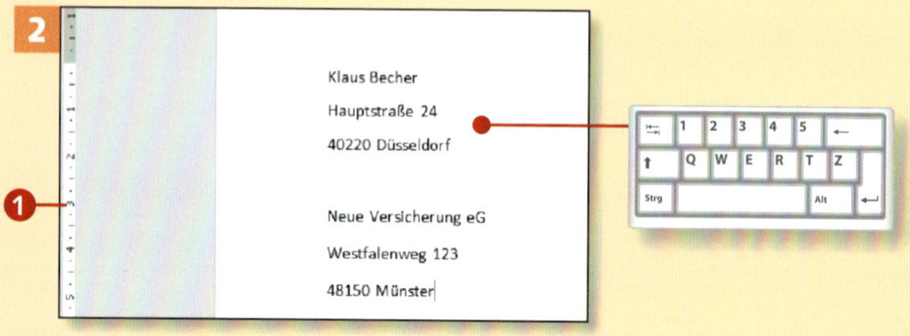

3

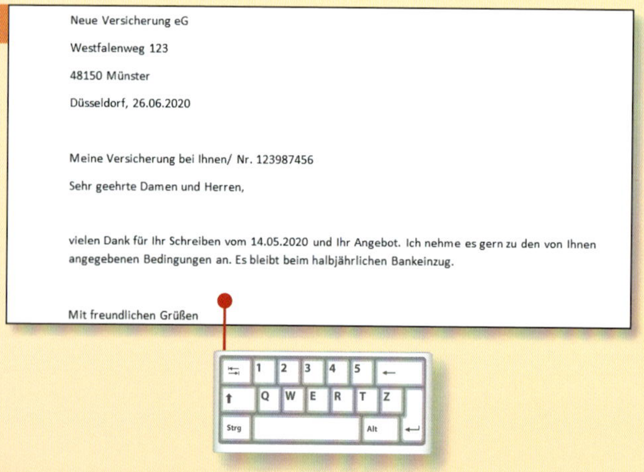

»Willkommen zurück«

Öffnen Sie ein Dokument, das Sie bei anderer Gelegenheit gespeichert haben und das über zwei Seiten hinausgeht, dann begrüßt Word Sie mit den Worten **Willkommen zurück**. An der rechten Seite erscheint eine Art Sprechblase, die Ihnen anbietet, da weiterzumachen, wo Sie aufgehört haben. Klicken Sie darauf, und Word springt zur zuletzt bearbeiteten Stelle des Dokuments.

Manchmal reicht eine E-Mail nicht; dann muss es ein »echter« Brief sein. Lesen Sie hier, mit welchen Schritten Sie ganz leicht einen Brief erstellen.

Schritt 1

Öffnen Sie in Word ein neues Dokument. Sie sehen über und links neben dem weißen Blatt ein *Lineal*. Wenn nicht, schalten Sie es auf der Registerkarte **Ansicht** ein.

Schritt 2

Fangen Sie Ihren Brief oben auf dem Blatt an, und tippen Sie Ihre Adresse. Fügen Sie zwei Absätze ein, und schreiben Sie die Empfängeradresse auf das Blatt. Sie sollte ungefähr auf der Höhe des 3. Zentimeters links am Lineal ❶ beginnen, dann passt sie später in das Fenster eines Fensterumschlags.

Schritt 3

Schreiben Sie Ort und Datum in die nächste Zeile und nach ein, zwei Absätzen die Begrüßungsformel und Ihren Brieftext. Bei Geschäftsbriefen können Sie vor der Begrüßung auch einen Betreff eintragen. Tippen Sie alles erst ein; das »Schönmachen« (*Formatieren*) kommt gleich.

Schritt 4

Markieren Sie Ihre Absenderadresse. Klicken Sie auf der Registerkarte **Start** auf **Rechtsbündig**; der ganze Block hüpft nach rechts. Wiederholen Sie dies bei der Datumszeile.

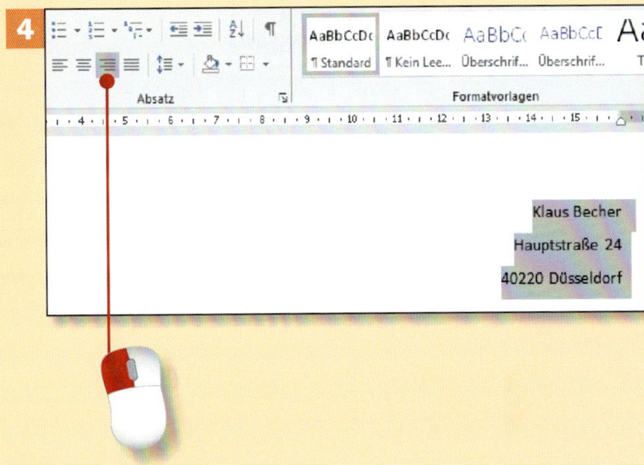

Schritt 5

Markieren Sie nun den Brieftext ab der Anrede bis zur Schlussformel (*Mit freundlichen Grüßen*). Damit dieser Text besser lesbar ist, vergrößern Sie ihn: Klicken Sie auf das große **A** neben der aktuellen Schriftgröße. Eine Stufe größer sollte reichen; Sie möchten Ihre Leser ja nicht »anbrüllen«.

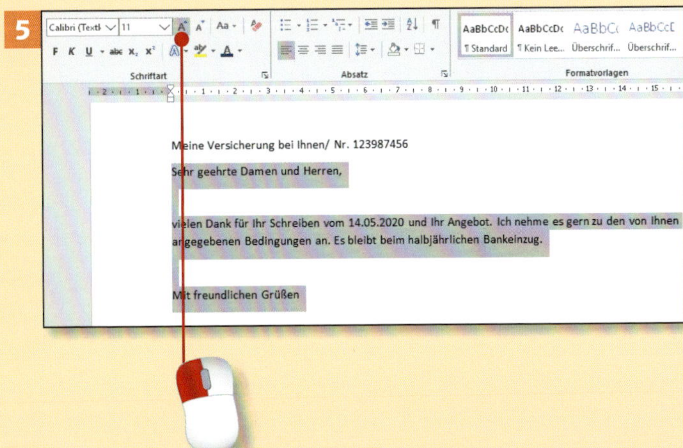

Schritt 6

Markieren Sie noch einmal Ihre Absenderadresse. Damit der Text dichter untereinander steht, ändern Sie den *Zeilenabstand*: Klicken Sie auf der Registerkarte **Start** auf die Schaltfläche **Zeilen- und Absatzabstand** und im Menü auf **Abstand nach Absatz entfernen**. Etwas enger darf auch die Empfängeradresse sein: Markieren Sie sie, und drücken Sie gleichzeitig Strg + 1. Der Zeilenabstand wird einzeilig. Speichern Sie den Brief.

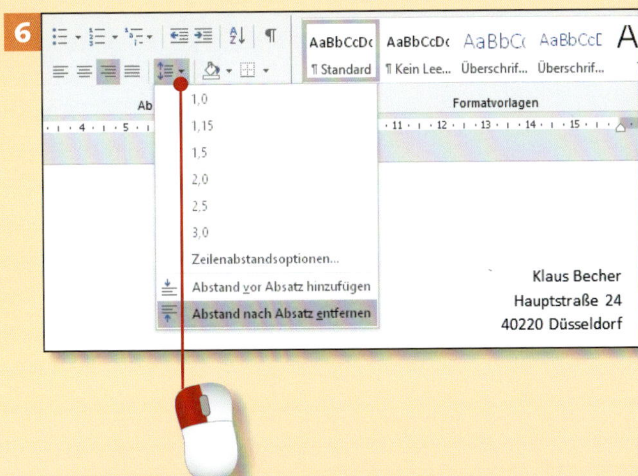

Tabellen anlegen und formatieren

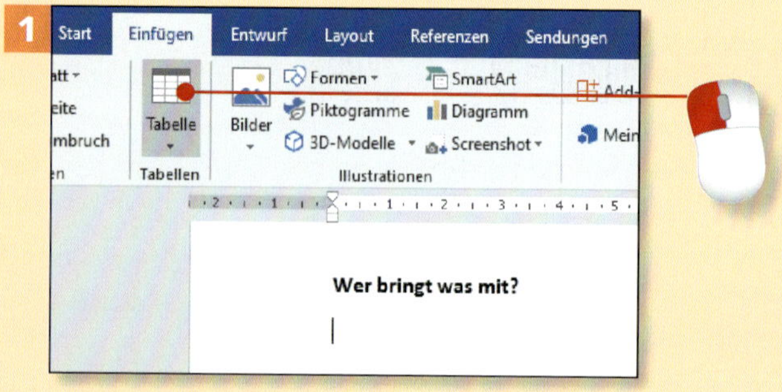

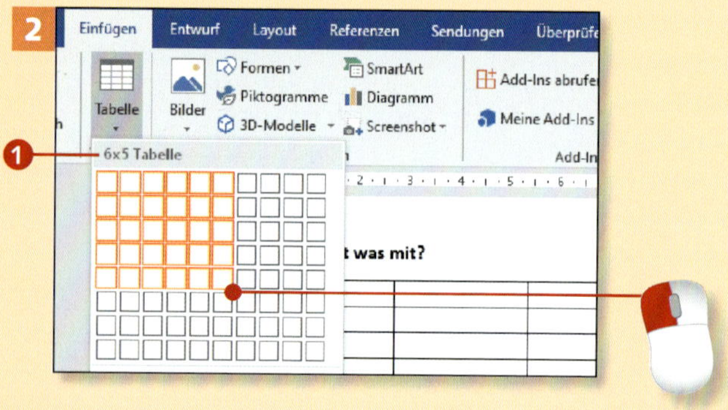

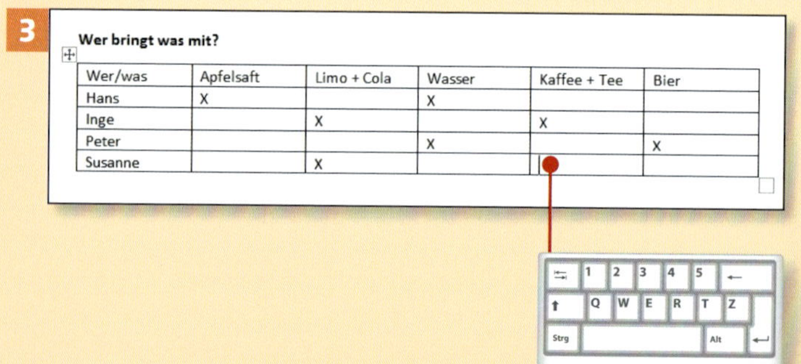

In vielen Dokumenten benötigen Sie kleine Tabellen. Damit lassen sich viele Informationen auf einen Blick präsentieren.

Schritt 1

Klicken Sie in Ihrem Dokument an die Stelle, an der Sie die Tabelle einfügen möchten. Klicken Sie auf die Registerkarte **Einfügen** und hier auf **Tabelle**.

Schritt 2

Ein Raster klappt auf. Jede Reihe steht für eine Zeile in der Tabelle, jede Spalte für eine Tabellenspalte. Wenn Sie über das Raster fahren, sehen Sie am oberen Rand ❶ die »Abmessungen« der Tabelle. Klicken Sie auf die gewünschte Größe. Im Beispiel werden sechs Spalten und fünf Zeilen angelegt.

Schritt 3

Word fügt die Tabelle ein. Sie sieht noch recht unspektakulär aus. Füllen Sie sie mit Text. Um in die nächste Tabellenzelle zu kommen, nutzen Sie die Pfeiltasten auf Ihrer Tastatur oder die Tabulatortaste [Tab]. Oder Sie klicken jeweils mit der Maus in die nächste Zelle.

Zelle – Zeile – Spalte?

Eine Tabelle besteht aus vielen einzelnen Zellen. In die Zellen können Sie Ihren Text schreiben. Zellen übereinander machen eine Spalte aus. Alle Zellen, die nebeneinanderliegen, sind eine Zeile.

Schritt 4

Ist die Tabelle mit Inhalt gefüllt, formatieren Sie sie – machen sie also »schön«. Klicken Sie in die Tabelle. Das Menüband zeigt die neue Registerkarte **Tabellentools** mit den Unterregistern **Entwurf** und **Layout**. Links auf der Registerkarte **Entwurf** können Sie angeben, ob Ihre Tabelle eine **Kopfzeile** und eine **Erste Spalte** hat ❷; im Beispiel ist beides der Fall. Haben Sie z. B. keine besondere erste Spalte, entfernen Sie das Häkchen im entsprechenden Feld.

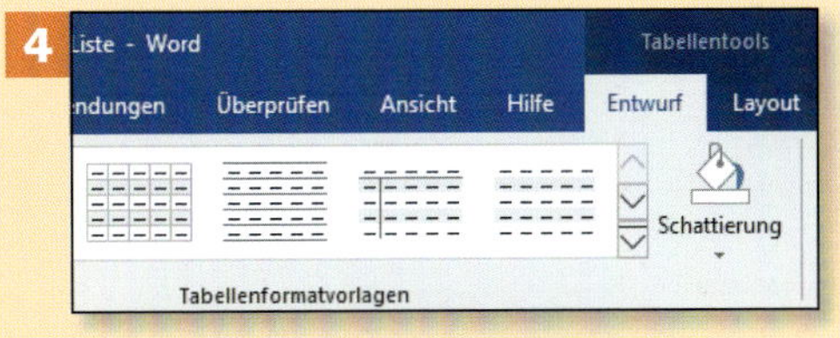

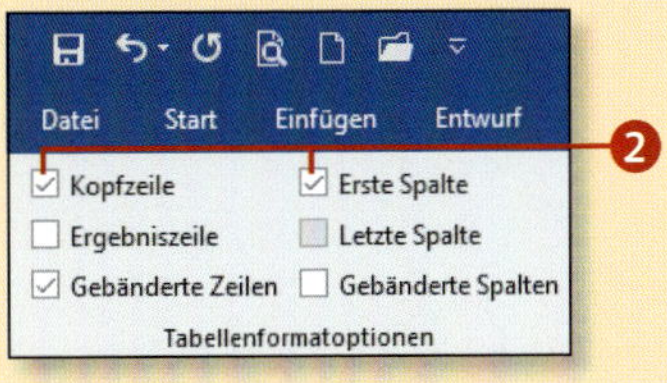

Schritt 5

Klicken Sie jetzt auf den unteren Pfeil bei **Tabellenformatvorlagen**. Der Katalog mit verschiedenen Layout-Vorlagen klappt auf. Sie erhalten wieder eine Vorschau bei Ihrer Tabelle. Klicken Sie auf ein Layout ❸.

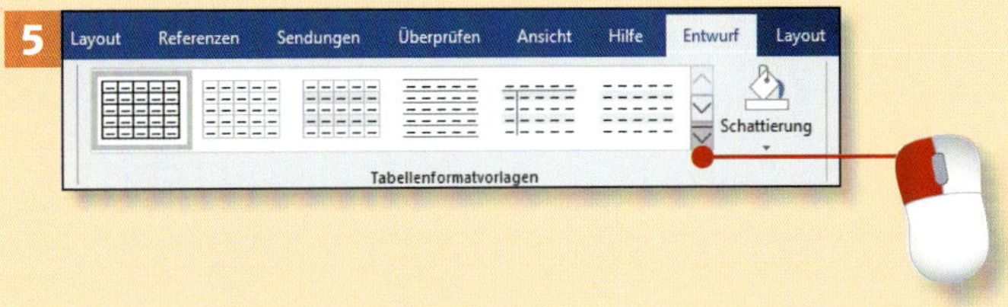

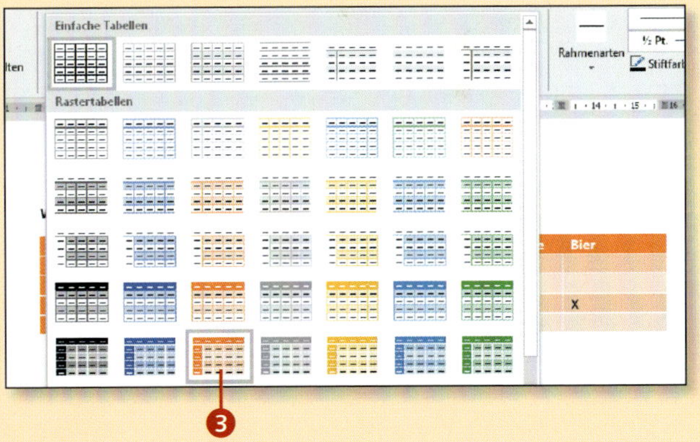

Schritt 6

Ihre Tabelle sieht nun schon interessanter aus. Um sie weiter zu verfeinern, klicken Sie die ganze Tabelle an. Klicken Sie dazu auf den *Vierfachpfeil* an der linken oberen Ecke der Tabelle. Alternativ halten Sie `Alt` gedrückt und klicken doppelt in die Tabelle.

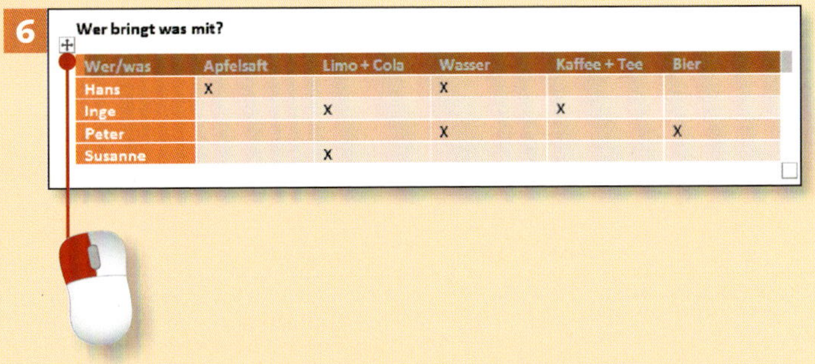

Tabellen anlegen und formatieren (Forts.)

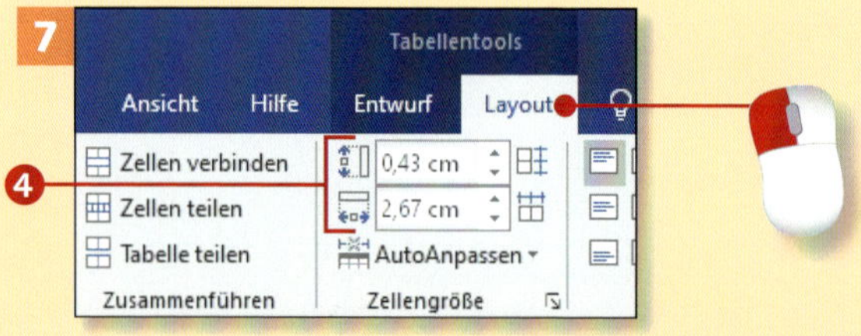

Schritt 7

Damit die Tabelle etwas luftiger wirkt, vergrößern Sie die Zeilenhöhe. Klicken Sie im Menüband auf die Registerkarte **Tabellentools/ Layout**.

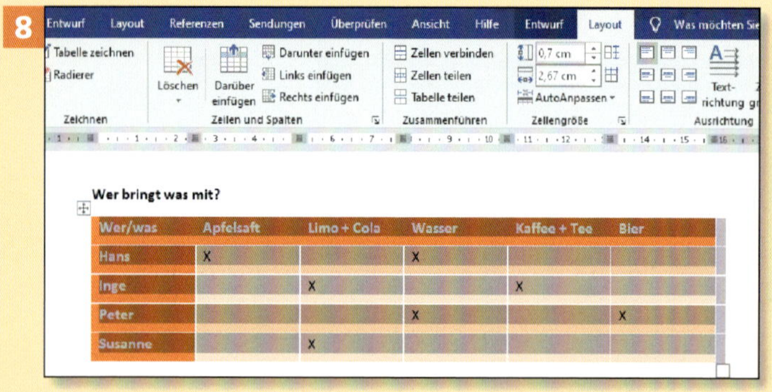

Schritt 8

In der Gruppe **Zellengröße** finden Sie die beiden Felder zum Einstellen der **Zeilenhöhe** und der **Spaltenbreite** ❹. Klicken Sie bei **Zeilenhöhe** auf den kleinen Pfeil nach oben, bis die passende Zeilenhöhe erreicht ist. Die Höhe der Zeilen in Ihrer Tabelle ändert sich direkt mit jedem Klick.

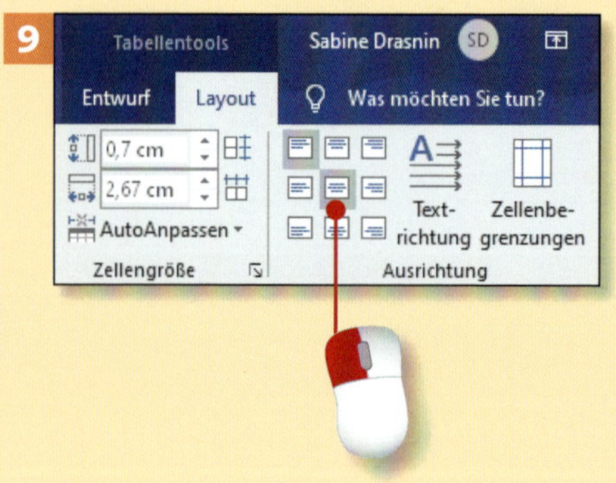

Schritt 9

Jetzt soll der Text noch mittig ausgerichtet werden. Auf der Registerkarte **Tabellentools/Layout** können Sie den Text in der Tabellenzeile sowohl horizontal als auch vertikal zentrieren. Klicken Sie auf die mittlere der neun Schaltflächen bei **Ausrichtung**. Der Text wird in allen Zellen zentriert ausgerichtet.

Schritt 10

Wenn Sie eine Tabellenzeile an Ihre Tabelle anfügen möchten, klicken Sie in die letzte Tabellenzelle ❺ und drücken die [Tab]-Taste. Alternativ klicken Sie in die letzte Zeile und dann auf der Registerkarte **Tabellentools/Layout** auf die Schaltfläche **Darunter einfügen**.

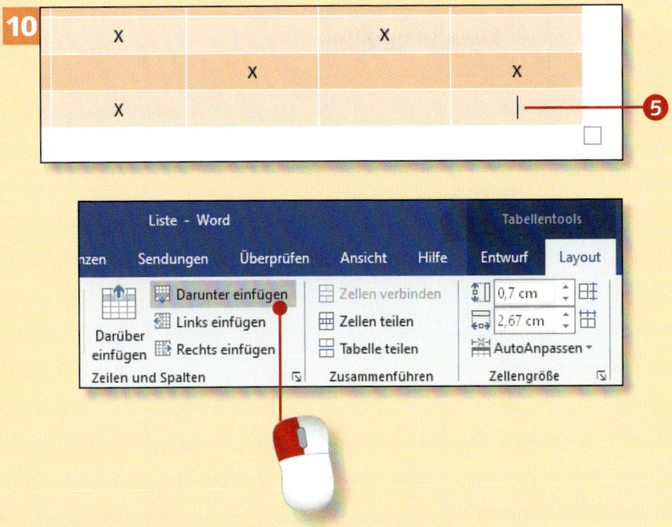

Schritt 11

Word fügt die Tabellenzeile an und passt sie direkt dem von Ihnen gewählten Layout an. Geben Sie den entsprechenden Text ein.

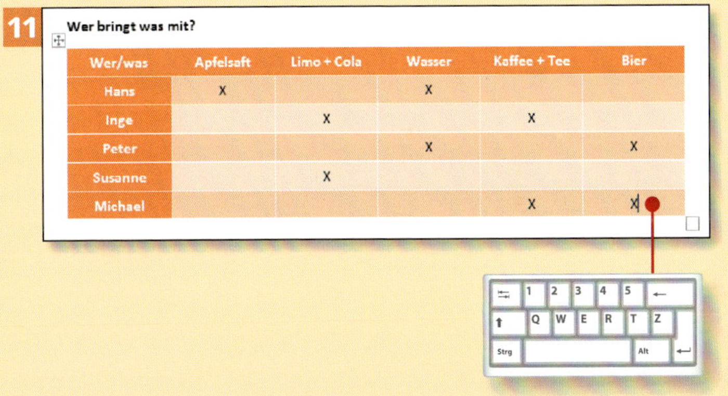

Schritt 12

Um eine Zeile zu löschen, klicken Sie in eine Zelle der entsprechenden Zeile. Rufen Sie das Register **Tabellentools/Layout** auf. Klicken Sie auf **Löschen** und dann auf **Zeilen löschen** ❻. Eine Spalte löschen Sie entsprechend: In die Spalte klicken, im Register **Tabellentools/Layout** auf **Löschen** und dann auf **Spalten löschen** ❼ klicken.

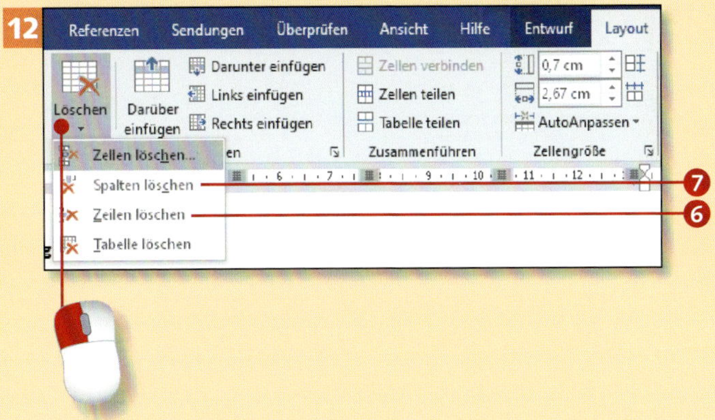

Bilder einfügen

Viele Texte lassen sich mit Bildern auflockern. Lesen Sie hier, wie Sie Bilder einfügen, deren Größe und Position anpassen und sie mit Effekten versehen.

1

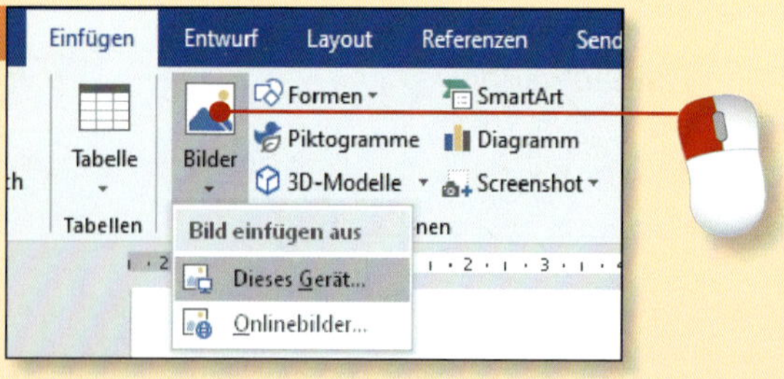

Schritt 1

Klicken Sie an die Stelle in Ihrem Text, an der Sie ein Bild einfügen möchten. Auf der Registerkarte **Einfügen** klicken Sie dann auf die Schaltfläche **Bilder** und im kleinen Menü auf **Dieses Gerät**.

2

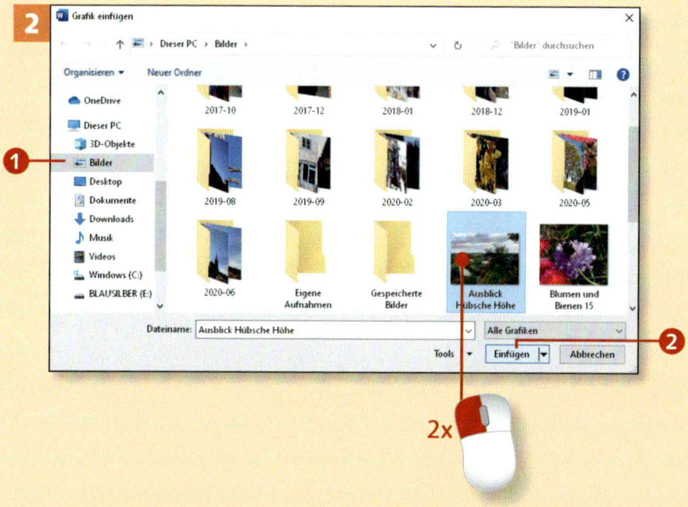

Schritt 2

Word öffnet das Dialogfenster **Grafik einfügen**, das direkt den Ordner **Bilder** ❶ anzeigt. Wählen Sie aus den Bildern im rechten Bereich ein Foto mit einem Doppelklick aus. Ist das Bild in einem der Unterordner, klicken Sie erst doppelt auf den Ordner und dann doppelt auf das Bild. Sie können auch nur einmal auf das Bild und dann unten rechts auf **Einfügen** ❷ klicken.

3

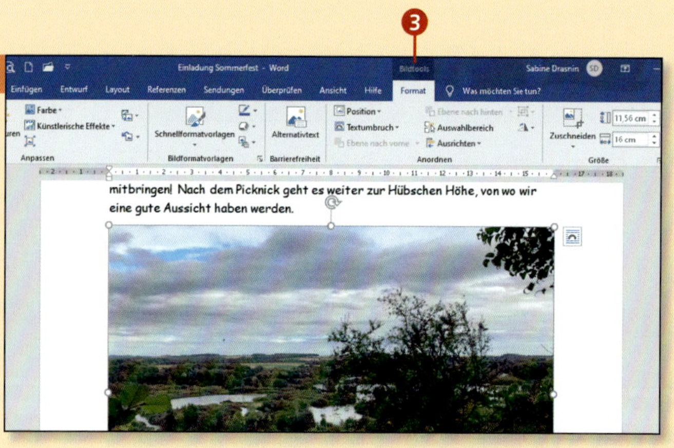

Schritt 3

Word fügt das Bild in Ihren Text ein. Sobald Sie das Bild anklicken, erscheint oberhalb des Menübands die Registerkarte **Bildtools/Format** ❸.

Schritt 4

Neben dem Bild finden Sie das kleine Symbol **Layoutoptionen**. Klicken Sie darauf und im Menü auf **Eng** ❹. Damit können Sie das Bild verschieben und vom Text *umfließen* lassen. Schließen Sie die Layoutoptionen mit dem **Schließkreuz** ❺.

4

Schritt 5

Mit den *Ziehpunkten*, die sich an den Ecken des Bildes befinden, können Sie das Bild ganz einfach verkleinern. Fahren Sie mit dem Mauszeiger über einen Eckpunkt, bis Sie einen Doppelpfeil sehen, und drücken Sie dann die linke Maustaste. Bei gedrückter Maustaste – der Cursor verwandelt sich in ein großes Plus – ziehen Sie den Punkt Richtung Bildmitte, bis das Bild klein genug ist. Lassen Sie die Taste los.

5

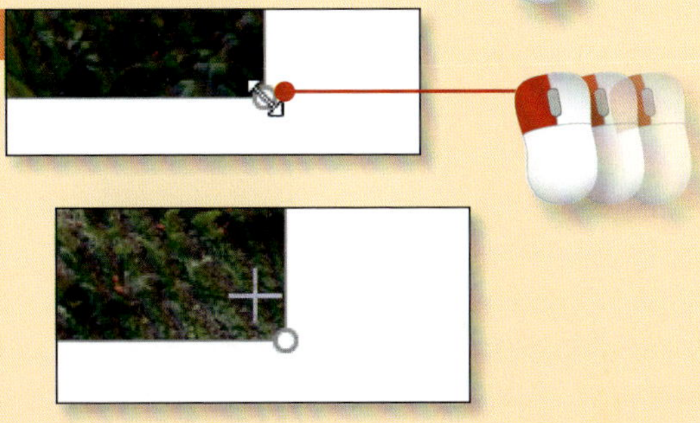

Schritt 6

Das Bild lässt sich auch an eine andere Stelle verschieben: Fahren Sie mit dem Mauszeiger über das Bild, bis Sie einen Vierfachpfeil sehen. Drücken Sie die linke Maustaste, und halten Sie sie gedrückt, während Sie das Bild an die gewünschte Stelle ziehen. Lassen Sie die Taste dann wieder los.

6

Das Bild springt weg!
Wenn Sie das Bild zu nah an den Seitenanfang oder das Seitenende verschieben, springt es auf die vorherige bzw. nachfolgende Seite. Ziehen Sie es dann wieder zurück; eventuell müssen Sie es verkleinern.

Bilder einfügen (Forts.)

7

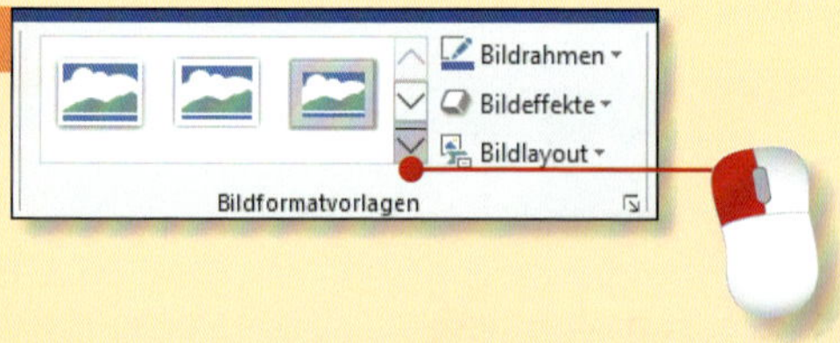

Schritt 7

Klicken Sie das Bild an und oben auf die Registerkarte **Bildtools/Format**. In der Gruppe **Bildformatvorlagen** stehen Ihnen einige Rahmen für Ihr Bild zur Verfügung. Klicken Sie auf den unteren Pfeil am rechten Rand der Rahmenminiaturen, um die ganze Liste zu sehen. Bei kleinen Bildschirmen steht hier **Schnellformatvorlagen**, klicken Sie darauf.

8

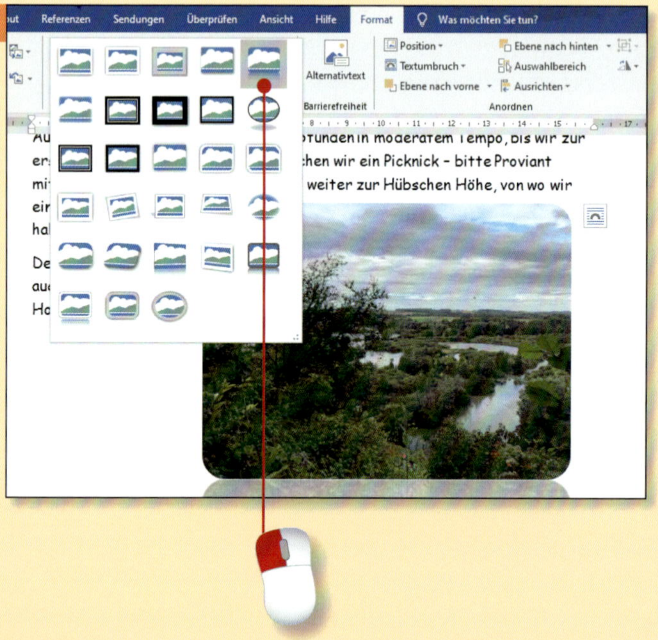

Schritt 8

Fahren Sie mit dem Mauszeiger über die Rahmenvorlagen. Sie sehen bei Ihrem Bild in der Livevorschau, wie es mit dem jeweiligen Rahmen aussähe. Klicken Sie schließlich entweder einen Rahmen an oder auf eine leere Stelle in Ihrem Dokument, wenn Sie doch keinen Rahmen haben möchten.

9

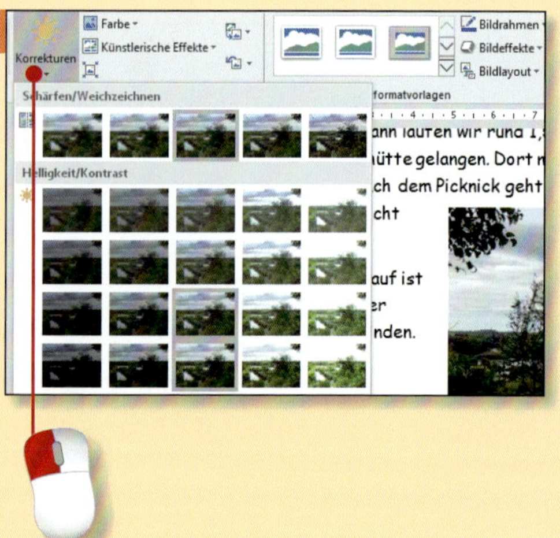

Schritt 9

Word bringt auch Werkzeuge mit, um Ihr Bild zu bearbeiten. Klicken Sie auf der Registerkarte **Bildtools/Format** links auf **Korrekturen**. Die Miniaturansichten zeigen Ihr Bild in verschiedenen Variationen. Fahren Sie wieder mit dem Mauszeiger über die Varianten, und schauen Sie, wie Ihr Bild sich verändern würde. Im Beispiel wird der Kontrast erhöht.

Schritt 10

Sie können Ihr Bild auch umfärben: Klicken Sie auf die Schaltfläche **Farbe**. Sie können **Farbsättigung** und **Farbton** ändern oder das Bild insgesamt neu einfärben.

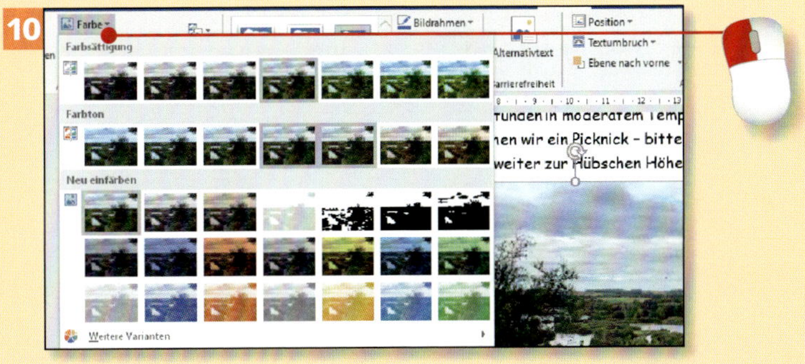

Schritt 11

Künstlerische Effekte erreichen Sie mit der gleichnamigen Schaltfläche in der Gruppe **Anpassen**. Auch hier können Sie die Livevorschau nutzen, um zu sehen, wie sich ein Klick auf die betreffende Variante auf Ihr Bild auswirkt. Möchten Sie keinen Effekt anwenden, klicken Sie einfach auf eine leere Stelle in Ihrem Dokument.

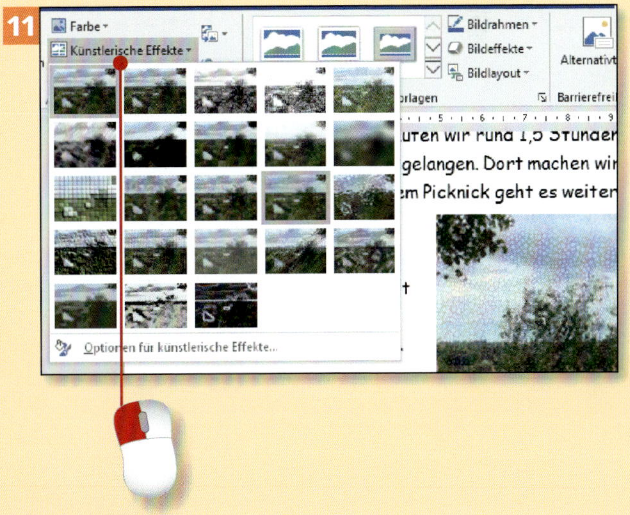

Schritt 12

Lassen Sie sich in der Seitenansicht anzeigen, wie Ihr Dokument nun aussieht (siehe dazu die Schritte 7 und 8 im Abschnitt »Die Seite einrichten« auf Seite 186). Um die Seitenansicht wieder zu schließen, klicken Sie auf den Pfeil oben links. Speichern Sie Ihr Dokument regelmäßig!

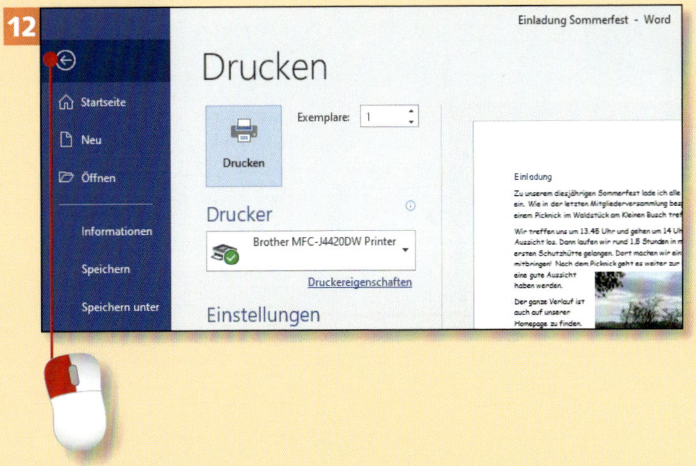

Die letzte Änderung rückgängig machen ...

... ist kein Problem: Klicken Sie in der Symbolleiste für den Schnellzugriff auf den Pfeil nach links, oder drücken Sie Strg + Z.

Dokumente ausdrucken

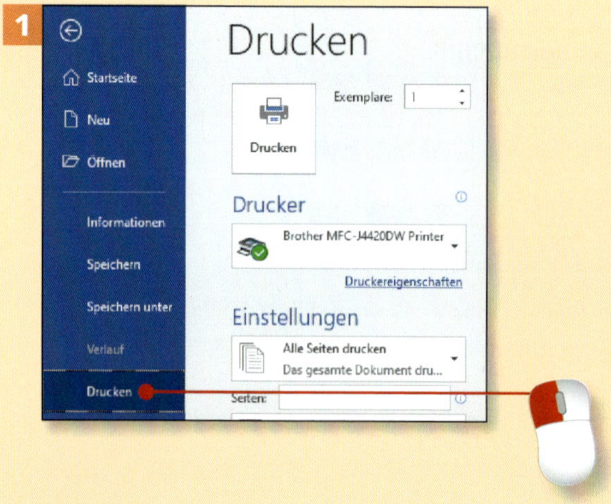

Das papierlose Büro ist gut und schön, aber einiges braucht man trotz allem »schwarz auf weiß«. Auch Briefe müssen Sie ausdrucken, um sie verschicken zu können. Word druckt für Sie mit wenigen Klicks.

Schritt 1

Rufen Sie die Registerkarte **Datei** auf, und klicken Sie dort links auf **Drucken**.

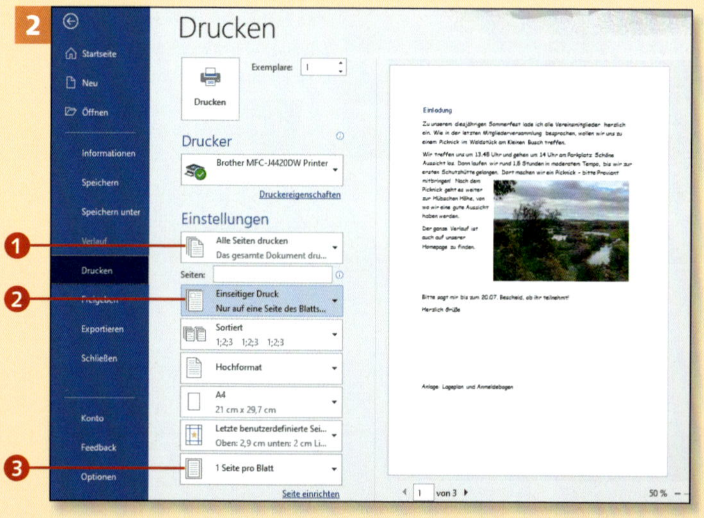

Schritt 2

In den Druckoptionen sehen Sie rechts die Seitenansicht, die gleichzeitig die *Druckvorschau* ist. In der Mitte sind Ihr Drucker und die Standardeinstellungen für den Druck zu sehen, z. B. **Alle Seiten drucken** ❶, **Einseitiger Druck** ❷, **1 Seite pro Blatt** ❸.

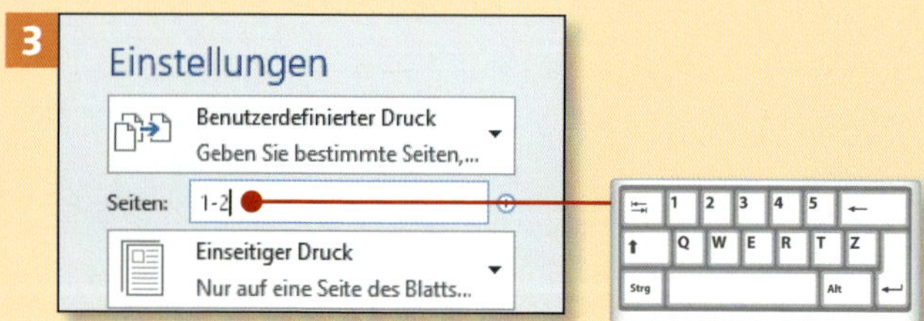

Schritt 3

Im Bereich **Einstellungen** legen Sie u. a. fest, ob nur bestimmte Seiten gedruckt werden sollen. Klicken Sie in das Feld **Seiten**, und geben Sie »1-2« ein, wenn Sie die beiden ersten Seiten drucken möchten. Um nur die Seiten 1 und 3 zu drucken, geben Sie »1,3« ein.

Schritt 4

Bei den Druckoptionen sind weitere Einstellungen möglich. Sie öffnen die Listen, indem Sie auf den kleinen Pfeil rechts am jeweiligen Feld klicken. Bei »normalen« Dokumenten müssen Sie hier nichts weiter einstellen.

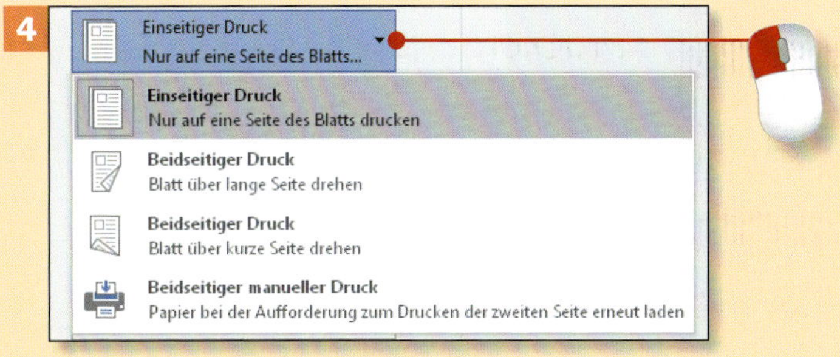

Schritt 5

Im oberen Teil der Druckoptionen legen Sie noch fest, wie viele Exemplare Ihres Dokuments Sie ausdrucken möchten. Ein Klick auf den Pfeil nach oben erhöht die Anzahl, mit dem unteren verringern Sie sie.

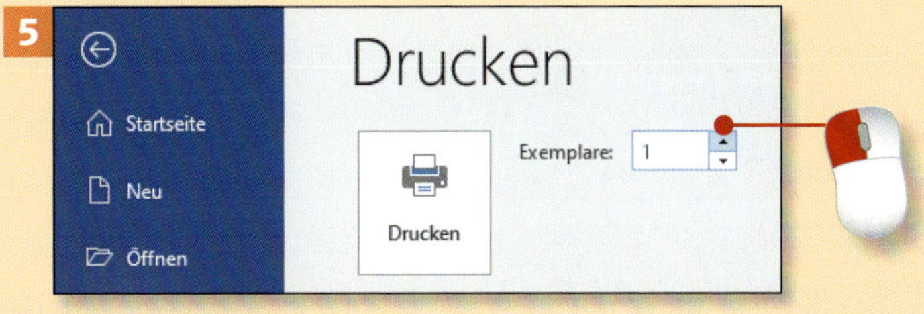

Schritt 6

Vergewissern Sie sich, dass der richtige Drucker ausgewählt ist ❹ und nicht z. B. ein PDF-Drucker. Prüfen Sie, ob Ihr Drucker eingeschaltet ist und über genügend Papier verfügt. Klicken Sie schließlich auf die Schaltfläche **Drucken**.

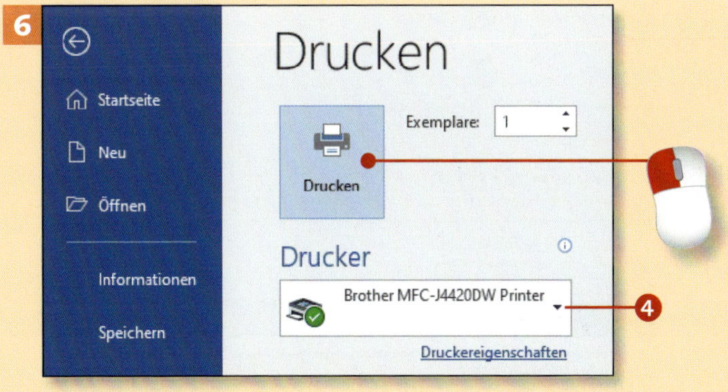

Drucker installieren

Wie Sie einen Drucker anschließen, erfahren Sie im Abschnitt »Einen Drucker installieren« auf Seite 290.

Die »Office«-Apps

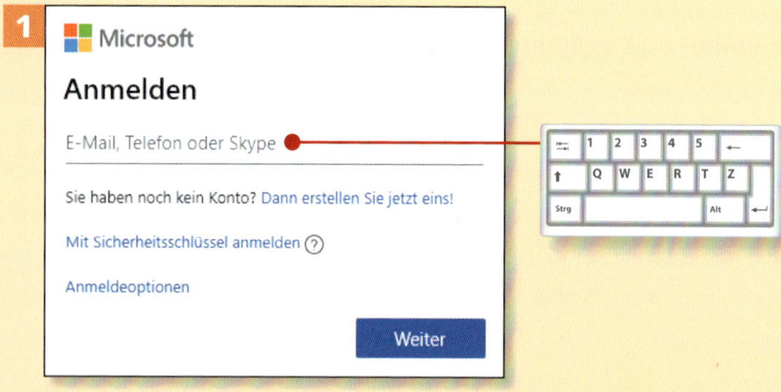

Mit Ihrem Office.com-E-Mail-Konto haben Sie auch Zugang zur Internetversion von Word, Excel & Co. Lesen Sie hier, wie Sie sie nutzen.

Schritt 1

Öffnen Sie Edge, und loggen Sie sich auf der Seite *www.office.com* in Ihr Office.com-Konto ein (siehe den Abschnitt »Ihr E-Mail-Konto öffnen und schließen« auf Seite 122).

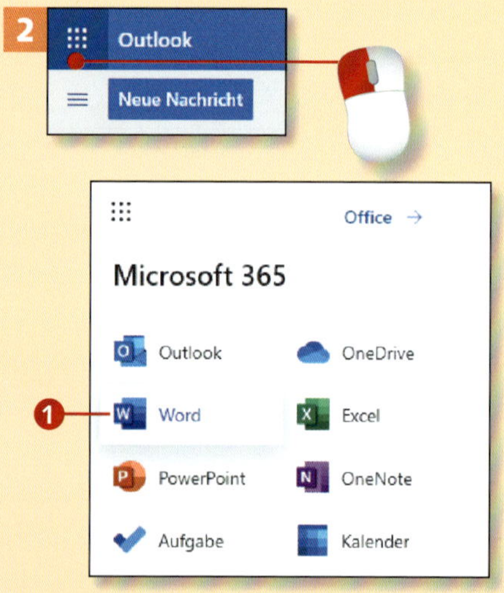

Schritt 2

Klicken Sie in der blauen Liste oben links auf das Quadrat mit den neun kleinen Kreisen, das **App-Startfeld**. Aus der Liste wählen Sie **Word** ❶.

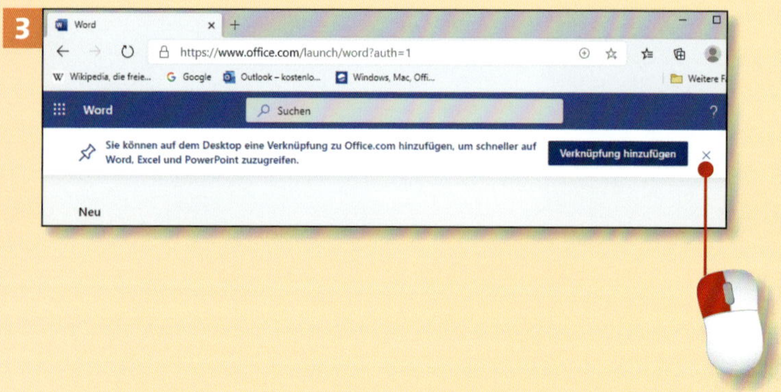

Schritt 3

Die Mail-Ansicht wechselt zur Word-App in Ihrem Browser. Klicken Sie auf das **×** neben **Verknüpfung hinzufügen**, damit die Leiste keinen Platz auf Ihrem Bildschirm einnimmt. Mit dem Hinzufügen-Befehl würde Microsoft 365 auf Ihrem Computer installiert, aber Sie wollen jetzt ja gerade die Online-Version, also Word im Internet, nutzen.

Schritt 4

Um ein neues Dokument zu erstellen, klicken Sie auf **Neues leeres Dokument**. Nach einigen Augenblicken wird die Online-Version von Word mit einem leeren Dokument geöffnet.

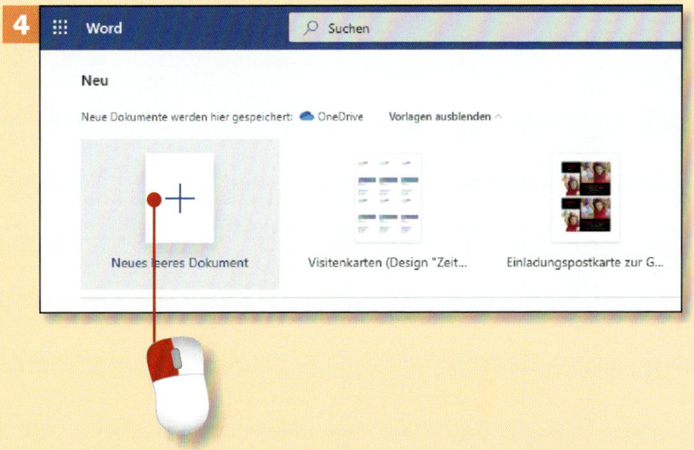

Schritt 5

Die Menüleiste ❷ enthält die wesentlichen Befehle der in den vorherigen Abschnitten beschriebenen Word-Version, zu der Sie hier übrigens mit der Schaltfläche **In Desktop-App öffnen** ❸ wechseln könnten. Klicken Sie nun aber auf das weiße Blatt, und tippen Sie Ihren Text ein.

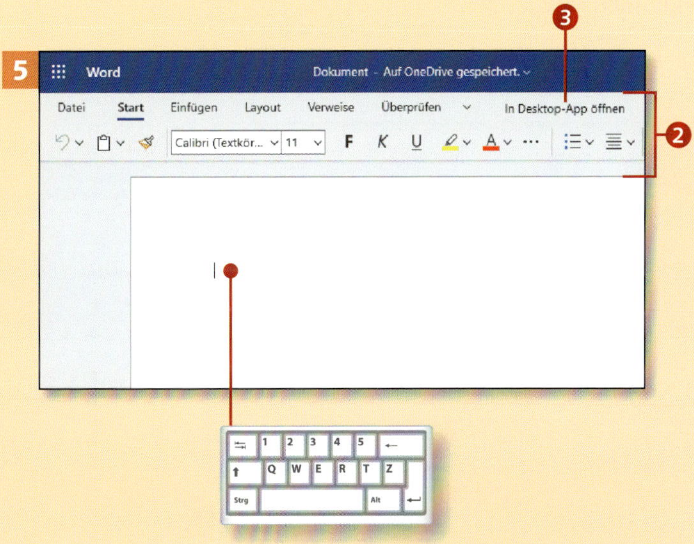

Schritt 6

Kümmern Sie sich zunächst um die Tippfehler, die auch hier angezeigt werden: Klicken Sie mit der rechten Maustaste auf ein rot markiertes Wort. Im Kontextmenü klicken Sie mit der linken Maustaste auf **Vorschlag öffnen** und dann auf den Korrekturvorschlag ❹. Wiederholen Sie den Vorgang für alle weiteren Fehler.

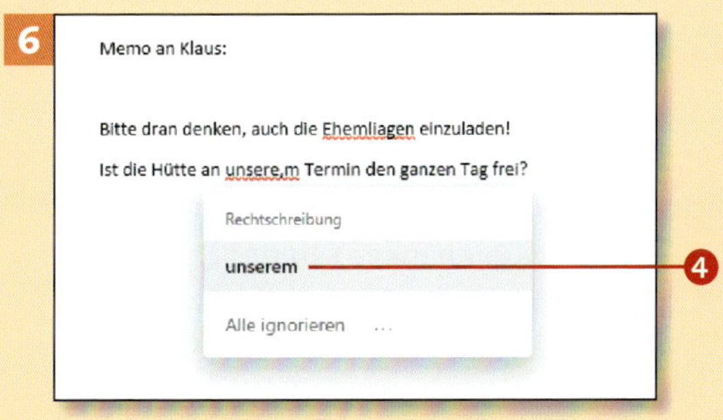

Die »Office«-Apps (Forts.)

7

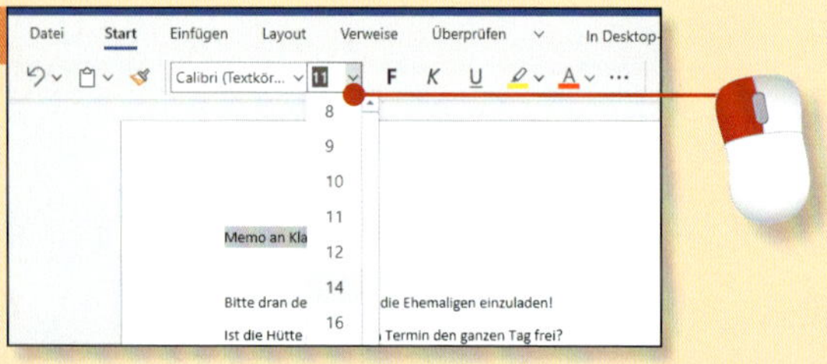

8

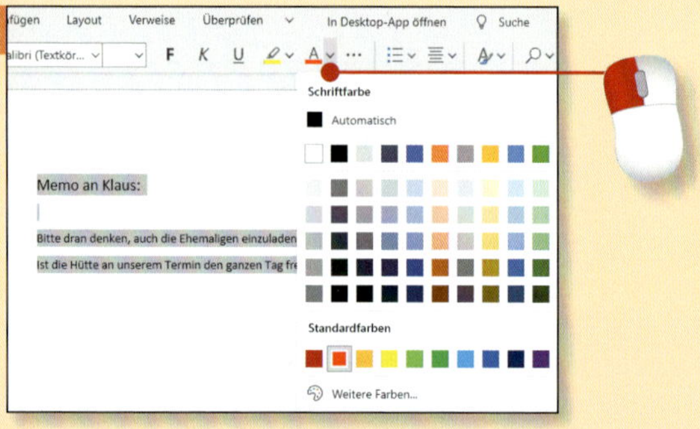

9

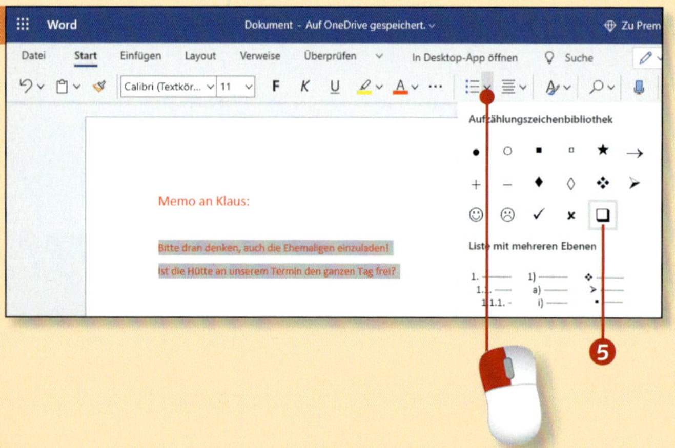

Schritt 7

Jetzt formatieren Sie den Text, machen ihn also »schöner«. Markieren Sie die Überschrift – klicken Sie vor den ersten Buchstaben, und ziehen Sie mit gedrückter Maustaste bis zum Ende der Überschrift. Ändern Sie die Schriftgröße. Klicken Sie auf den Pfeil neben der Zahl, und klicken Sie in der Liste die gewünschte Größe an.

Schritt 8

Die Schriftfarbe ändern Sie über das farbig unterstrichene **A**. Markieren Sie den Text, dessen Farbe Sie ändern wollen; für den ganzen Text drücken Sie Strg + A. Klicken Sie auf den Pfeil neben dem **A** und dann auf die gewünschte Farbe.

Schritt 9

Sie können Ihren Text auch mit Aufzählungspunkten versehen: Markieren Sie die entsprechenden Zeilen, und klicken Sie auf den kleinen Pfeil neben **Aufzählungszeichen**. Ein Menü öffnet sich mit einer Auswahl möglicher Aufzählungszeichen. Im Beispiel wird das **Kästchen** 5 angeklickt; so kann die Liste nach Erledigung abgehakt werden.

Wo wird mein Text gespeichert?
In der blauen Leiste gibt Office Ihnen die Antwort: Ihre Datei wird auf *OneDrive* gespeichert. Das ist Ihr Speicherplatz im Internet, den Sie zusammen mit Ihrer Office-Version erhalten haben. Um der Datei einen aussagefähigen Namen zu geben, klicken Sie auf **Datei ▸ Speichern unter ▸ Speichern unter**.

Schritt 10

Fett, kursiv und unterstrichen wird Ihr markierter Text mit je einem Klick auf **F** ❻, *K* ❼ bzw. U ❽.

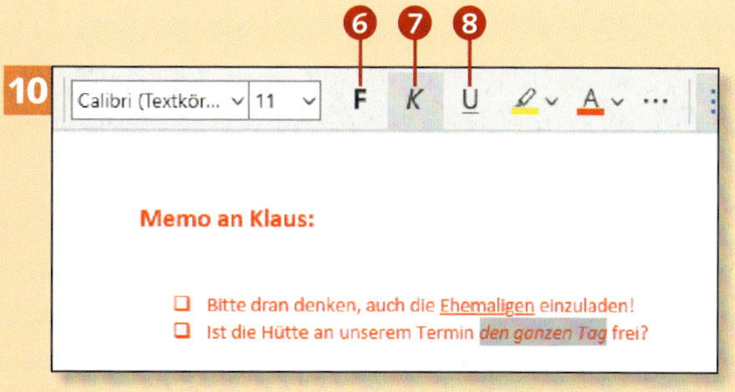

Schritt 11

Auch in der Online-Version können Sie Bilder und Tabellen einfügen. Klicken Sie in der Menüleiste auf **Einfügen** und auf das gewünschte Objekt. Gehen Sie weiter so vor, wie in den Abschnitten »Tabellen anlegen und formatieren« und »Bilder einfügen« ab Seite 196 erklärt.

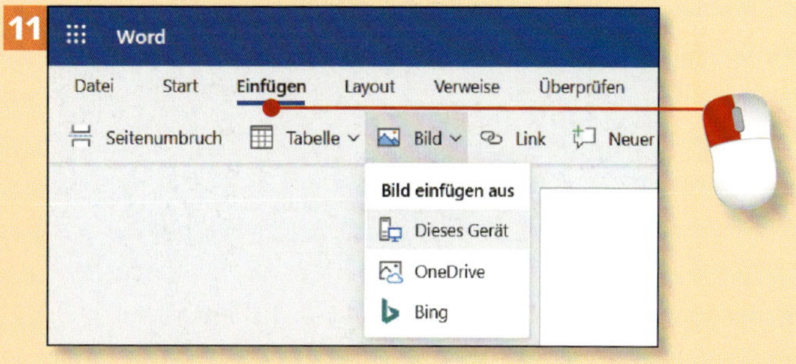

Schritt 12

Der große Vorteil der Online-Office-Version ist die einfache Weitergabe von Dateien an Dritte, z. B. zum Bearbeiten. Klicken Sie auf **Freigeben**. Geben Sie in die Zeile **Namen ...** den Empfänger ein: Wenn die Person in Ihrem Outlook-Adressbuch gespeichert ist, reicht der Name; ansonsten geben Sie die E-Mail-Adresse ein. Klicken Sie auf die Adresse mit den Initialen im farbigen Kreis. Fügen Sie eine Nachricht hinzu, und klicken Sie schließlich auf **Senden** ❾. Der Empfänger erhält den Link zu Ihrer Datei, kann den Text bearbeiten bzw. auch drucken.

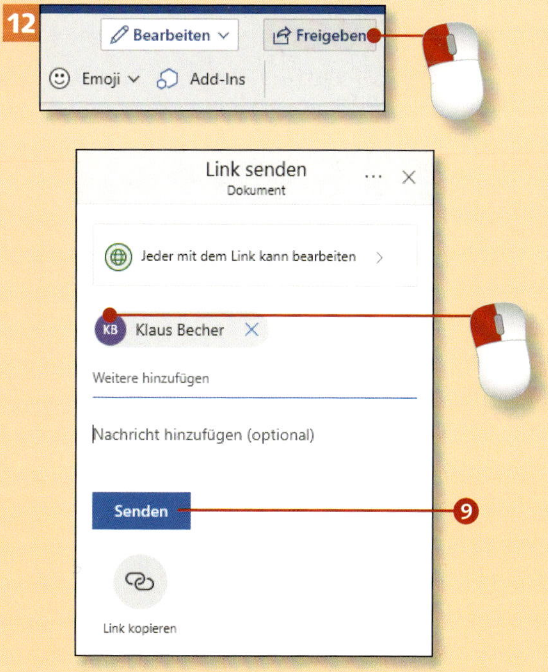

Allerlei Warnmeldungen

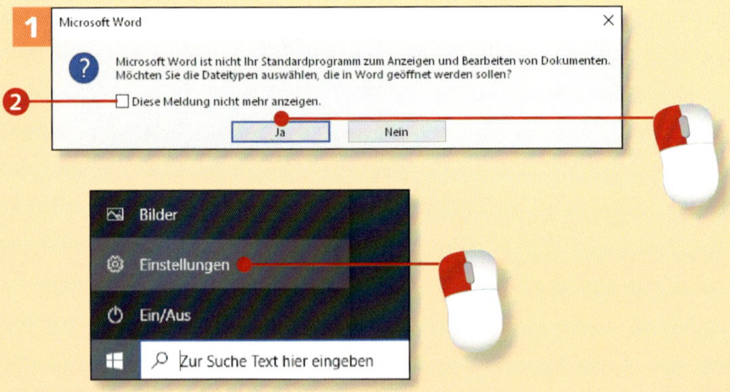

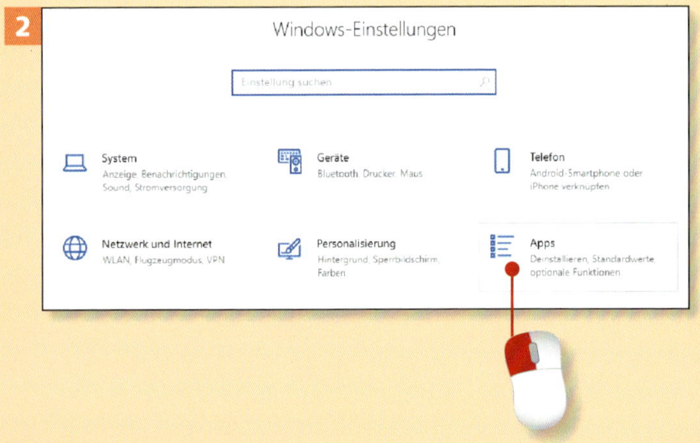

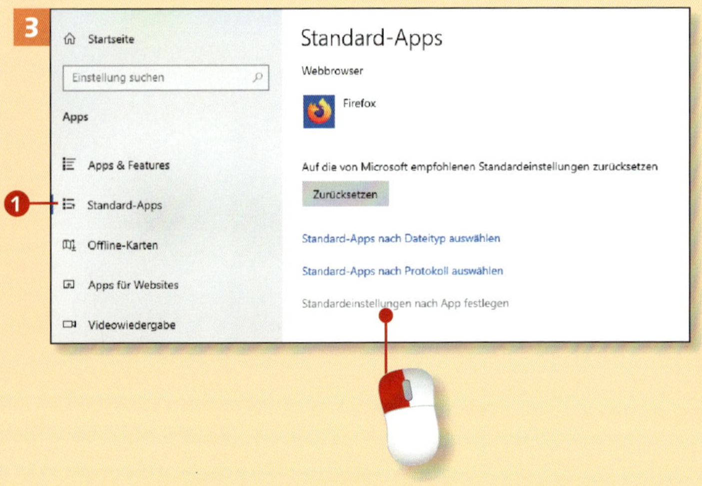

So hilfreich viele Hinweisfenster sind – manche lassen den Nutzer ratlos zurück. Hier zeige ich Ihnen das Vorgehen bei zwei besonders hartnäckigen Warnmeldungen.

Schritt 1

Warnung 1: Bei jedem Start von Word wird die Meldung eingeblendet, dass keine Standard-Dateitypen zugewiesen sind. Klicken Sie auf **Ja**. Dann erhalten Sie den Hinweis, dass Sie die nötige Festlegung in den Einstellungen vornehmen können. Öffnen Sie das Startmenü und hier die **Einstellungen**.

Schritt 2

In den Einstellungen klicken Sie auf die Kategorie **Apps**. In der Liste links klicken Sie auf **Standard-Apps** ❶.

Schritt 3

Scrollen Sie im rechten Bereich nach unten, und klicken Sie auf **Standardeinstellungen nach App festlegen**.

Schritt 4

In der angezeigten Liste scrollen Sie nach unten bis zum Eintrag **Word**. Klicken Sie darauf und dann auf **Verwalten**.

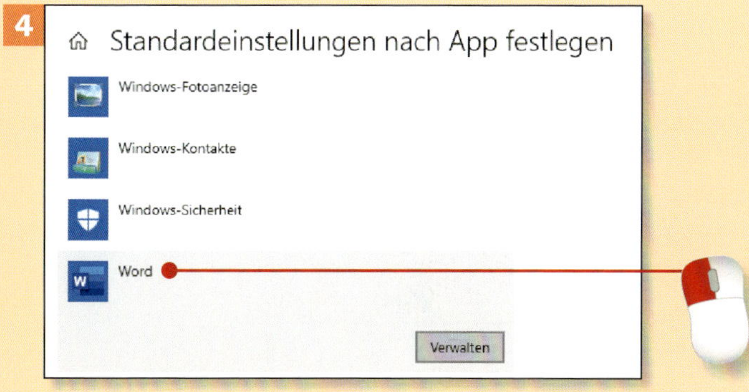

Schritt 5

Im Beispiel liegt die Warnmeldung an der App, die dem Dateiformat **.rtf** zugeordnet ist und bei der es sich *nicht* um Word handelt (hier **WordPad**). Klicken Sie auf diese App. Wählen Sie dann stattdessen **Word** aus.

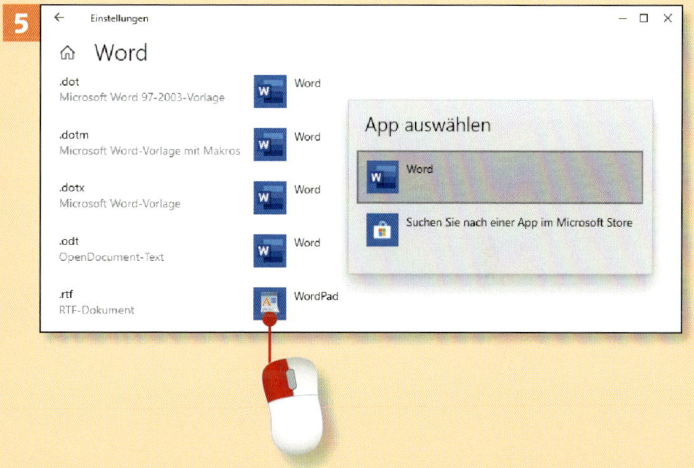

Schritt 6

Schließen Sie die Einstellungen mit dem **Schließkreuz** oben rechts.

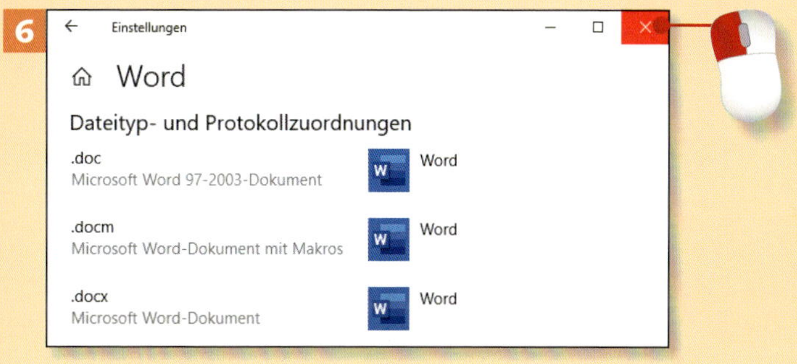

Die Meldung ohne Änderung verschwinden lassen

Sind Sie die Meldung einfach leid, möchten aber bei den Einstellungen nichts ändern, klicken Sie beim nächsten Start in das Kästchen bei **Diese Meldung nicht mehr anzeigen** (2 auf Seite 210).

Allerlei Warnmeldungen (Forts.)

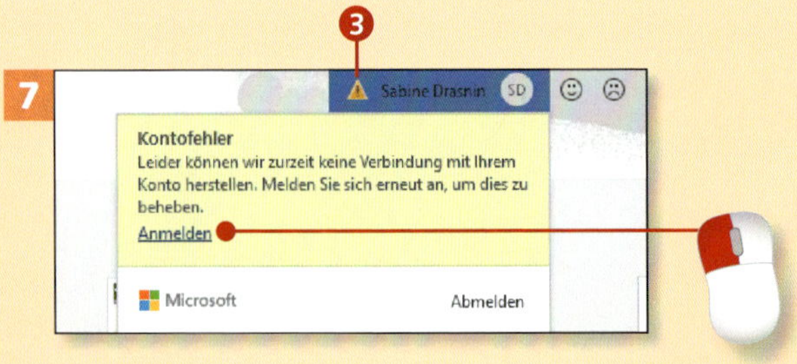

Schritt 7

Warnung 2: **Kontofehler**. Links neben Ihrem Benutzernamen zeigt Word ein Warndreieck ❸ und eine entsprechende Warnmeldung, wenn Sie auf das Dreieck klicken. Auch im Zusammenhang mit Ihrem E-Mail-Konto kann eine solche Aufforderung zur Anmeldung vorkommen. Klicken Sie in der Warnmeldung auf **Anmelden**.

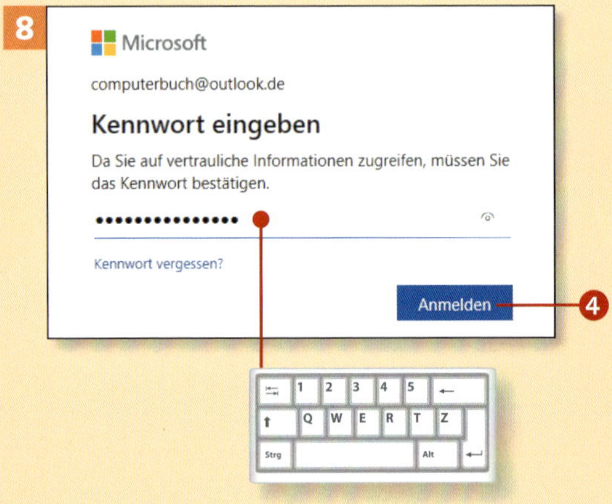

Schritt 8

Sie werden im folgenden Dialogfenster aufgefordert, Ihr **Kennwort** einzugeben. Nach der Eingabe klicken Sie auf **Anmelden** ❹.

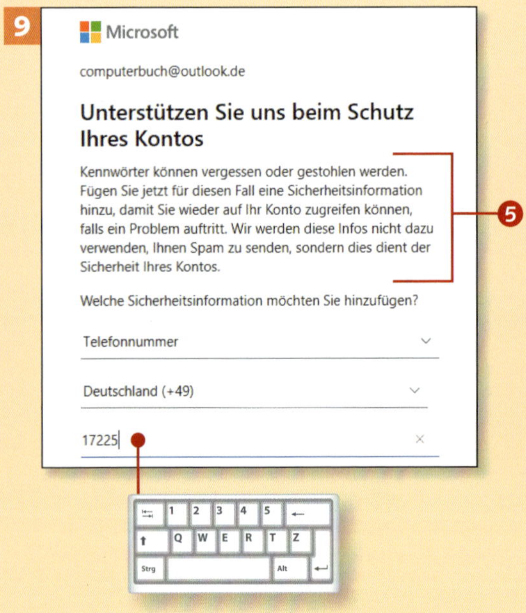

Schritt 9

Wenn noch nicht geschehen, werden Sie jetzt aufgefordert, Ihre Handy-Nummer als **Telefonnummer** einzugeben (Handy, weil Sie dann eine SMS empfangen können). Der Begleittext ❺ erläutert den Sinn dieser Aufforderung: Kontoschutz. Das ist sinnvoll; geben Sie also die Nummer ein (ohne die Null am Anfang!). Klicken Sie auf **Weiter**.

Schritt 10

Microsoft schickt eine SMS mit einem Code an Ihr Handy. Geben Sie ihn an Ihrem *Computer* ein, und klicken Sie auf **Weiter**. Den Code brauchen Sie danach nicht aufzuheben; er wurde nur für diese eine Anmeldung erstellt.

10

Schritt 11

Sie gelangen wieder zurück zu Word. Oben rechts sehen Sie Ihren Namen, jetzt ohne Warndreieck. Sie können jederzeit selbst nach Ihrem mit Word (und den anderen Office-Programmen) verbundenen Microsoft-Konto sehen. Klicken Sie dazu auf der Startseite auf **Konto** bzw. in einem Word-Dokument auf **Datei** ❻ und dann auf **Konto**.

11

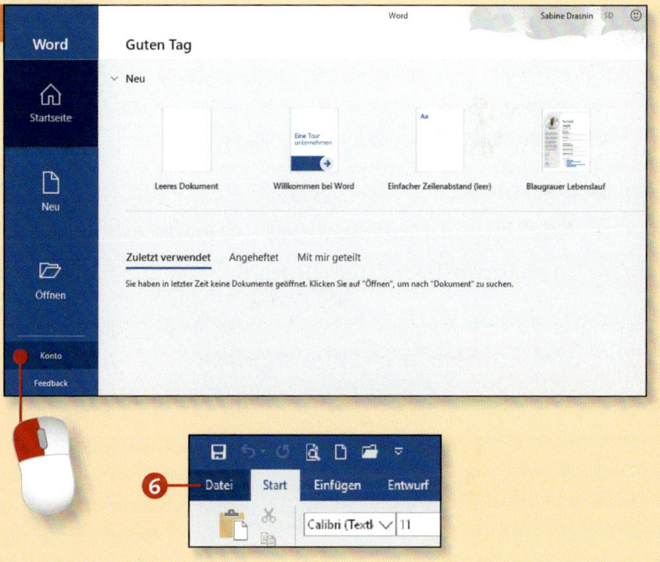

Schritt 12

Sie sehen im Abschnitt **Benutzerinformationen** das verknüpfte Microsoft-Konto, zu erkennen an der E-Mail-Adresse ❼. Weiter unten können Sie übrigens den **Office-Hintergrund** (im Beispiel: *Wolken*) einstellen: Klicken Sie auf den Pfeil neben dem aktuellen Hintergrund, und wählen Sie in der Liste einen anderen oder nach Wunsch auch **Ohne Hintergrund** durch Anklicken aus.

12

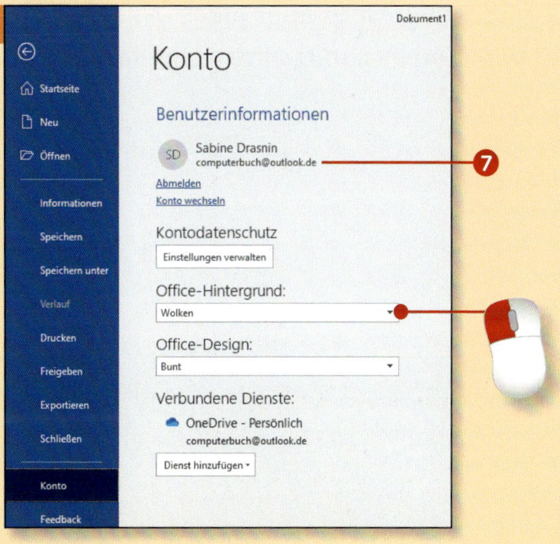

Kapitel 8
Rechnen mit dem Computer

Ob kleine Summe oder große komplizierte Formel: Excel rechnet für Sie alles. Sobald Sie Ihre Daten eingetragen haben, kann das Rechnen losgehen. Aus einfachen Worten und Zahlen zaubern Sie dann mit den Vorlagen von Excel eine aussagefähige Tabelle. Für kleine Rechnungen nutzen Sie den Windows-Rechner.

Mit dem Windows-Rechner rechnen
Er sieht einfach aus, bringt aber eine Menge Funktionen mit: der Rechner von Microsoft. Er rechnet Einheiten um, findet die Anzahl an Tagen zwischen zwei Daten heraus und errechnet Ihren Benzinverbrauch.

Text und Zahlen in Excel eingeben
Auch wenn es zunächst gewöhnungsbedürftig ist: Selbst Text geben Sie leicht in Excel ein. Sie nutzen die Autoausfüllen-Funktion und sparen sich so viel Arbeit. Zahlen tippen Sie ein und formatieren sie.

Eigene Formeln eingeben
Das klingt schwierig, ist es aber nicht. Mit ein paar Eingaben addieren Sie Zahlen oder berechnen den Durchschnitt einer Zahlenreihe.

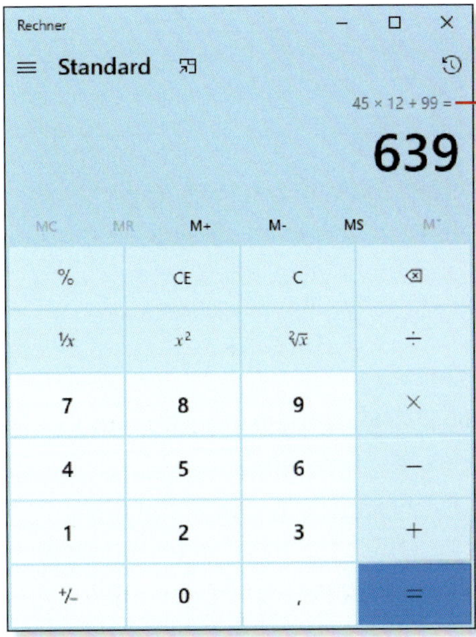

❶ Kleine Berechnungen tippen Sie in den Rechner ein.

❷ Aus Text und Zahlen wird mit Excel eine aussagekräftige Tabelle.

Verein für Wanderfreunde					
Ausgaben	**2016**	**2017**	**2018**	**2019**	**2020**
1. Quartal	120 €	135 €	130 €	138 €	110 €
2. Quartal	480 €	562 €	497 €	527 €	203 €
3. Quartal	560 €	476 €	466 €	501 €	420 €
4. Quartal	137 €	206 €	225 €	230 €	350 €
Summe Ausgaben	1.297 €	1.379 €	1.318 €	1.396 €	1.083 €
Durchschnitt pro Quartal	*324,25 €*	*344,75 €*	*329,50 €*	*349,00 €*	*270,75 €*

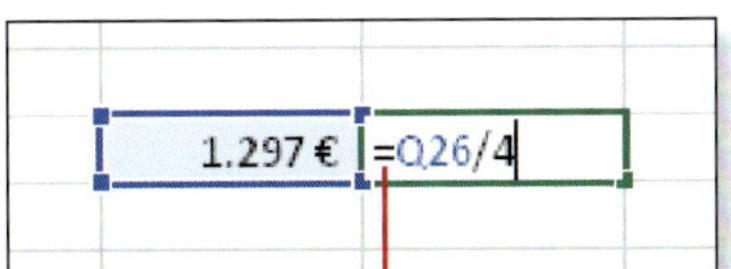

❸ Ihre Formeln beginnen immer mit einem Gleichheitszeichen.

Den Taschenrechner nutzen

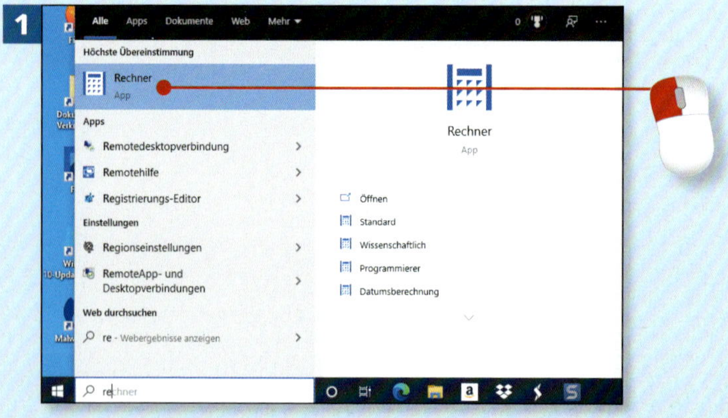

Windows bringt einen Taschenrechner mit, der für kleine Rechenoperationen schnell zur Verfügung steht.

Schritt 1

Klicken Sie unten links in die Suchleiste, und geben Sie »Re« ein (ob groß oder klein spielt keine Rolle). Klicken Sie oben auf **Rechner**.

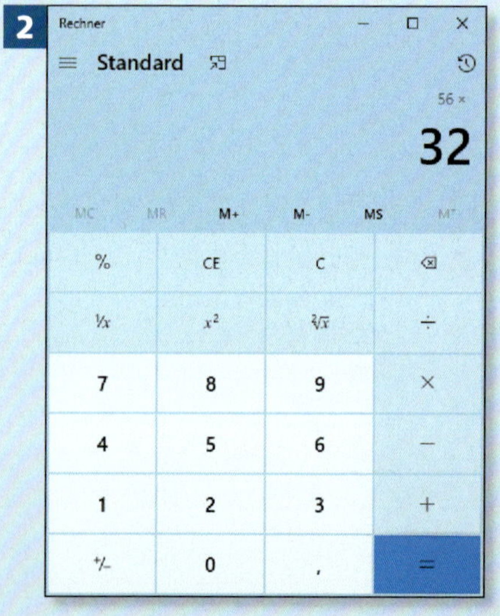

Schritt 2

Der Rechner öffnet sich auf dem Desktop. Die Größe können Sie durch Ziehen des Randes anpassen. Sie bedienen den Rechner mit der Maus, indem Sie auf die Tasten klicken, oder mit der Tastatur. Tippen Sie eine kleine Rechnung ein. Zum Abschließen klicken Sie auf **=** oder drücken [↵].

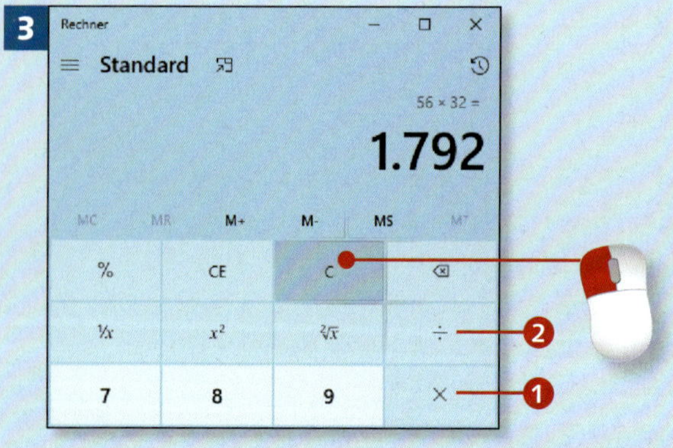

Schritt 3

Im Standardmodus stehen Ihnen die Grundrechenarten zur Verfügung. Zum Multiplizieren klicken Sie auf das **×** ❶ auf dem Rechner oder tippen es: Drücken Sie dazu gleichzeitig [⇧] und [+] auf Ihrer Tastatur. Zum Dividieren nutzen Sie das Geteiltzeichen ❷ bzw. [⇧] und [7] oberhalb des Buchstabenblocks. Mit einem Klick auf **C** setzen Sie den Rechner wieder auf 0.

Schritt 4

Klicken Sie auf die drei Striche oben links (das Menüsymbol): In der Rubrik **Rechner** finden Sie u. a. den aktiven Rechner **Standard** und den Rechner **Wissenschaftlich**. Scrollen Sie nach unten zum **Konverter**: Hier finden Sie Hilfen für die Einheitenumrechnung wie **Volumen** oder **Temperatur** 3.

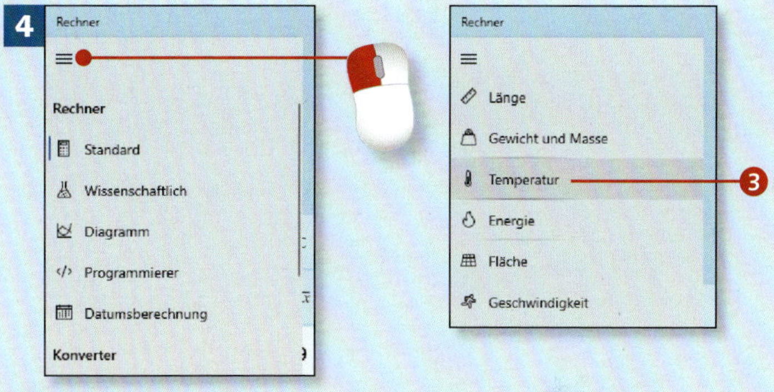

Schritt 5

Klicken Sie auf den Pfeil neben **Fahrenheit**, wenn Ihr Ausgangswert eine andere Einheit hat. Im Beispiel bleibt es bei Fahrenheit. Darunter legen Sie die Zieleinheit fest, hier Celsius 4. Geben Sie oben die Fahrenheit-Gradzahl ein 5. Der Rechner zeigt sofort die Temperatur in Celsius an 6.

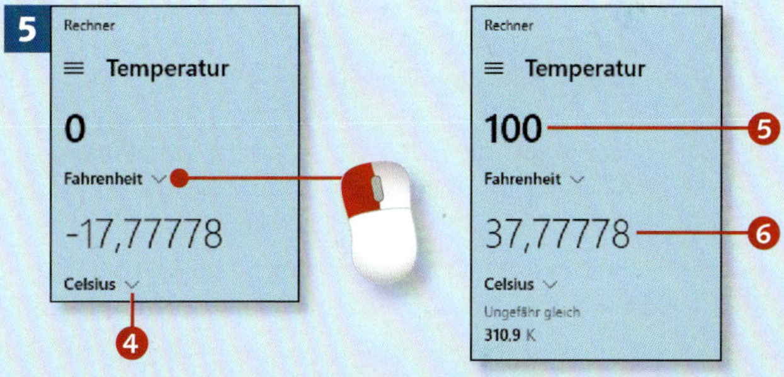

Schritt 6

Wie viele Tage noch bis zum Urlaub? Auch das können Sie mit dem Rechner ermitteln: Klicken Sie auf das Menüsymbol und dann auf **Datumsberechnung**. Nach einem Klick auf das Kalender-Symbol 7 hinter dem aktuellen Datum können Sie auch einen anderen Tag auswählen. Legen Sie darunter bei **Bis** das zweite Datum fest. Der Rechner zeigt Ihnen die **Differenz** 8 an.

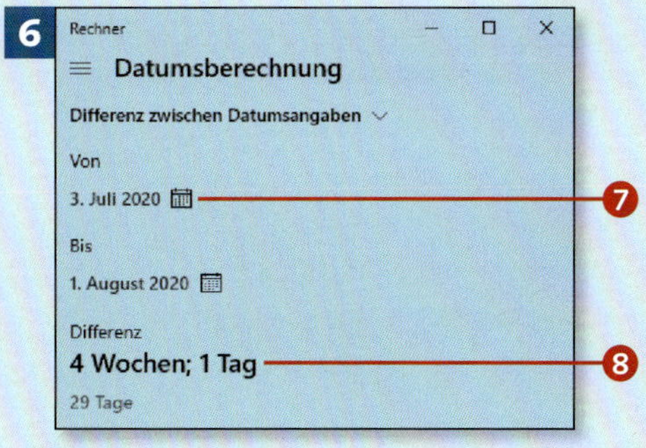

Eine wirklich große Auswahl

Egal, was Sie umrechnen und in welche Einheit: Der Rechner bietet Ihnen immer verschiedene Ausgangs- und Zieleinheiten an. So können Sie amerikanische *Pint* in *Liter* umrechnen oder in *Flüssigunzen*, *Meilen* in *Meter pro Stunde* oder in *Mach* usw.

Excel kennenlernen

Excel arbeitet mit Tabellen und ist spezialisiert aufs Rechnen. Aber auch mit Text kann Excel umgehen.

1

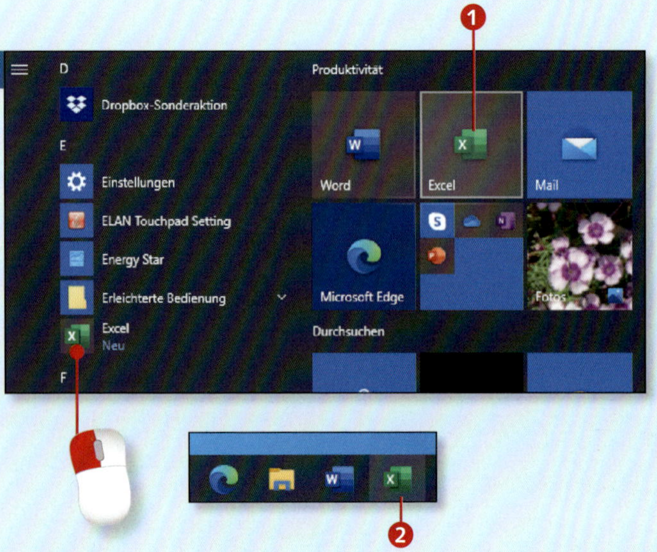

Schritt 1

Excel können Sie über das Startmenü öffnen: Rufen Sie **Alle Apps** auf, und scrollen Sie bis **E**. Klicken Sie auf **Excel**. Ist Excel als Kachel angeheftet, klicken Sie auf die Kachel **Excel** ❶. Haben Sie das Programmsymbol auf den Desktop gezogen oder in der Taskleiste ❷ abgelegt, klicken Sie darauf.

2

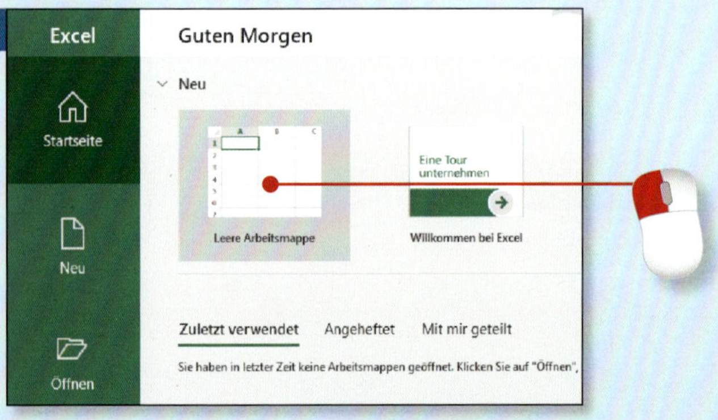

Schritt 2

Excel startet und öffnet den Startbildschirm mit einigen Vorlagen und dem Bereich **Zuletzt verwendet**. Klicken Sie auf **Leere Arbeitsmappe**.

3

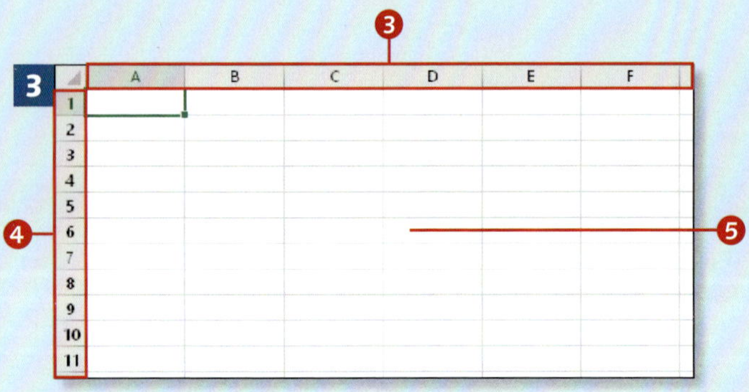

Schritt 3

Excel zeigt ein leeres Tabellenblatt. Es besteht aus *Spalten* ❸ und *Zeilen* ❹. Die einzelnen Felder, in die Sie schreiben können, sind die *Zellen* ❺. Sie stellen die Schnittstellen von Spalten und Zeilen dar.

Schritt 4

Die aktuell angeklickte Zelle hat einen dunkelgrünen Rahmen ❻. So können Sie schnell erkennen, an welcher Stelle Sie sich befinden; der Rahmen ist quasi Ihr Cursor. Dementsprechend heißt er *Zellcursor*. Die aktuell angeklickte Zelle wird auch *aktive Zelle* genannt.

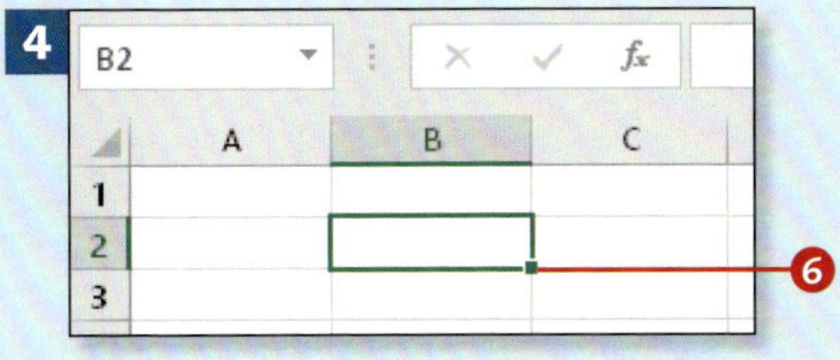

Schritt 5

Um eine Zahl oder ein Wort in eine Zelle zu schreiben, klicken Sie die Zelle einmal an und tippen einfach los. Erst wenn Sie ein Zeichen getippt haben, ist ein »normaler« Cursor in der Zelle zu sehen. Sie benötigen ihn also nicht, um mit dem Tippen zu beginnen.

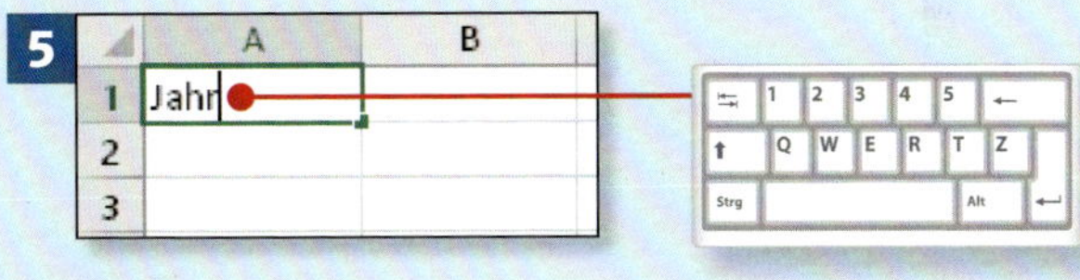

Schritt 6

Bei Excel müssen Sie die Eingabe von Zahlen oder Buchstaben immer bestätigen. Klicken Sie daher mit der Maus in eine andere Zelle, oder drücken Sie [↵], wenn Sie mit der Eingabe in einer Zelle fertig sind.

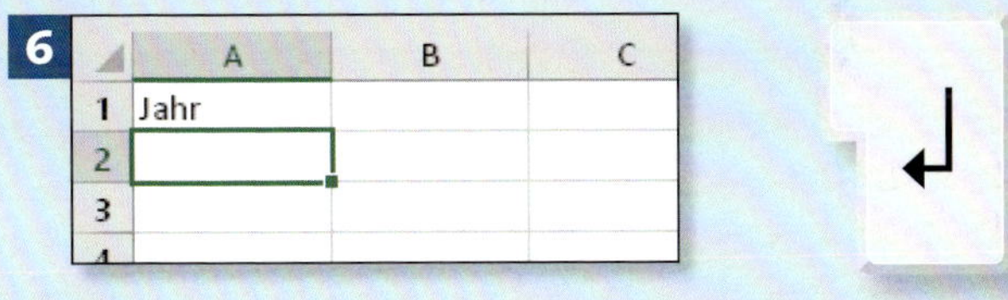

»Enter« verschiebt den Zellcursor
Excel ist so eingestellt, dass mit jedem Klick auf [↵] der Zellcursor in die Zelle darunter springt. Möchten Sie aber nach der Eingabe in der Zelle rechts daneben etwas eintragen, klicken Sie in diese Zelle, ohne vorher [↵] zu drücken.

Excel kennenlernen (Forts.)

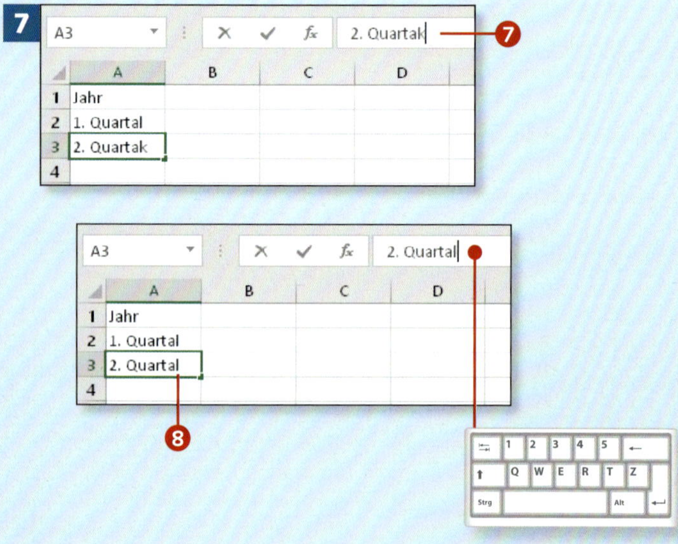

Schritt 7

Zum Bearbeiten klicken Sie die Zelle einmal an. In der *Bearbeitungsleiste* ❼ direkt über den Spaltenköpfen mit den Buchstaben können Sie dann Fehler korrigieren oder Zahlen und Text ergänzen. Gleichzeitig erscheinen die Änderungen in der Zelle, die Sie gerade bearbeiten ❽. Bestätigen Sie Ihre Eingabe mit [↵], oder klicken Sie in eine andere Zelle.

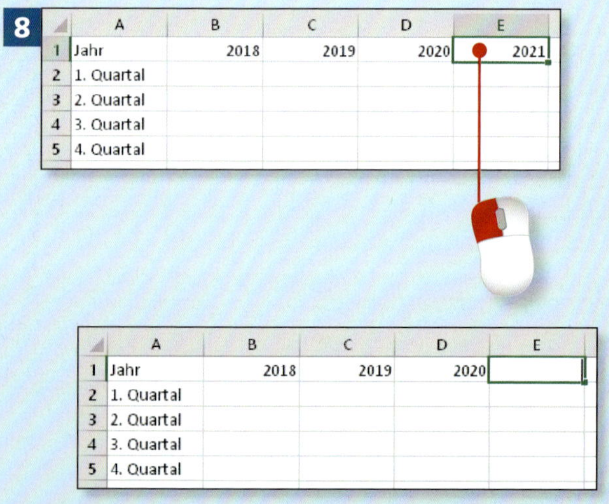

Schritt 8

Um den ganzen Inhalt einer Zelle zu löschen, benötigen Sie die Bearbeitungsleiste nicht. Klicken Sie die Zelle einmal an, und drücken Sie dann [Entf] oder [←]. Beim Drücken der [←]-Taste wird die Zelle außerdem aktiviert, d. h., der Cursor blinkt in der jetzt leeren Zelle.

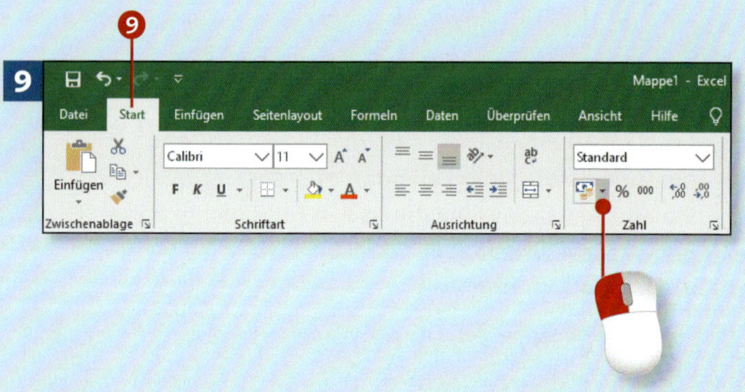

Schritt 9

Über der Bearbeitungsleiste befindet sich das *Menüband*. Hier finden Sie alle wichtigen Befehle, sortiert in *Registerkarten*. Die Registerkarte **Start** ❾ ist im Vordergrund, wenn Sie Excel öffnen. Hier können Sie z. B. mit einem Klick auf das Symbol für Währung eine Zahl in einen Euro-Wert umwandeln.

Schritt 10

Rufen Sie die Registerkarte **Einfügen** auf. Hier können Sie verschiedene **Diagramme** ⑩ auswählen, die die in einer Tabelle ausgewählten Daten anschaulich darstellen.

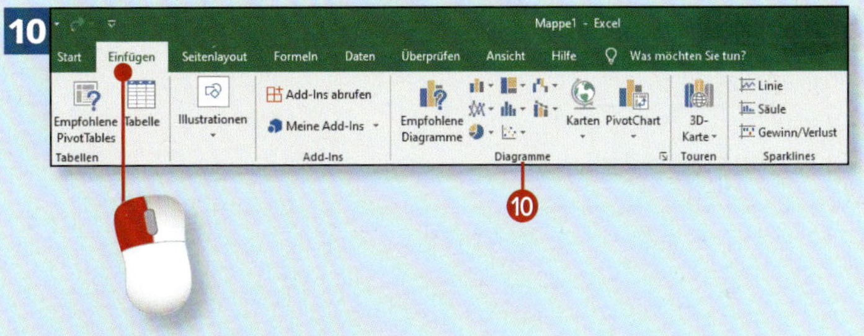

Schritt 11

Die Registerkarte **Datei** enthält alle Befehle rund ums Öffnen, Speichern und Drucken von Dateien. Hier können Sie die Daten in Ihrer Arbeitsmappe nicht bearbeiten. Klicken Sie auf den Pfeil oben links: So kehren Sie zu Ihrer Tabelle zurück.

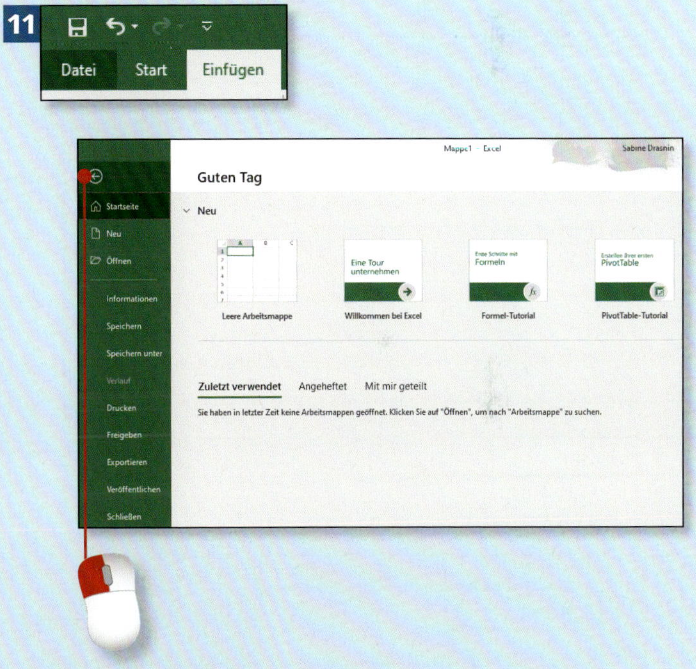

Schritt 12

Oben links am Bildschirmrand befindet sich die *Symbolleiste für den Schnellzugriff*. Hier finden Sie häufig verwendete Befehle, die Sie mit einem Klick starten. Fügen Sie der Leiste weitere Symbole hinzu, indem Sie rechts auf den kleinen Pfeil klicken und einen Befehl wählen.

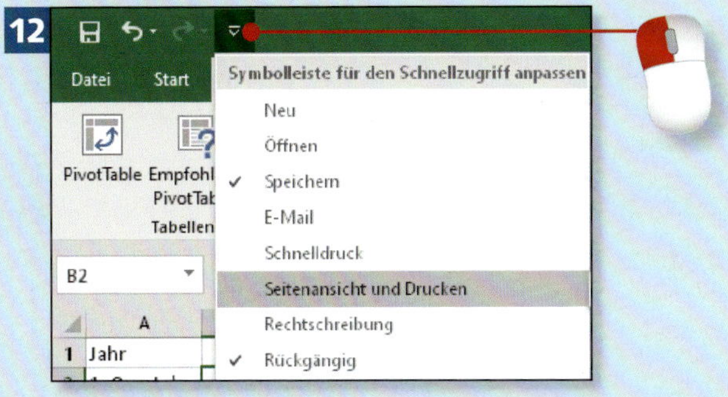

Das Menüband ist weg!
Wenn Sie nur noch die Namen der Registerkarten sehen, klicken Sie oben rechts auf das Symbol rechts neben Ihren Initialen bzw. der Schaltfläche **Anmelden**. In der Liste klicken Sie auf **Registerkarten und Befehle anzeigen**.

Daten in Tabellen eingeben

1

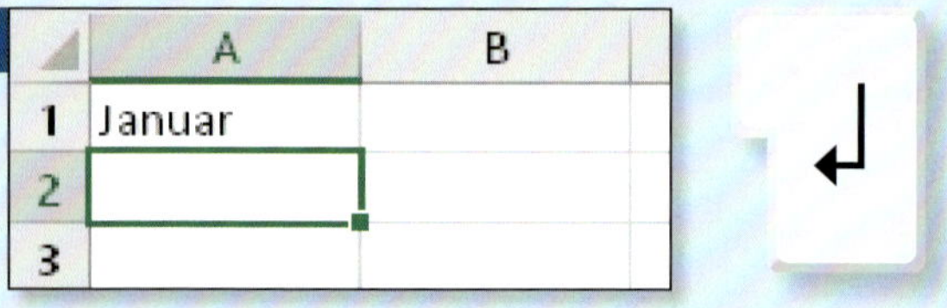

2

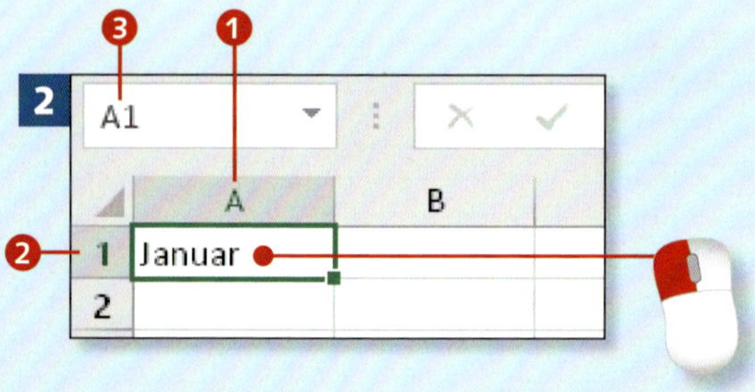

3

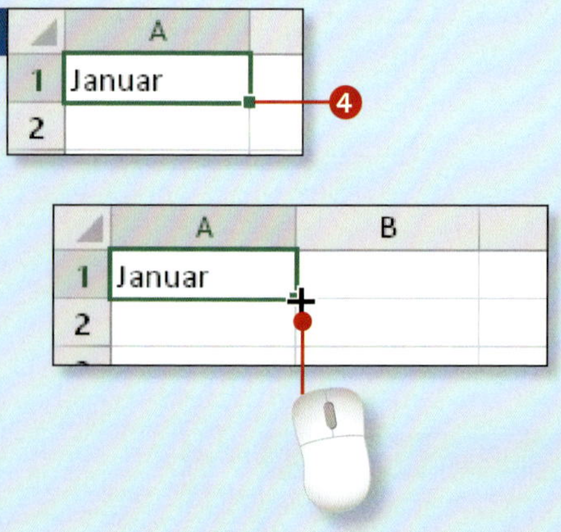

Eine ausgefüllte Tabelle enthält Text und Zahlen. Hier erfahren Sie, wie Sie beides unterbringen.

Schritt 1

Schreiben Sie in die erste Zelle oben links ein Wort, z. B. »Januar«. Zum Bestätigen der Eingabe klicken Sie in eine andere Zelle oder drücken [↵].

Schritt 2

Klicken Sie die Zelle mit *Januar* wieder an. Die Zelle befindet sich in Spalte **A** ❶ und Zeile **1** ❷. Daher hat sie den Namen *A1*. Den Namen können Sie bei jeder beliebigen Zelle direkt über Spalte A ablesen: Dort finden Sie das *Namensfeld* ❸. Hier steht jetzt – wie zu erwarten war – **A1**.

Schritt 3

An der rechten unteren Ecke der markierten Zelle sehen Sie ein kleines Quadrat ❹. Fahren Sie mit dem Mauszeiger darüber. Der Zeiger verwandelt sich in ein Pluszeichen.

Schritt 4

Ziehen Sie das Quadrat mit gedrückter Maustaste nach rechts. Lassen Sie bei Spalte **L** die Maustaste los. Excel schreibt automatisch die weiteren Monatsnamen in die Zellen neben **A1** – das ist die *Autoausfüllen-Funktion*.

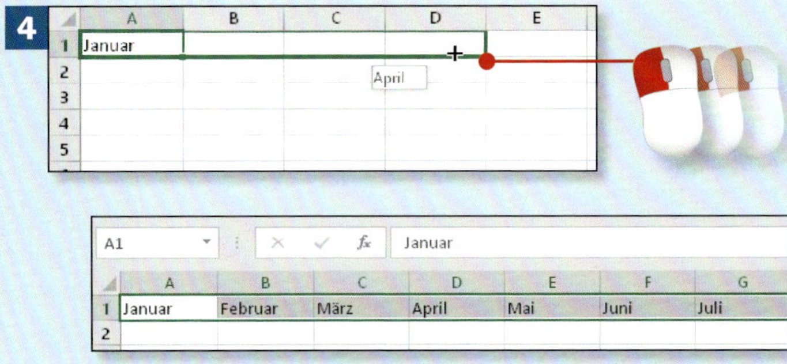

Schritt 5

Klicken Sie in die Zelle **A2**, das ist die Zelle unter *Januar*. Tippen Sie eine Zahl ein. Klicken Sie jetzt in die Zelle **B2**, die Zelle rechts neben der ersten Zahl und unter *Februar*. Tippen Sie auch hier eine Zahl ein.

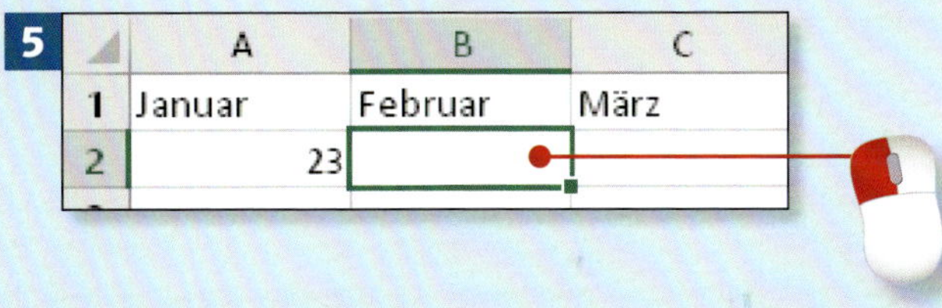

Schritt 6

Geben Sie für die anderen Monate Zahlen ein. Nach der Eingabe der letzten Zahl – unter *Dezember* – können Sie auch das Häkchen ❺ in der Bearbeitungsleiste anklicken. Der Zellcursor springt dann nicht weiter.

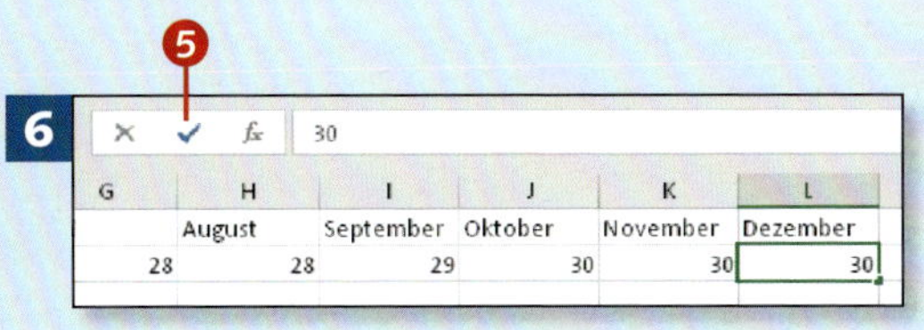

Lassen Sie Excel rechnen!
Tragen Sie Summen, Produkte usw. nicht von Hand ein, sondern lassen Sie Excel rechnen – dafür ist es da. Außerdem ändert Excel das Ergebnis automatisch, wenn Sie eine Zahl in Ihrer Tabelle ändern.

Daten in Tabellen eingeben (Forts.)

7

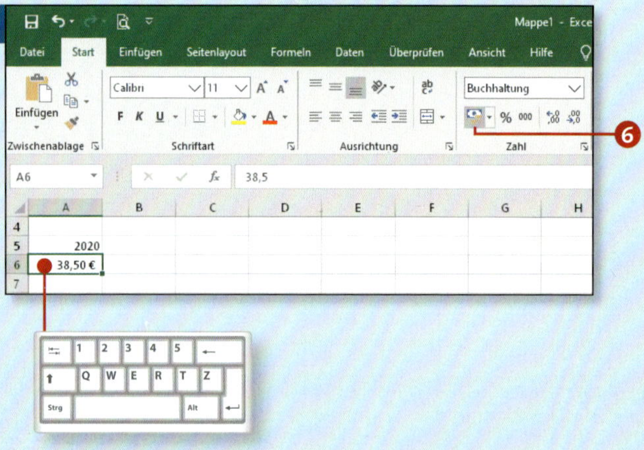

8

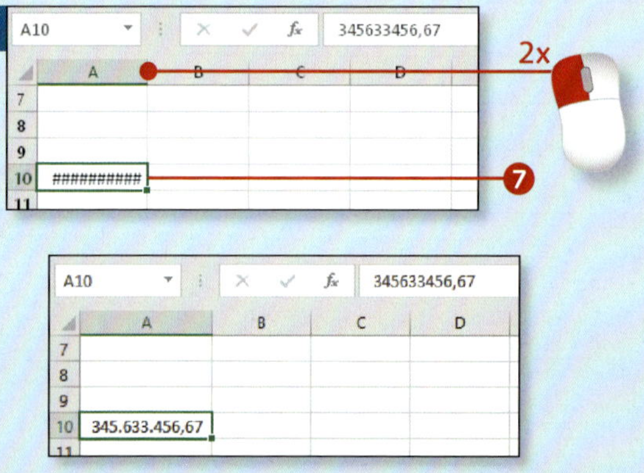

9

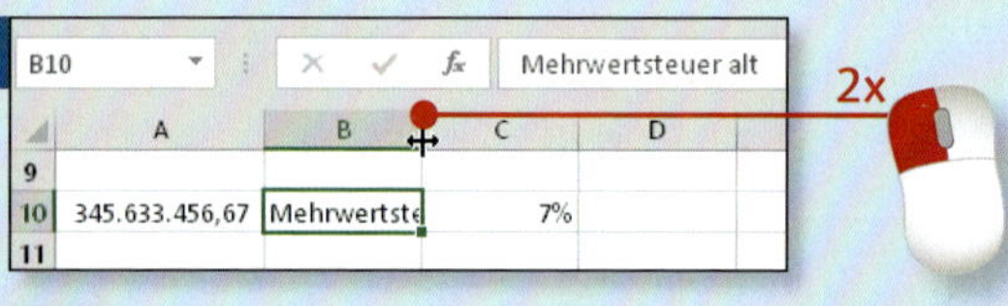

Bei mir sehen die Schaltflächen ganz anders aus!
Auf kleineren Bildschirmen sehen Sie manchmal nur die Symbole, oder die Bezeichnungen stehen untereinander. Bei größeren Bildschirmen steht mehr Text neben den Symbolen. Dies hat keinen Einfluss auf die Bedienung von Excel: Richten Sie sich nach den hier abgebildeten Symbolen.

Schritt 7

Jahreszahlen tippen Sie einfach ein, z. B. »2020«. Zahlen mit zwei Stellen hinter dem Komma wie Euro-Beträge tippen Sie ebenfalls einfach ein: »38,50«. Das Euro-Zeichen ergänzt Excel für Sie: Klicken Sie oben links auf das Häkchen (siehe Schritt 6) und dann auf der Registerkarte **Start** auf das Symbol mit den Münzen 6. Ihre Zahl erhält ein Euro-Zeichen.

Schritt 8

Es wird manchmal vorkommen, dass Sie die Zahl in einer Zelle gar nicht sehen, sondern nur Doppelkreuze 7. Das ist immer ein Hinweis darauf, dass die Zahl nicht in die Zelle passt. Klicken Sie dann doppelt auf die Linie zwischen der Spalte mit der Zahl und der Spalte rechts daneben. Die Breite wird dem Inhalt angepasst.

Schritt 9

Auch für Text kann zu wenig Platz da sein; er wird dann nicht vollständig angezeigt. Hier können Sie ebenfalls Platz schaffen, indem Sie die Spalte durch Doppelklicken auf die Linie zwischen der aktuellen und der Spalte rechts daneben verbreitern.

Schritt 10

Soll die Spalte aber auf keinen Fall breiter werden, ändern Sie die Zeilenhöhe: Klicken Sie die Zelle mit dem Text an. Auf der Registerkarte **Start** klicken Sie auf **Textumbruch**. Die Zeilenhöhe wird angepasst, und der Text ist komplett lesbar.

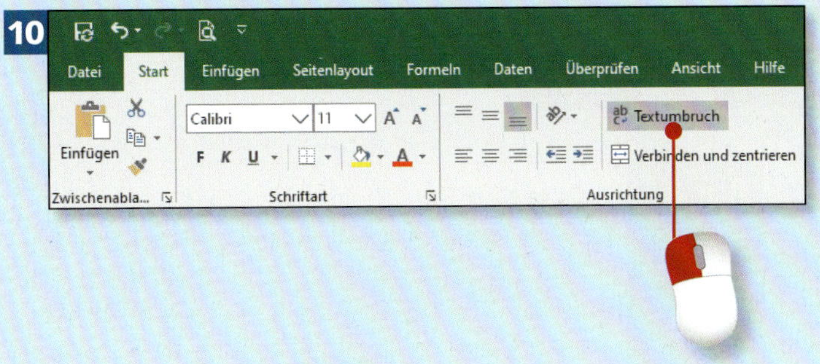

Schritt 11

Eine leere Excel-Tabelle ist groß. Sie können sehr viele Daten eingeben, bevor Sie an ihr Ende kommen. Nach den Buchstaben A bis Z »zählt« Excel bei den Spalten weiter ❽ mit **AA**, **AB** und nach **AZ** dann mit **BA**, **BB** usw. Auch die Zeilen bieten Ihnen reichlich Raum für Text und Zahlen.

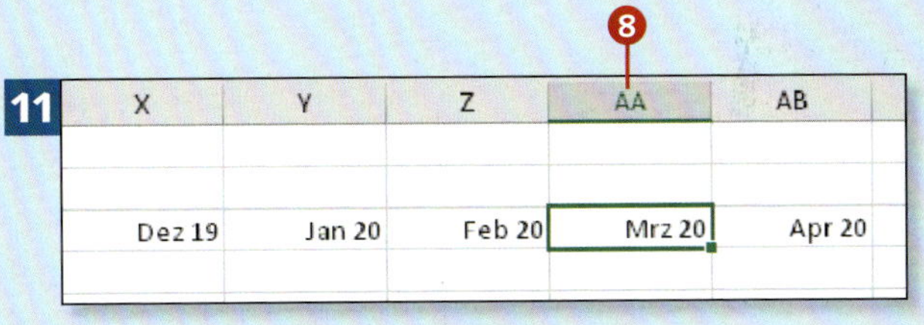

Schritt 12

Brauchen Sie für andere Daten eine eigene Tabelle, können Sie sie in der gerade geöffneten Datei anlegen. Klicken Sie dazu unten auf das Plus neben **Tabelle1**. Die neue Tabelle heißt **Tabelle2** ❾ und wird sofort geöffnet.

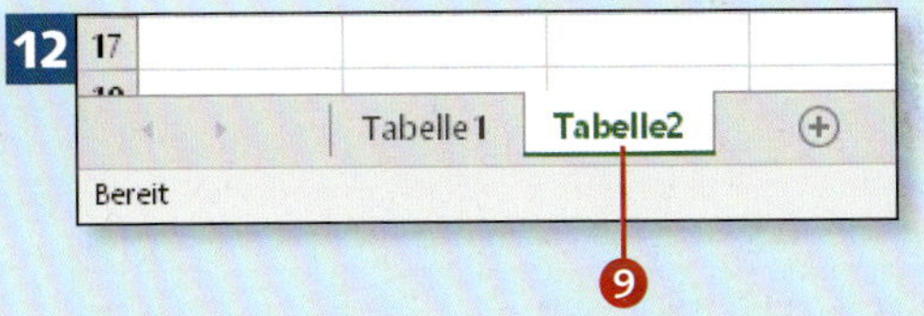

Excel und Text …

… harmonieren nicht immer, vor allem bei längerem Text. Wenn Sie, wie in Schritt 10 beschrieben, den Zeilenumbruch aktiviert haben, trennt Excel Ihre Wörter am Ende der Zelle, egal ob das Sinn ergibt oder nicht. Hier müssen Sie mit Trennstrichen von Hand nachsteuern. Optimal ist auch das nicht: Wenn Sie später die Schriftgröße ändern oder doch die Spaltenbreite, steht das Trennzeichen eventuell mitten im Text.

Excel-Dateien speichern und wieder öffnen

Ihre Arbeit in Excel sollte nicht verloren gehen; speichern Sie sie daher regelmäßig. Eigene und zugeschickte Excel-Dateien können Sie nach dem Öffnen weiterbearbeiten.

Schritt 1

Speichern Sie auch in Excel regelmäßig Ihre Arbeit. Klicken Sie dazu auf das Diskettensymbol oder auf **Datei ▸ Speichern** ❶.

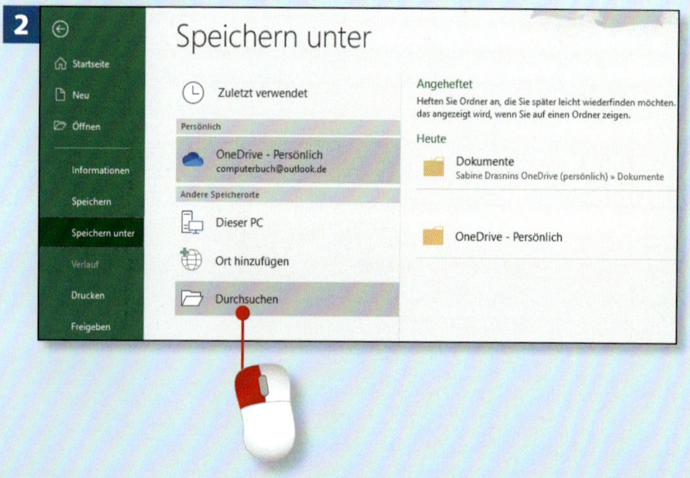

Schritt 2

Haben Sie die Datei noch nie gespeichert, öffnet sich das Fenster **Speichern unter**. Klicken Sie hier auf **Durchsuchen**.

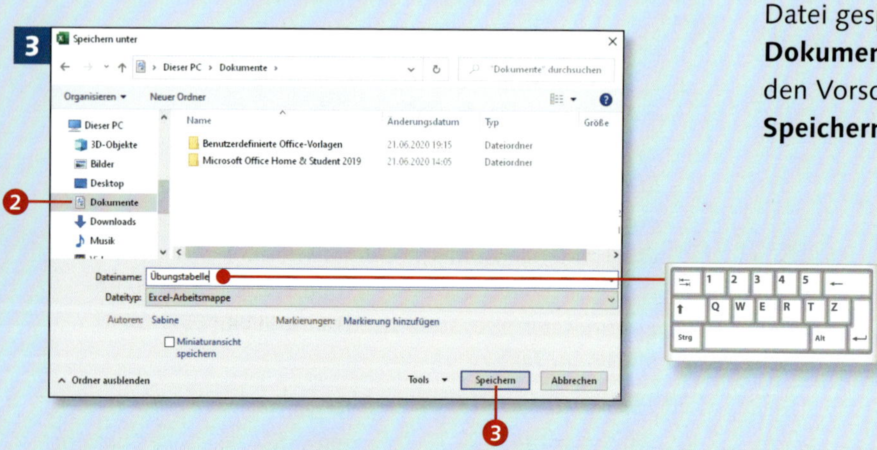

Schritt 3

Im neuen Fenster tippen Sie in das Feld **Dateiname** einen aussagekräftigen Namen. Als Ordner, in dem Ihre Datei gespeichert wird, schlägt Excel **Dokumente** ❷ vor. Akzeptieren Sie den Vorschlag, und klicken Sie auf **Speichern** ❸.

Schritt 4

Wenn Sie in dieser Datei weiterarbeiten und dann wieder auf die Diskette klicken, speichert Excel diese neue Fassung Ihrer Tabelle ohne weitere Nachfragen.

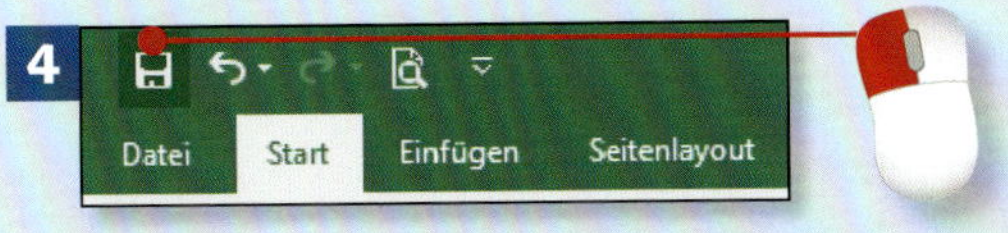

Schritt 5

Um eine Datei unter einem anderen Namen zu speichern, klicken Sie auf **Datei ▸ Speichern unter** und dann im rechten Fensterteil auf **Dokumente**. Wird Ihnen der Ordner nicht angeboten, klicken Sie auf **Durchsuchen** ❹. Excel öffnet in beiden Fällen das Fenster **Speichern unter** (siehe Schritt 3). Geben Sie hier bei **Dateiname** einen neuen Namen ein. Klicken Sie auf **Speichern**. Das **Speichern unter**-Fenster schließt sich und zeigt wieder Ihre Tabelle.

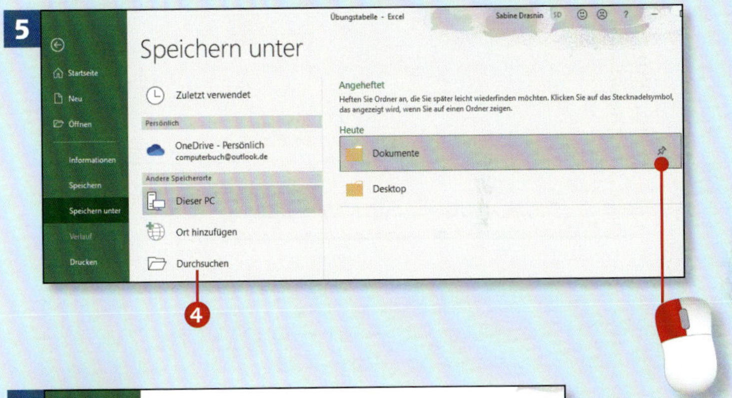

Schritt 6

Wenn Sie Excel öffnen, erhalten Sie eine Liste der zuletzt verwendeten Dateien. Um eine dieser Dateien wieder aufzurufen, klicken Sie den Dateinamen in dieser Liste einmal an.

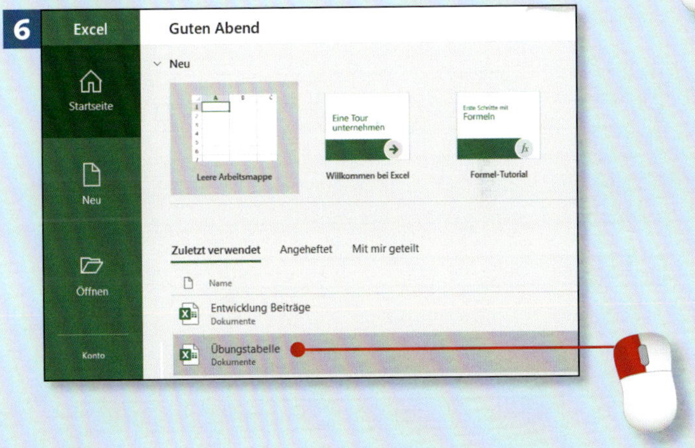

Kann ich mehrere Dateien öffnen?

In Excel – wie auch in Word – können Sie mehrere Dateien gleichzeitig geöffnet haben. Wenn Sie mit dem Mauszeiger über das grüne Excel-Symbol in der Taskleiste fahren, sehen Sie Miniaturansichten der geöffneten Excel-Dateien. Um eine der anderen Excel-Dateien nach vorn zu holen, klicken Sie die Miniatur an.

Zellen autoausfüllen, kopieren und verschieben

Reihen fortschreiben, Zellen kopieren oder verschieben – mit Excel kein Problem.

1

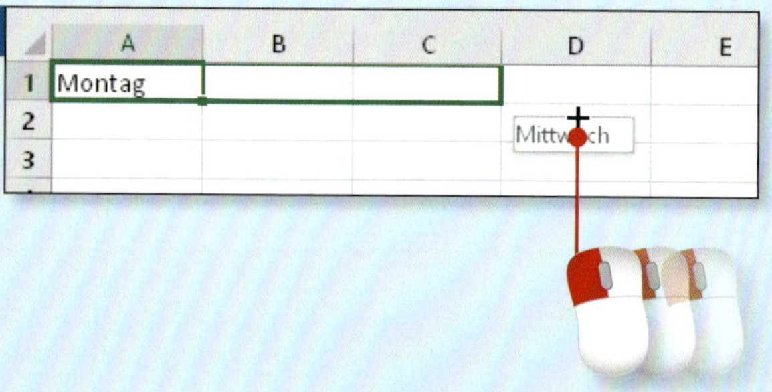

Schritt 1

Die *Autoausfüllen*-Funktion spart viele Arbeitsschritte. Schreiben Sie »Montag« in eine Zelle. Ziehen Sie das Quadrat unten rechts an der Zelle mit der Maus nach rechts, und Excel ergänzt die Wochentage.

2

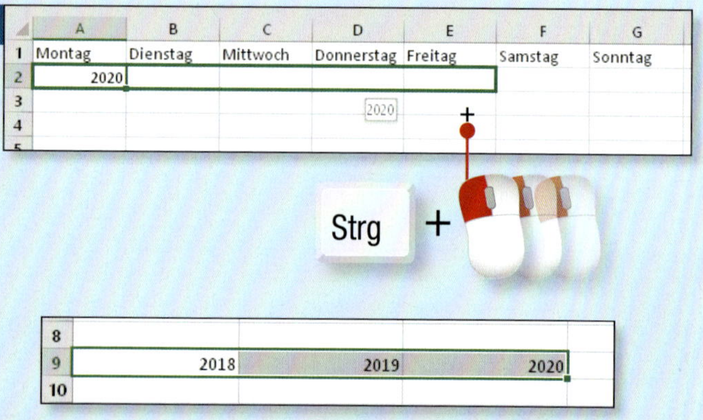

Schritt 2

Zahlen und Formeln (siehe den Abschnitt »Rechnen in Tabellen« auf Seite 232) können Sie ebenfalls mit dem kleinen Quadrat in andere Zellen ziehen: Damit diese nicht nur kopiert, sondern als Reihe fortgeführt werden, müssen Sie gleichzeitig die Strg-Taste drücken.

3

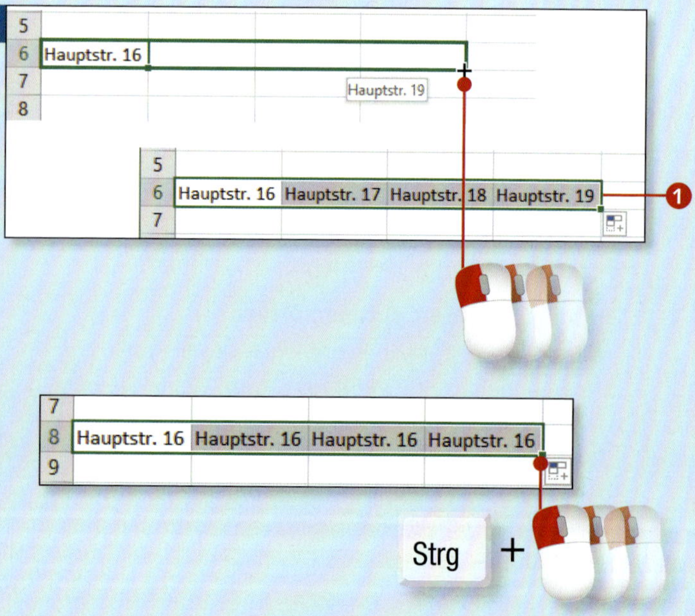

Schritt 3

Bei Kombinationen von Text und Zahlen (in dieser Reihenfolge!) verhält sich Excel beim Ziehen genau umgekehrt: Der Text wird kopiert, die Zahlen werden fortgeführt **1**. Damit bei einer Anschrift die Hausnummer ebenfalls übernommen wird, ziehen Sie das Ausfüllkästchen bei gedrückter Strg-Taste über die folgenden Zellen.

Schritt 4

Sie können eine Zelle auch an eine ganz andere Stelle kopieren. Zeigen Sie mit der Maus auf den *Rand* der Originalzelle (nicht auf das Quadrat unten rechts). Sobald Sie einen Vierfachpfeil sehen, drücken Sie die Taste `Strg`. Der Mauszeiger verwandelt sich in einen weißen Pfeil mit kleinem Pluszeichen. Ziehen Sie die Zelle bei gedrückter `Strg`- und Maustaste an den neuen Ort. Lassen Sie die Tasten wieder los.

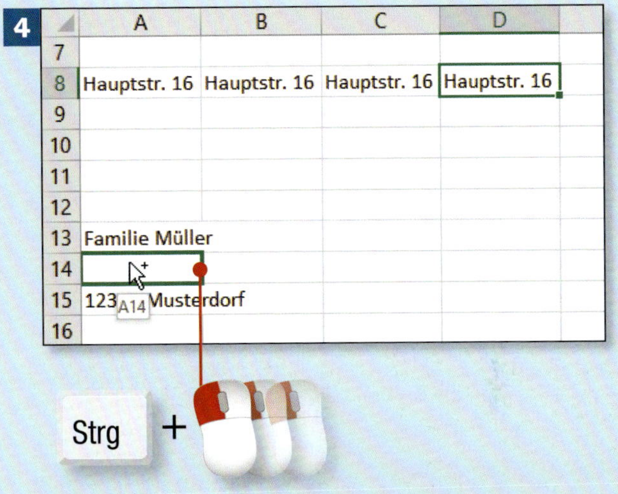

Schritt 5

Zum Verschieben einer Zelle greifen Sie den *Rand* der Zelle und ziehen sie an den neuen Ort. Hier benötigen Sie keine weitere Taste.

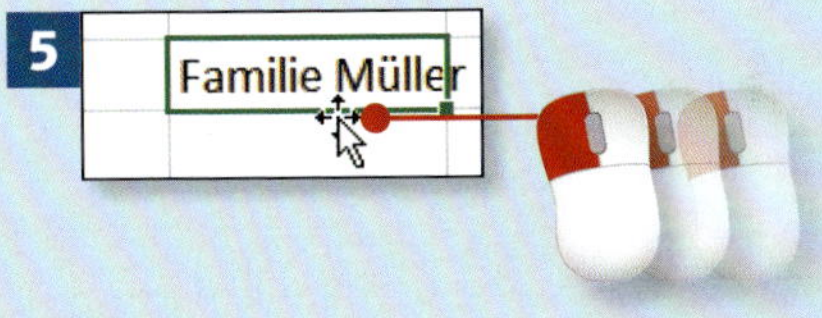

Schritt 6

Mehrere Zellen verschieben Sie so: Markieren Sie die Zellen, indem Sie auf die erste Zelle klicken und mit gedrückter Maustaste bis zur letzten Zelle ziehen. Lassen Sie die Maustaste los. Führen Sie den Mauszeiger über den Rand der Zellen, und drücken Sie die Maustaste, sobald Sie den Vierfachpfeil sehen. Ziehen Sie die Zellen mit gedrückter Maustaste an den neuen Platz. Klicken Sie an eine andere Stelle, um die Markierung aufzuheben.

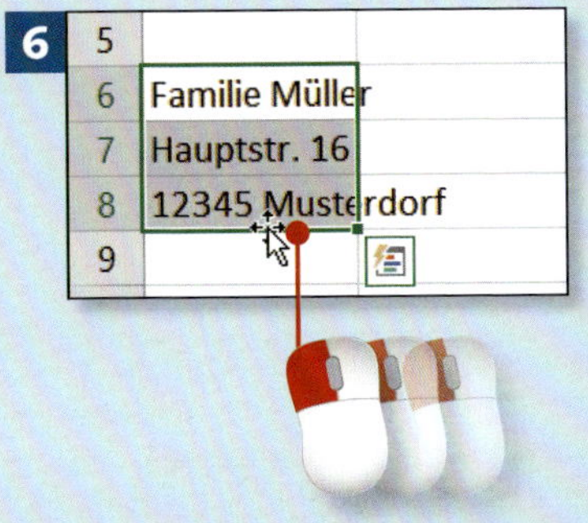

Tabellen erweitern

Eigentlich ist Ihre Tabelle fertig, und dann kommen doch noch Daten hinzu. Lesen Sie hier, wie Sie eine Tabelle um Zeilen und Spalten erweitern.

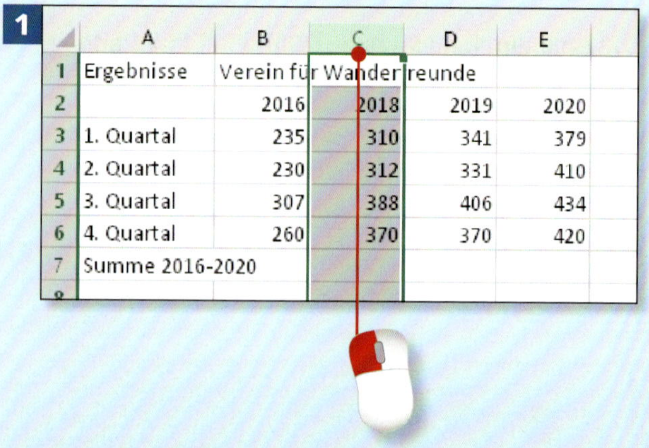

Schritt 1

Im Beispiel wird eine Spalte zwischen **B** und **C** gebraucht. Klicken Sie auf das **C** über der dritten Spalte. Die ganze Spalte wird markiert.

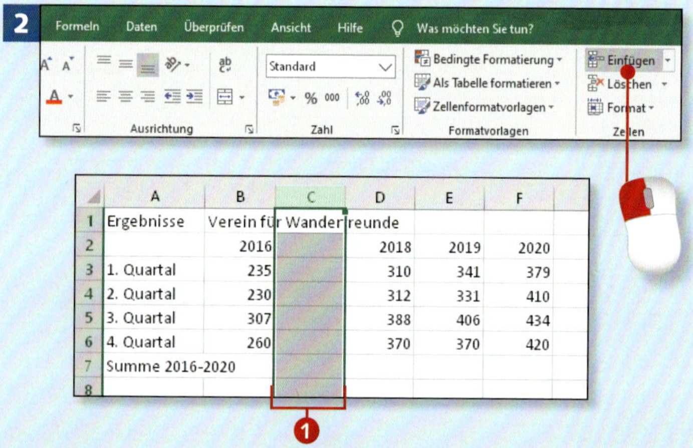

Schritt 2

Jetzt klicken Sie im rechten Bereich der Registerkarte **Start** auf die Schaltfläche **Einfügen**. Klicken Sie direkt auf die Schaltfläche (links bzw. oben), nicht aber auf den kleinen Pfeil. Links neben der bisherigen Spalte C fügt Excel sofort eine neue leere Spalte ein ❶. Die neue Spalte verschiebt die in Schritt 1 markierte Spalte nach rechts, sie wird zu Spalte D. Die neue Spalte C hat die Breite der Spalte links neben ihr.

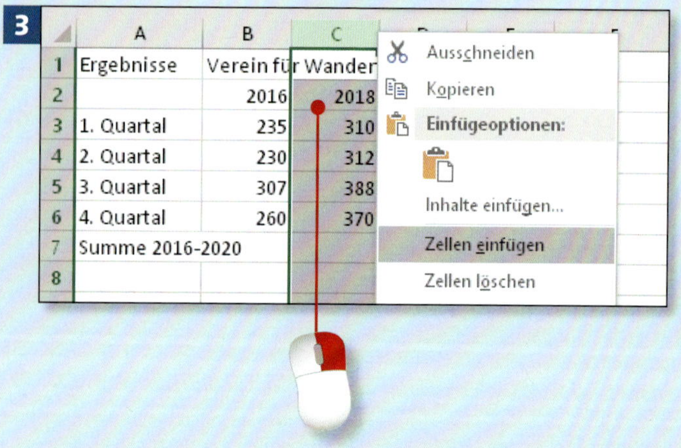

Schritt 3

Alternativ klicken Sie mit der *rechten* Maustaste auf die zuvor markierte Spalte und (nun mit der *linken* Maustaste) auf **Zellen einfügen**. Auch auf diese Weise wird links daneben eine weitere Spalte eingefügt.

Schritt 4

Auch neue Zeilen sind schnell eingefügt: Markieren Sie eine ganze Zeile, indem Sie vorn auf die Zeilennummer 2 klicken. Klicken Sie auf der Registerkarte wieder auf **Einfügen**. Die neue Zeile schiebt die angeklickte (markierte) Zeile nach unten. Zum gleichen Ziel kommen Sie mit einem Rechtsklick auf die markierte Zeile und einem Klick auf **Zellen einfügen** im Kontextmenü.

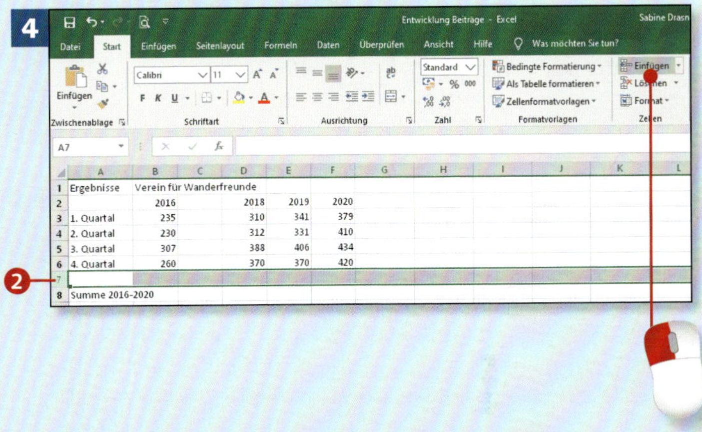

Schritt 5

Das Löschen von Zeilen funktioniert ähnlich: Klicken Sie auf die Zeilennummer 3 der Zeile, die Sie löschen möchten. Klicken Sie dann im rechten Teil der Registerkarte **Start** auf **Löschen**. Schon ist die Zeile weg.

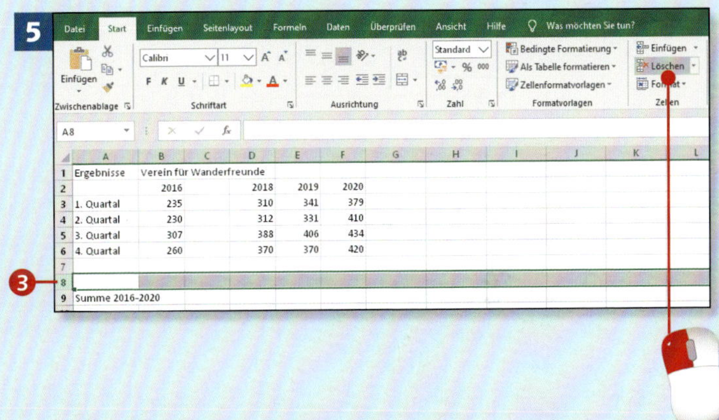

Schritt 6

Bei Spalten gehen Sie wie folgt vor: Wählen Sie die zu löschende Spalte aus, indem Sie auf den Spaltenbuchstaben klicken. Klicken Sie dann oben auf **Löschen**. Die Spalte ist verschwunden. Alternativ können Sie diese auch nach einem Rechtsklick wieder im Kontextmenü löschen. Klicken Sie hier auf **Zellen löschen** 4.

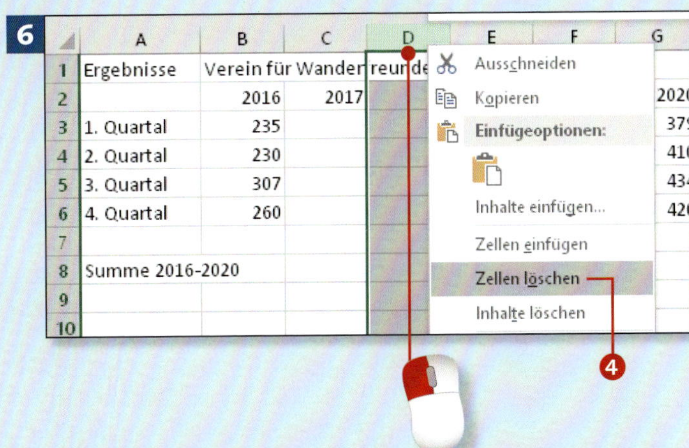

Rechnen in Tabellen

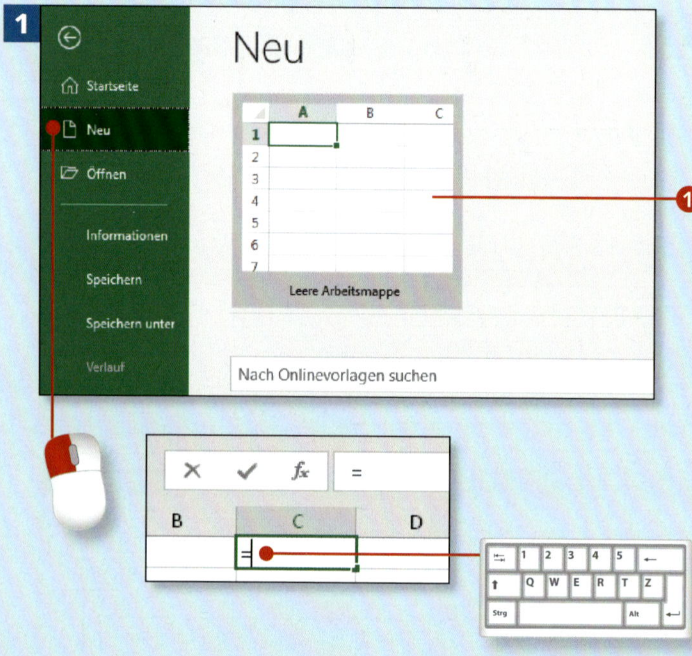

Excel nimmt Ihnen das Rechnen ab und hat immer die passende Formel parat.

Schritt 1

Öffnen Sie eine neue Excel-Datei, indem Sie auf **Datei ▸ Neu** und auf **Leere Arbeitsmappe** ❶ klicken. Lassen Sie Excel nun rechnen, indem Sie eine Formel eingeben. Formeln beginnen immer mit einem Gleichheitszeichen. Geben Sie also [=] (gleichzeitig [⇧]-Taste und [0] drücken) ein, noch *ohne* [↵] zu drücken.

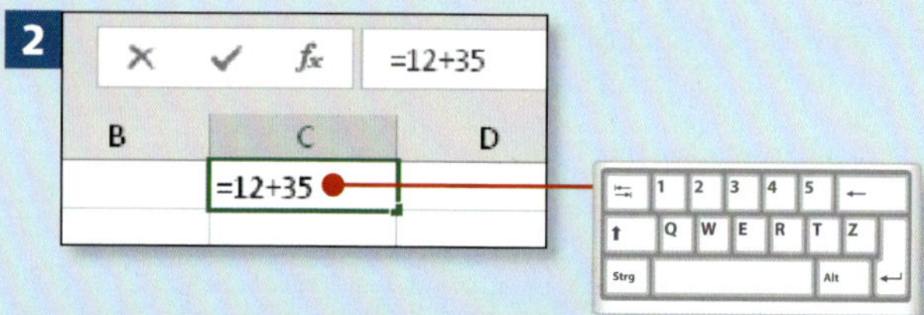

Schritt 2

Tippen Sie eine Zahl ein, dann ein Rechenzeichen ([+], [-], [*] oder [/]) und schließlich wieder eine Zahl. Benutzen Sie keine Leerzeichen in Formeln, diese sind unnötig.

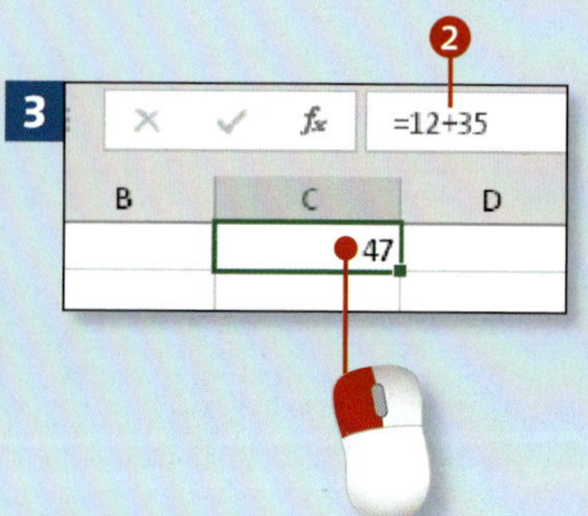

Schritt 3

Drücken Sie nun [↵]. Excel schreibt das Ergebnis Ihrer Rechnung in die Zelle, in die Sie die Formel getippt haben. Klicken Sie die Zelle mit der Rechnung wieder an, und achten Sie auf die Bearbeitungsleiste ❷: Dort finden Sie statt des Ergebnisses Ihre Formel. Hier können Sie stets kontrollieren, ob eine Formel stimmt.

Schritt 4

Schreiben Sie in eine andere Zelle eine Zahl. In die Zelle darunter schreiben Sie eine weitere Zahl; drücken Sie jeweils ↵ nach der Eingabe.

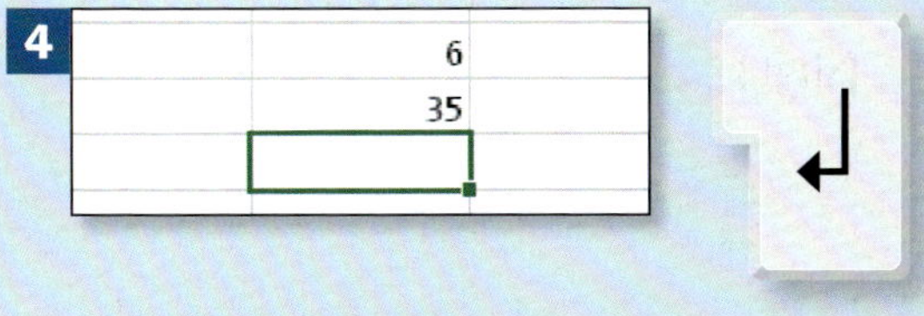

Schritt 5

Geben Sie jetzt = ein. Klicken Sie dann auf die erste eben eingetippte Zahl, geben Sie auf der Tastatur ein Rechenzeichen ein (z. B. wie hier *), und klicken Sie die zweite Zahl an. Die Zahlen, die Sie anklicken, müssen nicht einmal neben- bzw. untereinander stehen. Drücken Sie ↵.

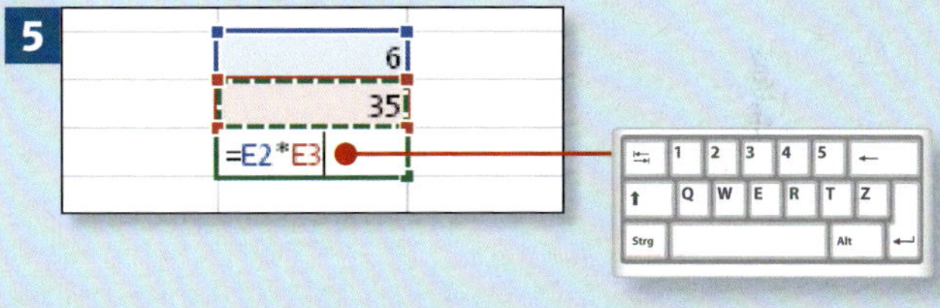

Schritt 6

Das Ergebnis steht in der Zelle mit der Rechnung. Klicken Sie die Zelle wieder an. Auch diese mit der Tastatur und zusätzlich durch Anklicken erzeugte Formel steht in der Bearbeitungsleiste ❸, aber diesmal nicht mit den tatsächlichen Zahlen, sondern mit den Namen der Zellen, in denen die Zahlen stehen. Doppelklicken Sie auf die Zelle mit der Formel: Die verwendeten Zellen werden markiert ❹.

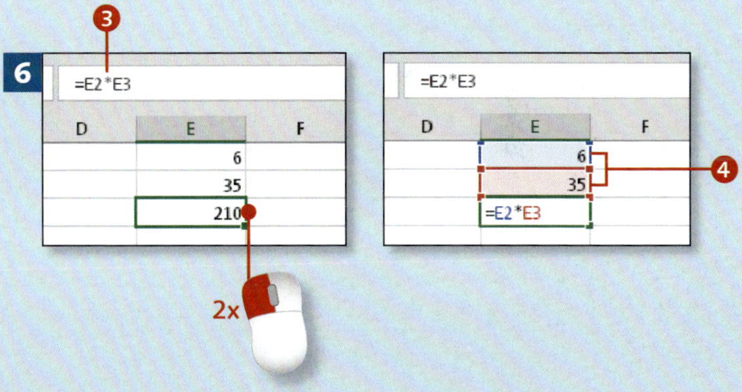

1.000er-Trennzeichen einfügen

Damit große Zahlen besser lesbar sind, schalten Sie die 1.000er-Trennzeichen ein. Markieren Sie die Zellen mit den Zahlen, und klicken Sie auf der Registerkarte **Start** in der Gruppe **Zahl** auf die Schaltfläche **000**. Gleichzeitig erhalten Ihre Zahlen jetzt zwei Nachkommastellen.

Rechnen in Tabellen (Forts.)

7

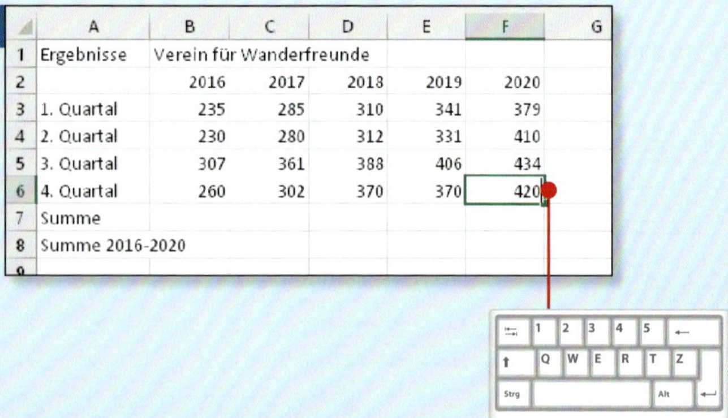

Schritt 7

Excel stellt viele Formeln selbst bereit, z. B. für die Summenbildung. Füllen Sie eine Tabelle mit Daten, die Sie auswerten möchten. Es sollen nun verschiedene Jahressummen gezogen werden.

8

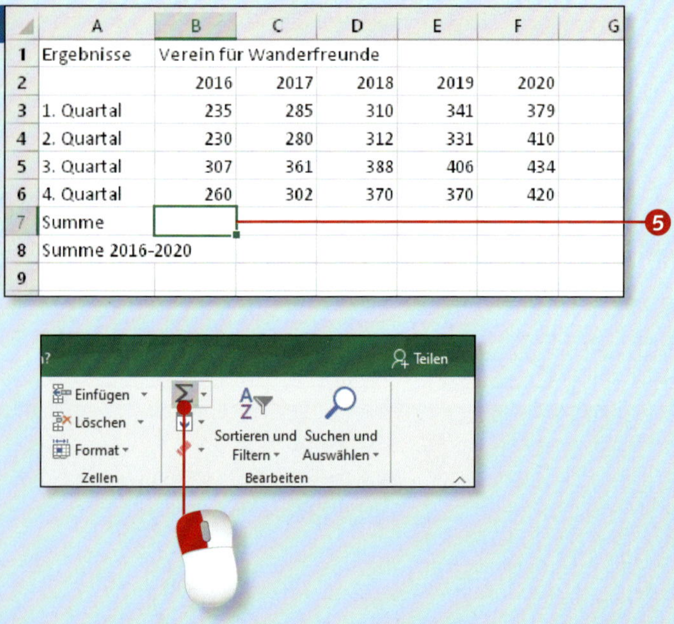

Schritt 8

Klicken Sie in die Zelle, in der die Summe stehen soll ❺. Klicken Sie dann auf der Registerkarte **Start** auf das Symbol **AutoSumme**.

9

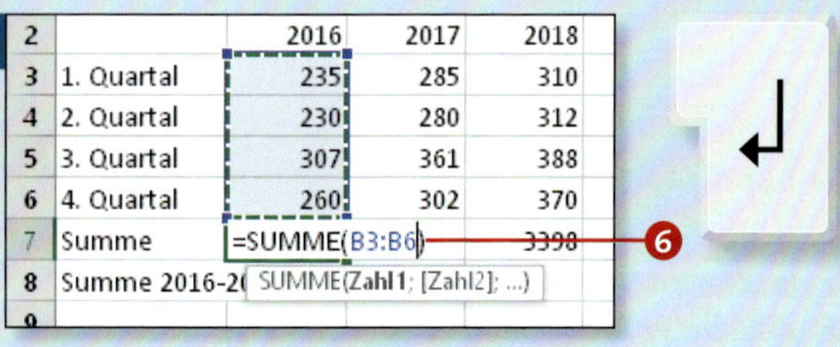

Schritt 9

Excel erkennt die Werte, die addiert werden sollen, automatisch ❻. Prüfen Sie, ob es sich auch um die richtigen Zellen handelt (siehe den Kasten auf dieser Seite). Klicken Sie dann noch einmal auf das **AutoSumme**-Symbol, oder drücken Sie [↵].

Upps! Datum mitgerechnet

Wenn in der ersten Spalte eine laufende Nummer oder ein Datum steht, markieren Sie die Zellen selbst: Klicken Sie dazu zuerst auf **AutoSumme**. Klicken Sie anschließend auf die erste Zahl, die addiert werden soll. Ziehen Sie die Maus mit gedrückter Taste bis zur letzten Zahl. Klicken Sie dann erneut auf **AutoSumme**.

Schritt 10

In der Zelle steht nun die Summe ❼. Klicken Sie auf das Quadrat unten rechts an dieser Zelle, und ziehen Sie es bis zur letzten gefüllten Spalte nach rechts. So kopieren Sie die Formel schnell in die anderen Summenzellen. Die kopierte Formel rechnet in jeder Spalte mit den richtigen Werten.

10
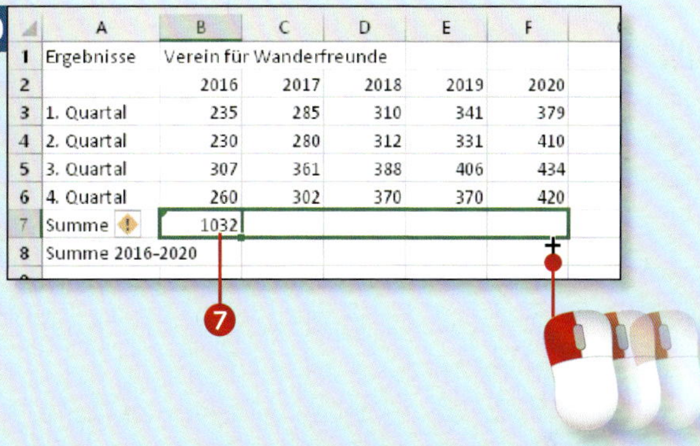

Schritt 11

Erstellen Sie eine weitere Tabelle (siehe Schritt 12 auf Seite 225), geben Sie dort weitere Daten ein, und klicken Sie in die Zelle unter den Daten ❽. Die Zahlen darüber sollen alle addiert werden. Eine leere Zeile über diesen Werten macht es Ihnen und Excel diesmal leicht. In so einem »klaren Fall« klicken Sie doppelt auf das **AutoSumme**-Symbol rechts auf der Registerkarte **Start**.

11
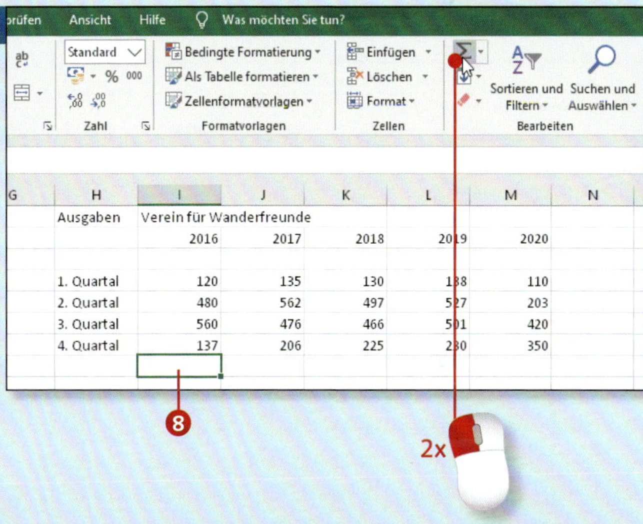

Schritt 12

Schon steht die Summe in der Zelle ❾. Kopieren Sie die Formel durch Ziehen des Quadrats an der Zelle, die nun die Formel *SUMME* enthält. Ziehen Sie das Quadrat bis zur letzten gefüllten Spalte, und lassen Sie die Maustaste dann los.

12
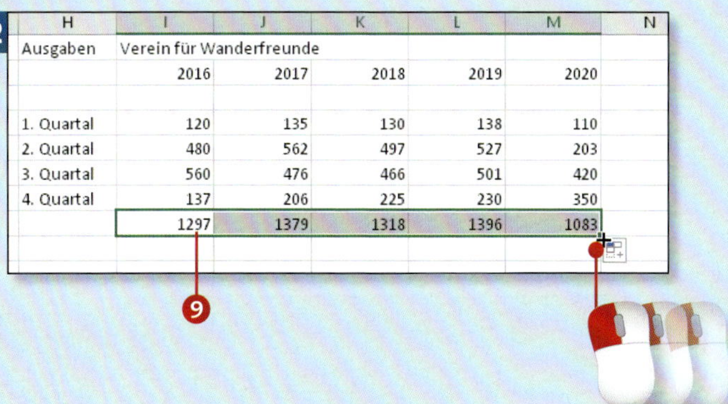

Rechnen in Tabellen (Forts.)

13

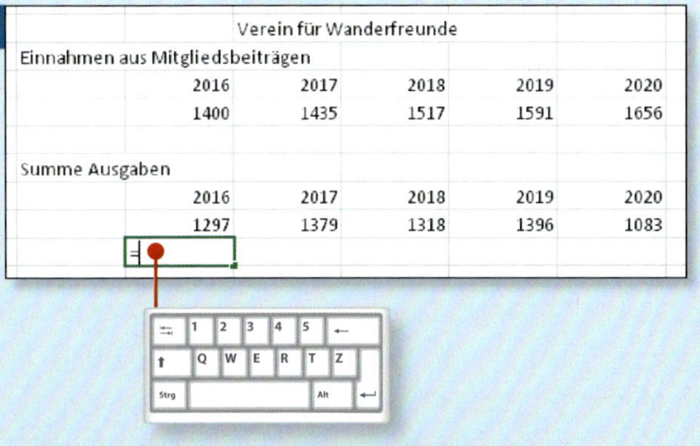

14

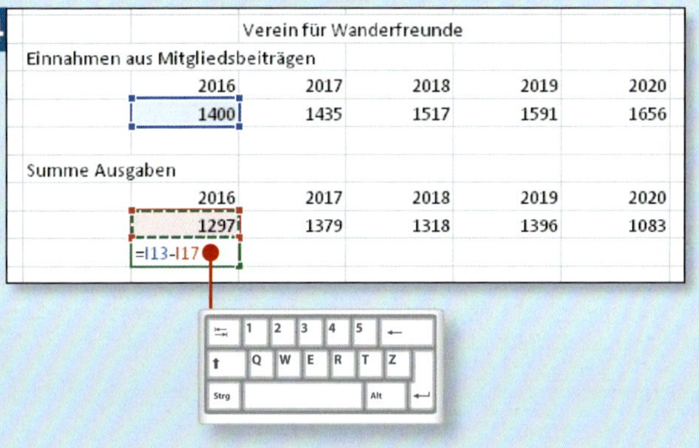

15

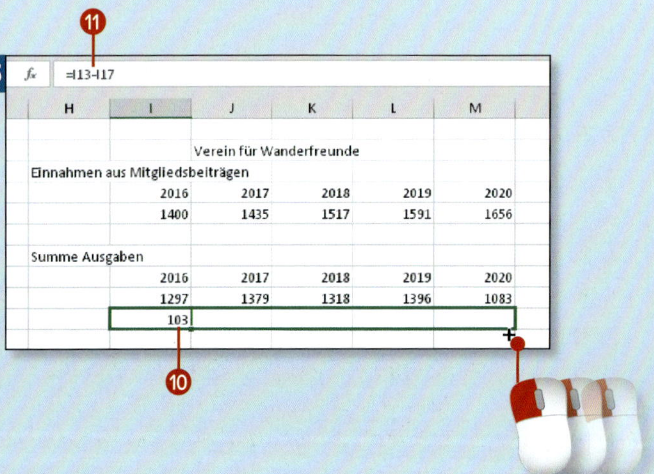

Schritt 13

In Zeile 13 wurden im Beispiel die Einnahmen aus Mitgliedsbeiträgen eingetragen, in Zeile 17 die Summe der Ausgaben. Um die Ausgaben von den Einnahmen abzuziehen, klicken Sie die Zelle unter der Ausgabensumme an und geben [=] ein.

Schritt 14

Klicken Sie die Einnahmensumme in Zelle I13 an. Drücken Sie die Taste [-], und klicken Sie dann auf die Zahl, die Sie abziehen möchten, hier die Ausgabensumme in Zelle I17. Drücken Sie jetzt erst [↵].

Schritt 15

Klicken Sie noch einmal auf die Zelle mit Ihrer Formel: In der Zelle sehen Sie das Ergebnis (10), während in der Bearbeitungsleiste die Formel steht (11). Ziehen Sie die Formel mit dem Quadrat unten rechts an der Zelle nach rechts, um auch für die anderen Jahre das Ergebnis der Berechnung zu sehen.

Excel ergänzt meine Eingabe!

Wenn Excel Ihren Text ergänzt, Sie aber etwas anderes schreiben wollen, löschen Sie den überflüssigen Text mit der [←]-Taste.

Schritt 16

Um herauszufinden, wie viel im Durchschnitt pro Quartal eingenommen wurde, gehen Sie so vor: Klicken Sie unter die erste Summe, im Beispiel also in Zelle I14. Geben Sie [=] ein.

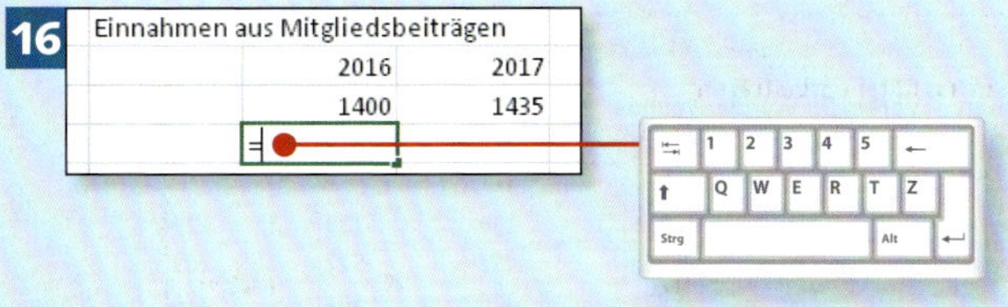

Schritt 17

Klicken Sie auf die Summe in der Zelle darüber, und geben Sie das Geteiltzeichen [/] ein. Dann tippen Sie eine »4« (für vier Quartale) und drücken [↵]; so erhalten Sie den Mittelwert pro Quartal ⑫. Ziehen Sie die Formel nach rechts. Überflüssige Nachkommastellen entfernen Sie mit der Schaltfläche **Dezimalstellen** ⑬.

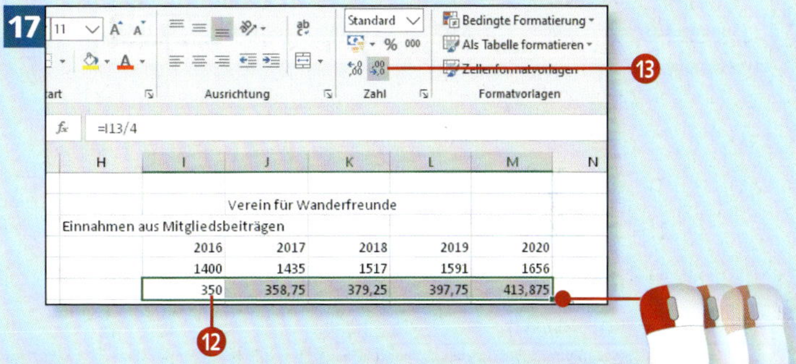

Schritt 18

Auch mit Zahlen, die nicht in derselben Tabelle sind, können Sie rechnen. Geben Sie wieder [=] ein, und klicken Sie auf die erste Zelle, die Sie mit in die Rechnung einbeziehen möchten ⑭. Drücken Sie dann [+] (oder [*], [-], [/]), und klicken Sie unten auf **Tabelle 1** ⑮, die Sie ab Schritt 7 angelegt haben. Klicken Sie dort die nächste Zahl an. Drücken Sie dann [↵], um das Ergebnis in Ihrer Zelle in **Tabelle 2** ⑯ zu erhalten.

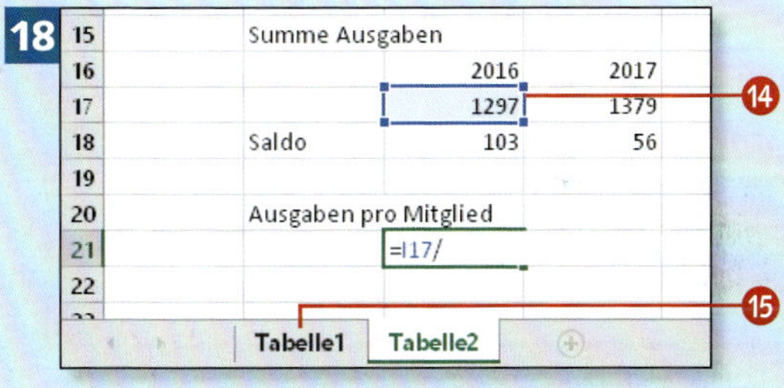

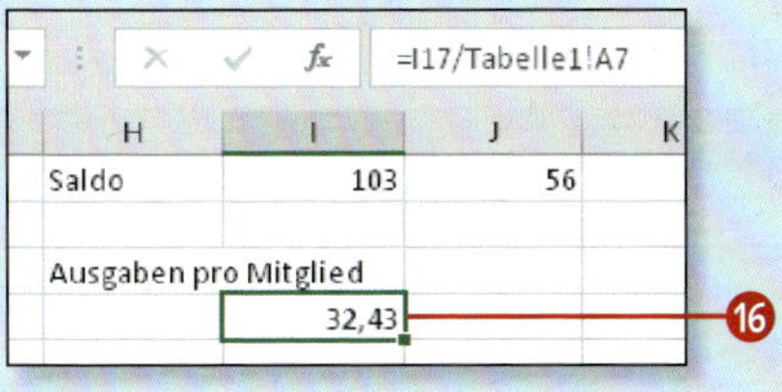

Schnell zur obersten Zeile

Wenn Sie »A1« in das Namensfeld ganz links in der Bearbeitungsleiste tippen und [↵] drücken, springt der Cursor wieder nach oben zur Zelle A1. Wenn Sie lieber ganz ohne Mausklick arbeiten, drücken Sie gleichzeitig [Strg] + [Pos1].

Tabellen verschönern und Daten sortieren (Forts.)

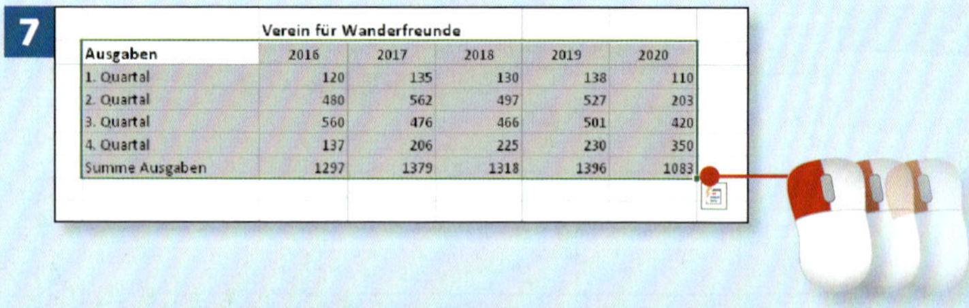

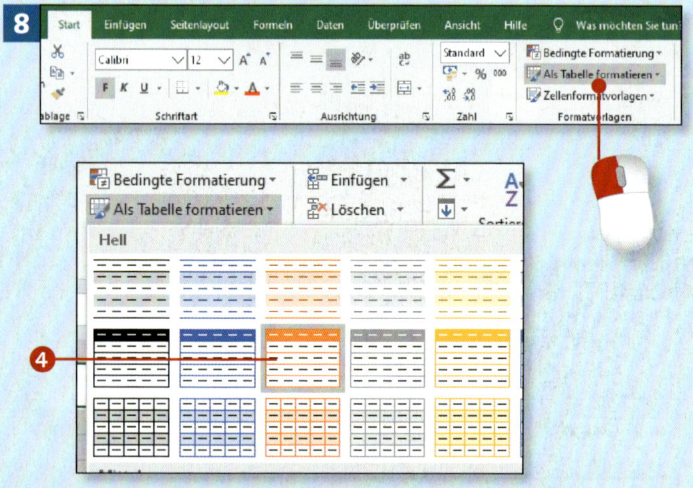

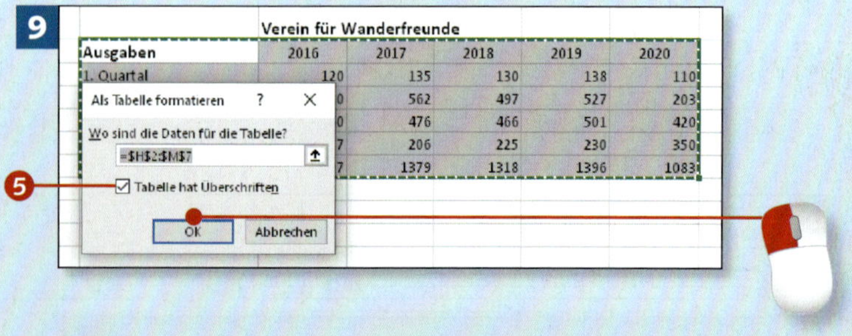

Schritt 7

Excel bietet Ihnen die Möglichkeit, Ihre Tabelle schnell zu formatieren. Diese Möglichkeit heißt sinnigerweise **Als Tabelle formatieren**. Markieren Sie zunächst Ihre Daten in der Tabelle. Dazu klicken Sie in die erste Zelle (hier *Ausgaben*) und ziehen die Maus mit gedrückter Maustaste diagonal nach unten bis einschließlich zur Zeile mit den letzten Daten. Lassen Sie die Maustaste los, wenn alle Zellen markiert sind.

Schritt 8

Auf der Registerkarte **Start** klicken Sie bei **Formatvorlagen** auf **Als Tabelle formatieren**. Wählen Sie ein Design ❹ aus dem Katalog aus.

Schritt 9

Im nächsten Fenster fragt Excel, wo die Daten der Tabelle sind, und schlägt den markierten Bereich vor. Da Sie die Daten in Schritt 7 selbst markiert haben, ändern Sie hier nichts. Die Tabelle hat Überschriften, also lassen Sie das Häkchen vor **Tabelle hat Überschriften** ❺ stehen. Klicken Sie auf **OK**.

Sortieren in Tabellen ohne Formatvorlagen

Daten in Tabellen ohne Formatvorlagen sortieren Sie so: Markieren Sie die Tabelle. Klicken Sie auf der Registerkarte **Start** ganz rechts auf **Sortieren und Filtern ▸ Von A bis Z sortieren**.

Schritt 10

Klicken Sie eine Zelle Ihrer Tabelle an. Sie sehen jetzt das neue Design, da die Markierung der Tabelle aufgehoben wurde. Außerdem sehen Sie neben den Überschriften kleine Pfeile ❻. Damit können Sie die Daten schnell sortieren und filtern.

10

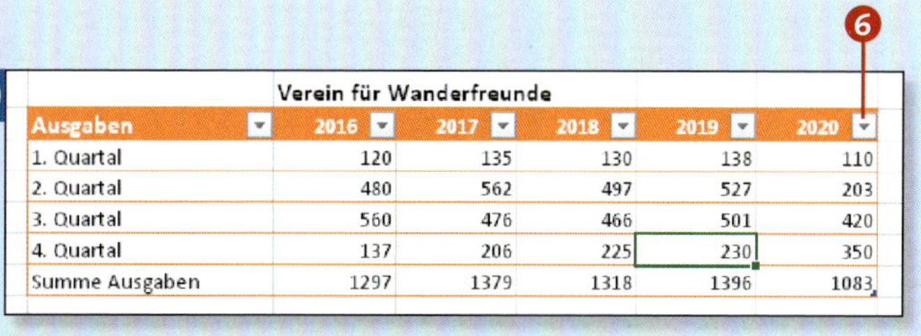

Verein für Wanderfreunde					
Ausgaben	2016	2017	2018	2019	2020
1. Quartal	120	135	130	138	110
2. Quartal	480	562	497	527	203
3. Quartal	560	476	466	501	420
4. Quartal	137	206	225	230	350
Summe Ausgaben	1297	1379	1318	1396	1083

Schritt 11

Benötigen Sie die Pfeile zum Sortieren und Filtern nicht, können Sie sie ausschalten. Entfernen Sie auf der Registerkarte **Tabellentools/Entwurf** das Kästchen bei **Schaltfläche "Filter"**. Bei kleineren Bildschirmen klicken Sie erst auf **Tabellenformatoptionen** ❼ und dann auf die Schaltfläche **Filter**.

11

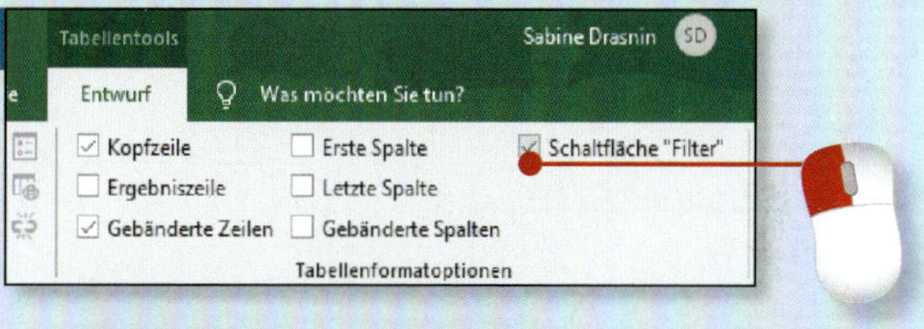

Schritt 12

Möchten Sie der formatierten Tabelle weitere Zeilen hinzufügen, die das gleiche Design haben sollen, klicken Sie in die Zeile direkt unter Ihrer Tabelle. Geben Sie Text bzw. Zahlen ein. Sobald Sie [↵] drücken, passt Excel die Formatierung an.

12

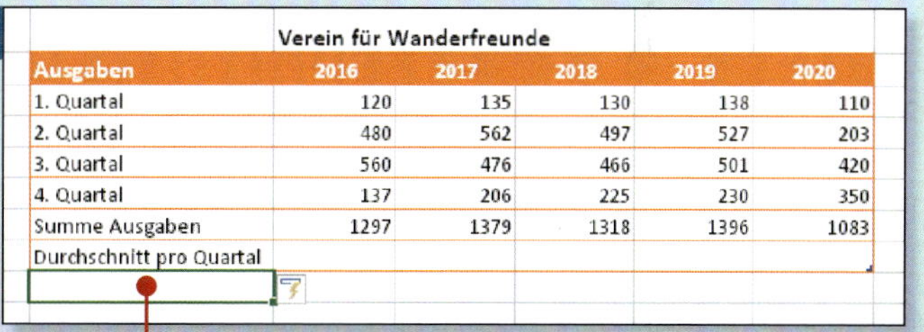

Verein für Wanderfreunde					
Ausgaben	2016	2017	2018	2019	2020
1. Quartal	120	135	130	138	110
2. Quartal	480	562	497	527	203
3. Quartal	560	476	466	501	420
4. Quartal	137	206	225	230	350
Summe Ausgaben	1297	1379	1318	1396	1083
Durchschnitt pro Quartal					

Sortieren in Tabellen mit Formatvorlage

In Tabellen, die Sie mit einer Formatvorlage formatiert haben, klicken Sie zum Sortieren auf den Pfeil an der Spalte mit den zu sortierenden Werten. Klicken Sie auf den Pfeil an der Spaltenüberschrift und dann auf **Von A bis Z sortieren**.

Diagramme einfügen – Daten veranschaulichen

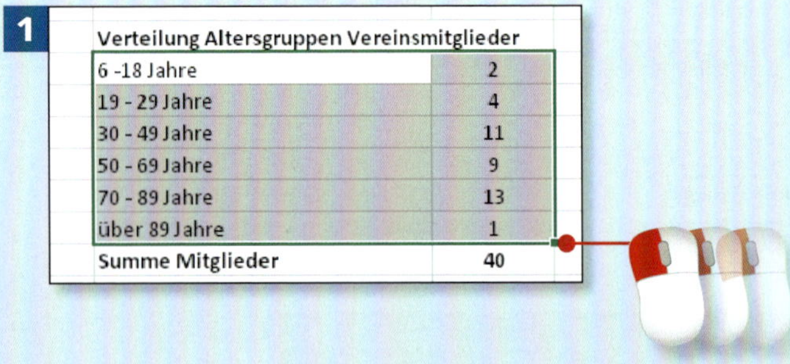

Oft wird erst durch ein Diagramm deutlich, was die Daten einer Tabelle aussagen.

Schritt 1

Je nach Art der Daten in Ihrer Tabelle bietet es sich an, diese Daten mit einem Diagramm zu verdeutlichen. Zuerst markieren Sie Ihre Tabelle bzw. die entsprechenden Daten für Ihr Diagramm.

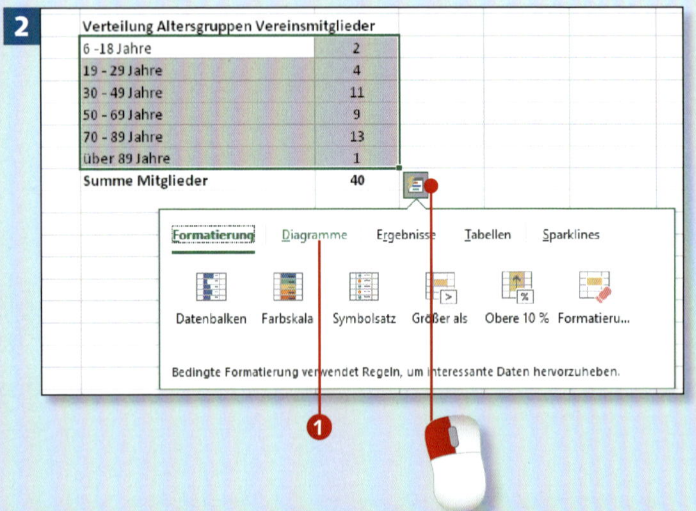

Schritt 2

Sie sehen an der rechten unteren Ecke das Symbol **Schnellanalyse**. Klicken Sie darauf und hier auf **Diagramme** ❶. Excel zeigt Ihnen einige mögliche Diagramme. Klicken Sie eins an; das Diagramm wird neben oder vor Ihren Daten eingefügt.

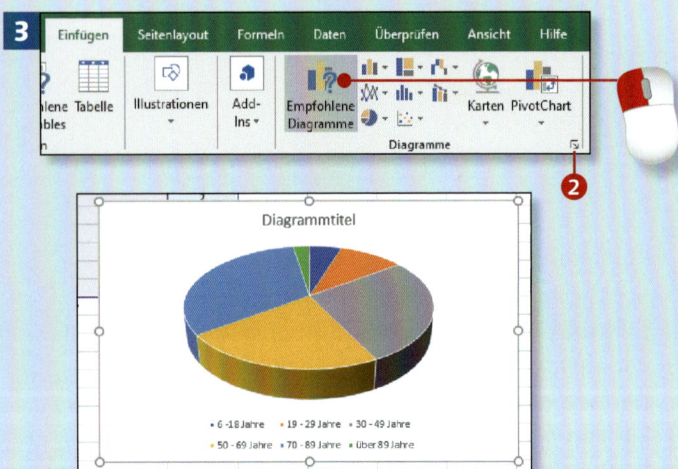

Schritt 3

Um ein anderes Diagramm zu verwenden, markieren Sie wieder Ihre Daten. Klicken Sie auf der Registerkarte **Einfügen** auf **Empfohlene Diagramme**. Um die ganze Auswahl zu durchstöbern, klicken Sie auf den kleinen Pfeil ❷ und im neuen Fenster auf **Alle Diagramme**. Im Beispiel wird ein *3D-Kreisdiagramm* gewählt, um die Anteile an der Gesamtheit darzustellen.

Schritt 4

Damit deutlich wird, um was es im Diagramm geht, fügen Sie einen Diagrammtitel ein. Doppelklicken Sie auf das Feld **Diagrammtitel** direkt im Diagramm, und tippen Sie den Titel ein. Wenn Sie den Titel der Tabelle bei der Datenauswahl (siehe Schritt 1) direkt mit markiert hätten, würde Excel ihn bei den Daten einsortieren – das wäre nicht sinnvoll.

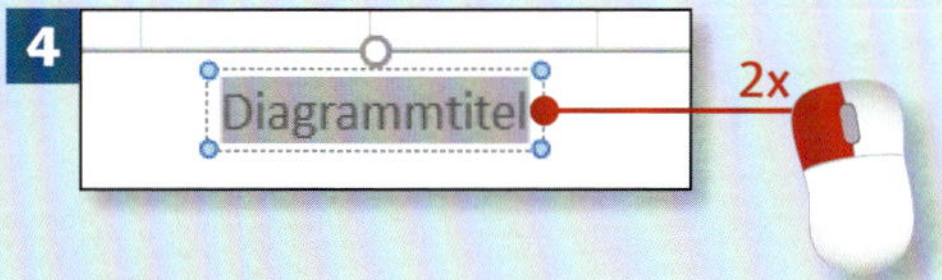

Schritt 5

Bei **Schnelllayout** ❸ legen Sie fest, welche weiteren Erläuterungen an Ihrem Diagramm stehen sollen. Fahren Sie mit dem Mauszeiger über die verschiedenen Optionen. In der Vorschau sehen Sie, wie das Layout bei Ihrem Diagramm aussehen würde. Klicken Sie auf eine Option.

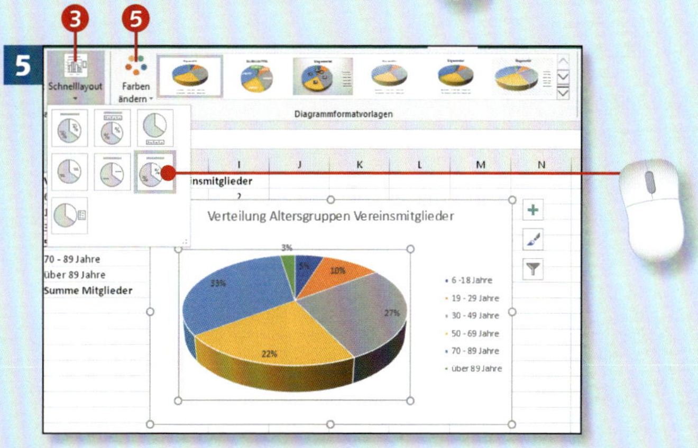

Schritt 6

Das fertige Diagramm können Sie kopieren und z. B. in Word einfügen. Öffnen Sie ein Dokument in Word, und kehren Sie zu Excel zurück. Klicken Sie mit der *rechten* Maustaste auf das Diagramm und dann auf **Kopieren**. Nun wechseln Sie wieder zu Word. Dazu klicken Sie in der Taskleiste auf das Word-Symbol ❹. Klicken Sie an die passende Stelle, und drücken Sie [Strg] + [V].

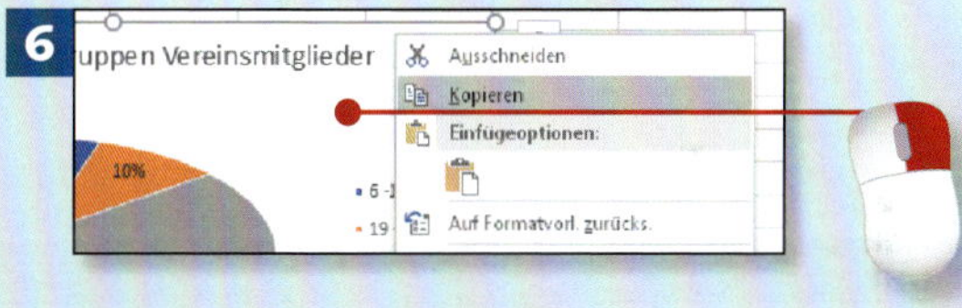

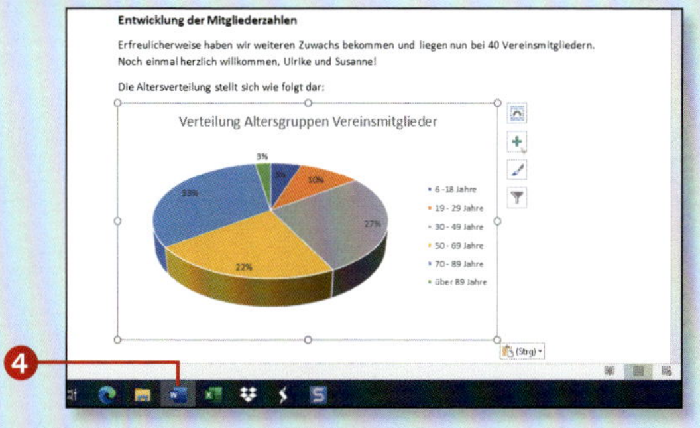

Diagrammfarben ändern

Klicken Sie auf Ihr Diagramm und unter der Registerkarte **Diagrammtools ▸ Entwurf** auf **Farben ändern** (siehe ❺ in Schritt 5). Wählen Sie durch Klicken eine Farbkombination aus.

Die Arbeit mit Excel erleichtern

1

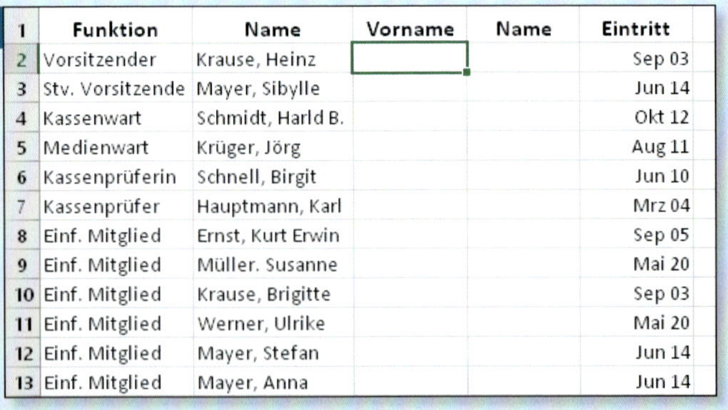

1	Funktion	Name	Vorname	Name	Eintritt
2	Vorsitzender	Krause, Heinz			Sep 03
3	Stv. Vorsitzende	Mayer, Sibylle			Jun 14
4	Kassenwart	Schmidt, Harld B.			Okt 12
5	Medienwart	Krüger, Jörg			Aug 11
6	Kassenprüferin	Schnell, Birgit			Jun 10
7	Kassenprüfer	Hauptmann, Karl			Mrz 04
8	Einf. Mitglied	Ernst, Kurt Erwin			Sep 05
9	Einf. Mitglied	Müller. Susanne			Mai 20
10	Einf. Mitglied	Krause, Brigitte			Sep 03
11	Einf. Mitglied	Werner, Ulrike			Mai 20
12	Einf. Mitglied	Mayer, Stefan			Jun 14
13	Einf. Mitglied	Mayer, Anna			Jun 14

In einer Spalte stehen Vorname und Name. Sie benötigen die Daten aber in eigenen Spalten. Bevor Sie nun jeden Eintrag von Hand ändern, lassen Sie Excel die Arbeit machen.

2

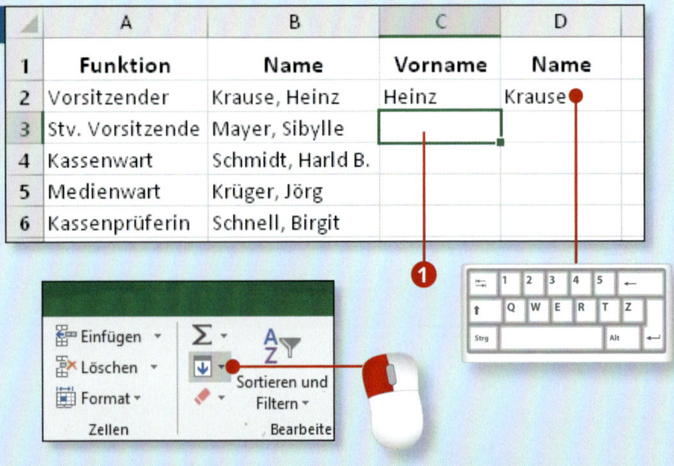

	A	B	C	D
1	Funktion	Name	Vorname	Name
2	Vorsitzender	Krause, Heinz	Heinz	Krause
3	Stv. Vorsitzende	Mayer, Sibylle		
4	Kassenwart	Schmidt, Harld B.		
5	Medienwart	Krüger, Jörg		
6	Kassenprüferin	Schnell, Birgit		

3

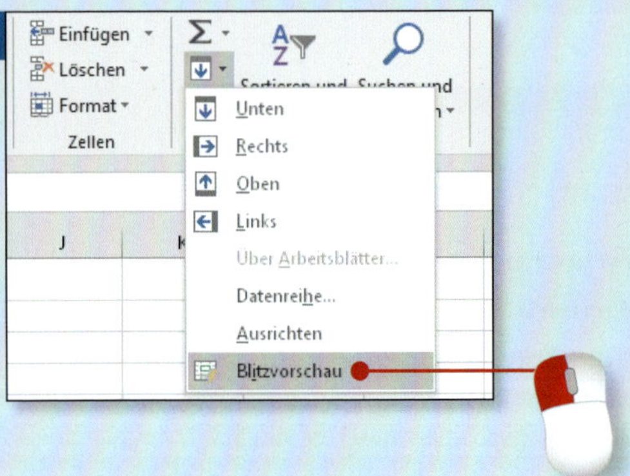

Schritt 1

Die Namensspalte soll aufgeteilt werden: Vor- und Nachname sollen jeweils in einer eigenen Spalte stehen. Tragen Sie in die beiden Spalten rechts neben der Ausgangsspalte die Spaltentitel ein, im Beispiel **Vorname** und **Name**.

Schritt 2

Tippen Sie nur den ersten Namen von Hand in die entsprechenden Spalten ein, und klicken Sie dann in die erste leere Zelle ❶ darunter. Klicken Sie nun ganz rechts auf der Registerkarte **Start** auf den Pfeil neben dem Symbol **Ausfüllen**. (Bei großen Bildschirmen sehen Sie nicht nur das Symbol, sondern auch den Text *Ausfüllen*.)

Schritt 3

Klicken Sie im Menü unten auf **Blitzvorschau**. Excel füllt den Rest der Spalte mit den korrekten Werten aus.

Schritt 4

Klicken Sie nun in die erste leere Zelle der zweiten Spalte (**Name**) und wieder auf **Ausfüllen ▸ Blitzvorschau**. Auch diese Spalte wird gefüllt. Die überflüssige Spalte können Sie nun löschen. Klicken Sie dazu mit der *rechten* Maustaste auf den Spaltenkopf (den Buchstaben) ❷ und im Kontextmenü auf **Zellen löschen**.

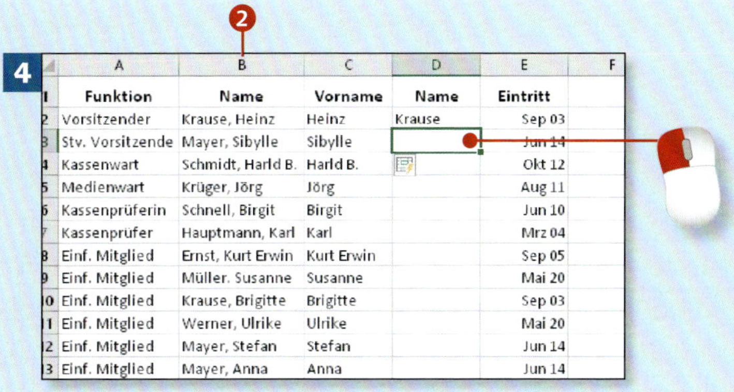

	A	B	C	D	E	F
1	Funktion	Name	Vorname	Name	Eintritt	
2	Vorsitzender	Krause, Heinz	Heinz	Krause	Sep 03	
3	Stv. Vorsitzende	Mayer, Sibylle	Sibylle		Jun 14	
4	Kassenwart	Schmidt, Harld B.	Harld B.		Okt 12	
5	Medienwart	Krüger, Jörg	Jörg		Aug 11	
6	Kassenprüferin	Schnell, Birgit	Birgit		Jun 10	
7	Kassenprüfer	Hauptmann, Karl	Karl		Mrz 04	
8	Einf. Mitglied	Ernst, Kurt Erwin	Kurt Erwin		Sep 05	
9	Einf. Mitglied	Müller, Susanne	Susanne		Mai 20	
10	Einf. Mitglied	Krause, Brigitte	Brigitte		Sep 03	
11	Einf. Mitglied	Werner, Ulrike	Ulrike		Mai 20	
12	Einf. Mitglied	Mayer, Stefan	Stefan		Jun 14	
13	Einf. Mitglied	Mayer, Anna	Anna		Jun 14	

Schritt 5

Das Trennen klappt auch bei Zellen, die sowohl mit Text als auch mit Zahlen gefüllt sind. Im Beispiel stehen Postleitzahl und Ort zusammen, sollen aber in je eine eigene Spalte. Schreiben Sie die ersten Werte in die beiden Spalten rechts neben *PLZ + Ort*. Klicken Sie erst in die leere Zelle darunter und dann auf **Ausfüllen ▸ Blitzvorschau**.

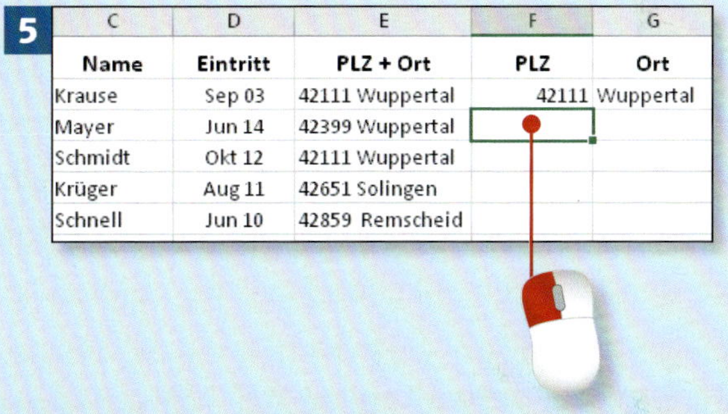

C	D	E	F	G
Name	Eintritt	PLZ + Ort	PLZ	Ort
Krause	Sep 03	42111 Wuppertal	42111	Wuppertal
Mayer	Jun 14	42399 Wuppertal		
Schmidt	Okt 12	42111 Wuppertal		
Krüger	Aug 11	42651 Solingen		
Schnell	Jun 10	42859 Remscheid		

Schritt 6

Wiederholen Sie diesen Schritt für die zweite Spalte; Excel füllt auch diese Spalte aus. Löschen Sie dann die überflüssige Spalte, die beide Werte enthält, im Beispiel Spalte **E**.

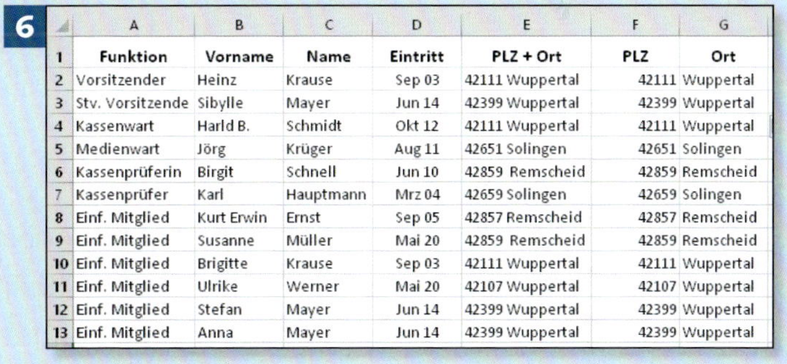

	A	B	C	D	E	F	G
1	Funktion	Vorname	Name	Eintritt	PLZ + Ort	PLZ	Ort
2	Vorsitzender	Heinz	Krause	Sep 03	42111 Wuppertal	42111	Wuppertal
3	Stv. Vorsitzende	Sibylle	Mayer	Jun 14	42399 Wuppertal	42399	Wuppertal
4	Kassenwart	Harld B.	Schmidt	Okt 12	42111 Wuppertal	42111	Wuppertal
5	Medienwart	Jörg	Krüger	Aug 11	42651 Solingen	42651	Solingen
6	Kassenprüferin	Birgit	Schnell	Jun 10	42859 Remscheid	42859	Remscheid
7	Kassenprüfer	Karl	Hauptmann	Mrz 04	42659 Solingen	42659	Solingen
8	Einf. Mitglied	Kurt Erwin	Ernst	Sep 05	42857 Remscheid	42857	Remscheid
9	Einf. Mitglied	Susanne	Müller	Mai 20	42859 Remscheid	42859	Remscheid
10	Einf. Mitglied	Brigitte	Krause	Sep 03	42111 Wuppertal	42111	Wuppertal
11	Einf. Mitglied	Ulrike	Werner	Mai 20	42107 Wuppertal	42107	Wuppertal
12	Einf. Mitglied	Stefan	Mayer	Jun 14	42399 Wuppertal	42399	Wuppertal
13	Einf. Mitglied	Anna	Mayer	Jun 14	42399 Wuppertal	42399	Wuppertal

Auf die Daten kommt es an

Die Blitzvorschau funktioniert nur richtig, wenn die Daten in der Ausgangsspalte einheitlich sind: Wenn mal der Vorname, mal der Nachname zuerst steht, kann Excel dies nicht erkennen.

Kapitel 9
Dateien und Ordner verwalten

Auf Ihrem Computer sammeln sich im Laufe der Zeit viele persönliche Dateien an: Texte, Excel-Tabellen, Fotos, Musik. Je mehr, desto unübersichtlicher wird es. Wie finden Sie bei 1.000 Bildern, die alle einfach unter »Fotos« abgelegt sind, ein bestimmtes Bild wieder? In diesem Kapitel lernen Sie, wie Sie Ihre Dateien besser in klar benannten Ordnern speichern.

Den Explorer kennenlernen
Der Explorer hebt Ihre Dateien für Sie auf. Er sortiert sie grob nach Musik, Dokumenten, Bildern, Videos und Downloads aus dem Internet. Um Ihnen die oft benutzten Ordner und Dateien schneller anzeigen zu können, bietet der Explorer den Schnellzugriff. Im Laufe der Zeit werden Ihre persönlichen Favoriten hier automatisch hinzugefügt.

Dateien im Explorer verwalten
Sie legen thematische oder chronologische Unterordner an, um stets den Überblick über Ihre Dateien zu behalten. Sie benennen Dateien und Ordner um und verschieben die »losen« Dateien in die richtigen Ordner. Was Sie nicht mehr aufheben möchten, löschen Sie.

Dateien, genutzte Apps oder Internetseiten wiederfinden
Sie wissen, wann Sie die Datei bearbeitet haben, aber nicht, wie sie heißt oder wo Sie sie gespeichert haben? Kein Problem, die Timeline und die Suchfunktion im Explorer helfen Ihnen, die Datei wiederzufinden.

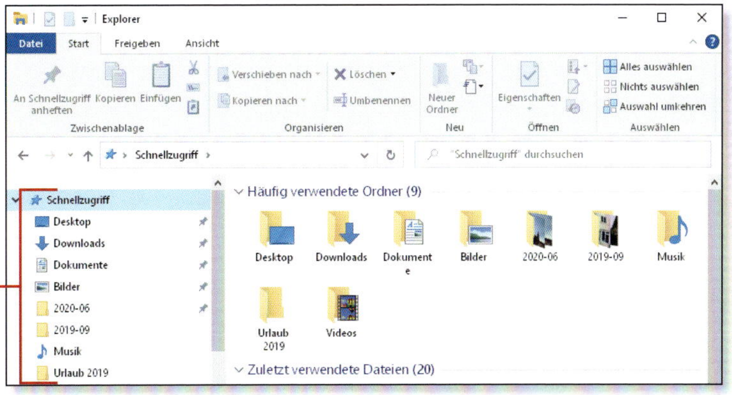

❶ Bilder, Dokumente, Musik – der Explorer verwahrt Ihre Dateien in den passenden Hauptordnern, die im Schnellzugriff angezeigt werden.

❷ Legen Sie neue Ordner an, um eine Reihe Fotos darin zu sammeln.

❸ Dateien finden Sie in der *Timeline* oder mit der Explorer-Suche.

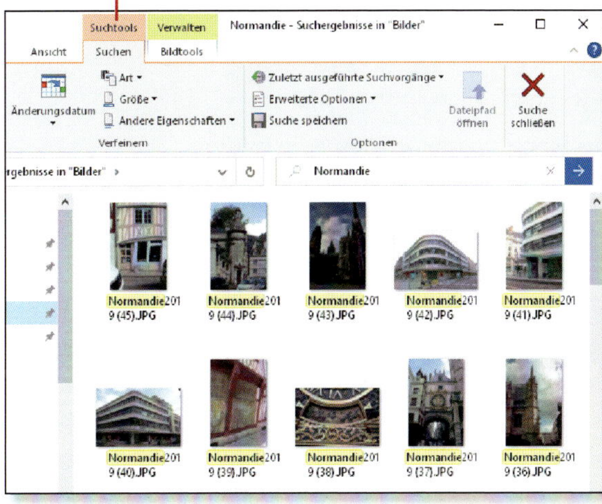

Dateien und Ordner anzeigen lassen

Windows bringt ein Programm mit, das Ihre Dateien und Ordner anzeigt, den Explorer.

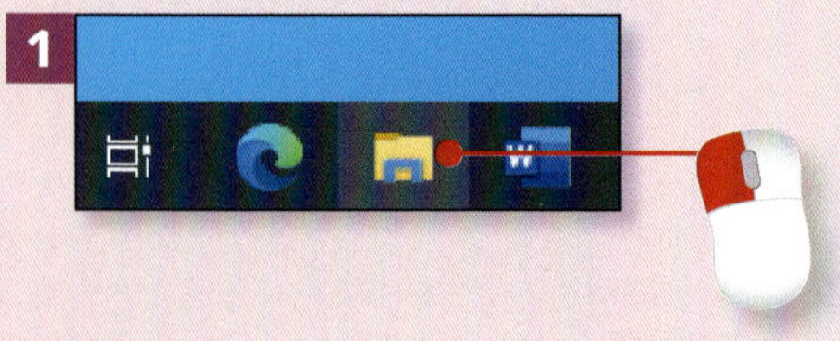

Schritt 1

Öffnen Sie den *Explorer* durch einen Klick auf das Programmsymbol in der Taskleiste.

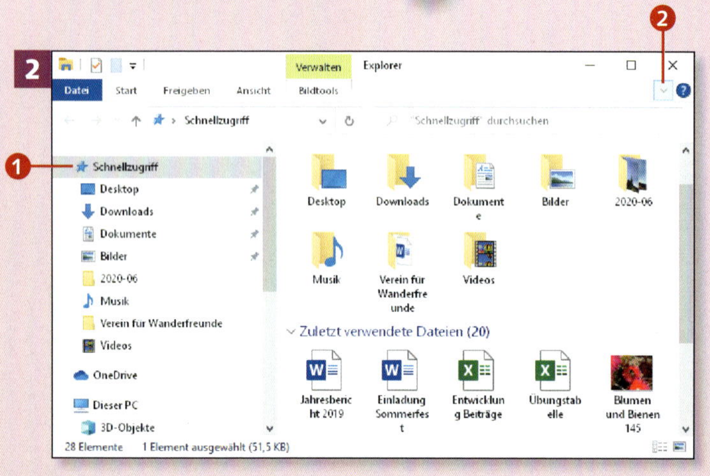

Schritt 2

Der Explorer wird mit der Seite **Schnellzugriff** ❶ geöffnet. Hier sehen Sie die Ordner, die Sie häufig verwenden. Darunter werden die zuletzt geöffneten Dateien angezeigt.

Schritt 3

Der Explorer sortiert alle Dateien in passende Ordner: Texte und Excel-Dateien finden Sie im Ordner **Dokumente**, Fotos in **Bilder**. Dateien, die Sie herunterladen, landen in **Downloads**. Musik und Videos werden in den gleichnamigen Ordnern aufbewahrt. Klicken Sie doppelt auf **Bilder**.

Das Menüband ist nicht zu sehen

Im Explorer ist das Menüband nicht immer standardmäßig eingeblendet. Da es aber viele nützliche Befehle enthält, sollten Sie es einblenden. Klicken Sie ganz oben rechts auf das Symbol **Menüband erweitern** ❷.

Schritt 4

Importierte Bilder listet der Explorer entweder in Unterordnern oder direkt im Hauptordner **Bilder** auf (siehe dazu Kapitel 6, »Fotos sortieren und bearbeiten«, ab Seite 144). Ein Doppelklick auf das Foto zeigt es in der *Fotos*-App in ganzer Größe. Um zum Explorer zurückzukehren, klicken Sie auf das Schließkreuz oben rechts.

Schritt 5

Sie sehen gar keine Bilder-Miniaturen, sondern nur Datei- und Ordnernamen? Dann stellen Sie die Ansicht um: Klicken Sie im Menüband auf den Reiter **Ansicht** und hier auf **Große Symbole**. Falls Sie das Menüband nicht sehen, schalten Sie es ein, wie im Kasten auf der linken Seite beschrieben.

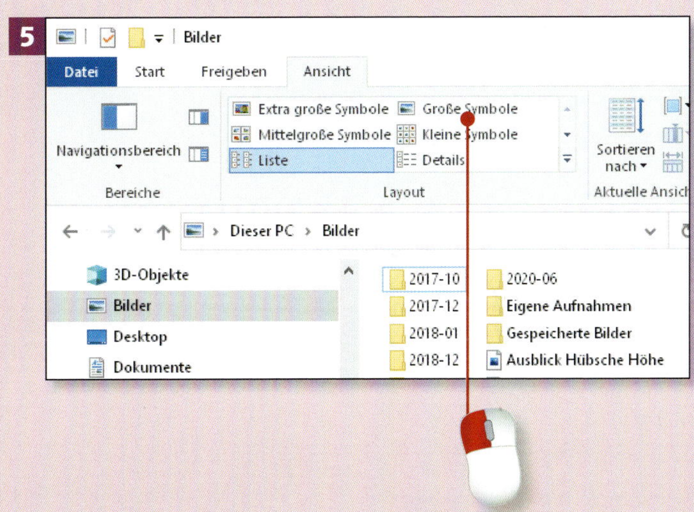

Schritt 6

Auf der Registerkarte **Ansicht** nehmen Sie noch weitere nützliche Einstellungen vor. Klicken Sie auf **Elementkontrollkästchen**, falls dort kein Häkchen zu sehen ist. Ihre Dateien sind nun mit Kästchen versehen, mit denen Sie sie leichter auswählen können (siehe den Abschnitt »Dateien und Ordner markieren und auswählen« auf Seite 252).

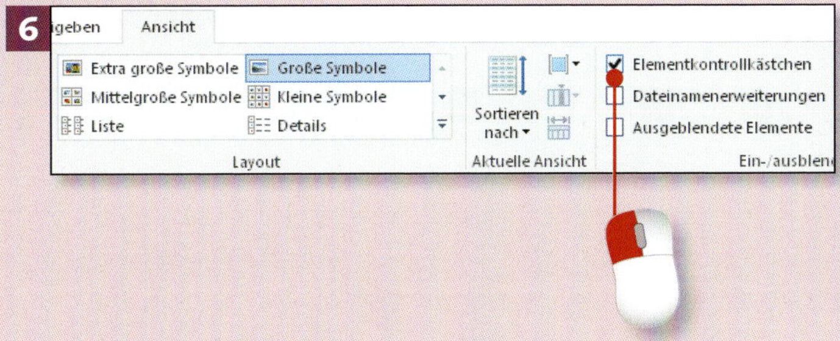

Dateien und Ordner anzeigen lassen (Forts.)

7

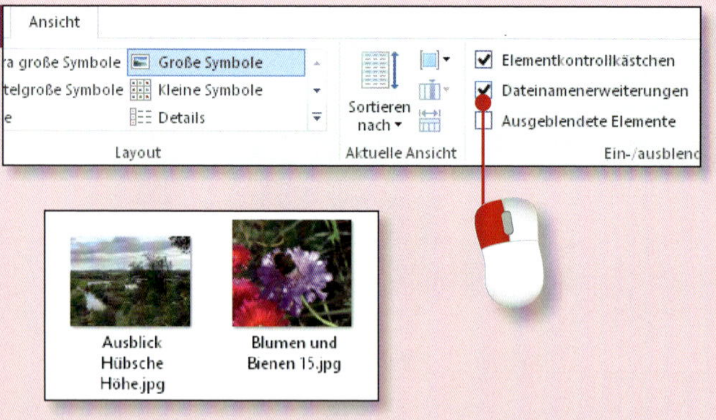

8

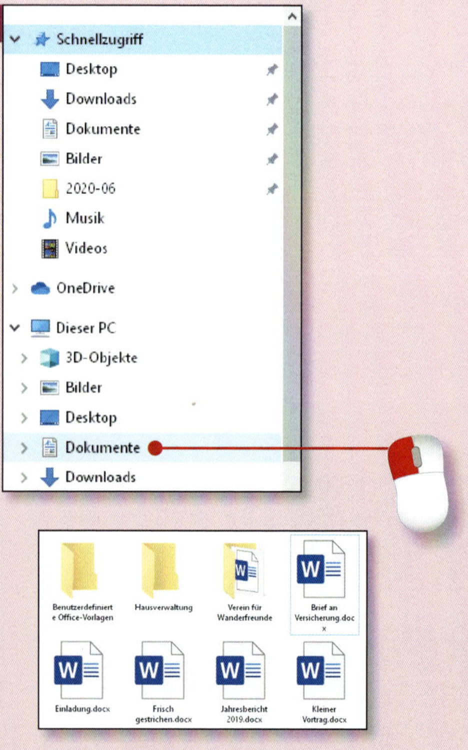

9

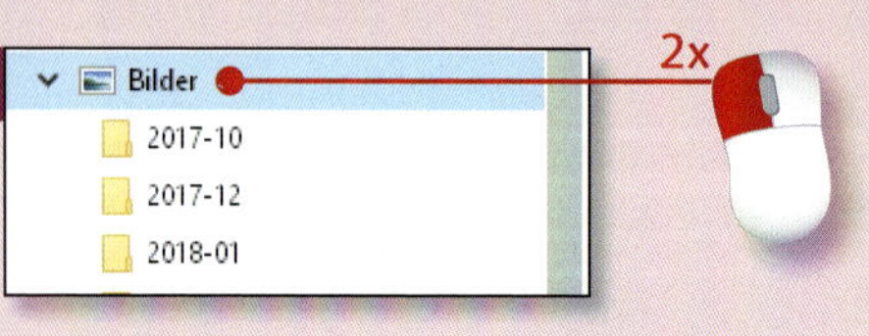

Schritt 7

Schalten Sie auch die **Dateinamenerweiterungen** ein, falls sie nicht aktiviert sind. So erkennen Sie, um welchen Dateityp es sich bei einer Datei handelt. Bilder z. B. haben die Endung *.jpg*, Word-Texte *.docx* usw.

Schritt 8

Schauen Sie sich den *Navigationsbereich* in der linken Spalte näher an. Hier sind der **Schnellzugriff** sowie sämtliche Ordner und Laufwerke des Computers zu sehen. Sie können hier schnell zu einem anderen Ordner wechseln. Klicken Sie auf **Dokumente**; jetzt sehen Sie rechts alle Ihre Dokumente, also Excel- oder auch Word-Dateien.

Schritt 9

In jedem Ordner können Sie Unterordner anlegen, um z. B. Bilder zu sortieren. Einige Unterordner entstehen beim Importieren (siehe den Abschnitt »Fotos auf den Computer kopieren« auf Seite 146), andere sind von Anfang an da. Die Unterordner werden im Navigationsbereich nicht direkt angezeigt. So rufen Sie sie auf: Klicken Sie im Navigationsbereich doppelt auf **Bilder**. Die Unterordner werden darunter angezeigt.

Schritt 10

Durch den Doppelklick haben Sie die Unterordner im Navigationsbereich links zum Vorschein gebracht. Um jetzt den Inhalt eines Unterordners anzuzeigen, klicken Sie doppelt auf den Ordner im *Hauptbereich* (rechter Fensterteil).

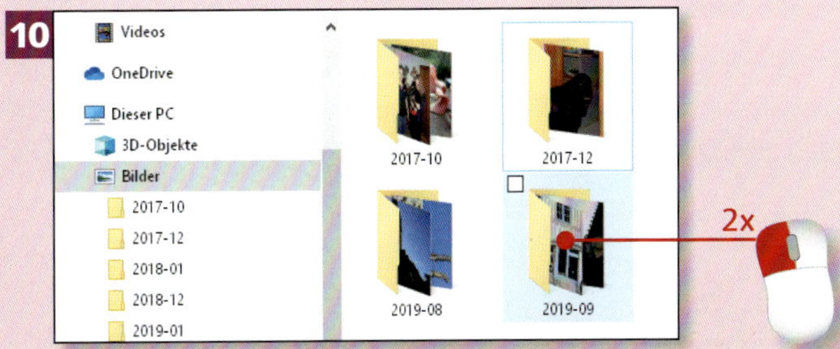

Schritt 11

Im Hauptbereich sehen Sie daraufhin den Inhalt des Unterordners. Um zurück zum Ordner **Bilder** zu kommen, können Sie entweder im Navigationsbereich auf **Bilder** ③ oder links oben auf den **Zurück**-Pfeil ④ klicken. Auch ein Klick auf **Bilder** in der *Adressleiste* bringt Sie zurück.

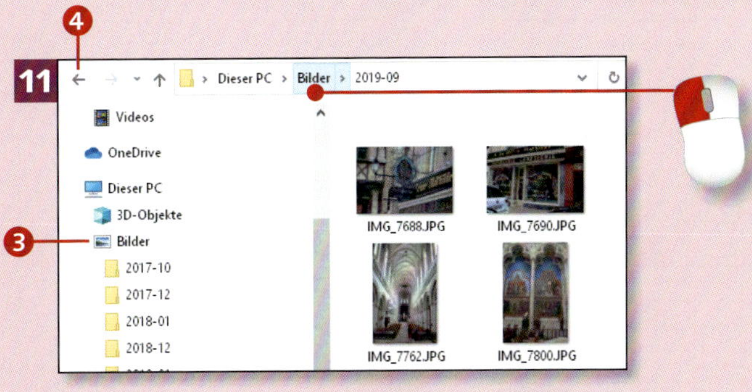

Schritt 12

In dieser Adressleiste, die das Menüband vom Navigations- und Hauptbereich trennt, sehen Sie immer, welcher Ordner gerade angezeigt wird: Ausgehend vom Computer, der **Dieser PC** ⑤ heißt, wurde im Beispiel der Ordner **Bilder** ⑥ geöffnet und darin der Unterordner **2019-09** ⑦, dessen Inhalt Sie im Hauptbereich sehen.

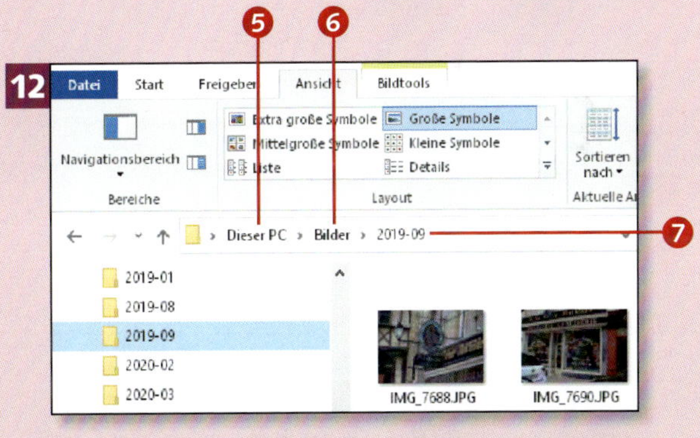

Linker und rechter Bereich des Explorers

Im rechten Fensterteil, dem *Hauptbereich*, sehen Sie im Allgemeinen den Inhalt dessen, was links markiert und damit hellblau hervorgehoben ist. Wenn links und rechts die gleichen Ordner zu sehen sind, heißt das, dass Sie den gleichen übergeordneten Ordner angeklickt haben. Es heißt *nicht*, dass die Inhalte doppelt vorhanden sind!

Dateien und Ordner markieren und auswählen

1

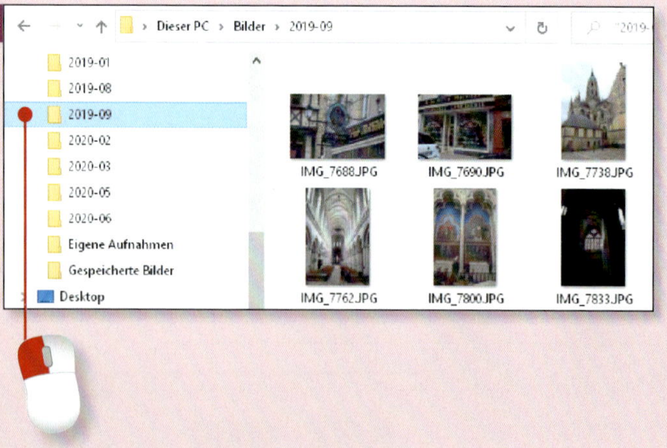

2

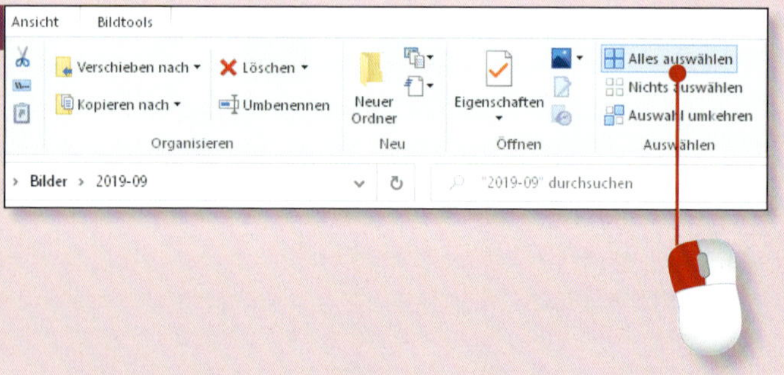

3

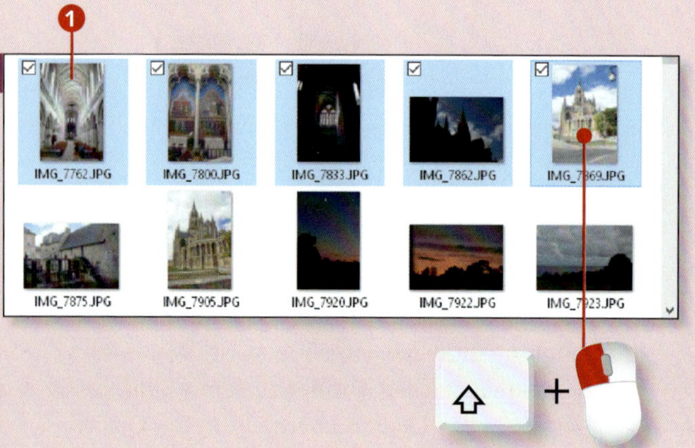

Sie sparen viele kleine Einzelschritte, wenn Sie Dateien richtig markieren und somit auswählen können.

Schritt 1

Öffnen Sie im Explorer einen Ordner mit vielen Dateien. Im Beispiel ist es einer mit Fotos.

Schritt 2

Alle Bilder sollen markiert werden. Drücken Sie gleichzeitig die Tasten [Strg] + [A]; so markieren Sie alle Dateien auf einmal. Wenn Sie lieber die Maus nutzen, klicken Sie auf der Registerkarte **Start** ganz rechts auf **Alles auswählen**. Markierte Dateien sind hellblau hinterlegt.

Schritt 3

Ein anderer Fall: Nur ein paar nebeneinanderliegende Dateien sollen markiert werden. Klicken Sie das erste Bild ❶ an, und lassen Sie die Maustaste los. Drücken Sie [⇧], und klicken Sie – bei gedrückter [⇧]-Taste – mitten auf das letzte Bild, das Sie markieren möchten. Jetzt lassen Sie die Tasten wieder los. Alternativ klicken Sie nacheinander in die Kästchen der betreffenden Bilder (siehe Schritt 6 auf Seite 249).

Schritt 4

Sie möchten Dateien markieren, die nicht nebeneinanderliegen? Hier hilft die Taste [Strg]. Drücken Sie [Strg], und halten Sie sie gedrückt. Klicken Sie mit der Maus die Bilder an, die markiert werden sollen.

4

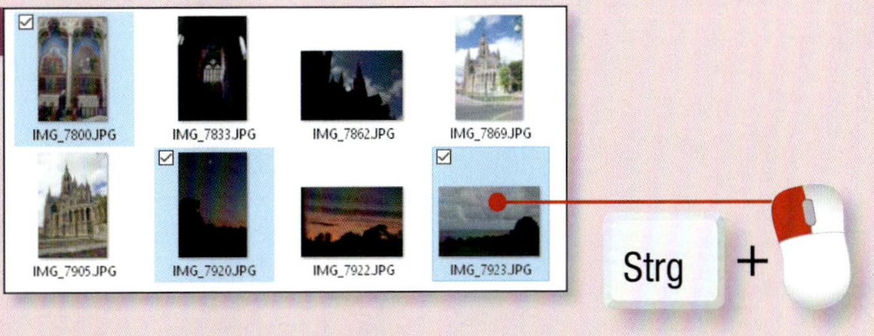

Schritt 5

Das Markieren mit [Strg] hat einen kleinen Haken: Wenn Sie die Maus bewegen, während [Strg] und die Maustaste gedrückt sind, legen Sie Kopien der Dateien an **2** – das ist nicht immer erwünscht. Drücken Sie also [Strg], und klicken Sie jeweils nur *kurz* auf ein Bild. Lassen Sie dann die Maustaste wieder los, und klicken Sie das nächste Bild an. Bewegen Sie die Maus nicht, während die Maustaste gedrückt ist!

5

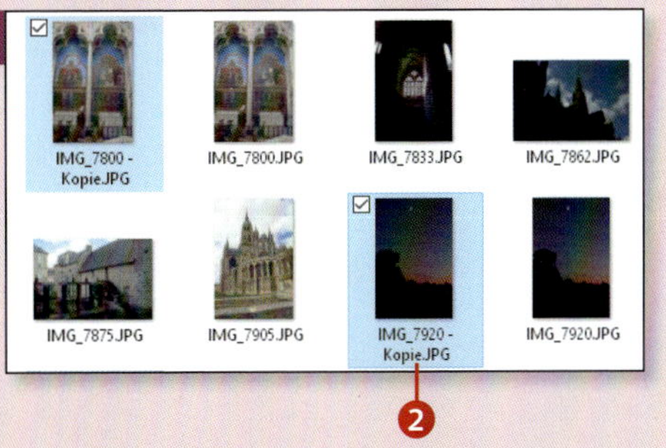

Schritt 6

Machen Sie es sich einfach, und arbeiten Sie mit den Kästchen an den Dateien. Dabei ist es egal, wie weit die Dateien auseinanderliegen. Sie können auch scrollen, um weitere Dateien anzuklicken, und benötigen dafür nur Ihre Maus.

6

Richtig markieren

Wenn Sie Dateien markieren möchten, die nicht nebeneinanderliegen, klicken Sie in die Kästchen an den Dateien. Wollen Sie mehrere Dateien, die nebeneinanderliegen, mithilfe der [⇧]-Taste markieren, müssen Sie das erste und letzte Bild *mittig* anklicken (siehe Schritt 3). Hier helfen die Kästchen nicht!

Dateien kopieren, verschieben und löschen

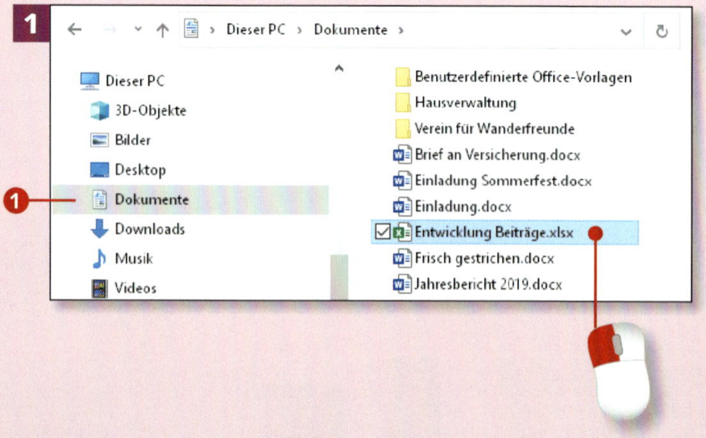

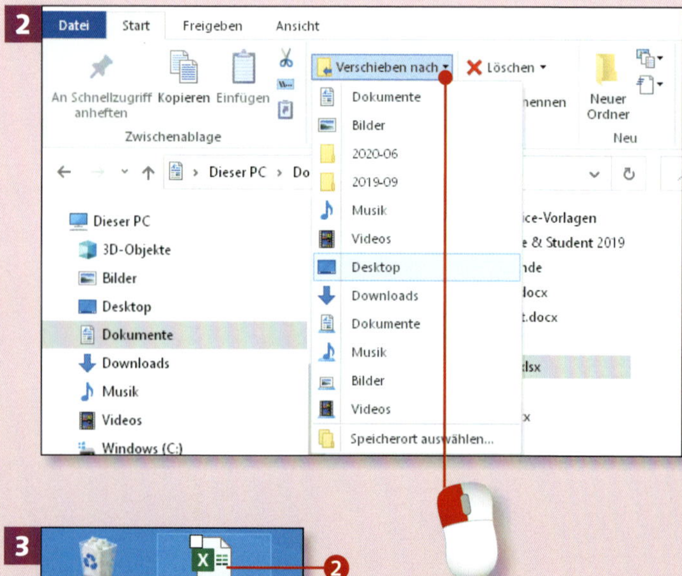

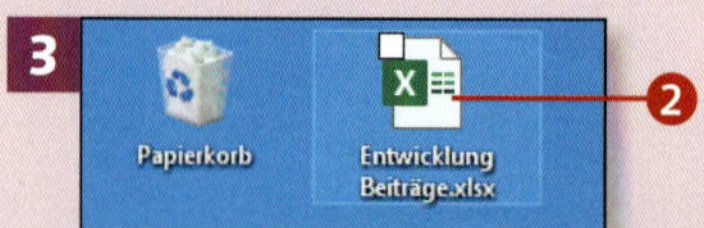

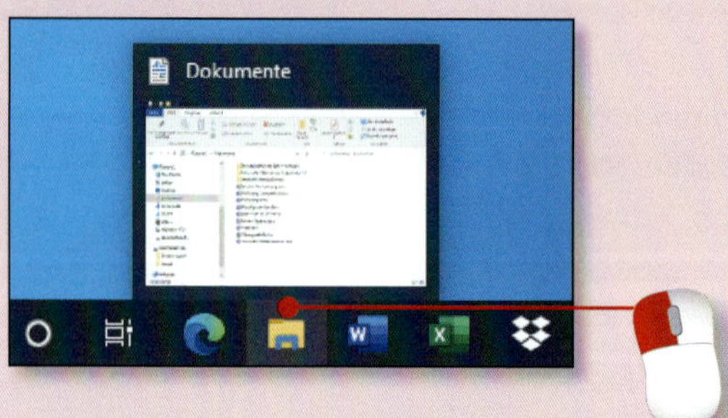

Dateien, die Sie an mehreren Stellen brauchen, kopieren Sie. Um Dateien leichter wiederzufinden, verschieben Sie sie. Nicht mehr benötigte Dateien löschen Sie.

Schritt 1

Öffnen Sie den Explorer, und klicken Sie den Ordner **Dokumente** ❶ an. Die Excel-Datei *Entwicklung Beiträge.xlsx* soll auf den Desktop verschoben werden, damit Sie schnell direkten Zugriff darauf haben. Klicken Sie dazu die Datei einmal an.

Schritt 2

Oben im Menüband klicken Sie auf der Registerkarte **Start** auf **Verschieben nach**. In der Auswahlliste klicken Sie auf **Desktop**. Nach einem kleinen Moment ist die Datei auch schon verschoben.

Schritt 3

Die Datei befindet sich nun auf dem Desktop ❷. Dorthin gelangen Sie mit den Tasten [Win] + [M]. Kehren Sie zum Explorer zurück, indem Sie unten in der Taskleiste auf das Symbol für den Explorer klicken. Je nach Einstellung sehen Sie auch den Namen des zuletzt angeklickten Ordners, hier **Dokumente**.

Schritt 4

Zum Kopieren einer Datei klicken Sie die Datei an und im Menüband auf **Kopieren nach**. Im Beispiel kopieren Sie ein Bild in den Ordner **Dokumente**, um Text und Bild zusammenzufügen. Das Bild ist nun sowohl im Ordner **Bilder** als auch im Ordner **Dokumente** zu sehen.

4

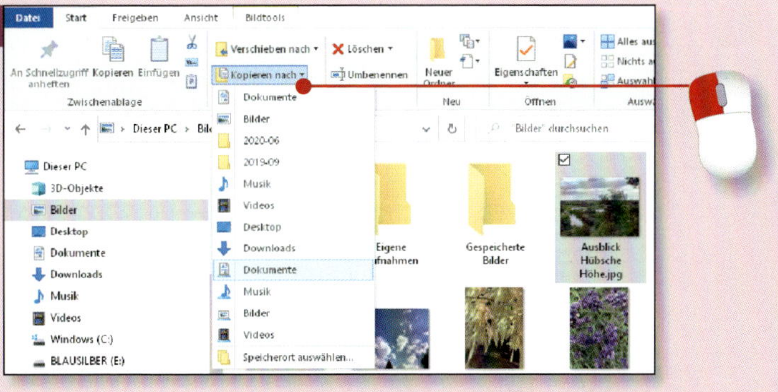

Schritt 5

Soll die Datei in einen Unterordner verschoben werden, klicken Sie die Datei einmal an und ziehen sie mit gedrückter Maustaste in den Zielordner. Der Explorer zeigt Ihnen an, wo die Datei landen wird ❸, wenn Sie die Maustaste jetzt loslassen. Lassen Sie los, wenn der richtige Ordner genannt wird.

5

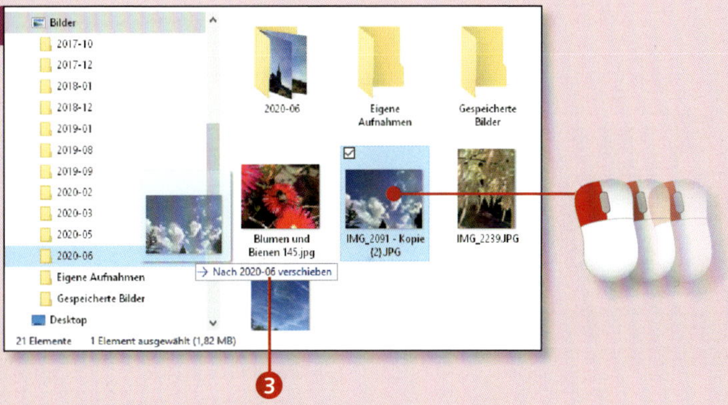

Schritt 6

Eine Datei löschen Sie auch über das Menüband auf der Registerkarte **Start**. Klicken Sie vor dem allerersten Löschen auf den kleinen Pfeil an der Schaltfläche **Löschen** und dann auf **Recycelbestätigung anzeigen**. Künftig fragt der Explorer immer nach einer Löschbestätigung. Klicken Sie dann die Datei an. Im Menüband klicken Sie jetzt direkt auf **Löschen** ❹. Bestätigen Sie das Löschen, und die Datei landet im Papierkorb.

6

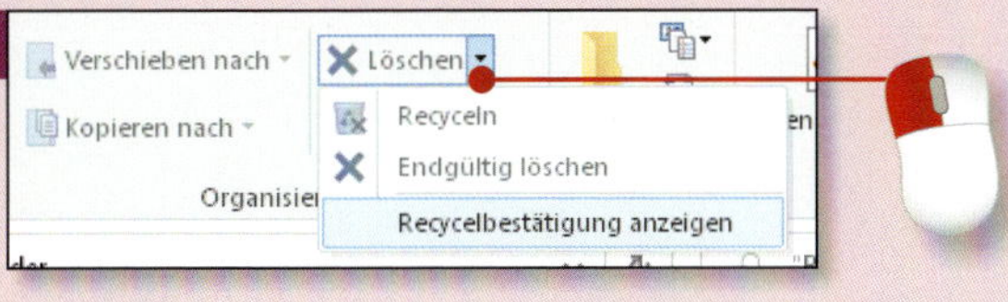

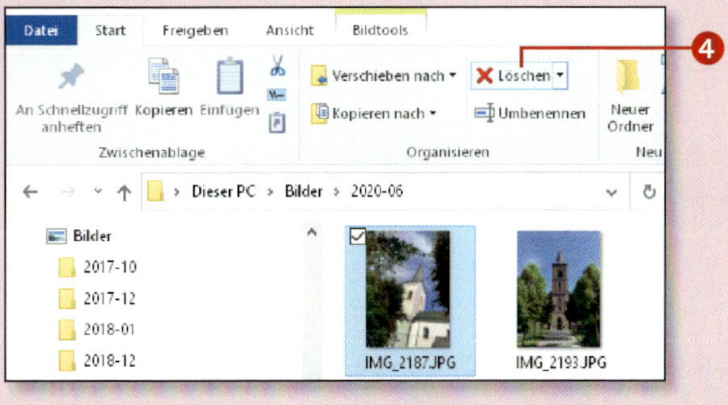

Dateien umbenennen

1

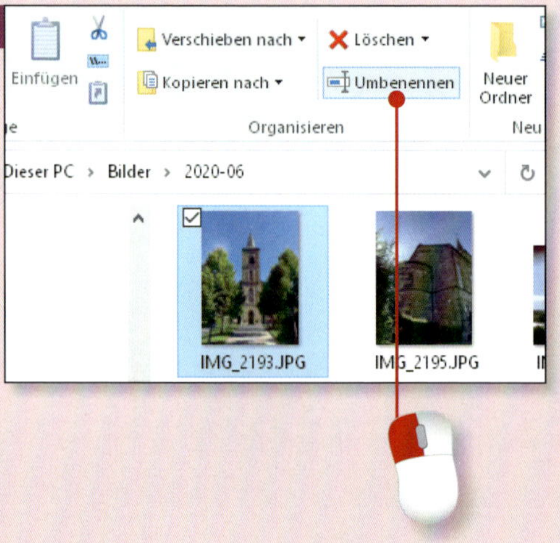

2

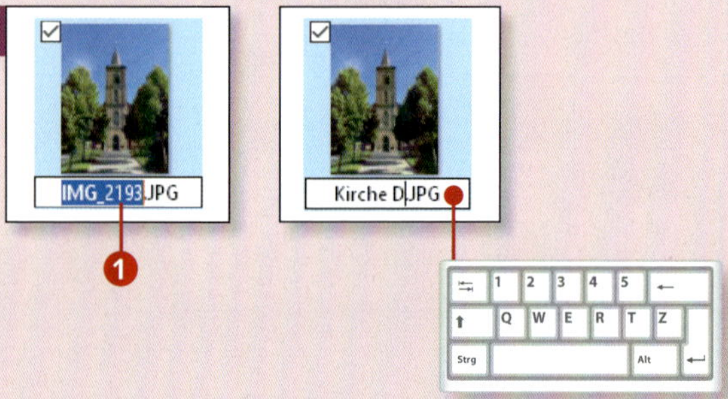

3

Wenn Sie z. B. viele Bilder von einer Kamera gespeichert haben, wird es unübersichtlich. Sehen Sie hier, wie Sie Bilder eindeutig betiteln.

Schritt 1

Öffnen Sie den Ordner, in dem die Datei liegt, die Sie umbenennen möchten. Klicken Sie die Datei an. Auf der Registerkarte **Start** klicken Sie auf **Umbenennen**.

Schritt 2

Der Name des Bildes ist nun blau hinterlegt (1). Tippen Sie, ohne zu klicken, den neuen Namen ein. Leerzeichen sind hier erlaubt. Der erste Buchstabe, den Sie tippen, ersetzt die blaue Markierung. Lassen Sie die Dateiendung, hier *.jpg*, unverändert! Zum Speichern drücken Sie [↵].

Schritt 3

Um alle Bilder eines Ordners auf einmal umzubenennen, drücken Sie [Strg] + [A]. Alternativ klicken Sie im Menüband auf **Alles auswählen**. Haben Sie nicht alle, sondern nur einige Bilder markiert (wie ab Schritt 3 auf Seite 252 beschrieben), beachten Sie Schritt 6 dieser Anleitung.

Schritt 4

Klicken Sie auf **Umbenennen**. Der Name eines Bildes wird blau hinterlegt ❷. Tippen Sie den neuen Namen ein, und drücken Sie [↵].

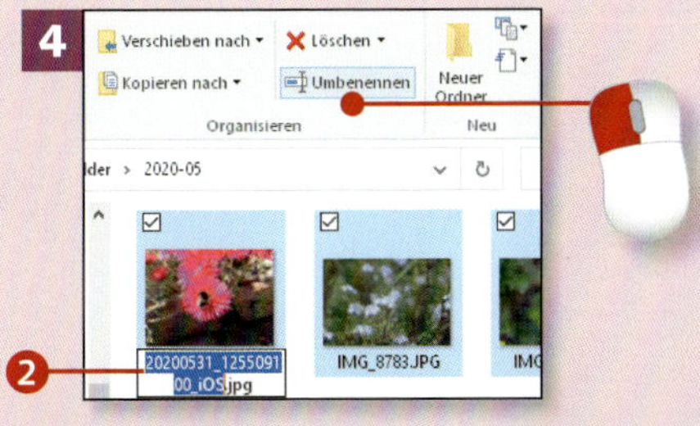

Schritt 5

Die markierten Bilder tragen nun den neuen Namen und eine laufende Nummer.

Schritt 6

Um den Effekt »Letztes wird erstes Bild« zu vermeiden, klicken Sie zum Umbenennen mehrerer, aber nicht aller Bilder in einem Ordner mit der rechten Maustaste auf das *erste* der markierten Bilder. Aus dem Kontextmenü wählen Sie **Umbenennen** ❸. Jetzt geben Sie den neuen Namen ein und drücken [↵]. Die Bilder tragen die neuen Namen in der gewünschten Reihenfolge ❹.

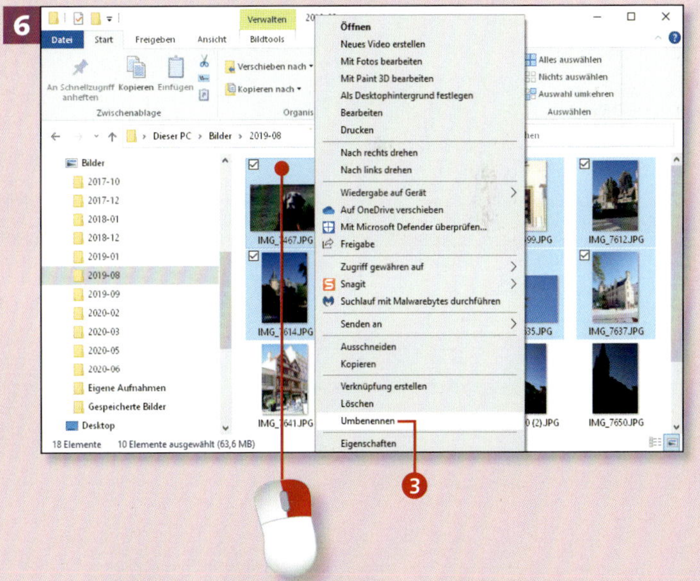

Rückgängig machen

Wenn Sie eine Datei aus Versehen verschoben, gelöscht oder falsch umbenannt haben, drücken Sie gleichzeitig [Strg] + [Z]. So machen Sie Ihre letzte Aktion rückgängig.

Ordner anlegen, verschieben und löschen

1

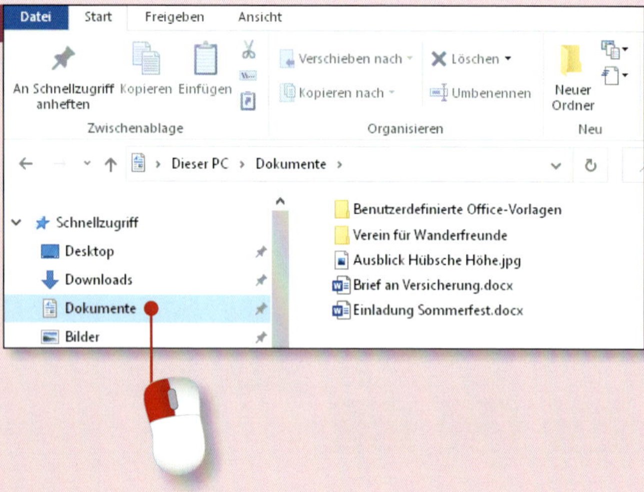

2

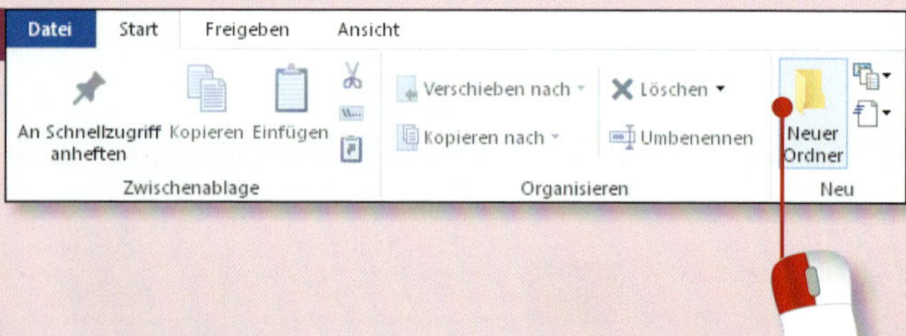

3

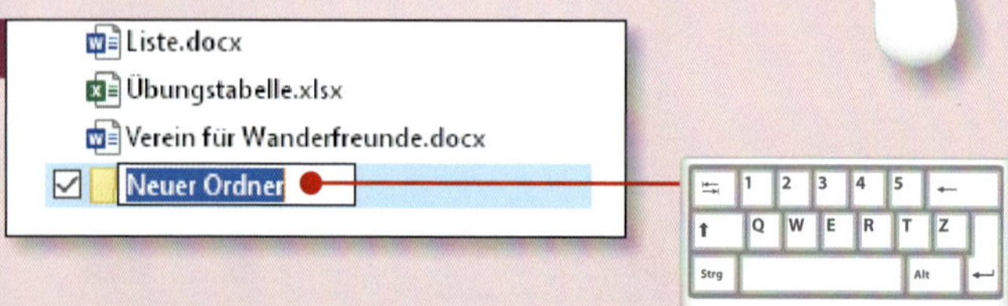

Sie können Ordner anlegen, um sie mit Dateien zu füllen. Ebenso können Sie Ordner verschieben und löschen.

Schritt 1

Öffnen Sie einen Hauptordner, in dem Sie einen neuen Ordner anlegen möchten. Im Beispiel wird der Ordner **Dokumente** geöffnet.

Schritt 2

Klicken Sie im Menüband auf der Registerkarte **Start** auf die Schaltfläche **Neuer Ordner**.

Schritt 3

Im Hauptbereich wird der Ordner angelegt. Im Namensfeld ist der Text **Neuer Ordner** schon blau hinterlegt. Tippen Sie, ohne zu klicken, den Namen ein. Bestätigen Sie den neuen Namen noch mit [↵]; jetzt ist der neue Ordner einsatzbereit.

Der Explorer sortiert alphabetisch

Wenn ein Ordner umbenannt oder ein neuer Ordner hinzugefügt wird, ändert sich die Reihenfolge beim nächsten Öffnen der Hauptordner so, dass die Ordner wieder von A bis Z sortiert sind. Um die Reihenfolge sofort zu ändern, drücken Sie [F5] oben auf Ihrer Tastatur.

Schritt 4

Sie haben den neuen Ordner im falschen Hauptordner angelegt? Kein Problem, verschieben Sie ihn: Klicken Sie den Ordner einmal an. In der Menüleiste klicken Sie auf **Verschieben nach**. Wählen Sie einen Ort durch Klicken aus, hier **Bilder**. Der Ordner wird sofort verschoben.

4

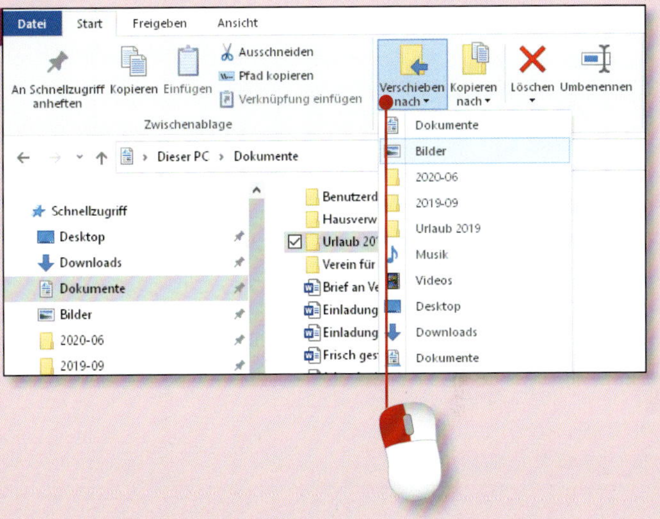

Schritt 5

Auch mit der Maus können Sie Ordner verschieben. Klicken Sie den Ordner (im Beispiel **Urlaub 2019**) an, und ziehen Sie ihn mit gedrückter Maustaste zum Zielordner, hier: **Bilder**. Sobald Sie die Meldung **Nach Bilder verschieben** lesen, lassen Sie die Taste los.

5

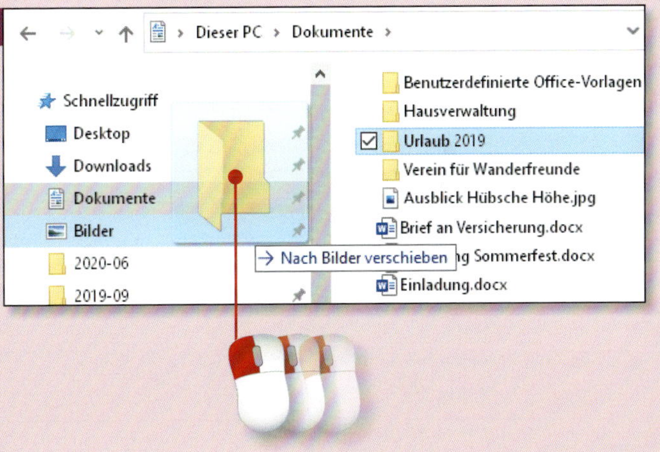

Schritt 6

Zum Löschen klicken Sie den Ordner an und im Menüband auf **Löschen**. Bestätigen Sie das Löschen. Wenn Sie auf den kleinen Pfeil klicken, können Sie den Ordner direkt endgültig löschen. Er landet dann nicht erst im Papierkorb. Je nach Bildschirmgröße finden Sie den kleinen Pfeil unter dem roten Kreuz oder rechts daneben.

6

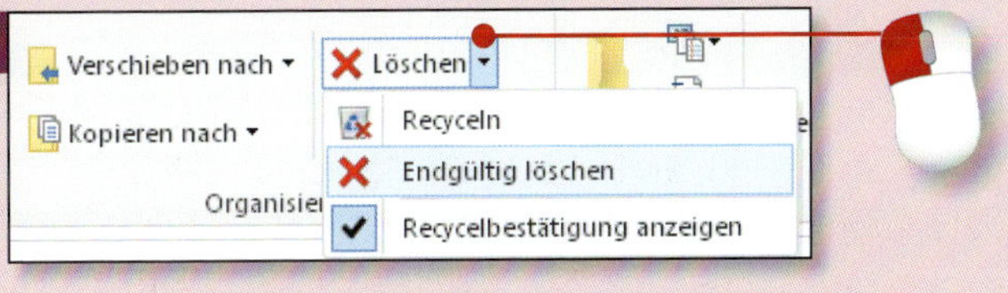

Dateien suchen

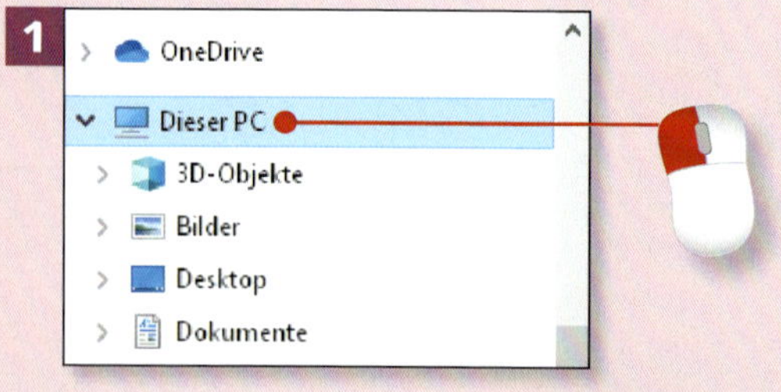

Der Explorer erleichtert es Ihnen, Dateien zu suchen und zu finden.

Schritt 1

In welchem Ordner und auf welchem Laufwerk haben Sie die Datei nur gespeichert? Um auf dem ganzen Computer zu suchen, was wegen der Datenmenge länger dauern kann, klicken Sie links auf **Dieser PC**. Wenn Sie wissen, in welchem Hauptordner die Datei sein könnte, klicken Sie direkt diesen Ordner an.

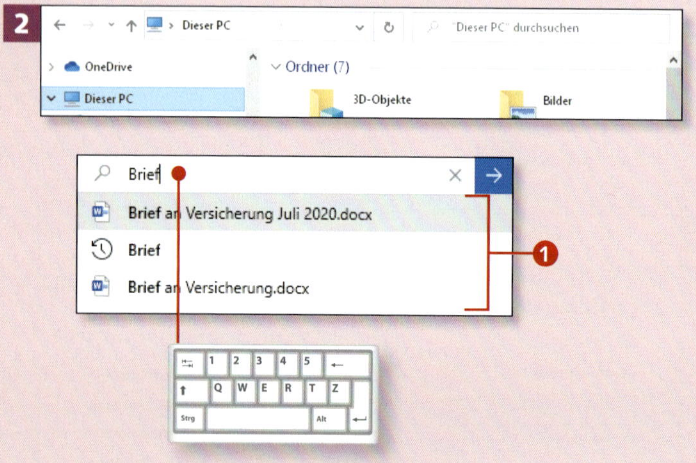

Schritt 2

Rechts neben der Adresszeile ist das *Suchfeld*. Geben Sie ein Suchwort ein, z. B. »Brief«. Der Explorer zeigt Ihnen sofort einige Ergebnisse an ❶. Klicken Sie auf den passenden Eintrag. Ist die gesuchte Datei nicht dabei, drücken Sie ↵.

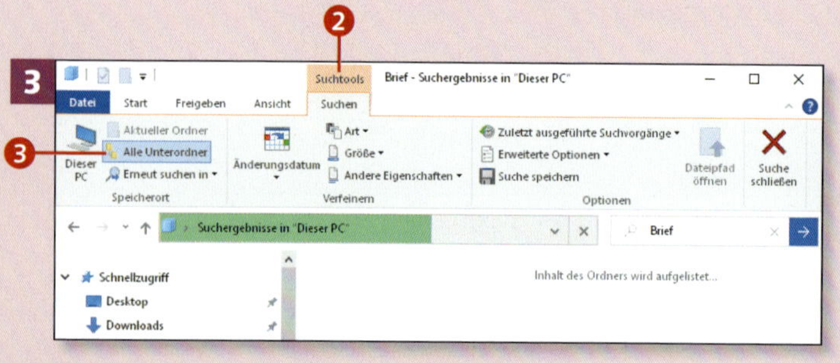

Schritt 3

Der Computer sucht weiter, erkennbar am grünen Fortschrittsbalken. Das Menüband zeigt jetzt das Register **Suchen/Suchtools** ❷. Im linken Bereich sehen Sie, dass in allen Unterordnern gesucht wird ❸. Die Suche kann etwas dauern.

Schritt 4

Der Explorer zeigt im Hauptbereich rechts das Ergebnis der Suche an (Dokumente und Ordner mit dem Suchbegriff im Namen). Zu jedem Treffer werden einige Angaben gemacht; daran können Sie erkennen, ob die gesuchte Datei dabei ist. Die Angabe *Recent* ❹ heißt, dass Sie kürzlich an der Datei gearbeitet haben. Im Beispiel ist die richtige Datei gefunden und wird in den gewünschten Ordner, hier **Hausverwaltung**, verschoben.

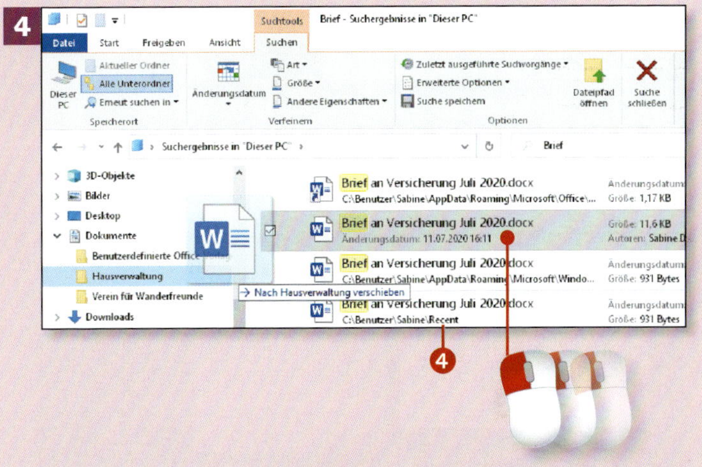

Schritt 5

Sie können die Suche auch eingrenzen: Wenn Sie ungefähr wissen, wann Sie die Datei erstellt haben, klicken Sie auf **Änderungsdatum**. Wählen Sie einen Zeitraum aus; er erscheint hinter dem Suchbegriff.

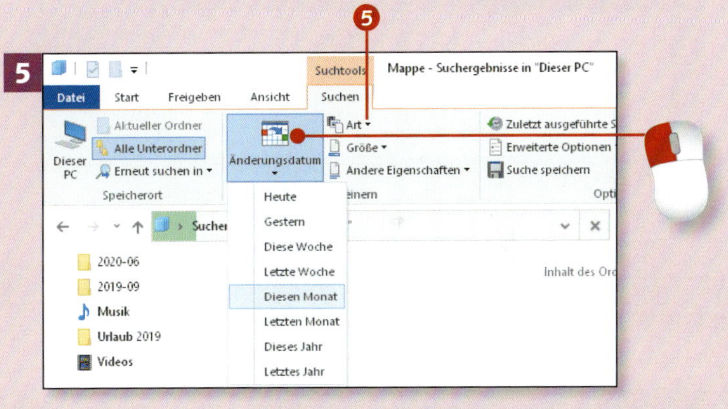

Schritt 6

Kennen Sie den Dateityp, klicken Sie auf **Art** ❺. In der Liste wählen Sie den Typ aus, z. B. **Dokument**. Hinter dem Suchbegriff steht nun *art:document* ❻. Als Suchergebnisse werden alle passenden Dateien mit den Endungen *.docx*, *.txt* und *.rtf* angezeigt.

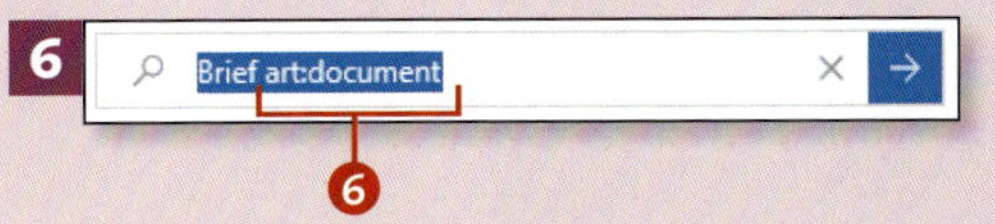

Dateitypen immer anzeigen lassen

Aus Sicherheitsgründen ist das Einblenden der Dateiendungen zu empfehlen, z. B. um als Bilder getarnte *.exe*-Dateien aus dem Internet zu erkennen. Zum Einblenden klicken Sie auf der Registerkarte **Ansicht** in der Gruppe **Ein-/ausblenden** in das Kästchen neben **Dateinamenerweiterungen** (siehe Seite 250).

Mit der Timeline Dateien finden

Windows hält noch ein weiteres Werkzeug zum Finden von Dateien bereit: die Timeline, auch Zeitachse genannt.

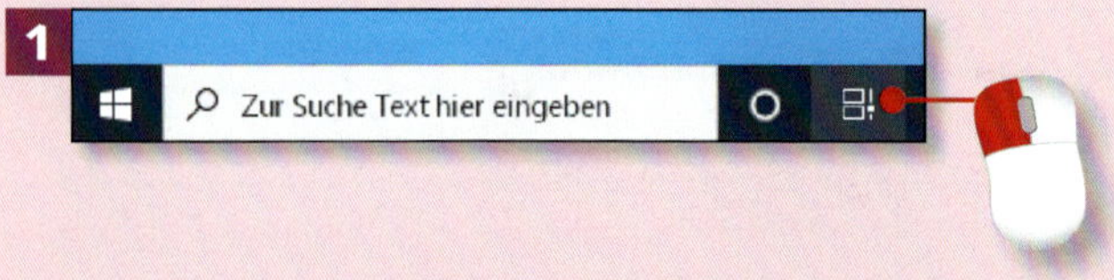

Schritt 1

Klicken Sie auf das **Timeline**-Symbol rechts neben dem Cortana-Symbol und dem Suchfeld.

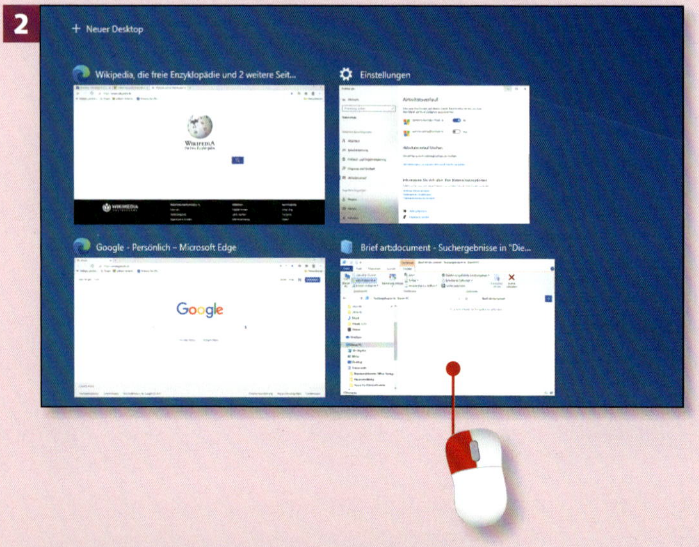

Schritt 2

Sie sehen zahlreiche Kacheln auf dem Desktop »schweben«. Jede Kachel steht für eine von Ihnen in der letzten Zeit geöffnete Datei, Internetseite oder App. Wenn Sie auf eine Kachel klicken, öffnet sich das entsprechende Element.

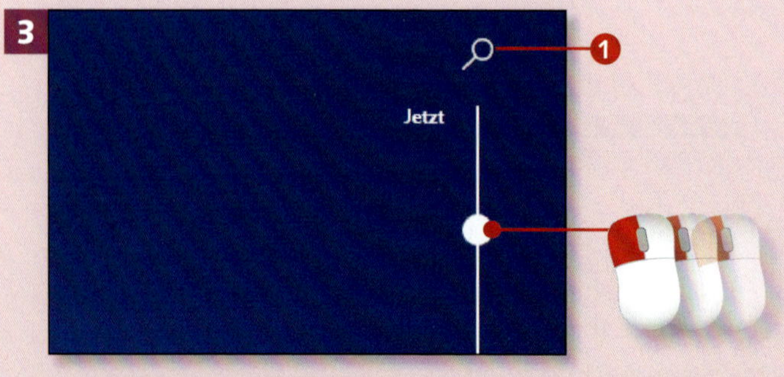

Schritt 3

An der rechten Seite finden Sie eine Zeitleiste, mit der Sie sich einen bestimmten Tag oder Zeitraum anzeigen lassen können. Ziehen Sie den Kreis nach unten, um einen früheren Zeitraum aufzurufen. Über der Leiste sehen Sie eine Lupe 1.

Schritt 4

Wenn Sie nicht sicher sind, wann Sie mit einer bestimmten Datei gearbeitet haben, können Sie danach suchen: Klicken Sie auf die Lupe, und geben Sie Ihren Suchbegriff ein. Die Suchergebnisse ❷ bzw. eine Meldung, dass nichts gefunden wurde, erscheinen sofort im linken Bereich ❸.

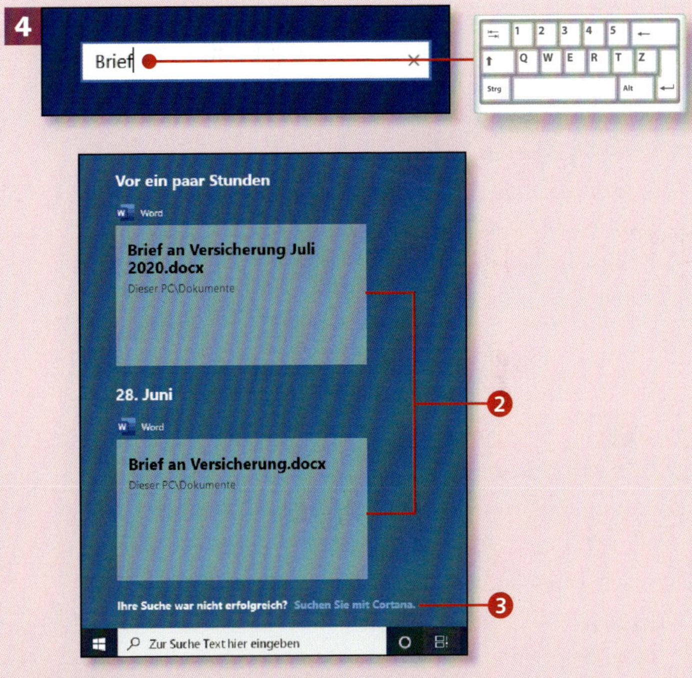

Schritt 5

Die Timeline zeigt standardmäßig nur einige Tage an. Möchten Sie den vollen 30-Tage-Zeitraum sehen, den die Timeline bieten kann, klicken Sie im Abschnitt **Mehr Tage auf der Zeitachse anzeigen** weiter unten auf **Ja**.

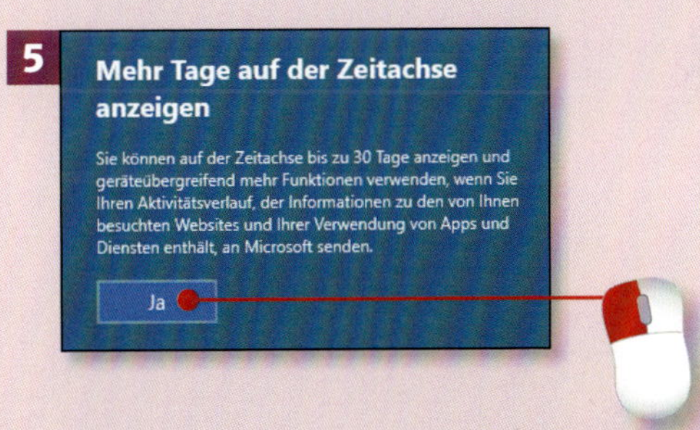

Schritt 6

Möchten Sie alle Aktivitäten eines bestimmten Tages ansehen, weil Sie wissen, dass Sie an diesem Tag die gesuchte Datei erstellt haben, klicken Sie bei diesem Tag auf **Alle Aktivitäten von [Anzahl Tage] anzeigen**. Um die Timeline zu schließen, klicken Sie wieder auf das Symbol ❹ in der Taskleiste.

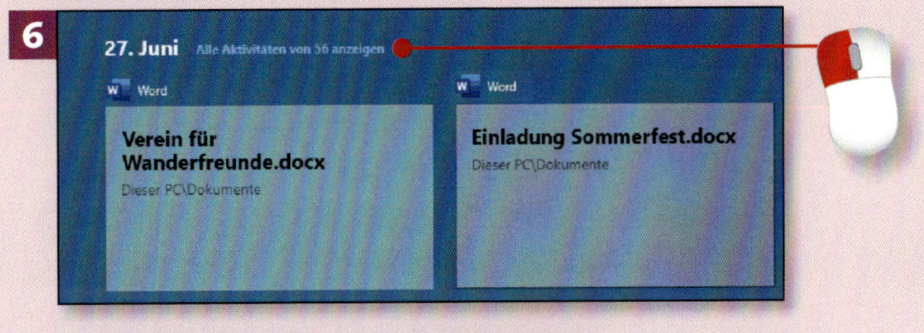

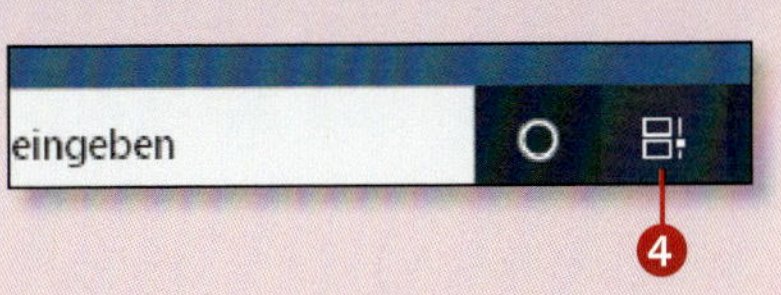

Daten auf einen USB-Stick kopieren

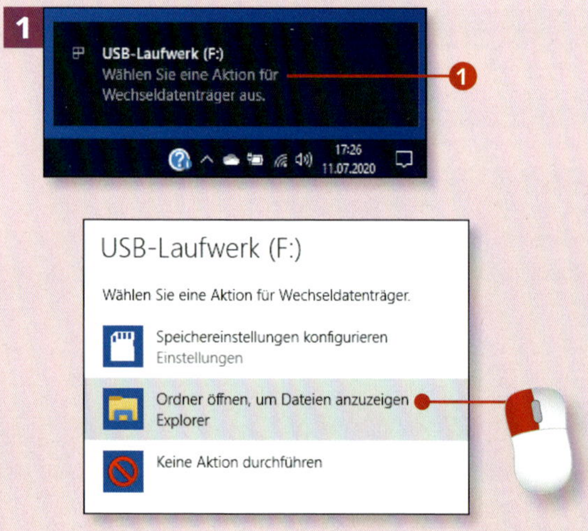

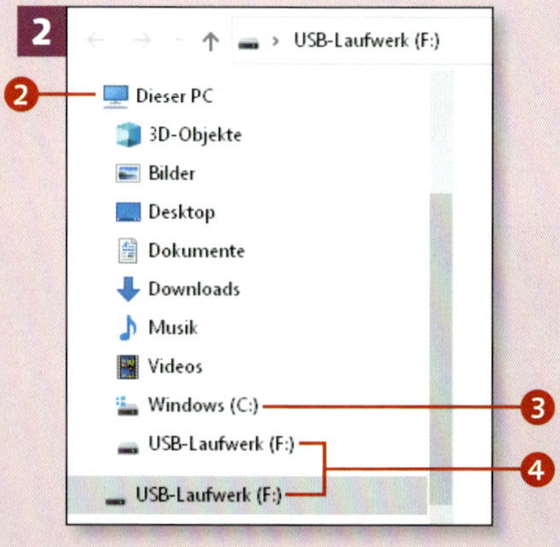

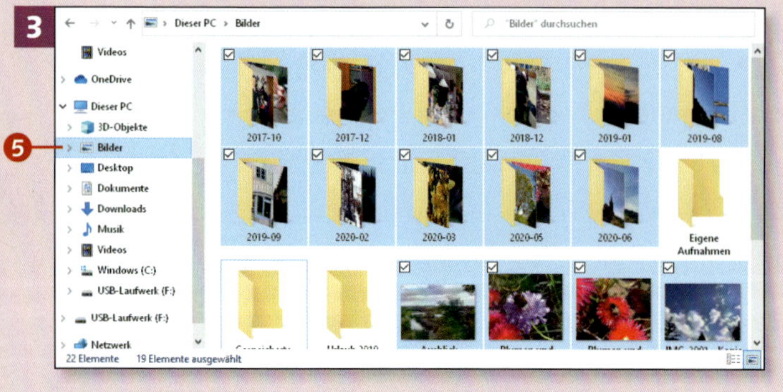

Heute gibt es viele Möglichkeiten, Dateien an andere Personen weiterzugeben. Ein bequemer Weg ist die Weitergabe per USB-Stick.

Schritt 1

Schließen Sie den USB-Stick an (siehe Seite 282). Beim ersten Mal fordert Windows Sie auf, eine Aktion auszuwählen ❶. Klicken Sie auf **Ordner öffnen, um Dateien anzuzeigen**. Künftig öffnet Windows den Explorer mit dem Inhalt des USB-Sticks direkt.

Schritt 2

Der Explorer wird geöffnet. Sie sehen links unter **Dieser PC** ❷ die angeschlossenen Laufwerke. Jedes Laufwerk hat einen Buchstaben (Ihre Festplatte hat z. B. immer den Buchstaben **C** ❸). Der USB-Stick hat hier den Buchstaben **F** ❹. Auch wenn er zweimal auftaucht, handelt es sich um denselben USB-Stick.

Schritt 3

Wechseln Sie zum Ordner mit den Daten, die Sie kopieren möchten: Klicken Sie ihn im Navigationsbereich an ❺, und markieren Sie im Hauptbereich die Dateien und Ordner.

Schritt 4

Klicken Sie im Menüband auf der Registerkarte **Start** auf **Kopieren**.

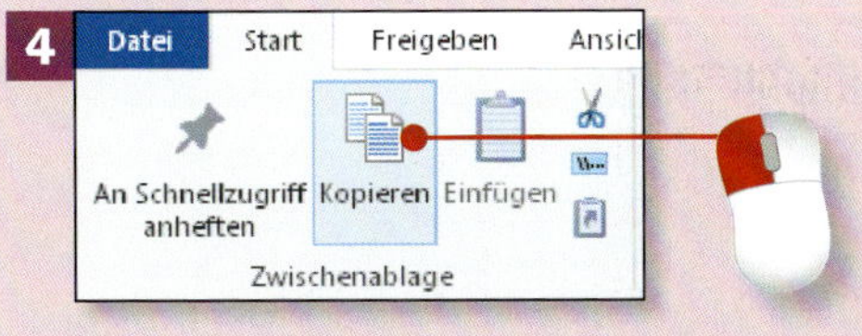

Schritt 5

Scrollen Sie links im Navigationsbereich zum Laufwerksbuchstaben des USB-Sticks, hier **(F:)**. Klicken Sie darauf und dann im Menüband auf **Einfügen**. Die kopierten Dateien stehen nach einer Weile rechts im Hauptbereich ❻.

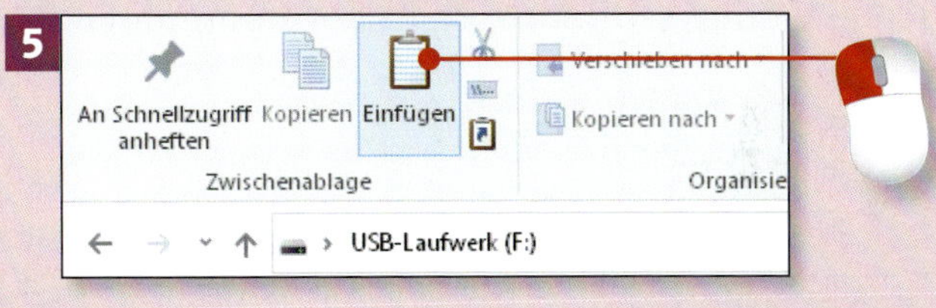

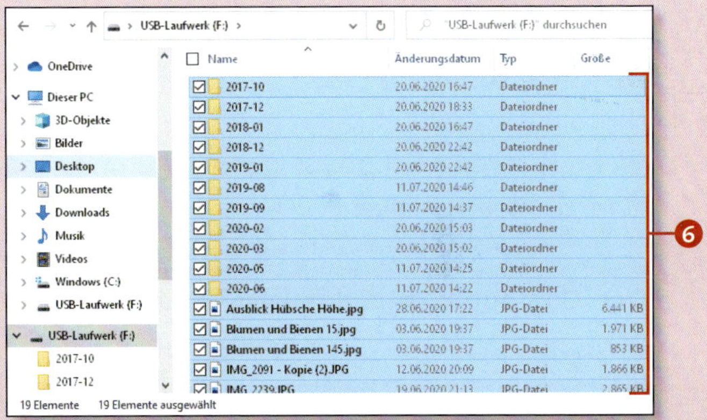

Schritt 6

Bei Bildern sehen Sie eventuell nicht die Bilder-Miniaturen, sondern eine Liste mit Details. Um auch hier die Miniaturen zu sehen, klicken Sie unten rechts unter dem Hauptbereich auf das rechte Symbol. Sofort wird die Miniaturansicht eingeschaltet.

Und umgekehrt?

Möchten Sie Dateien von einem USB-Stick auf Ihr Notebook kopieren, wiederholen Sie Schritt 1. Markieren Sie alle Dateien auf dem USB-Stick, und klicken Sie im Menüband auf **Kopieren nach**. Wählen Sie den passenden Ordner aus. Sollen die Dateien in einen Unterordner, klicken Sie im Menü **Kopieren nach** unten auf **Speicherort auswählen** und dann auf den Unterordner.

Kapitel 10
Spezielle Einstellungen vornehmen

Auf Ihrem Computer wurde Windows schon eingerichtet. Dabei wurden bestimmte Einstellungen wie die Farbe des Startbildschirms und das Bild auf dem Desktop festgelegt. Ändern Sie diese Einstellungen nach Ihren Wünschen. Nicht ändern können Sie das automatische Windows-Update, da es zur Computersicherheit beiträgt.

Die Optik ändern
Für den Desktop können Sie wechselnde Hintergründe einstellen. Auf dem Anmeldebildschirm lassen Sie sich Ihr Lieblingsbild anzeigen. Färben Sie das Startmenü neu ein.

Den Bildschirm anpassen
Hier sind sowohl die Bildschirmhelligkeit als auch die angezeigte Schriftgröße gemeint: Wenn Ihnen die Schrift zu klein vorkommt, ändern Sie die Standardeinstellung einfach zu einer größeren Ansicht.

Den Computer aktuell halten
Betriebssystem und Apps werden laufend weiterentwickelt, um Sicherheitslücken zu schließen und noch benutzerfreundlicher zu werden. Prüfen Sie, dass alle Updates installiert werden und das Betriebssystem (Windows 10) wie auch die Apps auf dem aktuellsten Stand sind.

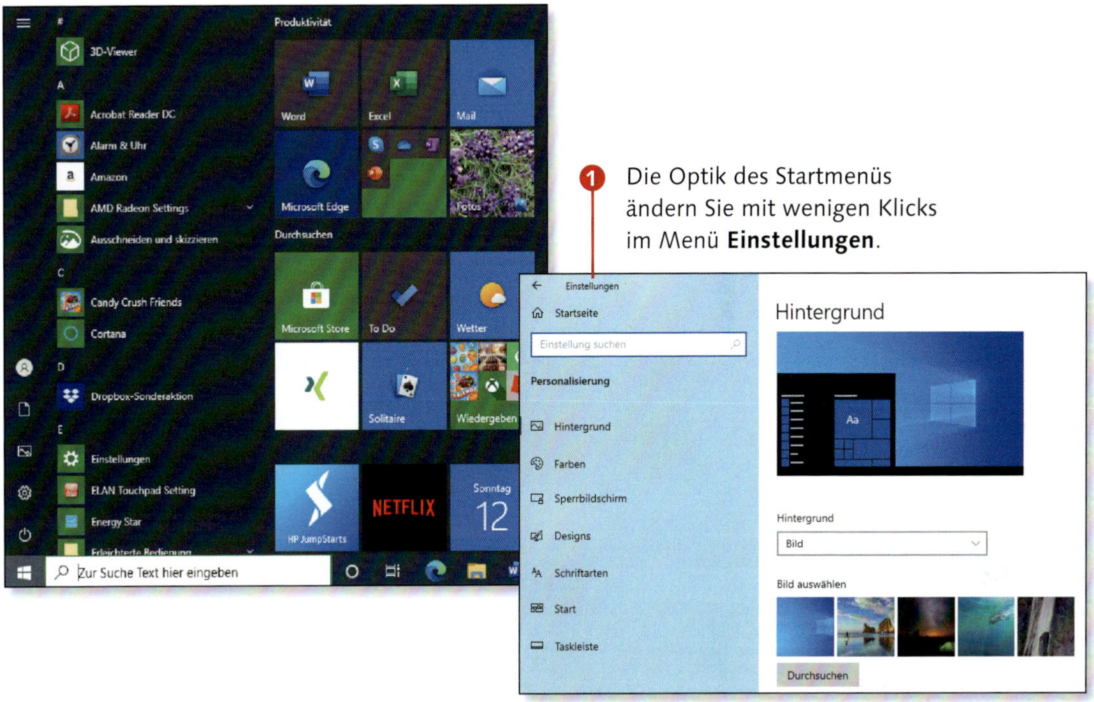

❶ Die Optik des Startmenüs ändern Sie mit wenigen Klicks im Menü **Einstellungen**.

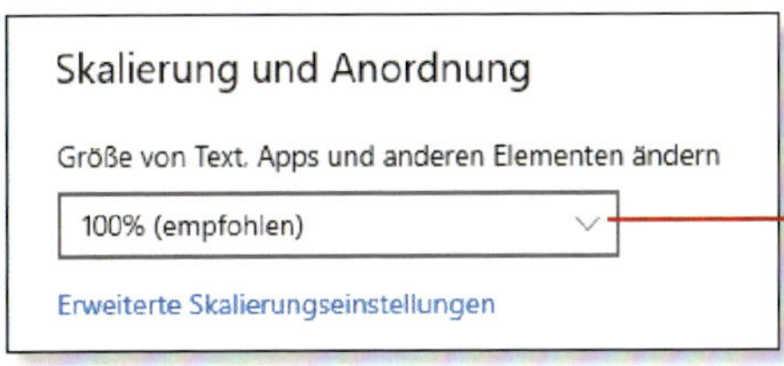

❷ Stellen Sie eine größere Schriftanzeige ein, um das Lesen zu erleichtern.

❸ Auch den Update-Stand prüfen Sie in den Einstellungen.

Desktop und Sperrbildschirm anpassen

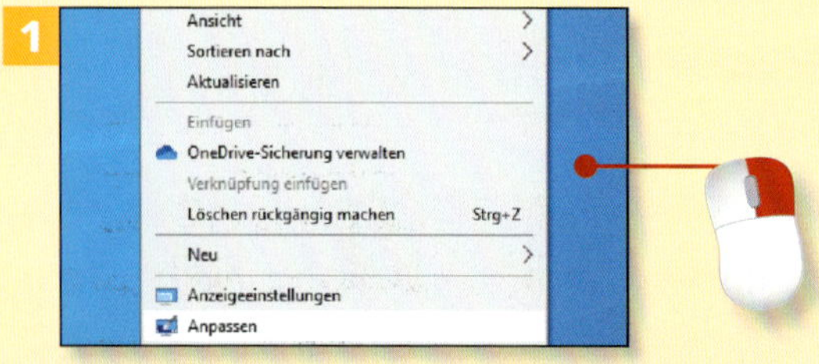

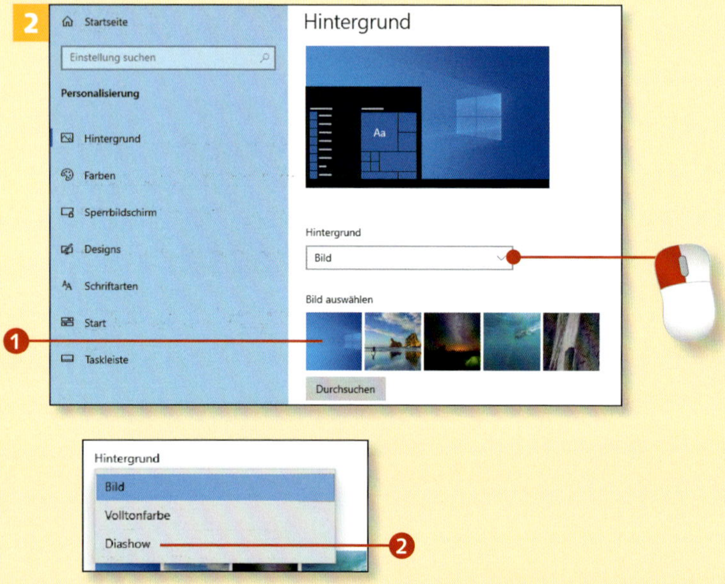

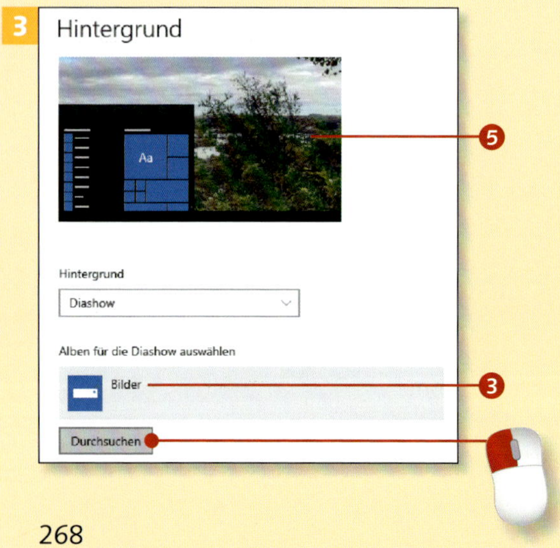

Desktop-Hintergründe sind wandelbar: Eine Diaschau Ihrer eigenen Bilder ist genauso möglich wie ein bestimmtes Bild. Auch den Sperrbildschirm können Sie anpassen.

Schritt 1

Klicken Sie mit der rechten Maustaste auf eine freie Stelle auf dem Desktop. Im Kontextmenü klicken Sie auf **Anpassen**. Windows öffnet die Einstellungen mit der Seite **Personalisierung**.

Schritt 2

Der Hintergrund, den Sie aktuell auf dem Desktop sehen, steht im Abschnitt **Bild auswählen** an erster Stelle ❶. Unterhalb von **Hintergrund** können Sie festlegen, ob Sie ein **Bild**, eine **Diashow** oder eine **Volltonfarbe** als Desktop-Hintergrund sehen möchten.

Schritt 3

Sollen Ihre eigenen Bilder im Wechsel angezeigt werden, wählen Sie **Diashow** ❷ aus. Windows zeigt Ihnen nun unterhalb von **Alben für die Diashow auswählen** Ihren Hauptordner **Bilder** ❸ an, den Sie mit einem Klick auf **Durchsuchen** im Explorer öffnen.

Schritt 4

Klicken Sie einen Unterordner ❹ an, der die für die Diashow gewünschten Bilder enthält. Bestätigen Sie die Auswahl mit einem Klick auf **Diesen Ordner auswählen**. In der Vorschau der Einstellungen oben (❺ in Schritt 3) sehen Sie nun nacheinander die Bilder dieses Ordners.

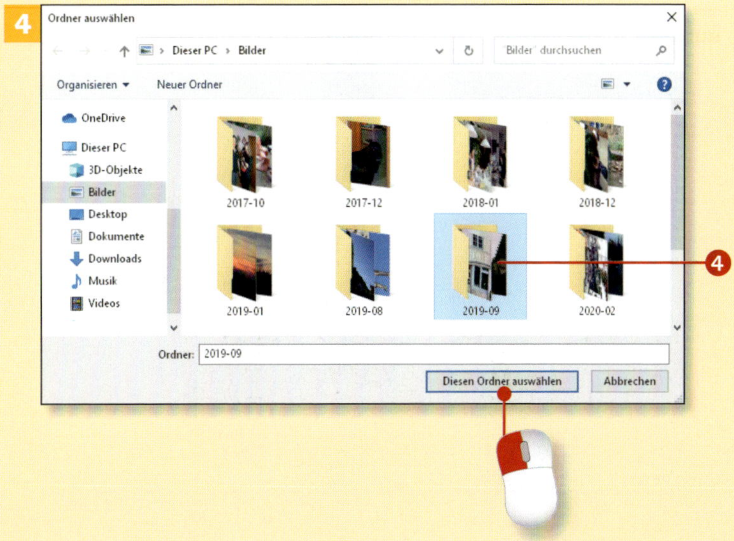

Schritt 5

Scrollen Sie etwas nach unten zum Bereich **Bildänderungsintervall**. Legen Sie hier nach einem Mausklick auf den Pfeil fest, in welchem zeitlichen Abstand die Bilder wechseln sollen. Sobald alle Bilder einmal zu sehen waren, fängt Windows wieder beim ersten an.

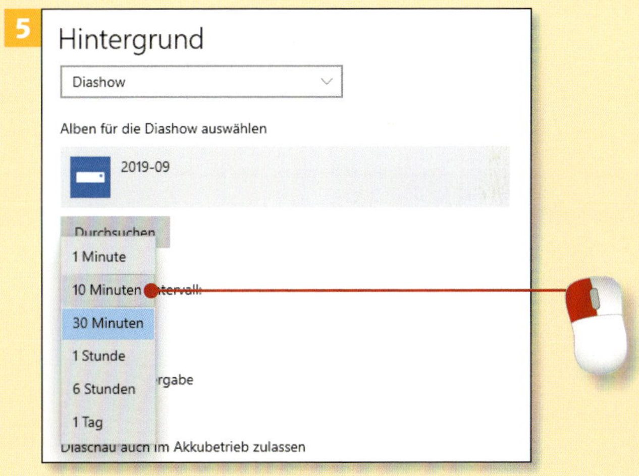

Schritt 6

Damit nicht immer die gleiche Reihenfolge gezeigt wird, schalten Sie die **Zufällige Wiedergabe** ein: Klicken Sie auf den Schieber **Aus**, dann springt die Anzeige auf **Ein**. Die Einstellungen werden direkt gespeichert.

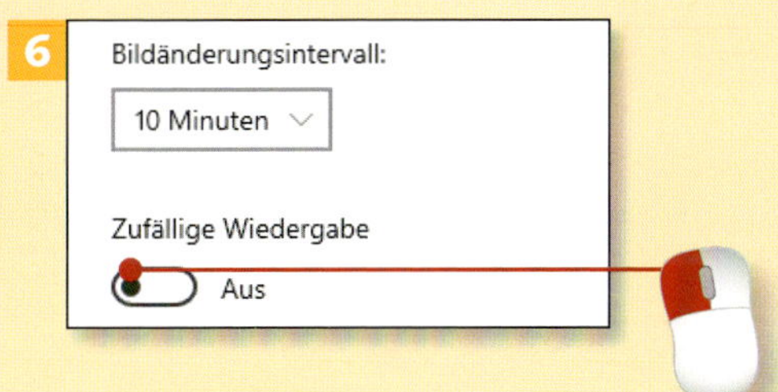

Bilder-Ordner vorbereiten

Legen Sie einen Ordner an, in den Sie alle Bilder kopieren, die Sie als Desktop-Hintergrund sehen möchten. In Schritt 4 wählen Sie dann diesen Ordner aus.

Desktop und Sperrbildschirm anpassen (Forts.)

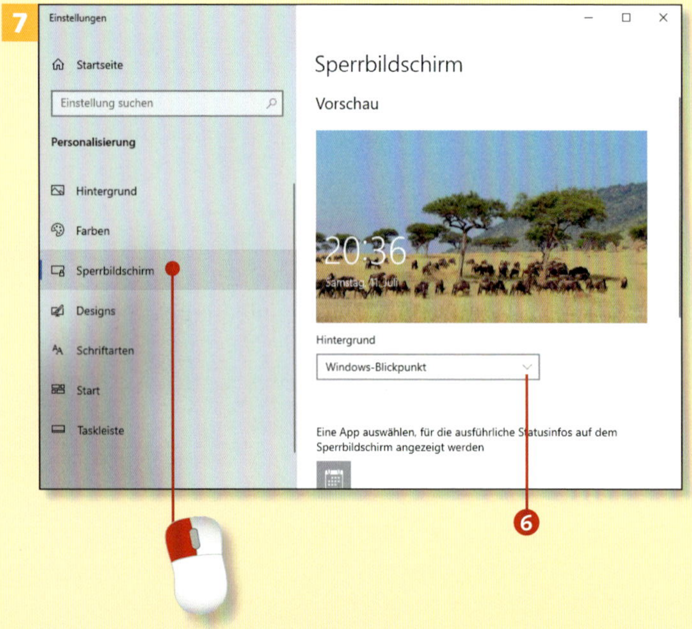

Schritt 7

Auch den Sperrbildschirm können Sie anpassen. Standard ist die die Einstellung **Windows-Blickpunkt**: Bei bestehender Internetverbindung werden nach einigen Tagen wechselnde Fotos, häufig sehr schöne Naturaufnahmen, von Windows angezeigt. Gelegentlich fragt Windows, ob Ihnen die Bilder gefallen, was Sie aber nicht beantworten müssen. Rufen Sie zum Ändern die Einstellungen für den **Sperrbildschirm** auf.

Schritt 8

Klicken Sie auf den Pfeil am Menü **Hintergrund** ❻, und wählen Sie **Bild**, wenn Sie ein bestimmtes Foto aus dem Microsoft-Angebot auswählen möchten.

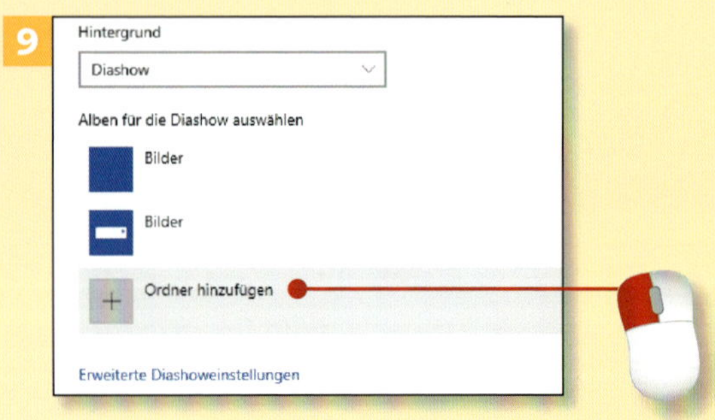

Schritt 9

Soll es ein eigenes Foto sein, klicken Sie auf **Durchsuchen**. Wählen Sie ein Bild durch Anklicken aus. Bestätigen Sie mit **Bild öffnen**. Für eine Diashow wählen Sie **Diashow** ❼ und klicken auf **Ordner hinzufügen**. Weiter geht es wie in Schritt 4 beschrieben.

Schritt 10

Auf der Seite **Personalisierung** gibt es aber noch mehr zu entdecken: Klicken Sie auf **Farben**. Scrollen Sie im rechten Fensterteil nach unten bis zu **Akzentfarbe auswählen**. Im Beispiel ist ein Blauton ausgewählt; in diesem Farbton werden z. B. auf den **Einstellungen**-Seiten Elemente hervorgehoben und die meisten Kacheln im Startmenü dargestellt.

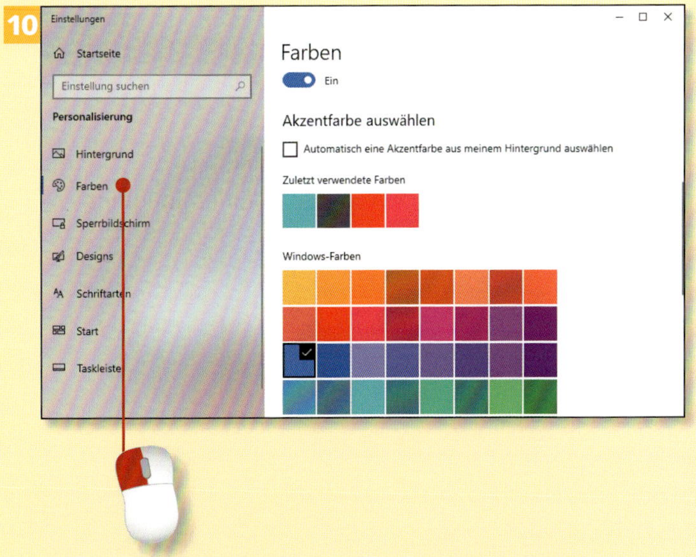

Schritt 11

Wenn Sie eine Diashow für den Desktop-Hintergrund eingestellt haben, können Sie auch die Akzentfarbe anzeigen lassen, die zum gerade sichtbaren Bild passt. Klicken Sie dazu in das Kästchen **Automatisch eine Akzentfarbe aus meinem Hintergrund auswählen**. Im Beispiel erkennt Windows ein Dunkelrot im Hintergrundbild.

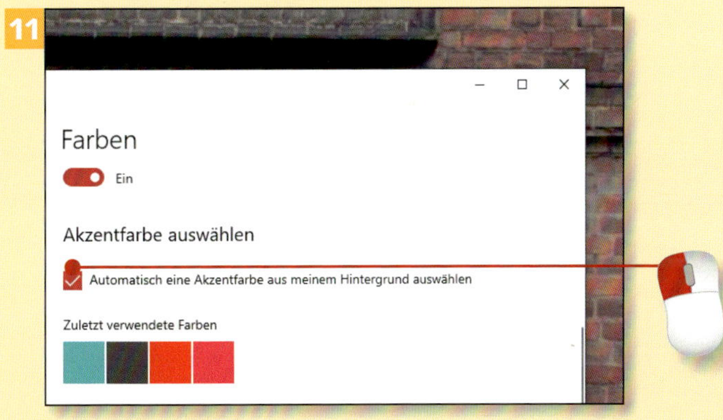

Schritt 12

Oder wählen Sie unter **Windows-Farben** Ihre Lieblingsfarbe aus. Diese Einstellung können Sie jederzeit wieder ändern. Zum Schließen der Einstellungen klicken Sie auf das Schließkreuz oben rechts.

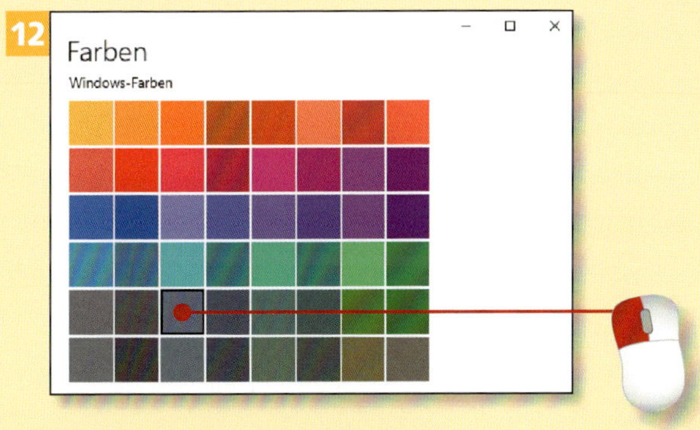

Helligkeit und Größe der Bildschirmanzeige einstellen

1

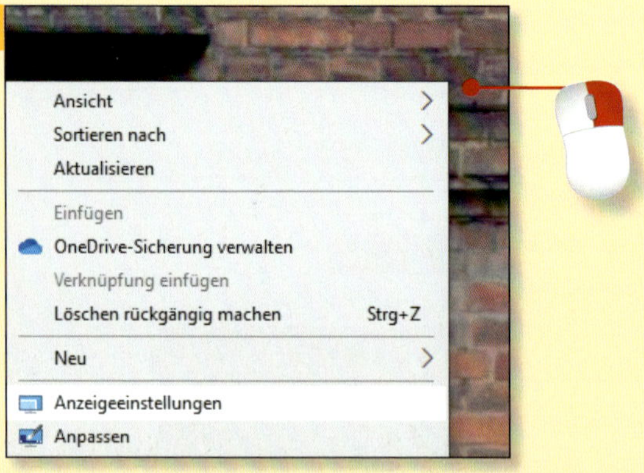

2

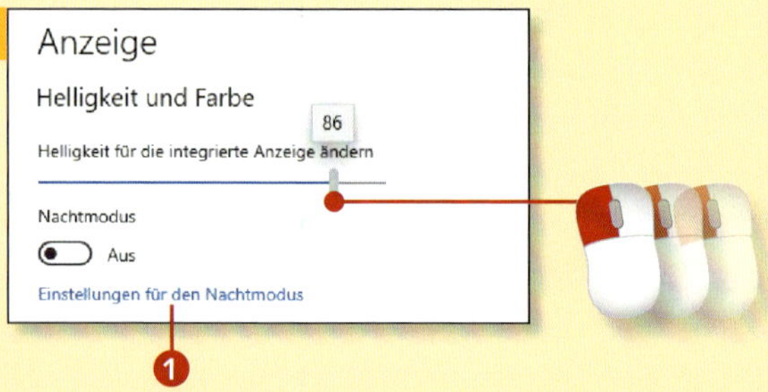

3

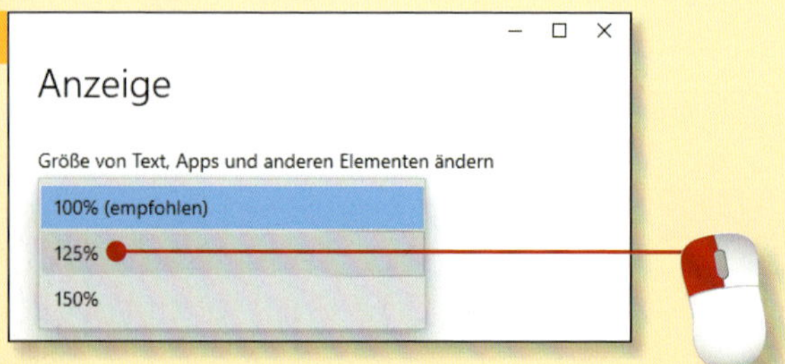

Der Bildschirm ist zu dunkel, die Schrift zu klein? Lesen Sie hier, wie Sie solche Einstellungen ändern.

Schritt 1

Klicken Sie mit der *rechten* Maustaste an eine freie Stelle des Desktops und dann im Kontextmenü auf **Anzeigeeinstellungen**.

Schritt 2

Die Kategorie **Anzeige** ist schon aktiviert. In dieser Kategorie stellen Sie bei Notebooks u.a. die Bildschirmhelligkeit ein. Ziehen Sie den Schieberegler **Helligkeit für die integrierte Anzeige ändern** mit gedrückter Maustaste z.B. nach links, können Sie die Helligkeit reduzieren. Bei Desktop-Computern finden Sie diese Einstellung direkt am Bildschirm – meistens rechts unten oder seitlich – und nicht in den Windows-Einstellungen.

Schritt 3

Unter **Skalierung und Anordnung** regeln Sie die Größe von Text, Apps usw. Klicken Sie auf den Pfeil neben **100% (empfohlen)**. Wählen Sie z.B. **125%** aus dem Menü. Je nach Bildschirm ist eine Vergrößerung bis zu **200%** möglich.

Was macht der Nachtmodus?

Computerbildschirme strahlen blaues Licht aus, das auf Dauer nicht gut für die Augen und fürs Gehirn ist. Der *Nachtmodus* (siehe Schritt 6) erhöht den Gelblichtanteil und erzeugt wärmere Farben. Das soll angenehmer für Ihre Augen sein.

Schritt 4

Der Text im Fenster **Anzeige** sowie der Symbole auf dem Desktop wird vergrößert. Einige Apps müssen erst geschlossen und wieder geöffnet werden, bevor die Änderung aktiv wird. Gegebenenfalls erhalten Sie eine Meldung, dass einige Apps verschwommen angezeigt werden. Klicken Sie hier auf **Abbrechen**.

4

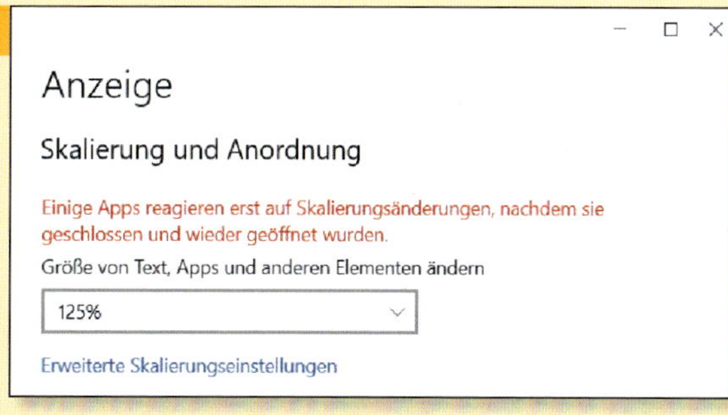

Schritt 5

Testen Sie, ob Sie mit der größeren Schrift zufrieden sind: Öffnen Sie eine Internetseite in Edge, z. B. *Outlook.com*. Aufgrund der größeren Schrift sehen Sie weniger Text auf dem Bildschirm. Sie müssen also mehr scrollen. Ist Ihnen die kleinere Schrift lieber, wechseln Sie wieder zu den **Anzeige**-Einstellungen und wiederholen Schritt 3. Klicken Sie diesmal auf **100%**.

5

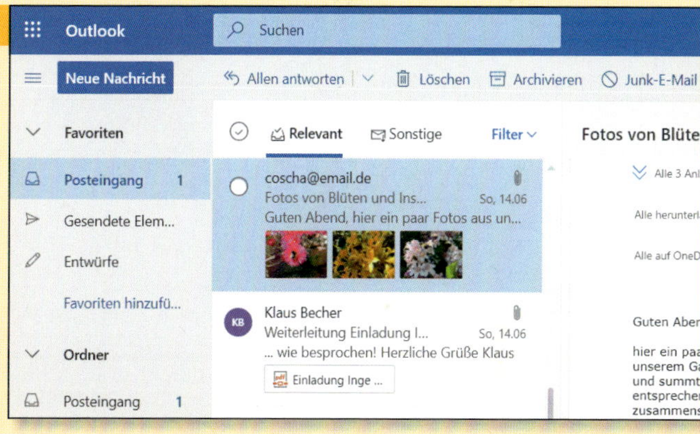

Schritt 6

Eine weitere Einstellung ermöglicht der **Nachtmodus** (siehe den Kasten links): Klicken Sie auf **Ein** und dann auf **Einstellungen für den Nachtmodus** (❶ auf Seite 272). Unter **Planen** stellen Sie den Schalter auf **Ein**. Passen Sie ggf. die Uhrzeit bei **Stunden festlegen** ❷ an.

6

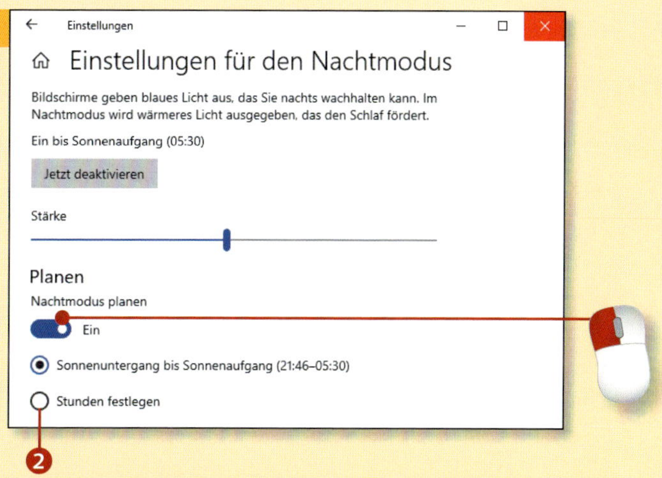

Windows-Updates prüfen und ausführen

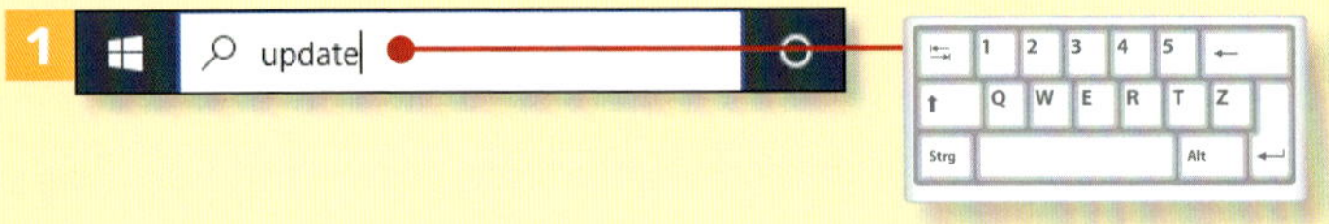

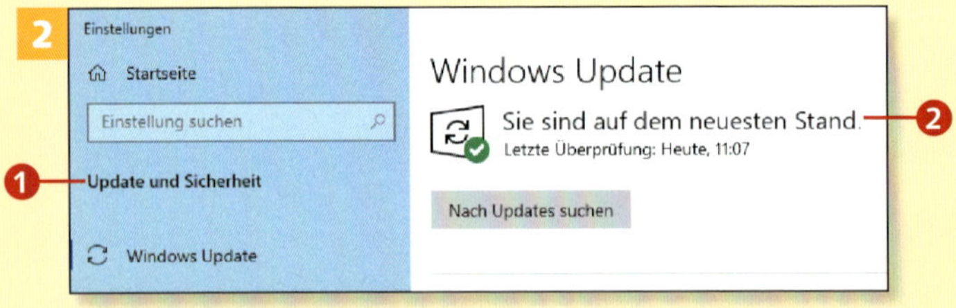

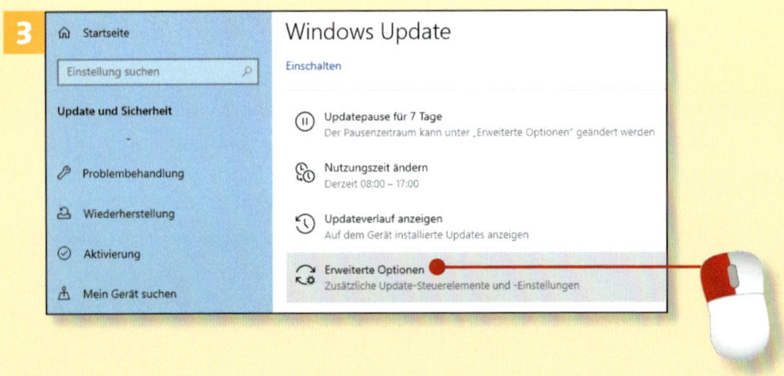

Updates schließen Sicherheitslücken und aktualisieren Programme. Auch Ihr Betriebssystem Windows wird von Microsoft regelmäßig mit Updates versorgt. Lesen Sie hier, wie Sie die Einstellungen überprüfen und Updates automatisch installieren lassen.

Schritt 1

Klicken Sie in das Suchfeld unten links auf Ihrem Bildschirm. Tippen Sie einfach »update« – Sie müssen nicht auf Groß- und Kleinschreibung achten.

Schritt 2

Klicken Sie in der Ergebnisliste auf **Nach Updates suchen** bzw. auf **Windows Update-Einstellungen**. In den Einstellungen wird die Seite **Update und Sicherheit** ❶ mit der Kategorie **Windows Update** geöffnet. Windows meldet als Erstes, ob Ihr Gerät auf dem neuesten Stand ist ❷ oder nicht ❸. Die Windows-Updates werden im Regelfall automatisch ohne Ihr Zutun installiert.

Schritt 3

Klicken Sie nun weiter unten auf **Erweiterte Optionen**.

Patch Day

An jedem zweiten Dienstag im Monat veröffentlicht Microsoft seine Software-Aktualisierungen, die sog. *Patches* (auf Deutsch: »Flicken«). Damit werden Sicherheitslücken geschlossen sowie Weiterentwicklungen von Windows und Office installiert. Für gefährliche Sicherheitslücken stellt Microsoft Patches auch außerhalb der *Patch Days* bereit.

Schritt 4

Hier sehen Sie weitere Update-Einstellungen. Prüfen Sie, ob auch Updates für andere Microsoft-Produkte, z. B. das Office-Paket, automatisch installiert werden. Der Regler sollte auf **Ein** stehen ❹. Lassen Sie sich benachrichtigen, wenn ein Neustart erforderlich ist. Klicken Sie dazu auf den Schieberegler, sodass er auf **Ein** springt.

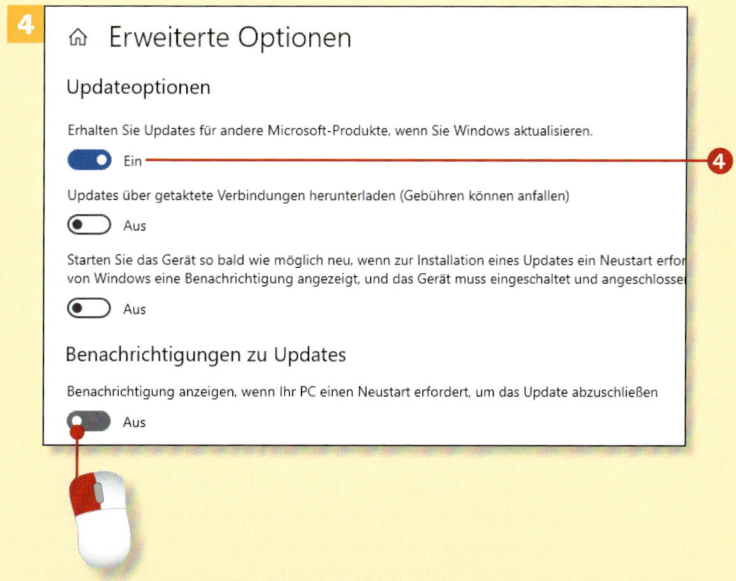

Schritt 5

Zweimal im Jahr gibt es ein größeres Update, das auch kleine Änderungen am Aussehen z. B. Ihres Desktops vornimmt. Wundern Sie sich also nicht, wenn etwa die Symbole im Startmenü plötzlich anders aussehen oder neu angeordnet sind. Nach manchen Updates ist ein Neustart (nach einem Klick auf **Ein/Aus** ❺) erforderlich, damit das Update vollständig installiert werden kann.

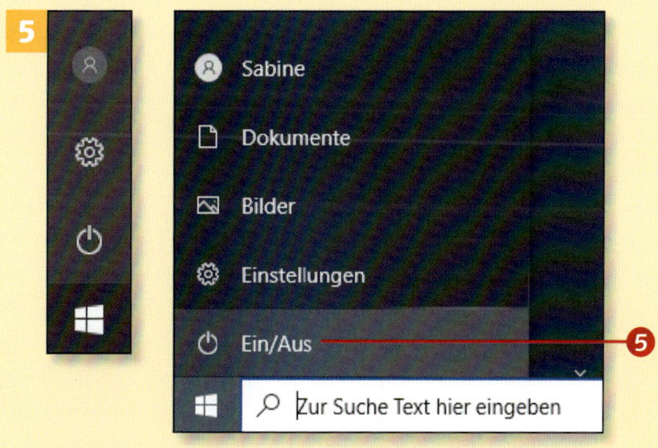

Schritt 6

Folgen Sie den Anweisungen, und schalten Sie den Computer nicht aus. Der Neustart, also das Herunterfahren und sofortige Wiederhochfahren, kann durchaus etwas länger dauern.

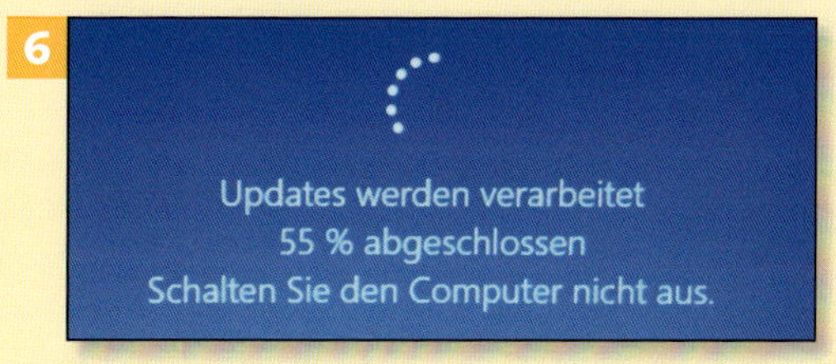

Programme auf den neuesten Stand bringen

1

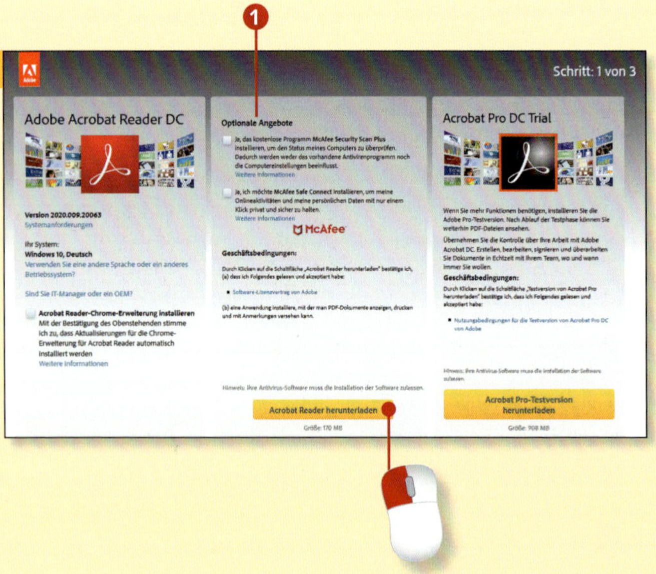

2

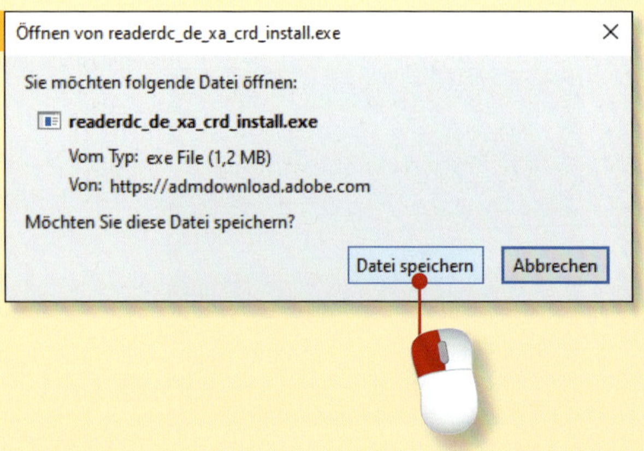

3

Damit neue Sicherheitslücken geschlossen werden können, sind für alle Programme Updates nötig.

Schritt 1

Von Zeit zu Zeit erscheinen Update-Fenster des Adobe Acrobat Reader. Diese Updates sollten Sie aus Sicherheitsgründen herunterladen und installieren. Dazu klicken Sie auf **Acrobat Reader herunterladen**. Achten Sie auf **Optionale Angebote** ❶: Dort wird oft ein weiteres Programm mit angeboten, das Sie nicht benötigen. Lassen Sie die Kästchen leer.

Schritt 2

Bestätigen Sie das Speichern der Datei, und klicken Sie dann auf **Ausführen** (Firefox) bzw. **Datei öffnen** (Edge). Genehmigen Sie die Installation, und folgen Sie den weiteren Anweisungen.

Schritt 3

Andere Programme wie der Internetbrowser Firefox werden ebenfalls regelmäßig aktualisiert. Sie erhalten meist nur die Meldung, dass ein Update installiert wird ❷ und dass Sie das Programm nach der Installation neu starten sollen.

Schritt 4

Klicken Sie dazu auf die Schaltfläche **Zum Abschließen des Updates Firefox neu starten**.

Schritt 5

Auch für Apps gibt es Updates. Schauen Sie von Zeit zu Zeit in der *Store*-App nach. Rufen Sie sie über das Startmenü auf. Im Microsoft Store klicken Sie oben rechts auf die drei Punkte und im Menü auf **Downloads und Updates**.

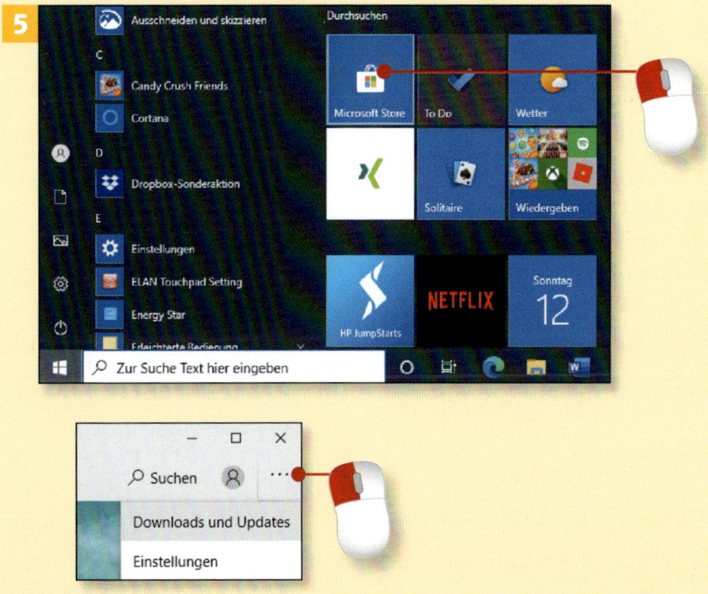

Schritt 6

Klicken Sie am rechten Rand auf **Updates abrufen**. Das funktioniert nur, wenn Sie auf dem Computer mit Ihrem Microsoft-Benutzerkonto angemeldet sind. Die Updates werden installiert. Den Verlauf können Sie verfolgen ❸. Nach Abschluss aller Updates schließen Sie die App ❹.

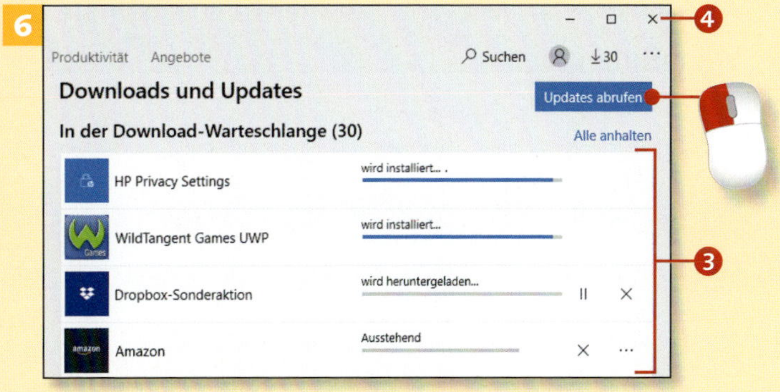

Der Microsoft Store

Neue Apps können Sie nur über den Microsoft Store beziehen. Sehr viele Apps sind kostenlos, für andere müssen Sie bezahlen. Ein Klick auf eine kostenlose App öffnet die App-Detailseite. Hier können Sie auf **Kostenlos** klicken, dann wird die App installiert.

Kapitel 11
Zusätzliche Geräte verwenden

An Ihren Computer können Sie mehr als Maus und Drucker anschließen: Lampen, Ventilatoren und Kameras, alle mit USB-Anschluss. Praktisch sind auch externe Festplatten für die Sicherung Ihrer Daten und Ihres Systems. Nutzen Sie für all diese Geräte einen sog. USB-Hub: Er ist besonders sinnvoll, wenn Sie viele Geräte per USB-Kabel anschließen möchten. In diesem Kapitel lernen Sie, wie Sie die Geräte richtig anschließen und verwenden.

Flexibel Daten tauschen und für mehr Speicher sorgen
Externe Festplatten bieten viel Speicherplatz, sind dabei aber ziemlich klein. Damit sind sie ein ideales Sicherungs- und Speichermedium. Auch USB-Sticks bieten viel Speicherplatz. Sie sind deutlich kleiner als die Festplatten. Mehrere USB-Sticks können Sie an einen *USB-Hub* anschließen.

Webcam und Mikrofon nutzen
Notebooks haben meist sowohl ein integriertes Mikrofon als auch eine Kamera. Damit telefonieren Sie übers Internet (skypen) oder chatten in Foren. Bei PCs und zum besseren Hören und Sprechen, gerade beim Skypen, können Sie auch einen Kopfhörer mit Mikrofon anschließen.

Drucker installieren und Scanner verwenden
Schließen Sie Ihren Drucker an den Computer an; die Installation läuft bei neueren Modellen automatisch. Mit dem Scanner übertragen Sie Bilder aus Büchern oder alte Fotos auf Ihren Computer.

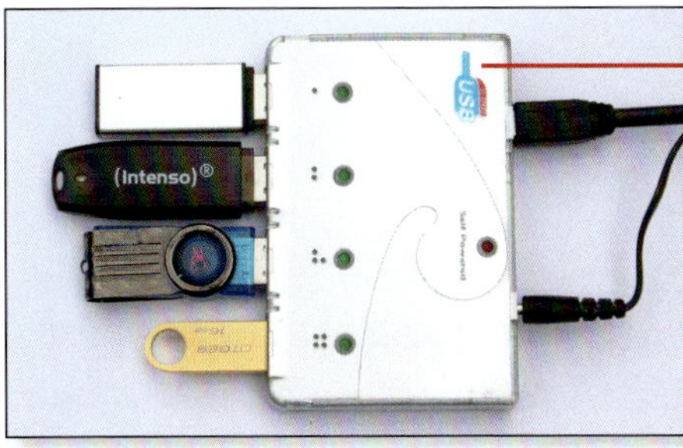

❶ Mehrere USB-Sticks stecken Sie in einen USB-Hub, der mit dem Notebook verbunden ist.

❷ Per Kopfhörer mit integriertem Mikrofon plaudern Sie übers Internet – dank Bluetooth auch kabellos.

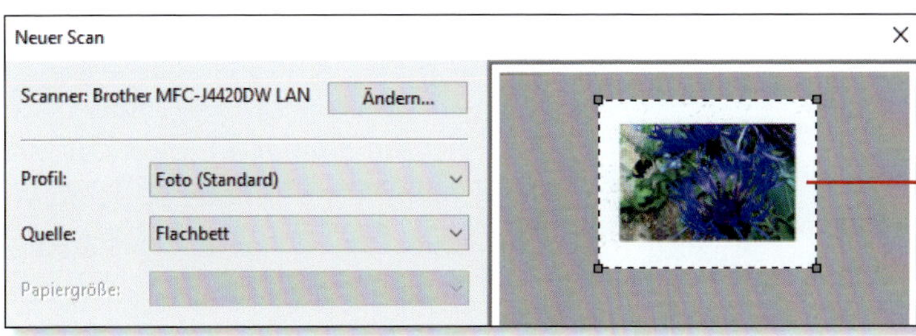

❸ Gescannte Bilder speichert der Explorer auf Ihrem Computer.

Eine externe Festplatte anschließen

1

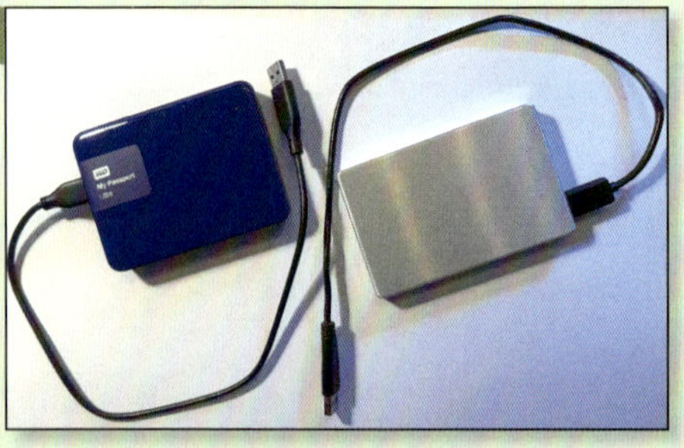

2

3

> **Blauer oder schwarzer Stecker?**
> Hat der USB-Stecker innen ein blaues Bauteil, handelt es sich um einen USB-3-Stecker. Geräte mit diesem Stecker können Daten schneller übertragen als die USB-2-Stecker. Schließen Sie solche Stecker und Sticks am Computer an die USB-3-Buchse an. Auch diese ist innen blau. Wichtiger als die Farbe ist aber die Bezeichnung **SS** (siehe den Abschnitt »Welche Anschlüsse hat ein PC?« bzw. »Welche Anschlüsse hat ein Notebook?« ab Seite 14).

Zur Datensicherung sollten Sie Ihre Daten regelmäßig auf einer externen Festplatte speichern.

Schritt 1

Externe Festplatten bieten sehr viel Speicherplatz. Sie sind besonders geeignet, wenn Sie viele Fotos, Musik und Hörbücher auf dem Computer speichern und diese Daten regelmäßig sichern wollen. Bei weniger Daten reichen USB-Sticks (siehe den Abschnitt »USB-Sticks anschließen und verwenden« auf Seite 282).

Schritt 2

Stecken Sie den flachen Stecker des USB-Kabels (1) an die externe Festplatte. Das andere Ende (2) stecken Sie in eine USB-Buchse am Computer. Großformatige externe Festplatten haben noch einen eigenen Stromanschluss; stecken Sie bei diesen den Stromstecker in eine Steckdose.

Schritt 3

Achten Sie darauf, die richtigen Buchsen zu benutzen, damit weder Stecker noch Geräte beschädigt werden. Windows installiert den erforderlichen Treiber in Sekundenschnelle.

Schritt 4

Nach der Installation werden Sie ggf. aufgefordert, eine Aktion auszuwählen. Klicken Sie auf **Ordner öffnen, um Dateien anzuzeigen**. Jetzt können Sie Dateien von Ihrem Computer auf die Festplatte kopieren oder verschieben.

Schritt 5

Markieren Sie die entsprechenden Daten auf Ihrem Computer, hier den Ordner **Bilder**. Klicken Sie auf der Registerkarte **Start** auf **Kopieren nach**; in der aufklappenden Liste wählen Sie unten **Speicherort auswählen** und hier den Namen der externen Festplatte ❸. Klicken Sie schließlich auf **Kopieren** ❹.

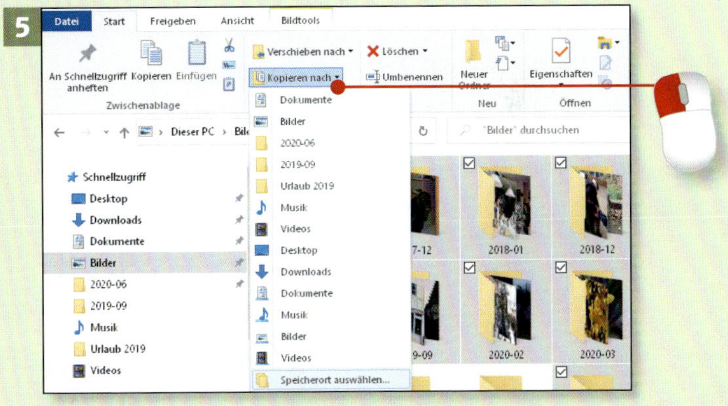

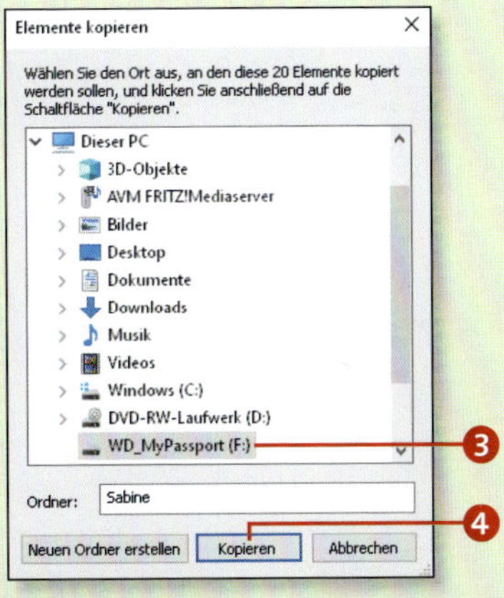

Schritt 6

Sind Sie fertig, ziehen Sie nicht einfach den Stecker heraus; das kann zu Datenverlust führen. Klicken Sie auf dem Desktop rechts unten auf den kleinen **Pfeil**, um ausgeblendete Symbole einzublenden. Klicken Sie dann auf das Symbol für den USB-Stecker ❺ und nach einem Augenblick auf **[Name des Geräts] auswerfen** ❻. Erst nach der Bestätigung ziehen Sie die Festplatte ab.

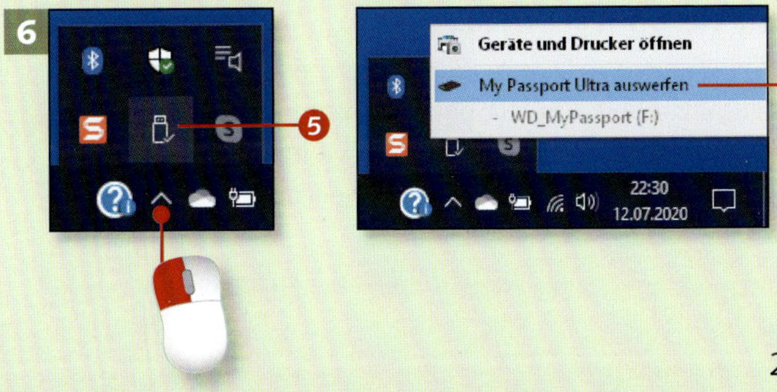

USB-Sticks anschließen und verwenden

1

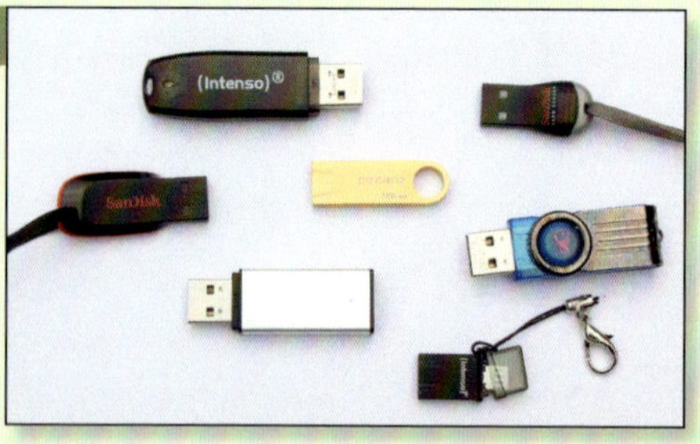

2

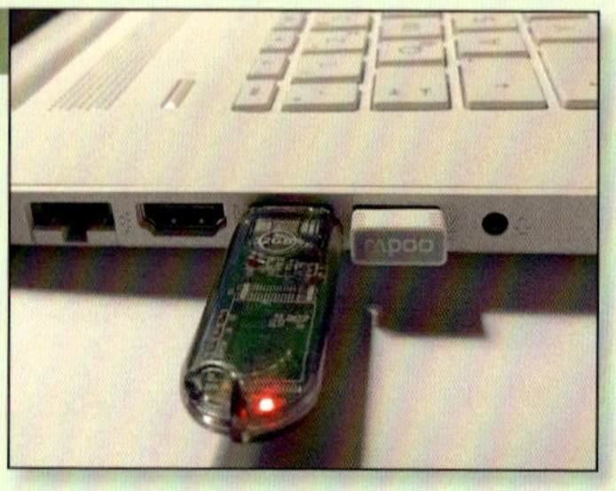

3

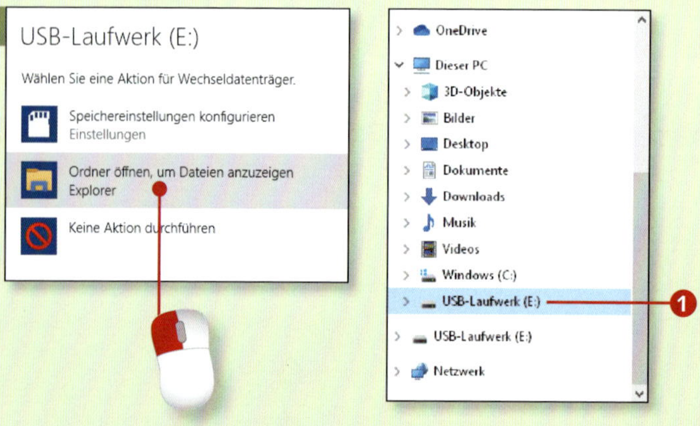

USB-Sticks sind klein, können aber viele Daten für Sie speichern. Sie eignen sich bestens zur Sicherung Ihrer Daten oder zur Weitergabe vieler Fotos an Freunde.

Schritt 1

Im Handel gibt es zahlreiche Formen und Größen von USB-Sticks. Achten Sie bei Ihrer Auswahl darauf, dass Sie den USB-Stick gut handhaben können. Sehr kleine Sticks rutschen leicht aus der Hand oder lassen sich schlecht vom Computer abziehen.

Schritt 2

USB-Sticks können derzeit zwischen 2 und 512 GB (Gigabyte) Daten aufnehmen. Sticks mit viel Speicher kosten entsprechend mehr als solche mit wenig Speicherplatz. Stecken Sie den USB-Stick in eine USB-Buchse an Ihrem Computer.

Schritt 3

Nach der kurzen Installation öffnen Sie den Explorer oder klicken auf **Ordner öffnen, um Dateien anzuzeigen**. Unter **Dieser PC** wird jetzt auch der USB-Stick 1 angezeigt; der Name kann variieren. Bis auf einige wenige Systemdateien ist der Stick leer.

Wie viel Speicher ist nötig?

Wenn Sie »nur« Dokumente sichern möchten, die nicht viel Speicherplatz benötigen, greifen Sie zu einem 4- oder 8-GB-Stick. Sollen viele Fotos auf dem Stick Platz finden, nehmen Sie einen mit mindestens 32 GB.

Schritt 4

Markieren Sie die Daten, die Sie auf dem Stick sichern möchten, und ziehen Sie sie mit gedrückter Maustaste zum USB-Stick links in der Navigationsleiste. Oder klicken Sie auf der Registerkarte **Start** auf **Kopieren nach ▸ Speicherort auswählen ▸ USB-Laufwerk ▸ Kopieren**.

4

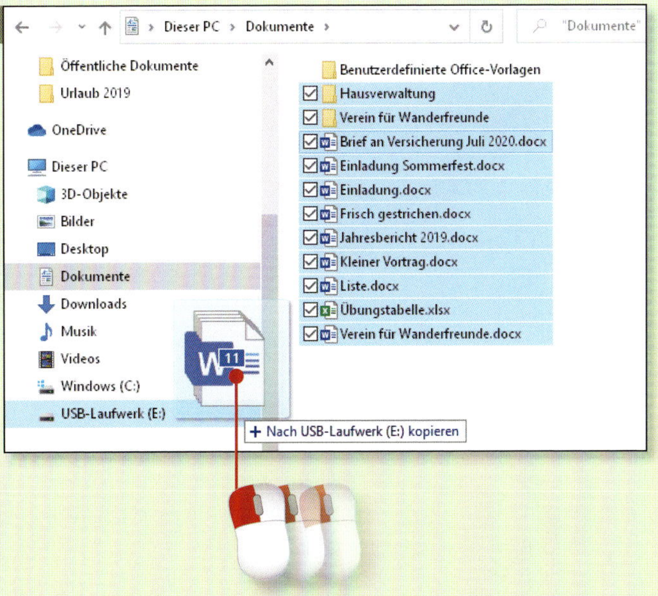

Schritt 5

Viele USB-Sticks können Sie sowohl am PC als auch am Smartphone oder Tablet anschließen; sie bringen zwei verschiedene USB-Stecker mit. Der kleine Micro-USB-Anschluss ❷ passt in viele Smartphone-Anschlüsse, der USB-2- oder -3-Anschluss ❸ passt in Ihren Computer.

5

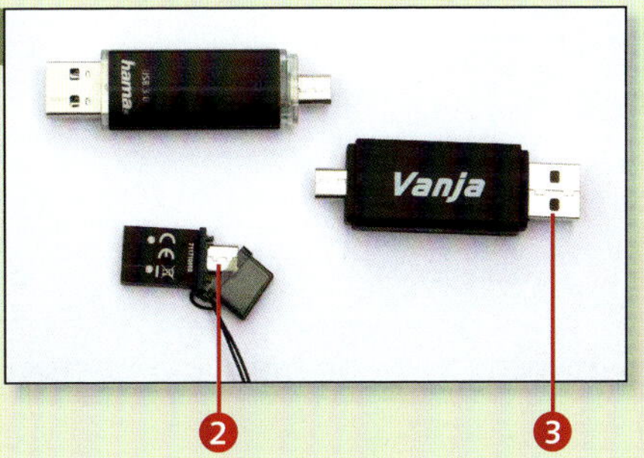

Schritt 6

Manche USB-Sticks haben zusätzlich einen Steckplatz für Ihre Kamera-Karte, den *Kartenleser*. Sollte der Kartenleser Ihres Computers nicht mehr funktionieren, können Sie die Kamera entweder per Kabel anschließen (siehe den Abschnitt »Fotos vom Smartphone importieren« auf Seite 150) oder den Kartenleser-USB-Stick nutzen. Der Computer erkennt nach dem Einstecken den Stick und öffnet den passenden Explorer-Ordner.

6

Kopfhörer verwenden

1

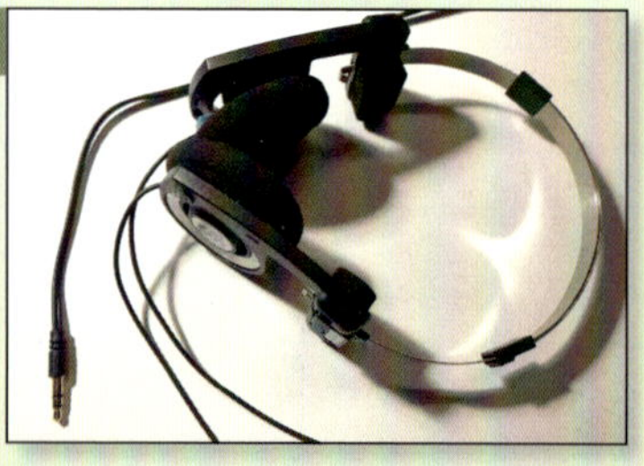

2

3

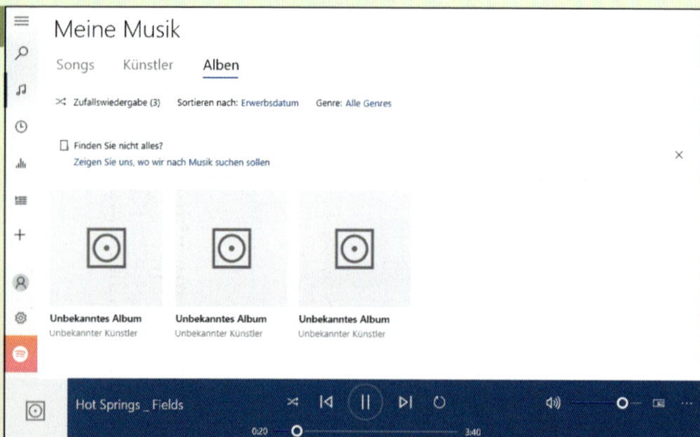

Ihr Notebook verfügt über eingebaute Lautsprecher. Wenn Sie aber etwas genau hören möchten, sollten Sie Kopfhörer verwenden.

Schritt 1

Kopfhörer, die über nur einen Stecker verfügen, werden an der Buchse angeschlossen, die mit dem Kopfhörersymbol gekennzeichnet ist.

Schritt 2

Viele Notebooks haben meist nur einen einzigen, kombinierten Anschluss für Kopfhörer und Mikrofon 1. Bei Kopfhörern mit Mikrofon und zwei Steckern stöpseln Sie den grünen Stecker in die Kopfhörerbuchse und den rosa Stecker in die Mikrofonbuchse. Der Computer meldet den Anschluss und bietet eventuell eine weitere Einrichtung an. Folgen Sie den Vorschlägen, oder klicken Sie auf das Schließkreuz.

Schritt 3

Setzen Sie den Kopfhörer auf. Klicken Sie doppelt auf einen Musiktitel in Ihrem **Musik**-Ordner im Explorer, oder klicken Sie ein *YouTube-Video* an. Die Musik hören Sie nun über die Kopfhörer und nicht über die Computer-Lautsprecher.

Extra-Lautsprecher statt Kopfhörer

Wenn Sie gern Musik oder Hörbücher hören, aber keinen Kopfhörer tragen möchten, können Sie auch externe Lautsprecher an Ihren Computer anschließen. Der kleine runde Anschlussstecker kommt dann in die gleiche Buchse wie der Kopfhörerstecker (Kopfhörersymbol bzw. **Out**).

Schritt 4

Passen Sie die Lautstärke an: In der App *Groove-Musik*, die sich beim Doppelklick auf einen Musiktitel öffnet, ziehen Sie den Kreis auf der Lautstärkeleiste nach rechts (lauter) oder links (leiser). Am Computer klicken Sie auf das Lautsprechersymbol ❷ und ziehen den Regler ❸ nach links (leiser) oder rechts (lauter).

4

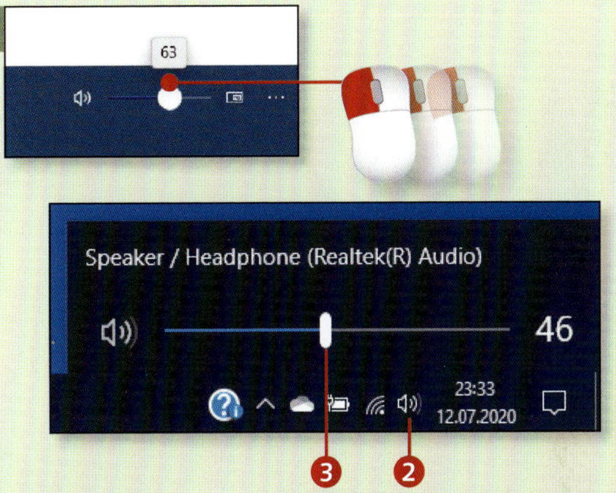

Schritt 5

Auch bei YouTube-Videos oder Beiträgen der Mediatheken gibt es ein Lautsprechersymbol ❹. Fahren Sie mit dem Mauszeiger darüber. Klicken Sie auf die angezeigte Leiste; je weiter rechts sich der Kreis ❺ befindet, desto lauter ist der Ton.

5

Schritt 6

Zum Testen des Mikrofons öffnen Sie *Skype* (siehe dazu den Abschnitt »Mit Skype übers Internet telefonieren« auf Seite 110). Rufen Sie den **Echo/Sound Test Service** auf, und klicken Sie auf den Hörer oben rechts. Folgen Sie der Ansage. Wenn Sie Ihre Stimme hören können, ist alles in Ordnung.

6

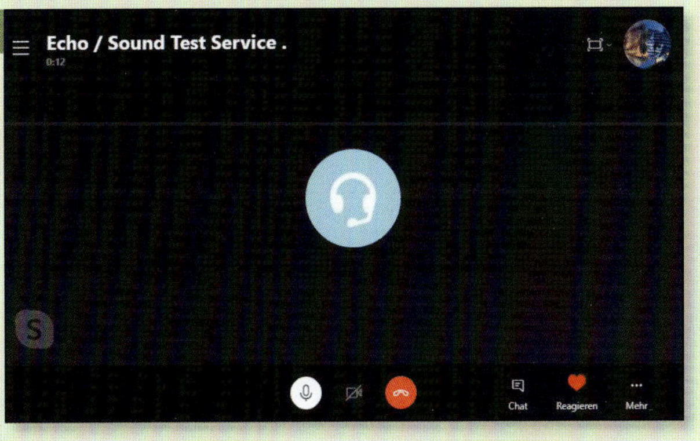

YouTube? Mediathek?
Eine sehr umfangreiche Sammlung an Musiktiteln und Filmen hat *YouTube* (*www.youtube.com*). Auch Mediatheken bieten Filme und Fernsehsendungen an (siehe den Abschnitt »Nachrichten im Internet lesen oder anschauen« auf Seite 92).

Einen USB-Hub anschließen

1

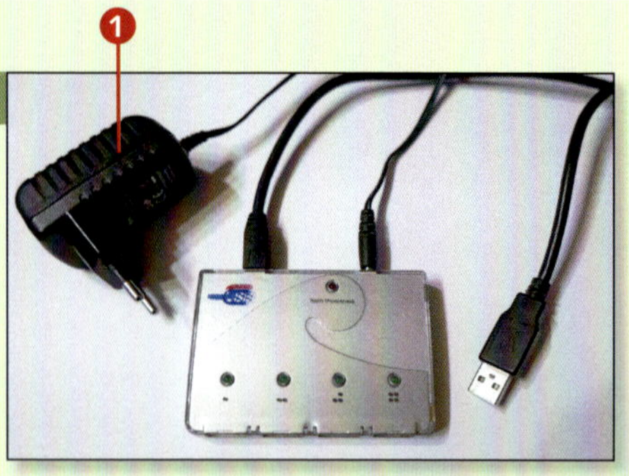

Ihr Notebook hat nur wenige USB-Buchsen, Ihr PC vorn oft nur zwei. Wenn Sie mehr USB-Anschlüsse benötigen, schließen Sie einen sog. USB-Hub an: Er bietet Platz für bis zu zehn Geräte mit USB-Anschlusskabel.

2

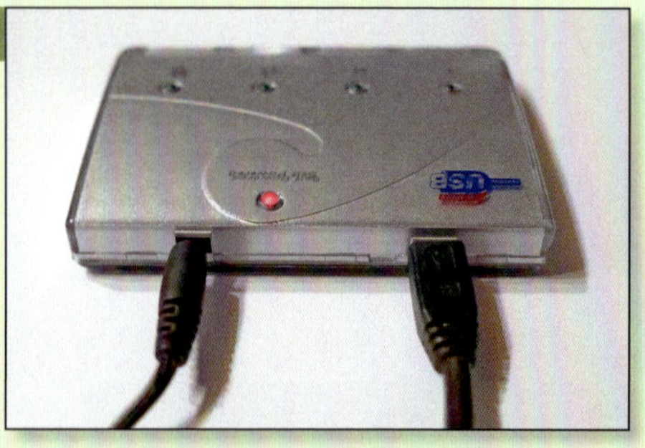

Schritt 1

Bei den *USB-Hubs* gibt es solche mit eigener Stromversorgung (wie im Bild zu sehen) und jene, die Strom vom Computer beziehen. Falls Sie einen USB-Hub mit eigener Stromversorgung haben, stecken Sie das Netzteil ❶ in die Steckdose.

3

Schritt 2

Schließen Sie bei allen USB-Hubs das USB-Kabel an. Der kleinere Stecker gehört an den Hub, der größere in eine USB-Buchse an Ihrem Computer bzw. Notebook.

Schritt 3

Jetzt können Sie weitere Geräte anschließen, z. B. eine Kamera, Ihr Handy, USB-Sticks usw. Bei jedem Gerät ertönt eine Anschlussmelodie, und Windows zeigt ganz kurz das Installationsfenster.

Schritt 4

USB-Hubs gibt es in den verschiedensten Farben und Formen. Allen USB-Hubs ohne eigene Stromversorgung ist gemeinsam, dass sie überlastet werden können, wenn Sie viele Geräte an sie anschließen, die ebenfalls keine eigene Stromversorgung haben.

4

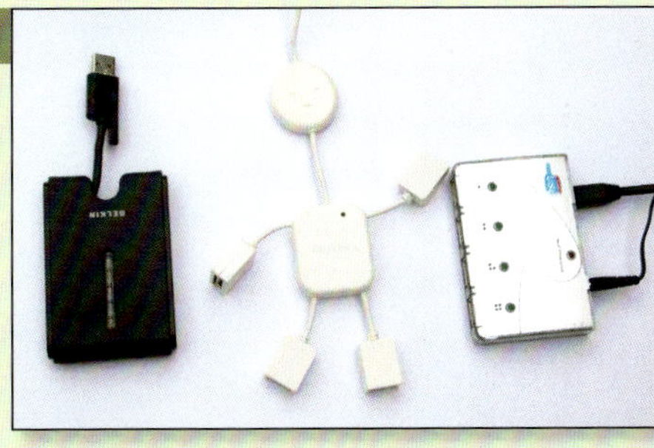

Schritt 5

Schließen Sie daher Geräte mit hohem Stromverbrauch, wie externe Festplatten ohne eigene Stromversorgung, direkt am Computer an. Sonst besteht die Gefahr, dass sie nicht genutzt werden können, weil sie nicht genug Strom bekommen.

5

Schritt 6

Jedes weitere Gerät, das Sie an Ihren Computer anschließen, benötigt Energie. Achten Sie daher bei Notebooks im Akku-Betrieb auf den Energieverbrauch (Batteriesymbol ❷ unten rechts in der Taskleiste). Smartphones laden nach dem Anschließen per USB-Kabel an den Computer ihren Akku; auch das sollte im Akku-Betrieb des Notebooks nicht lange erfolgen.

6

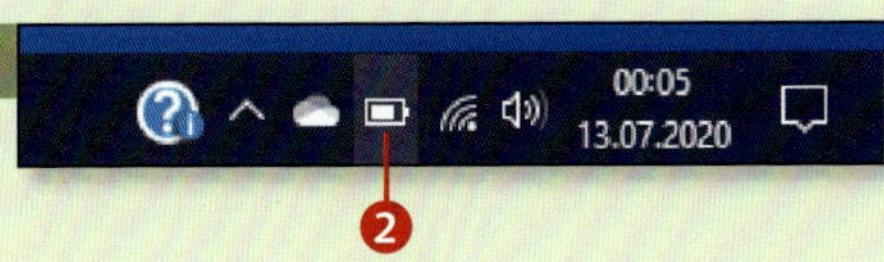

Bei jedem Anschluss eine Installation?
Windows ist lernfähig und merkt sich die Geräte, die Sie an den Computer anschließen. Daher werden diese Geräte nicht jedes Mal installiert, sondern nur beim ersten Anschluss.

Geräte per Bluetooth verbinden

Auch kabellos lassen sich Geräte verbinden: per Bluetooth.

1
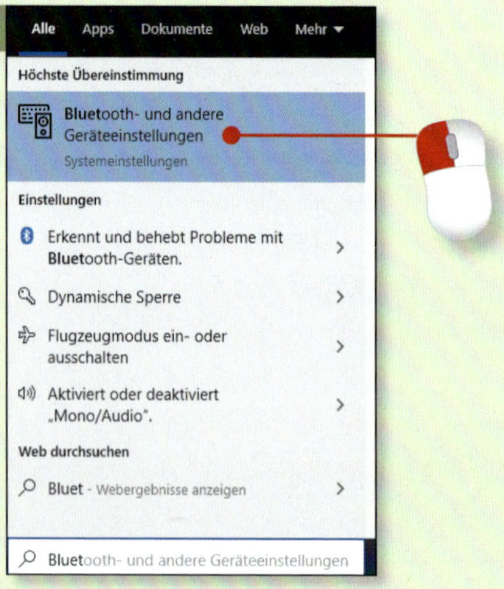

Schritt 1

Kopfhörer, Maus, kleine Lautsprecher, Tastatur: Viele Geräte lassen sich über Bluetooth anschließen. Prüfen Sie zuerst, ob Bluetooth auf Ihrem Computer eingeschaltet ist. Tippen Sie »Bluet« in das Suchfeld. Klicken Sie das erste Ergebnis oben an, **Bluetooth- und andere Geräteeinstellungen**.

2
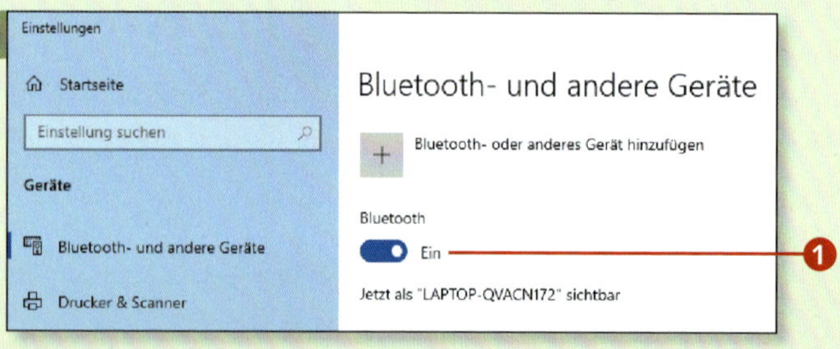

Schritt 2

Der Schalter unter Bluetooth sollte eingeschaltet sein. Ist bei Ihrem Computer Bluetooth ausgeschaltet, klicken Sie auf den Regler, sodass daneben **Ein** steht ❶. Schalten Sie Ihr Bluetooth-Gerät ein.

3
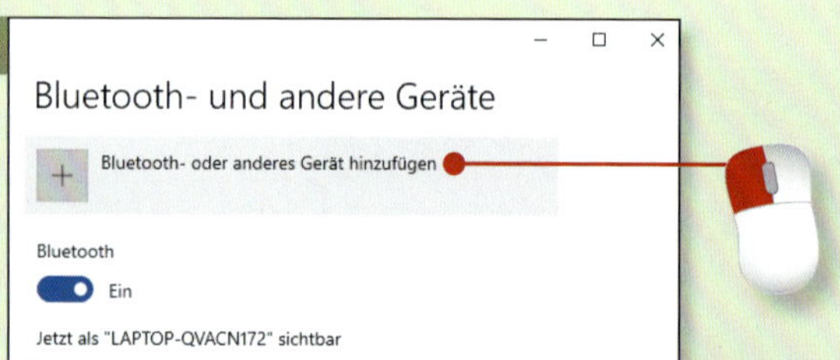

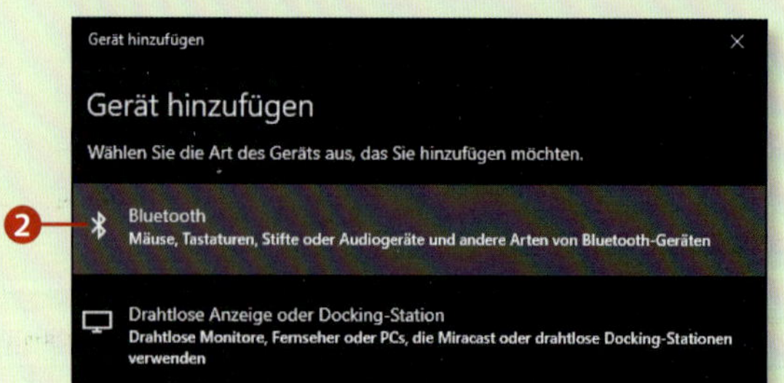

Schritt 3

Klicken Sie auf **Bluetooth- oder anderes Gerät hinzufügen** und im kleinen schwarzen Fenster dann auf **Bluetooth** ❷. Im Beispiel werden ein *iPhone* und ein *Bluetooth-Kopfhörer* gefunden (siehe Schritt 4).

Schritt 4

Klicken Sie das zu verbindende Gerät an, hier den Kopfhörer. Windows fragt, ob die Geräte gekoppelt werden dürfen. Klicken Sie auf **Zulassen**.

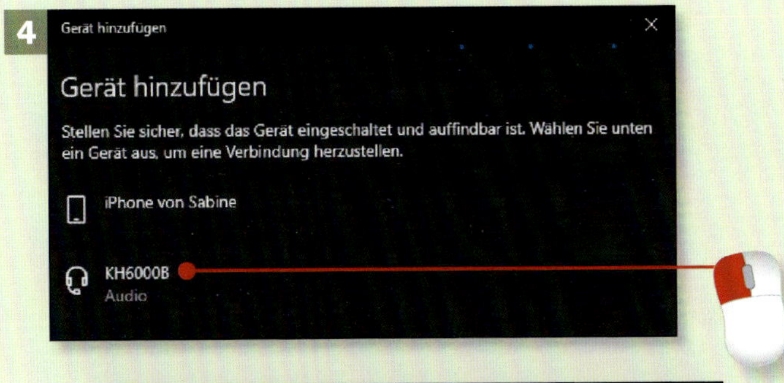

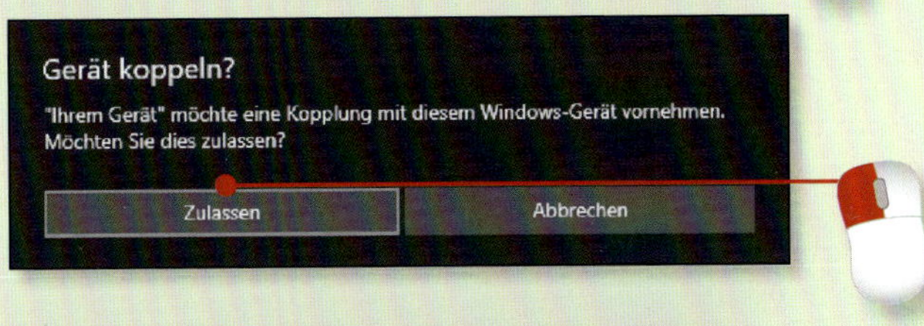

Schritt 5

Windows bestätigt die erfolgreiche Kopplung. Nun können Sie den Kopfhörer, der auch über ein Mikrofon verfügt ❸, zum Skypen oder Musikhören ohne störende Kabel nutzen.

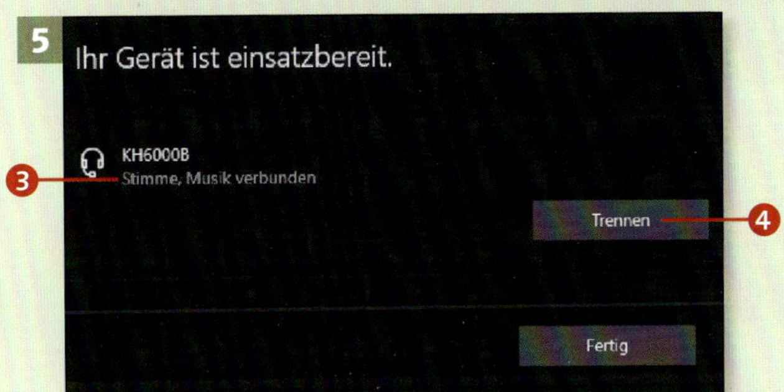

Schritt 6

Auch andere Geräte verbinden Sie wie eben beschrieben, z. B. kleine Lautsprecherboxen. Ihr Computer überträgt dann Musik oder Hörbücher usw. an die Box, die die Töne mit besserem Klang wiedergibt als die allermeisten Computer.

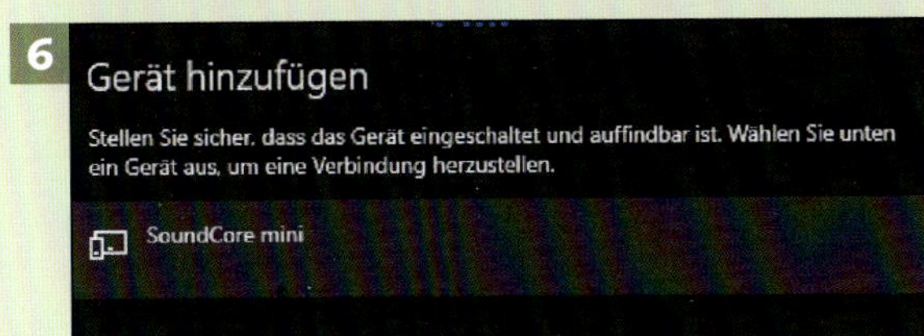

Trennen nicht vergessen!
Solange Sie die Geräte nicht trennen, verbinden sie sich automatisch immer wieder, sobald beide eingeschaltet sind. Wenn Sie dies nicht möchten, klicken Sie im Fenster der Windows-Einstellungen **Bluetooth- und andere Geräte** auf das Gerät und dann auf **Trennen** ❹.

Einen Drucker installieren

1

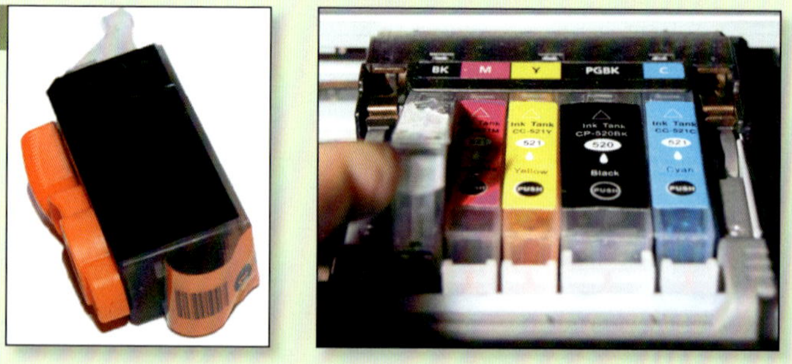

Drucker auspacken, Kabel einstecken – fertig. Ganz so leicht ist es zwar nicht, aber Windows macht die Installation der Druckersoftware einfach. Um die Kabel richtig anzuschließen und die Druckerpatronen korrekt einzusetzen, lesen Sie bitte die Kurzanleitung Ihres Druckers.

2

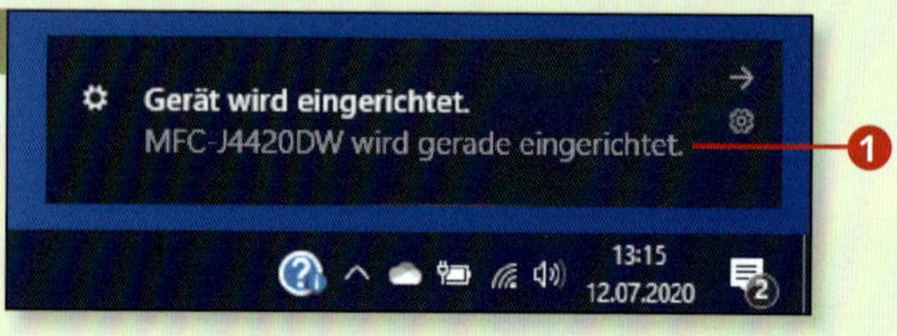

Schritt 1

Packen Sie den Drucker aus, entfernen Sie die Schutzfolien und Sicherungen. Packen Sie die Farbpatronen aus, entfernen Sie auch hier die Sicherungsstreifen, und setzen Sie die Farbpatronen ein.

3

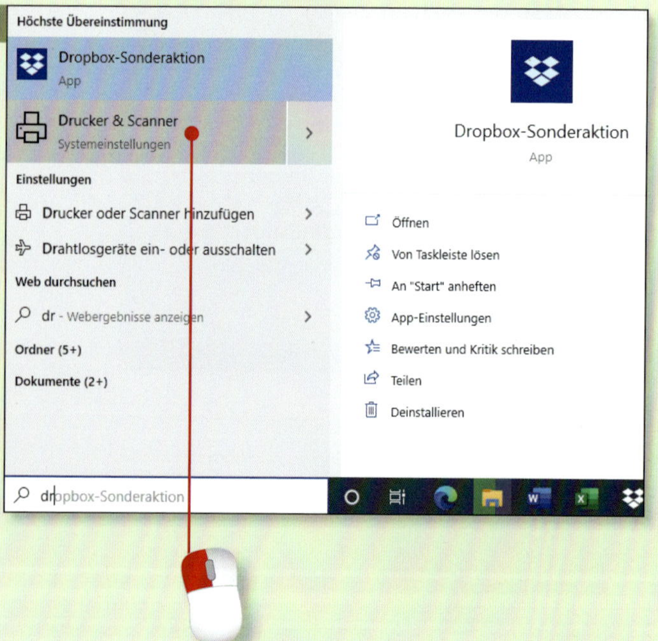

Schritt 2

Schließen Sie das Drucker-USB-Kabel sowohl beim Drucker als auch beim eingeschalteten Computer an, und schalten Sie den Drucker ein. Windows bringt schon sehr viele sog. *Treiber* mit und startet nach dem Anschluss die automatische Installation ❶.

Schritt 3

Geben Sie im Startmenü »Dr« ein. Klicken Sie oben in der Liste auf **Drucker & Scanner**.

Schritt 4

In den Einstellungen werden die angeschlossenen Geräte und Ihr Drucker ❷ angezeigt, wenn die automatische Installation geklappt hat.

Schritt 5

Ist Ihr Drucker nicht aufgeführt, besuchen Sie die Internetseite des Herstellers. Führen Sie die komplette Installation durch. Akzeptieren Sie die Nutzungsbedingungen (»EULA«), und starten Sie den Download. Folgen Sie den weiteren Anweisungen (siehe den Abschnitt »Programme aus dem Internet herunterladen« auf Seite 98).

Schritt 6

Manche Druckerhersteller bieten Ihnen eine App ❸ zur Steuerung und Nutzung des Druckers. Sie laden sie aus dem Microsoft Store herunter – klicken Sie erst auf **Herunterladen** und dann auf **Installieren**.

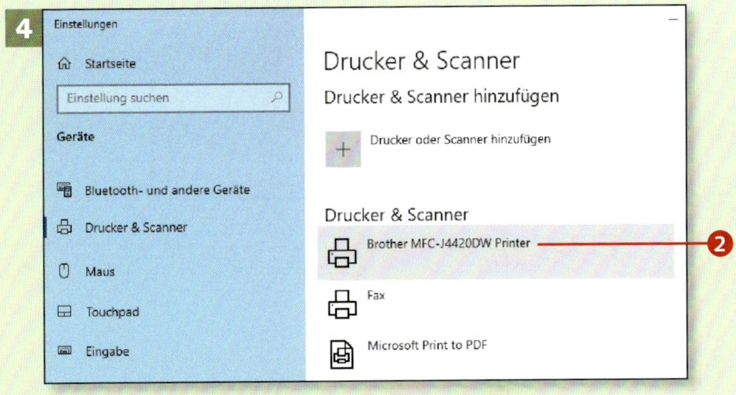

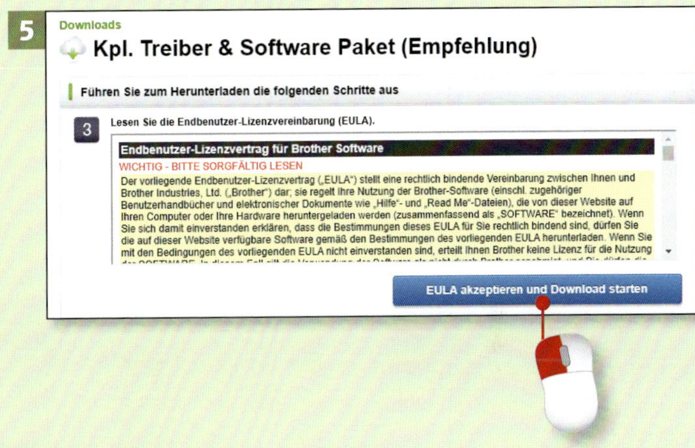

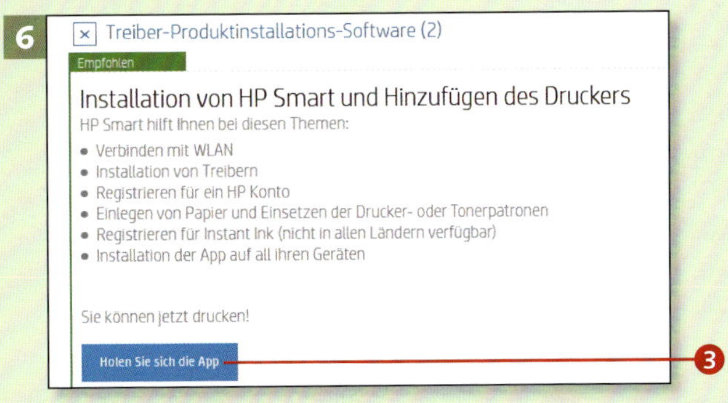

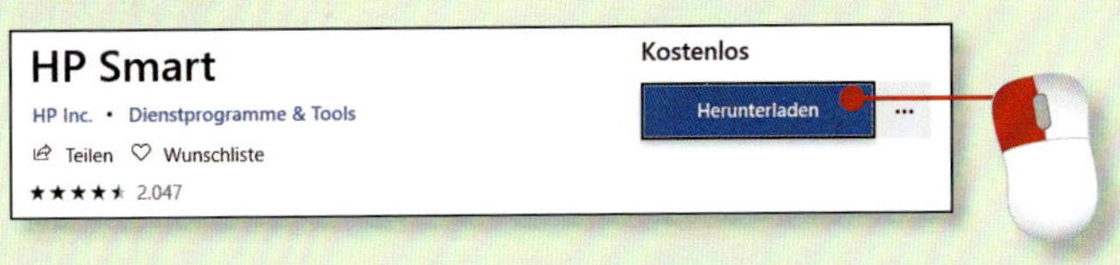

> **Drucker mit Scanfunktion**
>
> Wenn Ihr Drucker auch scannen kann (siehe den nächsten Abschnitt), installieren Sie die komplette Software. Sie können Ihren Drucker/Scanner auch in Ihr Heimnetzwerk einbinden; drücken Sie dazu den WPS-Knopf erst am Drucker und dann am Router.

Einen Scanner einrichten und nutzen

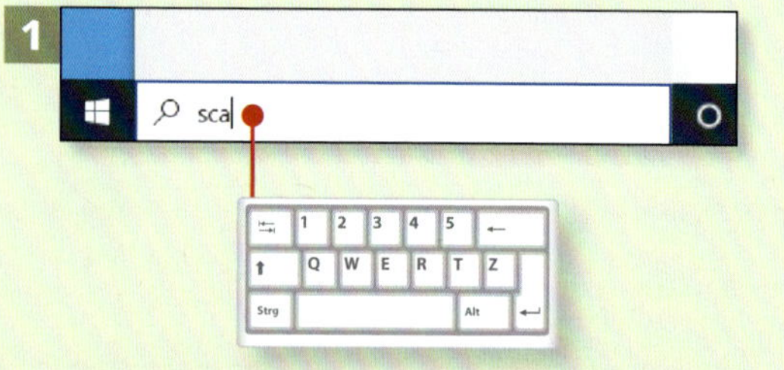

Scanner sind entweder Bestandteil von Multifunktionsgeräten oder eigenständige Geräte. Wenn Sie Fotos oder Dokumente scannen, machen Sie praktisch eine Kopie, die nicht ausgedruckt, sondern im Computer gespeichert wird.

Schritt 1

Schalten Sie den Drucker ein, und verbinden Sie ihn per Kabel oder WLAN mit dem Computer. Tippen Sie »sca« in das Suchfeld ein.

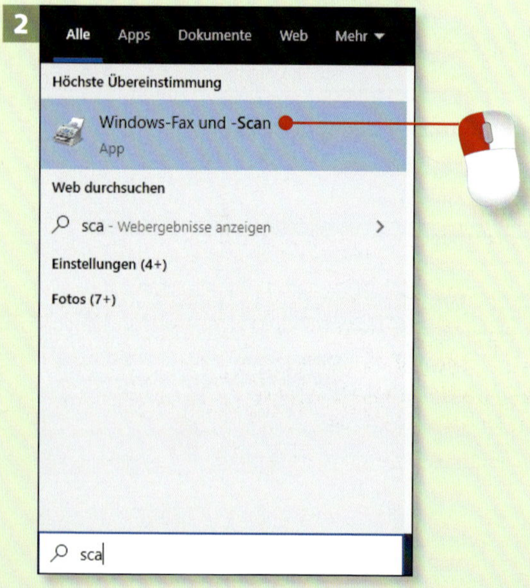

Schritt 2

In der Ergebnisliste klicken Sie auf **Windows-Fax und -Scan**. Ist Ihr Scanner selbst aufgeführt, klicken Sie darauf.

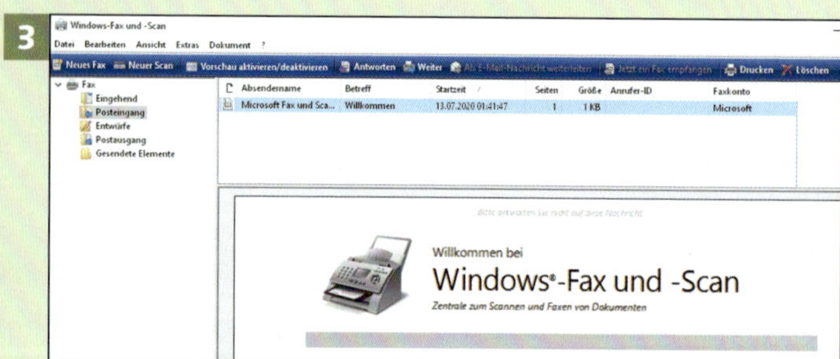

Schritt 3

Das Scan-Programm wird geöffnet. Ein Musterbild ist schon zu sehen. Klappen Sie den Deckel des Druckers/Scanners hoch. Legen Sie das Bild oder den Text, den Sie scannen möchten, auf die Glasfläche (das *Flachbett*) des Scanners. Die Seite mit dem Bild bzw. Text kommt nach unten auf das Glas. Achten Sie auf die Kennzeichnung am Scanner, meistens gibt es eine »Hier anlegen«-Leiste.

Schritt 4

Schließen Sie den Deckel langsam. (Wenn Sie ihn zu schnell schließen, könnte sich das zu scannende Bild oder Blatt wieder verschieben.) Zurück an Ihrem Computer klicken Sie oben links auf **Neuer Scan** ❶. Das Scan-Fenster wird geöffnet ❷.

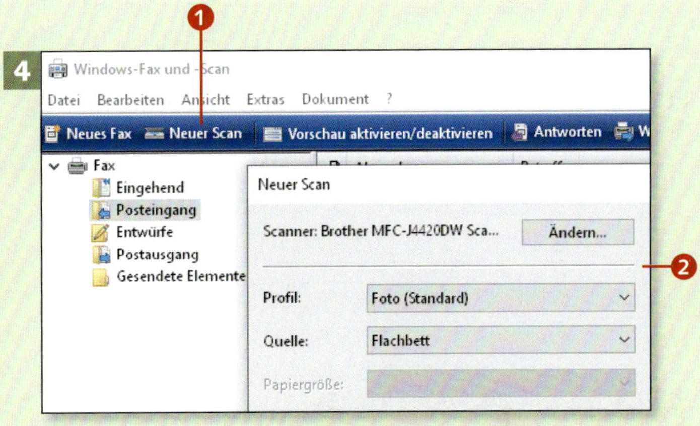

Schritt 5

Hier legen Sie fest, was Sie scannen: Ist es ein Bild, dann lassen Sie die Einstellung bei **Profil** unverändert. Machen Sie weiter mit Schritt 7. Möchten Sie ein Dokument scannen, klicken Sie auf den Pfeil am Feld **Profil** und im Menü auf **Dokumente**.

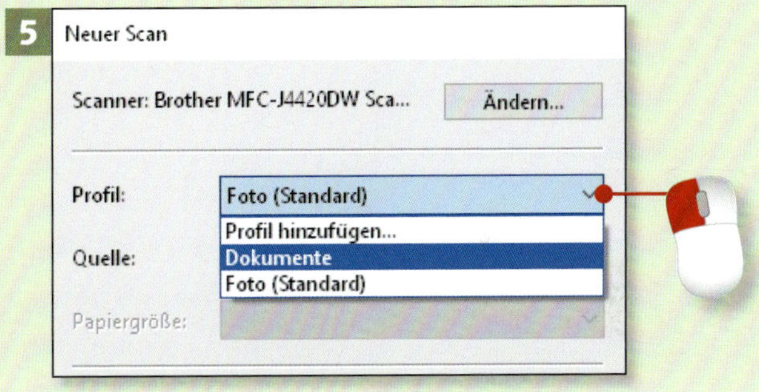

Schritt 6

Achten Sie darauf, dass bei **Quelle** tatsächlich **Flachbett** (= das Original liegt auf der Glasfläche) steht. Wenn nicht, klicken Sie auf den Pfeil und dann auf **Flachbett**. Der Scanner erkennt automatisch die richtige Größe.

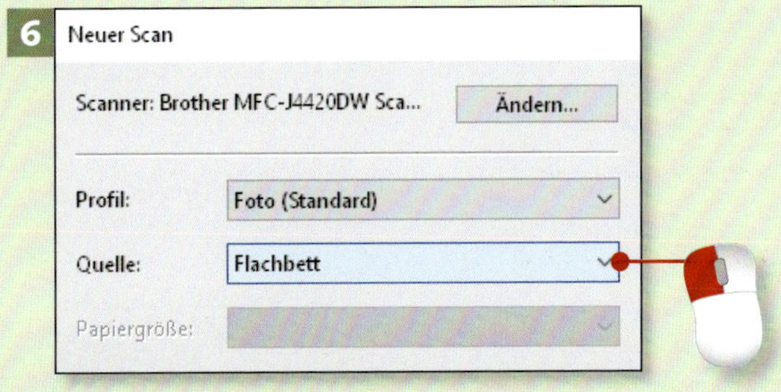

Keinen Scanner gefunden?
Findet das Scan-Programm keinen Scanner, erhalten Sie die Aufforderung, einen anzuschließen. Prüfen Sie, ob Ihr Drucker überhaupt scannen kann und ob er angeschlossen sowie eingeschaltet ist.

Einen Scanner einrichten und nutzen (Forts.)

7

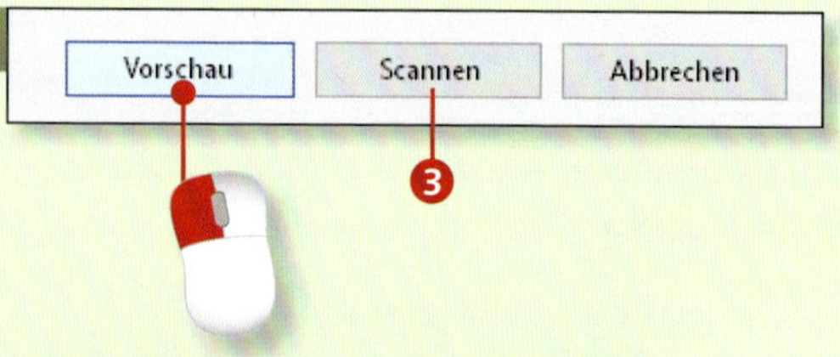

8

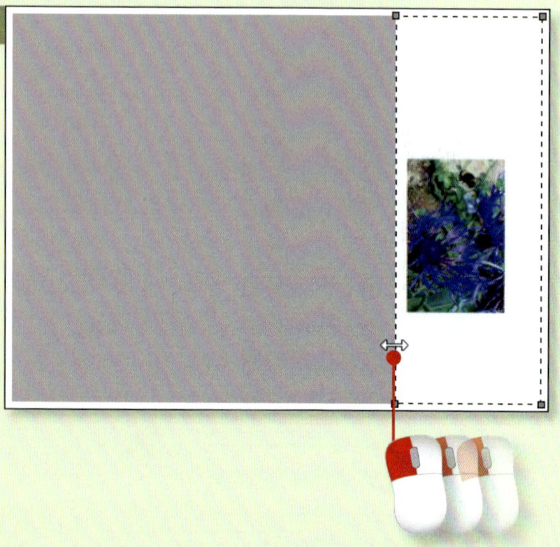

9

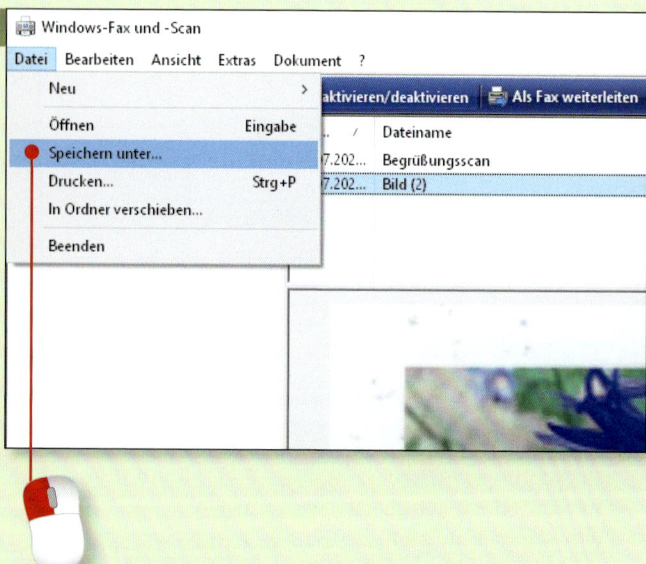

Schritt 7

Klicken Sie unten auf **Vorschau**. Der Scanner tastet geräuschvoll die Vorlage ab. Lassen Sie den Vorlagendeckel des Scanners in dieser Zeit geschlossen.

Schritt 8

Sie sehen dann im rechten Teil des Scan-Fensters das Bild. Ziehen Sie bei Fotos den gestrichelten Rahmen mit gedrückter Maustaste bis zum Rand des Fotos, damit nachher nur das Bild und keine große weiße Fläche gespeichert wird. Bei Dokumenten lassen Sie den Rand unverändert. Klicken Sie auf **Scannen** ❸. Erneut rattert der Scanner das Flachbett entlang.

Schritt 9

Ist der Scan fertig, schließt sich das kleine Scan-Fenster, und Sie sehen das Bild bzw. das Dokument im Hauptbereich des Scan-Programms. Speichern Sie die Datei: Klicken Sie auf **Datei ▸ Speichern unter**, und geben Sie einen Dateinamen ein.

Eigene Scan-Programme

Viele Scanner bringen ein eigenes Scan-Programm mit, das Sie natürlich auch nutzen können. Lesen Sie dazu die Anleitung Ihres Scanners.

Schritt 10

Merken Sie sich, wo die Datei gespeichert werden soll: Im Beispiel ist es der Ordner *Dokumente\Gescannte Dokumente*. Um einen anderen Ordner auszuwählen, klicken Sie auf den Speicherort ❹ und in der Liste auf einen anderen Ordner. In beiden Fällen klicken Sie anschließend auf **Speichern**.

Schritt 11

Wenn Ihr Scanner das zulässt, können Sie auch mehrere Seiten in einem Rutsch scannen. Klappen Sie auf der Oberseite des Deckels das Einlegefach aus, und legen Sie die Blätter ein. Achten Sie auf die Richtung ❺.

Schritt 12

Klicken Sie – wieder am Computer – auf **Neuer Scan** und auf **Dokumente**. Bei **Quelle** ❻ belassen Sie **Einzug**. Legen Sie darunter die Papiergröße fest: **A4 210 x 297 mm**. Bei **Dateiformat** wechseln Sie zu JPG. Wenn Ihr Scanner es anbietet, wählen Sie PDF. Klicken Sie dann auf **Scannen**. Die Dokumente werden als mehrseitiges Bild gespeichert, im Falle des Formats PDF direkt als Dokument.

10

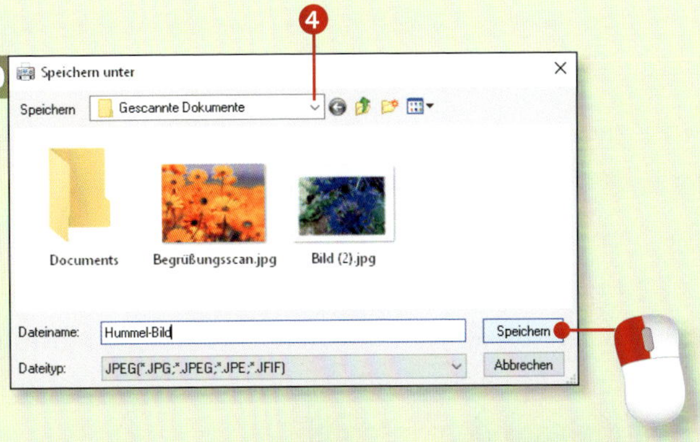

11

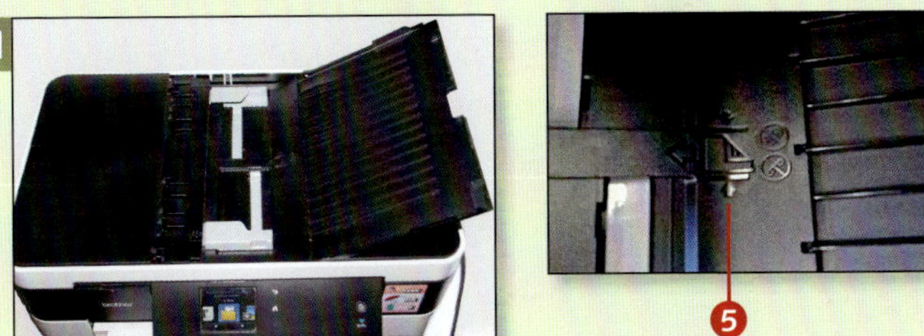

12

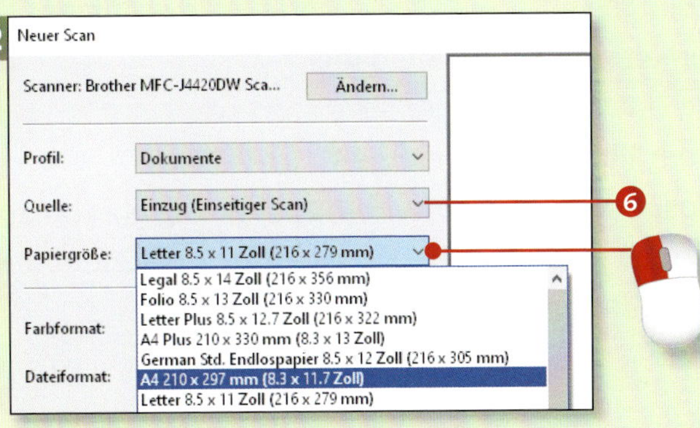

Mehrseitige Scans öffnen

Die *Fotos*-App kann mit mehrseitigen Bildern nicht umgehen. Klicken Sie zum Öffnen im Explorer mit der *rechten* Maustaste auf die Scan-Datei, dann auf **Öffnen mit ▸ Windows-Fotoanzeige**.

Kapitel 12
Für Sicherheit sorgen

Einige Sicherheitsfragen, die das Internet betreffen, kennen Sie bereits aus Kapitel 4, »Internet zu Hause und unterwegs«. Hier geht es um den Schutz auf Ihrem Computer. Auch um dieses Thema sollten Sie sich regelmäßig kümmern: Welche Daten geben Sie durch die Nutzung von Apps frei? Wie sichern Sie Ihre Daten? Und wie schützen Sie Ihren Computer vor Angriffen aus dem Internet?

Datensammelei verhindern
Microsoft sammelt gern Daten, aber das ist nur zum Teil notwendig. Bestimmen Sie über die Einstellungen, welche Daten Microsoft sammeln darf.

Vor Viren und anderen Bedrohungen schützen
Sobald Sie Ihren Computer mit dem Internet verbunden haben, sollten Sie ihn auch vor Schädlingen aus dem World Wide Web schützen. Die schon vorinstallierte App *Windows-Sicherheit* unterstützt Sie dabei.

Mit der Firewall verteidigen
Microsoft bringt nicht nur ein zuverlässiges Schutzprogramm gegen Viren & Co. mit, sondern auch eine Firewall. Sie bildet den ersten und wichtigsten Schutzwall gegen Angriffe aus dem Internet.

Sie bestimmen, welche Daten Microsoft auf und von Ihrem Computer sammelt.

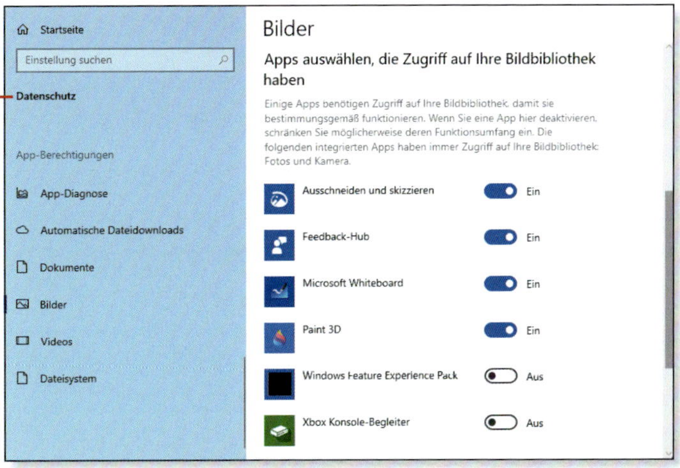

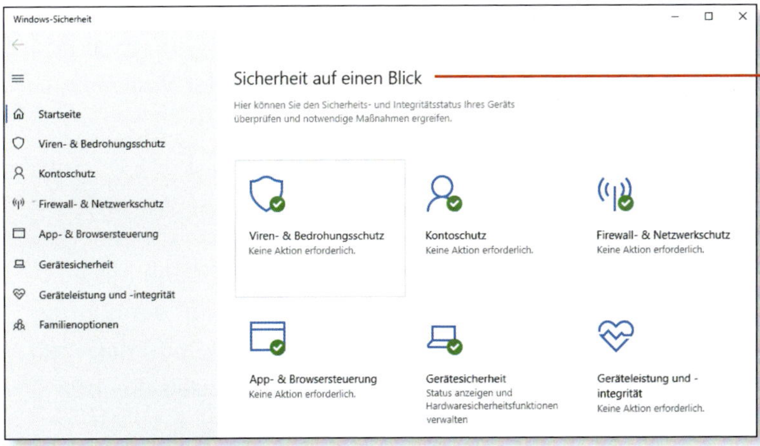

Ihren Computer mit seinen Benutzerkonten, Apps und Dateien sichern Sie mit Windows-Mitteln.

Die Firewall ist die erste Schutzmauer Ihres Computers gegen Schädlinge aus dem Internet.

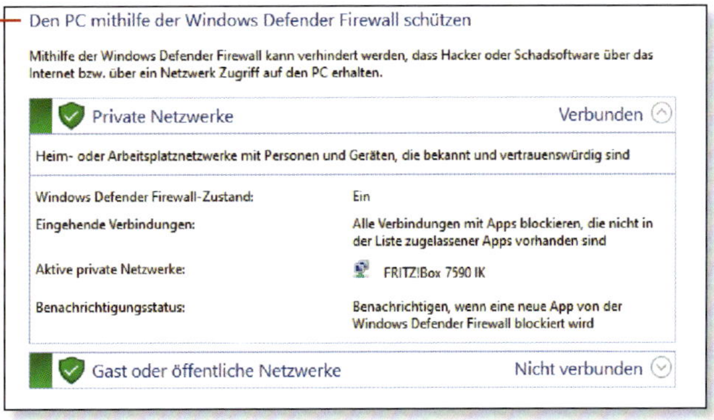

Die App »Windows-Sicherheit«

1

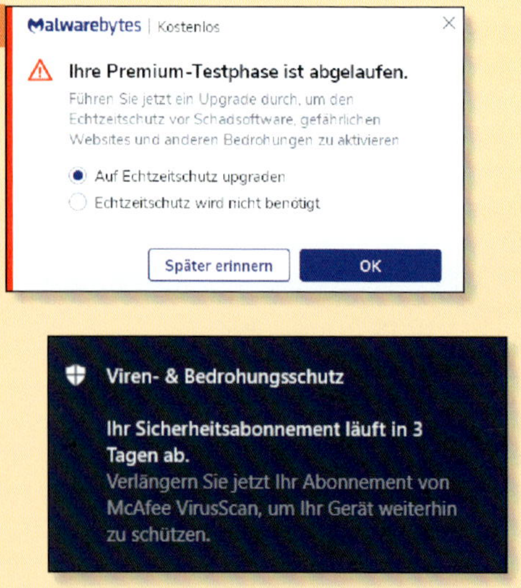

Eine Antiviren-App sollte Trojaner und Ransomware fernhalten und den Computer vor Viren schützen. All das leistet die Windows-Sicherheit.

Schritt 1

Eine Virenschutz-App reicht, und Windows hat bereits eine sehr leistungsfähige Schutz-App an Bord. Deinstallieren Sie daher die Virenschutz-Testversion, die mit Ihrem Computer mitgeliefert wurde. Sie wird sich nach einigen Wochen von selbst bemerkbar machen und Sie z. B. zum Kauf der Vollversion aufrufen.

2

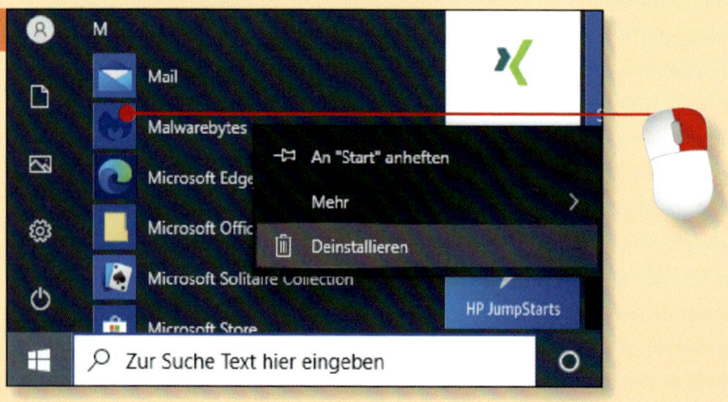

Schritt 2

Klicken Sie im Startmenü mit der rechten Maustaste auf den Eintrag der Virenschutz-App und dann mit links auf **Deinstallieren**. Bei den meisten Virenschutz-Apps öffnet sich nun ein neues Fenster, in dem Sie **Programme deinstallieren oder ändern** können.

3

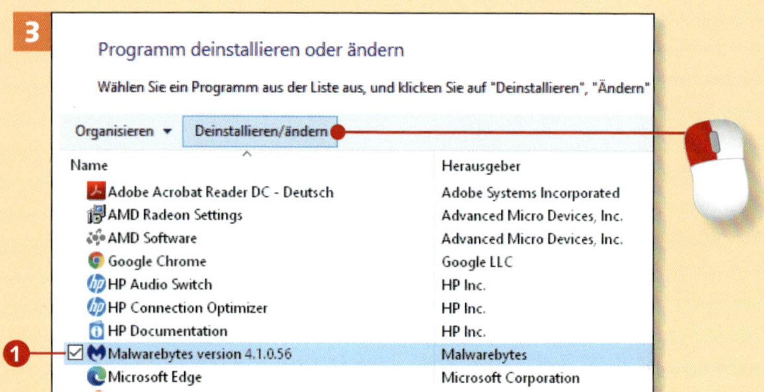

Schritt 3

Klicken Sie in der Liste auf die Virenschutz-App ❶. Oben über der Liste erscheint der Eintrag **Deinstallieren/ändern**; klicken Sie darauf.

Schritt 4

Windows fragt, ob diese App Änderungen an Ihrem Gerät vornehmen darf. Bestätigen Sie mit **Ja**. Bestätigen Sie dann noch einmal, dass Sie diese App wirklich deinstallieren wollen ❷. Nach einigen Sekunden erhalten Sie die Meldung, dass die App deinstalliert wurde.

Schritt 5

Rufen Sie jetzt die Startseite der Windows-Sicherheit auf. Tippen Sie in die Suchleiste unten links »sicher« (für »Sicherheit«) ein. In der App-Auswahl klicken Sie auf **Windows-Sicherheit**.

Schritt 6

Noch schneller geht das Öffnen der Windows-Sicherheit über das Menü **Ausgeblendete Symbole einblenden** rechts unten in Ihrer Taskleiste: Klicken Sie auf den kleinen Pfeil und im Menü auf das Symbol mit dem Schutzschild. Es zeigt Ihnen gleichzeitig an, ob alles in Ordnung ist ❸ oder ob ein mögliches Sicherheitsproblem vorliegt ❹.

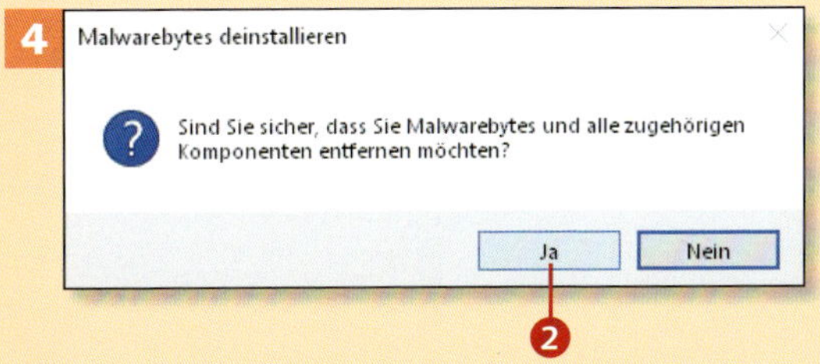

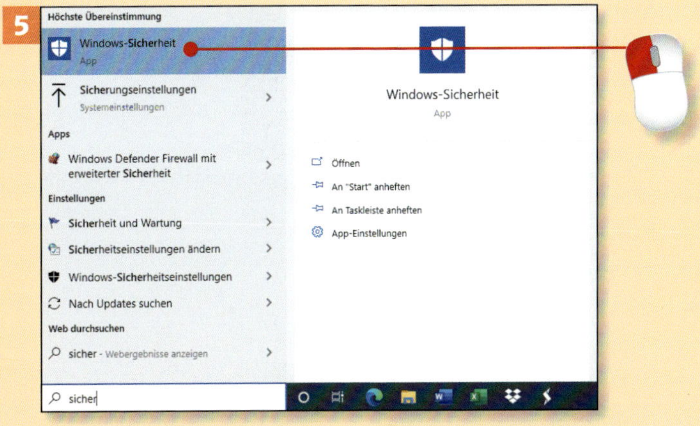

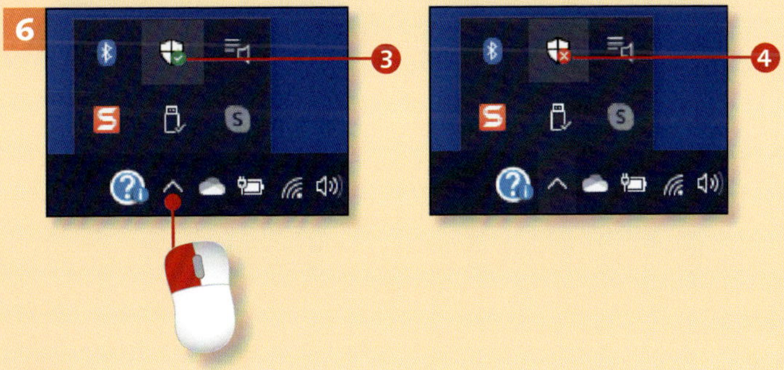

Windows-Sicherheit ist nicht aktiv?

Ist auf Ihrem Computer noch die Testversion einer anderen Virenschutz-App installiert, kann es sein, dass sich die Schutz-App von Windows nicht einschaltet. Deinstallieren Sie die Testversion (siehe Schritt 2 bis 4), und bestätigen Sie die Aktivierung der Sicherheits-App von Windows.

Die App »Windows-Sicherheit« (Forts.)

7

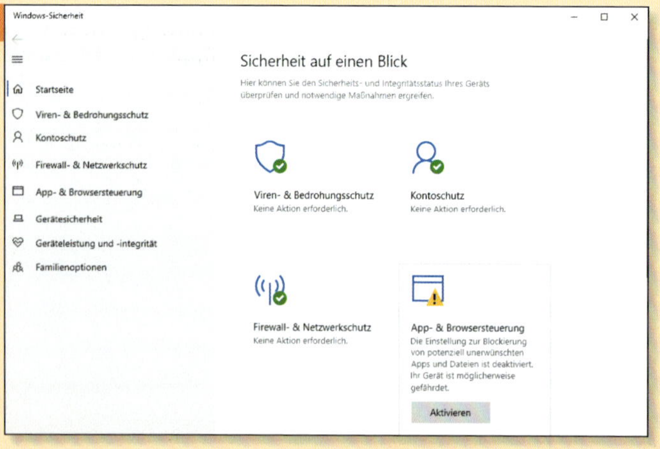

8

9

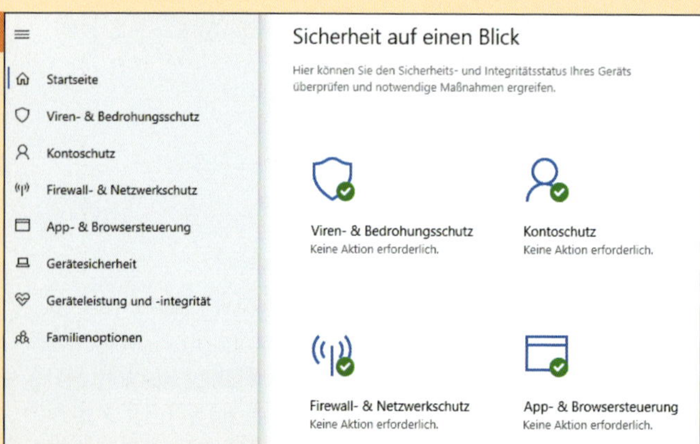

Schritt 7

Die Startseite der Windows-Sicherheit zeigt Ihnen ebenfalls auf einen Blick, ob Ihr Computer sicher ist. Grün bedeutet: »Alles in Ordnung«. Gelb oder Rot weist auf ein Problem hin. Im Beispiel wird der Bereich **App- & Browsersteuerung** als kritisch hervorgehoben.

Schritt 8

Windows macht es Ihnen aber leicht und schlägt direkt eine Lösung vor, hier **Aktivieren**. Klicken Sie darauf.

Schritt 9

Windows fragt als Nächstes, ob diese App – also die App *Windows-Sicherheit* – Änderungen an Ihrem Gerät vornehmen darf. Bestätigen Sie mit **Ja**. Das gelbe Warndreieck bei **App- & Browsersteuerung** wird durch das grüne »OK«-Symbol ersetzt. Die Windows-Sicherheit schützt Sie gut, wenn die App aktuell ist. Dazu wird eine Internetverbindung benötigt.

Schritt 10

Im Bereich **Viren- & Bedrohungsschutz** wird das Datum der letzten Aktualisierung ❺ angegeben.

Schritt 11

Ist das letzte Schutzupdate schon etwas her, z. B. weil Sie den Computer ein paar Tage nicht genutzt haben oder er nicht mit dem Internet verbunden war, aktualisiert sich die Schutz-App bei der nächsten Gelegenheit wieder. Sie können die Aktualisierung auch selbst starten: Klicken Sie auf **Nach Updates suchen**. Bestätigen Sie diesen Befehl im nächsten Fenster. Windows prüft nun, ob entsprechende Updates verfügbar sind.

Schritt 12

Zum Schutz Ihres Computers sollte auch die *Firewall* (»Brandschutzmauer«) immer aktiv sein. Dies sehen Sie im Bereich **Firewall- & Netzwerkschutz**. Bei eingeschalteter Firewall finden Sie auch hier die grünen Häkchen (mehr zur Firewall lesen Sie im Abschnitt »Weitere Maßnahmen für die Computersicherheit« auf Seite 312).

10

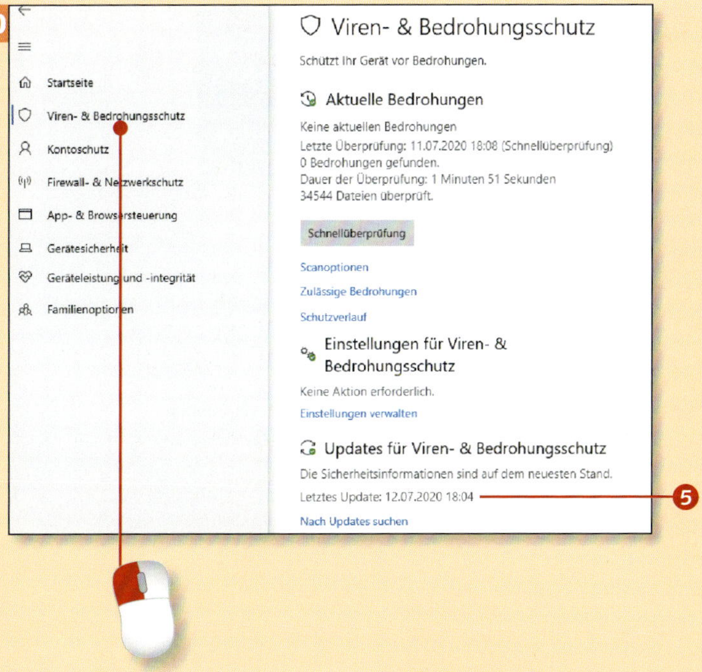

11

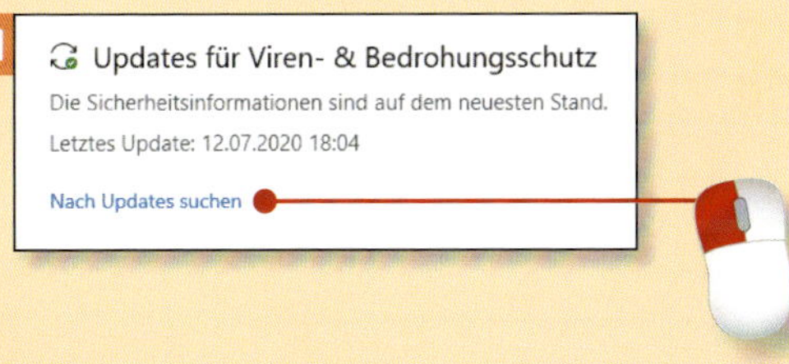

12

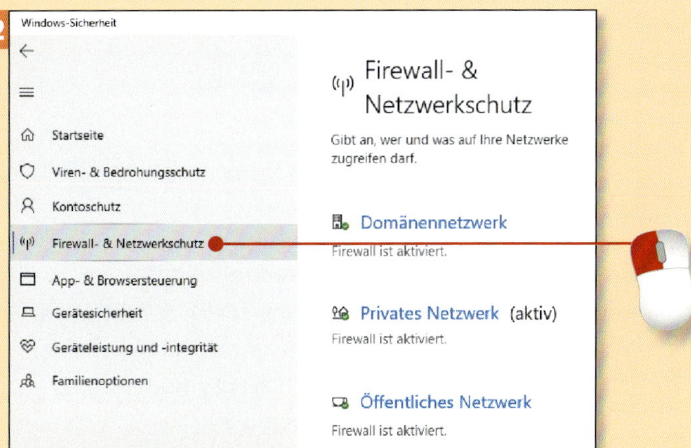

Den Computer auf Viren überprüfen

1
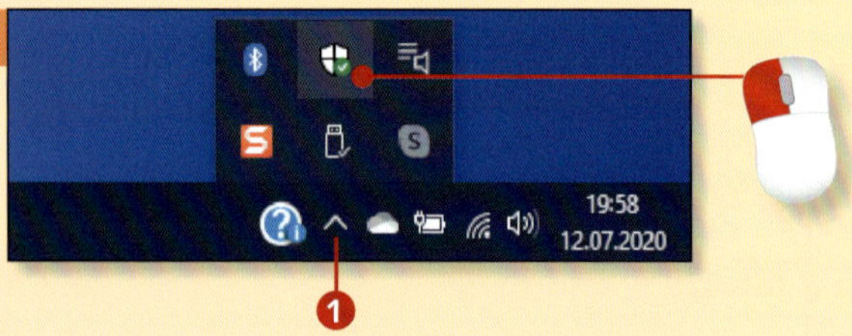

2
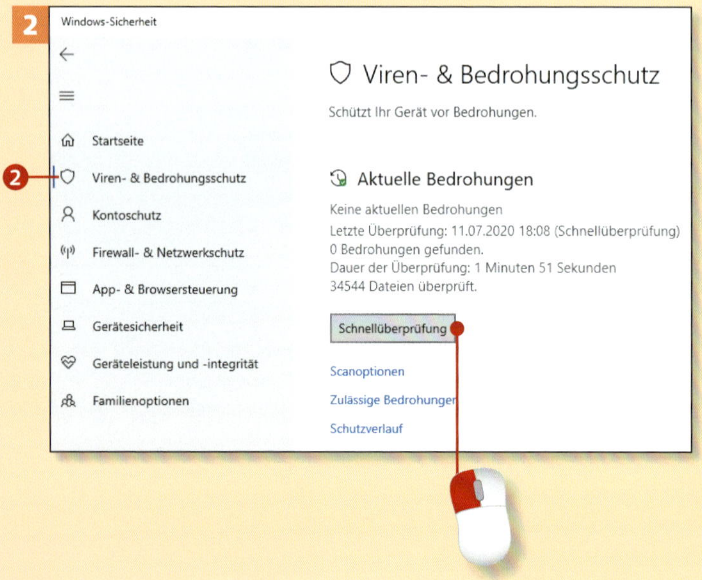

3
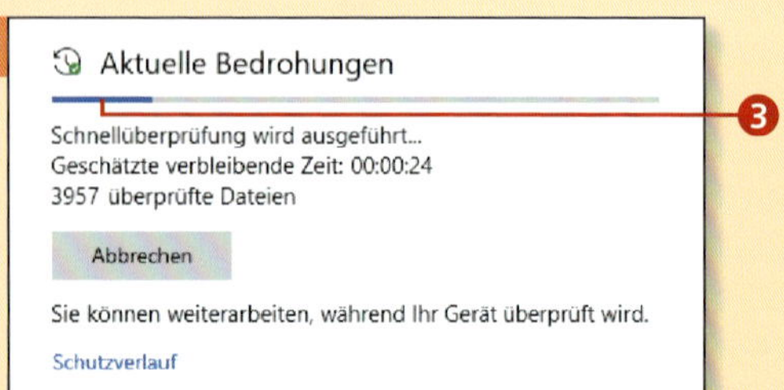

Die Benachrichtigung ist zu schnell weg!

Konnten Sie die Benachrichtigung (siehe Schritt 6) gar nicht so schnell lesen, rufen Sie sie ganz unten rechts mit einem Klick auf das Sprechblasensymbol mit der Zahl daran wieder auf (siehe Seite 51).

Auch wenn die Windows-Sicherheit automatisch für Schutz vor Viren sorgt, sollten Sie regelmäßig selbst eine gründliche Überprüfung starten.

Schritt 1

Öffnen Sie erneut die **Windows-Sicherheit**, z. B. nach einem Mausklick auf den Pfeil im Infobereich der Taskleiste ❶.

Schritt 2

Klicken Sie links auf **Viren- & Bedrohungsschutz** ❷. Starten Sie eine Untersuchung mit einem Klick auf **Schnellüberprüfung**.

Schritt 3

Die Untersuchung auf **Aktuelle Bedrohungen** startet; ihr Fortschritt wird anhand des blauen Balkens ❸ angezeigt. Nach Abschluss der Überprüfung erhalten Sie das Ergebnis sowohl in der Windows-Sicherheit selbst als auch in dem Info-Fenster der Benachrichtigungen, das Sie mit dem Symbol rechts neben dem Datum in der Taskleiste öffnen. Im Fall einer Bedrohung teilt Ihnen Windows mit, was unternommen wurde und was Sie selbst tun sollten.

Schritt 4

Eine Untersuchung, die viel gründlicher als die Schnellüberprüfung ist, sollten Sie bei regelmäßiger Nutzung des Computers einmal wöchentlich vornehmen. Klicken Sie dazu im Abschnitt **Viren- & Bedrohungsschutz** auf **Scanoptionen**. Im Hauptbereich rechts klicken Sie für eine Komplettuntersuchung auf **Vollständige Überprüfung** und unten auf **Jetzt überprüfen**.

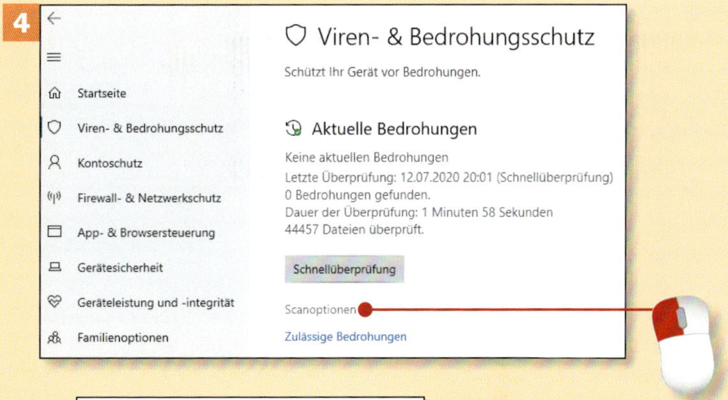

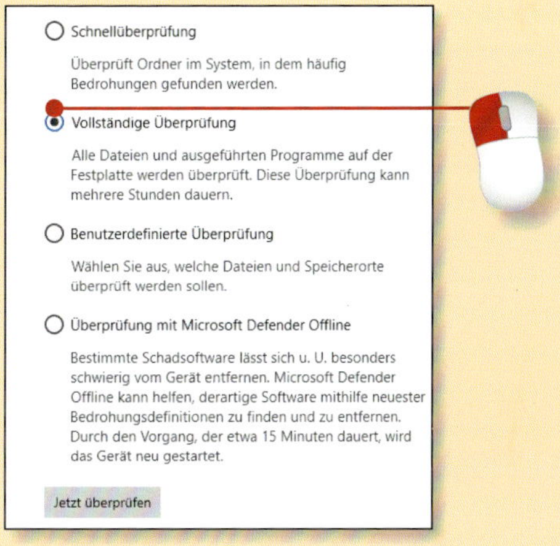

Schritt 5

Windows zeigt den Untersuchungsfortschritt an ❹ und meldet auch erkannte Bedrohungen. Lassen Sie den Computer während der Untersuchung an. Sie können in dieser Zeit auch an anderen Dingen arbeiten.

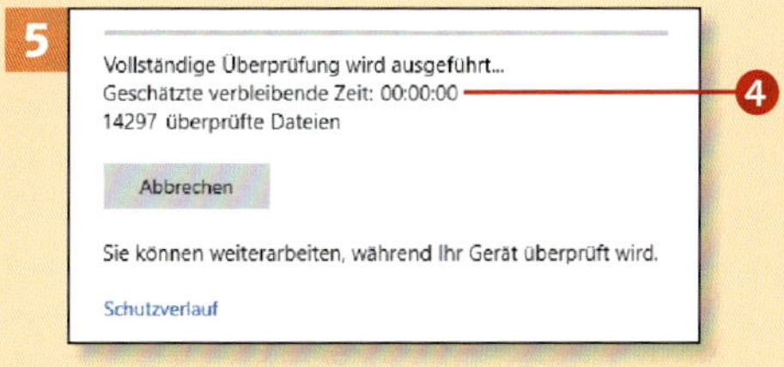

Schritt 6

Nach diesem Virenscan erhalten Sie einen Überprüfungsbericht. Eine weniger detaillierte Zusammenfassung der automatischen Überprüfungen blendet Windows regelmäßig kurz oberhalb des Infobereichs ein (siehe dazu den Kasten auf Seite 302). Dazu müssen Sie noch nicht einmal die App Windows-Sicherheit öffnen.

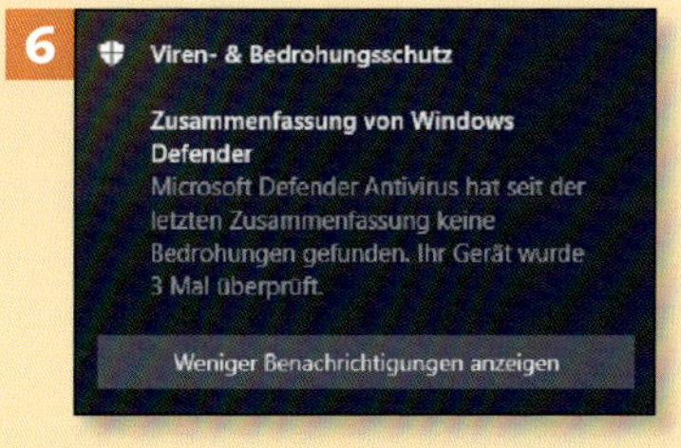

Datenschutzeinstellungen

1

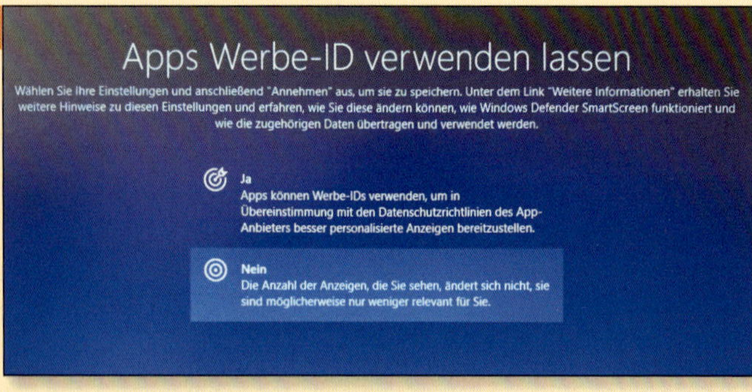

2

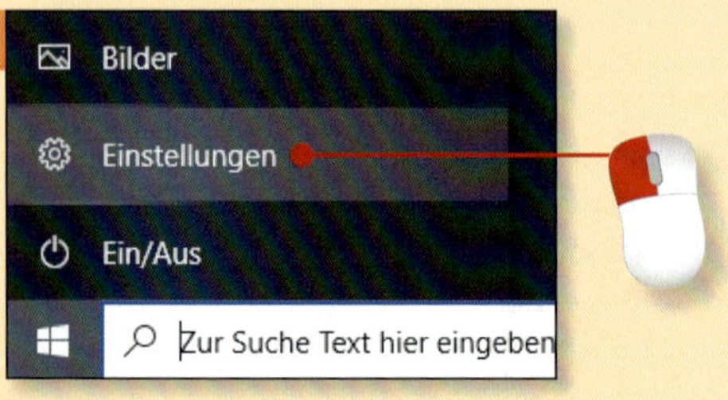

3

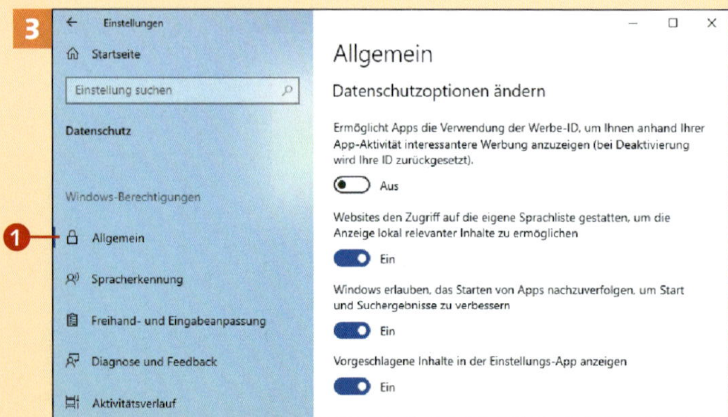

Welche Daten sammelt Microsoft von Ihnen? Können Sie diese auch wieder löschen? Prüfen und optimieren Sie den Datenschutz auf Ihrem Computer.

Schritt 1

Bei der ersten Einrichtung von Windows und bei verschiedenen Updates werden Sie nach Ihren bevorzugten **Datenschutzeinstellungen** gefragt. Hier können Sie z. B. zustimmen oder ablehnen, ob Apps Ihre *Werbe-ID* verwenden dürfen.

Schritt 2

All diese Einstellungen können Sie jederzeit überprüfen und ändern. Dafür gibt es die *Windows-Einstellungen* auf Ihrem Computer und die *Microsoft-Konto-Einstellungen* im Internet. Zunächst die Windows-Einstellungen: Klicken Sie auf das Windows-Logo unten links und dann in der Leiste auf das Zahnrad.

Schritt 3

In den Windows-Einstellungen klicken Sie auf **Datenschutz**. Links ist die Option **Allgemein** ❶ bereits aktiviert; im rechten Fensterteil prüfen Sie die einzelnen Einstellungen. Zum Ändern klicken Sie auf den entsprechenden Schalter.

Schritt 4

Sie können die übrigen Kategorien aufrufen und im rechten Bereich die jeweiligen Einstellungen durchsehen. Alle Abschnitte rechts verweisen auch auf die Microsoft-Konto-Einstellungen im Internet: Klicken Sie auf **Datenschutz-Dashboard**.

4

Schritt 5

Der Internet-Browser *Edge* öffnet sich mit der Microsoft-Konto-Seite. Klicken Sie auf **Melden Sie sich bei Microsoft an**, und geben Sie in den nächsten beiden Fenstern Ihre E-Mail-Adresse und Ihr Kennwort ein. Klicken Sie auf **Anmelden**. Wenn Sie die Gesichtserkennung oder Fingerabdruck-Anmeldung eingerichtet haben, klicken Sie auf **Mit Windows Hello … anmelden** ❷.

5

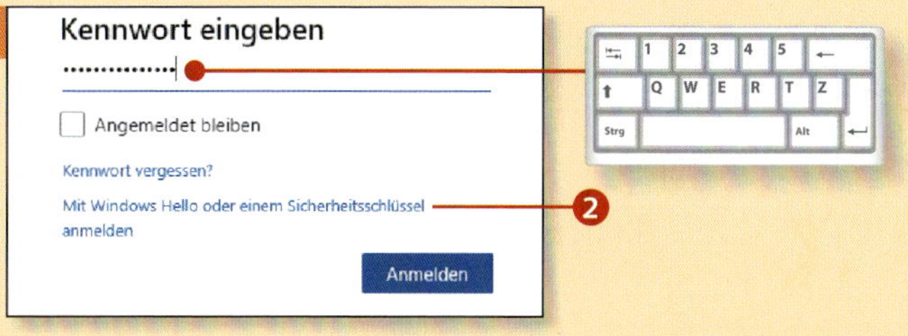

Schritt 6

Von Zeit zu Zeit überprüft Microsoft, ob Sie auch wirklich Sie sind, und sendet Ihnen einen Einmal-Code per SMS auf Ihr Handy. Klicken Sie auf **Textnachricht an …**. Geben Sie dann die letzten vier Ziffern Ihrer Telefonnummer ein. Nach einer kurzen Zeit erhalten Sie eine SMS. Die dort angezeigte Zahl geben Sie in das entsprechende Fenster im Internet ein.

6

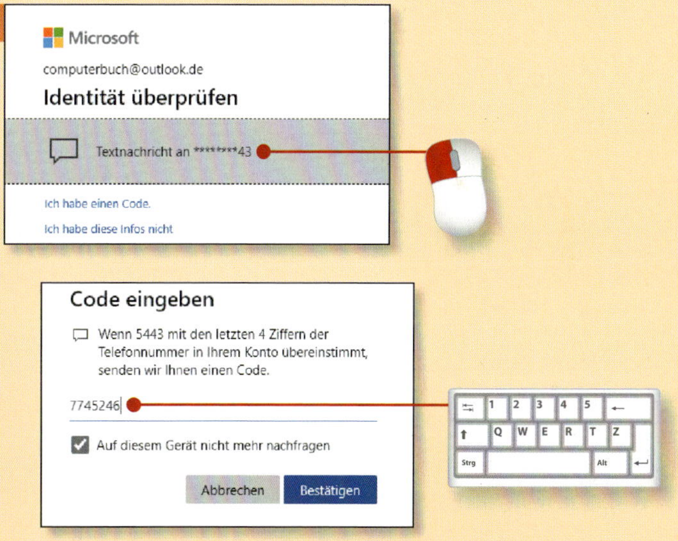

Warum so eine umständliche Anmeldung?

Auch wenn es etwas mühsam ist, sich noch einmal anzumelden: Dieser Prozess dient dem Datenschutz. Niemand kann sich einfach mit Ihren Daten, z. B. nur mit der E-Mail-Adresse, anmelden.

Datenschutzeinstellungen (Forts.)

7

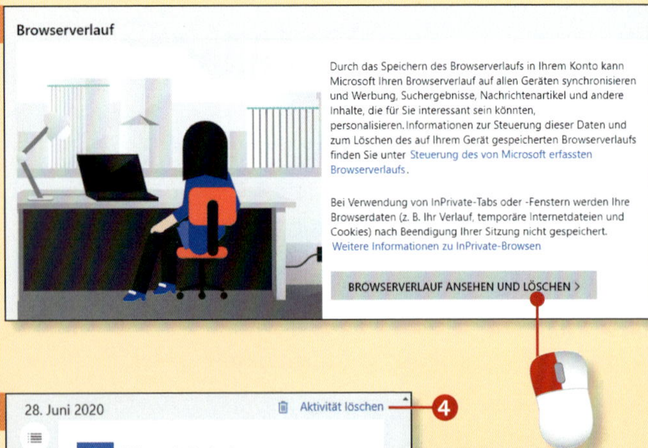

Schritt 7

Haben Sie sich erfolgreich angemeldet, können Sie **Browserverlauf**, **Suchverlauf**, **Standort-Aktivität** und weitere Bereiche überprüfen. Klicken Sie in einem Bereich auf **[...] ansehen und löschen**.

8

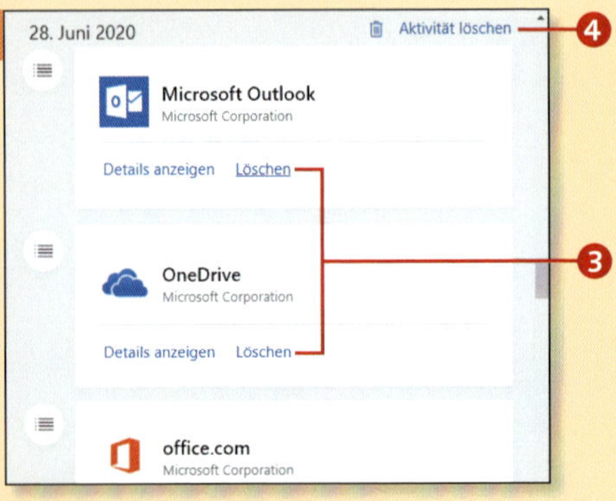

Schritt 8

Sind dort bereits Daten vorhanden, können Sie sie löschen, entweder jeden Eintrag einzeln ❸ oder alle auf einmal ❹. Bei der zweiten Option erklärt Microsoft Ihnen zunächst, was nach dem Löschen passiert – diese personenbezogenen Daten sind dann weg. Da das der Sinn der Sache ist, klicken Sie auf **Löschen**.

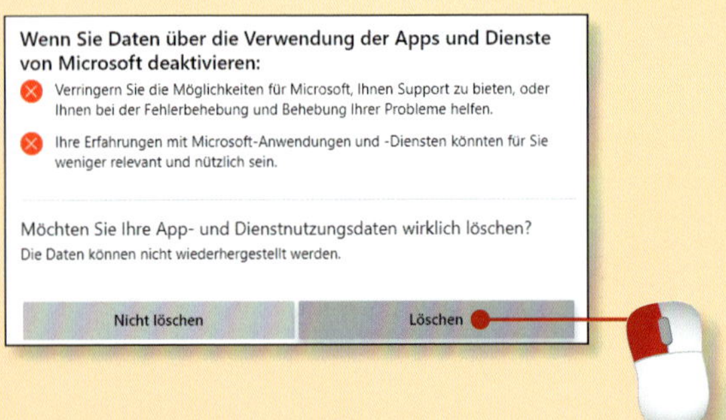

9

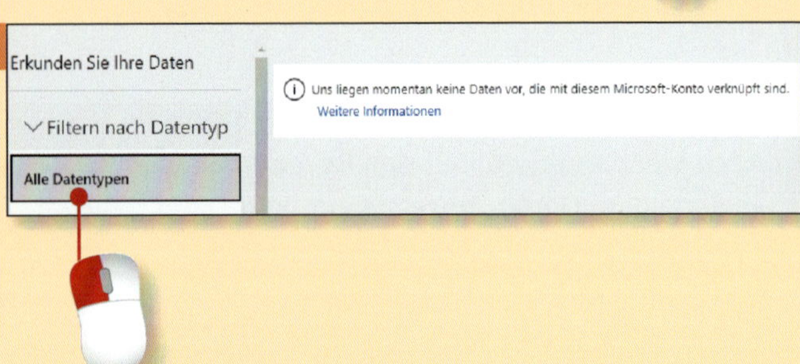

Schritt 9

Links sehen Sie wieder alle datenschutzrelevanten Bereiche. Klicken Sie auf **Alle Datentypen**. Gibt es hier noch persönliche Daten, werden sie im rechten Fensterteil aufgelistet. Im Beispiel sind keine vorhanden.

Browserverlauf

Der Browserverlauf speichert, welche Seiten Sie im Internet besucht haben und wann.

Schritt 10

Auch den Browserverlauf – die Liste der von Ihnen besuchten Internetseiten – können Sie löschen: Drücken Sie im Internetbrowser gleichzeitig Strg + H; der Verlauf seit dem letzten Löschen wird angezeigt. Um ihn zu löschen, klicken Sie rechts oben auf **Browserdaten löschen** und bestätigen anschließend mit **Jetzt löschen**.

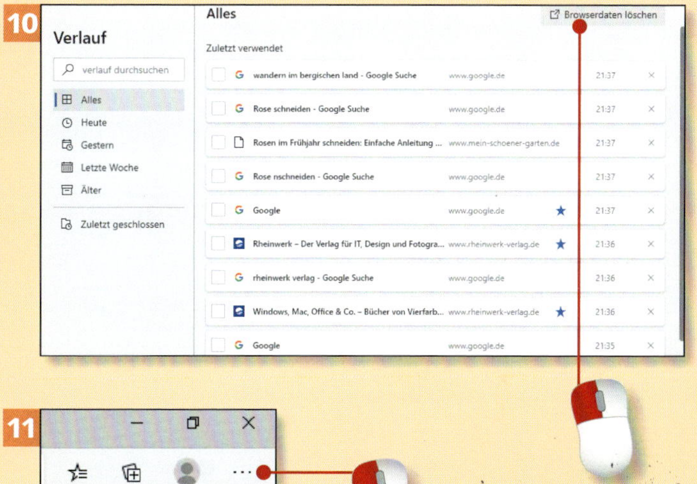

Schritt 11

Soll der Browserverlauf gar nicht erst gespeichert werden, klicken Sie in Edge auf die drei Punkte und unten in der Liste auf **Einstellungen**. Jetzt öffnet sich links eine Liste. Hier klicken Sie auf **Datenschutz und Dienste**.

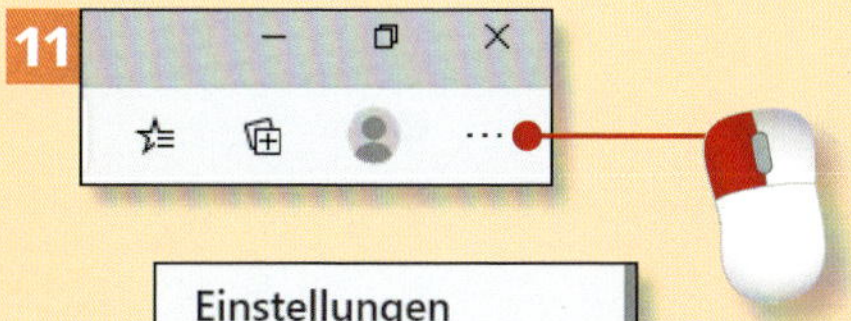

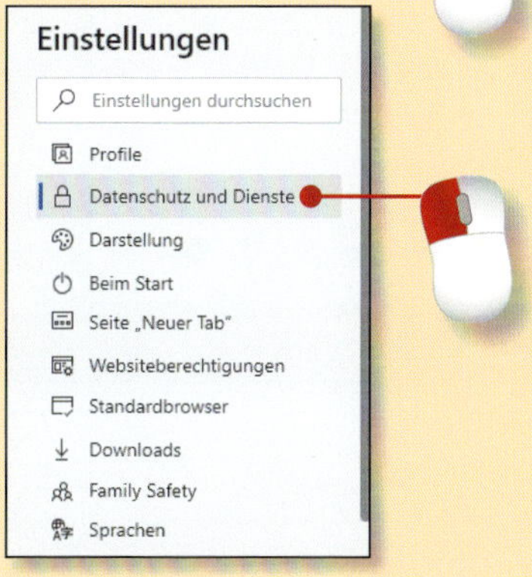

Schritt 12

Im rechten Fensterteil scrollen Sie nach unten bis zum Abschnitt **Browserdaten löschen**. Klicken Sie hier auf **Wählen Sie aus, was beim Schließen ...**. Legen Sie durch einen Mausklick auf den jeweiligen Schalter fest, welche Daten gelöscht werden sollen, z. B. **Browserverlauf** und **Downloadverlauf**. Die Änderungen werden sofort gespeichert. Schließen Sie die Einstellungen mit dem Schließkreuz am Tab.

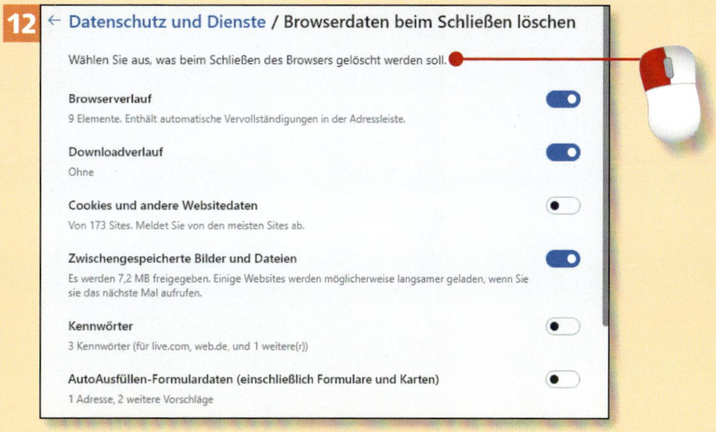

Zugriffsrechte für Apps

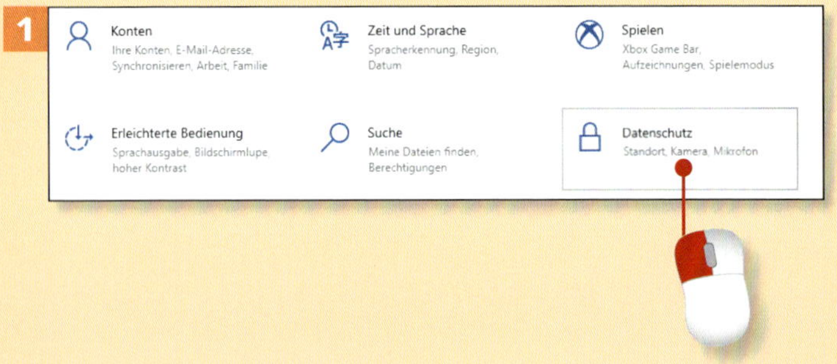

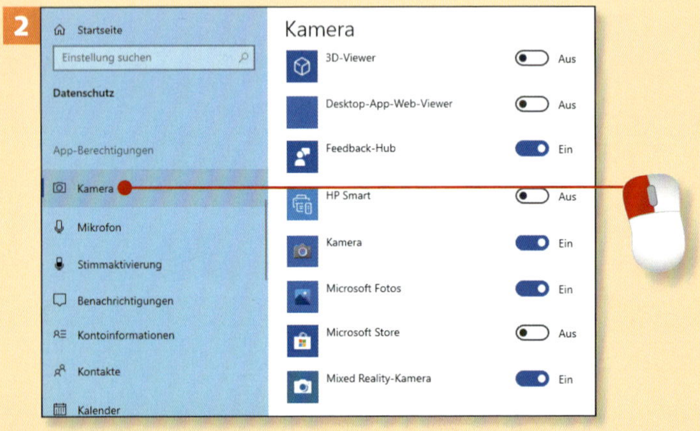

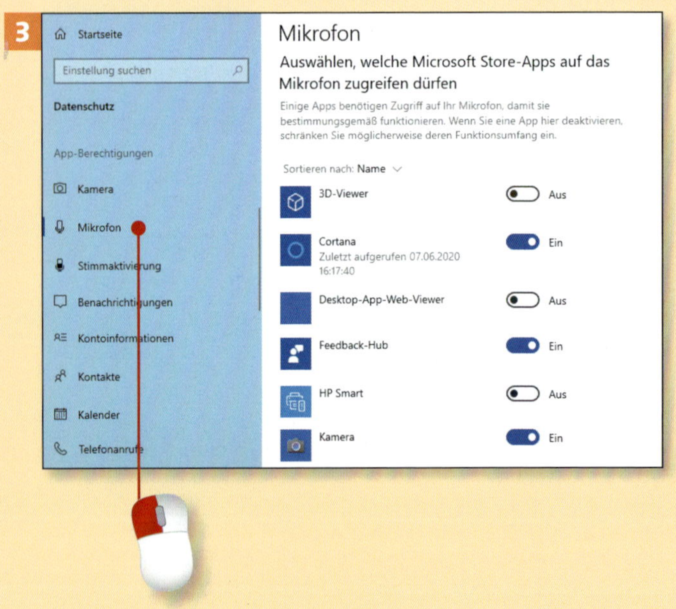

Bestimmen Sie selbst, welche App Zugriff auf die Kamera, Ihren Standort und weitere persönliche Daten erhalten darf.

Schritt 1

Apps benötigen bestimmte Berechtigungen, um zweckgemäß zu funktionieren. Aber sie benötigen nicht alle möglichen Daten. Zum Regulieren klicken Sie im Startmenü auf das **Einstellungen**-Symbol und im zugehörigen Fenster auf **Datenschutz**.

Schritt 2

Scrollen Sie in der linken Spalte zum Bereich **App-Berechtigungen**. Klicken Sie auf **Kamera**. Rechts sehen Sie weiter unten, welche Apps auf die Kamera zugreifen, sie also einschalten dürfen. Klicken Sie bei allen Apps, denen Sie den Zugriff auf die Kamera nicht erlauben, auf den Schalter. Er springt dann auf **Aus**.

Schritt 3

Wechseln Sie links zur Rubrik **Mikrofon**. Auch hier stellen Sie rechts ein, welche App auf das Mikrofon zugreifen darf. Die Einstellungen werden ohne ausdrückliches Speichern sofort übernommen.

Schritt 4

Rufen Sie nun noch links ganz unten die Kategorie **Bilder** auf, und legen Sie fest, welche Apps auf Ihre Fotos zugreifen dürfen. Schließen Sie dann die Einstellungen mit einem Klick auf das Schließkreuz oben rechts.

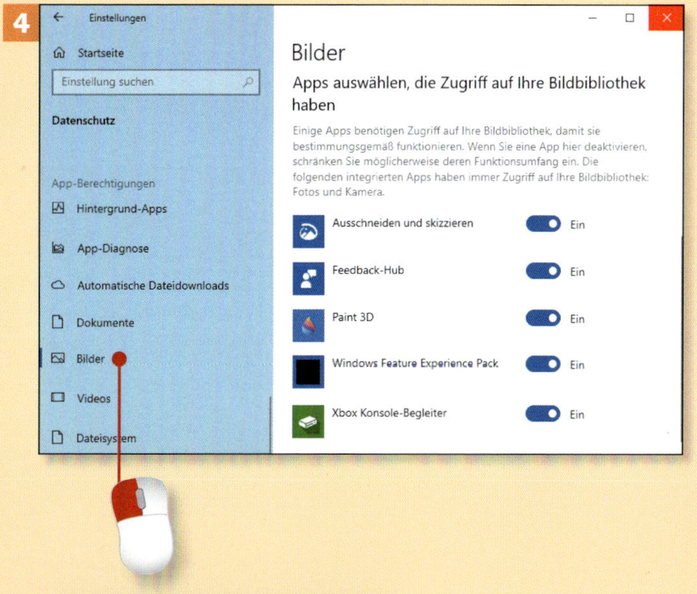

Schritt 5

Sichten Sie von Zeit zu Zeit Ihre Apps im Startmenü: Microsoft installiert mit manchen Updates neue Apps, die Sie vielleicht gar nicht benötigen. Sie erkennen Sie am Vermerk **Neu** ❶.

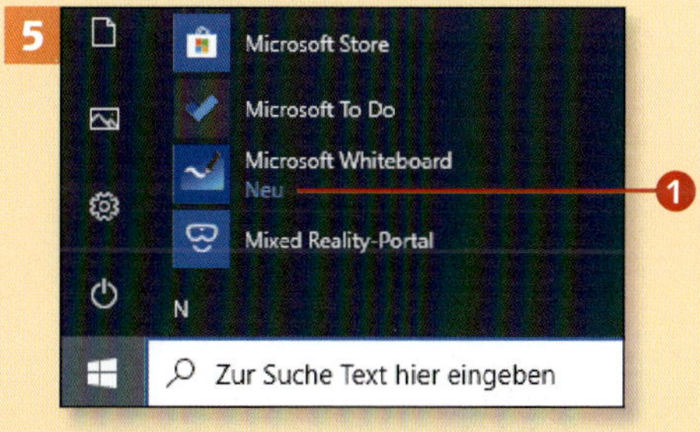

Schritt 6

Um eine App zu entfernen, klicken Sie mit der *rechten* Maustaste darauf und im Kontextmenü auf **Deinstallieren**. Klicken Sie dann zur Bestätigung erneut auf **Deinstallieren**. Die App verschwindet nach einem kurzen Moment aus der App-Liste.

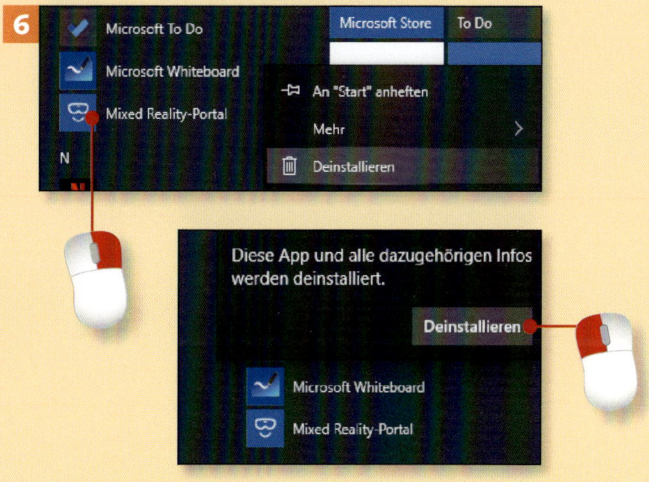

Ich kann die App nicht deinstallieren!
Manche Apps sind eigentlich Programme. Sie lassen sich nicht über das Kontextmenü deinstallieren, sondern führen Sie zur Systemsteuerung. Klicken Sie in der Liste auf den Programmnamen und oben auf **Deinstallieren/ändern**. Bestätigen Sie das Entfernen.

Wichtige Daten automatisch sichern

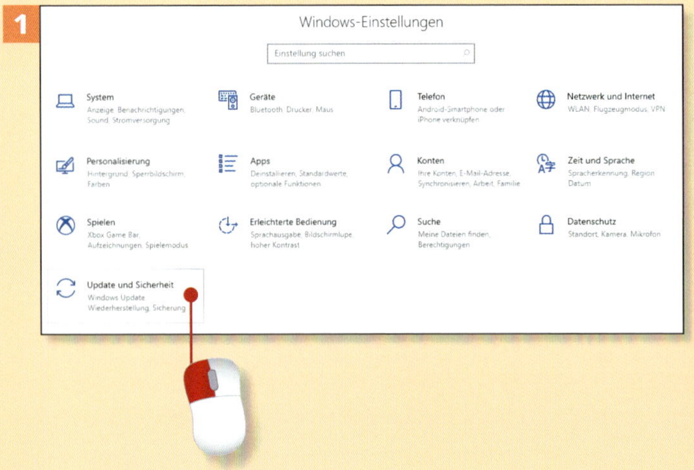

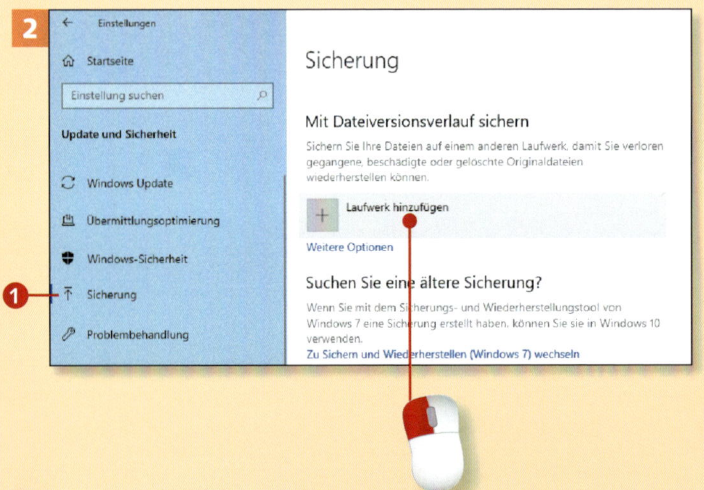

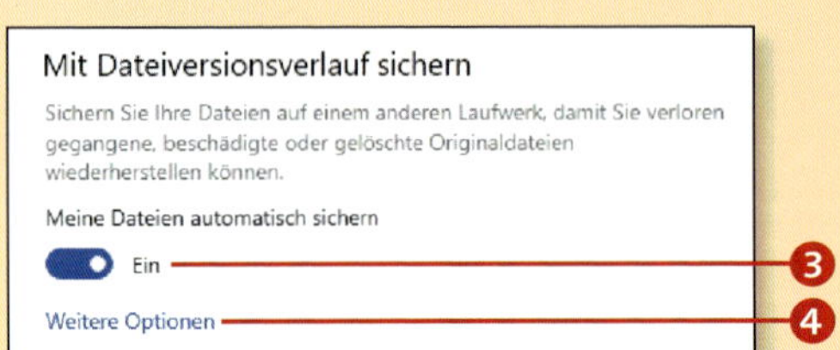

Damit Ihre Daten nicht verloren sind, wenn Ihre Festplatte kaputtgeht, sichern Sie Ihre Dateien auf USB-Sticks oder externen Festplatten. Windows arbeitet parallel dazu mit dem Dateiversionsverlauf.

Schritt 1

Schließen Sie eine externe Festplatte oder einen USB-Stick mit viel freiem Speicherplatz (mindestens 30 GB) an. Schalten Sie dann den *Dateiversionsverlauf* ein: Drücken Sie zum Öffnen der Einstellungen [Windows] + [I] auf Ihrer Tastatur. Hier klicken Sie auf **Update und Sicherheit**.

Schritt 2

Links klicken Sie auf die Kategorie **Sicherung** ❶. Im Hauptfenster wird der Bereich **Mit Dateiversionsverlauf sichern** angezeigt; klicken Sie hier auf **Laufwerk hinzufügen**.

Schritt 3

Ein kleines Fenster zeigt die angeschlossenen Geräte (*Laufwerke*) an ❷; klicken Sie auf das gewünschte Laufwerk. Windows schaltet den Dateiversionsverlauf sofort ein ❸.

Schritt 4

Klicken Sie auf **Weitere Optionen** ❹ und dann auf **Jetzt sichern**. Während die Sicherung läuft, legen Sie fest, wie lange die Sicherungen aufgehoben werden sollen. Klicken Sie dazu auf **Immer (Standard)** ❺ und in der zugehörigen Menüliste auf **Bis Platz benötigt wird**.

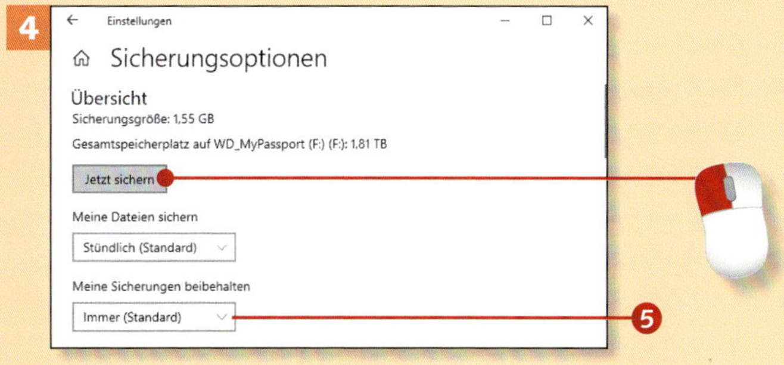

Schritt 5

Unter **Meine Dateien sichern** ❻ wählen Sie **Täglich**. (Wenn Sie den ganzen Tag an einer Datei arbeiten, belassen Sie die Sicherung bei **Stündlich**.) Wenn die erste Sicherung abgeschlossen ist, wird Ihnen das mitgeteilt. Schließen Sie das Fenster.

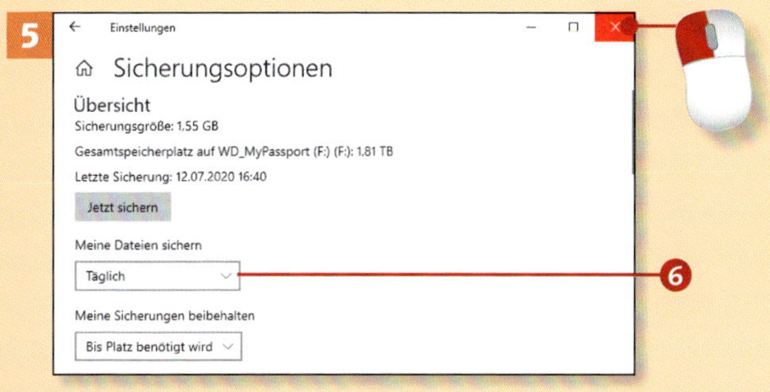

Schritt 6

Um eine Version wiederherzustellen, klicken Sie im Explorer auf das Sicherungslaufwerk. Auf der Registerkarte **Start** klicken Sie auf **Verlauf** ❼ (wird der Ordner nicht gefunden, klicken Sie auf den kleinen Pfeil ❽). Windows zeigt die aktuellste Sicherung an. Soll alles wiederhergestellt werden, klicken Sie direkt auf das Kreissymbol. Für einzelne Dateien klicken Sie auf den betreffenden Ordner, darin auf die Datei und dann auf den grünen Pfeil.

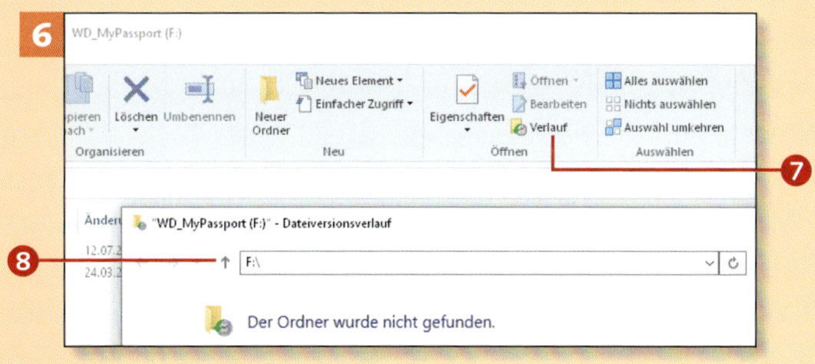

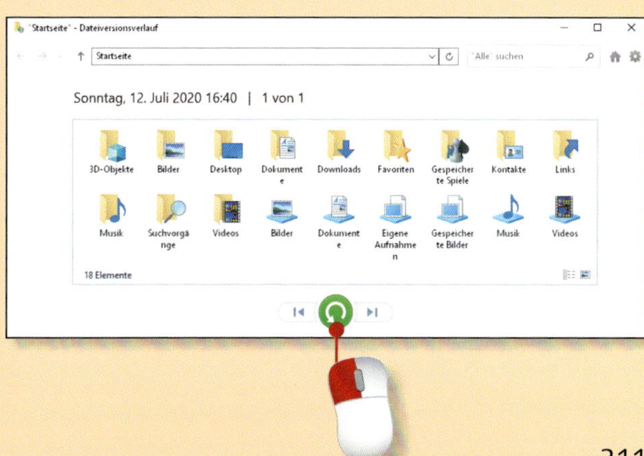

Weitere Maßnahmen für die Computersicherheit

In den vorangehenden Abschnitten haben Sie schon einiges darüber erfahren, wie Sie Ihren Computer sicher halten. Hier finden Sie zwei ergänzende Tipps.

1

2
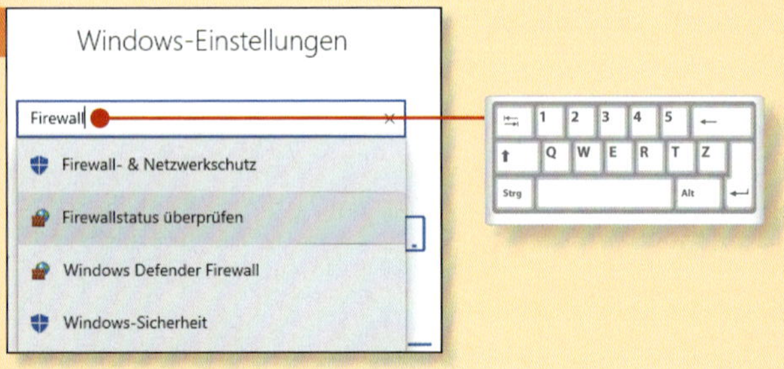

3

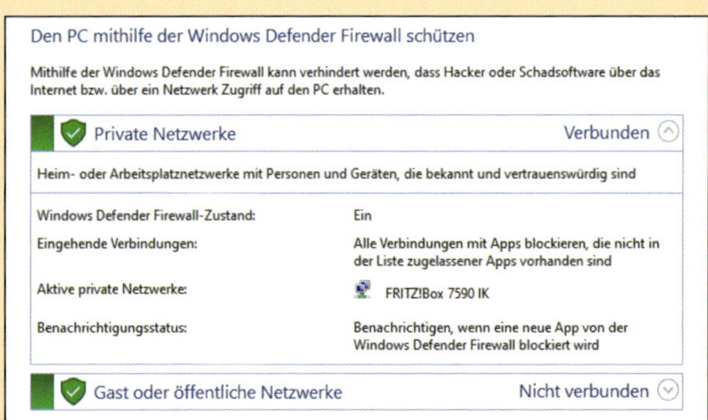

Schritt 1

Prüfen Sie, ob an Ihrem Computer die *Firewall* (»Brandschutzmauer«) eingeschaltet ist. Sie schützt vor Angriffen aus dem Internet. Öffnen Sie die Windows-Einstellungen, z. B. durch gleichzeitiges Drücken von [Windows] + [I].

Schritt 2

Geben Sie im Suchfeld mit der Lupe »Firewall« ein. Windows zeigt Ihnen noch während der Eingabe erste Suchergebnisse. Klicken Sie in der Liste auf **Firewallstatus überprüfen**.

Schritt 3

Das Fenster **Windows Defender Firewall** zeigt mittels grünen oder roten Symbolen, ob die Firewall eingeschaltet ist. Ist alles grün, müssen Sie nichts tun. Bei Rot klicken Sie auf **Empfohlene Einstellungen**. Windows schaltet die Firewall wieder ein.

Schritt 4

Auf Probleme mit der Firewall werden Sie auch von Windows hingewiesen: Ein kleines Fenster unten rechts zeigt Ihnen Probleme an. Klicken Sie in diesem Fall auf die Meldung, und die Firewall wird ohne weitere Nachricht aktiviert.

4

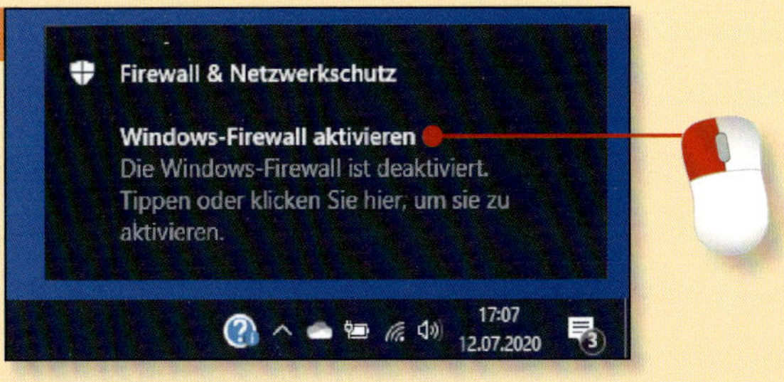

Schritt 5

Ein trotz Firewall vorhandenes Einfallstor für Viren sind E-Mails. Öffnen Sie möglichst keine E-Mails von Unbekannten. Wenn Sie doch eine geöffnet haben, klicken Sie nie auf die Links darin! Seriöse Anbieter geben Ihnen die Möglichkeit, die im Link genannte Seite selbst im Internet aufzurufen, indem Sie die Adresse ❶ eintippen, wenn dies einmal erforderlich sein sollte.

5

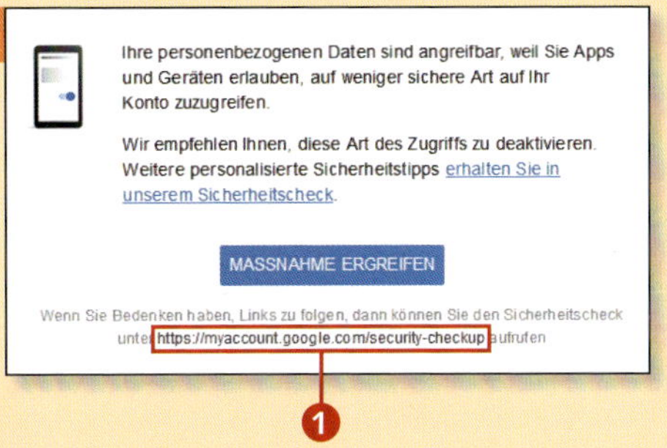

Schritt 6

E-Mail-Absender können gefälscht werden. E-Mails von scheinbar bekannten Unternehmen stammen oft von Betrügern. Prüfen Sie, ob Sie mit dem vermeintlichen Absender etwas zu tun hatten. Klären Sie durch eine Google-Suche, ob es gerade wieder eine Spam-Welle mit diesem Pseudo-Absender gibt.

6

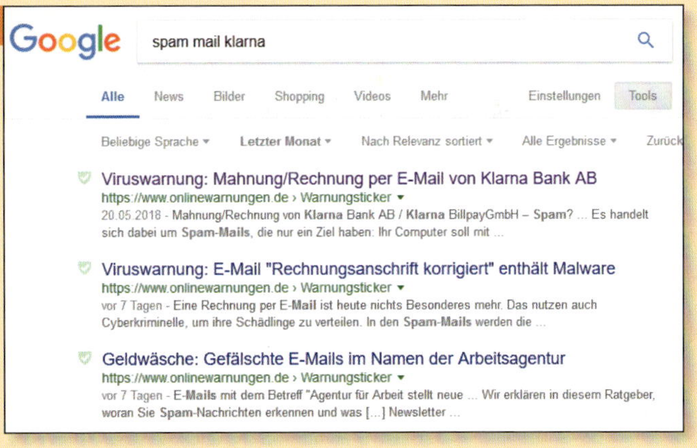

Aber die E-Mail ist an mich gerichtet!

Findige Betrüger kaufen Adressdatenbanken im Internet und passen ihre Mails mit den Daten so an, dass Sie sich persönlich angesprochen fühlen. Wenn Sie nichts gekauft haben, müssen Sie auch keine Rechnung zahlen, auch wenn der Betreff der Mail »Mahnung« oder ähnlich lautet!

Kapitel 13
Probleme lösen

Ein Computer und die Software, die darauf läuft, sind nicht perfekt. Immer mal wieder treten Probleme auf, für die Sie auf verschiedenen Wegen Lösungen finden. In diesem Kapitel erfahren Sie, wie Sie im Internet und in der Windows-Hilfe auf Ihrem Computer nach einer Lösung suchen.

Hilfe im Internet finden
Im Internet finden Sie meist eine Lösung für Ihr Computerproblem durch eine allgemeine Suche oder durch gezielte Suche in Foren und Blogs.

Mit Microsoft Probleme lösen
Mit der F1-Taste oder dem Suchbegriff »Hilfe« gelangen Sie zur *Hilfe*-App von Microsoft. Dort können Sie ebenfalls Fragen stellen.

Anleitungen für Word im Hilfebereich lesen
In Word, Excel & Co. erhalten Sie Hilfe auch durch einen Klick auf den gleichnamigen Reiter im Menüband. Die Programme listen dann passende Tipps auf.

1 In einem Fachforum oder einem Blog finden Sie Lösungen für Ihr Computerproblem.

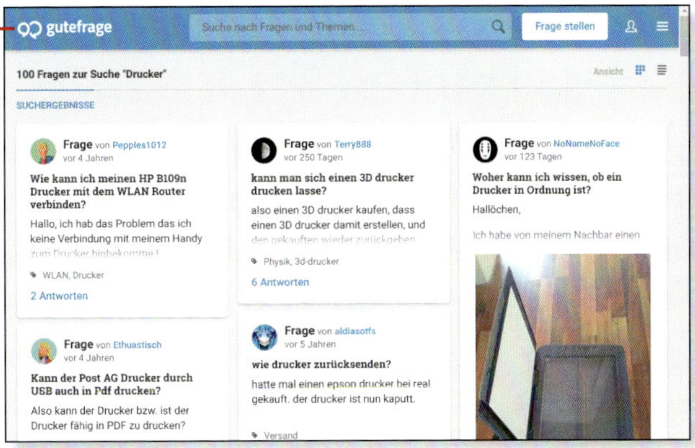

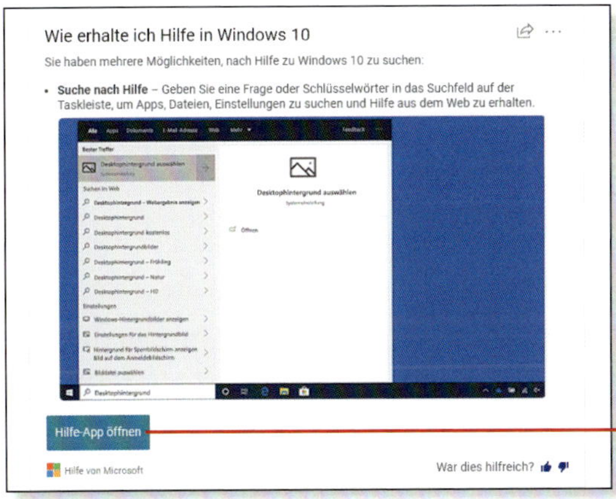

2 Auch die Windows-Hilfe mit der *Hilfe*-App hält Lösungen bereit.

3 Die Hilfe gibt Anleitungen bei einigen Computerproblemen, z. B. in Word.

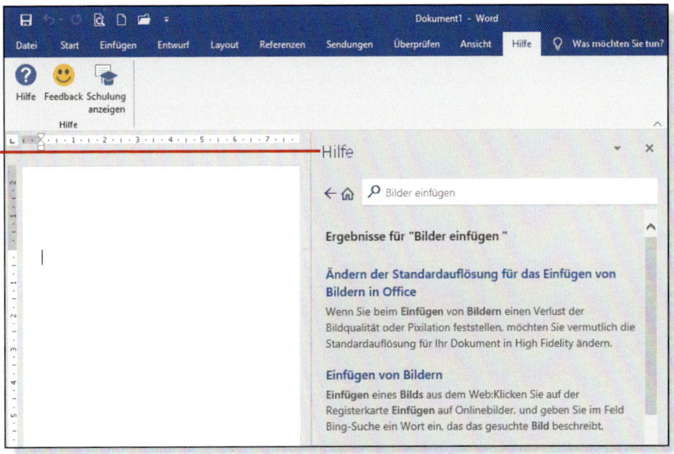

Hilfe übers Internet suchen

1

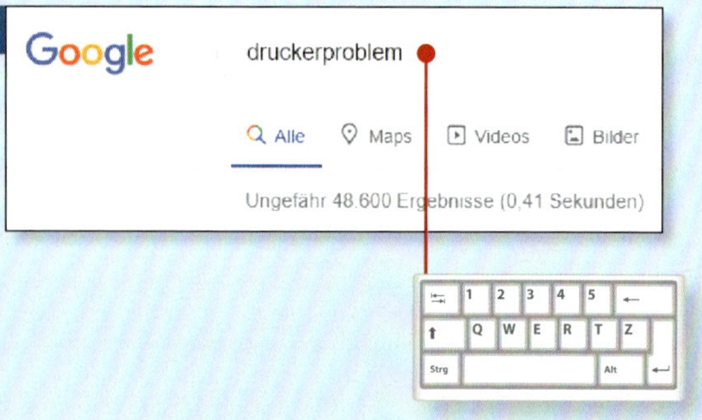

2

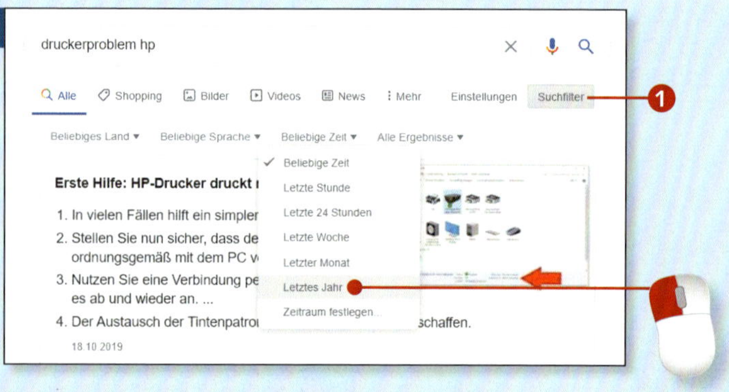

3

Beschreiben Sie Ihr Computerproblem nicht zu kurz, da Sie sonst viele unpassende Suchergebnisse erhalten, aber auch nicht zu genau, da die Trefferquote dann zu klein ausfällt.

Schritt 1

Ihr Drucker tut plötzlich nichts mehr? Wenn Sie im Internetbrowser in das Adress- und Suchfeld »druckerproblem« eingeben, erhalten Sie ca. 48.600 Treffer. Grenzen Sie die Suche ein. Geben Sie z. B. den Druckerhersteller mit an.

Schritt 2

Unter den Suchergebnissen finden sich auch viele alte Einträge, die bei einem neuen Drucker eher nicht weiterhelfen. Lassen Sie sich also nur die Einträge des letzten Jahres anzeigen. Öffnen Sie dazu unter der Suchleiste den **Suchfilter** ❶. Klicken Sie in der neuen Leiste auf **Beliebige Zeit ▸ Letztes Jahr**.

Schritt 3

Die Zahl der Treffer reduziert sich deutlich. Wenn Sie hier bereits einen Treffer sehen, der Ihnen interessant erscheint, klicken Sie ihn an (siehe dazu den Abschnitt »Richtig suchen im Internet« auf Seite 88).

!

Achtung, versteckte Werbung!
Vermeiden Sie Suchergebnisse mit Kaufangeboten. Zum Teil handelt es sich hierbei um unseriöse Seiten, die oft nur schwer von seriösen zu unterscheiden sind.

Schritt 4

Sie können aber auch erst den Suchbegriff verfeinern: Beschreiben Sie das Problem genauer, z. B.: »Drucker reagiert nicht«. Setzen Sie die Wörter in Anführungszeichen, dann sucht Google nach genau dieser Wortkombination. Die Treffer werden weniger und passen besser zu Ihrem Problem. Werden es zu wenige Treffer, entfernen Sie die Anführungszeichen wieder.

Schritt 5

Schauen Sie sich die verbliebenen Treffer an. Kommt ein Suchbegriff gar nicht vor, wird das unter den Ergebnissen vermerkt: **Es fehlt: hp** ❷. Wenn Sie ein Ergebnis angeklickt haben und wieder zur Liste zurückkehren möchten, klicken Sie oben links auf den Pfeil nach links.

Schritt 6

Hilfreich können Lösungsvorschläge von Computernutzern, Fachzeitschriften sowie Firmen-Hilfeseiten sein. Im Beispiel wird die Lösung der Computerzeitschrift *chip.de* angeklickt. Stimmen Sie ggf. den Cookie-Einstellungen zu (siehe Seite 76).

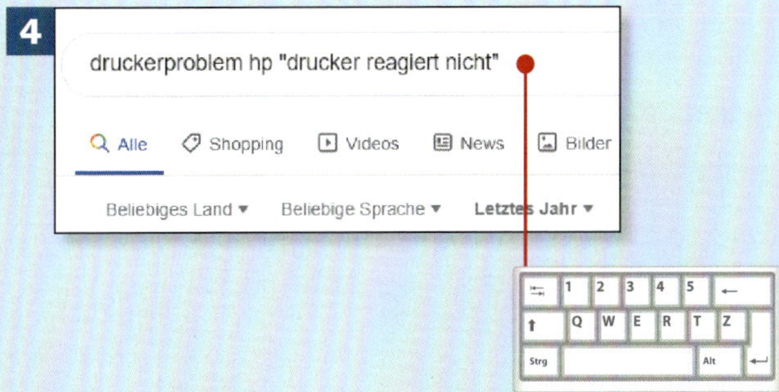

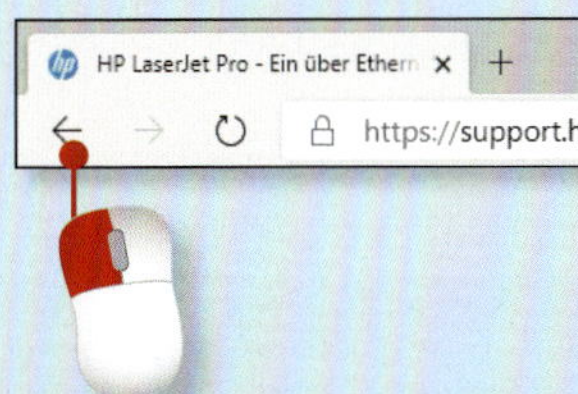

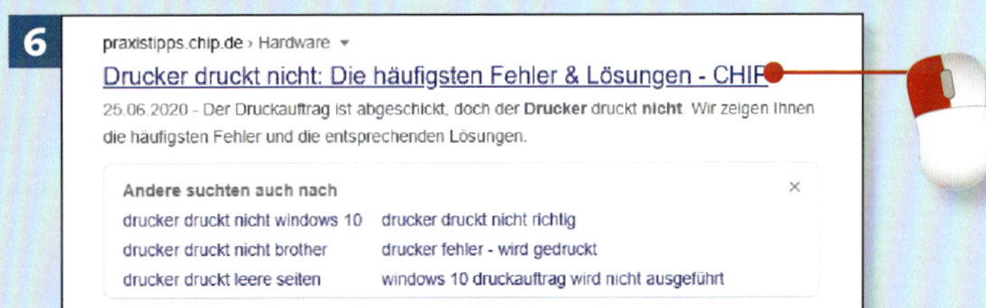

Wonach nicht gesucht werden soll

Wenn Sie bestimmte Begriffe bei der Suche ausschließen möchten, tippen Sie den Suchbegriff ein, dann nach einem Leerzeichen ein Minus und direkt danach den unerwünschten Begriff. Ein Beispiel: »Drucker reagiert nicht -Preisvergleich«.

Hilfe übers Internet suchen (Forts.)

7

Schritt 7

Im Beispiel öffnet sich ein *chip.de*-Artikel mit Tipps. Gleichzeitig wird ein kurzes Video ❸ mit den Problemlösungen angeboten, das automatisch startet. Erschrecken Sie also nicht, wenn plötzlich jemand spricht. Bei vielen Hilfevideos ist etwas Werbung vorgeschaltet.

8

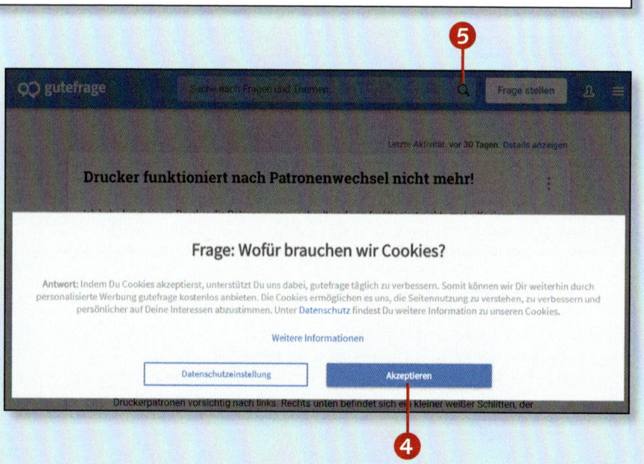

Schritt 8

Auch viele Hilfeforen sind im Internet zu finden, denn es gibt fast kein Computerproblem, das nicht schon jemand anders hatte. In einem Forum helfen Nutzer anderen Nutzern. Oft aufgerufen werden z. B. das Forum *gutefrage.net* und das *win-10-forum*. Fast immer müssen Sie zunächst die Cookies akzeptieren ❹. Tippen Sie dann im Suchfeld – erkennbar an der Lupe ❺ – Ihren Suchbegriff ein.

9
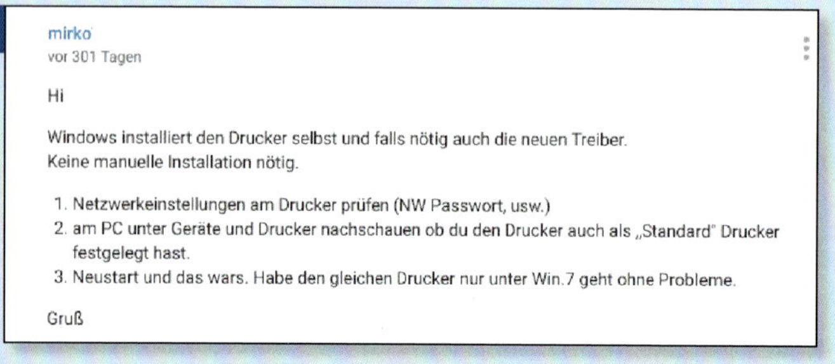

Schritt 9

Haben Sie eine Lösung für Ihr Problem gefunden, setzen Sie sie um. Bei Lösungen aus einem Forum denken Sie stets daran, dass hier viele Laien schreiben, die schon einmal ein ähnliches Problem lösen konnten. Diese Lösung muss nicht unbedingt die richtige für Ihr Problem sein; gehen Sie daher mit Bedacht vor.

Schritt 10

Eine weitere Hilfequelle sind sog. *Blogs*, die von kundigen Nutzern mit Anleitungen und Erklärungen gefüllt werden. Hier können Sie in den Kommentaren Fragen stellen, die die Blogbetreiber in der Regel zügig beantworten.

10

Schritt 11

Gab es bisher keine hilfreiche Lösung, fragen Sie selbst nach. Wollen Sie die Frage in einem Forum stellen, müssen Sie sich erst registrieren, also mit E-Mail-Adresse, Nutzername und Passwort ein Nutzerkonto anlegen.

11

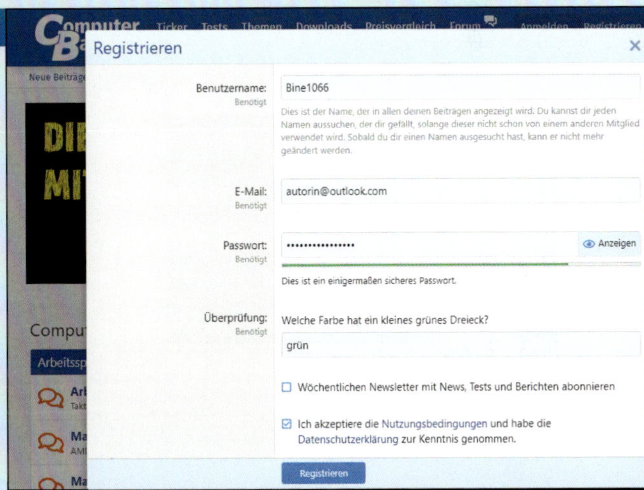

Schritt 12

Sind Sie Mitglied eines Netzwerks wie Facebook oder Twitter, können Sie dort nach einer passenden Gruppe suchen und Ihre Frage stellen.

12

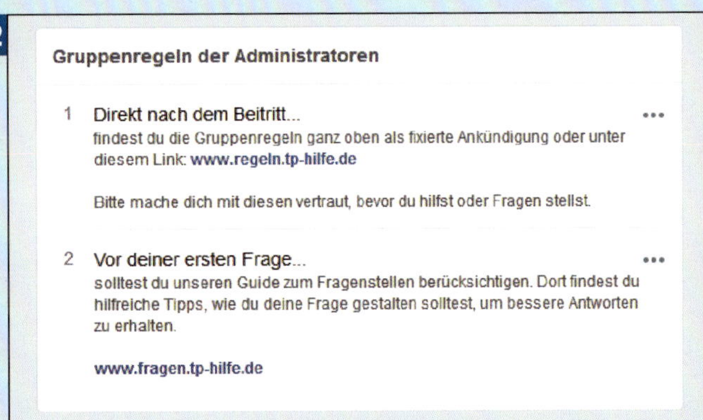

Forenregeln (Netiquette)

Prüfen Sie zunächst mit der Suchfunktion des Forums, ob die Frage schon einmal beantwortet wurde. Schreiben Sie ganze Sätze, beachten Sie Groß- und Kleinschreibung, und setzen Sie maximal ein Ausrufezeichen (besser gar keins). Bleiben Sie höflich und geduldig.

Die Windows-Hilfe nutzen

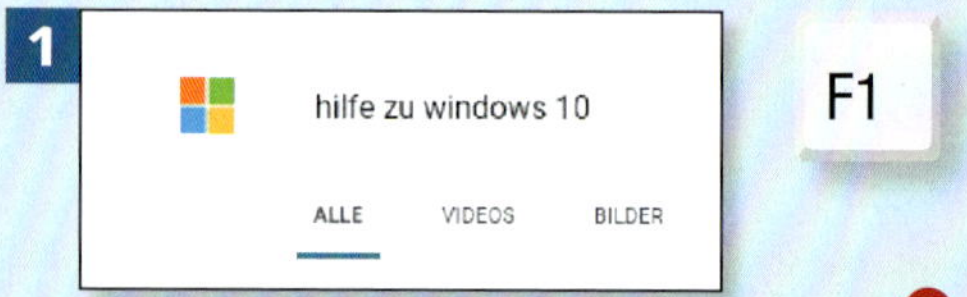

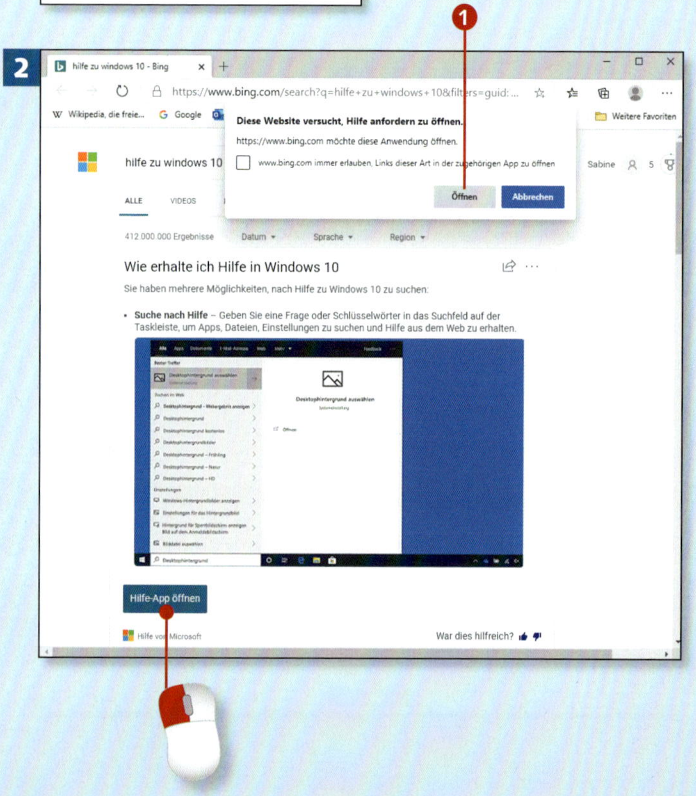

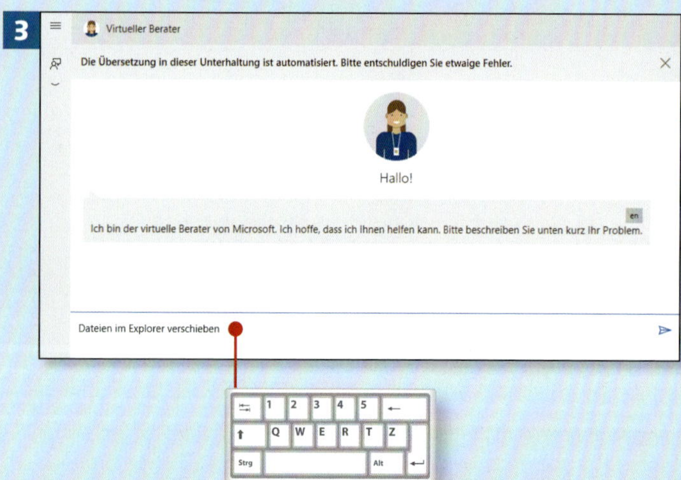

Auch Ihr Computer bietet Hilfe: Mit [F1] rufen Sie sie auf. In Word, Excel & Co. nutzen Sie die »Hilfe«.

Schritt 1

Öffnen Sie den Datei-Explorer. Drücken Sie die Taste [F1]; die Windows-Hilfe wird im Internet geöffnet. Genauer gesagt wird eine Seite mit Suchergebnissen zur Windows-Hilfe geöffnet, und Windows hat automatisch die Suchanfrage »hilfe zu windows 10« eingetragen.

Schritt 2

Die Ergebnisse hier sind viel zu allgemein. Klicken Sie auf **Hilfe-App öffnen**, um Ihre Frage zu stellen. Bestätigen Sie, dass die App geöffnet werden darf ❶.

Schritt 3

Tippen Sie unten Ihre Frage oder Ihr Problem ein, und klicken Sie rechts auf den Pfeil. Kurze Zeit später erhalten Sie einige Tipps. Ist der richtige dabei, klicken Sie ihn an; wenn nicht, formulieren Sie Ihre Frage neu.

Schritt 4

Öffnen Sie Word. Klicken Sie im Menüband auf den Text **Was möchten Sie tun?** neben dem Glühbirnen-Symbol. Je nach Fenstergröße wird der Text kürzer und lautet dann **Sie wünschen...**. Tippen Sie einige Suchbegriffe oder eine Frage ein. Mit ↵ starten Sie die Suche.

Schritt 5

Im Idealfall gibt Ihnen Word hier eine nützliche Antwort. Im Beispiel öffnet Word zwar das Druckmenü, erläutert aber nicht die weiteren Schritte. Klicken Sie in solch einem Fall für mehr Hilfestellung auf den Reiter **Hilfe** und im Menüband erneut auf **Hilfe** ❷. Rechts öffnet sich der Hilfebereich; geben Sie die Suchbegriffe neben der Lupe ein, und drücken Sie ↵.

Schritt 6

Die Antworten und Tipps stehen im Hilfebereich untereinander; scrollen Sie nach unten, um mehr zu sehen. Klicken Sie das passende Ergebnis an, und Word beschreibt die nötigen Schritte. Diese Hilfe und den Hilfebereich finden Sie auch in Excel, PowerPoint und Outlook.

4

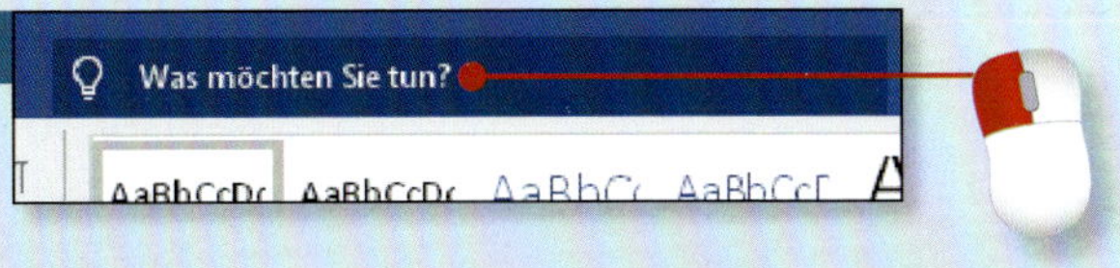

5

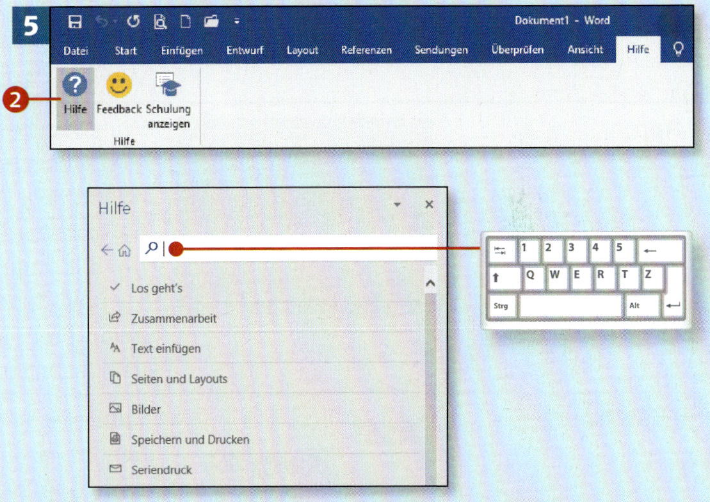

6

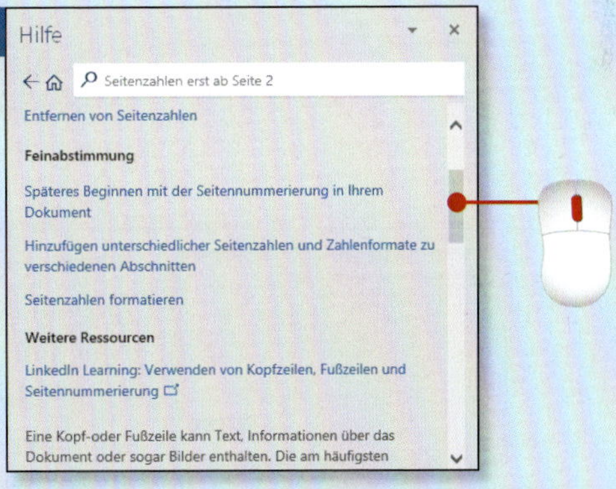

Hilfe vor Ort: Senioren helfen Senioren
Viele ZWAR- und Seniorengruppen sowie örtliche Seniorenräte bieten anderen Senioren Hilfe am Computer an. Meist gibt es wöchentliche Treffen; viele Helfer sind auch telefonisch zu erreichen.

Glossar

Antivirensoftware

Antivirenschutz, Internetschutzpaket, Antivirensoftware, Antivirenprogramm – sie alle haben ein Ziel: Ihren Computer vor Viren, Trojanern usw. zu schützen. Einfache Schutzprogramme schützen nur vor Viren. Nutzen Sie immer ein Internetschutzpaket, damit Sie auch beim Surfen im Internet geschützt sind. Bei Windows 10 ist es bereits integriert.

App

Windows bietet viele Anwendungen, die auf eine Thematik spezialisiert sind: *Fotos*, *Nachrichten*, *Adressbuch*, *Spiele*, *Wetter*, *Karten* usw. Diese Anwendungen werden *Apps* genannt. Einige Apps sind auf Ihrem Computer vorinstalliert, viele weitere können Sie über den Microsoft Store beziehen. Microsoft nennt Programme ebenfalls *Apps*, auch wenn sie anders installiert werden und mehr Funktionen bieten.

Captcha

Wenn Sie sich für ein E-Mail-Programm anmelden, etwas im Internet kaufen oder Forenbeiträge schreiben, müssen Sie meist eine Reihe Zeichen (*Captcha-Code*) eingeben. Damit wird sichergestellt, dass Sie ein Mensch sind und keine automatisierte Software, die sich missbräuchlich anmelden will. Captcha ist ein Kürzel für »**C**ompletely **A**utomated **P**ublic **T**uring test to tell **C**omputers and **H**umans **A**part«.

Cookie

Cookies – zu Deutsch »Kekse« – finden Sie nicht nur auf dem Kaffeetisch, sondern auch im Internet. Hier sind es kleine Dateien, die auf Ihrem Computer gespeichert werden. Sie ermöglichen es, dass die jeweilige Internetseite bei Ihrem nächsten Besuch schneller geöffnet wird, und der Webseitenbetreiber kann feststellen, ob Sie bzw. Ihr Computer seine Seite schon einmal besucht haben. Er kann aber nicht herausfinden, wer genau Sie sind. Wenn Sie alle Cookies ablehnen, können Sie z. B. auch nicht die Warenkorb-Funktion eines Internetversandhändlers nutzen.

Glossar

Dateityp

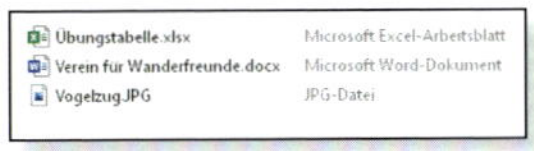

Jede Datei wird in einem bestimmten Format gespeichert, damit sie mit der passenden App wieder geöffnet werden kann. Jedes Format hat eine eigene Dateiendung nach dem Dateinamen und dem Punkt: Bei Excel-Tabellen heißt sie *.xlsx*, bei Texten aus Word *.docx* und bei Bildern meist *.jpg* oder *.png*.

Desktop

Der Desktop (»Schreibtisch«) ist die erste Oberfläche, die Sie nach dem Start Ihres Computers bzw. nach dem Schließen aller Programme sehen. Vom Desktop aus starten Sie Programme; Sie können hier Verknüpfungen zu einzelnen Dateien anlegen und z. B. den Papierkorb schnell aufrufen.

Einstellungen

Mit der Tastenkombination [Windows] + [I] kommen Sie zu den Einstellungen. Hier definieren Sie das Aussehen von Windows, verbinden Geräte, z. B. einen Drucker, veranlassen Aktualisierungen (Updates) und vieles mehr.

Hardware

Bei Computern werden mit »Hardware« alle Teile bezeichnet, die man anfassen kann: Bildschirm, Tastatur, Festplatte, Lüfter usw.

Kontextmenü

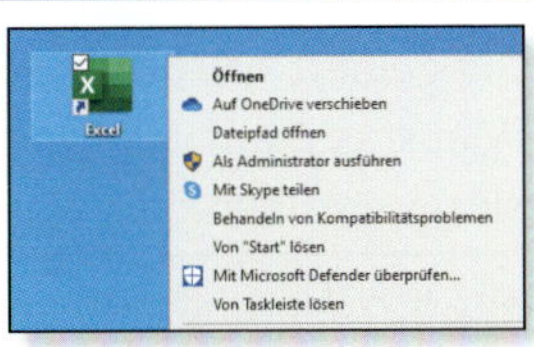

Kontextmenüs stellen eine Auswahl von zur jeweiligen Situation passenden Befehlen zur Verfügung. Sie rufen das Kontextmenü mit einem Klick auf die rechte Maustaste an der Stelle auf, an der Sie das Menü benötigen.

LAN

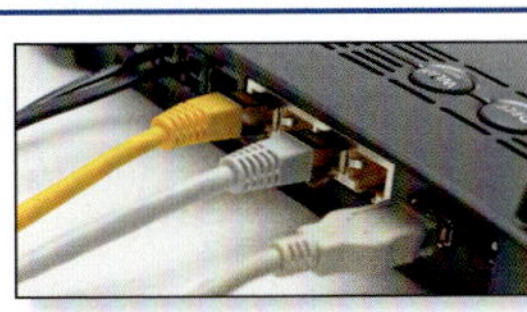

LAN steht für *Local Area Network* und bedeutet *lokales Netzwerk*. Das LAN ist kabelgebunden – sobald Sie also Router und Computer per Netzwerkkabel verbinden, nutzen Sie ein LAN. Der Router stellt die Verbindung zum Internet her. Das drahtlose Netzwerk heißt *Wireless LAN* (siehe WLAN).

Glossar

Link

Ein Link (oder auch *Hyperlink*) ist ein elektronischer Querverweis zu einer Stelle, die durch einen Klick auf diesen Link aufrufbar ist. Links führen z. B. zu Internetseiten; die Zielseite wird in der Regel schon angezeigt, wenn Sie mit dem Mauszeiger auf den Link zeigen. Meist sind Links durch Unterstreichung und eine besondere Farbe hervorgehoben.

Microsoft-Konto

Ein Microsoft-Konto benötigen Sie für den Zugriff auf viele Microsoft-Dienste und -Apps. Dieses Konto verwenden Sie z. B. zum Anmelden bei Ihrem E-Mail-Konto *Outlook.com* und bei *Skype*. Ihre Dateien, Fotos, Kontakte und Einstellungen sind App-übergreifend verfügbar: *Mail*, *Kalender*, *Kontakte* und *Termine* lassen sich leicht verbinden. Das Konto besteht aus einer E-Mail-Adresse und einigen persönlichen Daten.

Newsletter

Newsletter heißt übersetzt *Nachrichtenbrief*; das ist auch der Ursprung der elektronischen Newsletter. Mit ihnen verbreiten Unternehmen, Kirchen, Vereine usw. ihre Neuigkeiten auf schnellem Weg per E-Mail.

Papierkorb

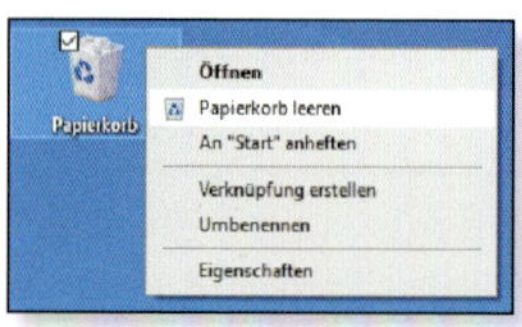

Gelöschte Dateien, Verknüpfungen und Ordner landen erst einmal im Papierkorb. Von dort können sie wiederhergestellt werden. Der Papierkorb sollte regelmäßig geleert werden. Dazu klicken Sie mit der rechten Maustaste auf die Papierkorb-Schaltfläche auf dem Desktop und dann auf **Papierkorb leeren**.

Plug & Play

Einfach einstöpseln und nutzen – das ist mit »Plug & Play« (*Einstecken und Abspielen*) gemeint. Egal, ob Drucker, externe Festplatte oder Maus mit Kabel: Sie stecken den Stecker in den Computer und können das Gerät kurz danach nutzen, ohne erst aufwendige Installationen vornehmen zu müssen.

Glossar

Programm

Ein Programm, genauer: Computerprogramm, hat bestimmte Aufgaben. Das Programm *Word* z. B. bietet zahlreiche Funktionen rund ums Textschreiben. Programme werden meist mit einer Installationsdatei von der Herstellerseite im Internet installiert, nicht aus dem Microsoft Store heraus. Microsoft nennt Programme trotzdem auch *Apps*, z. B. im Startmenü.

QuickInfo

Wenn Sie wissen wollen, welche Aktion oder Funktion sich hinter einer Schaltfläche verbirgt, lassen Sie den Mauszeiger kurz über der Schaltfläche verharren. Dann erscheint ein kleines Feld mit einer Information: die QuickInfo.

Registerkarte

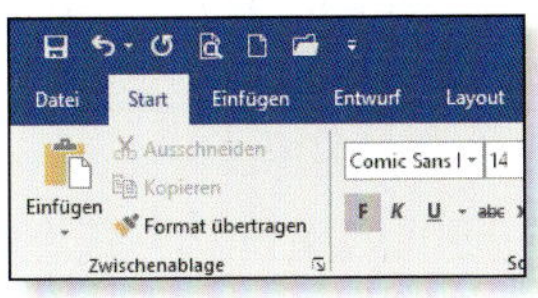

Wie bei Karteikästen mit Registerkarten aus Pappe trennen Registerkarten bei Programmen verschiedene Bereiche. So können platzsparend viele Schaltflächen auf verschiedenen Registerkarten angeordnet werden. Die immer sichtbaren beschrifteten Bereiche der Registerkarten heißen *Reiter*. Sie tragen den Namen der Registerkarte.

Router

Der Router stellt bei drahtlosen sowie kabelgebundenen Netzen zu Hause die Verbindung zum Internet her. Viele Computer erkennen den Router automatisch und versuchen, sich mit ihm zu verbinden. Sie müssen dann nur noch die Zugangsdaten Ihres Internetproviders eingeben.

Scannen

»Scannen« heißt wörtlich etwas (elektronisch) abtasten, rastern. Ihr Scanner tastet die Vorlage ab und überträgt die Abtastdaten an Ihren Computer, der sie als Bild oder Textdokument speichert. Bilder, Briefe, Buchseiten – alles können Sie scannen und elektronisch speichern.

Schaltfläche

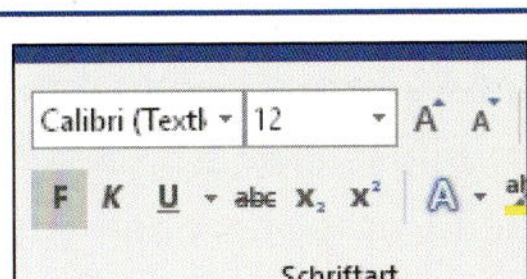

Durch das Klicken auf eine Schaltfläche wird eine Aktion ausgelöst, z. B. wird ein markierter Text fett gesetzt. Auch im Internet finden Sie zahlreiche Schaltflächen. Sie werden auch *Buttons* oder *Knöpfe* genannt.

Glossar

Scrollen

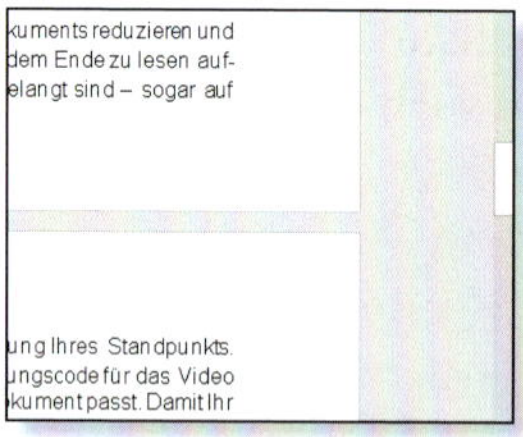

Bei längeren Texten in Word, zum Bewegen in Apps oder auf langen Internetseiten verschieben Sie durch Drehen des Mausrads den sichtbaren Ausschnitt so, dass Sie auch den Rest der Bildschirminhalte sehen können. Neben dem Mausrad können Sie dazu den Scrollbalken (auch *Bildlaufleiste* genannt) nutzen: Ziehen Sie ihn langsam in die gewünschte Richtung.

Software

Software ist bei Computern das, was Sie nicht anfassen können: vor allem die ausführbaren Apps, Programme und die Daten. Die Software steuert die Hardware. Sogenannte *Treiber* sind ebenfalls Software und sorgen dafür, dass es an den Schnittstellen zwischen Soft- und Hardware nicht hakt.

Spam

Spam (auch *Junk-Mail* genannt) ist der Massenversand nicht angeforderter Werbe-E-Mails. Auch Phishing-Mails, mit denen Sie dazu verführt werden sollen, Ihre vertraulichen Daten auf einer gefälschten Seite einzugeben, zählen zum Spam. Häufig strotzen Spam-Mails vor Fehlern; es gibt aber auch täuschend echte Spam-Mails.

Sperrbildschirm

Der Sperrbildschirm erscheint beim Hochfahren des Computers und kann mit einem Tastendruck ausgeblendet werden. Je nach Einstellung geben Sie dann Ihre PIN oder Ihr Passwort ein. Wenn Sie z. B. die *Mail*-App mit Ihrem Microsoft-Konto aktiviert haben, sehen Sie bereits auf dem Sperrbildschirm die Anzahl neuer E-Mails.

Startmenü

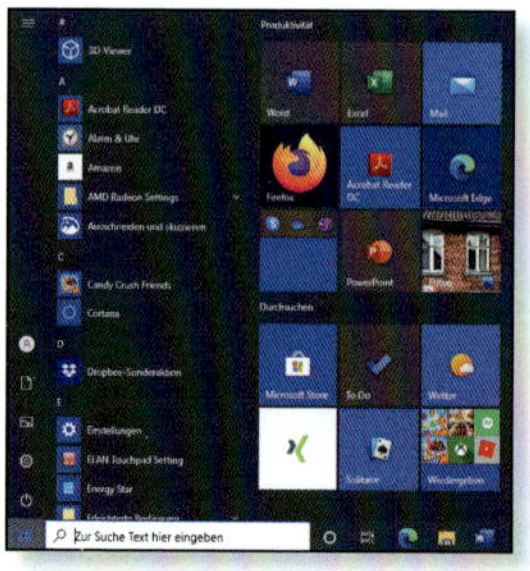

Im Startmenü werden die Kacheln von Apps und Programmen angezeigt. Von hier starten Sie die Anwendungen mit einem Mausklick. Sie rufen das Startmenü mit der Taste [Windows-Taste] auf Ihrer Tastatur oder mit einem Klick auf das Windows-Logo links unten auf Ihrem Bildschirm auf. Über das Startmenü schalten Sie den Computer auch aus.

Glossar

Taskleiste

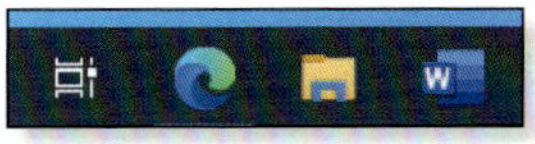

Die Taskleiste ist die Leiste am unteren Bildschirmrand, die auch bei geöffneten Programmfenstern immer sichtbar ist. Hier sehen Sie die Symbole der Apps, die angeheftet wurden, und die Symbole der gerade geöffneten Apps. Im rechten Teil der Taskleiste finden Sie weitere Anzeigen, z. B. Uhrzeit und WLAN-Verbindung.

Trojaner

Trojaner sind Programme, die sich auf einen Computer als scheinbar nützliches Programm einschleusen und dann ihre schädliche Tätigkeit beginnen: Sie benutzen den gekaperten Computer als Spam-Schleuder oder blockieren wichtige Funktionen, um dann ein kostenpflichtiges Hilfsprogramm anzubieten.

USB

USB ist die Abkürzung für *Universal Serial Bus* – universelle Schnittstellen, um externe Geräte mit dem Computer zu verbinden. Das ist auch bei laufendem Betrieb möglich. So können Sie Ihren Computer schnell und einfach erweitern (mit Maus, Bildschirm, externer Festplatte) oder Daten leicht übertragen (USB-Stick, Kamera, Handy).

Vierfachpfeil

In Word und WordPad können Sie Bilder und andere Objekte leicht verschieben. Sobald Sie das Objekt angeklickt haben und mit der Maus darüber verharren, sehen Sie den Vierfachpfeil. Greifen Sie mit gedrückter Maustaste das Objekt, und verschieben Sie es an die gewünschte Stelle. Möchten Sie dagegen die Größe des Objekts ändern, verwenden Sie die runden Ziehpunkte.

Virus

Ein Computervirus ist ein sich selbst verbreitendes Computerprogramm. Es schleust sich in andere Programme ein, infiziert sie und vermehrt sich so. Ein aktiver Virus kann dem Computer durch Änderungen am System schaden.

Glossar

Wechseldatenträger

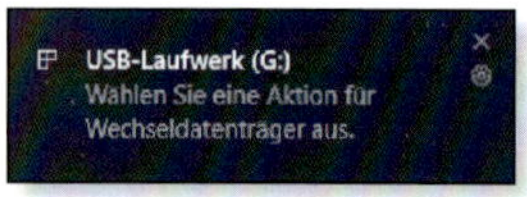

Als Wechseldatenträger werden alle Geräte und Medien bezeichnet, auf denen Sie Daten speichern können und die nicht Bestandteil des Computers sind: externe Festplatten, USB-Sticks, Speicherkarten, DVDs usw.

WLAN

WLAN ist die Abkürzung für *Wireless Local Area Network*, auf Deutsch: *drahtloses lokales Netzwerk*. Der Computer stellt per Funktechnik und ohne Kabel eine Verbindung mit dem Router her. Die Stärke der Verbindung wird mit dem Viertelkreis angezeigt. Da WLAN-Verbindungen drahtlos sind, gibt es hier auch kein Kabel. Wirklich nicht.

Ziehen/ Ziehpunkte

Durch das Ziehen an Ziehpunkten von Bildern können Sie diese vergrößern oder verkleinern. Wenn Sie an den Punkten an einer Seite ziehen, ändern Sie die Proportionen. Ziehen Sie die Punkte an den Ecken des Bildes Richtung Bildmitte bzw. in die Gegenrichtung, verkleinern bzw. vergrößern Sie das Bild.

Stichwortverzeichnis

D

E

F

G

H

I

J

K

L

M

N

O

T

U

V

W

Y

Z